문화,
유학사상
그리고
심리학

문화, 유학사상 그리고 심리학

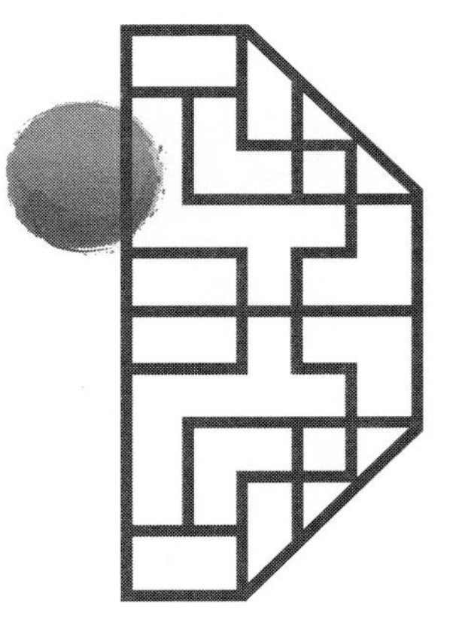

조긍호 저

학지사

책머리에

이 책은 필자가 그동안 책과 논문으로 발표했거나 여기저기에서 했던 강연문 중 출간되지 않은 몇 가지 가운데 필자의 생각을 잘 드러내고 있다고 여겨지는 글들을 모아 묶어 낸 것이다. 작년에 필자는 심리학을 공부한 지 50년이 되는 일과 고희(古稀)를 맞은 일을 기념하여 오랫동안 계획했던 두 권의 책을 펴내었다. 나이가 들어감에 따라 조바심은 더욱 깊어지는데도 다음 책은 아직 준비가 다 이루어지지 않은 상황에서 올해를 그냥 넘기기 무엇하여, 그동안 써 둔 글들을 하나로 모아 보기로 하였다. 여러 사람에게 또 다시 빚을 지고 있다.

필자는 1980년대 중반부터 서구와 동아시아 사회의 문화차(文化差)와 그 사상적 배경에 관심을 가져 왔으며, 특히 동아시아인의 특징적인 심리와 행동의 근원을 유학(儒學)의 고전에서 찾아 심리학적 함의를 천착하는 작업에 몰두해 왔다. 그러니까 필자가 평생 지녀온 화두(話頭)는 문화와 유학사상 및 심리학이었던 셈이다. 그런 의미에서 이 책의 문패를 『문화, 유학사상, 그리고 심리학』이라고 달았다.

심리학자들이 문화를 그들의 이론적 체계 속에 편입하여 본격적으로 연구하기 시작한 것은 비교적 최근인 1980년대에 들어서면서부터이다. 이렇게 문화에 대한 심리학적 연구가 늦어진 까닭은 문화 현상에 대한 과학적 접근이 그만큼 어려울 뿐만 아니라, 문화 간 차이를 드러내는 기본틀을 정립하기가 어렵기 때문이기도 하다. 1980년 호프스테드(G. Hofstede)의 광범위한 연구 이후 문화차 연구는 서구의 개인주의(個人主義)와 동아시아의 집단주의(集團主義) 문화의 대비를 기본틀로 하여 이루어져 왔다. 필자도 1980년대 중반부터 이 두 문화 내에서의 인간 심성과 행동의 차이에 대해 관심을 가지고 공부를 해 왔다. 이 책의 1장에서는 2003년에 출간한 『한국인 이해의 개념틀』의 1장과 2012년에 출간한 『사회관계론의 동 · 서 비교: 새로운 심리학의 가능성 탐색 II』의 1장에서 문화차 연구의 기본틀로서의 개인주의와 집단주의를 대비한 내용을 결합하여 구성하였다.

서구와 동아시아에 개인주의와 집단주의 문화가 형성된 배경에는 각각 개체로서의 개인을 집단이나 사람들 사이의 관계보다 중시하는 자유주의(自由主義) 사상과 집단이나 사람 사이의 관계를 개체로서의 개인보다 중시하는 유학사상이 개재하고 있다. 이 두 사상적 배경 사이에는 인간 존재와 인간사를 바라보는 관점, 곧 인간관(人間觀)의 차이가 핵심으로 놓여 있으며, 이러한 인간관의 차이가 동 · 서 문화차의 근원이라는 것이 필자의 오랜 신념이다. 이러한 생각은 필자가 저술한 모든 책과 논문에 그대로 배어 있는데, 2장은 2012년 책의 1장과 2017년에 출간한 『심리구성체론의 동 · 서 비교』의 3장의 내용을 기초로 재구성하였다.

3장은 2007년에 출간된 『한국심리학회지: 사회 및 성격(21권 4호)에 실렸던 논문이다. 이 글은 같은 해에 출간한 『동아시아 집단주의의 유학사상적 배경: 심리학적 접근』의 내용을 축약한 것인데, 현대 문화차 관련 연구의 결과들을 통해 동아시아인의 사회인지 · 정서 · 동기행동의 현실적 특징들을 살펴보고, 이어서 유학사상의 사회인지 · 정서 · 동기에 관한 이론들을 고찰하여, 양자 사이에 논리적 정합성(整合性)이 있음을 고찰함으로써, 동아시아 집단주의의 사상적 배경에 실제로 유학사상이 놓여 있음을 밝혀내려 한 논문이다.

동아시아인의 현실적 심리와 행동의 배경에 유학사상이 놓여 있다면, 심리학적인 관점에서 유학사상의 이론적 구조를 찾아내고, 이러한 이론적 구조 각각에 관한 동·서의 차이를 살펴봄으로써 유학사상을 통해 구축될 수 있는 새로운 심리학의 가능성에 대해 고찰해 볼 수 있을 것이다. 필자는 유학사상의 심리학적 구조를 인성론(人性論)·군자론(君子論)·도덕실천론(道德實踐論)·수양론(修養論)의 네 체계로 개념화하고, 각각으로부터 심리구성체론, 이상적 인간형론, 사회관계론, 자기발전론과 관련된 심리학적 함의를 이끌어 낼 수 있다고 본다. 이러한 생각이 4장의 주제인데, 이 장은 2008년에 출간한 『선진유학사상의 심리학적 함의』의 제6장과 2017년에 출간한 『유학심리학의 체계 Ⅰ: 유학사상과 인간 심리의 기본구성체』의 제1부를 기초로 재구성하였다.

5장은 유학의 군자론과 서구의 성숙성격론(成熟性格論)에서 그리는 이상적 인간형론의 차이를 이론적으로 고찰하여 서구와 동아시아의 '사람됨'의 차이를 밝혀 보고자 한 것이다. 이 글은 본래 2016년 5월 홍콩시립대학교 동아시아센터에서 'Oneness in Philosophy and Psychology'를 주제로 하여 개최되는 국제학술회의에서 발표하기 위해 준비한 것이었으나, 필자의 사정으로 그 회의에 참석하지 못하고 원고만 보냈었다.

6장에서는 동·서 심리구성체론의 차이를 기반으로 하여 동·서의 도덕성(道德性)에 관한 이론적 접근의 차이를 살펴보고, 최근 영유아발달심리학, 영장류학, 진화심리학, 사회·문화심리학에서 밝혀지고 있는 도덕성의 인간 본유성과 통합성에 관한 연구 결과는 서구 철학과 심리학의 전통보다는 동아시아 유학사상의 도덕성에 관한 이론적 주장과 맥을 같이 하고 있다는 사실을 통해 도덕성에 관한 동·서 접근의 회통(會通) 가능성에 관해 고찰해 보았다. 이 글은 2018년 8월 한국심리학회 연차학술대회의 프로그램 중 '한국사회 및 성격심리학회'에서 주최한 심포지엄에서 발표한 것이다.

7장에서는 한국 심리학계에서 이루어진 탈서구중심(脫西歐中心)적 연구의 대두 배경과 실제 연구 내용을 살펴본 것이다. 이 글은 2016년 5월 한국심리학회에서 개최한 '한국심리학회 창립 70주년 기념 학술대회'의 기조논문으로 발표한 것인데, 2016년에 강정인 교수(서강대)가 편찬한 『탈서구중심주의는 가능한가?: 서구중심주의에 대한 우리 학문의 이론적 대응』에 실렸던 필자의 논문을 참고하여 재구성하였다. 이 글에서는 한국의 심리학계가 기왕의 서구중심적 연구 관행에서 벗어나고자 노력해 온 몸부림에 대해 확인해 볼 수 있을 것이다.

마지막으로 부록은 2014년 12월 '서강대학교 심리학과'에서 마련해 준 필자의 정년퇴임(停年退任) 기념회에서 필자가 지난 40여 년의 삶과 심리학적 연구에 대해 회고한 글이다. 한 개인의 삶에 대한 글을 이러한 책에 싣는 것이 주제넘은 감이 있으나, 한 사람의 학자로서 지난 삶의 과정을 돌이켜보고 그 학문적 여정(旅程)을 정리해 두는 것도 후학들을 위해 그리 의미 없는 일은 아닐 것이라 생각하여 용기를 내었다.

서로 다른 목적으로 서로 다른 곳에 발표한 글들을 한 곳에 모아 놓으니 짜임새는 물론 통일감이 매우 부족하다. 또 여기저기 중언부언(重言復言)한 사족(蛇足)도 많이 눈에 띈다. 이 책을 접하는 모든 분에게 죄송하기 그지없다. 그러나 평생 공부를 손에서 놓지 않으려 노력해 온 늙은이의 반세기(半世紀) 동안의 학문적 궤적을 한번 접해 보는 것도 그리 가치 없는 일은 아니라는 너른 혜량(惠諒)을 베풀어 주시기를 바랄 뿐이다.

출판사와의 교섭 과정에서 보여 준 자랑스러운 제자 박춘신 박사의 헌신적인 노력, 경제적인 이해득실을 따지지 않기로 결심해 준 학지사(學志社)의 최임배 부사장과 김진환 사장의 배려, 그리고 김순호 이사의 꼼꼼한 편집과 조언이 없었다면 이 책은 출간되지 못했을 것이다. 마음속 깊은 감사의 말씀을 드린다.

2018년 한로지절(寒露之節)에
상도동 지이재(止耳齋)에서
조긍호(趙兢鎬) 삼가 적다

차례

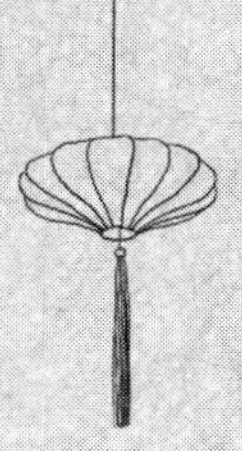

제1장

·

문화차 연구의 기본틀

- 개인주의 문화와 집단주의 문화 -

심리학, 특히 사회심리학의 최근 흐름 중 가장 특징적인 것은 연구 관심의 시 · 공간적인 확대[001]로 특징지어지는 '사회성의 회복 운동'이다. 사회심리학은 명색이 "사회적 자극의 함수로서의 개인의 행동을 과학적으로 탐구하는 학문"[002]이다. 그러나 그동안 사회심리학은 실험실에서 조작된 가상적 사건이나 상황에 대한 개인의 반응을 실증적으로 분석하는 데 몰두함으로써 사회 행동의 보편적 원리를 찾아내려는 패러다임에 지나치게 경도되어 왔던 것이 사실이다.[003] 그리하여 일반적으로 심리학은, 심지어 사회심리학조차도 "비사회과학적인 사회과학이라는 모멸적인 별칭"[004]을 얻게 되었고, 그 결과 "심리학, 특히 사회심리학에서 '사회'는 어디로 갔는가?" 하는 반성이 제기되었던 것이다. 최근에 일고 있는 사회심리학계에서의 '사회성의 회복 운동'은 바로 이러한 반성의 구체적인 표현이라 볼 수 있다.

이러한 자기반성의 기치를 내건 사람들은 전통적 심리학, 특히 사회심리학이 기계론적 인간관에 입각하여 인간의 반성적 능력을 고려하지 않고 인

---

001 사회심리학의 연구 관심이 시 · 공간적으로 확대되고 있다는 사실은 『사회심리학 편람(*The handbook of social psychology*)』의 제4판(Gilbert, Fiske, & Lindzey, 1998)에서 '새로 떠오르는 연구 관점(emerging perspectives)'으로 문화심리학(제38장, The cultural matrix of social psychology by Fiske, Kitayama, Markus & Nisbett)과 진화사회심리학(제37장, Evolutionary social psychology by Buss & Kenrick)을 들고 있다는 점에서 잘 드러난다. 이러한 사실은 또한 가장 널리 읽히는 사회심리학 교과서 중 하나인 Sears 등의 『사회심리학』 제10판(Taylor, Peplau, & Sears, 2000)에서는 사회심리현상을 설명하는 이론체계로 동기이론, 학습이론, 인지이론, 의사결정이론, 상호의존성이론(사회교환이론)과 함께 사회 · 문화이론과 진화사회심리학을 들고 있다는 점에서도 드러나고 있다. 이 중에서 진화사회심리학이 시간적인 관점의 확대를 드러내는 것이라면, 문화심리학은 공간적인 관점의 확대를 대변하는 연구 분야라 할 수 있을 것이다.

002 Jones & Gerard, 1967, p. 1; 여기서 사회적 자극은 실제적이거나 상상적이거나 암묵적인 타인의 존재를 의미하고, 개인의 행동 속에는 사고와 감정 등이 포괄된다. 이러한 사실을 고려하여 G. W. Allport(1985, p. 3)는 사회심리학을 "실제적, 상상적 또는 암묵적인 타인의 존재에 의해 개인의 사고, 감정 및 행동이 영향을 받는 양식을 이해하고 설명하려는 시도"라 정의하고 있으며, 이러한 정의는 Jones(1998, p. 3)도 지적하고 있는 것처럼 사회심리학에서 일반적으로 받아들여지고 있다.

003 민경환, 1986.

004 Shweder, 1990, p. 20.

간을 단지 기계와 같은 피동체로만 파악해 왔으며,[005] 자연과학을 모방하여 경험적 · 수량적 분석을 위주로 하고, 또한 지나친 보편성의 추구로 인해 인간 행위에 미치는 역사와 문화의 영향을 도외시해 왔다고 주장한다.[006] 이러한 경향은 결국 심리학의 연구를 경험주의 · 개인주의 및 주관주의로 몰고 감으로써 개인과 그가 속한 사회의 역사성의 무시, 사회 현실로부터의 도피 및 사회 구조적 영향의 방기 등의 오류를 범하고 있으며, 따라서 이러한 사회 현실을 도외시한 심리주의(psychologism)는 사회구조적인 문제를 개인적 문제로 환원하는 극단적인 환원주의(reductionism)를 야기함으로써 현실 파악이나 개조의 노력을 소홀히 하게 하고, 결과적으로 기존 사회체제나 규범의 유지에 기여할 뿐인 심리학으로 전락하고 말았다는 것이다.[007]

이러한 비판은 전통적 심리학의 기계론적 · 수동적 인간 파악에 대한 회의, 논리실증주의에 입각한 지나친 경험주의 · 수량주의에 대한 반감 및 역사성과 문화의 영향을 도외시한 현실 회피 경향에 대한 반성 등에 기초를 두고 있는 것이다. 그 결과 다양한 대안이 제시되어 왔는데, 이러한 대안에서는 모두 새로운 심리학, 특히 사회심리학의 연구 주제로서 문화 내용 또는 문화 현상의 연구를 들고 있다.[008] 말하자면, 심리학에서의 사회성의 회복을 문화의 연구를 통해 도모하고자 하는 셈인 것이다.

1. 서구 심리학의 보편성에 대한 회의

사회심리학을 포함해서 전통적인 심리학은 인간의 심성과 행동을 설명하

---

005 Harré & Secord, 1972.

006 Gergen, 1973.

007 Mehryar, 1984; Sampson, 1983.

008 민경환, 1986; 조긍호, 1998a; 최상진 · 윤호균 · 한덕웅 · 조긍호 · 이수원, 1999; Gergen, 1973, 1982, 1985; Harré, 1979, 1984, 1986; Moscovici, 1972, 1981, 1984; Sampson, 1977, 1978, 1983, 1989 등.

는 보편적인 원리가 있을 것이라는 믿음을 가지고 연구를 진행해 왔다. 이러한 믿음 아래, 현대 서구 심리학에서 다루는 문제가 곧 보편적인 인간 심리와 행동 과정을 대변하는 것이어서, 서구 심리학은 곧 보편심리학이라는 등식으로 연구가 진행되어 왔던 것이다.[009] 그리하여 서구 심리학에서 다루는 문제나 개념, 방법 및 이론화가 서구의 문화특수적인 것임에도 이를 타 문화에도 그대로 적용함으로써 그들의 심성과 행동을 서구의 개념과 이론으로 설명하려 해 왔으며, 그 결과 비서구인에게 "과학적 문화변용(scientific acculturation)"[010]을 강요해 왔다.

그러나 전통적인 서구 심리학에서 다루어 왔던 인간의 심성과 행동을 설명하는 원리가 본질적으로 서구, 특히 미국 사회의 문화특수적인 것에 불과할 뿐이라는 사실이 일련의 논쟁을 거쳐 인간의 문화적 · 역사적 존재구속성에 관한 연구를 통해 명백히 드러나고 있다.[011] 이러한 연구에서 주장하는 서구 심리학은 곧 보편심리학이라는 등식의 허구성에 관한 논거는 다음의 두 가지로 정리될 수 있다.

1) 기존 심리학 원리의 보편성에 대한 인식의 변화

서구 심리학의 보편성에 대한 회의의 출발점은 우선 기존 심리학에서 보편적인 것으로 밝혀진 많은 원리가 실상은 서구인, 특히 미국 중산층 백인 대학생이 가지고 있는 고도의 개인중심적인 인간관에 기초한 문화특수적인 것일 뿐, 관계중심적인 인간관을 가지고 있는 문화권에도 일관적으로 적

---

009 Berry, Poortinga, Segall, & Dasen, 1992; Danziger, 1997.

010 Berry et al., 1992, p. 379; 이러한 점을 Berry 등(1992, p. 378)은 다음과 같이 지적하고 있다: "심리학이 압도적으로 서구 산업 사회에 뿌리를 두고 연구 · 실행되고 있다는 사실은 오늘날 심리학에 관계된 모든 사람들에게 전 세계적으로 명백한 사실이다. 세계의 나머지 부분은 왕왕 서구 심리학의 '소비자' 또는 '피험자'의 역할을 떠맡아 왔다; 심리학은 이들에게 '팔리거나' '시험적으로 적용되어 졌을' 뿐인 것이다."

011 Gergen, 1973, 1985; Manis, 1975, 1977; Sampson, 1978, 1983; Schlenker, 1974; Shweder, 1990; Shweder & Bourne, 1984; Shweder & Miller, 1985; Triandis, 1978 등.

용되는 원리는 아니라는 사실이다. 이러한 점은 현대 미국 사회심리학의 핵심적인 연구 30개를 선정하여 이스라엘에서 재검한 연구에서, 6개에서만 동일한 결과를 얻었고, 4개에서는 부분적으로만 결과가 반복되었을 뿐임에 반해, 20개에서는 완전히 반대되는 결과가 얻어졌다는 사실에서 잘 드러나고 있다.[012]

기존의 심리학에서 자명한 보편적인 원리로 받아들여졌으나, 서구 이외의 타 문화권, 특히 동양 문화권에서는 적용되지 않는 것으로 밝혀진 대표적인 현상으로 피아제(J. Piaget)의 인지 능력의 발달 원리[013]가 있다. 밀러(J. Miller)의 집중적인 연구에 의하면, 인도인은 미국인과 달리 연령이나 사회 경제적 지위에 상관없이 타인의 행동을 구체적 대인관계의 맥락에 따라 기술하거나 설명해 내고 있음이 밝혀지고 있다.[014] 한 연구에서 그녀는 미국과 인도의 여덟 살, 열한 살, 열다섯 살짜리 아동과 성인에게 개인적으로 잘 아는 어떤 사람이 최근에 했던 일탈행동(deviant behavior)과 친사회행동(prosocial behavior)을 두 가지씩 들고, 그 사람이 왜 그런 행동을 했겠는지 설명해 보도록 하였다.[015] 각 참가자들이 제시한 설명을 성격 · 가치 · 태도 · 기호 · 능력 등 행위자의 일반적 성향 요인과 사회적 및 시 · 공간적 위치와 관계된 규범과 규제 등 상황 요인으로 나누어 분석해 본 결과는 〈표 1-1〉과 같다.

---

012 Amir & Sharon, 1987.

013 인지발달의 이상적인 종착점을 가설 연역적 사고가 가능한 서구식 과학적 · 논리적 사고의 유형으로 잡고(Greenfield, 1976, 2000), 인간의 인지 능력은 사고 이전의 감각 · 운동 도식과 논리적 사고 이전의 전조작 도식 단계를 거쳐 구체적 사고 및 추론양식으로부터 추상적 사고 및 추론양식으로 발달해 간다는 원리.

014 Miller,1984, 1986, 1987, 1991, 2002; Miller & Bersoff, 1992, 1994; Miller, Bersoff, & Harwood, 1990; Miller & Luthar, 1989 등.

015 Miller, 1984.

〈표 1-1〉 미국인과 인도인의 성향귀인과 상황귀인 비율(%)

	미국인		인도인	
	성향귀인	상황귀인	성향귀인	상황귀인
성인	40.0	18.0	18.5	40.5
15세	20.5	30.0	12.5	31.0
11세	14.0	20.5	11.0	28.0
8세	10.5	23.5	9.5	23.0

※ 출처: Miller(1984)의 표 2(p. 967)를 일탈행동과 친사회행동에 대한 귀인 결과를 평균하여 재구성함.

이 표에서 보면, 미국인은 낮은 연령 집단에서는 구체적인 상황에서 행동의 원인을 찾는 구체적 추론 경향이 더 강하다가, 연령이 증가하면서 성격이나 가치관 등의 내적 성향에서 행동의 원인을 찾는 추상적 추론 경향이 더 강하여, 피아제의 이론을 뒷받침하고 있다. 그러나 인도인은 연령 증가에 따라 추상적 추론양식뿐만 아니라 구체적 추론양식도 증가하고 있으며, 연령이 증가할수록 구체적 추론양식이 차지하는 비율이 훨씬 커지고 있다. 이는 인도인에게 있어서는 연령 증가와 더불어 사람이 처한 사회적 및 시·공간적인 위치 등에 관한 정보를 더욱 분화하여 사고함을 의미하는 것으로, 피아제의 이론과는 반대되는 결과이다.

미국인은 연령이 증가함에 따라 개인이 가진 성향을 추상화하여 이에서 행동의 원인을 찾는 경향이 유의미하게 증가하지만, 인도인은 연령의 증가에 따라 외적 상황을 더욱 구체화하여 이에서 행동의 원인을 찾는 경향이 증가한다는 결과는 기존 연구에서 가정했던 바와 같은 인지발달의 원리(구체적 추론양식에서 추상적 추론양식으로 발달한다는 원리)의 보편성에 의문을 제기하게 하기에 충분한 것이다. 이러한 결과는 기존 연구에서 밝혀진 원리들은 바로 자율적·자기결정적·독립적인 개인을 이상형으로 보아 개인이 보유하고 있는 성향(disposition)[016]이 궁극적인 행위의 원천이며, 이들은 기본

016 이는 구체적 행동을 유발하는 개인 내적인 경향성 또는 근거로서, 다양한 행동으로부터 추상화하여 얻어지는 가설적 구성 개념이다. 이러한 성향의 추론은 귀납 및 연역의 논리적 추론 능력을 배경으로 한다(Miller, 1984).

적으로 삶의 목표인 자기완성의 근거가 된다는 서구, 특히 미국식 개인주의 인간관의 반영일 뿐임을 드러내 주고 있는 것이다.[017]

이러한 관점에서 보면, "기존의 서구 심리학 이론들은 다른 토착심리학의 이론들과 마찬가지로 그 자체 토착적인 것일 뿐"[018]이다. 곧 "현재의 심리학은 보편심리학이 아니라 서구로부터 나온 일종의 토착심리학일 따름"[019]인 것이다.

2) 기존 문화차 설명 양식의 목적론적 허구

기존 심리학의 보편성에 대한 회의의 또 다른 근원은 사회행동의 문화간 차이를 설명하는 기존 심리학의 입장이 목적론적 관점(teleological viewpoint)이 갖는 오류에 빠져 있다는 사실이다.[020] 기존의 심리학에서 문화차를 해석하는 시각은 비서구인은 서구의 아동과 마찬가지로 추상적 사고능력이 부족하다고 보는 인지 능력 차이가설[021]과 이들은 추상적 인지 능력의 발달을 가져오는 근대화(modernization)와 관련된 경험이 부족하다고 보는 경험 차이가설[022]이 대표적이다. 이러한 이론들은 개체 발달과 사회 발달의 최종 정착목표를 추상적 표상양식(인지 능력 차이가설)이나 근대화(경험 차이가설)라고 보는 사회진화론에 기초한 목적론적 견해를 바탕에 깔고 있다.

---

017 Gergen & Gergen, 1988; Gilligan, 1982; Greenfield, 2000; Kim, 1995, 2000; Markus & Kitamaya, 1991a, b; Nisbett, 2003; Sampson, 1977, 1989; Schwartz, 1986; Zebrowitz, 1990 등.

018 Greenfield, 2000, p. 231

019 Yang, 2000, pp. 245; 이러한 맥락에서 그는 "미국식 심리학은 세계에서 가장 거대한 토착심리학"(p. 250)이라 지적하고 있으며, 같은 사실에 대해 김의철(Kim, 2000, pp. 284-285)은 다음과 같이 언급하고 있다: "기존 심리학에서 받아들여져 온 이러한 보편성의 가정은 대부분의 이론들이 미국에서 주로 대학교 학생들을 대상으로 하여 개발된 것이라는 점에서 특히 문제가 있다. 환언하면, 전 세계 인구의 1%에도 못 미치는 사람들에게서 검증된 이론을 보편적인 것이라 가정해 왔던 것이다. 사정이 이러한 데에도 심리학자들이 보편성을 주장하는 것은 기존 심리학의 미성숙성을 드러내는 일에 불과한 것이다."

020 Bond & Hwang, 1986; Miller, 1984 등.

021 Livesley & Bromley, 1973.

022 Scribner & Cole, 1973.

그리하여 이들의 연구에서는 이러한 문화 간 차이는 미분화되거나 미개발된 상황에서 나타나는 것으로, 이는 인간 행동의 보편적 원리의 도출에 오염변인으로 작용할 뿐이라고 보아, 이를 제거하거나 도외시하려는 경향을 띠어 왔던 것이다.[023]

그러나 추상적 추론양식 대신 구체적 추론양식이 특징인 인도인도 과제에 따라서는 고도의 추상적 추론 경향을 보이며, 이러한 경향은 그들의 근대화와 관련된 사회 경제적 배경과 무관하게 일관적임이 밝혀지고 있다.[024] 밀러에 따르면,[025] 인도인도 미국인과 마찬가지로 개념 사이의 구체적 상호관계성과 추상적 상호관계성을 구분하는 능력이 모든 연령층(8세, 11세, 15세, 성인)에게서 비슷하여,[026] 전체적으로는 미국인의 87.1%와 인도인의 86.8%가 정확한 분류 경향을 보이고 있다. 이는 두 문화 집단의 모든 연령층에서 개념적 유사성에 근거하여 사물을 분류하는 추상적 사고 능력이 유사한 수준에 이르고 있음을 의미하는 것으로, 이러한 결과는 문화차에 관한 인지 능력 차이가설의 허구성을 잘 드러내 주고 있다.

이 연구에서는 또한 인도 성인은 하류계층이나 중류계층의 차이 없이 모두 추상적 추론양식 수준(각각 14.0%와 18.5%)이 구체적 추론양식보다 낮음을 보이고 있다. 이 연구에서 중류계층 인도인은 평균 17.5년의 교육 경력을 가지고 있는 교사 및 전문직 종사자였고, 하류계층 인도인은 평균 4.3년의 교육 경력을 가진 노동 및 수공직 종사자였다. 근대화와 관련된 경험으로 보면 중류계층 인도인의 경험이 하류계층 인도인보다 훨씬 더 많고 풍부한데도 두 집단의 추상적 추론양식 수준에는 별 차이가 없다. 이러한 사실은 인

---

023 Aronson, Brewer, & Carlsmith, 1986.

024 Miller, 1984, 1986, 1987, 1991; Miller et al., 1989, 1990, 1992.

025 Miller, 1984.

026 다양한 개념의 분류 과제에서 개념적 유사성에 따라 정확하게 분류하는 비율이 미국인과 인도인 각각 8세 집단 84.4%와 82.3%, 11세 집단 88.3%와 84.6%, 15세 집단 85.7%와 89.0%, 성인 집단 90.1%와 91.2%로, 모든 연령층에서 두 문화 집단(미국인과 인도인) 간에 아무런 차이가 없었다(Miller, 1984, p. 969의 표 3 참조).

도인에게 연령 증가와 더불어 구체적 추론양식이 더 지배적이 되는 까닭은 전반적으로 이들이 근대화와 관련된 경험이 부족하기 때문이라는 설명의 허구성을 드러내 주는 것이다.

개인과 사회의 발달이 목적론적 관점에서 전제하듯이 정해진 방향에 따라 과연 진보하는 것인가 하는 점에 대해서도 많은 의문이 있는 것이 사실이다.[027] 곧 "모든 문화에서 인지발달의 이상적인 종착점으로 피아제의 이론에서 가정하듯이 서구식 과학자를 잡고 있는 것은 아닌 것이다. 실제로 많은 문화에서는 이와는 달리 사회적 지능과 지혜를 최고 수준의 인지 형태로 보고 있다."[028]

인지발달과 지능에 관한 이러한 대안적 개념화는 많은 토착심리학자의 작업에서 제시되고 있다.[029] 뿐만 아니라, 고도로 근대화된 개인주의 사회일수록 범죄율이 높고, 정신건강의 지표도 낮다는 사실[030]은 근대화가 사회 발달의 최종 정착점이라 볼 수 있겠는지 하는 사실에 의문을 제기하게 하는 것이다. 게다가 이러한 목적론적 견해는 문화우월성 또는 열등성이라는 제국주의적 사고 또는 체념적 사고를 낳게 되어 현실 파악이나 개조의 노력을 소홀히 하게 만들고,[031] 결과적으로 기존 사회체제나 규범의 유지에 기여할 뿐인 심리학으로 전락하게 할 가능성도 배제할 수 없다.[032]

---

027 Kuhn, 1962; Shweder, 1984.

028 Greenfield, 2000, p. 232.

029 아프리카의 토착심리학자인 Durojaiye(1993)의 연구가 이러한 작업의 한 예가 될 것이다. 그는 아프리카의 두 부족(Yoruba족과 Baganda족)에게 지능이란 단순한 인지 능력만이 아니라 일상생활에서의 교제와 문제 처리 등 사회생활을 원만하게 영위하는 능력으로 인식되며, 후자가 전자보다 더 중요하게 고려됨을 보고하였다. Dasen(1984)도 아프리카의 Baoulé족은 공동체의 복지 증진과 같은 부족 전체의 문제해결에서는 기억력과 정보처리 능력 같은 인지 능력을 중시하지만, 개인의 일상생활에서는 대인관계에서의 조화와 집단을 위한 봉사의 능력과 같은 사회적 지능 및 사람들에게 행운을 가져오는 영적 측면의 능력을 중시함을 밝혀내고 있다.

030 Triandis, 1990, 1994a, 1995; Triandis, Bontempo, Villareal, Asai, & Lucca, 1988 등.

031 Ross & Nisbett, 1991.

032 Mehryar(1984)은 국가 발전의 문제는 "그 본성상 그리고 원인론상으로 볼 때, 심리학이나 다른 과학에 의해 해결될 수 없는 것"(p. 161)인데도 왕왕 목적론적 발전관 또는 단선

이러한 배경에 비추어 볼 때 미국 심리학으로 대표되는 전통적 심리학은 탈맥락화하지 못하고 서구식 개인주의의 관점에 함몰되어 대상을 인식하는 자기중심성에서 벗어나지 못했었다고 볼 수 있다.[033] 이러한 서구의 자기중심성에서 벗어나서 인간의 역사적 · 문화적 존재구속성(存在拘束性)이라는 인간 행동의 본질을 정확히 이해하기 위해서는 심리학이 탈중심화할 필요가 제기된다.[034] 그리하여 심리학, 특히 사회심리학은 문화의 연구를 그 영역 속에 포괄하여야 하며,[035] "본질상 사회심리학의 연구는 일차적으로 역사적인 과업"[036]이므로, 문화 변화 등 현실세계의 다양한 변인을 그 연구 내용 속에 편입시켜야 할 것이다.[037] 바로 이러한 맥락에서 최근 사회심리학계에서

론적 역사관에 입각하여 이를 심리학화함으로써 진실을 은폐함은 물론 심리학을 오도하고 있다고 주장한다. 그에 따르면, "이러한 국가 발전의 문제를 '심리학화'하려는 시도는 관련된 사람들의 불행과 낙후성을 허구적으로 경감시킨다는 점에서 비생산적일 뿐만 아니라, 어떤 특정 이익집단들이 발전의 실질적인 장애를 호도하는 데 잘못 사용될 수도 있다"(p. 161)는 것이다. 즉, 발전을 위해 해결되어야 할 문제는 심리적인 것만이 아니라 기본적으로 정치적 및 경제적인 것임에도 불구하고, 이를 개인 심리에만 귀결시켜 심리학이 떠맡음으로써 결과적으로 발전을 저해하고, 기존 체제의 유지 및 사회의 정체를 야기하게 된다는 것이다.

033 이수원, 1990, p. 63; 이러한 사실을 Yang(1997, p. 69)은 다음과 같이 설득력 있게 제시하고 있다: "세계에서 가장 발달한 북미의 심리학은 그 자체 태생적으로 토착심리학의 한 종류일 수밖에 없었다. 이는 그 주요 개념, 이론, 방법 및 발견들이 원래 그리고 자발적으로 부분적으로는 유럽의 지적 전통, 엄격하게는 주로 미국 사회의 문화적 및 사회 철학적 기반 위에서 배태되어진 것이라는 의미에서 그러하다."

034 Brislin, Lonner, & Thorndike, 1973.

035 Moscovici, 1981.

036 Gergen, 1973, p. 316.

037 Gergen(1973, pp. 316-317)은 심리학이 현실 세계의 다양한 현상을 연구해야 하며, 따라서 문화 변화에 민감해야 한다는 점에서 "현대의 심리학자의 작업은 후세 역사가들이 현대 세계를 더 잘 이해하기 위한 기초 자료가 될 것"이라는 측면에서 심리학이 역사적인 작업이 되어야 한다고 주장한다. 그러나 Danziger(1997, p. 5)는 심리학에서 다루는 범주(인지 · 정서 · 학습 · 동기 · 성격 · 태도 · 지능 등)가 "심리학자들이 경험적 연구에 기초해서 자체적으로 고안해낸 것이 아니라, 심리학자들이 경험 연구의 대상으로 확인하여 사용하기 전에 이미 가지고 있었던 것"이므로, 이러한 범주는 시 · 공간적으로 구속되는 것이어서, 시대에 따라 또는 문화에 따라 인간 경험 또는 심성의 범주가 달라지면 다른 범주를 포괄하는 별개의 심리학 체계가 성립할 수 있다는 의미에서, 심리학의 문화화 및 역사화를 주장한다. 그는 이를 "심리적 범주들의 역사성(historicity of psychological categories, p. 12)"이라

문화와 인간 행동 사이의 관계에 대한 관심이 고조되고 또 활발하게 연구가 이루어지고 있는 배경을 찾아볼 수 있는 것이다.

2. 심리학에서의 문화 연구

이상에서 보듯이 현대심리학, 특히 사회심리학의 최대의 화두는 문화이며, 인간의 심성과 행동에 미치는 문화의 영향에 대한 탐구는 심리학이 지향하고 있는 인간 이해의 지평을 한층 넓히는 데 중추적인 역할을 하고 있다. 즉, "문화는 급속하게 현재 심리학자들이 직면하고 있는 가장 중요하고도 절박한 문제 중 하나가 되어 왔던 것이다."[038] 이러한 문화가 무엇인가에 대해서는 여러 가지로 접근되어 왔으나,[039] 이러한 다양한 정의 중 가장 널리 받

부르고 있다. 그에 따르면, 현대심리학은 1910~1940년 사이에 혁명적 변화를 겪었는데, 이는 서구 특히 미국 사회에서 "현상을 설명하는 이론이 변화되었기 때문이 아니라 연구되는 현상 그 자체가 변화되었기 때문인데, 이러한 연구 현상의 변화는 그들을 규정하는 범주가 달라졌다는 사실에 기인하는 것"(p. 19)이라 한다. 따라서 "현재의 심리학은 본질적으로 1940년대 이후의 미국식 심리학"(p. 192)이어서 현대 미국인의 심리적 범주를 반영하고 있을 뿐이므로, 다른 많은 문화 전통에 따른 심리적 범주화의 대안에 따른 심리학의 범위의 확산이 이루어져야 한다는 점에서 문화에 관한 심리학적 연구의 필연성을 제시하고 있는 것이다.

038 Matsumoto, 2000, p. 17.

039 최근에 Soudijin, Hutschemaekers와 Van de Vijver(1990)는 지금까지 문화에 대해 제시된 128가지의 정의를 비교 · 제시하고 있다. Kroeber와 Kluckhohn(1952, p. 181), Berry 등 (1992, pp. 165–170) 및 Matsumoto(2000, pp. 18–19) 등에 따르면, 지금까지 이루어진 문화에 대한 다양한 정의와 논의는 여섯 가지 범주로 나누어 볼 수 있다고 한다. 이들은 문화와 관련된 인간 생활과 활동의 모든 측면에 초점을 맞추어 이를 목록화하려는 기술적 정의(descriptive definition), 한 집단의 사람들이 물려받은 오랜 시간에 걸친 유산과 전통을 강조하는 역사적 정의(historical definition), 한 집단의 사람들을 지배하는 공유 규칙과 규범을 강조하는 규범적 정의(normative definition), 한 집단의 사람들의 특징적인 적응 · 문제해결 · 학습 · 습관 등 심리적 특징의 다양성을 강조하는 심리적 정의(psychological definition), 문화의 사회 수준 또는 조직 수준의 구조를 강조하는 구조적 정의(structural definition) 및 문화의 기원이나 발생을 강조하는 발생적 정의(genetic definition)이다.

아들여져 온 것은[040] 이들 문화의 요소들을 종합한 다음의 정의이다.

> 문화(文化)는 인간 집단들의 특징적인 성취로서, 여러 가지로 구체화된 인공물을 포괄하는 상징들에 의해 습득되고 전수되는 행동의 그리고 행동을 위한 외현적 · 내현적 원형이다. 문화의 근본적 핵심은 전통적인, 곧 역사적으로 유도되고 선택된 관념들과 특히 이에 부착된 가치들로 구성된다. 문화 체계는 한편으로는 행위의 산물이면서, 또 한편으로는 장래의 행위에 대한 조건적 요소라 간주할 수 있다.[041]

이렇게 문화는 한 집단의 사람들이 오랜 삶의 과정에서 환경 세계에 적응해 가면서 능동적으로 조성해 온 삶의 체계이기 때문에 한 사회에서 인간과 환경 세계를 이해하는 조망이며, 사회행위의 지도 원리이다. 따라서 문화는 환경 세계에 대한 해석과 이해를 주도하고,[042] 더 나아가 환경 속에서의 개인적 발달의 방향성을 규정할 뿐만 아니라,[043] 때로는 "역사의 근본적인 추진력(the prime movers of history)"[044]으로 작용하기도 하므로, 인간은 이러한 문화구속성(文化拘束性)으로부터 벗어날 수 없는 것이다.[045]

환언하면, "문화는 과거의 인간 행동의 산물이면서 미래의 인간 행동의 조형자로서, 결국 인간은 문화의 생산자이면서 동시에 인간의 행동은 문화에 의해 영향을 받게 되는 것이다."[046] 그러므로 같은 문화 집단에 속하는 성

---

040 Berry, 2000; Berry et al., 1992.

041 Kroeber & Kluckhohn, 1952, p. 181.

042 Fiske et al.,1998; Markus & Kitamaya, 1991a, b; Nisbett, 2003; Nisbett, Peng, Choi, & Norenzayan, 2001.

043 Shweder, 1990.

044 Ross & Nisbett, 1991, p. 177.

045 Gergen, 1973, 1985; Matsumoto, 2000; Shweder, 1990, 2000; Shweder & Miller, 1985.

046 Segall, Dasen, Berry, & Poortinga, 1999, p. 23.

원들은 그들만의 특징적인 심리 내용과 행동양식을 가지게 된다. 문화에 관한 심리학적 연구는 바로 이렇게 문화가 인간의 심성과 행동에 영향을 미치는 과정과 이러한 과정의 결과 한 문화 집단의 사람들에게 공통적인 심리 내용 및 행동의 특징을 찾아냄으로써 문화와 인간 심리 사이의 상호 역동적인 관계에 대해 과학적으로 접근하고자 한다.[047]

1) 문화에 관한 심리학적 연구의 역사

문화와 인간의 심성 및 행동 사이의 관계에 대한 심리학적 물음은 현대심리학의 창시자라고 간주되는 분트(W. Wundt)[048]에서 비롯되었다. 분트는 심리학의 성격을 두 가지로 규정하고 있는데, 그 하나는 감각과 지각 등 개인의 의식을 대상으로 하는 실험심리학(Experimentelle Psychologie)이고, 또 하나는 언어 · 신화 · 풍습 등 사회적 과정을 통해 집단적으로 구성되는 문화를 대상으로 하는 민족심리학(Völkerpsychologie)이다. 이 중에서 전자는 자연과학(Naturwissenschaft)의 전통에 속하는 개인심리학을 구성하고, 후자는 정신과학(Geisteswissenschaft)의 전통에 속하는 사회심리학을 구성하는 것이다.

분트는 이 두 접근이 상호 배타적인 것이 아니라, 상호 보완적인 것이라

---

047 Fiske et al., 1998.

048 Boring(1950, p. 316)은 유명한 『실험심리학의 역사(*A history of experimental psychology*)』에서 Wundt가 독일의 Leipzig 대학에 심리학 실험실을 창설한 1879년을 현대심리학의 출발 시점으로 보아, 그를 현대심리학의 '창시자'로 추정하였다. 그러나 미국에서 심리학회가 결성된 것은 1890년경으로 독일 심리학회는 이보다 12년이 지나서야 비로소 창립되었다는 점에서, 심리학은 독일에서 Wundt에 의해 창설된 것이 아니라는 견해도 있다(김정운, 2002, Danziger, 1979). Farr(1996)는 Wundt의 제자였던 Titchener, Hall, Baldwin, Cattel 등이 미국 심리학의 창설 시기에 핵심적인 역할을 하였으며, Boring은 잘 알려진 대로 Titchener의 제자였다는 사실에서, Boring이 Wundt를 현대심리학의 비조로 잡게 된 배경을 이해할 수 있다고 보았다. 어쨌든 이 이후 Wundt를 현대심리학의 창시자라고 보는 것은 일반적인 통설이 되어 있다. 예를 들면, Kim과 Berry(1993, p. 1)는 Boring(1950)을 인용하면서 "현대심리학의 비조로 간주되는 Wilhelm Wundt는 1879년에 독립적인 과학의 한 분과로서 심리학을 창립하였다"라고 기술하고 있다.

고 믿었다.[049] "그는 개인심리학만 가지고는 고등정신기능을 탐구하는 충분한 이론적 틀이 될 수 없다고 주장했는데, 그 까닭은 고등정신기능은 인간의 집단적 존재 양태와 이러한 집합적 목적을 위해 개발된 협동의 양상에 의존하는 것이라고 보았기 때문이었다." 또한 그는 이렇게 개인심리학이 민족심리학에 의존하고 있다고 보았을 뿐만 아니라, 역으로 "문화적 발달과 인간의 집단적 성취를 연구하는 데 있어서 개인의 의식을 지배하는 원리가 가지는 근본적인 중요성을 지적하기도 하였다."[050] 이러한 점을 그는 "그러므로 개인심리학과 민족심리학이 함께 해서라야 비로소 심리학 전체가 구성된다"[051]거나 "실험심리학과 민족심리학은 두 개의 서로 보완적인 부분이며, 서로를 이어서 그리고 서로 간에 동시에 심리학의 보조수단으로서 적용되는 관계에 놓여 있다"[052]고 적고 있다. 이러한 분트의 입장은 다음 글에 잘 드러나 있다.

> 고등정신과정의 분석에서 민족심리학은 개인 의식에 대한 심리학의 필수 불가결한 보완물이 된다. 실제로 어떤 문제의 경우 후자는 이미 민족심리학의 원리에 의존할 수밖에 없음이 밝혀지고 있다. 그럼에도 공동체 내에서 교호적 관계를 맺고 있는 개인들과 분리된 민족 공동체는 있을 수 없듯이, 민족심리학도 개인심리학 또는 소위 일반심리학을 전제로 하고 있다는 사실을 잊어서는 아니 되는 것이다.[053]

이상에서 보듯이, 분트 자신은 자기가 제시한 심리학의 두 체계—실험심리학과 민족심리학—가 상호 보완적인 것이라고 생각했지만, 실은 민족심

---

049 김정운 · 한성열, 1998; Kim & Berry, 1993; Danziger, 1983; Jahoda & Krewer, 1997.
050 Jahoda & Krewer, 1997, p. 14.
051 Wundt, 1908, Vol. 3, p. 228: Jahoda & Krewer, 1997, p. 14에서 재인용.
052 Wundt, 1900, p. 23: 김정운 · 한성열, 1998, p. 101에서 재인용.
053 Wundt, 1916, p. 3: Kim & Berry, 1993, p. 15에서 재인용.

리학이 "운명적으로 실험심리학을 능가하는 심리학의 더 중요한 분과"[054]가 될 것으로 여겨, "생애 마지막을 심리 과정에서의 사회 · 문화적인 영향을 검토하는 작업에 몰두하여 10권짜리 『민족심리학: 언어, 신화 및 풍습의 발달 법칙 탐구(*Völkerpsychologie: Eine Untersuchung der Entwicklungsgesetze von Sprache, Mythos und Sitte*)』를 저술하는 데 바쳤다."[055]

분트의 제자인 티취너(E. Titchener), 홀(G. Hall), 볼드윈(J. Baldwin) 및 카텔(J. Cattel) 같은 제1세대 미국 심리학자들은 그의 심리학을 미국에 소개하고 이식시켰지만, 미국에서 꽃피운 것은 분트의 실험심리학뿐이었고, 그의 민족심리학의 기획은 신세계에서 배척되었다. 미국 사회에서 그리고 그 이후의 "주류 심리학에서 분트 작업의 문화적 측면에 대해 외면했던 배경에는 부분적으로 문화를 심리학의 범주 속에 끌어들일 경우 심리학이라는 학문이 대단히 넓게 규정될 수밖에 없다는 사실에 대한 불안감이 개재하고 있다."[056] 당시의 미국 심리학자들은 이렇게 심리학의 포괄 범위가 넓어지면 방법론적 엄격성을 견지하기가 힘들어질 것이기 때문에, 분트의 실험심리학도 훼손될 가능성이 있다고 보았던 것이다.[057] 그리하여 미국 풍토의 개인주의에 일치하는 개인심리학(이 경우는 분트의 실험심리학)을 방법론적 엄격성을 유지하면서 추구함으로써 인간 행동의 보편적 원리를 탐색하려는 노력으로 기울어지게 된 데에 미국 사회에서 민족심리학이 외면된 까닭이 있다.[058]

---

054 Danziger, 1983, p. 307.

055 Kim & Berry, 1993, p. 1.

056 Poortinga, 1997, p. 359.

057 Wundt 자신도 언어 · 신화 · 관습 · 풍습 등 "관찰 가능한 문화적 산물들은 인종지학적 · 비교적 · 역사적 분석을 통해 이해될 수 있는 것이지"(Kim & Berry, 1993, p, 16), 실증적인 실험 연구를 통해서는 접근될 수 없다고 보았다. 실증적인 실험 연구를 통해 접근될 수 있는 것은 실험심리학뿐이므로, 이러한 배경에서 "민족심리학을 무시한 이유 중 하나는 분명히 주류 심리학이 일반적으로 계몽주의의 지배적인 이념에 따라 그 자체 자연과학적인 분과 학문으로 확립되려는 목표를 가지고 있었다는 사실에 있다"(Jahoda & Krewer, 1997, p. 14)고 볼 수 있는 것이다.

058 김의철, 2000; 최상진, 1999a; 최상진 · 한규석, 1998; Boski, 1993; Choi, Kim, & Choi, 1993; Farr, 1983, 1996; Jahoda & Krewer, 1997.

분트의 민족심리학은 현대심리학의 분과로 보면 사회심리학에서 다루는 문제이다.[059] 그러나 사회심리학에서 분석 단위를 개인으로 삼게 되면서 "사회심리학의 담론에서 문화는 자리를 잃었다."[060] 사회심리학에서 집단보다 개인을 분석 단위로 삼게 된 것은 올포트(F. H. Allport)의 영향인데,[061] 이러한 사실은 그의 다음과 같은 진술에서 잘 드러나고 있다.

> 국민성, 프리메이슨(공제·우애를 목적으로 하는 비밀 결사단체)주의, 천주교 신앙 같은 것은 집단심(集團心, group minds)이 아니다. ……이들은 각 개인의 마음(individual mind) 속에서 되풀이되며, 그러한 개인들의 마음속에만 존재하는 일련의 이상, 사고 및 관습이다. ……집단 오류(group fallacy)를 다루는 모든 이론은 진정한 인과(因果)의 소재, 곧 개인의 행동 기제로부터 우리의 주의를 다른 데로 돌리게 하는 불행한 결과를 초래하고 있다.[062]

이러한 영향을 받아 사회심리학은 타인과의 상호작용의 결과 나타나는 개인의 행동·사고·감정 등을 다루는 학문이라는 입장에서 개인의 행동과 심성의 분석에 몰두하고, 문화와 같은 집단변인은 오염변인(noise)으로 간주하여 고려 대상에서 제외해 왔으며, 결과적으로 오랫동안 "비사회적 사회심리학 또는 탈문화적·탈역사적 사회심리학"[063]으로 전개되어 왔던 것이다.

이러한 상황이 지속되다가 사회심리학자들이 문화를 그들의 연구 기획

---

059 이러한 점을 지적하여 Kim과 Berry(1993, p. 1)는 '문화적 맥락에서의 경험과 연구'라는 부제가 붙은 『토착심리학(*Indigenous psychologies*)』이라는 편저의 서론에서 "이 책에서 제시되는 토착심리학의 접근은 Wundt의 정신과학적 전통의 직접적인 후예"라고 진술하고 있다.

060 한규석, 1997, p. 88.

061 G. W. Allport, 1985.

062 F. H. Allport, 1924, p. 9.

063 최상진·한규석, 1998, p. 83.

속에 포함시켜 고려하기 시작한 것은 1960년대 중반부터이다.[064] 실로 현대 심리학이 독립 과학으로 출범한 지 근 한 세기가 지나서야 인간 행동과 심성에 미치는 문화의 영향에 대해서 심리학자들이 진지하게 고려하기 시작하였던 것이다. 즉, 그동안 심리학, 심지어 사회심리학조차도 "집합성 · 역사성 · 문화성 · 전통성 등은 다 증발시켜 버린 채…… 사회적 진공(social vacuum) 속의 사회심리학"[065]에 머물러 있다가, 불과 30여 년 전에야 사회와 문화 및 역사 속으로 들어오게 되었던 것이다.

2) 문화 관련 심리학적 연구의 중심 – 문화비교심리학

타 문화에 대한 관심은 고대로부터 있어 왔기 때문에[066] "문화비교에 대한 관심이 출발된 구체적인 연대를 확인할 수는 없다."[067] 그러나 문화와 인간 행동 및 심성 사이의 관계에 대한 본격적인 심리학적 연구는 1960년대에 서구 심리학의 이론이나 현상을 비서구 사회에서 검증하기 위한 연구에서 비롯되었다. 이러한 연구를 통해 서구 심리학에서 보편적인 것으로 가정해 왔던 많은 원리와 현상이 비서구 사회에서 그대로 적용되거나 나타나지 않는다는 사실이 밝혀지면서, 본격적으로 인간 행동에 미치는 문화의 영향에 대

---

064 Berry(1997; Segall, Lonner, & Berry, 1998)는 1966년에 문화비교의 관점을 증진시키기 위해 『국제 심리학 잡지(*International Journal of Psychology*)』가 출간되고, 1970년에 『문화비교심리학 잡지(*Journal of Cross-Cultural Psychology*)』가 출간된 후, 1972년에 '국제 문화비교심리학회(International Association for Cross-Cultural Psychology)'가 결성되어 격년제로 이 분야의 국제 심포지엄을 개최하면서부터 문화에 관한 심리학적 연구가 본격적으로 전개된 것으로 보고 있다. 그 결과 1980~1981년에 『문화비교심리학 편람(*Handbook of cross-cultural psychology*)』의 제1판이 전6권으로 출간되고(Triandis, Lambert, Berry, Lonner, Heron, Brislin, & Draguns, 1980~1981), 이어서 1997년에 제2판이 전3권으로 출간되는(Berry, Poortinga, Pandey, Dasen, Sarawathi, Segall, & Kagitcibasi, 1997) 등 이 분야 연구가 본궤도에 진입하게 되었다는 것이다.

065 최상진 · 한규석, 1998, p. 82.

066 Jahoda & Krewer, 1997; Kim, 2000.

067 Kleineberg, 1980, p. 34.

한 관심과 연구가 증폭되었다.[068] 그리하여 문화 관련 심리학(psychology of culture)은 서구 문화의 성원, 특히 미국인과 이와는 다른 문화의 성원들의 행동과 심리 내용 및 과정을 비교 · 연구하려는 분야(문화비교심리학, cross-cultural psychology), 각 문화 특유의 토착적인 행동과 현상을 그 자체의 관점에서 연구하려는 분야(토착심리학, indigenous psychology), 그리고 각 문화의 성원들이 자기 문화 내에서 사회화하는 과정을 통해 문화를 습득하고 이를 조형해 가는 과정에 관심을 가지는 분야(문화심리학, cultural psychology) 등으로 발전하게 되었다.[069]

"이 세 분야 중 가장 특출한 것은 문화비교심리학이다.[070] 주류 심리학의 한 분과로서, 더 정확하게 얘기하자면, 성격 · 사회 및 인지심리학의 한 분야로서 문화비교심리학은 서구에서 발원된 심리학의 이론을 다른 문화권에서 검증해 보려는 필요에 부응하기 위하여 1960년대에 본격화되었다."[071] 즉,

---

068 Jahoda & Krewer, 1997; Kleineberg, 1980; Segall, Lonner, & Berry, 1998.

069 김의철, 2000; 김정운 · 한성열, 1998; 최상진, 1999a, 2000a; 최상진 · 한규석, 1998, 2000; 한규석, 1997, 2002; Berry, 2000, Greenfield, 1997, 2000; Jahoda & Krewer, 1997; Kim, 2000; Lonner & Adamopoulos, 1997; Miller, 1997; Poortinga, 1997; Segall et al., 1998; Shweder, 2000; Sinha, 1997; Triandis, 2000: 최근에 Berry 등(1997)이 편집한 『문화비교심리학 편람』 제2판에서 Jahoda와 Krewer(1997)는 이 세 분야의 역사적인 개관을 하고 있고, Lonner와 Adamopoulos(1997)는 문화비교심리학, Sinha(1997)는 토착심리학, Miller(1997a)와 Greenfield(1997)는 문화심리학의 입장에서 문화와 인간 행동 및 심성의 관계를 조감하는 연구를 개관하고 있으며, Poortinga(1997)는 이 세 분야의 통합 가능성을 조심스럽게 타진하고 있다. 또한 1999년에 대만의 타이페이시(臺北市)에서 열린 '제3차 아시아 사회심리학회(The 3rd Biennial Conference of the Asian Association of Social Psychology)'에서는 이 세 분야의 성격 규정과 비교가 주 안건이었는데, 여기에서 Berry(2000)와 Triandis(2000)는 문화비교심리학, Kim(2000)과 Yang(2000)은 토착심리학, 그리고 Greenfield(2000)와 Shweder(2000)는 문화심리학의 입장에서 타 분야와 대조되는 각 분야의 성격을 분명히 하려는 논문들을 발표하고 있다. 이런 점에서 보면, 문화 관련 심리학은 현재 이 세 분야로 분화하여 연구가 진행되고 있음을 알 수 있다.

070 토착심리학과 문화심리학은 문화비교심리학을 구성하기 위한 하나의 자료(토착심리학의 경우)이거나 문화비교 연구의 자료를 기반으로 한 이론화에 관심을 집중하는 것(문화심리학의 경우)으로 볼 수 있어, 두 분야 모두 문화비교 연구를 바탕에 깔고 있다. 이에 대해서는 졸저(조긍호, 2003a, pp. 41–74) 참조.

071 Yang, 2000, p. 242.

제2차 세계대전 이후 서구의 구 식민지 국가에 이주해 살던 서구인이 자기 문화와 이주국 문화의 차이에 관심을 가지고, 이것을 자기의 도구와 개념으로 측정해 보려 하였던 배경에서 문화비교심리학이 출범했으며, 이러한 경향은 서구, 특히 미국에서 유학한 제3세계 심리학자들이 서구의 이론을 자국의 문화에서 검증해 봄으로써 그 적용 가능성과 자국 문화의 특수성을 찾아보려는 이해와 맞아떨어지면서 본궤도에 진입했던 것이다.

이러한 출범 배경으로 인해 문화비교심리학에서는 인간의 행동과 심리 기능의 문화 간 유사성과 차이의 확인에 주력한다. 이러한 사실은 문화비교심리학의 성격에 대한 다음과 같은 규정에서 잘 드러난다.

> 문화비교심리학은 다양한 문화와 인종 집단들에서의 개인의 심리적 기능의 유사성과 차이점에 관한 탐구로서, 심리적 변인과 사회문화적 · 생태적 · 생물학적 변인 사이의 관계에 관한 연구인 동시에 이러한 변인들의 현재의 변화에 관한 연구이다.[072]

이렇게 기존 서구 심리학의 "지역적 · 국가주의적 경계를 타파하고, 심리학의 지적 지평을 확대"[073]하고자 하는 문화비교심리학에서는 각 문화의 유사성과 차이의 확인을 통해 현재의 서구 심리학의 보편성을 부정하고, 그 대신 모든 인류에게 적용되는 진정한 의미에서의 "전 지구적인 보편심리학"의 확립을 목표로 삼는다.[074] 베리(J. Berry)[075]는 이러한 문화비교심리학의 학문적 목표를 다음의 세 가지로 정리해 내고 있다.

첫째, 이식과 검증의 목표(transport and test goal)로서, 대부분 서구 문화에 기반을 두고 있는 기존 심리학의 지식과 이론의 일반화 가능성을 서구 이

---

072 Berry et al., 1992, p. 2.

073 Segall et al., 1998, p. 1102.

074 Berry, 1997, 2000; Berry et al., 1992; Greenfield, 2000; Jahoda & Krewer, 1997; Lonner & Adamopoulos, 1997; Poortinga, 1997; Triandis, 2000; Yang, 2000.

075 Berry, 1969, 1980, 1997, 2000; Berry & Dasen, 1974; Berry et al., 1992.

외의 다른 문화권에서 검증해 봄으로써 기존 심리학의 현실적 위치를 가늠해 보고자 하는 초보 단계의 목표이다. 둘째, 탐색과 발견의 목표(exploration and discovery goal)로서, 기존의 제한된 문화 경험 속에 존재하지 않는다는 이유로 기존 지식과 이론에 포괄되지 않고 있는 심리적 변이를 발견하기 위해 다른 문화를 탐구하는 중간 단계의 목표이다. 그리고 셋째, 통합의 목표(integration goal)로서, 앞의 두 단계의 연구에서 얻은 결과를 통합하여 모든 사람에게 타당한 "범인류적 심리학(a more pan-human psychology)"[076]을 산출해 내는 완성 단계의 목표이다. "이 셋째 목표는 첫째 단계의 목표 추구 과정에서 기존 심리학 지식의 일반성의 한계가 드러날 가능성이 명백하고, 이어서 둘째 단계의 목표 추구 과정에서 더 일반적인 심리학 이론 속에서 고려해야 할 새로운 심리 현상이 발견될 것이기 때문에 필요해지게 되는 것이다."[077]

이러한 문화비교심리학의 목표는 전술한 바대로 엄밀한 실증적 비교연구를 통해 다양한 사회의 성원에게 적용 가능한 심리 기능의 보편적 법칙을 탐색하려는 것이다. 이러한 보편심리학에의 헌신 때문에 문화비교심리학에서는 심리 및 행동의 유사성이 그 차이보다 더 강조되며,[078] 보편적 설명이 국지적 설명보다 더 중요하게 고려된다. 이러한 배경에서 문화비교심리학을 지속적으로 괴롭혀 온 두 가지 근본적인 문제, 즉 서구의 과학적 자민족중심주의(scientific ethnocentrism)와 문화 간 동등성(cross-cultural equivalence) 문제의 근원을 만날 수 있다.[079]

문화비교심리학에 대한 주요 비판 중 하나는 기존 서구 심리학이 선진 유럽과 북미 국가들의 문화특수적인 심리적·행동적 특징을 반영하는 강한 자민족중심적 요소로 채워져 있으며, 이러한 연구에서 사용하는 문화의 비교

---

076 Berry, 2000, p. 198.
077 Berry et al., 1992, p. 3.
078 Lonner, 1980; Poortinga, 1997; Triandis, 1978.
079 Yang, 2000.

방법 자체가 근본적으로 자민족중심적이라는 것이다. 그러나 베리는 이러한 자민족 중심주의는 문화비교심리학의 중간 단계에서 여러 문화의 토착적 연구를 통해 해소될 수 있다고 본다.[080]

문화비교심리학에 대한 또 한 가지 중요한 비판은 문화비교심리학이 분리되고 순수한 개념 또는 변인의 측정에 기초한 양적 비교를 위주로 하므로, 개념과 그 측정의 문화 간 동등성의 확보라는 덫에 걸릴 수밖에 없다는 것이다. 곧 여러 문화에서 나온 자료 조합에서 측정하는 특성의 유사성에 관한 구조적 동등성(structural equivalence), 척도의 측정 단위가 문화 간에 동등한 측정 단위 동등성(measurement unit equivalence), 그리고 측정 단위뿐 아니라 원점(origin)도 문화 간에 동등한 척도 동등성(scalar equivalence)의 세 가지 문화 간 동등성의 문제가 있을 수 있는데,[081] 이러한 동등성의 확보, 그중에서도 다른 두 가지의 근거가 되는 구조적 동등성의 확보는 아주 어려운 일이라는 데 이러한 비판의 근거가 있다.[082] 그러나 문화비교심리학자들은 동등성의 확보는 각 해당 문화 소속 연구자가 자 문화와 타 문화의 연구를 병행하여 그 결과를 비교하는 방법을 사용하거나,[083] 척도 번역이나 측정 시에 다양한 균형화와 표준화의 방법을 동원하는 등의 방법을 통해 해소될 수 있다고 본다.[084]

3. 개인주의 문화와 집단주의 문화

앞에서 보았듯이 한 사회의 성원들이 공유하고 있는 문화 내용이 무엇인지를 규정하기가 애매할 뿐만 아니라, 문화 사이의 차이를 비교할 수 있는

080 Berry, 1997, 1999, 2000.
081 Van de Vijver & Leung, 1997.
082 Yang, 2000.
083 Berry et al., 1992.
084 Triandis, 2000.

차원을 설정하기도 어렵고, 또한 이러한 공유 내용 규정 및 비교차원 설정에 따르는 방법론적인 어려움도 만만치 않기 때문에,[085] 심리학자들이 문화를 그들의 이론적 관심사로 받아들여 문화가 인간 심성과 행동에 미치는 영향에 관해 진지하게 연구하기 시작한 것은 비교적 최근에 들어서면서부터이다.[086] 이러한 문화에 관한 심리학적 연구에서 연구자들이 부딪치는 가장 시급한 문제는 서로 대립적인 하나의 관점에서 다양한 문화를 상호 비교할 수 있는 대표적인 문화 유형의 차원을 찾아내는 일이다. 이러한 맥락에서 많은 학자가 문화비교를 위한 다양한 체계를 제시하려 노력하여 왔다.[087]

전 세계에 걸친 다양한 문화 사이의 차이를 비교하기 위한 공통의 차원을 찾아내려는 이러한 시도 가운데 가장 대규모로 이루어진 것은 호프스테드(G. Hofstede)[088]의 연구였다. 호프스테드는 1967년부터 1973년 사이에 전 세계에 걸친 다국적 거대기업인 IBM에 근무하는 66개국(53개 문화권) 117,000명의 직원에게 작업목표 및 가치와 관련된 '작업관련가치 조사(Work−Related Values Survey)'를 실시하였다. 이 연구의 대상은 모두 IBM이라는 같은 회사에 근무하는 사람들이었으므로, 근로 조건이나 학력 및 연령 등은 대체로 비슷하고 단지 국적만 다르다는 사실에 비추어 보면, 이 조사에서 드러나는 차이는 곧 국가 또는 문화의 차이를 반영하는 것으로 볼 수 있다는 것이 그의 생각이었다. 또한 그는 국가 사이의 차이를 부각시키기 위하여 각 문항에 대한 개인별 점수가 아니라 응답자들의 국가별 평균치를 기초 자료로 하여 요인분석을 실시하였다.[089]

---

085 Bond & Hwang, 1986; Fiske et al., 1998; Markus & Kitayama, 1991a, b; Triandis, 1990, 1994a, b, 1995, 1996.

086 Doob, 1980.

087 이러한 다양한 문화분류체계의 예들은 졸저(조긍호, 2003a, pp. 124−125, 주 20) 참조.

088 Hofstede, 1980, 1991.

089 Hofstede(1980)는 이러한 국가 수준 또는 사회 수준의 분석을 생태학적 분석(ecological analysis)이라 하여, 개인별 응답을 기초로 하여 분석하는 개인 수준 분석과 구별하고 있는데, 이러한 생태학적 분석을 시도하고 있다는 사실이 그의 연구로 하여금 문화비교심리학 분야에서 시원적인 작업으로서의 가치를 가지게 하는 주요 요인이 되고 있다.

이 분석에서 호프스테드는 국가 또는 문화 사이의 차이를 드러내는 네 가지 요인 구조를 확인해 내었다. 이들은 '권력거리(power distance: 사회 내의 권력 분포의 불평등의 지표)', '개인주의(individualism: 개인의 자유와 선택을 중시하고, 개인 사이의 구속력이 느슨한 정도의 지표)', '남성성(masculinity: 자기주장 · 물질 · 경쟁 등의 남성적 가치를 선호하는 정도의 지표)', '불확실성 회피(uncertainty avoidance: 불확실한 상황이나 미지의 상황으로 인해 위협을 느끼는 정도의 지표)'의 네 요인이었다. 처음의 분석[090]에서 그는 응답자 수가 비교적 많은 40개국의 자료를 기초로 요인분석을 하여 이러한 네 가지 요인을 찾아내었으나, 후의 분석[091]에서는 먼저의 분석에 포함되지 않았던 10개국과 3개 문화권을 포함하여 53개 문화권에 대하여 이 네 차원상에서의 서열과 요인점수를 제시하고 있다.[092]

---

090 Hofstede, 1980.

091 Hofstede, 1991.

092 이 분석에서 각 차원 점수의 분포 범위는 대체로 0~100점 내외로, 점수가 높을수록 해당 차원 지표의 정도가 강함을 나타내는데, 이론적으로 기대되는 평균치는 50점이다. 한국은 권력거리 차원에서 60점(점수 순위 27/28위)으로 약간 권력거리가 큰 문화에 속하고(이 차원에서 권력거리가 가장 작은 나라는 11점의 오스트리아이며, 가장 큰 나라는 104점의 말레이시아이다), 남성성 차원에서 39점(점수 순위 41위)으로 상당히 여성적 문화를 보유하고 있는 것으로 드러나고 있으며(이 차원에서 1위는 95점의 일본으로 남성적 문화의 극단을 보이고 있으며, 반대로 스웨덴은 5점으로 여성적 문화의 극단에 속하는 것으로 검출되고 있다), 불확실성 회피 차원에서는 85점(점수 순위 16/17위)으로 매우 불확실성 회피 수준이 높은 문화에 속하는 것으로 나타나고 있다(이 차원의 1위는 112점의 그리스이고, 싱가포르는 8점으로 가장 불확실성 회피 정도가 적은 것으로 드러나고 있다: 각각 Hofstede, 1991/1995, p. 52, 표 2-1; p. 129, 표 4-1; p. 169, 표 5-1). 또한 개인주의 차원에서 한국은 18점(점수 순위 43위)으로, 홍콩(25점, 37위) · 싱가포르(20점, 37위) · 대만(17점, 44위) · 일본(46점, 22/23위) 같은 동아시아 유교권 국가들과 함께 강한 집단주의 문화권에 속하는 것으로 검출되고 있는데, 이 자료에서 개인주의의 극단에 있는 나라들은 미국(91점, 1위) · 호주(90점, 2위) · 영국(89점, 3위) · 캐나다(80점, 4/5위) · 네덜란드(80점, 4/5위) · 뉴질랜드(79점, 6위) · 이탈리아(76점, 7위) · 벨기에(75점, 8위) · 덴마크(74점, 9위) · 스웨덴(71점, 10/11위) · 프랑스(71점, 10/11위) · 아일랜드(70점, 12위) · 노르웨이(69점, 13위) · 스위스(68점, 14위) · 독일(67점, 15위) 같은 북미와 오세아니아 및 북 · 서유럽의 국가들이다(Hofstede, 1991/1995, p. 87, 표 3.1).

1) 문화비교 연구의 중심축 – 개인주의와 집단주의

이 네 요인 가운데 이후의 연구자들이 문화차를 가장 잘 드러낼 것으로 보고 주목한 요인은 '개인주의–집단주의' 요인이었다.[093] "호프스테드가 제시한 이 차원은 문화차를 조직화하는 지배적인 양식으로서, 그 이후 지속되는 20여 년 동안 급속하게 팽창된 많은 문화 및 문화비교 연구를 유도하고 촉진했다는 점에서 중요한 위치를 가지며"[094] 이러한 경향은 앞으로도 지속될 전망이다.[095] 문화비교심리학의 연구에서 이렇게 개인주의–집단주의의 분류체계에 관심이 집중된 데에는 다음과 같은 배경이 놓여 있다.[096]

우선 이 분류체계가 "전 세계에 걸친 다양한 문화 사이에 사회행동의 차이를 가져오는 가장 중요한 차원"[097]으로서, 문화차를 설명하는 보편적인 원칙이 될 수 있을 것이라는 기대를 유발하였다는 점이다.[098] 다음으로 이 분

---

093 Berry et al., 1992; Bond, 2002; Fiske, 2002; Kitayama, 2002; Miller, 2002; Triandis, 1988, 1989, 1990, 1994a, b, 1995, 1996, 1997, 2000 등.

094 Oyserman, Coon, & Kemmelmeier, 2002, p. 3: 이보다 앞서 Kagitcibasi(1994)는 1980년대 말까지의 문화비교 연구를 개관하면서 "1980년대는 문화비교심리학에서 개인주의-집단주의의 시대였다"(p. 52)라고 진술하고 있으며, "지금까지 이 분야의 연구활동을 기준으로 하여 볼 때, 개인주의-집단주의 차원은 미래의 연구에서도 중심축이 될 것"(Kagitcibasi, 1997, p. 39)이라 전망하고 있다.

095 Hermans & Kempen, 1998; Kagitcibasi, 1994, 1997; Kitayama, 2002; Lonner & Adamopoulos, 1997; Oyserman et al., 2002; Oyserman, Kemmelmeier, & Coon, 2002 등.

096 Kagitcibasi, 1997, pp. 3–10.

097 Triandis, 1988, p. 60.

098 개인을 집단보다 강조하느냐 아니면 집단을 개인보다 강조하느냐 하는 문제는 모든 문화가 다루어야 하는 "문화의 심층구조 원리(deep structure principle of culture: Greenfield, 2000, p. 229)"이다. 심층구조 원리로서 개인주의(개인을 집단보다 우선시)-집단주의(집단을 개인보다 우선시)의 체계가 정립되면, 이는 모든 사회적 맥락에서 문화차를 설명하고 통합할 수 있는 단순하고도 강력한 골격틀(skeleton frame)의 기능을 수행하게 된다(Gelman & Williams, 1997). 곧 "개인주의와 집단주의는 문화 해석과 조직화의 심층 원리로서, 거대한 생성적 가치(generative value)를 지니게 되어, 마치 언어학에서 작용하는 문법(grammar) 처럼 개인주의-집단주의의 분류체계는 무한한 상황에서 행동을 산출해 낼 뿐만 아니라, 타인의 행동을 이해하도록 할 수 있는 것이다."(Greenfield, 2000, p. 231)

류체계로 개인주의와 경제 발전 사이에 밀접한 관계를 설정함으로써,[099] 경제 발전 같은 사회 현상을 성취동기나 근대화 성향 같은 심리적 특징을 통해 설명하려는 사회과학자들의 오랜 관심사를 부추길 수 있었다는 점이다.[100]

이러한 논의는 개인주의-집단주의 체계가 문화차를 설명하는 보편 원칙의 기능을 수행하고 있음을 시사하고 있다.

099 Hofstede(1980, pp. 165-169)는 자기의 원자료에 포함된 40개국의 개인주의 점수와 각국의 1970년도 1인당 GNP 사이에 r=0.82의 높은 상관이 있음을 보고하며, 49개국으로 확대하여 보아도 각국의 개인주의 점수와 1987년도 1인당 GNP 사이에 r=0.77(Hofstede, 1991/1995, pp. 116-119)의 여전히 높은 상관을 보임을 지적하고 있다. 또한 Hofstede의 자료(1991/1995, p. 87, 표 3.1)에서 개인주의의 극단에는 미국 · 호주 · 영국 · 캐나다 · 네덜란드 · 뉴질랜드 · 이탈리아 · 벨기에 · 덴마크 · 스웨덴 · 프랑스 · 아일랜드 · 노르웨이 · 스위스 · 독일 같은 서구 경제선진국들이 포진하고 있고, 집단주의의 극단에는 과테말라(6점, 53위) · 에콰도르(8점, 52위) · 파나마(11점, 51위) · 베네수엘라(12점, 50위) · 콜롬비아(13점, 49위) · 코스타리카(15점, 46위) · 페루(16점, 45위) 같은 남미와 인도네시아(14점, 47/48위) · 파키스탄(14점, 47/48위) · 태국(20점, 39/41위) · 말레이시아(26점, 36위) · 필리핀(32점, 31위) 같은 동남아시아의 경제후진국들이 주축을 이루고 있다는 사실도 개인주의와 경제 발전 사이에 밀접한 관계가 있음을 그럴 듯하게 추론할 수 있게 한다. 이러한 자료들을 기초로 하여 Hofstede(1991/1995)는 "국가의 부와 개인주의 간에 강한 상관이 있는 것은 움직일 수 없는 사실"(p. 119)이라고 진술하고 있다.

100 사회과학자들의 오랜 관심사 중 하나는 사회현상의 원인을 심리적 특징에서 찾아보려는 것이었다(Kagitcibasi, 1990). 이러한 연구 주제 가운데 대표적인 것은 경제 발전과 가치관이나 태도 또는 성격 특성 같은 심리적 특징 사이의 관계를 확인함으로써 "경제 발전에 기저하고 있는 비경제적 요인"(Kagitcibasi, 1997, p. 8)을 탐색해 보려는 것이었다. Max Weber(1904~1905/1930)의 『프로테스탄티즘의 윤리와 자본주의 정신』이 이러한 관심사의 대표적인 작업이라 볼 수 있다. 성취동기(achievement motive)나 개인적 근대성(individual modernity)과 같은 심리적 중개변인에 따라 경제 발전과 같은 사회현상을 설명하려는 '성취동기이론(McClelland, 1961, 1985; McClelland, Atkinson, Clark, & Lowell, 1953)'과 '근대화이론(Inkeles, 1969; Inkeles & Smith, 1974)'도 이러한 범주에 속하는 이론이었으며, 경제 발전과 개인주의성향 사이에 밀접한 관계가 있음을 추론한 Hofstede(1980, 1991)의 작업도 같은 종류의 이론이었다(Kagltcibasi, 1997, pp. 8-10, 29-31). Hofstede(1991)는 "근대화(modernization)는 개인주의화(individualization)와 상응된다"(p. 74)고 표현하여, 개인주의 수준과 경제 수준 사이에 관계가 깊은 까닭을 근대화된 사회일수록 개인주의 수준이 높아지기 때문이라고 보아, 근대화이론의 맥락에서 접근하고 있다. Yang(1988)은 근대화이론가들이 제시했던 개인적 근대성의 특징(예: 도시생활 선호 · 대중매체에의 노출 · 개혁에의 개방성 · 부모 및 귀속 지위로부터의 해방 · 상호의존적 관계의 탈피 · 독립성과 자율성 가치 중시 · 물질적 성취에의 열망 · 종교보다 과학 중시 등) 20가지(Inkeles, 1969; Inkeles & Smith, 1974) 중에서 2/3 정도가 개인주의의 특징과 겹친다는 조사를 발표하면서, 1980년대 개인주의의 개념화는 1960년대 근대화이론의

또한 이 체계가 퇴니스(F. Tönnies)[101]의 '이익사회(Gesellschaft)–공동사회(Gemeinschaft)'의 분류체계 같이 전통적으로 사회과학자에게 익숙하거나 상식적인 문화분류체계와 공통점이 많다는 사실도 지적할 수 있다.[102] 그리고 하나의 설명 수단으로서 단순성과 포괄성을 가지고 있어서 과학의 이론에 요구되는 '절약의 법칙'에 잘 부합하였다는 점도 연구자들의 관심을 끌어 모을 수 있었던 요인이라고 볼 수 있다.[103]

이러한 이론적인 요인 이외에 개인주의–집단주의의 분류체계에 연구자들의 관심이 집중된 현실적인 맥락도 생각해 볼 수 있다. 우선 1980년대에 문화차 문제에 관심이 집중된 배경에는 1970～1980년대에 들어서면서 서구의 사회과학자들 사이에 서구 사회와 대비되는 동아시아 사회에 대한 관심이 부쩍 높아졌다는 사실이 놓여 있다.[104] 1980년대에 들어서면서 서구의

현대판 전개와 같은 인상을 주고 있다고 지적한다. 그러나 Tawney(1938)가 프로테스탄트 정신이 태동되기 전에 이미 항해술과 교역이 발달했던 데서 자본주의 체제가 발달했다고 주장함으로써 Weber의 '프로테스탄트 윤리 → 자본주의 정신 → 자본주의 발달'이라는 문화결정론의 한계를 지적한 이래, 근대화이론 같은 심리적 이론의 한계도 많이 부각되고 있다(Kagitcibasi, 1997, pp. 8–10, 29–31; Kagitcibasi & Berry, 1989, pp. 517–518). 이에 관해서는 졸저(조긍호, 2003a, pp. 110–113, 주 5; 2006, p. 36, 주 11) 참조.

101 Tönnies, 1887/1957.

102 "개인주의–집단주의의 체계는 현대심리학에만 국한된 분류체계가 아니다. 이는 문학비평에서 종교에 이르기까지, 그리고 정치철학에서 사회학에 이르기까지, 사회 및 행동과학과 인문학의 전 영역에 걸쳐 중요하게 취급되어 온 체계였던 것이다."(Kagitcibasi, 1997, p. 3) 또한 이러한 개인주의–집단주의의 분류체계가 현대에 와서 갑자기 생겨난 것도 아니다. 이 분류체계는 18세기 말과 19세기 초에 주로 영국과 프랑스의 정치철학자들이 사용하기 시작했다. 곧 자유와 평등, 사유재산권과 행복추구권 같은 천부 인권을 중시하는 자유주의에 바탕을 둔 미국혁명(1776)과 프랑스혁명(1789)이 몰고 온 개인 중심의 흐름과, 이에 반대하고 공동체 중심의 과거 체제로 복귀할 것을 주장하는 보수주의(conservatism)의 반작용을 대비하고자 사용하기 시작한 데서 비롯되었다(조긍호, 2006, pp. 89–193; Dülmen, 1997/2004; Laurent, 1993/2001; Lukes, 1973; Triandis, 1995, pp. 19–30). 이렇게 "개인주의–집단주의는 인간의 본성과 인간 존재들 사이의 관계에 관한 사회사상에서 오랫동안 중요하게 다루어졌던 문제인 것이다."(Kagitcibasi, 1997, p. 8) 개인주의–집단주의 이외에 이와 관련된 다양한 문화분류체계를 개인주의–집단주의의 맥락에서 정리할 수 있다는 사실은 졸저(조긍호, 2003a, pp. 50–51, 주 22)와 Kagitcibasi(1997, pp. 3–5) 참조.

103 Kagitcibasi, 1997, p. 9.

104 이에 대해서는 졸저(조긍호, 1998a, pp. 30–41; 2007a, pp. 465–477) 참조.

사회과학계에서는 '아시아적 가치(Asian Values)' 논의를 중심으로 하는 동아시아 담론이 활발하게 전개되었다. 동아시아 담론이 등장하게 된 원인은 정치·경제·사회적으로 다양하지만, 가장 중요한 것은 역시 1970~1980년대에 일본을 비롯한 한국·대만·홍콩·싱가포르 등 이른바 '4소룡(four small dragons)'이라 불리운 동아시아 국가들에서 이루어진 눈부신 경제성장을 들 수 있다.[105] 일본을 비롯한 동아시아 4소룡이 짧은 시간 안에 이루어 낸 눈부신 경제성장의 원인을 이들 국가의 공통된 문화 기반인 유학의 가치에서 찾아보려는 움직임이 곧 아시아적 가치 논의이다. 게다가 비슷한 시기에 근대화 이후 서구의 근대 문명이 겪게 된 극단적 이기주의, 환경 파괴, 가치관의 부재, 인간 소외, 정신건강 지표의 하락 같은 제반 사회문제를 치유할 대안을 다원주의와 도덕주의 및 인간중심의 가치체계를 강조하는 유학의 공동체주의에서 찾아보려는 움직임이 서구 사회에서 대두된 것도 동아시아 담론이 전개된 중요한 배경으로 볼 수 있다.[106]

그런데 서구가 하나의 차원으로 묶이고, 동아시아 유교권 국가들이 그 반대되는 차원으로 묶이는 것은 개인주의-집단주의의 차원이 유일하다. 즉, 호프스테드가 밝혀낸 문화 유형의 네 차원 가운데 권력거리·남성성·불확실성 회피 차원에서는 동아시아와 서구의 국가들이 서로 뒤섞여 있어 일관된 동·서 차이를 보이고 있지 않지만,[107] 개인주의-집단주의 차원의 경우

---

105 1960년에 일본과 동아시아의 국민총생산 누계는 전 세계의 4%에 지나지 않았지만, 1990년대 중반 이 지역 국가들의 국민총생산 누계는 전 세계의 24%에 이르고 있다. 곧 동아시아는 경제적 비중만으로도 자기 목소리를 내면서 일정한 역할을 할 수 있을 정도로 성장하여, 세계 무대에 등장했던 것이다. 이렇게 동아시아가 눈부신 경제성장을 이루던 시기에 서구는 경제적으로 침체하고 있었다. 참고로 1960년 미국·캐나다·멕시코를 포함한 북미의 국민총생산 누계는 전 세계의 37%에 이르렀으나, 1990년대 중반에는 24%로 떨어져 동아시아 국가들과 같은 수준이 되었다(Mahbubani, 1995, pp. 100-101).

106 길희성, 1998; 이광세, 1998; 이승환, 1998a, b; 조혜인, 1998; de Bary, 1983/1998; Hall & Ames, 1987.

107 권력거리 차원에서 오스트리아(53위)·덴마크(51위)·뉴질랜드(50위) 같은 서구의 국가들이 권력거리가 적은 사회에 속하고, 싱가포르(13위)·홍콩(15/16위)은 권력거리가 큰 나라에 속하지만, 그 외에 한국(27/28위)·대만(29/30위)·일본(33위)은 스페인(31위)·이탈리아(34위)·미국(38위)·캐나다(39위)·네덜란드(40위)·오스트리아(41위) 같은 나라

에는 미국(1위) · 호주(2위) · 영국(3위) · 캐나다(4/5위) · 네덜란드(4/5위) · 뉴질랜드(6위) · 이탈리아(7위) · 벨기에(8위) · 덴마크(9위) · 스웨덴(10/11위) · 프랑스(10/11위) · 아일랜드(12위) · 노르웨이(13위) · 스위스(14위) · 독일(15위)과 같은 서구의 국가들이 개인주의의 극단으로 묶이고, 한국(43위) · 홍콩(37위) · 싱가포르(37위) · 대만(43위) · 일본(22/23위)과 같은 동아시아 유교권 국가들이 강한 집단주의 문화권에 속하는 것으로 묶이고 있다.[108] 이러한 맥락에서 개인주의-집단주의 차원이 동 · 서의 문화차를 비교하는 유일한 핵심 차원으로 등장하게 되는 까닭을 찾아볼 수 있다.

또한 이러한 문화비교 연구의 중심지는 현대 사회과학 연구의 총본산인 미국으로서, 호프스테드의 네 차원 가운데 미국은 권력거리 차원에서 40점(38위), 남성성 차원에서 62점(15위), 불확실성 회피 차원에서 46점(43위)으로 대체로 중간 정도에 머물고 있음에 반해, 개인주의 차원에서는 91점으로 부동의 1위를 차지하고 있어, 미국의 학자들이 개인주의-집단주의 차원에 관심이 집중될 수밖에 없었다는 점에서도 이 차원이 문화비교 연구의 중심축으로 떠오른 까닭의 일단을 찾아볼 수 있다. 개인주의가 미국의 국가적 가

와 함께 중간 정도의 성향을 보이고 있으며, 서구의 핵심의 하나인 프랑스(15/16위)는 권력거리가 매우 큰 사회로 드러나고 있어 동 · 서 국가 사이에 일관된 양상을 찾기 힘들다(Hofstede, 1991/1995, p. 52, 표 2.1). 남성성 차원에서도 오스트리아(2위) · 이탈리아(4/5위) · 스위스(4/5위) · 영국(9/10위) · 독일(9/10위) · 미국(15위) · 호주(16위) · 뉴질랜드(17위) 같은 국가는 일본(1위)과 함께 매우 남성적인 문화를 보이는 것으로 드러나고 있으나, 같은 서구에 속하는 스웨덴(53위) · 노르웨이(52위) · 네덜란드(51위) · 덴마크(50위) · 핀란드(47위) 등은 극단적인 여성적 문화의 보유국으로 드러나고 있으며, 홍콩(18/19위) · 싱가포르(28위) · 대만(32/33위) · 프랑스(35/36위) · 스페인(37/38위) · 한국(41위) 같은 나라는 중간에서 여성적인 쪽으로 치우친 결과를 보이고 있다(Hofstede, 1991/1995, p. 128, 표 4-1). 불확실성 회피 차원에서는 벨기에(5/6위) · 프랑스(10/15위) · 스페인(10/15위) · 이탈리아(23위) · 독일(29위) 같은 서구 국가들이 일본(7위) · 한국(16/17위) · 대만(26위) 같은 동아시아 국가들과 함께 불확실성 회피 경향이 강한 문화를 보이고 있으며, 핀란드(31/32위) · 스위스(33위) · 네덜란드(35위) · 호주(37위) · 노르웨이(38위) · 뉴질랜드(39/40위) · 캐나다(41/42위) · 미국(43위)은 중간 정도에 속하고, 영국(47/48위) · 스웨덴(40/50위) · 덴마크(51위)는 홍콩(49/50위) · 싱가포르(53위)와 함께 불확실성에 대한 용인 정도가 매우 큰 문화를 보유하고 있는 것으로 드러나고 있다(Hofstede, 1991/1995, p. 169, 표 5-1).

108 Hofstede, 1991/1995, p. 87, 표 3.1.

치와 이상으로 여겨져 온 것은 오래전부터이다. 이미 "남북전쟁이 끝날 즈음부터 개인주의는 미국인의 이념 사전에서 중요한 위치를 차지"[109]하였던 것이다. 이 시기에 개인주의가 미국 정신을 대표하는 이념으로 떠오른 것은 인간의 평등과 자유를 강조하는 민주주의, 각 개인의 종교적 선택을 강조하는 개신교의 여러 교파, 개인의 완전성을 신뢰하는 초월주의, 자유방임과 완전경쟁을 통한 사회발전을 주장하는 사회진화론, 사유재산권 · 자유경쟁 · 개방시장 · 자유기업을 강조하는 자본주의, 남북전쟁을 겪으면서 국가 통합 이념의 필요성을 절감하고 있던 자본주의적인 북부의 문화적 요구와 같은 요인들이 하나로 결합하면서였다고 할 수 있다.[110] 이렇게 하여 개인주의는 미국의 상징적 표어로 떠올라 미국 국가정체성의 상징이 되었으며,[111] 이러한 배경에서 "에머슨(R. W. Emerson)은 개인주의를 완전에의 길이며, 개인의 자발적인 사회 참여의 길이라고 말하면서, 미국 연방의 이상은 개인주의 속에 깃들어 있다고 주장"[112]하고 있는 것이다. 이러한 맥락에서 미국 학자들이 개인주의 차원에 쏟는 관심의 크기를 짐작해 볼 수 있다.

이와 더불어 문화비교 연구에서는 대조되는 문화권에서 상응하는 자료를 수집하는 작업이 필수적으로 요구되는 바, 한국 · 일본 · 중국 · 대만 · 홍콩 · 싱가포르 같은 동아시아 유교권 집단주의 사회의 경우 같은 집단주의 문화를 보유하고 있는 과테말라 · 에콰도르 · 파나마 · 베네수엘라 · 콜롬비아 · 코스타리카 · 페루 같은 남미나 인도네시아 · 파키스탄 · 태국 · 말레이시아 · 필리핀 같은 동남아시아 국가에 비해 미국에서 유학한 학자들이 절대적으로 많

109 Lukes, 1973, p. 28.

110 조지형, 1996; Lukes, 1973.

111 Arieli(1964)는 "개인주의는 미국의 특징적인 태도, 행동 유형과 열망에 대한 합리화를 제공해 주었다. 이는 과거와 현재뿐만 아니라, 미래의 통합과 진보에 대하여 조망하도록 해 주고 있다. 이는 이질성 속의 통합이라는 미국의 특이한 사회적 및 정치적 조직을 설명할 수 있는 이념이며, 미국식 경험과 조화를 이루는 사회 조직의 이상을 보여 주고 있는 것이다. 무엇보다도 개인주의는 미국이라는 국가 의식의 가장 핵심적인 특징인 보편주의와 이상주의를 드러내는 것이다"(pp. 345-346)라고 진술하여, 개인주의가 미국 국가정체성의 핵심임을 천명하고 있다.

112 김영한, 1975, p. 110.

으므로,[113] 미국의 연구자들이 이들 동아시아 유교권 집단주의 사회의 연구자들과 손잡고 연구할 수 있는 여건이 성숙되어 있었다는 사실도 개인주의-집단주의 체계가 중심적인 동·서 문화비교 연구의 차원으로 떠오르는 과정에서 현실적으로 중요하게 작용하였으리라고 추론해 볼 수 있다.

이러한 배경에서 지금까지의 문화비교 연구에서는 개인주의의 대표로 미국·캐나다·호주 같은 서구의 국가를 잡고, 집단주의 문화의 대표로 중국[114]·한국·일본 같은 동아시아 유교권 국가를 잡아, 이 두 지역인의 행

---

113 다음 〈표 1-2〉는 미국 국립교육통계센터(National Center for Educational Statistics)의 자료에 있는, 미국의 고등교육기관(대학·대학원)에 등록한 전체 외국인 유학생 중 해당 지역의 유학생이 차지하는 비율(%)을 연도별로 제시한 것이다. (출처: http://nces.ed.gov/programs/digest/d09/tables/dt09_418.asp)

〈표 1-2〉 연도별·지역별 미국 대학(원) 유학생 수 비율(%)

지역 \ 연도	1980~1981	1985~1986	1990~1991	1995~1996	2000~2001	2005~2006
동아시아[a]	16.6	23.5	35.9	36.7	34.6	35.0
동남아시아[b]	9.1	14.6	10.2	10.5	7.5	6.2
남미[c]	8.4	6.3	4.7	4.9	5.9	5.5

a: 중국·홍콩·일본·한국·대만
b: 인도네시아·말레이시아·필리핀·태국·베트남·싱가포르
c: 브라질·콜롬비아·베네수엘라·기타

이 표에서 보면, 동아시아 국가들의 미국 유학생 수는 대체로 동남아시아 국가들의 2~5배, 남미 국가들의 2~7배에 이르고 있으며, 해가 지날수록 그 차이는 더욱 커지는 실정이다. 국가별 미국 유학생 수의 순위는 연도에 따라 조금씩 차이가 있지만, 1990년대에 들어서면서는 대체로 중국·한국·일본·대만이 순서대로 1·2·3·4위를 점하는 것으로 드러나고 있다. 이러한 통계 자료에서 유추해 보면, 한국·중국·대만·일본 같은 동아시아 유교권 국가의 학생들 중 미국에서 고등교육을 받고 귀국하여 본국의 대학이나 연구기관에서 활동하는 연구자의 수는 같은 집단주의 문화권에 속하는 동남아시아나 남미의 국가들과는 비교할 수 없을 정도로 많을 것이다. 그러므로 미국의 연구자들이 문화비교 연구의 파트너를 찾을 경우, 동아시아 지역이 동남아시아나 남미 지역보다 압도적으로 유리할 것임은 명약관화한 사실이다.

114 Hofstede(1980, 1991)의 자료에 중국은 포함되어 있지 않다. 그러나 Triandis(1995, pp. 90-91)에 따르면, 중국은 동아시아 지역의 어떤 나라보다도 집단주의 경향이 강한 나라이다.

동과 심성의 특징을 대조 · 분석하는 연구가 주류를 이루어 왔던 것이다.[115]

2) 개인주의 – 집단주의 차원의 기본 속성

"개인과 집단 사이의 관계를 어떻게 정립할 것인가의 문제는 모든 문화가 다루어야 하는 문화의 심층구조 원리로서, 여기에는 두 가지 기본 선택지가 있을 뿐이다. 그것은 개인을 집단보다 우선시하느냐 아니면 집단을 개인보다 우선시하느냐 하는 것이다."[116] 가치 문제를 이렇게 이항 대립의 양식으로 개념화하는 것은 전 세계적으로 보편적인 경향인데, 그 가운데 가장 대표적인 것이 개인을 중심의 위치에 놓을 것인지 아니면 집단을 중심의 위치에 놓을 것인지 하는 문제이다.[117] 전통적으로 서구의 철학사상은, 특히 중세 이후

---

115 Kagitcibasi, 1997; Oyserman et al., 2002; Triandis, 1995.

116 Greenfield, 2000, p. 229.

117 Kluckhohn, 1956: 많은 철학자와 사회과학자들이 직면했던 근본적인 물음은 바로 "사회질서가 어떻게 가능한가?"(Kagitcibasi, 1997, p. 8) 또는 "개인이 어떻게 사회의 원인이면서 또한 결과일 수 있는가?"(Allport, 1968, p. 8) 하는 문제였으며, 이러한 사색은 개인과 사회 또는 집단의 접점에서 개인을 강조할 것인가 아니면 사회 또는 집단을 강조할 것인가를 선택하는 문제로 귀결되었다(Allport, 1968; Fiske et al., 1998; Greenfield, 2000; Kagitcibasi, 1997; Kim, 1995; Nisbett, 2003; Triandis, 1995). 이렇게 개인과 집단의 관계에서 개인을 우선하는지 아니면 집단을 우선하는지 하는 '문화의 심층구조 원리'에 따라 다양한 문화를 두 가지 유형(개인중시 문화와 집단중시 문화)으로 분류하려는 시도는 지금까지 역사학 · 사회학 · 인류학 · 심리학과 같은 여러 분야에서 많이 제시되어 왔다. 이러한 문화분류체계 가운데 상당히 오래되고 또 일반인에게 널리 알려진 것이 Tönnies(1887/1957)가 제시한 '공동사회'와 '이익사회'의 분류체계이다. '공동사회'는 사회의 성원들이 하나의 공동체에 오래 함께 살아 서로 잘 알고, 협동과 신뢰를 바탕으로 관계를 맺고 유지하며, 공동 작업을 통해 공동체의 필요에 충당할 목적으로 물자를 생산하고, 신뢰 · 협동 · 보수주의가 일상적 삶의 바탕이 되는 사회이다. 이와 달리, '이익사회'는 성원들 사이에 수요–공급 원칙에 따라 계약을 바탕으로 관계가 이루어지고, 개인의 가치는 시장원리에 따라 결정되며, 개인적 이익을 얻기 위해 생산 활동에 참여하고, 교환과 경쟁이 일상적 삶의 바탕이 되는 사회이다(Kim, 1995, p. 8 참조). 여기서 전자의 '공동사회'는 개인보다 집단을 강조하는 집단주의 경향을 강하게 띠는 사회이고, 후자의 '이익사회'는 집단보다 개인을 강조하는 개인주의 경향을 강하게 띠는 사회라 볼 수 있는데, 이러한 사실은 개인주의–집단주의 차원의 주창자인 Hofstede(1980, p. 151)도 인정하고 있는 바이다. 이렇게 문화 유형을 집단주의–개인주의의 틀로 분류하는 것은 학계의 오랜 전통이었다.

근대 세계로 접어들면서 성장한 자유주의에서는 개인을 중시하는 경향이 두드러진 반면, 동아시아의 철학, 그중에서도 특히 유학사상은 집단과 사회를 중시하는 입장을 전개해 왔으며, 이러한 맥락에서 서구와 동아시아 국가들에서 각각 개인주의(집단보다 개인 우선시)와 집단주의(개인보다 집단 우선시) 문화가 발달한 배경을 찾아볼 수 있다.[118]

이렇게 문화 유형을 개인주의−집단주의의 틀로 분류하는 것이 일반적인 경향이라면, 한 사회의 문화 내용을 집단주의로 분류할 것인지 아니면 개인주의로 분류할 것인지 하는 기준은 무엇인가? 이 두 문화 유형의 규범적 차이에 관해서는 다양한 논의가 제시되어 왔는데, 이들은 대체로 호프스테드[119]와 트리안디스(H. Triandis)[120]의 두 문화 유형에 대한 개념 규정에 기초하여 이루어져 왔다.[121] 이들의 정의를 차례로 제시하면 다음과 같다.

> 개인주의는 개인 간의 연계성이 느슨한 사회를 말한다. 모든 사람은 자기 자신과 자기의 직속 가족을 돌보면 되는 것으로 생각한다. 반대로 집단주의는 태어날 때부터 줄곧 개인이 강하고 단결이 잘 된 내집단(內集團, ingroup)에 통합되어 있으며, 평생 동안 무조건 내집단이 개인을 계속 보호해 주는 그런 사회를 가리킨다.[122]

> 집단주의는 본래 스스로를 하나 또는 그 이상의 집합체(가족 · 공동작업자 · 부족 · 국가)의 일부분으로 보는, 밀접하게 연계된 개인들로 구성된 사회 형태로 정의된다. 이들은 주로 이러한 집합체에

118 조긍호, 2003a, 2006, 2007a, b, 2008; Kagitcibasi, 1997; Kim, 1995; Nisbett, 2003; Triandis, 1995.

119 Hofstede, 1980, 1991.

120 Hui & Triandis, 1986; Triandis, 1988, 1989, 1990, 1994a, b, 1995; Triandis et al., 1988; Triandis & Gelfand, 1998; Triandis, Leung, Villareal, & Clark, 1985; Triandis, McCusker, & Hui, 1990.

121 Bond, 1994; Kagitcibasi, 1997; Kim, 1995; Schwartz, 1994.

122 Hofstede, 1991, p. 51.

> 의해 부과된 의무와 규범에 의해 동기화되고, 자신의 개인적 목표보다는 집합체의 목표에 우선권을 부여하려는 준비가 갖추어져 있으며, 집합체의 성원들과의 연계성을 강조한다. 이에 비해, 개인주의는 기본적으로 스스로를 집합체와는 독립적이라고 여기는, 서로 느슨하게 연계된 개인들로 구성된 사회 형태로 정의된다. 이들은 주로 자신의 선호 · 욕구 · 권리 및 스스로가 타인과 수립한 계약에 의해 동기화되고, 타인들의 목표보다는 자기의 목표에 우선권을 부여하며, 타인과의 상호작용에 대한 합리적인 이해득실의 분석을 강조한다.[123]

이러한 정의는 두 문화 유형의 차이를 드러내는 많은 연구의 성과에 기초해서 내려진 것들이다. 한 예로, 트리안디스[124]는 개인 수준 및 문화 수준에서 개인주의와 집단주의를 측정한 여러 연구를 개관하여, 개인주의는 독립성 · 자율성 · 내집단으로부터의 거리 · 경쟁 · 쾌락 추구의 요인들을 포괄하며, 집단주의는 상호의존성 · 사회성 · 가족 통합의 요인들을 포괄하는 개념체계임을 제시하고 있는데, 이러한 사실에 바탕을 두고 그는 이 두 문화 유형의 차이는 자기규정, 목표 우선성, 사회행위의 원동력 및 관계 중시 여부의 네 가지 측면에서 정리해 낼 수 있다고 보고 있다.[125]

이러한 연구 결과와 정의를 종합해 보면, 두 문화 유형의 규범 차이가 잘

---

123 Triandis, 1995, p. 2.

124 Triandis, 1988, 1990.

125 Triandis, 1995, pp. 43-44: 개인주의는 자기를 독립적인 개체로 보아 독립적 자기로 규정하고, 개인목표와 집단목표가 서로 결합되지 않는 것으로 보아 개인목표를 앞세우며, 개인적 태도 · 욕구 · 권리 · 계약 같은 개인적 요인을 사회행위를 지도하는 원동력으로 간주하고, 사회관계를 유지할 것인지의 여부는 그 관계로부터 얻게 되는 이해득실의 합리적 계산에 의존해서 결정하게 되는 사회이다. 이에 반해, 집단주의는 자기를 타인과 맺는 관계 속의 존재로 보아 상호의존적 자기로 규정하고, 개인목표와 집단목표가 서로 결합되는 것으로 보아 집단목표를 앞세우며, 관계 속의 규범 · 의무 · 책임 같은 관계적 요인을 사회행위의 원동력으로 간주하고, 관계의 유지가 개인에게 불리할지라도 관계를 계속 유지하는 것을 중요하게 생각하는 사회이다.

드러난다. 곧 집단주의 사회가 사회성과 가족 통합, 내집단 성원들과 갖는 연계성과 상호의존성, 내집단에 대한 관심과 배려 및 헌신이 강조되는 사회라면, 개인주의 사회는 내집단과 거리 두기, 자기이익 추구와 경쟁 및 개인의 독립성과 개체성이 강조되는 사회인 것이다.[126] 이렇게 다양하게 제시되어 온 연구 결과를 내용의 유사성에 따라 종합적으로 검토해 보면, 한 사회의 문화를 집단주의 또는 개인주의로 규정하는 기준은 다음 몇 가지로 묶어 볼 수 있다.[127]

첫째, 사회적 교환의 장면에서 나타나는 교환의 자원, 목표, 교환에 관한 시간전망과 같은 교환양식의 기준이다.[128] 비록 이러한 기준을 제시하는 사람들은 집단주의-개인주의라는 명칭을 사용하고 있지는 않지만, 이들의 분류에서 단기적 시간전망을 가지고, 등가적(等價的)인 경제적 가치의 자원을, 공정관계 형성 또는 자기이익 추구라는 관심과 합의된 계약을 바탕으로 교환하는 관계는 개인주의의 특징을 갖는 것이라 볼 수 있다. 이와는 달리 장기적 시간전망을 가지고, 비(非)등가적인 가치의 자원을, 상대방과의 조화 추구 또는 상대방의 복지에 대한 관심과 신뢰를 바탕으로 교환하는 관계는 집단주의의 특징을 갖는 것으로 볼 수 있다.[129]

둘째, 개인과 개인 사이의 상호의존성의 정도에 따른 기준이다.[130] 개인주의 사회에서 개인을 자율적이고 독립적이며, 상황에서 분리를 추구하는 존재로 보는 것과는 달리, 집단주의 사회에서는 개인을 타인과 연계하여 상호

---

126 Bond, 1988, 1994; Kagitcibasi, 1990, 1994, 1996, 1997; Kim, 1995; Markus & Kitayama, 1991a, b; Schwartz, 1994; Triandis, 1988, 1989, 1990, 1994a, b, 1995; Triandis et al., 1985, 1988, 1990.

127 필자는 다양한 문화비교 연구를 개관하여 개인주의-집단주의 차원 분류의 기준을 여기서 제시되는 네 가지로 정리해 왔다. 이에 대해서는 졸저(조긍호, 1993, pp. 130-133; 2003a, pp. 124-129; 2006, pp. 50-56; 2007a, pp. 58-63) 참조.

128 Clark & Mills, 1979, 1993; Fiske, 1990; Goffman, 1961; Maine, 1963; Mills & Clark, 1982; Tönnies, 1887/1957 등.

129 Triandis, 1990, p. 60.

130 Hofstede, 1980, 1991; Hsu, 1971, 1983, 1985; Schwartz, 1986 등.

의존적 관점에 따라 파악하고, 사회생활에서 타인이 미치는 영향을 강조한다. 호프스테드[131]는 개인주의-집단주의의 근본적인 문제는 해당 사회가 옹호하고 있는 상호의존성의 정도로서, 사람들이 '나(I)'의 자기 개념을 가지고 있느냐 아니면 '우리(we)'의 자기 개념을 가지고 있느냐와 관계가 있다고 봄으로써 이러한 점을 분명히 드러내고 있다.

셋째, 개인과 내집단 사이의 관계에 따른 기준이다.[132] 개인주의 사회에서는 개인의 목표 추구가 집단에 해가 되더라도 집단의 목표에 선행시키며, 자기를 집단과는 분리된 존재로 생각하기 때문에 집단의 결속에는 관심이 없으며, 정서적으로도 거리감을 갖는다. 이와는 달리, 집단주의 사회에서는 개인의 목표를 내집단의 목표에 복속시키며, 내집단을 자기의 확장으로 받아들여 강한 내집단 정체감을 갖는다. 따라서 내집단의 통합과 조화를 강조하고, 내집단 규범을 보편타당한 것으로 지각하며, 내집단에 대해 강한 정서적 애착을 갖는다.

넷째, 사회 구성의 궁극적 단위에 따른 기준이다.[133] 개인주의 사회에서는 사회의 궁극적인 존재론적 단위는 독립적인 개인이라고 보며, 사회는 이러한 개별적 개체들의 복수적인 집합일 뿐이라 여긴다. 이와는 달리, 집단주의 사회에서는 사회의 궁극적 단위를 사람 사이의 관계 또는 이러한 관계의 원형인 가족과 같은 일차 집단이라고 보아, 인간은 타인과 맺는 관계 속에 존재하고 이에 따라 규정되는 것으로 개념화하며, 따라서 사회는 구성원 각자가 이러한 관계에 내포된 역할을 충실히 수행함으로써 유지된다고 본다.[134] 이렇게 개인주의 사회에서는 상황이나 타인과 분리된 독립적인 개인을 사회

---

131 Hofstede, 1983.

132 Hui & Triandis, 1986; Triandis, 1988, 1989, 1990; Triandis et al., 1985, 1988; Yang, 1981 등.

133 Bond & Hwang, 1986; Chung, 1994; Hui & Triandis, 1986; Markus & Kitayama, 1991a, b, 1994a, b; Miller, 1984; Miller & Bersoff, 1992 등.

134 정양은, 1988; 조긍호, 1993, 1996, 1997a, 1999a, 2000, 2003a, 2006, 2007a, b; Bond & Hwang, 1986; Chung, 1994.

제도의 출발점으로 보기 때문에 기본적으로 비사회적(asocial)인 개인을 사회행위의 규범 단위로 보지만, 집단주의 사회에서는 개인 사이의 관계를 사회제도의 출발점으로 삼기 때문에 관계 속에 내재해 있는 역할과 상호의존성을 사회행위의 규범 단위로 본다.[135]

이러한 여러 기준은 저마다 독특성을 가지고 있기는 하지만, 이들 가운데 가장 중요한 것은 사회 구성의 기본 단위에 대한 견해 차이로 보인다.[136] 왜냐하면 사회 구성의 기본 단위를 개인 사이의 관계 또는 집단으로 보느냐 아니면 독립적이고 자율적인 개인으로 보느냐의 문제는 집단주의-개인주의 분류의 연원과 직결될 뿐만 아니라, 이에 따라 개인과 내집단의 관계, 개인 사이의 상호의존성의 정도 및 개인 사이의 교환 양상에 대한 견해 차이가 결과적으로 빚어지기 때문이다. 이러한 사실은 집단주의-개인주의 구분의 기본적 출발점은 바로 기본적 사회단위의 인식차라는 전제 아래 자기를 집단의 일부로서 파악하느냐 아니면 집단과는 별개의 독특한 단위로서 파악하느냐에 따라 개인이 다른 사람들과 맺는 관계의 차원에서 드러나는 여러 가지 개인주의-집단주의의 차이를 정리해낼 수 있다[137]는 점에서도 분명해진다.

식량의 확보를 수렵 · 채취 · 목축 · 교역 및 분업화된 생산체제에 의존하는 사회에서는 사람들 사이의 협동보다는 경쟁 · 자립 · 독립성이 생존에 유리한 특성으로 부각되고, 식량의 확보를 농경에 의존하는 사회에서는 사람들 사이의 협동 · 조화 · 배려가 생존에 유리한 특성으로 부각된다는 사실이 일반적으로 밝혀져 왔다.[138] 그 결과, 전자의 사회에서는 장(場) 독립적(field-independent)인 지각 경향과 사람들 사이의 독립성을 추구하는 분화적(分化的) 동기가 발달하고, 후자의 사회에서는 장 의존적(field-dependent)인 지각 경향과 사람들 사이의 결합을 추구하는 통합적(統合的) 동기가 발달한다

---

135 Miller, 1984; Miller & Bersoff, 1992.

136 Hui & Triandis, 1986.

137 Triandis et al., 1988.

138 이에 대해서는 졸저(조긍호, 2006, pp. 33-49; 2007a, pp. 25-33) 참조.

는 사실이 확인되었다.[139] 그리하여 고대 그리스와 같은 전자의 사회에서는 두드러진 적응양식으로서 개인주의적 경향을 추구하지만, 고대 중국과 같은 후자의 사회에서는 두드러진 적응양식으로서 집단주의적 경향을 추구했던 것이다.[140]

개인주의 사회에서는 필연적으로 개인을 서로 분리되고 독립적인 존재로 파악하여, 이렇게 개별적이고 자율적인 존재인 개인들이 모여 사회를 구성하는 것으로 인식하게 된다. 곧 사회의 궁극적인 구성단위를 독립적인 개인에게서 찾는다. 이러한 사회에서는 서로 연계되지 않은 독립적인 개인들 사이의 계약이 사회 형성의 근거가 되므로, 사회생활은 평등하고 공정한 계약에 따른 교환의 양상을 띠게 되고, 결국 소속 집단의 목표나 이익보다는 개인의 목표나 이익에 일차적인 관심을 쏟게 된다.

이와는 달리 집단주의 사회에서는 사람들을 서로 연계된 관계 속의 존재로 받아들일 수밖에 없고, 결과적으로 이러한 사람들 사이의 관계 또는 그러한 관계의 원형인 가족과 같은 일차 집단을 사회의 궁극적인 단위로 인식하게 된다. 그러므로 이러한 사회에서는 상호의존적인 사람들 사이의 신뢰에 바탕을 둔 서로에 대한 배려가 사회생활의 기초로 부각되고, 따라서 개인적 목표나 이익보다는 집단의 목표와 이익의 추구에 일차적인 관심을 쏟게 된다.

이러한 논의에 비추어 보면 사회의 궁극적인 구성단위를 상호독립적인 존재인 개인으로 보느냐(개인주의) 아니면 상호의존적인 존재인 사람들 사이의 관계로 보느냐(집단주의)에 따라, 어떤 기준으로 무엇을 서로 교환하느냐 하는 교환의 양식, 사람들 사이의 상호의존성을 중시하느냐 아니면 개인적인 독립성과 자율성을 중시하느냐 하는 삶의 태도, 그리고 개인을 앞세우느냐 아니면 소속 집단을 앞세우느냐 하는 우선순위 배정의 영역에서 특징적

139 Bakan, 1966; Geen, 1995; Kagitcibasi, 1997; Wiggins, 1992; Witkin & Goodenough, 1977; Triandis, 1995, p. 11: 생태적 조건에 따라 주도적인 동기의 양상이 달라진다는 사실에 관해서는 졸저(조긍호, 2006, pp. 45-47) 참조.

140 조긍호, 2003a, pp. 130-135; 2006, pp. 47-49; 2007a, pp. 29-33; Nisbett, 2003, pp. 1-28, 29-39; Nisbett et al., 2001.

인 차이가 나타난다는 사실이 분명해지는 것이다.

4. 문화 연구의 몇 가지 문제점: 아직도 한국 문화는 집단주의적인가

지금까지 문화비교 연구는 한국·중국·일본 같은 동아시아 국가를 집단주의라는 하나의 커다란 우산으로 묶고, 이들의 공통적인 심성과 행동 특징을 서구 개인주의 문화권과 비교하는 방식으로 이루어졌다. 문화를 집단주의-개인주의 같은 서로 대비되는 하나의 커다란 유형으로 분류하는 것을 문화에 대한 구조적 정의라고 한다.[141] 이렇게 문화에 거대한 우산을 씌워 대범주로 분류하는 구조적 정의를 채택하면, 하나의 명칭으로 전체 사회를 특징짓는 과일반화의 위험을 안게 된다. 곧 한 문화 유형 속에 살고 있는 수많은 개인의 차이뿐만 아니라, 이러한 대범주에 속한 국가나 사회들의 차이를 무시하고 획일화함으로써 이들의 전반적인 공통 특성만을 고려하는 위험을 안게 되는 것이다. 이러한 맥락에서 우선적으로 고려해 보아야 할 두 가지 문제점이 도출된다. 그 하나는 한국의 문화는 이웃 중국이나 일본의 문화와 과연 아무런 차이를 보이지 않는가 하는 점이고, 한국인은 누구나가 다 집단주의자인가 하는 점이다.

한국의 문화가 유학사상이라는 같은 이념적 배경을 공유하고 있는 중국이나 일본의 문화와 아무런 차이를 보이지 않는가 하는 문제에 대해서는 두 가지 측면에서 고찰해 볼 수 있다. 우선 호프스테드가 제시한 문화비교의 네 차원 중 한국·일본·중국은 강한 집단주의의 경향성을 띤다는 공통점이 있다. 권력거리 차원에서도 세 나라는 비슷하게 비교대상이 된 53개 문화권 중

141 Kroeber & Kluckhohn, 1952, p. 181; Berry et al., 1992, pp. 165-170; Matsumoto, 2000, pp. 18-19.

중간 정도에 위치하고 있다. 그러나 남성성과 불확실성 회피 차원에서는 세 나라 사이에 커다란 차이를 보이는 것으로 밝혀지고 있다. 즉, 남성성 차원에서 일본은 53개 문화권 중 1위를 차지하여 강한 남성적 문화의 보유국으로 밝혀지고 있는 데 반해, 한국과 중국은 상당히 여성적 문화에 속하는 것으로 드러나고 있다. 이는 일본의 문화는 무사(武士) 문화의 전통이 강하고, 한국과 중국은 문민(文民) 문화의 전통이 강함을 알려 주는 결과이다.[142] 또한 불확실성 회피 차원에서도 일본과 한국은 매우 강한 경향을 보이고 있지만, 중국은 53개 문화권 중 중간 정도의 경향을 보이고 있는 것으로 드러나고 있다.[143] 이러한 결과에 비추어 보면, 한국 · 중국 · 일본의 동아시아 3국은 집단주의 문화를 보유하고 있다는 공통점이 있지만, 남성성과 불확실성 회피의 차원에서는 커다란 차이를 보이는 문화를 보유하고 있는 것이다.

그렇다면 한 · 중 · 일 3국의 집단주의는 같은 성격을 갖는 것으로 볼 수 있는가? 이 문제와 관련해서 생각해 보아야 할 것은 집단주의와 개인주의의 수직성-수평성 차원의 분류이다.[144] 여기서 수직적 유형은 불평등을 수용하고 위계질서를 강조하는 반면, 수평적 유형은 평등과 동등성을 강조한다. 따라서 '수직적 개인주의자(Vertical Individualist: VI)'는 경쟁적이며 남들을 이기는 것을 중시하고, '수평적 개인주의자(Horizontal Individualist: HI)'는 개인의 독립성과 자율성을 중시한다.[145] 반면 '수직적 집단주의자(Vertical

---

142 이러한 까닭은 여러 가지를 생각해 볼 수 있겠으나, 중요한 요인으로 중국에서는 한 무제(武帝) 이후 2,100여 년 동안, 그리고 한국에서는 고려 광종 이후 1,000여 년 동안 과거제를 통해 국가를 경영하는 관리를 선발하여 국가의 운영이 문사(文士)들에 의해 이루어져 왔으나, 일본에서는 19세기 중엽 에도(江戶)막부 말기까지 국가의 경영이 쇼군(將軍)을 정점으로 하는 무사(武士)들에 의해 이루어져 왔다는 사실을 들 수 있을 것이다.

143 Hofstede, 1991/1995, p. 52, 표 2.1; p. 87, 표 3.1; p. 128, 표 4.1; p. 169, 표 5.1 참조.

144 집단주의와 개인주의를 수직-수평 차원으로 나누어 네 종류로 분석한 논의는 Singelis, Triandis, Bhawuk, & Gelfand(1995), Triandis(1995, pp. 44-48), Triandis & Gelfand(1998) 참조.

145 Triandis(1995, pp. 44-48, 89-90)는 미국은 40%의 HI와 30%의 VI로 이루어진 개인주의 사회이고, 영국은 20%의 HI와 50%의 VI로 이루어진 개인주의 사회인 반면, 일본은 25%의 HC와 50%의 VC로 이루어진 집단주의 사회이고, 중국은 30%의 HC와 40%의 VC

Collectivist: VC)'는 집단과 가족을 개인보다 우선시하고, '수평적 집단주의자(HC: Horizontal Collectivist)'는 평등한 동료들 사이의 동료애와 협동을 중시한다. 앞에서 일본은 강한 남성적 문화의 보유국이지만, 한국과 중국은 여성성이 높은 문화의 보유국임을 고찰하였다. 이러한 맥락에서 보면, 일본은 수직적 집단주의의 경향이 강하고, 한국과 중국, 특히 남성성 차원에서 53개 문화권 중 41위를 보여 강한 여성적 문화를 보유하고 있는 한국은 수평적 집단주의 문화를 보유하고 있을 가능성이 높다. 즉, 동아시아 3국은 집단주의라는 같은 범주에 묶일 수 있기는 하지만, 구체적인 장면에서 드러나는 색깔은 상당히 다를 가능성이 있는 것이다.

다음으로 고찰해 볼 것은 한국인은 누구나가 다 강한 집단주의의 성향을 보유하고 있는가 하는 문제이다. 문화 연구에서 가장 조심해야 할 것은 '생태학적 오류(ecological fallacy)'에 빠지지 않는 일이다.[146] 한국의 문화가 국가 또는 사회 수준의 분석에서 집단주의 성향을 보유하고 있다고 해서, 한국인이 누구나 서구와 같은 개인주의 문화권의 성원보다 더 집단주의적이거나, 한국인이 개인주의적인 특징을 전혀 가지고 있지 않다고 생각하는 것이 생태학적 오류이다. 그러나 어느 한 사회의 문화가 집단주의 또는 개인주의라고 해서 그 사회의 성원들이 모두 집단주의자 또는 개인주의자는 아니다. 다만 개인주의 성향의 보유자보다 집단주의 성향의 보유자가 더 많다면 그 사회의 문화는 개인주의보다 집단주의의 특징을 띠게 될 뿐이다.[147] 뿐만 아니라 한 개인은 집단주의의 성향과 개인주의의 성향을 모두 보유하고 있는 것이 보통이다.

한 사회의 성원들의 문화 성향을 이렇게 다르게 하는 요인들은 다양하지

로 이루어진 집단주의 사회로 보고 있다. 이 책에서 한국의 결과는 제시되지 않았는데, 한국은 아마도 일본이나 중국보다 HC의 비율이 더 높은 집단주의 사회일 가능성이 높다.

146 Hofstede, 1980, pp. 23-25.

147 Bond & Smith, 1996; Schwartz, 2004; Smith, Bond, & Kagitcibasi, 2006, pp. 38-54; Triandis, 1995, pp. 5-6, 35-36, 62-68; 이 문제에 관해서는 졸저(조긍호, 2003, pp. 109-113; 2007, pp. 440-445) 참조.

만, 대표적인 것으로 연령, 교육 수준, 거주 지역, 경제적 풍요 및 아동 양육 방식 같은 요인을 들 수 있다. 곧 연령이 낮을수록,[148] 고등교육을 받았을수록,[149] 도시에 거주할수록,[150] 경제적으로 풍요로울수록,[151] 그리고 부모가 아동 양육 과정에서 독립성을 강조했을수록 개인중심성향이 강하고,[152] 반면 연령이 높아지거나, 교육 수준이 낮거나, 농촌에 거주하거나, 가난하거나, 아동 양육 과정에서 의존성을 강조했을수록 집단중심성향이 강한 것이다.[153] 한국에서도 젊은 세대일수록 기성세대에 비해,[154] 고등교육을 받은 사람일수록 교육 수준이 낮은 사람에 비해,[155] 그리고 도시인일수록 농촌 지역에 거주하는 사람에 비해[156] 개인중심성향이 강한 것으로 드러나고 있다. 이러한 사실은 집단주의 사회나 개인주의 사회 어디에도 개인중심성향자와 집단중심성향자가 혼재해 있음을 의미한다.

한국에서도 교육 수준이 높고, 도시에 거주하는 젊은 사람들은 집단주의 경향보다 개인주의 경향을 강하게 보이는 것이 사실이다. 따라서 이들만을

---

148 Gudykunst, 1993; Triandis et al., 1988.

149 Triandis, 1995, p. 66.

150 Kagitcibasi, 1996; Triandis, 1990.

151 Hofstede, 1980, 1991; Triandis, 1990, 1995.

152 Adamopoulos & Bontempo, 1984; Markus & Kitayama, 1991.

153 도시화, 고등교육 및 경제적 풍요 같은 요인이 개인주의와 관련이 깊다는 생각(Hofstede, 1980, 1991; Triandis, 1990, 1995)은 개인주의와 근대화(modernization)가 관련이 깊다는 가정을 그럴 듯하게 보이도록 한다(Bond, 1994; Kagitcibasi, 1997). 이러한 관점을 Hofstede(1991/1995)는 "근대화는 개인주의화와 상응된다"(p. 74)고 표현하고 있다. 이러한 입장에서 간주하는 근대화는 대체로 도시화와 서구화 및 경제성장을 의미하는 것이었는데(Kagitcibasi, 1997; Marsella & Choi, 1993), 근대화가 곧 서구화와 도시화를 유도하는 것만은 아니고(Kagitcibaci, 1996; Marsella & Choi, 1994; Sinha & Tripathi, 1994), 또한 근대화와 개인주의화가 곧 경제 발전의 원동력이라는 사실의 근거가 희박하다는 사실이 밝혀짐으로써(Schwartz, 1994), 근대성이 곧 개인중심성향과 일치한다는 등식은 성립할 수 없는 것으로 드러나고 있다(Bond, 1994; Kagitcibasi, 1997; Marsella & Choi, 1993; Schwartz, 1994). 이에 관해서는 졸저(조긍호, 2003, pp. 110-113, 주 5) 참조.

154 김의철, 1997; 한규석 · 신수진, 1997; Han & Ahn, 1990.

155 나은영 · 민경환, 1998; 나은영 · 차재호, 1999; 차재호 · 정지원, 1993; 한규석 · 신수진, 1997; Han & Ahn, 1990.

156 장성수 · 이수원 · 정진곤, 1990.

놓고 보면, 한국이 아직까지도 집단주의 문화가 지배하는 사회인지 의심이 간다. 그러나 많은 문화비교 연구의 결과는 대부분 미국 · 캐나다 · 호주 · 영국 · 네덜란드 같은 서구의 대학생과 한국 · 중국 · 일본의 같은 연령층의 대학생의 비교연구에서 확인된 것이었다. 한국의 젊은이는 같은 한국 사회에 살고 있는 나이 든 사람들의 눈으로 보면 지극히 개인주의적인 것 같지만, 같은 연령층의 서구의 젊은이와 비교해 보면 아직도 지극히 집단주의적인 경향을 강하게 보인다. 문화차는 문화 집단 간의 차이의 문제이지, 같은 사회 내의 세대차를 말하는 것은 아닌 것이다.

하지만 급속하게 변화하고 있는 한국과 같은 사회에서 문화이중성의 문제는 심각하게 고려해야 할 중요한 과제이다. 문화이중성이란 "명시적 · 공식적 규범과 암묵적 · 비공식적 행동의 불일치"[157]를 말하는데, 급격한 사회 변화로 인한 큰 세대차로 말미암아 문화의 이중구조가 심화될 가능성이 높기 때문이다. 고연령 세대일수록 명시적 규범(예: 법과 규칙)과 암묵적 행동 원리(예: 유교적 신념과 선호) 사이에 괴리가 큰 이중성을 보여 현대사회의 급격한 변화에 적응하는 데 어려움을 겪을 가능성이 커진다. 이중성의 근원은 급속한 근대화 과정에서 겉으로 드러나는 규범적 측면만 근대화되고, 내면에는 아직도 유교적 전통이 강하게 남아 있는 데 있을 수 있다. 한국 사회의 바람직한 발전을 위해서는 문화이중성 문제에 대한 해결책을 찾는 일이 시급히 요청되는 것으로 보인다.

---

157 나은영 · 민경환, 1998, p. 75.

제2장

·

동·서 문화차의 사상적 배경

- 자유주의와 유학사상의 인간관의 차이 -

문화(文化)란 한 집단의 사람들이 공유하는 가치체계와 행동방식 같은 전반적인 삶의 양식을 가리킨다. 문화는 한 집단의 사람들이 오랜 시간에 걸쳐 쌓아 온 모든 인위적인 유산으로 이루어진다. 문화는 인간의 삶이 이루어지는 기본 바탕으로, 지구상에 살고 있는 모든 생명체 중에서 사람만이 문화를 창조하고, 그 속에서 삶을 영위하고 있다. 문화가 이렇게 한 집단의 사람들이 공유하고 있는 인간 삶의 터전이라는 점을 염두에 두고 보면, 서로 다른 생존 조건 속에서 세상사를 서로 다른 관점에서 이해하며 살아온 서로 다른 집단 사람들의 심성과 행동양식은 크게 달라질 수밖에 없을 것이다.

이렇게 문화는 인간 삶이 이루어지는 바탕으로, 사람들이 살고 있는 터전으로서의 문화에 대한 이해가 선행하지 않고는 인간의 삶을 이해할 수 없다. 그러나 한 사회의 성원들이 공유하고 있는 문화 내용이 무엇인지를 규정하기가 애매할 뿐만 아니라, 문화 사이의 차이를 비교할 수 있는 차원을 설정하기도 어렵고, 또한 이러한 공유 내용 규정 및 비교 차원 설정에 따르는 방법론적인 어려움도 만만치 않기 때문에, 심리학자들이 문화를 그들의 이론적 관심사로 받아들여 문화가 인간 심성과 행동에 미치는 영향에 관해 진지하게 연구하기 시작한 것은 비교적 최근에 들어서면서부터이다.[001] 이러한 문화에 관한 심리학적 연구에서 연구자들이 부딪치는 가장 시급한 문제는 서로 대립적인 하나의 관점에서 다양한 문화를 상호 비교할 수 있는 대표적인 문화 유형의 차원을 찾아내는 일이다. 이러한 맥락에서 많은 학자가 문화비교를 위한 다양한 체계를 제시하려 노력하여 왔다.

이러한 연구에서 제시된 다양한 문화비교의 차원 중에서 서구와 동아시아의 문화를 비교하는 가장 두드러진 체계로 부각되어 온 것은 개인주의-집단주의의 차원으로, 1980년대 이후 문화비교심리학의 연구는 이 차원을 중심으로 하여 진행되어 왔다.[002] 개인주의와 집단주의 문화 유형은 지역적

---

001 Doob, 1980.

002 Kagitcibasi, 1994, p. 52; 1997, p. 39; Oyserman, Coon, & Kemmelmeier, 2002, p. 3.

분포 양상이 서구와 비서구, 특히 동아시아로 서로 다를 뿐만 아니라, 역사적 및 사상적 배경 또한 서로 커다란 차이를 보인다. 서구의 지배적인 문화 유형인 개인주의는 고대 그리스 철학과 르네상스 이후 발달된 자유주의사상을 배경으로 하고 있으며, 동아시아의 지배적인 문화 유형인 집단주의는 고대 중국에서 발원한 유학사상에 뿌리를 두고 있다.[003]

여기에서는 서구와 동아시아 지역에 개인주의와 집단주의라는 서로 다른 문화가 생성된 역사적 및 사상적 배경을 확인해 본 다음, 이러한 사상적 배경의 차이는 근본적으로 이 두 지역인이 인간과 세상사를 파악하는 관점[人間觀]의 차이에서 연유하고 있다는 사실을 추론해 보고자 한다.

1. 동 · 서 문화의 사상적 배경

서구와 동아시아 사회에서 각각 개인주의와 집단주의가 지배적인 문화 유형으로 발달하게 된 근원에는 고대 그리스와 중국의 생태적 조건과 사회 조직 및 관습의 차이에서 비롯하는 철학적 배경의 차이가 놓여 있다. 니스벳(R. Nisbett)[004]에 따르면, 고대 그리스는 높은 산으로 막힌 좁은 해안가에서 중앙집권화하지 못한 도시국가가 발달하여, 도시 사이의 이주와 교역이 활발했으며, 따라서 시장과 정치집회에서 벌어지는 대립과 논쟁이 삶의 중요한 부분이었다. 그러므로 그리스인은 나와 나 아닌 것, 인간과 자연, 하나의 사물과 다른 사물을 엄격히 구별하여 범주화하고, 저마다 지니는 일관되고 불변하는 본질(essence)을 추상화하여, 그들을 지배하는 법칙을 찾아내려 노력하게 되었으며, 결과적으로 맥락과 분리된 독립적인 대상(object)

---

003 이승환, 1998a, b; 조긍호, 1998a, 2003a, 2006, 2007a, b, 2008; 한규석, 2002; Bond & Hwang, 1986; Fiske, Kitayama, Markus & Nisbett, 1998; Kagitcibasi, 1997; Kim, 1994, 1995; Kim & Choi, 1993; King & Bond, 1985; Lew, 1977; Nisbett, 2003; Nisbett, Peng, Choi, & Norenzayan, 2001; Triandis, 1995; Tu Wei-Ming, 1985.

004 Nisbett, 2003, pp. 1–28, 29–39.

이 주의의 초점으로 부각되어, 이러한 분리된 대상의 안정적이고 불변적인 속성을 인식하는 데 힘을 쏟게 되었다. 그리하여 그리스인에게서는 대상의 본질적인 속성을 논리 규칙에 따라 범주화(categorization)하는 분석적 사고(analytical thinking)의 양식이 발달하게 되었다는 것이다.

그러나 고대 중국은 넓고 비옥한 평원에서 중앙집권화 · 위계화한 사회가 형성되어 사람들이 한 지역에 몇 세대 동안 정착하면서 농경에 힘썼으므로 이웃과 협동하고 조화를 추구하는 일이 삶의 중요한 부분이었다. 그러므로 중국인은 각 개체로서는 존재 의미가 없고, 모든 것은 연관적인 맥락 속에 존재한다고 인식하여, 항상 변화하는 상황에서 상호 연관된 역할과 의무 같은 규범을 파악하고 이에 맞추어 감으로써 공동생활의 조화와 질서를 이루려 노력하게 되었다. 따라서 그들에게는 분리되고 고립된 대상이 아니라 그들이 놓여 있는 전체 장(場, field)이 주의의 초점으로 부각되어, 전체 맥락 속에서 역동적으로 변화하는 가소성(可塑性, malleability)을 파악해서 통일성을 이루어 내는 데 힘을 쏟게 되었다. 그리하여 중국인에게서는 다양한 대상을 그 관계의 유사성에 따라 통합적으로 함께 인식하는 총체적 사고(holistic thinking)의 양식이 발달하게 되었다는 것이다.

이러한 배경에서 지속적으로 고대 그리스 철학의 영향을 받아온 서구인은 사회는 상호 분리되고 독립적인 개인들을 기본 단위로 하여 구성되는 복수적인 집합에 지나지 않는다고 인식하여, 집단보다 개인을 중시하는 개인주의의 경향을 띠게 되었다고 볼 수 있다. 이와는 대조적으로 오랜 시대에 걸쳐 거듭 고대 중국 철학의 영향을 받아온 동아시아인은 상호 연관된 사람들 사이의 관계 또는 그러한 관계의 원형인 가족과 같은 일차 집단을 기본 단위로 하여 구성되는 사회는 그 자체가 하나의 유기체(有機體)라고 인식하여, 개인보다 그들이 놓여 있는 장으로서의 집단을 중시하는 집단주의의 경향을 띠게 되었다고 추론해 볼 수 있다.

이렇게 개체로서 존재하는 개인을 그들이 소속되어 있는 맥락인 집단과 사회보다 우선시하는 서구 개인주의는 상호 평등하고 독립적이며 자율적인 존재인 개인이 갖는 천부적인 자유와 권리 그리고 보편적인 이성을 중시하는 '자유주의(自由主義, liberalism)' 이념에서 그 절정을 맞는다. 곧 현대 서구 개인주의의 이념적 배경은 자유주의사상이다.[005] 이와는 달리 개체로서 존재하는 개인보다 그들로 구성된 집단(가족 · 친구 · 교회 · 향우회 · 동창회 · 회사의 소속부서 등)을 우선시하는 동아시아 집단주의는 사람 사이의 관계를 중시하고, 이러한 관계를 맺는 타인에 대한 관심과 배려, 사회적인 책임과 도덕성을 앞세우는 '유학(儒學)'의 체계에서 사상적 배경을 찾아볼 수 있다.[006]

1) 서구 개인주의 문화의 배경 – 자유주의

개인주의는 현대 서구 사회를 특징짓는 이념일 뿐만 아니라,[007] "서구 문명의 본질이자 현대성의 진앙지"로서, 그 자체 "발전을 거듭하여, 이제 하나의 이념이 아니라 서구의 모든 사람에게 공통된 존재 방식이 되었다."[008] 알레뷔(É. Halévy)는 "오늘날 사회적 사실을 설명하는 방법으로든 아니면 개혁적 활동의 방향 설정을 위한 실제적 교의로든, 개인주의를 전면에 내세우는 것이 타당하게 받아들여지고 있다"면서, 이는 개인의 자율성과 인간존중에 따른 평등성 및 사회를 개인의지의 총합적인 산물로 간주하는 관념을 연결하는 "개인주의적 교의의 출현과 성공으로 인해 서구 사회에서 개인주의가 유일하게 진정한 철학"이 되었기 때문이라고 주장한다.[009] 이렇게 개인주의

---

005 서구 개인주의의 사상적 배경이라 할 '자유주의'에 관해서는 노명식(1991), Gray(1995/2007), 졸저(조긍호, 2006, pp. 89–193) 참조.

006 이승환, 1998a; 조긍호, 1998a, 2003a, 2006, 2007a, b, 2008; 최상진, 2000; 한규석, 2002; 한덕웅, 1994, 2000, 2003; Bond & Hwang, 1986; Fiske et al., 1998; Hofstede, 1991; Kagitcibasi, 1997; Kim, 1994, 1995; Kim & Choi, 1993; King & Bond, 1985; Lew, 1977; Nisbett, 2003; Nisbett et al., 2001; Triandis, 1995; Tu, Wei-Ming, 1985, 1996.

007 Dumont, 1983.

008 Laurent, 1993/2001, p. 9.

009 Halévy, 1901~1904/1934, p. 504.

는 현대 서구 사회를 지배하는 핵심적인 이념이자 조류이다.

서구 사회에서 개인주의가 지배적인 삶의 태도로 굳어진 데는 고대 그리스 문명에 의해 뿌려진 개인주의의 싹이 르네상스와 기독교 개혁을 통해 거세진 '개인화'의 흐름을 타고, 17세기에 들어서면서 무르익은 자유주의사상에 힘입어 활짝 꽃피게 되었다는 배경이 놓여 있다. 17세기에 절정을 맞게 된 자유주의의 물결은 뒤이은 계몽주의운동과 산업혁명을 통해 정치 · 경제 분야에 확산됨으로써 서구인들로 하여금 개인주의적인 의식과 삶의 자세를 가지도록 확고한 자리를 차지하게 되었다.

자유주의는 "개인을 사회제도 및 사회구조에 앞서는 것으로 보아, 사회보다 더 현실적이고 보다 더 기본적인 것"[010]으로 여기는 신념체계이다. 곧 자유주의는 사회의 존재론적 구성단위를 서로 독립된 개체로 살아가는 개인이라고 보는 신념체계이며, 이렇게 "개인이 사회에 우선하고, 개인이 사회보다 더 절실하다"고 여김으로써 "논리상 사회는 개인들의 산술적 총계에 불과한 하나의 허구"[011]라고 인식한다. 사회보다 개인의 우선성을 주장하는 개인주의적 요소가 자유주의적 정체성의 제일의 특성이다.[012] 이와 같이 자유주의의 세계관에서는 움직일 수 없는 중심점을 개인에게 두고 있고, 그렇기 때문에 자유주의는 개인보다 사회를 앞세우는 어떤 종류의 사회이론에 대해서도 시종일관 대항해 왔으며, 따라서 개인주의의 이념적 배경은 바로 자유주의에서 찾을 수 있다.

(1) 자유주의의 대두와 성장 배경

"자유주의의 인간관과 사회관은…… 개인주의적인 인간관과 사회관"이고, "따라서 자유주의의 철학적 핵심은 개인주의"[013]이다. 곧 자유주의의 정

---

010 노명식, 1991, p. 31.
011 노명식, 1991, p. 43.
012 Gray, 1885/2007, pp. 16, 155–156.
013 노명식, 1991, p. 27.

체성을 인식하게 해 주는 가장 중요한 특성은 "집단성에 반대해 개인의 도덕적 우선성을 주장한다는 점에서 개인주의적 요소"[014]인 것이다. "그러므로 자유주의가 무엇인가를 물으려면 무엇보다도 먼저 개인주의가 무엇인가를 물어야"[015] 하며, 따라서 서구 사회에서 자유주의가 대두하고 성장한 역사적 배경을 탐색해 보는 작업은 필연적으로 서구 개인주의의 역사적 배경을 탐색하는 작업이 된다.

서구 사회가 초기부터 개인중심의 사조에 의해 지배되고 있었던 것은 아니었지만, 서구 역사의 방향을 특징짓는 주류는 한마디로 개인주의로의 이행이었다. 곧 서구의 역사에서도 고대 그리스 이전의 긴 기간은 전체(국가 또는 사회)를 앞세우는 관점이 지배하다가, 인간 행위의 점차적인 개인화로 자유가 도래했고, 그 결과 개인과 전체 사이의 관계가 뒤집어진 역사인 것이다. "단순한 상황의 산물이건, 인간 본성의 잠재적 가능성에 의한 예정된 목적에서건, 어쨌거나 인간 본성의 개인화와 내면화는 점점 더 복잡해지는 서구 사회와의 상관관계 속에서 필연적으로 성취될 수밖에 없었다. 이런 저런 이념적 충돌이 있었음에도 개인화 과정의 문화적 역동성이 지금까지 약화된 적이 결코 없었고, 개인주의적 가치체계가 전체론적 가치체계를 압도"[016]하게 되었던 것이다.

부르크하르트(J. Burckhardt)[017]에 따르면, 서구 사회에서 개인화의 흐름이 거세게 나타남으로써 개인주의가 성장하게 된 결정적인 계기는 르네상스(renaissance)에서 찾을 수 있다. "그의 주저인 『이탈리아 르네상스 문명(*The Civilization of the Renaissance in Italy*)』의 핵심 주제는 '개인주의'의 성장이었던 것이다."[018] 그러니까 개인주의의 이념이 본격적으로 서구 역사에 등장한 것은 14~16세기의 르네상스 시기부터라고 볼 수 있다.

---

014 Gray, 1995/2007, p. 155.
015 노명식, 1991, p. 27.
016 Laurent, 1993/2001, pp. 158–159.
017 Burckhardt, 1860/1955
018 Lukes, 1973, p. 23.

이렇게 "중세 시대 내내 길고 보이지 않는 준비 과정이 진행되다가 르네상스 시대에 이르러서야 비로소 사상이라는 범주에서, 그리고 경험적 현실로서 인식된 개인의 모습이 나타"[019]나기 시작한 다음, 17세기와 18세기에 자유주의가 무르익으면서부터 개인주의가 서구인의 삶의 중심체계로 역사의 전면에 등장하게 된 것이다. 이러한 맥락에서 여기서는 르네상스를 분기점으로 하여, 그 이전과 이후의 서구 역사에서 개인에 대한 인식이 어떻게 달라져 왔는지를 커다란 역사적 사건 또는 사상적 조류를 중심으로 간략하게 살펴보기로 하겠다.[020]

가. 르네상스 이전

인류가 환경 세계와 외적(外敵)의 위협에서 스스로를 보호하고 적응함으로써 살아남기 위해 택한 원초적인 삶의 양식은 집단적이고 전체주의적인 것이었다. 그 집단의 크기는 씨족 · 부족 · 국가 등으로 점차 넓혀져 갔지만, 집단적인 양태가 삶을 영위하는 기본적인 양식이었던 것은 분명하였다. 이러한 사정은 고대 그리스에서도 마찬가지였다. 이렇게 그리스 · 로마 시대에 비록 전반적으로는 전체론적 사회체제가 유지되었지만, 그 내면에는 개인의 가치에 대한 인식의 씨앗이 담겨 있었는데, 이것이 바로 근대 개인주의 생성의 근원이라 할 수 있는 르네상스가 본받으려 한 점이었다.[021] 집단의 크기가 커지고 구조가 점차 복잡해지면서 점차 집단 속에서의 개인 존재의 특성에 대한 인식이 싹트기 시작하였던 것이다.

---

019 Laurent, 1993/2001, p. 21.

020 서구 사회에 개인주의가 대두하고 성장한 역사적 배경에 대해서는 김영한(1989, 1998), 노명식(1991), 민석홍(1984), 박우룡(1998), 박준철(1998), 조지형(1998), 주명철(1994), Burns, Lerner, & Meacham(1984/2003), Dülmen(1998/2005), Laurent(1993/2001), Lukes(1973), Rietbergen (1998/2003) 및 Russell(1959/2003) 등에 의존하여 필자가 정리한 졸저(조긍호, 2006, pp. 143-193)의 내용을 기초로 하여 재정리한 것이다.

021 김영한, 1998, p. 13.

고대 그리스 · 로마 문명 서구 역사에서 개인에 대한 관심이 싹튼 시기를 고대 그리스 문명으로부터 잡는 것이 보통이다. 그렇지만 그리스 문명의 핵심인 아테네가 홍성했던 기원전 5세기와 4세기 중반까지만 해도 개인에 대한 인식은 근대와 비교해 보면 보잘 것이 없었다. 일반적으로 고대 그리스 문화를 '인간중심적'이었다고 표현하지만, 이것은 근대 개인주의에서와 같이 개인 존재의 가치를 인정하고 찬양하는 수준은 아니었다. 고대 그리스에서 찬양된 인간은 보편적이고 추상적인 '우리'로서의 인간이고, 신이나 자연과 대비되는 집단으로서의 인간이었지, 절대 독립적인 개성의 주체로서의 '개인'이라고는 볼 수 없는 것이었다. 가장 민주적이었던 시기의 아테네에서도 참정권은 성인 남자인 시민에게만 허용되었고, 여자와 아이, 특히 노예는 거의 인간으로 취급되지 않았다. 이는 플라톤(Platon)이 그리는 이상 국가(理想國家)가 철저한 계급 사회이자 통제 사회로서 "자립적인 인격체로서의 개인은 거의 존재할 수 없는 국가-기계와 같은 가공할 만한 사회상"[022]으로 그려지고 있다는 점에서도 드러난다.

이렇게 "기원전 4세기까지 모든 집단의 구성은 경험의 다양성과 관계없이 단 하나의 규범, 다시 말해 전체론적 규범에 의존하였다. 엄격하게 서열화된 유기적 전체로서 구성된 도시국가나 부족공동체가 어디서나 배타적으로 군림하였으며, 구속력이 강하고 상호의존성이 높은 관계로 묶인 구성원들을 절대적으로 지배하였다. …… 이때 인간은 가치와 행동 규범의 선택에 있어 어떤 자율성도 갖지 못하고, 자신을 고유한 개인으로 생각하거나 떠올리지 못하며, 단지 '우리'에 의존하는 단순한 분자로서 행동할 뿐"[023]이었다. 서구 사회에서 근대식 개인 존중의 가치가 인정되는 데에는 아직도 많은 시간이 필요했던 것이다.

고대 그리스에 뒤이어 서구 사회를 지배한 것은 로마 문명이었다. 로마는

---

022 Russell, 1959/2003, p. 99.
023 Laurent, 1993/2001, p. 23.

기원전 8세기경 이탈리아 반도에서 태동하여 기원전 1세기 말에 이르러 서유럽 대부분과 헬레니즘 세계(알렉산더가 정복한 그리스와 중동 지역을 위시한 동방 세계) 전체에 대한 지배권을 행사하도록까지 성장한 다음, 성쇠와 부침을 계속하다가 기원후 476년 게르만족에 의해 최후의 명목상의 황제가 폐위되어 서로마제국이 멸망함으로써 역사의 전면에서 사라졌다.[024]

서구 역사상 가장 거대한 제국이었던 로마 문명도 그리스 문명과 마찬가지로 "개인의 등장을 불완전하게 예고했을 뿐 개인주의와 역사의 만남은 아직 이루어지지 않았다. 그리스에서 '원자(atome)'라는 단어는 단지 물질세계의 구성요소만을 가리킬 뿐이다. 라틴어에서도 '개인(individuum)'이라는 말은 중세 시대에야 등장한다. 인간의 개인성이라는 범주를 표현하는 어휘는 아직 존재하지 않았던 것이다."[025] 그리스 이후 헬레니즘과 로마 시대를 거치면서도 근대적 의미의 개인관이 싹트는 데에는 더 큰 계기가 필요했다. 그것은 바로 기독교의 성장이었다.

기독교의 공인과 성장 로마인이 개인주의 역사에 남긴 가장 큰 공헌은 기독교를 공인하고 국교화했다는 사실이다.[026] 본래 기독교는 유대교에 배경을 두고 태어났다. 유대교는 '이스라엘 민족'이라는 선민(選民) 집단과 '야훼'라는 유일신(唯一神)과의 집단적 관계를 중핵으로 하는 종교이다. 즉, 신과 인간의 관계는 집단적 관계이지 절대 개인적이고 직접적인 관계가 아니며, 따라서 신의 일차적인 관심 대상은 이스라엘 민족이라는 선민 집단이라고 보

---

024 "콘스탄티노플에 자리 잡은 동로마는 비잔틴제국(Byzantine Empire)으로 15세기 중엽까지 명맥을 유지했지만, 로마가 흥기한 본고장인 이탈리아 반도를 중심으로 한 서로마제국은 몰락하였고, 이로써 역사가들은 그리스의 성장과 발전에서 시작된 유럽의 고전시대는 막을 내린 것으로 보고 있다."(민석홍, 1984, p. 154)

025 Laurent, 1993/2001, p. 28.

026 기독교는 콘스탄티누스(Constantinus) 대제의 '밀라노 칙령(A. D. 313)'으로 공인된 후, 테오도시우스(Theodosius) 대제의 칙령(A. D. 380)으로 로마의 국교로 선포되었다. 그 후 이는 빠르게 전파되어 서유럽과 동유럽 등 서구 전 지역에서 배타적 권위를 인정받는 유일 종교로 추앙되었다.

는 것이 유대교이다. 그러나 '예수(Jesus)'라는 한 역사적 인물과 그를 뒤이은 사도(使徒)들의 노력으로 신과 인간의 관계는 집단적 관계에서 개인적 관계로 변모되었다. 기독교에서는 이스라엘 민족이 아닌 사람도 포함해서 "모든 사람은 똑같이 신의 보호 아래에 있는 신의 자녀이며, 그 자신의 고유한 소명을 가진 존재"[027]라고 보며, 따라서 개인은 신앙고백을 통해 신과 직접적으로 관계를 맺는 제일차적인 종교적 대상으로 부각된다. 그 결과 기독교는 이스라엘 민족의 집단적 종교에서 신앙고백을 한 사람의 개인적 종교로 탈바꿈하게 된 것이다.

이렇게 "기독교는 처음부터 개인을 상대로 이야기하는 종교였다. 기독교는 개인 한 사람 한 사람의 구원을 다루며, 각 개인이 소속된 가족적 연대와 지배의 관계를 벗어나 노예나 피압박계층, 지배자나 귀족 할 것 없이 모든 개인에게 말을 걸기 때문이다."[028] 그러나 기독교 교리에 개인주의의 경향이 농후하게 갖추어져 있다고 해서 기독교가 지배하는 중세 시대에 그 만큼 개인화가 실제로 진행되었던 것은 아니라는 사실에 주목해야 한다. 중세는 신과 교회를 대표하는 교황(敎皇)과 세속적 통치력을 가진 황제(皇帝) 사이의 대립으로 점철된 시대이자 승려 계급과 속인 계급의 대립이 격화된 시대였다.[029] 이러한 대립과 반목의 과정에서 점차 교회 조직의 부패와 타락이 심화되자 교회의 영적 지도력에 금이 가기 시작했고, 교회는 이를 만회하고자 신도들에 대한 통제력을 강화하는 일련의 조치를 취하게 됨으로써[030] 기

---

027 Lukes, 1973, p. 46.

028 Dülmen, 1997/2005, pp. 22-23.

029 Russell, 1959/2003, p. 185-186.

030 기독교의 평등성과 사제 조직도 기독교가 성공을 거둔 배경이다(Burns et al., 1984/2003, Vol. 1, pp. 256-257). 기독교는 3세기에 이르러 신앙생활을 지도할 사제들의 위계 조직을 발전시켰다. 이 조직은 신도들의 예배와 성사뿐만 아니라, 병자 간호나 노약자 보호 및 장례 등 그 자체 긴밀한 유대관계를 지닌 신앙공동체를 구성하고 효율적으로 지도하였다. 그러나 이러한 교회 조직은 시간이 흐를수록, 특히 세속 황제와의 세력 다툼의 와중에서 점점 엄격해지고 세속화해 갔다. 결과적으로 조직의 부패 현상도 만연하게 되어, 처음에는 기독교 성장의 밑거름이 되었던 교회 조직이 나중에는 기독교 침체의 커다란 원인이 되었다. 16세기의 기독교 개혁은 어떻게 보면, 너무 세속화되고 타락한 교회 조직에 대한 개신운동의 성

독교 자체에 내재해 있던 "해방과 개인화의 역동적 힘"[031]은 서서히 상실되어 갔다. 이러한 상황에서 기독교 교리에 내재되어 있는 진정한 개인화를 이루어 내기 위해서는 새로운 기폭제가 필요했다.

나. 르네상스와 그 이후

서구 역사에서 중세의 몰락을 거쳐 17세기의 거대한 진보에 이르는 격랑기, 곧 근대가 출현한 배경에는 14~16세기 이탈리아를 중심으로 전개된 르네상스운동이 놓여 있다. 르네상스는 좁은 의미에서 "14~16세기의 유럽에서 일어난 새로운 문화 운동"을 가리키기도 하고, 넓은 의미에서는 "중세에서 근대로 넘어가는 과도기"로서의 "역사적 시대 개념"을 뜻하기도 한다.[032] 이렇게 근대는 그리스 시대의 이상으로 돌아가자는 르네상스로부터 시작되어 이로부터 파생되는 개인존중 사상, 개인과 신 사이의 직교(直交)에 관한 사상, 개인이 제반 권리와 자유의 보유자라는 사상, 이성의 원칙에 따른 경험적 탐구를 통한 과학과 기술의 진보 및 상업자본주의의 대두와 성장 등을 중핵으로 하여 발전되었다고 볼 수 있다. 근대의 핵심은 '개인화'가 본격적으로 진행되었다는 것이다.[033] 서구 역사에서 근대는 곧 개인주의가 활짝 핀 시기인 것이다.

르네상스 14세기경부터 16세기에 걸쳐 이탈리아에서 등장하여 16세기 전반기 동안 북유럽으로 확산된 사상 · 문학 · 예술 분야에서의 주목할 만한 개신 경향이 르네상스이다.[034] 당시 이탈리아인의 관심사는 그리스 · 로마의

격이 강한 것이다.

031 Laurent, 1993/2001, p. 29.

032 김영한, 1998, pp. 13-14.

033 Dülmen, 1997/2005; Laurent, 1993/2001.

034 르네상스의 지적 이상을 가장 보편적이고 근본적으로 압축해서 표현해 주는 것은 휴머니즘(humanism)인데, 이는 좁은 의미에서 쓰이기도 하고, 넓은 의미에서 쓰이기도 한다(김영한, 1998, pp. 11-18; 민석홍, 1984, pp. 344-348; Burns et al., 1984/2003, Vol. 2, pp. 505-506). 좁은 의미 또는 기술적 의미에서 쓰일 때 휴머니즘은 문법 · 시 · 수사학 ·

"고전 문화 전체의 부활과 그것을 발판으로 한 새로운 근대 문화의 창조"[035]에 있었다. 르네상스를 통해 고전 학문의 지속적인 재발견과 확산, 고전 학문의 새로운 활용, 그리고 문화의 일상화와 세속화가 이루어졌다.[036]

르네상스 시대 인본주의(人本主義)에 바탕을 둔 인문주의(人文主義)의 융성은 "고대 문화 전반에 대한 관심을 환기시키고, 이에 관한 인식이 깊어짐에 따라 중세와는 다른 새로운 인생관을 낳고, 인간과 자연에 대해서도 새로운 인식이 싹트게"[037] 하였다. 부르크하르트는 "자아의 각성, 개인 능력의 발휘, 개성의 성장이 르네상스 이탈리아에 그 원형이 있었고, 그것이 근대사회의 심리적 · 정신적 요소를 형성하였음"[038]을 강조하여, 르네상스운동의 핵심을 "개인주의의 성장"이라고 보았다. 그에 따르면, 르네상스가 근대 세계에 끼친 공헌은 "개인과 세계의 발견"에서 찾을 수 있다.[039]

르네상스로 인한 '개인의 발견'은 집단적 존재에서 개인적 존재로 인간을 보는 관점의 변화, 개인의 개성 존중과 발현의 장려 및 인간의 자유와 존엄성이라는 관념의 대두 등으로 드러나고 있다. 중세 시대까지만 해도 인간은 신분이나 사회 계층 또는 혈통이나 소속 집단의 구성원으로 인식될 뿐이었으나, 르네상스 시대에 와서 전체로서의 하나의 개인으로 인식되었다. 개인과 개성에 대한 자각은 "마침내 인간 전반의 문제로 관심을 확대시키게 되었

역사 · 도덕철학의 인문학(studia humanitatis)을 강조하고자 하는 교육 · 문화 운동을 일컫는데, 이러한 의미로 쓰일 때 휴머니즘은 인문주의(人文主義)로 번역된다. 이에 비해 넓은 의미의 휴머니즘은 인간의 가치와 존엄을 강조하고, 인간의 삶과 조건에 우선적으로 관심을 두는 사상과 사조를 가리킨다. 이런 의미에서 사용될 때 휴머니즘은 인본주의(人本主義)로 번역된다.

035 민석홍, 1984, p. 335.

036 Burns et al., 1984/2003, Vol. 2, pp. 504–505.

037 민석홍, 1984, p. 348.

038 차하순, 1963, p. 62.

039 Lukes(1973, p. 25)는 "부르크하르트에게 있어서 르네상스를 통한 개인주의의 성장은 많은 역사철학자들에게서와 마찬가지로, 우연이 아니라 '역사적 필연(historical necessity)'이었다"고 지적함으로써, 부르크하르트가 르네상스를 개인주의 성장의 확고한 기폭제로 인식하고 있음을 지적하고 있다. 르네상스와 개인주의의 성장 사이의 관계에 대한 Burckhardt(1860/1955)의 작업에 대한 평가는 Lukes(1973, pp. 23–25) 참조.

고, 그 결과 인간의 자유와 존엄성의 관념이 대두되었다."[040] 이들은 오직 개인만이 스스로의 자유의지에 따라 성장하고 발전할 수 있어서 도덕적인 자율성을 보유하고, 사생활의 자유를 계발하여, 개성의 완전한 발현을 도모할 수 있다고 보았다.[041]

르네상스는 이러한 '개인의 발견'과 함께 '세계의 발견'을 가져왔다. 르네상스 휴머니즘에 내포된 현세주의는 필연적으로 외부 세계와 자연에 대한 호기심을 자극하여, 이것으로 눈을 돌리게 하였다. 그리하여 '지리상의 발견'과 '과학기술의 진보'라는 두 가지 중요한 사건이 이루어졌다.[042] 그 결과 사람들은 자신이 그 속에서 살고 있는 지구와 자연 현상에 관해서 전보다 더 정확한 생각을 형성하게 되었고, 인간의 능력에 대한 낙관주의적 믿음을 형성하게 됨으로써 '근대 과학과 기술 발달'의 밑바탕이 갖추어졌다.

르네상스에 의한 '개인과 세계의 발견'은 인간의 능력과 가능성에 대한 확신, 개성과 그 발현에의 예찬, 그리고 도덕적 자율성의 확보를 가져와서, 결과적으로 근대 개인주의가 성장하는 데 크게 기여하였다. 곧 서구 개인주의는 르네상스로 인해 신이나 자연과 대립되는 집합적 개념으로서의 보편적 인간이 아니라, 삶의 주체로서 독립적으로 존재하는 개성을 가진 개인이 관심의 초점으로 등장하면서부터 성장하였다. "이때부터 개인주의는 그 자체 좋건 싫건 간에 사람들이 숨 쉬는 대기를 형성하게"[043] 되었던 것이다.

기독교 개혁 이탈리아 르네상스가 북방으로 전파되어 기독교 휴머니즘으로 전개되던 16세기 초반(1517년), 비텐베르크 대학 신학교수인 루터(M. Luther)가 당시 가톨릭교회의 면벌부(免罰符, Indulgentia)[044] 판매의 부당성을

---

040 김영한, 1998, p. 29.

041 Lukes, 1973, p. 24.

042 김영한, 1998, pp. 29–30; 민석홍, 1984, pp. 348–351, 358–360, 374–377; Russell, 1959/2003, pp. 250–255.

043 Burckhardt, 1860/1955, p. 279.

044 박준철(1998, p. 60, 주 8)은 흔히 면죄부(免罪符)로 번역되는 'Indulgentia'는 면벌부로 부르는 것이 옳다는 견해를 제시하고 있다. 중세신학에 따르면, 죄는 고해성사를 통하여 사제

지적하는 95개조의 반박문을 비텐베르크 대학 부속성당의 문에 게시하면서부터 시작되어, 16세기 초 · 중반 동안 광범위하게 로마 가톨릭에 반기를 든 기독교 개혁(Reformation)운동이 전개되었다. 이들 개혁운동가(Protestant)들의 주장은 상당히 다양하지만, 다음 세 가지는 모든 개신교파에 공통적인 것이다.[045]

첫째, 구원은 교회 의식의 준수나 인간의 선행에 의해서가 아니라, 개인의 자발적인 선택에 의한 믿음을 통해서만 얻어진다는 '믿음지상주의'이다. 개신교도들은 의식 준수와 외부로 나타나는 행위보다는 신과 개개인의 직접적인 교통의 결과인 내면적이고 자발적인 믿음만이 구원에 이르는 길이라고 주장하였다. 이러한 믿음지상주의의 새로운 구원론은 개인들에게 영적 자유와 자율성을 부여하여 종교적 개인주의의 신조를 유포하게 되었다.

둘째, 구원에 이르는 유일한 길이 개인의 내면적이고 자발적인 믿음에 있다면, 신과 인간과의 관계는 직접적인 교통의 관계이지 중개자를 필요로 하는 관계가 아니며, 따라서 모든 기독교도들은 스스로 자신의 사제가 된다는 '만인사제주의(萬人司祭主義)'이다. 만인사제주의를 통해 개신교도들은 교회 및 사제의 권위로부터 해방되어, 자기의 자율적 결단에 따라 스스로가 스스로의 구원을 확보해야 하는 영적 책임성과 영적 평등성을 확보함으로써, 종교적 개인주의에 한 걸음 더 다가서게 되었다.

셋째, 오직 성경만이 믿음의 출처이고, 신앙생활의 지침이며, 교회와 교회 관례의 타당성에 대한 보증자로서, 성경만이 절대적이고도 유일한 권위를 갖는다는 '성경지상주의(聖經至上主義)'이다. 중세 가톨릭교회와는 달리 성경만을 유일한 권위로 인정할 뿐, 교황의 교서나 종교회의의 결정 등 그 이외의 것에 대해서는 어떠한 권위도 인정하지 않겠다는 것이 성경지상주의의

가 신을 대리하여 용서하는 것인데, 그럼에도 그 죄에 따르는 벌은 여전히 남게 되는 바, 연옥에서 받게 될 이 벌을 현세에서 대신하는 것이 참회고행이며, 이는 구원에 필요한 공적을 쌓는 수단이기도 한데, 참회고행의 한 형태로 인정된 Indulgentia의 구매는 '죄'를 용서하는 것이 아니라 '벌'을 면하게 하는 기능을 하기 때문이라는 것이다.

045 박준철, 1998, pp. 33-39

태도이다. 이러한 신조에서 믿음의 내용과 신앙생활의 양식은 스스로의 이성에 따라 자율적으로 선택할 수밖에 없으며, 그에 따르는 책임은 스스로가 질 수밖에 없다는 태도가 유포되었고, 결과적으로 종교적 개인주의의 신조가 성장하는 데 기여하게 되었다.

프로테스탄트들의 이러한 세 가지 공통적인 교의로부터 종교적 개인주의의 이념이 발원한다. 그들의 믿음지상주의는 종교적 내면화와 자율성을, 만인사제주의는 종교적 평등성을, 그리고 성경지상주의는 종교적 책임성을 개인에게 요구하고 부여하였다. 이러한 맥락에서 보면, "기독교 개혁과 더불어 개인화 과정의 또 다른 핵심 측면, 다시 말해 정신적으로 자율적이고 자족적인 주체가 되는 인간의 내면화가 성취된다"[046]고 생각할 수 있다.

바로 이러한 종교적 개인주의에서 근대적 개인이 출현한다. "자신의 내면으로 들어가라, 그리고 양심에 따라 살라는 구호는 개신교 내부에서 나온 강력한 요구였으며…… 여기에서 처음으로 근대적 개인성의 구조가 나타나고"[047] 있는 것이다. 기독교 개혁을 통해 개인의 자율성과 자족성, 그리고 내면화와 책임성이라는 개인주의의 핵심 관념이 널리 받아들여지게 됨으로써, 개인의 위상은 더 한층 높아지게 되었다.

자유주의의 대두 14~16세기 르네상스와 기독교 개혁에 의해 발아한 개인주의의 싹은 중세 봉건체제의 붕괴를 가져왔으나, 곧 종교분쟁과 절대왕조체제의 등장으로 위기를 맞게 되었다. 그러나 한 번 타오르기 시작한 개인주의의 물결은 가라앉을 수 없었으며, 17세기에 들어서서 베이컨(F. Bacon)과 뉴턴(I. Newton) 등에 의해 주도된 과학혁명, 종교분쟁의 결과 확고해진 종교적 관용주의 및 17세기 말엽 발발한 명예혁명(1688~1689), 그리고 상공업의 발달로 촉진된 자본주의의 발전 등으로 인해 자유주의사상이 대두되면서

---

046 Laurent, 1993/2001, pp. 36-37.
047 Dülmen, 1997/2005, p. 93.

개인화의 흐름은 역사의 대세가 되었다. 이렇게 근대 개인주의 성장의 사상적 배경인 자유주의의 진원지는 과학혁명과 명예혁명 그리고 상업혁명의 발상지인 영국이었다.

'명예혁명'은 왕권과 시민권 사이의 대립이 격화되어 발발한 '청교도혁명(1642~1660)'의 역사적 귀결이었다.[048] 명예혁명을 통해 의회는 왕으로 하여금 권리장전(權利章典, Bill of Rights)을 선포케 하였는데, 이는 절대왕정의 완전한 항복 문서였다. 그 내용은 중세 이래 발전되어 온 영국의 헌정적 전통을 종합하고 확인하면서 왕권을 제약하고 의회의 우위를 확인하는 것이었는데, 이를 통해 개인의 자유가 크게 신장되어 국민의 의사와 법에 종속되는 근대국가 출현의 길을 열었다.[049] "명예혁명은 사상 최초의 '자유주의혁명'이었다. …… 이 혁명에 의해 촉진된 입헌주의, 종교적 관용, 상업 활동의 자유는 18세기 유럽과 미국 자유주의자에게 '하나의 기준'이 되었"[050]던 것이다.

명예혁명에 이론적 정당성을 부여해 준 것은 로크(J. Locke) 같은 자연권(自然權) 사상가였다.[051] 로크는 국가 생성 이전의 자연 상태는 절대적 자유와 평등이 팽배해 있는 상태로서, 이러한 자연 상태하에서 개인은 본유적인 생명 · 자유 · 재산에 대한 자연권을 갖는데, 이를 보호하기 위해 스스로 자연법을 집행한다고 보았다. 이러한 과정에서 각 개인이 자신의 권리를 행사하려 하므로 불가피하게 혼란과 불안이 초래되고, 이러한 불편을 피하기 위해 정부에 일정한 권리를 양도하기로 합의하게 된다는 것이다. 그러나 개인이 정부에 양도하는 것은 자연법을 집행할 행정권뿐이며, 정부는 개인의 자

---

048 청교도혁명은 "사회적으로나 경제적으로 귀족 계급을 잠식하면서 성장과 발전을 계속해 온 지주(地主) 계층(gentry)을 주축으로 하여 절대왕정의 전제 정치를 타도하고, 의회를 중심으로 영국 고유의 전통적인 헌정상의 자유와 종교적 자유를 확립하려는 혁명"으로, "근대사회의 민주주의가 싹트고 성장할 기름진 사상적 옥토였다." 청교도혁명은 비록 "왕정복고로 그 뜻의 달성이 일시 중단되었으나, 얼마 안 가서 명예혁명으로 그 뜻이 이루어"(민석홍, 1984, p. 445-446)졌다.

049 민석홍, 1984, pp. 447-450.

050 박우룡, 1998, p. 69-70.

051 Lukes, 1973, pp. 79-87.

연권을 보호할 뿐만 아니라 이를 신장시킬 의무도 지므로, 만일 정부가 그 권력을 남용하거나 제대로 개인의 자연권을 보호 · 신장시키지 못하면, 인민은 이를 전복시킬 권리를 갖게 된다고 로크는 주장하였다. 로크의 정치적 자유에 대한 옹호는 모든 형태의 절대주의를 규탄함으로써 명예혁명에 대한 이론적 근거를 제공했을 뿐만 아니라, 자유주의사상이 꽃피는 밑바탕이 되었다.[052]

명예혁명과 자연권 사상 이외에 17세기 영국에서 자유주의사상이 꽃피게 된 또 하나의 배경으로 베이컨과 뉴턴에 의한 과학혁명을 들 수 있다.[053] 과학혁명은 영국 경험주의 철학의 이성주의적 전통과 합리주의의 직접적인 소산이다.[054] "과학혁명은 질서정연하게 통합된 기계적인 우주상을 제시하는 동시에 우주와 자연의 외관상의 혼란과 불규칙성에도 불구하고 합리적이고 법칙적인 질서가 존재하며, 인간의 이성은 이를 파악하고, 그럼으로써 이에 생산적인 조작을 가할 수 있다는 인식을 초래하였다."[055] 이렇게 과학혁명을 통해 인간 능력에 대한 무한한 신뢰와 자신감을 가지게 되었으며, "과학의 자율성"과 "정신의 자유로운 활동을 옹호"[056]함으로써 자유로운 인간의 무한

---

052 노명식, 1991, pp. 136–143; 민석홍, 1984, pp. 458–460; 박우룡 1998, pp. 69–70; Burns et al., 1984/2003, Vol. 3, pp. 641–642, 728–733; Russell, 1959/2003, pp. 280–283, 313–321.

053 민석홍, 1984, pp. 453–455; 박우룡, 1998, pp. 67–69; Burns et al., 1984/2003, Vol. 3, pp. 761–768; Russell, 1959/2003, pp. 271–280: "근대 과학은 르네상스에서 싹텄으나, 17세기에는 이의 발전을 촉진시킬 방법론과 그것을 실천할 수 있는 기구와 수단이 발달하였다."(민석홍, 1984, p. 453) 베이컨은 고대 이래 일반적으로 행해지던 연역법(演繹法, deduction)을 배격하고, 구체적인 사실과 현상의 가능한 한 많은 관찰과 이로부터 얻은 자료를 기초로 하여 일반적인 법칙에 도달하는 귀납법(歸納法, induction)을 과학의 기본적인 방법론으로 강조하였다. 귀납법과 관찰 및 실험의 강조는 근대 과학이 본격적으로 발전하는 데 커다란 공헌을 하였다. 이 이외에 관찰과 실험에 필요한 기구(망원경 · 현미경 · 기압계 등)도 17세기에 발명되어 과학 발전의 토대를 이루었다. 이러한 배경에서 뉴턴은 코페르니쿠스(N. Copernicus), 갈릴레이(G. Galilei), 케플러(J. Kepler) 등의 업적을 수렴하여 근대적인 새로운 우주상을 제시하였다.

054 Russell, 1959/2003, pp. 312–321.

055 민석홍, 1984, p. 455.

056 Burns et al., 1984/2003, Vol. 3, p. 762.

한 진보와 발전이라는 관념이 성숙하는 계기가 되었다.

르네상스와 기독교 개혁에 이은 자연권 사상의 대두와 과학혁명을 통해 자유주의사상이 성숙할 계기는 대체로 마련되었으나, 17세기 영국에서 자유주의사상이 무르익게 된 배경으로 또 한 가지 생각할 수 있는 것은 상업혁명과 자본주의의 발전이다.[057] 영국은 유럽 대륙과 비교해 볼 때 상대적으로 국내 정치가 안정되어 있었으므로 상업과 자본주의가 발달하여 경제 발전이 다른 나라보다 앞섰다.[058] 상업혁명과 자본주의의 발달은 개인의 사유재산권의 관념을 낳았고, 또 그것을 확보하기 위한 자유로운 경제활동을 추구하도록 함으로써 자유주의사상이 성숙하는 또 하나의 계기가 되었다.

이상에서 보았듯이 자유주의사상은 르네상스와 기독교 개혁으로 인한 개인과 세계의 발견 및 신앙과 양심의 자유의 관념을 바탕으로 17세기 영국에서 발발한 명예혁명과 자연권 사상의 대두, 과학혁명 및 자유주의 경제체제의 성장을 통해 "16세기 이전의 중세적 사회의 온갖 국면이 근대적인 것으로 전혀 새롭게 변혁하는 가운데서 실제적 정당성과 이론적 타당성을 체계화하게 되었던 것이다."[059] 이러한 배경에서 자유주의는 신앙 · 양심 · 표현의 자유 및 제반 정치 · 경제적 자유, 다른 종교나 신념 · 양심 · 의견 등에 대한 관용과 이성적이고 합리적인 태도의 존중, 입헌주의와 민주주의, 그리고 사유재산권의 보호와 기회의 평등 등을 핵심 가치로 하는 사상체계이다.[060]

---

057 노명식(1991)은 자유주의사상 대두의 배경을 르네상스 · 기독교개혁 · 과학혁명과 함께 자본주의의 발전으로 잡고 있다. 그에 따르면, "르네상스의 세속적 정신은 인간의 관심을 내세의 영생에서 현세의 삶으로 옮기게 하였고, 종교개혁은 개인적 판단에 의한 성서 해석의 길을 열어 교회의 초월적 권위를 부정하고 종교상의 개인주의를 촉진시켰다. 16~17세기의 과학혁명은 우주와 자연은 보편적 불변의 법칙에 의해 움직이는 하나의 기계라는 것을 증명하였는데, 그 법칙 탐구의 과학적 방법은 자유주의의 모델이 되었다. 그리고 화폐 경제의 일반화에 따르는 자본주의적 경제생활은 봉건 사회의 공동체의식을 해체시키면서 개인주의적 관념과 사유재산의 관념을 낳아 자유주의의 물질적 요인을 준비하고 있었다"(p. 89)는 것이다.

058 노명식, 1991, pp. 91-93, 121-124; 민석홍, 1984, pp. 399-403, 434-437, Burns et al., 1984/2003, pp. 658-670.

059 노명식, 1991, p. 89.

060 노명식, 1991, pp. 53-84.

자유주의의 철학적 핵심은 개인주의이다. 즉, 자유주의는 "개인을 사회와 사회 제도 및 사회 구조에 앞서는 것으로 보고, 사회보다 더 현실적이고 보다 더 기본적인 것으로" 간주하며, "사회나 집단보다는 개인에게 보다 더 높은 가치를 부여"하는 사상체계이다. "따라서 개인의 권리와 요구는 사회의 그것보다 도덕적으로 우선한다"[061]고 보는 것이 바로 자유주의로서, 이는 근대 개인주의의 이론적 및 현실적인 바탕이다. 17세기가 이러한 자유주의가 성숙한 시기라면, 곧 르네상스로부터 발아한 개인주의의 싹이 크게 꽃피운 시기도 바로 17세기부터라고 할 수 있을 것이다.

계몽주의운동과 시민혁명 영국에서 꽃피운 자유주의사상은 볼테르(F. Voltaire)와 몽테스키외(C. Montesquieu) 같은 사람들에 의해 프랑스에 유입되어 계몽주의운동으로 전개되면서, 서서히 유럽 전역으로 전파되어 18세기 서구 사회 전체를 지배하는 지성사의 강력한 흐름이 되었다. 계몽주의의 사상적 근거는 17세기 영국의 자유주의였으며, 따라서 계몽주의운동을 특징짓는 핵심 주제는 자유주의의 가치인 이성 · 관용 · 자유 · 평등 · 교육과 진보 등이었다.[062]

계몽사상가들은 이성의 탁월성에 대한 강력한 믿음을 가지고, 인간이 이성을 통해 우주와 사회를 움직이는 기본 원리를 파악할 수 있고, 이에 따라 사회를 개혁하고 향상시킬 것이라고 믿었다. 이성의 탁월성에 대한 믿음에 기초하여 관용 · 자유 · 평등 및 교육과 진보의 이념에 헌신한 계몽사상가들은, 인류의 진보를 위해서는 계몽을 통하여 무지와 미신을 타파하고, 이성에 어긋나는 구습과 낡고 모순된 제도를 과감하게 시정하고 개혁할 것을 주장하였다. "그리하여 계몽사상은 현존 질서를 타파하고 개혁하려는 혁신 사

---

061 노명식, 1991, p. 31.

062 노명식, 1991, pp. 153–169; 민석홍, 1984, pp. 460–464; 주명철, 1994; Burns et al., 1984/2003, Vol. 3, pp. 769–783; Laurent, 1993/2001, pp. 41–61; Russell, 1959/2003, pp. 336–347.

상이 되었으며, 현실적으로 미국혁명과 프랑스혁명의 사상적 기반이 되고, 새로운 시민사회 건설의 사상적 동력이 되었다."[063] 미국 독립혁명(1776년)과 프랑스혁명(1789년)은 이러한 관점에서 이해할 수 있다. "계몽사상의 자유주의적 제 원리가 원리로만 남아 있지 않고 현실 생활에서 구체적으로 실현"[064]된 것이 바로 미국과 프랑스에서 발발한 시민혁명이었다.

이와 같이 "미국 독립혁명과 프랑스혁명은 자유주의의 힘이 얼마나 큰가를 유감없이 발휘하였다. 프랑스혁명이 없었더라면, 계몽사상의 자유주의적 이념과 급진적 사상은 그저 진보적 지식인들 사이에 유행하는 하나의 사상에 머물고, 현실 생활에 구체적인 영향을 미치지 못했을 것이다."[065] 미국의 독립혁명과 프랑스혁명은 자유 및 평등과 개인적 권리의 자유주의 이념을 현실의 정치에 실현시킴으로써, 서구 사회에서 사람들의 머릿속에 이념적으로만 머물던 개인주의의 실상이 현실생활에 깊이 착근되도록 하였다.

산업혁명과 공업화 및 도시화 18세기 후반 미국과 대륙에서 정치 혁명이 진행되고 있을 때, 영국과 곧이어 서구 세계 전체에서는 조용히 산업상의 큰 변혁인 산업혁명이 이루어지고 있었다.[066] 산업혁명의 가장 직접적인 결과는 생산수단과 생산조직의 변혁이었다. 가내 수공업 단계에서 기계를 사용하는 기계공업 단계로, 그리고 가족 단위 소규모 생산 단계에서 다수의 노동자를 한 장소에 집중시켜 감독과 일정한 규칙하에 생산직에 종사케 하는 공장생산 단계로 변화하게 된 것이다. 이러한 변화는 농업 인구와 유휴 노동력

---

063 민석홍, 1984, p. 461.

064 노명식, 1991, p. 171.

065 노명식, 1991, p. 177.

066 민석홍, 1984, pp. 501–611; Burns et al., 1984/2003, Vol. 3, pp. 861–885: 거시적으로 본다면, "산업혁명은 농경과 가축 사육을 시작한 신석기혁명 이래 인류 생활에 가장 큰 변화를 가져왔으며,"(민석홍, 1984, p. 502) 이는 "프랑스혁명과 더불어 유럽 근대사회 확립의 가장 중요한 계기가 되었다. 이제 유럽은 계속되는 기계의 발명과 혁신으로 종전의 농업적인 사회를 탈피하고 산업사회(industrial society)로 발전하게 되었으며, 생산력의 비약적인 발전과 지속적인 경제성장이 가능해진 것이다."(p. 508)

을 공업 인구로 흡수하고, 국가 경제의 핵심이 농업에서 공업으로 변화하는 공업화(工業化)가 이루어지게 하여, 생산양식뿐만 아니라 사회생활 전반에 획기적인 변화를 초래하였다.

우선 새로운 제품을 값싸게 대량으로 생산하고, 발달된 교통수단을 통해 전 세계에 빠르게 확산시킴으로써 시장경제 체제가 보급되어, 삶의 양식에 커다란 변화를 가져왔다. 근대적인 시장경제 체제가 보편화됨으로써 이른바 근대화(近代化)가 빠르게 진행되었던 것이다. 근대화는 도시화(都市化)와 맞물리면서 나타나는데, 생산과 소비의 중심지가 농촌에서 도시로 이동하였기 때문이다. 산업화와 도시화는 날로 새로워지고 발달하는 기술과 공업으로 인한 수요를 충족시키기 위한 교육제도의 혁신을 촉진하여, 전반적인 교육 수준이 향상되게 만들었다. 또한 완만하기는 하지만 소득수준의 전반적인 향상으로 도시 중간계급의 성장이 서서히 이루어졌는데, 개인의 자유 추구, 핵가족 단위의 안락한 가정생활 중시 등 이들의 개인주의적인 생활양식이 전 계층의 삶의 표준으로 등장하게 되었다. 통신 기술의 발달로 사회 한 부분에서의 변화가 사회 전 분야에 급속도로 전파될 수 있었기 때문이었다.

현대 문화비교심리학의 연구 결과를 보면, 도시 거주, 교육 수준의 향상 그리고 경제 수준의 향상은 개인주의와 밀접하게 관련되어 있는 요인들이다. 즉, 도시에 거주하는 사람일수록, 교육 수준이 높은 사람일수록, 그리고 경제 수준이 높은 사람일수록 개인주의 성향이 높다는 사실이 밝혀지고 있다.[067] 이러한 맥락에서 보면, 산업혁명으로 인한 도시화와 교육 수준의 향상, 그리고 경제 수준의 향상은 서구 사회 전반에 걸친 개인주의 경향을 높임으로써 개인주의가 근대 서구인의 현실적인 삶의 이념으로 받아들여지게 하는 배경이 되었다고 볼 수 있을 것이다.

---

067 이에 관해서는 졸저(조긍호, 2003a, pp. 108-113) 참조.

다. 현대 서구 사회에서 개인주의의 위상

지금까지 역사적 고찰을 통해 서구 사회에서 개인주의의 이념이 싹트고 성장한 배경에 대해 살펴보았다. 서구 역사에서 고대 그리스 이전의 긴 시간은 집합적 위계가 사회를 지배하고 있다가 고대 그리스로부터 르네상스에 이르는 시기에 비로소 개인주의의 씨앗이 뿌려진 다음, 14~16세기의 르네상스와 그 이후에 이르러서야 개인주의 이념의 싹이 트고 꽃이 피고 열매를 맺게 되었음을 확인할 수 있었다. 이렇게 보면, 서구에서도 개인주의의 역사는 비교적 일천한 것이다.

고대 그리스 문화는 인간중심적이기는 하였으나, 개인 존재의 가치를 인정하고 찬양하는 수준은 아니었으며, 이들이 의미하는 인간은 신 또는 자연과 대립되는 보편적이고 추상적인 존재일 뿐 구체적인 개체로서의 개인은 아니었다. 로마 시대에 와서 사람들은 세계 시민, 즉 코스모폴리탄으로서 사람들과 집단들 사이의 차이를 인식하게 됨으로써 개인 존재에 눈을 뜨게 되었다. 그러나 이들도 아직 개체로서의 개인의 가치를 인정하지는 못하였는데, 이러한 사실은 이 시대에 아직까지 '개인'을 가리키는 말이 없었다는 점에서 단적으로 드러난다. 근대적 의미의 개인관의 씨앗은 기독교의 공인과 중세를 통한 성장에 있었다. 기독교는 유대교와 결별하면서 개인적인 종교로 부각되었고, 따라서 기독교의 공인과 성장은 서구 사회에 개인주의의 씨앗을 심는 계기였다. 그러나 중세 교회는 지나치게 세속화 · 권력기관화함으로써 기독교에 내재되어 있는 개인화를 이루어 내는 보루로서의 역할을 스스로 포기하였다.

고대와 중세에 뿌려진 이와 같은 개인주의의 씨앗이 발아한 것은 14~16세기의 르네상스를 통해서였다. 르네상스를 통해 '개인과 세계의 발견'이 이루어짐으로써 인간의 능력에 대한 무한한 신뢰와 개성 존중의 태도가 형성되기 시작했던 것이다. 16세기에 시작된 기독교 개혁은 중세 교회의 속박으로부터 개인을 해방시키려는 사상운동으로서, 이를 통해 개인의 자율성과 내면성이 사람들 의식의 전면에 부각되었다. 17세기에 들어서면서 영국에서 명예혁명이 발발하여 생명 · 자유 · 재산에 관한 천부적인 자연권 사상이 대두되고, 과학혁명을 통해 합리적이고도 기계적인 우주관과 함께 자연과 사회를 탐구하는 과학적 방법을 갖추게 되었으며, 또한 상업혁명과 자본주의의 발달로 개인의 사유재산권의 관념과 자유로운 경제적 이익 추구의 태도가 형성되어, 이 삼자가 근대 자유주의사상으로 결합됨으로써 그때까지 발아했던 개인주의의 싹이 활짝 꽃피게 되었다. 자유주의사상이 18세기에 프랑스에 도입되면서 모든 불합리하고 비이성적인 구습과 구제도를 타파하려는 계몽주의운동으로 전개됨으로써 미국혁명과 프랑스혁명의 사상적 기반으로 작용하였는데, 이 두 시민혁명은 근대 자유주의적 개인주의가 현실생활에 뿌리를 깊게 내리는 계기가 되었다. 이어서 이 두 혁명과 같은 시기에 시작되어 19세기 중 · 후반에 열매를 맺은 산업혁명과 이로 인한 근대화와 도시화는 근대 서구인의 삶의 제반 측면에서 개인주의가 지도 이념으로 성숙하는 계기가 되었다.

이상과 같은 개인화가 서구의 역사에서 주류를 이루는 흐름이기는 하지만, 서구의 역사에서 반대의 흐름을 찾아볼 수 없는 것은 아니다. 프랑스혁명과 산업혁명이 몰고 온 사회적 혼란과 개인 이익의 과도한 추구로 인한 빈부(貧富) 불평등의 심화는 격렬한 반개인주의적 경향을 촉발하였다.[068] 반개인주의적 경향은 두 가지 흐름으로 전개되었는데, 그 하나는 프랑스혁명 전의 기독교적 공동체로 복귀함으로써 혁명이 몰고 온 개인주의적 무질서와 혼란에서 사회질서를 회복시키고자 하는 '보수회귀적 반개인주의자들'이었다. 이들은 특히 자유주의의 자연권 사상을 부정하고 자연권 사상에 담긴 개인주의의 만연으로 인한 사회의 원자화와 무정부화를 비판하면서, 과거의 기독교적 공동체가 갖는 위계적이고 유기적이며 안정적인 사회체제로의 복귀를 주장하였다. 또 하나는 사유 재산과 사적 이익의 과도한 추구와 자유경쟁 및 대량 기계생산 체제가 몰고 온 국민 대다수의 무산계급화와 인간의 황

---

068 서구의 역사에서 전개된 이러한 반개인주의적 흐름에 대해서는 졸저(조긍호, 2006, pp. 181-189)와 Laurent(1993/2001, pp. 91-118, 140-156) 참조.

폐화 및 소외 등을 비판하면서, 부의 균등 분배를 통한 평등의 실현을 주장하고 등장한 '사회주의적 반개인주의자들'이었다. 이들은 과도한 개인적 자유, 특히 사적 소유권의 무한정한 추구는 결과적으로 평등 이념의 퇴보를 가져온다는 전제에서, 개인 및 집단 간의 연대와 국가의 개입을 강조함으로써 평등하고 조화로운 공동체의 질서 회복을 꿈꾼다.[069]

그러나 현재의 서구 사회는 집단성을 우선시하는 여러 담론이 헤게모니를 쥐었던 시기(1925~1975)를 지나, 시계추가 거의 기계적으로 다시 개인주의 쪽으로 돌아와 있다. 이 시기에 "반개인주의적 이념과 관료주의는 서구의 문화적 현실을 부인하였지만, 서구인의 일상적 의식과 행동은 치유할 수 없을 만큼 개인화되어 있었다. 따라서 이전으로 돌아갈 수도 없고, 현대성을 의미하는 자유의 구가와 사적 행복을 포기할 수도 없었던 것이다. 실제로 삶의 개인화 과정은 한 번도 멈추지 않고 면면히 지속되었고…… 호전성이 사라지고 자아도취적 경향이 나타나는 1975년과 1980년 사이에는 오히려 더욱 가속화되었다. 그 때문에 교육과 소비와 커뮤니케이션의 발달, 민주화와 삶의 수준과 기술의 향상으로 고무된 서구인은 보다 더 반개인주의를 거부"[070]하게 되었다.

이제 서구 사회 곳곳에서는 단순한 개인의 해방을 넘어서 독립된 개인을 근간으로 하는 새로운 사회상이 탄생하고 있다. "개인용 자동차, 흔히 정서적 집착의 대상이 되는 주거지의 소유권 획득(가정생활의 가치 부여), 점점 더 개인화되고(한 명의 개인만을 위해 준비되고) 개별화된(한 특정한 개인의 욕망에 맞추어진) 서비스와 재산의 소비, 자동화된 기술(비디오 · 개인용 컴퓨터 등)과 '자동' 또는 '셀프' 서비스에 대한 의존 등 수많은 혁신적 변화에 힘입어 개인주의는 피할 수 없는 현대의 생활방식으로 확고하게 자리 잡게 된 것이다."[071] 개인주의는 이제 '개인적' 개인주의의 차원을 넘어서 '대중적' 개인주

---

069 조긍호, 2006, p. 191.
070 Laurent, 1993/2001, pp. 151–152.
071 Laurent, 1993/2001, p. 155.

의로 전향하고 있다. 르네상스를 통해 선포된 서구 사회의 개인주의는 이제 결국 가장 비밀스러운 사회의 내면에까지 파고들어 더 이상 하나의 이념이 아니라 모두에게 공통된 존재방식과 삶 그 자체가 되어 있는 것이다.

(2) 자유주의가 추구하는 가치

이상에서 보아 온 바와 같이 자유주의는 개인 존재의 총합체가 곧 사회라는 관념, 곧 사회의 존재론적 구성단위는 개인이라고 보는 관념을 전제로 하고 있으며, 그런 점에서 개인주의를 그 자체 속에 내포하고 있는 사상체계이다. 이러한 사회의 궁극적 구성요소에 대한 인식은 곧바로 그에 일관되는 특징적인 인간관을 낳는다. 자유주의와 개인주의는 사회의 궁극적 구성단위를 개인이라고 본다는 점에서 기본 입장이 동일하다. 그러므로 자유주의적 인간관과 사회관은 개인주의적인 인간관과 사회관이다. 곧 자유주의의 기본적인 인간관도 개인주의와 마찬가지로 '개인중심적 인간관'인 것이다.

자유주의의 개인중심적 인간관은 자유주의가 추구하는 여러 가치에서 구체적 내용이 확인된다. "자유주의는 일관성과 포괄성을 가지고 있는 하나의 세계관"으로서, 자유주의가 추구하고 있는 여러 가치는 그것이 개념화하는 인간관과 사회관 속에서 통합적인 의미를 갖추기 때문이다. 곧 "자유주의적 가치들은 자유주의의 인간관과 사회관에 결부"[072]되어 있다. 그렇다면 자유주의는 어떠한 가치를 추구하는 이념체계인가?

노명식은 개인적 자유, 관용과 이성, 입헌주의와 민주주의, 자본주의를 자유주의가 추구하는 기본 가치라고 보았다. 개인적 자유는 "개인이 강요당하지 않고, 제약받지 않고, 간섭받지 않고, 압력받지 않는 조건으로서의 소극적 자유" 그리고 양심 · 신앙 · 표현 · 결사 · 정치 · 경제적인 여러 가지 자유와 자기실현의 자유 같은 적극적 자유를 포괄한다. "개인의 행동과 사상의 다양성을 긍정"하는 것이 관용의 가치이고, "개인과 사회를 합리적으로 설계

072 노명식, 1991, p. 30.

할 수 있게 하고, 사람들에게 어떤 목표를 선택할 수 있게 하는 적극적이고 낙관적이며 보편적인 힘"이 이성으로서 자유주의의 진보 이념을 대표하는 것이 관용과 이성의 가치이다. "법에 의한 정부의 통치"와 선거에 의해 뽑힌 대표들의 합의체로 대변되는 인간 평등과 자기결정성의 신념에 바탕을 두고 있는 것이 합헌주의와 민주주의의 가치이다. 마지막으로, 사유재산권과 자기이익 추구권 및 합리적 선택에 따른 자유경쟁 이념에 근거를 두고 있는 것이 자본주의의 가치이다.[073]

그레이(J. Gray)는 자유주의의 정체성을 구성하는 요소를 개인주의적 · 평등주의적 · 보편주의적 · 사회개량주의적 요소의 네 가지로 제시하고 있다. "자유주의는 집단성에 반대해 개인의 도덕적 우선성을 주장한다는 점에서 '개인주의적'이고, 모든 인간 존재에게 동일한 기본적인 도덕적 지위를 부여한다는 점에서 '평등주의적'이며, 인류의 도덕적 단일성을 주장한다는 점에서 '보편주의적'이고, 비판적 이성을 사용함으로써 인간의 삶을 무제한적으로 개선할 수 있다고 주장한 점에서 '사회개량주의적'이다."[074] 이렇게 그는 개인의 자유 · 평등 · 자율성[075] 및 이성과 진보의 가치를 자유주의의 정체성을 이루는 네 가지 기본 가치로 보고 있다.

이들 말고도 뒬멘(R. v. Dülmen), 로랑(A. Laurent) 및 루크스(S. Lukes) 같은 학자들은 서구 개인주의 성립의 과정을 역사적으로 고찰하면서, 개인주의가 추구하는 자유주의적 가치를 제시하고 있다. 뒬멘은 개인주의의 싹은 중세 시대부터 움트기 시작하여 자유주의와 계몽주의 시대에 꽃피게 되었는데, 이 시기의 개인은 "스스로 생각하라(자기 생각)" "스스로를 교육하라(자기

---

073 노명식, 1991, pp. 53-84: 직접 인용은 순서대로 pp. 58, 64, 67, 71임.

074 Gray, 1995/2007, pp. 15-18, 153-174: 직접 인용은 pp. 155-156임.

075 Gray(1997/2007)는 "자율성의 가치를 인간 선의 보편적 구성요소로 만듦으로써 자율성의 가치를 지지하는 논증을 강화"(p. 166)할 필요가 있음을 역설하면서, "자유주의적 도덕성의 주요 관심사는 자율적 행동을 보여 주는 생활양식을 증진시키는 데 있다"(p. 157)고 진술함으로써 개인의 자율성과 자기결정성이 자유주의의 보편적 요소임을 분명히 하고 있다.

교육)" "스스로 결정하라(자기결정)", 그리고 "개인권을 보호하라(인권 투쟁)"는 시대적 요구를 따르는 삶을 추구하였다고 보아, 이 네 가지가 개인주의와 그 배경인 자유주의의 핵심 가치 또는 요소라고 주장했다. 여기서 '자기 생각'은 개인의 합리적 이성을, '자기 교육'은 자기 독특성과 자기개발을, '자기결정'은 자율성과 독립성을, 그리고 '인권 투쟁'은 사생활 자유의 옹호라는 가치를 담고 있는 것으로 볼 수 있다.[076]

개인주의의 역사를 포괄적으로 제시하여 이미 이 분야의 고전이 되어 있는 『개인주의(*Individualism*)』라는 저서를 펴낸 루크스는 존엄성, 자율성, 사생활의 자유, 자기개발 및 추상적 개인이라는 다섯 가지를 자유주의 대두 이후 확산된 개인주의의 기본적인 단위 관념(unit-ideas)으로 제시했다. 여기서 '존엄성'은 개인 존재의 유일성 또는 최종목적성을, '자율성'은 독립적인 자기결정성을, '사생활의 자유'는 개인적 자유와 자기소유성을, '자기개발'은 개체다운 독특성과 자기실현을, 그리고 '추상적 개인'은 원인행위자(原因行爲者, causal agent)로서 개인이 가지는 자족성(自足性)과 자기완비성을 나타낸다. 그는 이 다섯 가지 기본 관념을 날줄과 씨줄로 하여 종교 · 정치 · 경제 · 윤리 및 방법론적 측면에서 개인주의를 분석하고 있다.[077]

이와 견주어 로랑은 "기독교 개혁과 르네상스가 끝나갈 무렵 개인주의적 가치체계는 문화적 차원에서 형태를 갖추기 시작했다"고 보아 17~18세기를 '개인의 코페르니쿠스적 혁명'이 일어난 시기로 규정하고 있다. 그는 "개인주의가 확산되는 결정적 순간은 스스로 생각할 수 있는 권리(비판적 합리주의)와 자신을 위해 살 수 있는 권리(사적 이익에 대한 관심)가 결합하는 시기이다. 내적인 자기결정 능력과 대외적인 주권행사의 욕망 사이에 이루어지는 연금술적인 과정에 의해 개인은 인간성을 충분히 표현할 수 있는 유일한 존재로 인정받게 된다"면서, 자유주의와 계몽주의 시대에 주도적 위치를 차지하게 되는 이 새로운 범주의 개인은 세 가지 모습으로 구체화될 수 있다고

---

076 Dülmen, 1997/2005, pp. 249-286.

077 Lukes, 1973, pp. 45-78.

주장한다. “세 가지 모습이란 ‘분리된 자의식과 이성을 지닌 주체’, ‘자신을 소유하는 자유주의 시장의 주체’, ‘민주주의적 인본주의를 신봉하는 평등한 시민’의 모습이다.” 이러한 세 가지 주체인 개인의 가치는 각각 합리적 이성을 지닌 역동적 자족성과 자율성, 자기소유권과 독립성, 그리고 사회 구성단위로서 지니는 다른 개체에 대한 평등성으로 정리할 수 있다.[078]

이상에서 보듯 학자에 따라 자유주의와 근대 개인주의가 추구하는 핵심 가치와 거기에 담긴 내용 사이의 관련성을 개념화하는 양식에는 서로 차이가 있다. 그러나 이들이 제시하는 내용을 단순히 훑어보기만 해도, 서로 유사한 가치가 중복되고 있음을 알 수 있다. 자유주의가 추구하는 가치는 ‘자유와 자유의지’ ‘이성과 진보’ 그리고 ‘평등과 존엄성’의 세 묶음으로 정리해 볼 수 있다.

‘자유와 자유의지’ 차원의 가치에는 노명식의 개인적 자유와 자본주의의 가치, 그레이의 개인주의적 요소와 보편주의적 요소, 뒬멘의 자기결정과 인권 투쟁의 태도, 루크스의 자율성과 사생활의 자유 가치, 그리고 로랑의 자유시장 주체인 개인의 관념들이 묶일 수 있을 것이다. ‘이성과 진보’ 차원의 가치에는 노명식의 관용과 이성 및 자본주의의 가치, 그레이의 사회 개량주의적 요소, 뒬멘의 자기 생각과 자기 교육의 태도, 루크스의 자기완비성과 자기개발의 가치, 그리고 로랑의 이성 주체인 개인의 관념이 묶일 수 있을 것이다. 마지막으로 ‘평등과 존엄성’ 차원에는 노명식의 입헌주의와 민주주의 가치, 그레이의 평등주의적 요소, 뒬멘의 인권 투쟁의 태도, 루크스의 존엄성과 자기완비성의 가치, 그리고 로랑의 평등한 시민인 개인의 관념들이 묶일 수 있을 것이다.

---

078 Laurent, 1993/2001, pp. 41–61: 직접 인용은 pp. 48, 41, 41–42, 42임.

2) 동아시아 집단주의 문화의 배경 – 유학사상

동아시아인은 자기와 타인 사이의 연계 속에서 개인의 존재 의의를 찾고, 개인에게 불리할지라도 소속 집단의 목표를 개인의 목표보다 앞세우며, 사회행위의 원동력을 개인의 내적 속성보다는 사회적 규범 · 의무 · 책임감 같은 관계적 및 상황적 요인에서 찾고, 내집단에 강하게 애착하여 내집단원들과 조화로운 관계를 유지하려는 특징을 보인다.[079] 한국 · 중국 · 일본 같은 동아시아 사회에서는 개인보다는 집단에 더 큰 관심을 기울이고 중시하는 집단주의적인 행동양식을 높이 평가한다.

동아시아 사회의 정치 · 경제 · 문화 등 제반 삶의 영역에서 중심 역할을 한 나라는 역시 중국이었다. 지정학적으로 한국과 일본 같은 주변 국가들은 중국의 영향을 받지 않을 수 없는 위치에 놓여 있다. 전통적으로 중국은 동아시아에서 유일한 문화 선진국이자 초강대국이었다. 게다가 역사적으로 동아시아 사회는 오랜 세월 중국의 문자인 한자를 통해 문자 생활을 하는 한자 문화권(漢字文化圈)을 형성해 왔으므로, 중국의 선진(先進) 문화와 사상이 동아시아 사회를 지배하게 되었던 것은 어쩌면 당연한 일이었다.

중국뿐만 아니라 한국과 일본 같은 동아시아 사회를 오랫동안, 특히 최근세까지 지배해 왔던 대표적인 사상체계는 유학(儒學)이었다. 중국에서는 한(漢, BCE 202～CE 220)의 무제(武帝, 재위 BCE 140～87) 이후 2,000년 이상의 긴 기간 동안 유학이 관학(官學)이자 국가 통치의 기본이념으로서 사회 전체를 지배하였다. 한국에서는 조선(朝鮮, 1392～1910) 왕조가 등장하면서 유학이 관학으로 숭상되었으며, 일본에서는 에도 막부(江戶幕府, 1603～1867)가 통일 일본 사회를 지배하면서 유학이 국가 경영의 최고이념으로 떠올랐다. 이와 같이 중국 · 한국 · 일본의 동아시아 사회는 유학을 공통의 사상적 기반으로 하는 유교 문화권(儒敎文化圈)을 형성하여 오늘에 이르고 있다.

---

079 Triandis, 1995, pp. 43–44.

중국 · 한국 · 일본 같은 동아시아 사회에 집단주의 문화가 태동하게 된 밑바탕에는 공통된 문화적 배경으로 유학사상이 놓여 있다. 곧 사회의 기본적인 구성단위를 개체로서의 개인이 아니라, 개인 사이의 관계나 관계의 원형인 가족과 같은 일차 집단에서 찾는 강한 집단주의 문화를 보유하고 있는 동아시아 사회의 공통적인 문화 기반은 유학사상인 것이다.[080]

(1) 동아시아 사회와 유학사상

고대 중국에서는 사람들이 넓고 비옥한 황하 유역의 평원에서 농경에 종사하면서, 한 지역에서 오래 정착하는 삶을 영위하였다. 농경을 위해서는 많은 사람의 협력이 요구되었으므로 이웃과의 협동과 조화의 추구가 삶의 중요한 부분이었다. 뿐만 아니라 농경에 필요한 물을 얻으려면 여러 사람이 힘을 합쳐 관개와 치수를 해야 하였으므로, 많은 사람의 힘을 하나로 모으는 강력한 지배체제가 요구되었다. 따라서 고대 중국 사회에서는 오래전부터 중앙집권화된 왕조가 출현하여 위계화되고 질서 잡힌 강력한 관료 조직이 사회를 지배하고 있었다.

농경이란 홍수나 한발 같은 기후 조건과 토질 등 외부 환경에 크게 의존하는 삶의 양식이므로, 고대 중국인은 기후의 변화 같은 환경 조건에 특히 주의를 기울이며 살아갈 수밖에 없었다. 또한 중앙집권화되어 격자 같이 꽉 짜인 사회 조직의 일원으로 살아야 했으므로, 그들은 함께 살아가고 있는 다른 사람들과 맺는 관계와 이러한 관계 속에서 각자에게 주어진 본분을 지키는 일에 항상 신경 써야 했다.

이러한 배경에서 중국인은 각 개체로서는 존재 의미가 없고, 모든 것은

---

080 필자는 앞선 작업(조긍호, 2007a, b)에서 동아시아 사회에서 유학사상이 차지해 온 위상, 유학의 인간관과 개인관에 드러나 있는 집단주의의 면모, 그리고 유학사상에서 사회인지 · 정서 · 동기 같은 인간 심성을 파악하는 기본 입장과 현대 동아시아인이 보이는 사회인지 · 정서 · 동기행동 사이의 논리적 및 사실적 연관성을 중심으로 하여 고찰함으로써, 그동안 상식적으로 운위되어 오던 '동아시아 집단주의와 유학사상의 관련성'을 이론적으로 천착해 내었다.

상호 연관적인 맥락 속에 존재한다고 생각하게 되었다. 그들에게는 분리되고 고립된 개별적인 대상보다는 그들이 놓여 있는 상황 조건과 전체 장(場)이 주의의 초점으로 떠올랐다. 그러므로 그들은 항상 변화하는 상황에서 상호 연관된 역할과 의무 같은 규범을 파악하여 공동생활의 조화와 질서를 이루려 노력하는 삶의 태도를 굳게 간직하게 되었다.

이러한 고대 중국인의 삶의 양식과 그로부터 비롯된 사고방식을 배경으로 하여 태동된 것이 유학사상이다. 유학은 춘추(春秋) 시대 공자(孔子, BCE 551~479)에 의해 창시되어, 전국(戰國) 시대 맹자(孟子, BCE 371~289)와 순자(荀子, BCE 321~230) 같은 걸출한 사상가에 의해 기초가 닦인 사상체계이다. 이 시기는 주(周, BCE 1050~256) 왕실이 쇠퇴하고, 여러 제후국이 패권을 다투면서 합종연횡(合從連衡)에 열을 올리던 불안한 시대였다. 공자가 살았던 춘추 시대까지만 해도 주 왕실의 권위가 어느 정도 유지되고 있었으나, 맹자와 순자가 살았던 전국 시대에 이르러 주 왕실은 완전히 몰락하여 겨우 명맥만 유지하고 있을 뿐이었다.

혼란한 춘추 · 전국 시대의 최대 위기는 사회가 온통 이기적인 자기이익 추구에 혈안이 되어 인간관계의 근본이 무너졌다는 데 있었다. 따라서 이 시기의 유학자들이 무너져 버린 인간관계의 원형을 결코 해체될 수 없는 가족과 같은 일차 집단에서 찾아, 이 관계에서 이루어지는 조화와 질서를 사회관계에까지 점진적으로 확장하는 일이 사회의 조화와 평화, 그리고 통일을 이루는 근본이라고 생각하게 된 것은 어쩌면 당연한 귀결이었다. 곧 개인과 집단 중에서 집단을 더 중시하고, 인간 존재의 사회성(인간의 상호의존성)과 도덕성(타인에 대한 관심 · 배려 · 헌신)을 회복하는 일이 이 시기 유학사상가들의 관심사였으며, 그런 점에서 유학사상은 동아시아 집단주의 문화의 사상적 모태로 자리 잡게 되었다.

유학사상은 동아시아 사회에서 오랫동안 국가의 지도 이념으로 떠받들어졌고, 따라서 삶의 기본 철학으로 받아들여져 왔다. 그러나 아편전쟁(阿片戰爭, 1840~1842) 이후 서세동점(西勢東漸) 현상이 본격화하면서 유학의 지배적인 위상은 흔들리기 시작하였다. 근세에 와서 유학의 위상이 격하되고 있기는 하지만, 유학사상은 여전히 동아시아인의 의식 구조와 삶의 근간이 되고 있다. 이러한 맥락에서 여기에서는 근세 이전과 그 이후로 나누어 동아시아 사회와 유학사상의 관계에 대해 살펴보겠다.

가. 근세 이전: 유학의 관학화

18세기 중엽 아편전쟁에서 중국이 영국에 패하면서 서구 세력에 밀려 개방의 압력과 침략의 위험이 높아지는 이른바 서세동점의 상황이 빚어지기 이전까지만 해도, 유학사상은 중국 · 한국 · 일본 같은 동아시아 사회에서 관학(官學) 또는 국교(國教)로서 독보적인 위상을 차지하고 있었다. 이러한 경향은 과거제(科擧制)가 실시되어 국가 경영층이 유학자들로 충원된 중국과 한국에서 특히 심하였다. 곧 근세 이전 동아시아 사회의 지도 이념은 곧 유학사상이었던 것이다.

중국 사회와 유학 기원전 6세기부터 3세기에 걸친 혼란의 시대에 공자에 의해 창시되고, 맹자와 순자 같은 학자들에 의해 기초가 닦인 체계가 유학사상이다. 초기 유학자들은 유학의 왕도(王道) 사상을 펼치고, 제자백가(諸子百家)와의 경합 속에서 유학을 수호하는 일을 사명으로 삼았다. 이 시대의 유학을 진(秦, BCE 221～207) 통일 이전의 유학이라 하여 선진유학(先秦儒學) 또는 원시유학(原始儒學)이라 하는데, 이 시기는 이후 중국 · 한국 · 일본 등 동아시아의 정신사를 지배해 왔던 유학사상의 기초가 확립되었던 시기였다.

그 뒤로 유학사상은 관학으로 승격되어 국가의 통치 이념으로 부각된 한대로부터 당(唐, 618～907)대에 이르는 약 천년 동안의 한당유학(漢唐儒學), 불교 및 도교와 경합하면서 형이상학적 철학체계로 확립된 송(宋, 960～1270)대 이후의 신유학(新儒學), 유학에 차용된 도교와 불교의 사변적 경향을 제거하고 선진유학의 순수한 형태로 돌아가자는 청(淸, 1616～1912)대의 고

증학(考證學)적 유학 등으로 발전하여 왔다.[081]

신유학과 고증학적 유학을 비롯한 새로운 유학의 사조는 항상 선진유학의 본래 모습으로 돌아가자는 기치 아래, 선진유학의 경전들을 그 이전 시대와는 달리 새롭게 해석하려는 시도였다. 곧 "원시유학의 본래 사상으로 돌아간다는 주장은 사실 새로운 해석이 등장할 때마다 있었던 것이다."[082] 그러므로 선진유학은 가장 순수하고 원형적인 유학사상의 정수라고 볼 수 있다.

제자백가 중에서 유학만을 정통으로 인정하고, 따라서 이후 전개되는 중국 역사가 유학사상을 중심으로 전개되는 계기를 이룬 것은 진나라에 이어 중국을 통일(BCE 202)한 한나라의 두 번째 황제인 무제 때부터이다. 한 무제 때 동중서(董仲舒, BCE 198~106)가 "제자백가 중에서 유가만을 한조의 정통 신앙으로 확립하는 데 큰 공적을 세웠고, 또한 유교의 정통성을 수호하기 위하여 제도적인 기반을 창출해 내기도 하였다. 중국의 과거제도는 동중서의 생존 시에 벌써 그 윤곽이 짜이기 시작"[083]했던 것이다.

이 시기는 새로운 왕조가 출현하여 치국의 이념 정립이 시급히 요청되던 때였다. 이런 시기에 문벌이나 부귀에 의해서가 아니라 일정 기간에 실시하는 시험인 과거의 합격으로 관리를 등용했다는 사실은, 전국적으로 인재를 등용한다는 의미 이외에도, 과거시험 과목으로 유학의 경전들이 채택되어 국가 경영의 담당자들이 모두 유학자로 충원됨으로써 새로운 국가의 사상적 통일이 유학을 중심으로 이루어지게 되었음을 의미한다. 이때로부터 청의 멸망(1912년)에 이르기까지 2,000여 년 동안 과거제도는 중국에서 관리를 등용하는 기본이었는데, 과거시험이 유학의 경전을 중심으로 이루어졌다는 사

---

081 김승혜, 1990, pp. 307-333: 근세에 서세동점(西勢東漸)의 여파로 말미암은 유학배척운동에 대항하여 서양 문명과 유학 전통의 절충적 종합을 통해 동양의 문화적 정체성(正體性)을 회복하고자 했던 1930년대 이후의 현대신유학(現代新儒學)의 사조(이승환, 1998b, pp. 367-385; 김성기, 2000, pp. 33-45)를 유학사상사에서 "새로운 조류의 형성이라고 보아야 할 것인가는…… 문제로 대두된다."(김승혜, 1990, p. 312) 이러한 현대신유학에 대해서는 근세 이후 유학의 역사를 정리하면서 다루기로 하겠다.

082 김승혜, 1990, p. 311.

083 馮友蘭, 1948/1977, p. 253.

실은 중국에서 유학이 계속 관학 또는 국교로 떠받들어졌음을 드러낸다. 곧 유학사상은 근세에 이르기까지 장구한 세월 동안 중국 사회를 지배하는 유일한 정통 이념으로 숭앙받아 왔던 것이다.

한국 사회와 유학 유학사상은 삼국시대에 우리나라로 전해져 고구려(高句麗, BCE 37~CE 668) · 백제(百濟, BCE 18~CE 660) · 신라(新羅, BCE 57~CE 935)에 이미 태학(太學) 등 국학(國學) 기관을 설립하여 교육을 실시했으며, 이 시대의 유학자로 설총(薛聰)과 최치원(崔致遠) 같은 이들이 있다.[084]

그러나 우리나라에서 유학사상은 고려 제4대 임금인 광종(光宗, 재위 949~975)이 과거제를 실시한 이후, 본격적으로 받아들여지기 시작했다.[085] 13세기 말과 14세기 초엽에는 안향(安珦, 1243~1306)과 백이정(白頤正, 1247~1323) 같은 이들에 힘입어 주자학(朱子學)이 도입되었고, 조선조에 와서는 이러한 주자학, 곧 신유학의 한 갈래인 성리학(性理學)이 국가 경영의 최고 이념이 되면서 우리나라 정신사의 가장 기본틀이 되어 오늘에 이르고 있다.[086]

17세기에 접어들면서 유학사상의 중심인 중국 대륙의 주인이 한족(漢族)인 명(明, 1368~1644)에서 만주족(滿州族)인 청으로 바뀌자, 이러한 경향은 더욱 심화되었다. 곧 "명이 청에 망하자 조선은 이제 자신이 명을 대신하여 중화 세계의 중심이라고 자부하였다. 이른바 '대중화(大中華)'가 사라져 버렸기에 조선의 '소중화(小中華)'가 '우주'의 유일한 중심이라고 생각하게 되었으며, 이것이 조선 문화의 긍지를 뒷받침해 주었던 것이다."[087]

더욱이 조선조에서는 강력한 억불숭유(抑佛崇儒) 정책을 편 까닭에 사회 상층부는 물론 일반 민중이 일상생활을 영위해 나가는 모든 측면에서 유학사상이 지도 이념으로서 지대한 영향을 끼쳤다. 따라서 동아시아의 국가 가

---

084 현상윤, 1949, pp. 13-17.

085 고려 시대에 과거제가 실시되고, 유학사상이 받아들여져 흥기한 역사에 대해서는 Deuchler (1992/2003, pp. 29-46) 참조.

086 윤사순, 1997, pp. 13-40.

087 장석만, 1999, pp. 266-267.

운데서도 한국은 가장 유교적인 국가로서, "홍콩이나 일본보다 더한 것은 말할 것도 없고, 대만이나 중국 자체보다도 더욱 유교적……이다. 19세기에 한국을 찾아왔던 선교사나 여행가들이 한국인의 생활 거의 모든 부분에 깊이 침투되어 있는 엄격한 유교적 제도와 유교적인 가치관을 보고서 큰 놀라움을 표명"하였으며, "또 현대의 많은 사회학자나 경제학자도 현재의 한국인이…… 분명한 유교적인 태도와 사고방식을 가지고 있다는 데 대해서 역시 확신하고"[088] 있다.

이상에서 보듯이 우리나라에서도 이미 10세기 중반부터 과거제도가 실시되어 조선의 멸망(1910년)까지 1,000여 년 동안 이어지고, 과거시험이 유학의 경전을 중심으로 이루어져 유학사상이 계속 국가 경영의 기본이념으로 작용해 왔다고 볼 수 있다. 이렇게 유학사상은 장구한 세월 동안 한국인의 삶의 과정에 커다란 영향을 끼쳐 한국인의 문화 전통과 의식 구조의 중추가 되어 있다.[089]

일본 사회와 유학 "일본의 유학은 서력 284년 백제로부터 아직기(阿直岐)가 건너가고, 다음 해 왕인(王仁)이 건너가 『논어(論語)』 10권과 『천자문(千字文)』을 전하면서부터 시작된다. 그러나 그 후 그다지 발전을 이룩하지는 못하였으므로, 일본 유학의 실질적 창시기는 주자학이 수입되고 정착된 에도(江戶)시대(1603~1867)이고, 창시자는 유학으로써 문호를 세운 후지와라 세이카(藤原惺窩, 1561~1619)이다."[090] 그 이후 일본의 유학은 조선에서 받아들인 퇴계학(退溪學)을 기초로 하는 주자학 계열, 지행합일(知行合一)을 강조하는 양명학(陽明學) 계열, 한당유학의 영향을 받은 일본 고학(古學) 계열의 세 방향으로 나뉘어 정착되었다.[091]

---

088 고병익, 1996, pp. 280-281.
089 윤사순, 1997; 이광세, 1998; 이상은, 1976; 이승환, 1998a, b, 1999a, 2004; 조긍호, 2003a, 2006, 2007a, b, 2008.
090 이기동, 2003, p. 59.
091 이기동, 2003, pp. 59-84.

어느 계열에 속하든 간에 에도시대에 본격적으로 받아들인 일본의 유학은 도쿠가와 막부 지배계층의 사회 통합과 사회윤리 구축이라는 목적에 철저히 부응한 사상체계였다. 곧 "일본의 에도시대에도 조선과 마찬가지로 주자학을 관학으로 승인함으로써,[092] 유교가 공적으로는 일본의 사상계를 독점할 수 있는 상황이 전개되었다. 에도시대의 유교사상은 265년간 이어져 내려온 사 · 농 · 공 · 상의 신분질서를 정당화하는 체제상의 가치 규범이었다. 유교사상은 무사 계급에뿐만 아니라, 서민 교육기관을 통해 민중에게까지 깊숙이 침투하여 그들의 일상생활의 전반을 규제"[093]하고 있었던 것이다.[094]

이러한 사정은 유신 이후의 메이지기(明治期, 1868~1912)에도 마찬가지였다.[095] 오히려 "유교의 위상은 상대적으로 메이지 시대 이후 더 높아졌다. …… 천황제 국가를 창출해 낸 후, 상 · 하 관계와 상호 간의 관계를 유지해

---

092 1790년(寬政 2년)에 '칸세이 이가쿠 노 킨(寬政異學の禁)'을 통해, 시바노 리쯔잔(柴野栗山)의 건의에 따라 주자학 이외의 학문을 금지시키고, 유학 특히 주자학을 관학으로 공식화했다(김석근, 2000, p. 61, 주 13).

093 김태영, 2002, p. 12.

094 그러나 유교가 유일한 일원적 통치이념으로 군림한 중국이나 조선과는 달리, "일본은 그들의 전통 종교인 신도(神道)와 중국과 조선에서 전래된 불교, 그리고 도쿠가와 시대의 국가 윤리인 유교가 한데 섞이면서, 신 · 불 · 유가 서로 상해하지 않고 공존하는 종교 · 도덕의 다원적인 사상 구조를 유지하였다."(김태영, 2002, p. 12) 이렇게 된 배경에는 일본인이 유교에 대해 갖는 친화성(親和性)의 문제(김석근, 2000, p. 61-62; 黑住眞, 1998, pp. 35-36)와 중국이나 조선과는 달리 일본에는 과거제도가 없었다는 점(김석근, 2000, p. 63; 김태영, 2002, pp. 13-14; 辻本雅史, 1998. p. 104)이 작용한 것으로 보인다. 곧 유학을 자기의 고유한 전통 사상이라고 여기는 한국인이나 중국인과는 달리, 일본인에게는 신도라는 분명한 전통이 있었던 만큼, 이것을 오히려 자신의 고유한 문화와 사상으로 여겨 친화를 느낄 뿐(김석근, 2002, pp. 61-62), "유교는 자신의 것이 아니라고 여기는 감각이 너무나 강해서"(黑住眞, 1998, p. 36), 그들은 유학 유일체계를 인정할 수 없었다. 또한 과거제가 존재하지 않았으므로 "학문과 정치가 연결되지 않은 채 서로 별개의 영역으로 존재"(김석근, 2000, p. 63)했다. 그 결과 "학문이 특정의 계급과 고정적으로 이어지는 일이 없었다…… 따라서…… 유학은 지배 계급의 지적 독점물이 되지 않았고, 중앙권력이 지적 세계를 독점하지도 못하였"(辻本雅史, 1998, p. 104)던 만큼, 지식인들 사이에서도 유학은 여러 지식체계 가운데 하나로 탐구될 뿐이었던 것이다.

095 김석근, 2000; 김태영, 2002; 이기동, 2003; 조경욱, 2000.

가는 세속 윤리로 유교에 주목했으며, 유교적 덕치주의를 원용했기 때문이다. 특히 충과 효를 중시하는 형태로 일본 고유의 논리와 이어지게 되었고, 이어 '일본 이데올로기'의 주요한 측면을 이루게"[096] 되었던 것이다.[097]

나. 근세 이후: 유학배척론과 유학개신론의 대립

앞에서 보았듯이 중국에서는 한 무제 이후 2,000여 년 동안, 한국에서는 고려 광종이 과거제를 실시한 이래 1,000여 년 가까운 기간에 걸쳐, 특히 조선의 건국 이후 500여 년 동안, 그리고 일본에서는 에도 막부의 성립 이후 400여 년 가까운 세월 동안 유학사상은 국가의 지배적인 이념체계로 군림해 왔다.[098] 그러나 이러한 사정은 아편전쟁 이후 서양 세력의 개방 압력과 침략 위협이 고조되면서 달라지기 시작했다. "서세동점의 여파로 19세기 후반기부터 20세기에 이르기까지 동아시아의 전통적 유교 국가들에서는 유교를 비판하는 현상이 현저"[099]하게 되었다. 동아시아 사회를 사상적으로 지배해 왔던 유학의 체계가 이 지역의 정체성(停滯性)과 낙후성의 주범으로 인식되었기 때문이다.

중국: 전반서화론과 중체서용론 중국에서 유교배척운동은 '5 · 4운동(1919년)' 때에 절정에 이르렀는데, "이 시기 중국 지식인의 당면 과제는 유교의 삼강오륜(三綱五倫)과 결별하고, 서구의 민주(民主)와 과학(科學)을 받아들

---

096 김석근, 2000, pp. 65-66.

097 "1872년부터 종래의 교육의 서구화 정책을 수정, 학교교육에 유교 도덕을 끼워 넣기 시작"한 일은 국민 교육에 유학사상을 동원한 실례이며, "이는 1890년에 공포된 '교육칙어(教育勅語)'에서 절정에 달했다. 교육칙어는 거의 모두가 사서오경에서 따온 구절들로 이루어져 있다 해도 과언이 아닐 정도"(김석근, 2000, p. 53, 주 3)였던 것이다.

098 동아시아 사회에 아직도 유학의 전통이 강하며, 유학의 전통은 현재도 동아시아인의 삶과 행동양식에 크게 영향을 미치고 있다는 사실은 많은 서구의 학자들(Davis, 1987; Deuchler, 1992; Hall & Ames, 1987; Robinson, 1991 등)도 인정하고 있는 사실이다.

099 이광세, 1998, p. 64; 동아시아 사회와 서구 사회에서 전개된 유학사상에 대한 비판론과 옹호론의 대립에 관해서는 졸저(조긍호, 1998a, pp. 30-43) 참조.

이는 일이었다. 따라서 철저하게 자신의 전통을 비판하고 서구 문화를 수용하려는 '전반서화론(全盤西化論)'이 시대정신으로 부상하게 되었다."[100]

극단적 유학배척론인 '전반서화론'은 서구의 사상과 과학을 받아들여 낙후되고 침체된 중국의 병폐를 치유하자는 근대화운동으로 이어졌다. 그러나 외세에 의한 국권 침탈이라는 혼란의 와중에서 구국운동이 급선무로 등장하게 됨으로써 근대화운동은 뒤로 돌려질 수밖에 없었으며, 따라서 그 이념적 배경인 유학배척론이 힘을 받을 수 없었다. 이러한 맥락에서 등장한 것이 '중체서용론(中體西用論)' 같은 유학개신론이었다.

중국에서는 이미 1920년대 '과학과 현학 논쟁[科玄論戰]'을 통해 전통에 깊은 애정을 지닌 일군의 지식인[玄學派]이 유학배척론[科學派]과 대립하는 과정에서 '현대신유학'의 장을 열어, 전통 문화의 회복과 근대화의 결합을 주장하였다. 이들의 주장은 "서양의 민주와 과학을 수용하면서, 동시에 유가 전통의 인문정신과 도덕의식을 계승"하려는 것이었다. 곧 "민주와 과학은 서양으로부터 수용하되[新外王], 내성(內聖)에 있어서는 유가의 '심성지학(心性之學)'을 계승하고자 했던 것이다."[101] 말하자면, 이들은 유가의 정신문화의 전통[中體] 위에 서구의 기술 문화[西用]를 수용하는, 양자의 절충적 결합을 통해 동양의 문화적 정체성(正體性)을 회복하고자 했다고 볼 수 있다.

이러한 현대신유가들의 활동[102]에 힘입어 대만 · 홍콩 · 싱가포르 같은 중화계 사회에서 유학배척론[全般西化論 · 科學派]은 오래전에 자취를 감추고, 유학은 새로이 "동 · 서 문화의 회통과 상호 보완처를 제창하여, 서방 문화의 장점과 유가 문화와의 새로운 만남"[103]의 장이 됨으로써 중화 문화권의 지배적인 사상체계다운 위상을 되찾았다. 이러한 사정은 중국 대륙도 마찬가지

---

100 이승환, 1998b, p. 368.

101 이승환, 1998b, pp. 371-372.

102 현대신유학은 1930~1940년대의 熊十力 · 梁漱溟을 비롯한 1세대, 1950~1960년대의 唐君毅 · 徐復觀 · 馮友蘭 · 牟宗三을 비롯한 2세대를 거쳐, 1970년대 이후의 杜維明 · 蔡仁厚를 비롯한 3세대 학자들에 의해 주도되어 오늘에 이르고 있다(이승환, 1998b, pp. 368-371).

103 김성기, 2000, p. 34.

이다. 공산화의 영향으로 1950~1970년대에 정치에 종속되고 이데올로기에 예속된 중국 대륙의 유학 연구는 1980년대에 현대신유학의 영향을 받아 사상해방 운동의 성격을 띠게 된 다음, 1990년대에 들어서 현대신유학을 적극 받아들임으로써 '대륙신유가(大陸新儒家)'가 출현하게 되었다. 곧 중국 대륙에서 "1980년대의 분위기는 단지 현대신유가에 대한 연구 차원에 머물렀다면, 1990년대에는 직접 자신이 현대신유가를 자임"[104]하고 있다.

대륙신유가들은 "유가사상은 동아시아 지역에서 현대화를 실현한 주요 사상 자원이며, 따라서 중국 현대화의 사상 기초와 '동력원(動力源)'이 될 수 있다고 주장하고, 또 유가 윤리도덕을 전면 긍정하여 '오늘에도 여전히 쓸모가 있다'고 진단함으로써 유가 윤리를 기초로 하여 오늘날 중국의 도덕규범 체계를 중건해야 한다고 주장하기도 한다."[105] 이제 중국 대륙에서도 유학은 중국인의 새로운 삶의 철학으로 자리 잡고 있는 것이다.

한국: 위정척사론 · 문명개화론과 동도서기론 서구 문명의 동점 현상에 대응한 19세기 말 우리나라 유학자들의 다양한 반응 가운데 초기에 힘을 얻은 것은 '위정척사론(衛正斥邪論)'이었다. 이는 "정신적으로나 물질적으로 서구 문명 전체를 배격하고, 종래의 성리학적 문화를 옹호 · 유지"[106]하고자 하는 주장으로, 철저한 유학고수론이었다. 위정척사론자들은 구한말 항일 의병운동의 주축이 되고, 일제강점기에도 항일 민족주의운동과 관련을 맺음으로써 어느 정도 민중적 지지를 확보하고 있었다.[107] 그러나 "나라가 일제에게 패망하자 그 책임이 조선 500년 동안 지배 이념이었던 유교에게 돌려졌다. 유교는 타도되어야 하며, 그 대안으로 서구의 과학기술과 제도는 물론 종교와 가치관까지도 받아들여야 한다고 주장"[108]하는 철저한 유학배척론이 등장

---

104 김성기, 2000, p. 41.
105 김성기, 2000, p. 43.
106 윤사순, 1997, p. 483.
107 윤사순, 1997, pp. 482-487.
108 최영진, 2000, p. 31.

하게 되었다. "이와 같은 주장은 1884년 갑신정변을 일으킨 김옥균 · 박영효 등 '문명개화론(文明開化論)'자들에게서 이미 보이고 있다. ……문명개화론자들은 서양 문화를 새로운 '보편 문화'로 받아들이고, 기독교를 포함한 서양 문화의 전면 수용을 통해 개화를 이루어야 한다고 생각했다."[109]

유학고수론인 위정척사론과 유학배척론인 문명개화론이 대립하고 있던 20세기 초엽의 한국에서도 중국과 유사하게 "정신적인 가치관에 있어서는 전통적인 유학을 고수하면서도, 물질적인 과학기술 부분에서는 개방적 태도를 취하는"[110] 이른바 '동도서기론(東道西器論)'이 제시되어 대세를 장악하였다. 동도 · 서기의 구상은 전통적인 성리학의 사상체계를 견지하여 동양의 문화적 정체성은 유지하되, 서구의 기술 문명을 수용함으로써 "개화로 상징되는 근대적 '부국강병'의 추진력"[111]을 얻으려 했다는 점에서, 중국 현대신유가의 중체서용론과 같은 동 · 서의 절충적 통합론이었다.

이 시기 우리나라에서 전개된 동도서기론은 유교의 개신론이었다. 곧 "이 시기 유학의 주조는 '자강 · 자립 · 독립'을 위한 유교의 새로운 인식, 이른바 유교 개신의 경향"이었으며, "해방을 맞이한 이후에도 한국 유학은 일제강점기에 보인 개신의 노력을 지속시켜 스스로의 존재 가치를 확인하는 한편, 계속적인 발전의 길을 모색"[112]하면서 오늘에 이르고 있다.

이러한 유학계 자체의 개신의 노력으로 우리나라에서는 유교적 사고양식과 관습, 그리고 가치관이 강하게 남아 있다. 이는 1970~1980년대의 급속한 경제 발전과 1990년대의 정치 발전을 통해 "경제성장과 민주화라는 두 가지 프로젝트를 이루어 낸"[113] 배경이 되었거나, 또는 그 결과 생긴 자부심에 근원을 둔 '우리 것 찾기 운동'에 반영되어 있기도 하다. 어떤 연구자[114]는

---

109 최영진, 2000, p. 31, 주 10.
110 최영진, 2000, p. 31, 주 10.
111 최영진, 2000, p. 31, 주 10.
112 윤사순, 1997, pp. 497-498, 500.
113 최영진, 2000, p. 31.
114 최영진, 2000, p. 24.

1996~2000년 사이의 기간 동안 국내 일간지에 게재된 유교 관련 기사를 분석한 결과, "유교가 결코 박물관의 박제품이 아니라, 우리 사회에 살아 있는 역동적 기제임을 확인할 수 있었다"고 보고하고 있다.

일본: 메이지유신과 탈아입구론 서세동점 현상에 대한 근세 일본의 반응은 중국이나 한국과 사뭇 달랐다. 일본의 지도층은 철저한 서구 따라 배우기를 통한 근대화만이 일본의 살 길이라고 인식하였다. 그들은 "위로부터의 혁명인 '메이지유신(明治維新, 1868년)'에 의해 근대 민족국가로서의 면모를 확립했을 뿐만 아니라, 나아가 동아시아의 제국주의 국가로 성장하게 되었다. 외국의 압력을 받으면서 자본주의 발전과 근대화를 수행하기 위해 구 지배 계급인 사무라이 계급의 계획과 지도하에 메이지유신이 이루어졌다."[115] 이러한 근대화운동의 배경이 되었던 것은, 일본 사회를 지배해 왔던 기존의 지식과 기술 및 가치관을 서구의 것으로 대체함으로써 낙후된 아시아적 가치와 질서체계에서 탈피하고 선진화된 서구를 따라 배우자는 '탈아입구론(脫亞入歐論)'이었는데, 이는 중국과 한국의 유학배척론과 같은 성격의 것이었다고 할 수 있다.

중국과 한국에서 근대화의 동력으로 작용한 동 · 서의 절충적 통합론은 지배계층이 아니라 유학자들을 비롯한 지식인과 일반 민중 사이에서 태동되었으나, 일본 사회에서는 메이지유신을 추진하던 지배 세력에게서 이러한 움직임이 나왔다는 사실에서 일본이 단기간에 근대화에 성공한 배경을 찾을 수 있다. 이 시기 일본의 지배 세력은 탈아입구론으로 무장하고 철저하게 서구를 따라 배움으로써 사상적인 동요 없이 근대화를 추구할 수 있었다.

그러나 이 시기 일본 사회에서 유학의 가치가 완전히 무시되었던 것은 아니다. 서구의 과학기술을 도입하여 근대화를 추진하던 메이지유신의 추진 세력들은 외형상으로 입헌군주제를 채택하고 근대적인 법치 국가를 정치

---

115 김석근, 2000, p. 53.

의 방침으로 결정하기는 하였지만, 이전의 막부체제와는 다른 새로운 사회를 유지하기 위해 군주와 인민, 그리고 인민 사이의 관계를 규정하는 사회윤리 체계가 필요하다는 인식에 도달하게 되었다. 이 상황에서 그들이 주목했던 것이 에도시대까지 일본 사회에서 선양되어 왔던 유교의 가치관이었다. "상 · 하 관계와 상호 간의 관계를 유지하는 세속 윤리에 가장 적합했던 것은 역시 유교였기 때문이다. …… 다시 말해, 일본은 근대국가를 정비하고 이념적인 기초를 마련하는 과정에서, 특히 대내적인 인간관계 및 사회적 규범의 존재 양태를 규율하는 윤리를 전통적인 동양의 그것에서 찾았다. 그래서 충효와 같은 유교적인 윤리가 …… 서양 학문과 근대화의 충격 속에서도 나름대로 그 모습을 유지"할 수 있었다.[116]

이렇게 메이지유신이라는 위로부터의 혁명을 통해 서구 문물에 힘입은 근대화와 유학을 비롯한 기존 가치체계에 따른 사회통합에 성공함으로써 일본 사회에서 유교의 위상은 상대적으로 메이지 시대 이후 오히려 더 높아졌다고 볼 수 있다. 19세기 말엽 이래 일본의 유교 연구열이 세계에서 가장 치열하여, 일본인에게 유교가 가장 친숙한 주제 가운데 하나가 되어 있는 까닭은 이러한 배경에 근원이 있다.[117]

다. 현대 동아시아 사회에서 유학의 위상

이상에서 보아 왔듯이, 중국인 · 한국인 · 일본인 같은 동아시아인에게 유학사상은 더 이상 과거의 체계가 아니라, 아직도 살아남아 있는 현실의 체계이고, 이것이 동아시아 사회에서 유학이 차지하는 현재적 위상이다. 한 사회의 전통은 그 사회에 살고 있는 사람들이 그것을 잘 이해하고 있든 그렇지 못하든 간에 살아있는 현실의 일부로서, 이러한 전통과의 교섭은 인간의 삶의 과정에서 피할 수 없는 운명과도 같은 것이라고 볼 수 있다. 한마디로 전

---

116 김성기, 2000, pp. 53-54.
117 김석근, 2000, pp. 52-56.

통 사상은 현대인의 삶과 행동 및 사유 속에 녹아들어서 현대인이 그것을 인식하든 그렇지 못하든 간에 그들에게 영향을 미치고 있는 것이다. 이러한 전통 사상 가운데 "동아시아인의 생활과 의식 구조의 뼈대"[118]를 이루어 온 것은 바로 유학사상이었다. 곧 "유학의 전통은 아직도 한국인은 물론이요, 동아시아인 모두의 삶의 방식, 인생관과 가치관을 지배하고 있다 해도 과언이 아닌 것이다."[119]

뚜 웨이밍(Tu, Wei-Ming; 杜維明)은 현대 유교권 사람들의 의식 구조 속에 공통적인 가치관과 행동 또는 사유방식으로 자리 잡은 유교 문화의 영향을 "마음의 유교적 습성들(the Confucian habits of the heart)"[120]이라 부르고 있다. 이러한 습성 안에는 "학문의 본질적 가치에 대한 인정, 유기적 인간관계, 신용과 신의에 기반을 둔 공동체로서의 사회, 개인적 이익과 공동선의 조화, 책임과 함께 증가하는 도덕의식, 지도자들이 도덕적 행동의 실천을 통해 모범이 되어야 한다는 기대, 문화적 엘리트의 사회적 책임, 수재 교육제도 등이 포함되어 있다."[121] 이러한 "마음의 유교적 습성들"의 한 축을 형성하는 근면 · 절약 · 성실 · 청렴 및 교육의 중요성을 강조하는 유교의 전통적 가치관은 현대 동아시아인의 삶의 과정에 지대한 영향을 미쳐 이 지역 국가들의 성공적인 경제 발전의 원동력이 되었다.[122]

이렇게 유교적 가치체계는 현대에도 동아시아 일반 민중의 생활에 광범위한 영향을 미치고 있으며, 따라서 유학사상은 동아시아인의 '문화 전통과 의식 구조의 중추'[123]가 되어 있다. 이러한 사실과 관련하여, 현대 한국인의 종교 관련 신념과 행동을 심층적으로 분석한 어떤 연구[124]의 결과는 흥미 있

---

118 이광세, 1998, p. 41.
119 길희성, 1998, p. 3.
120 Tu, Wei-Ming, 1996, p. 343.
121 이광세, 1998, p. 66.
122 이광세, 1998, pp. 66-67; 이승환, 2000, pp. 198-199.
123 이광세, 1998, p. 63.
124 윤이흠 · 박무익 · 허남린, 1985.

는 시사점을 제시하고 있다. 이 연구에서 조사 대상자 가운데 자신이 '유교인'이라고 대답한 사람은 0.5%에 지나지 않아, 자신을 '개신교인'이라고 답한 사람(26.25%), '천주교인'이라고 답한 사람(5.0%), '불교인'이라고 답한 사람(19.25%)과는 비교할 수 없을 만큼 적었다. 그러나 이들도 일반적 신념 내지 사상(효제충신 · 삼강오륜 · 인의예지 · 수신제가 같은 유교의 핵심 사상에 대한 확신), 일상생활의 기본 실천(조상의 제사, 부모에의 효도)과 일반적 관행(부계가통, 동성동본 혼인 반대, 성묘와 시제, 3년상, 폐백, 어른 공경), 그리고 집단 행사에 참여하는 일(가족이나 문중 행사, 종친회나 족보 사업)에서는 일정한 정도 이상으로 유교적 신념을 지닐 뿐만 아니라, 유교적 행동과 태도 및 습관을 보이고 있는 것으로 조사되었다. 조사 결과 확인된 불교인의 100%, 개신교인의 76.6%, 천주교인의 90%, 무종교인(47. 25%)의 96.8% 등 전체 조사 대상자 중 91.7%가 신념이나 행동 · 습관으로 보아 유교도라고 볼 수 있어서, "한국인의 절대 다수가 유교의 실천 성원"[125]이라는 것이다.

이 조사에서 흥미로운 결과는 한국인은 외현적으로 밝히는 종교에 대한 자기 확인의 반응과는 상관없이, 실제로는 "유교적 가치관과 행습이 다른 종교 신도들에게 대단히 강하게 침투해 들어가 있다는 사실이다."[126] 곧 한국사회에서 "유교는…… 독립된 자기보존 조직(maintaining organization)으로서는 존재하지 않으면서도, 한국인의 심정적 확신과 내면적 가치관의 근거를 이루고 있음"이 확실하다. "한마디로, 한국인은 절대 다수가 유교라는 연성(軟性) 가치집단의 성원"이어서, "유교적 가치관은 현재 한국 사회의 정신적 가치관의 기초를 이루고 있음"[127]이 분명한 것이다.

유교가 경성(硬性) 종교 조직인 기독교와는 달리 일정한 교당이나 예배 의식 및 입교 조건이 없는 연성 가치집단이라는 점에서,[128] 한국인에게서 나타

---

125 윤이흠 외, 1985, p. 370.
126 고병익, 1996, p. 294.
127 윤이흠 외, 1985, p. 358.
128 윤이흠 외, 1985, p. 346-348.

난 이러한 종교 행동의 경향은 중국이나 대만 및 일본 같은 동아시아 유교권 국가에서도 마찬가지로 나타날 것이라 추측해 볼 수 있다. 오랫동안 이 사회를 지배해 왔던 유교적 삶의 방식은 동아시아인의 생활에 광범위한 영향을 미쳐, 중국 · 한국 · 일본을 비롯한 동아시아인의 공통적인 습성을 낳은 것이다. 동아시아인의 일상생활에서 나타나는 신념 · 행동 · 습관의 근간에 이렇게 유학사상의 배경이 깔려 있다는 사실은 가치에 대한 문화비교 연구의 결과에서도 드러난다.

본드(M. Bond)를 중심으로 한 일군의 연구자들[129]은 22개국의 대학생을 대상으로 중국인에게 기본적인 가치 문항 40개로 구성된 '중국적 가치 검사(Chinese Value Survey)'를 실시하고, 호프스테드와 같은 생태학적 요인분석을 진행했다. 그 결과, 호프스테드가 밝혀낸 네 차원 가운데 세 차원(권력거리 · 개인주의 · 남성성)과 함께 국가 간 차이를 드러내는 또 다른 가치 차원이 나타났는데,[130] 이는 인내심, 지위와 서열 존중, 절약, 검소, 염치, 체면 유지, 전통 존중, 인사치레와 은혜 갚기 같은 유교적 가치를 반영하는 차원이었다. 그들은 이를 '유교적 역동성(Confucian dynamism)'이라 명명하고, 호프스테드의 연구에서 밝혀진 가치 차원과 관련지어 여러 관계를 분석하고 있다.[131] 이 척도에서 강한 유교적 역동성의 가치를 보유하고 있는 나라들은 중국(118점, 1위) · 홍콩(96점, 2위) · 대만(87점, 3위) · 일본(80점, 4위) · 한국(75점, 5위) 같은 동아시아의 유교권 국가이고, 미국(29점, 17위) · 영국(25점, 18위) · 캐나다(23점, 20위) 같은 서구의 국가들은 그 반대쪽 가치를 지닌 것으로 밝혀지고 있다.[132] 이 연구에서도 "마음의 유교적 습성들"이 여전히 동아시아인의 행동과 사유의 근간을 이루고 있음이 드러나고 있는 것이다.

이러한 사실을 함께 놓고 보면, 동아시아 사회에서 지배적인 집단주의 문

---

129 Chinese Culture Connection, 1987.

130 이 연구에서 Hofstede(1980)의 '불확실성 회피' 차원은 검출되지 않고 있다.

131 예: Hofstede, 1991; Hofstede & Bond, 1988.

132 Hofstede, 1991/1995, p. 244, 〈표 7-1〉.

화의 사상적 배경은 아직까지 동아시아인이 보유하고 있는 "마음의 유교적 습성들"에서 찾을 수 있다는 점이 확실해진다. '유교적 역동성'의 가치 차원에서 분명하게 드러나는 이러한 "마음의 유교적 습성들"을 트리안디스는 "집단주의적인 습성 구조(collectivistic structure of habits)"[133]라 부르는데, 이렇게 동아시아인이 드러내는 전형적인 신념 · 가치 · 태도 · 행동의 배후에는 아직도 이 사회에 살아 역동적으로 영향을 미치고 있는 유학사상이 놓여 있다.

(2) 유학사상이 추구하는 가치

이상에서 살펴본 바와 같이 유학은 오랫동안 동아시아 사회의 역사를 지배해 왔을 뿐만 아니라, 현재에도 이 지역인의 마음속에 살아남아 역동적으로 영향을 끼치고 있는 사상체계이다. 유학사상은 동아시아 사회인의 삶의 양식과 사유방식에 지속적으로 영향을 미쳐, 이 지역에 집단주의 문화를 꽃피우게 한 원동력이 되었다.

동아시아인의 삶의 기반이 되어 온 유학사상은 인간 존재의 사회적 도덕적 특성[人性論]을 전제로 하여, 이러한 존재 특성을 지닌 인간이 지향해야 할 이상적 상태[君子論]를 정립한 다음, 이러한 이상적 인간의 사회적인 삶의 모습[道德實踐論]과 이상적 인간의 상태에 도달하기 위해 개인적으로 노력해야 할 바[修養論]를 제시한 이론체계라고 정리할 수 있다. 유학사상의 구조를 이루는 이러한 네 체계로부터 유학사상에서 추구하는 기본적인 가치의 내용을 도출해 볼 수 있다.[134]

인성론(人性論)은 우주 안에서 인간의 독특한 위치와 특성은 무엇인가에 관한 사색의 산물로, 유학사상의 기초를 이루는 이론체계[135]이다. 유학자들

---

133 Triandis, 1995, p. 67.

134 유학사상의 이 네 이론체계가 갖는 심리학적 함의와 이로부터 도출되는 서구 현대심리학과 다른 새로운 유학심리학의 가능성에 대해서는 졸저(조긍호, 1998, pp. 349-410; 1999b, pp. 31-161; 2007a, pp. 478-510; 2008) 참조.

135 김충렬, 1982, pp. 170, 172-175; 馮友蘭, 1948/1977, pp. 105-107; Needham, 1969/1986, Vol. Ⅱ, pp. 21-29.

이 제시하는 인성론의 핵심은 인간에게 본유한 특성을 생물적 욕구체계와 감정체계, 인지 능력의 체계 및 도덕성의 체계로 보고, 이 중에서 도덕성의 체계를 가장 핵심으로 간주하고 있다는 사실이다. 여기서 도덕성은 더불어 관계를 맺고 함께 삶을 영위하고 있는 타인 및 사회에 대한 관심과 배려를 말한다. 유학자들은 도덕성을 인간이 본유적으로 갖추고 있는 것으로 보며, 따라서 사회성을 중심으로 인간의 존재 특성을 규정하는 유학의 특징이 그들이 제시하는 인성론에서 잘 드러나고 있다. 이렇게 유학의 인성론은 도덕적 바탕[仁義禮智]을 인간이 본래부터 갖추고 있다는 인간 존재의 사회성 · 도덕성을 근거로 삼는 점에 특징이 있으며, 뒤이은 군자론 · 도덕실천론 · 수양론에서 인간관계의 사회성이 강조되는 배경에는 이러한 인성론의 특징이 그대로 자리 잡고 있는 것이다. 여기에서 바로 유학사상이 동아시아 집단주의의 사상적 바탕이 되는 근거가 나온다. 이와 같이 덕(德) · 지(知) · 정(情) · 의(意)의 사분체계론과 덕성우월론(德性優越論)을 기저로 하고 있는 유학의 심리구성체론은 인간 심리가 지 · 정 · 의 삼분체계로 구성되는 것으로 보고, 이 중에서 지적인 체계를 중시하는 인지우월론(認知優越論)을 견지하는 서구 현대심리학의 심리구성체론과는 다른 것이다.[136]

다음으로 군자론(君子論)은 이러한 본성을 가지고 있는 사람으로서 지향해야 할 최상의 이상적 상태는 어떤 것인가에 관한 탐색을 통해 인간의 삶이 지향해야 할 목표 상태를 정립하려 한 이론체계이다. 유학자들은 수기(修己)를 통한 자기완성(自己完成) 이외에 대인관계에서의 조화와 안정을 통한 관계완성(關係完成)과 사회적인 책무의 자임(自任)과 완수를 통한 사회완성(社會完成)이 이상적 인간의 특징이라고 보고 있다. 유학의 군자론에서는 인간 존재의 사회성 · 도덕성과 함께 인간이 무한한 발전가능성을 갖추고 있는 존재라고 보는 유학사상의 특징이 잘 드러난다. 개별적 존재로서의 개체의 완

136 심리구성체론의 동 · 서 차이와 이로부터 도출되는 심리학적 연구 문제의 차이에 관해서는 졸저(조긍호, 2017a, b) 참조.

성뿐만 아니라, 타인에 대한 배려와 조화를 추구하면서 사회에 대한 책임을 자임하고 수행하려는 존재로 그려내는 유학의 이상적 인간형론(理想的 人間型論)은 이상적 인간의 전형을 자기 개체의 독립성과 독특성을 확인하고, 일상생활에서 자기의 독특한 특성과 능력을 최대로 발휘하는 자기실현(自己實現, self-actualization)을 이룬 사람에게서 찾는 서구 현대심리학의 이상적 인간형론과는 다른 것이다.[137]

이어서 도덕실천론(道德實踐論)은 사회적 존재인 사람들 사이의 바람직한 관계는 어떠한 것인가에 관한 사색을 기초로 하여 이상적 인간의 상태에 이른 군자나 성인의 사회적 삶의 모습을 모색함으로써 사회관계에서 지향해야 할 바를 정립하고자 한 이론체계이다. 선진유학자들은 사회 구성의 기본 단위는 사람들 사이의 관계 및 이러한 관계의 원형인 가족과 같은 일차 집단으로서 인간의 사회행위의 원동력은 이러한 관계 속에 내포된 예(禮)와 역할[分]이며, 이의 충실한 수행을 통해 관계의 조화와 질서가 완성될 수 있다고 본다. 즉, 역할 수행을 통해 조화로운 인간관계와 질서 잡힌 사회를 이루는 일이 유학자들이 제시하는 사회관계론의 핵심으로, 이를 통해 유학자들은 인간 존재의 사회성과 도덕성의 일상적 실천이 곧 사회관계의 요체라는 사실을 강조하고 있다. 이와 같은 유학자들의 사회관계론은, 사회 구성의 기본 단위를 상호 독립적이고 평등한 이기적 존재로서의 개인으로 보고, 사회관계를 자기이익 최대화를 도모하는 개인 사이의 교환과 거래의 관계라고 간주하는 현대 서구 심리학의 사회관계론과는 근본적으로 다른 것이다.[138]

끝으로 수양론(修養論)은 인성론에서 설정한 바대로 도덕적이고 사회적인 존재로서의 현실적인 인간이 군자론에서 설정한 바와 같은 이상적인 인간의 상태에 이르기 위해서 해야 할 일이 무엇인가에 관한 탐구로, 자기억제를 통

---

137 이상적 인간형론의 동 · 서 차이와 이로부터 도출되는 심리학적 연구 문제의 차이에 관해서는 졸저(조긍호, 2006) 참조.

138 사회관계론의 동 · 서 차이와 이로부터 도출되는 심리학적 연구 문제의 차이에 관해서는 졸저(조긍호, 2012) 참조.

해 이기적 및 생물체적 욕구를 제어하고 사적 감정의 표출을 절제하는 것이 이상적 인간의 상태에 이르는 길이라고 간주하는 자기발전론의 체계이다. 수양론은 배움과 교육을 통해 인간은 누구나 이상적 상태에 도달할 수 있는 가능성을 보유하고 있다는 유학자들의 기본 신념을 근간으로 하고 있다. 유학자들은 개인이 본유적으로 갖추고 있는 도덕성의 근거를 잘 간직하고 확충하며, 자기의 사적인 욕구와 감정을 절제함으로써 외부 환경과 조화를 취하는 것이 바로 통제라고 보는 자기통제론을 바탕으로 하여, 자기의 잘못과 단점을 찾아 이를 일상생활에서 고쳐 나가는 자기개선이 자기발전을 이루는 핵심이라고 본다. 유학적 자기발전론은 외부 환경 세계를 자기에게 맞추어 변화시키는 것을 통제라고 보는 입장에서, 외적 보상의 크기를 조작하여 개인이 추구하는 목표 추구의 지속력을 유지하려 하며, 독립적인 개인이 갖추고 있는 장점의 확인과 확충을 통해 자기향상을 도모하는 서구 현대심리학의 자기발전론과는 다른 것이다.

이상과 같은 유학사상의 네 이론체계에서 드러나고 있듯 유학사상에서 추구하고 있는 가치는 인간 존재의 '사회성'과 '도덕성' 그리고 '발전가능성'이라고 정리할 수 있을 것이다. 인성론 체계에서는 사회성과 도덕성의 가치가 강조되며, 군자론에서는 사회성과 도덕성에 더해서 가능성의 가치가 중요하게 대두되며, 도덕실천론에서는 사회성과 도덕성의 가치가 다시금 강조되고, 수양론에서는 가능성의 가치를 축으로 해서 도덕성과 사회성의 합일이 추구되고 있다. 유학사상은 사회성 · 도덕성 · 가능성의 가치를 축으로 해서 인간 존재의 기본 특성을 파악하고, 또 이러한 세 가지 가치를 핵심으로 삼아 인간이 지향해야 할 삶의 양식을 제시하고 있는 철학체계인 것이다.

이렇게 보면 유학사상의 핵심은 바로 '인간의 존재 확대'라고 요약할 수 있다.[139] 유학자들은 인간이 인간된 까닭에 관한 관점[인성론]을 통해 존재 확대의 가능성을 따져 보고, 존재 확대의 이상적 모형[군자론]을 제시하여 이를

139 이에 관해서는 졸저(조긍호, 2003a, pp. 149-150, 주 31) 참조.

삶의 목표로 설정한 다음, 그 목표를 이루기 위한 방법[도덕실천론 · 수양론]을 제시하고 있는 것이다. 이러한 인간 존재의 확대에 대한 강조는 유학사상에서 추구하는 가치에서 직접 도출된다.

우선 '사회성'의 강조를 통해 유학자들은 '개체적 존재로부터 사회적 존재로의 확대'를 도모하였다고 볼 수 있다. 개체로서의 자기에 대한 관심과 배려를 관계를 맺고 있는 타인과 사회에 대한 관심과 배려로 확대하는 일이 올바른 삶의 자세라는 주장이 군자론 · 사회관계론 · 수양론의 이론적 핵심이다.

다음으로 '도덕성'의 강조를 통해 유학자들은 '생물체적 존재로부터 도덕적 존재로의 확대'를 꾀하였다고 볼 수 있다. 도덕성을 통해 인간은 욕구적 존재에서 인간적이고 도덕적인 존재로 변모하게 되는데, 유학사상의 이론적 기반인 인성론에서부터 이러한 논리체계가 부각되고 있다.

마지막으로 '가능성'의 강조를 통해 유학자들은 '미성숙한 존재에서 성숙한 존재로의 확대'를 꿈꾸었다고 볼 수 있다. 교육과 배움을 통해 스스로가 도덕 주체라는 사실을 인식하고, 이를 바탕으로 한 자기성찰과 자기반성의 결과 자기개선을 이룸으로써 소인의 상태에서 벗어나 군자가 될 수 있다는 것이 수양론의 체계이다. 곧 인간은 도덕성의 씨앗을 가지고 태어나지만, 후천적으로 수양을 통해 본유적으로 갖추고 있는 도덕성의 씨앗을 활짝 꽃피울 수 있는 가능성을 가지고 있으며, 이를 통해 동물적이고 욕구적인 미성숙 개체로부터 사회적이고 도덕적인 성숙한 인간으로 발전할 수 있다는 것이 수양론에서 전개하는 존재 확대론의 논리적 근거이다.

이렇게 유학사상에서 제시하는 인간 존재 확대의 길은, 타인에 대한 관심을 가지고 그들을 배려하여, 자기 자신뿐만 아니라 다른 사람들도 군자의 경지에 이르도록 도와줌으로써 인간이 추구해야 할 도(道) 속에서 다른 사람과 자신의 일체화를 이루는 일이다. 타인에 대한 관심과 배려를 인간 삶의 기본 동인으로 삼는 유학사상은 역사적으로 이를 기본 철학으로 삼고 살아왔던 동아시아 사회에 집단주의적인 삶의 양식이 꽃피게 한 사상적 배경이었다.

2. 동 · 서 문화차의 근원: 인간관의 차이

이상에서 보듯이 서구 역사의 흐름은 집단이나 사회보다 개인의 중요성을 강조해 온 과정으로, 그 절정은 17세기에 대두된 자유주의사상에서 찾을 수 있다. 자유주의사상가들은 사회 구성의 기본 단위를 개인이라고 보아, 사회의 이해는 결국 그 구성요소인 개인의 이해를 통해서 가능하다고 간주하고, 개인이 이루어 낸 안정적이고 불변하는 독특한 내적 속성(성격 · 능력 · 기호 · 태도 · 욕구 · 감정 · 의도 등)이 개인의 모든 행위와 사회 운용의 원천이라는 개인중심적 인간관을 가지고 있었으며, 스스로를 타인과 분리된 독립적이고 자율적인 존재로 인식하고 있었다.

그러나 동아시아 사회는, 비록 근세에 와서 부침이 있기는 하였지만, 오래 전부터 유학사상이 지배하여 왔다. 유학자들은 사회 구성의 기본 단위를 사람들 사이의 관계 또는 그러한 관계의 원형인 가족과 같은 일차 집단이라고 보아, 그러한 관계에서 드러나는 각자의 역할과 의무 및 집단 규범이 개인의 행위와 사회 운용의 원천이라는 관계중심적 인간관을 가지고 있었으며, 스스로를 제반 관계의 연쇄망 속에서 타인들과 연계되어 있는 존재로 인식하고 있었다.

서구와 동아시아 사회는 역사적 배경과 지배적인 사상이 다른 만큼 인간을 파악하는 관점에서도 커다란 차이를 보이는데, 바로 이러한 인간관의 차이가 서구와 동아시아 사회에 각각 개인주의와 집단주의 문화가 조성되도록 한 직접적인 배경이었다고 볼 수 있다.

1) 서구 자유주의의 인간관

집단이나 사회보다 개인에게 우선성을 부여하는 자유주의의 철학적 핵심은 개인주의이고, 따라서 자유주의적인 인간관과 사회관은 곧 개인주의적인 인간관과 사회관이다. 자유주의의 인간관과 사회관을 탐구하는 문제는 곧 자유주의 체계에서 사회의 존재론적 구성단위로서의 개인을 어떻게 개념화하고 있느냐 하는 문제와 직결된다.

앞에서 보았듯이 개인주의의 이념적 배경인 자유주의는 개인의 '자유와 자유의지' '이성과 진보' 그리고 '평등과 존엄성'의 가치를 핵심적으로 추구하는 사상체계이다. 자유주의가 추구하는 이러한 세 차원의 가치에서 자유주의 체계가 사회 구성의 기본 단위인 개인 존재를 파악하는 관점을 직접 끌어낼 수 있다. '자유와 자유의지'의 가치에서는 인간 존재의 독립성을 강조하여, 개인을 '자유의 보유자'로 파악하는 입장이 나온다. 이는 인간의 존재 의의를 개인의 개체성에서 찾는 태도를 낳는다. 이어서 '이성과 진보'의 가치에서는 인간의 합리성을 강조하여 개인을 '이성의 주체'로 여기는 입장이 나온다. 이는 곧 다른 동물과는 다른 인간의 중핵 특성을 이성과 그 결과로서의 합리성에서 찾으려는 관점이다. 그리고 '평등과 존엄성'의 가치에서는 인간의 자기완비성을 강조하여, 개인을 언제 어디에서나 일관적인 '안정적 실체'로 개념화하는 입장이 나온다. 이러한 관점은 인간의 불변성을 강조하는 고대 그리스 이래의 서구인들의 기본 신념을 반영한다.[140]

(1) 자유의 보유자

개인주의의 태생적 배경인 자유주의사상에서는 사회의 궁극적인 구성단위를 상호 평등하고 독립된 개체적 존재인 개인에게서 찾는다. 사회는 이러한 평등하고 독립적인 개인들의 복수적인 집합에 불과하다는 것이다. 개인은 다른 사람들이 미치는 영향력과는 관계없이 존재하는 독립적 개체로서, 스스로 자기의 행위를 선택하여 수행할 수 있는 자율성을 보유하고 있는 독특한 존재라고 간주된다. 이와 같이 개인주의 사회에서는 사회의 구성단위인 개인 존재가 가지는 제일의 특징을 개인이 '자유의 보유자'라는 사실에서

---

140 서구 자유주의의 인간관은 졸저(조긍호, 2006, pp. 426-441; 2007a, pp. 81-97; 2008, pp. 75-92; 2012, pp. 109-119) 참조.

찾는다. 이러한 맥락에서 서구인은 인간의 존재 의의를 독립된 존재로서의 개인의 개체성에서 찾으려 한다.

"개인주의의 핵심 가치는 개인의 자유이다."[141] 자유주의에서는 그 어느 가치보다도 자유가 최고의 위치를 차지하며, 개인적 자유 이외에 자유주의가 추구하는 모든 다른 가치는 개인적 자유와 밀접하게 관련되어 있다. 자유라는 개념이 서구에서 나름의 자리를 차지하게 된 것은 17세기에 들어서서 자유주의사상이 대두된 이후부터였다.

개성의 적극적인 발휘를 인정하고 존중하는 르네상스와 신앙과 양심의 자유라는 관념을 탄생시킨 기독교 개혁을 거치면서 정치적 자유, 표현의 자유, 경제적 자유 같은 근대적 자유의 관념이 보급되었을 뿐만 아니라, 이러한 시민적 제 자유는 곧 인간이 천부적으로 갖추고 있는 권리라는 인식이 뿌리를 내리게 된 것이 17세기였다. 그리하여 "홉스와 로크 시대에 이르면, 어떤 권위도 침범할 수 없는 자연적 초시간적 천부의 권리의 구체적 실체로서의 개인이라는 관념"이 자연권 사상과 함께 다양한 삶의 기반으로 굳어졌으며, "여기서 시민적 제 자유(civic liberties)가 당연한 권리로서 주장되기에 이른 것이다. 이토록 16세기 이래 서구 세계에서는 양심의 자유, 신앙의 자유, 정치적 자유, 표현의 자유, 경제적 자유 및 시민적 제 자유의 기본적 관념들이 성장하여 근대적 의미의 개인적 자유의 관념이 수립되었다."[142] 이렇게 근대적인 개인적 자유의 개념은 개인의 권리라는 개념과 동전의 앞뒷면처럼 쌍벽을 이루는 관계에 있다. 개인의 자유는 개인의 권리 수호를 목표로 하는 것이고, 개인의 권리는 개인의 자유의 확보를 바탕으로 하는 것이다.

자유주의가 추구해 온 제일의 이념은 이와 같이 개인적 자유의 확보에 있었다. 자유주의의 이념에 비추어 볼 때, 개인은 자율적으로 신앙과 양심 및 도덕 표준을 누구의 간섭이나 제재도 받지 않고 스스로 선택하고 준수할 자

---

141 노명식, 1991, p. 53.
142 노명식, 1991, pp. 57-58.

유를 가진 존재이다. 개인은 이렇게 자기가 자율적으로 선택한 신앙 · 양심 · 사상 및 도덕 표준을 누구의 간섭이나 제재도 받지 않고 말이나 글 또는 행동으로 표현할 수 있는 자유를 가지고 있다. 뿐만 아니라, 개인은 스스로가 본래부터 갖추고 있는 여러 가지 권리를 보호하고 또 이를 신장시켜 줄 정치체제와 그 대표자들을 자율적으로 선정할 수 있는 자유를 지니며, 자기의 사적 소유권과 사적 이익을 어떠한 부당한 간섭이나 제재도 받지 않고 적극적으로 추구할 수 있는 자유를 갖추고 있다. 또한 개인은 사적 공간과 영역을 확보하여 진실로 자기 혼자만의 사생활을 즐기고, 자기만이 갖추고 있는 독특한 개성을 신장시킬 자유도 가지고 있다. 자유주의의 이념에 따르면, 이러한 모든 자유는 개인에게 천부의 권리이기도 한 것이다.

이상에서 보듯 개인 존재가 '자유의 보유자'로서 지니는 가장 기본적인 특징은 자율적인 선택의 가능성이 그에게 주어져 있다는 사실이다. 개인은 스스로의 판단과 원망(願望)에 따라 자율적으로 자기에게 가장 유리하거나, 가장 적합하거나, 또는 가장 타당한 신앙 · 양심 · 사상 · 도덕률 · 정치체제 및 경제체제를 선택할 권리를 갖추고 있으며, 이것이 바로 개인적 자유의 내용이다. 따라서 개인적 자유의 핵심은 바로 개인의 자율성에서 찾을 수 있다. 또한 자유주의 이념에서는, 개인은 자유의 보유자로서 자율성을 최대로 행사할 수 있는 자기만의 공간과 영역을 지니고, 그러한 사적 영역에서 자기 독특성의 발전을 최대한 꾀할 수 있다고 전제한다. 곧 누구의 간섭과 제재도 받지 않는 사적 영역의 확보는 자율성 행사의 전제 조건인 것이다.

자유의 보유자인 개인의 가장 기본적인 특징인 자율성은 "개인이 독자적이고 합리적인 가치 판단의 주체임을 의미"[143]하는 것으로, 개인이 타인이나 사회 또는 여러 사회적 장치와는 분리된 독특한 존재라는 독립성과 독특성의 개념을 전제로 한다. 곧 개인의 사고와 행동은 독립적인 존재인 개인의 것이며, 그의 통제 밖에 있는 작인(作因)이나 원인에 지배되지 않고, 순전히

143 김영한, 1975, p. 111.

자신만의 독특한 의지와 의사에 따라 결정된다는 자발적 방향 설정 또는 자기결정성이 곧 자율성의 내용이다. 따라서 개인은 자기가 직면하는 압력과 규범을 의식적, 비판적으로 평가하여 자기만의 독특한 의도를 형성하고, 또 독립적이고 합리적인 숙고를 거쳐 실제적 결정을 할 수 있는 한에서 자율적이다. 말하자면, 자율성은 개인의 독립성과 자기결정성 및 독특성을 통해 드러나는 가치인 것이다.

(2) 이성의 주체

자유주의에는 자기와 관련된 것은 무엇이든지 자기의 것이라는 소유의 개념이 깊이 스며 있다. 이렇게 무엇이라도 나와 관계된 것은 내 것이라는 생각은 17세기 이래 자유주의 철학에 깊이 침투하여, 자신의 생명뿐만 아니라 육체적이거나 정신적인 노동의 산물인 재산과 여러 결과물, 심지어는 인격까지도 자기의 소유라는 철저한 '소유의 개인주의'를 낳았다. 자유주의자들에 따르면, 소유와 재산을 얻을 수 있는 근거에는 두 가지가 있는데, "하나는 인간은 욕망에 의해 움직인다는 자유주의적 인간관이고, 또 하나는 그 욕망 충족을 추구하는 데는 이성의 엄격한 지시를 받는다는 이성관이다."[144]

이기적인 욕망이 인간 행동의 근본적인 동기라는 인간관은 자유주의의 가장 큰 특색이다. 자유주의자들은 개인은 기본적으로 이기적인 정열과 욕망에 따라 활동하고 행동하는 존재로서, 자기 자신의 행복과 쾌락 및 만족의 추구가 인간 행동의 제일 동인(動因)이라고 본다. 따라서 자유주의자들은 쾌락 추구를 위해 적극적으로 노력할 권리가 모든 개인에게 천부적으로 주어져 있을 뿐만 아니라, 아무런 외적인 간섭과 제재만 없다면 최대한의 쾌락 추구라는 자기 본위적 목표가 달성될 수 있다고 간주한다.

여기에서 자유주의의 욕망관과 이성관이 만나게 된다. 자유주의에서는 인간은 이기적인 쾌락 추구의 욕망과 함께 '이성의 주체'로서, 자기가 가지고

---

144 노명식, 1991 p. 38.

있는 욕망의 내용을 인식함은 물론, 이를 자기에게 유리하게 충족시킬 방식을 합리적으로 선택할 수 있는 존재라고 본다. 이렇게 자유주의에서는 욕구의 인식과 그 실현 방법의 선택이 전적으로 개인이 가지고 있는 이성의 결과라고 보아, 욕망에 대한 이성의 우월성을 가정한다.[145]

자유주의의 욕망관과 이성관이 만나게 되는 또 하나의 접점은 개인 사이의 욕망 충돌의 가능성에서 찾을 수 있다. 누구든지 천부의 재산권과 소유권에 따라 자기의 이기적 욕구를 채우려 하다 보면 반드시 욕구의 충돌이 빚어질 수밖에 없고, 그렇게 되면 사회는 혼란에 빠져 서로 간에 공멸하는 상태에 이르게 될 것이다. 이러한 충돌을 피하기 위해 개인들이 동의하여 욕구 조정의 체제를 만들기로 합의하게 되고, 그 결과 나타나는 것이 국가체제라고 자유주의자들은 주장한다. 이것이 유명한 사회계약설(社會契約說)의 요지인데, 계약설의 근저에는 개인 존재가 가지고 있는 이성 혹은 합리성에 대한 믿음이 놓여 있다. 이렇게 개인들의 욕망이 충돌하여 낳게 될 파괴적 혼란을 방지해 주는 장치가 바로 개인이 본래부터 갖추고 있는 이성 혹은 합리성이라고 보는 것이 개인주의의 기본 이념이다.

자유주의는 계몽사상으로 이어지면서 인간의 이성에 대해 초기보다 더 적극적이고도 낙관적인 관점을 밝히고 있다. "이 흐름의 자유주의자들에게 이성은 계산 능력보다 더 높은 차원의 것으로서, 개인생활과 사회생활을 그 이성의 이상(理想) 위에 수립할 수 있다고 믿는다."[146] 그들은 개인이나 사회

---

145 욕망이 있고, 그것을 추구하는 동력이 있는 것만으로는 그 욕망의 충족이 보장되지 않는다. 이를 자기에게 가장 적절하고 유리한 방법을 선택하여 행동으로 옮겨야 욕망의 충족 여부가 결정된다. 이성은 이러한 선택의 기능을 수행하는 인간의 본성이다. 이성은 개인이 가진 서로 다른 욕망들이 경쟁할 때, 그리고 나의 욕구와 타인의 욕구가 충돌할 때 "가장 경제적인 방법으로 최대의 만족을 얻는 방법을 가르친다." 따라서 "이성은 본질적으로 자기이익을 가장 효과적으로 추구할 수 있는 계산 능력"(노명식, 1991, p. 41)을 본질로 한다. 이렇게 욕망이 이성보다 선행하는 것일지는 모르지만, 그 충족 여부는 오로지 충족 방법에 대한 합리적인 계산과 선택에 달려 있게 마련이고, 이러한 관점에서 보면 인간의 삶에서 이성은 욕망보다 우월한 것이다.

146 노명식, 1991, p. 42.

는 합리적인 이성의 기능에 의해 자연과 인간성에 대한 합리적 이해를 할 수 있게 된다고 생각한다. 그 뿐만 아니라 자유주의자들은 합리적 이해에 근거하여 불합리하거나 비합리적인 정열 · 욕망 · 증오 · 편견 · 습관 · 전통 따위의 굴레에서 벗어나게 되고, 그 결과 인류의 진보와 행복에 보편적으로 적용할 수 있는 원리들을 체계적으로 도출할 수 있게 된다고 믿는다. 이렇게 이성은 인간과 자연 및 인류 사회를 지배하는 보편적 원리를 발견해 낼 수 있는 과학적 탐구의 근거이며, 결과적으로 인류 사회의 진보는 바로 이성이 인간에게 본유적으로 갖추어져 있다는 사실 때문에 가능하게 된다고 자유주의자들은 보고 있는 것이다. 이와 같은 자유주의를 사상적 배경으로 하고 있는 개인주의 사회에서는 인간 존재를 '이성의 주체'로 파악하는 특징을 띤다. 즉, 인간을 인간답게 만드는 핵심적인 특성은 바로 합리성의 근거인 이성의 능력에서 찾을 수 있다고 보는 것이다.

이상에서 보듯 이성의 주체로서 개인은 다른 사람들과의 충돌을 최소화하는 범위 안에서 자기의 개인적인 욕구를 실현할 수 있는 최선의 방책을 강구함으로써 자기이익의 최대화를 꾀할 수 있는 존재이다. 이성은 합리적 선택의 근거이고, 앞에서 살펴본 자율성은 자유로운 선택을 의미하는 것이었다는 점에서, 이성의 주체로 개인 존재를 파악하는 자유주의의 입장은 개인의 '자율성'이라는 요소와도 관련을 맺고 있다고 할 수 있다. 이성 주체인 개인은 스스로의 이성에 따른 합리적 선택을 적극적으로 추구할 권리를 지니고, 이러한 과정에서 자기이익이 최대로 보장된다고 여긴다. 그러므로 이성의 주체인 개인들은 합리적이고 자율적인 선택을 거쳐 자기의 이익을 최대한 확보하기 위해 적극적으로 '자기주장'을 하는 일을 자연스럽게 받아들여 강조하게 된다.

(3) 안정적 실체

서구 사회에서는 일찍부터 모든 사물이 안정적이며 일관적인 특성을 가지고 있다고 믿고, 이를 사물의 본질이라 여겼다. 안정적이며 일관적인 특성을 가지고 있는 것은 자연 사물뿐만 아니라 동 · 식물과 같은 생물, 그리고 심지어는 사람도 마찬가지라 여겼으며, 각각이 가지고 있는 안정적인 실체로서의 본질을 파악하게 되면, 세상의 모든 삼라만상을 이해할 수 있을 것이라 생각했다. 이렇게 안정적인 실체로서 사물의 본질을 이해하려는 경향은 서구 문화 발상의 원천인 그리스 문명에서부터의 전통이었다.[147] 이러한 태도는 서구에서 과학이 발달하는 데 크게 영향을 미쳤는데, 17세기의 자유주의 시대에 이러한 전통은 더욱 확고해져서 과학 혁명을 낳는 계기가 되었다.[148]

이러한 맥락에서 서구 사회에서는 모든 행위와 심리적 경향의 원천이 되는 내적 성향(성격 · 능력 · 감정 · 동기 등)을 개개인이 본유적으로 갖추고 있으며, 이러한 내적 성향은 시간과 상황에 따라 거의 달라지지 않는 불변적이며 안정적인 경향을 띤다고 인식하는 전통이 강하였다. 자유주의사상가들은 사람은 누구나 스스로의 행동을 주도할 수 있는 불변적이고 안정적인 내적 속성을 갖추고 있으며, 또한 이를 개발하여 자기실현을 이룰 수 있는 자율성을 갖추고 있다는 점에서 인간은 평등하고, 그러한 내적 속성은 각 개인에게 특유하다는 점에서 인간은 존엄하다고 보았다. 곧 안정적이고 불변하는 내적 속성을 갖추고 있다는 사실은 누구나 마찬가지고(평등성), 또 이러한 내적 속성은 안정적일 뿐만 아니라 불변적이기 때문에 특유성과 유일성을 갖는다는 점(존엄성)에서 인간의 평등성과 존엄성의 근거가 생겨난다는 것이다.[149]

개인은 누구나가 고정적 불변적인 성향을 갖춘 '안정적 실체'이기 때문에 스스로에 대한 주권을 갖추고 있고, 이러한 점에서 누구나 평등하고 존엄한 존재이다. "자유주의의 철학적 핵심은 개인주의이고, 개인주의에 있어서의 개인의 개념은 본질적으로 보편적이고 평등주의적이다."[150] 비록 내용은 서

---

147 Nisbett, 2003, pp. 1-28, 29-39; Nisbett et al., 2001.

148 민석홍, 1984, pp. 453-455; 조긍호, 2006, pp. 167-173; Russell, 1959/2003, pp. 312-321.

149 조긍호, 2006, pp. 167-173; Lukes, 1973, pp. 45-51, 73-78, 125-137.

150 노명식, 1991, p. 82.

로 다를지라도, 누구나 똑같이 고정적 불변적인 성향을 갖추고 있는 안정적 실체이고, 이러한 점에서 누구나 똑같은 주권적 실체라는 사실에서 인간 존엄성의 근거를 찾을 수 있다.

이와 같이 안정적이고 불변적인 심리적 속성이 개인에게 원천적으로 부여되어 있다는 사실은 개인을 단순히 그러한 속성들의 담지자로서 파악하는 개인에 대한 추상적 관념을 산출한다. 루크스에 따르면, 스스로의 행동과 제반 심리적 경향의 원천이 되는 내적 성향을 본유적으로 갖추고 있는 불변적 · 안정적인 실체로 개인 존재를 인식하는 개인에 대한 추상적 관념은 개인주의의 기본 요소의 하나로서, 이러한 관념은 17~18세기 자유주의사상의 모태로 작용하였다. 더구나 이는 자유주의 이론가들의 자연권 사상과 사회계약설의 기초가 되어 있는 관념이기도 하다.[151] 곧 자유주의의 핵심인 자연권 사상과 사회계약설은 개인 존재에게 안정적이며 불변적인 기본권과 내적 성향이 본유적으로 갖추어져 있다는 사실을 전제로 하여 성립되고 있는 것이다.[152]

불변적 안정적 실체로서 개인 존재를 파악하는 자유주의의 이념을 사상적 배경으로 하고 있는 개인주의 사회에서는 세계를 서로 구별되는 독특한 불변적이고 안정적인 속성을 보유한 대상들로 구성되는 고정되고 안정된 곳이라고 본다. 이들은 개인의 성격 특성이나 능력도 선천적이고 안정적인 특성이어서 시간이나 노력에 따라 변화하지 않는다고 간주한다. 이렇게 개인주의 사회에서는 개인의 행위를 안정적이고 불변적인 내적 속성의 발현이라

151 Lukes, 1973, pp. 73-78.

152 자연권 사상가들은 개인은 그의 행위와 심성의 모든 본질적 원천을 본유적으로 갖추고 있는데, 이는 고정적 · 불변적 · 안정적인 것으로서, 결코 남에게 양도할 수도 없고, 또 그 어떤 것으로부터 침해받아서도 안 되며, 이것이 바로 국가 형성 이전의 자연 상태의 모습이라고 본다. 자연 상태에서 개인이 가지는 스스로에 대한 원천적인 주권(sovereignty)은 바로 이러한 고정적 · 불변적 속성의 본유적인 소여성(所與性, givenness)에 근거가 있으며, "이러한 개인적 주권이 집단권위(Group-authority)의 유일한 원천으로서, 사회는 개인의 의지와 권력의 집합체(aggregate)일 뿐"(Lukes, 1973, p. 74)이라고 자유주의자들은 인식하고 있다.

고 보아, 내적 속성과 외적 행위의 불일치, 내적 속성 사이의 상황 간 불일치 및 외적 행동의 상황 간 불일치는 개인의 정체성에 심한 혼란을 야기하게 되고, 결과적으로 '안정성'과 '일관성' 추구의 경향이 강해지는 것이다. 또한 이렇게 안정적 실체로 개인 존재를 파악하게 되면, 자기가 미리부터 갖추고 있는 '장점의 확충'을 자기향상의 방안으로 중시하게 된다.

2) 동아시아 유학사상의 인간관

유학은 인간의 사회적 존재 특성을 기반으로 하여 성립하고 있는 사상체계이다. 유학사상은 인간이 태어날 때부터 도덕적 바탕을 본유하고 있다는 인간 존재의 사회성과 도덕성을 근거로 삼는 점에 특징이 있다. 동아시아 사회에 집단주의 문화가 꽃피게 된 배경에는 유학사상에서 인간을 파악하는 기본 관점이 집단주의적이라는 사실이 놓여 있다. 앞에서 보았듯 유학사상의 핵심은 바로 '인간의 존재 확대'라고 요약할 수 있다. 유학자들은 인간이 인간된 까닭을 도덕적 존재로서의 인간의 사회성에서 찾음으로써 존재 확대의 가능성을 따져 보고, 존재 확대의 이상적 모형을 군자와 성인으로 설정하여 삶의 목표로 삼은 다음, 그러한 목표를 이룬 사람의 실제적인 삶의 모습과 이러한 목표를 이루기 위한 방법론을 제시하고 있는 것이다. 이렇게 보면, 유학사상은 인간의 무한한 발전가능성을 전제하고, 이를 지향하고자 하는 체계라고 볼 수 있다.

유학자들은 인간 존재의 사회성 · 도덕성 · 가능성의 가치를 중시하고 추구하려 한다. 이러한 맥락에서 보면, 유학사상에서는 인간을 사회적 관계체(關係體), 덕성 주체 및 무한한 가능체(可能體)로 파악한다고 생각할 수 있다. 말하자면, 인간은 개체로서 지닌 존재 가치를 뛰어넘어 사회에 대한 책임을 스스로 짊어지고 실천해야 하는 존재[關係體]로서, 능동적 주체적인 도덕 인식과 실천[德性主體]을 통하여 존재 확대를 이루어 낼 수 있는 가능성(可能體)을 보유하고 있다는 것이다. 이렇게 유학사상은 인간의 존재 의의를 인간 존재의 사회성에서 찾고, 인간만의 핵심적인 특성을 도덕성이라고 보며, 소인(小人)의 상태에서 군자(君子)로 발전할 수 있는 인간의 변이가능성을 강조한다.

유학자들이 인간을 이러한 세 가지 관점에서 파악하고 있다는 사실은 유학의 창시자인 공자의 『논어(論語)』 첫머리 「학이(學而) 편」 1장에 제시되어 있는 삼호(三乎)에 관한 언급과 공자에 이어 선진유학 체계를 완성한 맹자의 『맹자(孟子)』 「진심상(盡心上) 편」 20장에 제시되어 있는 군자삼락(君子三樂)에 관한 논의에서 잘 드러난다.

> 배우고 그것을 항상 익히면, 또한 기쁘지 아니하겠는가? 벗이 있어 먼 곳으로부터 찾아오면, 또한 즐겁지 아니하겠는가? 남이 알아주지 않는다고 하더라도 노여워하지 않는다면, 또한 군자답지 아니하겠는가?[153]
>
> 군자에게는 세 가지 즐거움이 있는데, 천하에 왕 노릇 하는 일은 여기에 들지 못한다. 부모님이 함께 생존해 계시고, 형제들에게 아무런 탈이 없는 것, 이것이 첫 번째 즐거움이다. 위로 하늘에 부끄러움이 없고, 아래로 사람들에게 부끄러움이 없는 것, 이것이 두 번째 즐거움이다. 천하의 뛰어난 인재들을 얻어서 이들을 가르쳐 기르는 것, 이것이 세 번째 즐거움이다. 군자에게는 이러한 세 가지 즐거움이 있을 뿐, 천하에 왕 노릇 하는 일은 군자의 즐거움에 들지 못한다.[154]

---

153 學而時習之 不亦說乎 有朋自遠方來 不亦樂乎 人不知而不慍 不亦君子乎 (『論語』, 學而 1): 이는 朱熹의 『論語集註』의 편차에 따른 『論語』 學而篇 1장을 가리킨다. 이하 『論語』의 인용은 이 예에 따른다.

154 君子有三樂 而王天下不與存焉 父母俱存 兄弟無故 一樂也 仰不愧於天 俯不怍於人 二樂也 得天下英才而敎育之 三樂也 君子有三樂 而王天下不與存焉 (『孟子』, 盡心上 20): 이는 朱熹의 『孟子集註』의 편차에 따른 『孟子』 盡心上篇 20장을 가리킨다. 이하 『孟子』의 인용은 이 예에 따른다.

여기서 공자의 1호[學而時習之 不亦說乎]와 맹자의 3락[得天下英才而敎育之 三樂也]은 무한한 가능체(배움을 통해 군자와 성인까지도 될 수 있는 존재)인 인간 존재의 특성을, 2호[有朋自遠方來 不亦樂乎]와 1락[父母俱存 兄弟無故 一樂也]은 사회적 관계체(가족 및 다른 사람과 맺는 관계 속에서 다른 사람들과 함께 어울리면서 살아가야 하는 존재)인 인간 존재의 특성을, 그리고 3호[人不知而不慍 不亦君子乎]와 2락[仰不愧於天 俯不怍於人 二樂也]은 덕성 주체(도덕적 주체로서, 스스로에게서 모든 일의 원인을 찾고, 스스로 모든 책임을 져야 하는 존재)인 인간 존재의 특성을 드러낸다.[155]

(1) 사회적 관계체

유학자들은 인간을 함께 살아가고 있는 다른 사람들과 맺는 관계 속의 존재로 규정하고, 이러한 관계가 사회를 구성하는 근본적인 기본 단위라고 인식한다. 곧 인간 존재의 생물적 특성이나 개체적 특성보다는, 사회적 특성을 중심으로 인간의 제반 문제를 바라보고자 하는 것이 유학사상의 가장 큰 특징이다.

유학은 인간 존재의 기본 특성을 사람과 사람 사이의 관계라는 사회성에서 찾으려 하는 사상체계이다. 사람은 부모와 자식, 군주와 신하, 남편과 아내, 어른과 아이, 친구와 친구 사이의 관계 속에서 태어나서, 이러한 관계 속에서 살다가, 관계 속에서 죽어가는 존재이므로, 이러한 관계를 떠나서는 인간의 존재 의의를 찾을 수 없다고 보는 것이 유학사상이다. 이렇게 인간의 사회적 존재 특성을 내세워 인간을 '사회적 관계체'로 파악하는 것이 유학자들의 인간 파악의 기본 관점이다. 이러한 맥락에서 동아시아인은 인간의 존재 의의를 사회적 관계체로서의 개인의 사회성에서 찾으려 하는 것이다.

『논어』에서 공자는 자기 사상의 핵심인 인(仁)을 "무릇 인이란 자기가 서고자 하면 남을 먼저 세워 주고, 자기가 이루고자 하면 남이 먼저 이루게 해

155 동아시아 유학사상의 인간관은 필자의 선행 저술(조긍호, 2006, pp. 297-352; 2007a, pp. 98-134; 2008, pp. 43-75; 2012, pp. 119-136) 참조.

주는 일"[156]이라거나, "자기가 하려 하지 않는 것을 남에게 베풀지 않는 일"[157] 또는 "남을 사랑하는 일"[158]로서, "자기의 사욕을 이기고, 예(禮)로 돌아가는 것이 인을 행하는 일"[159]이라 제시하여, 타인에 대한 관심과 배려가 인의 핵심이라 보고 있다. 이러한 사실은 공자가 인간의 사회성을 인간의 존재 의의의 출처로 규정하고 있음을 드러내는 것이다.

맹자는 인간이 선천적 인식 능력[良知]과 선천적 도덕행위 능력[良能]을 갖추고 있다고 보는데, 이러한 사실은 누구나 어려서부터 배우지 않고도 자기 어버이를 사랑할 줄 알고, 자기 형을 공경할 줄 안다는 사실에서 드러난다. 맹자가 말하는 인의(仁義)는 다른 것이 아니라, 어버이를 친애하고[親親], 어른을 공경함[敬長]에서 비롯하는 것이다.[160] 곧 맹자는 "인(仁)의 핵심은 어버이를 모시는 것이고, 의(義)의 핵심은 형을 따르는 것이며, 지(智)의 핵심은 이 두 가지를 깨달아 이를 버리지 않는 것이고, 예(禮)의 핵심은 이 두 가지를 조절하고 아름답게 꾸미는 것"[161]이라고 본다. 이렇게 맹자는 인간 행위의 당위적 규범인 인의예지(仁義禮智)의 핵심을 바로 친친(親親)과 경장(敬長)에서 구하고 있다.

이는 인간 존재의 기초를 부모-자식과 형-아우의 관계에서 구하고 있는 것이라 해석할 수 있다. 그리하여 여기에서 체득한 인의의 도를 백성을 친애하고, 사물을 아끼고 사랑하는[親親而仁民 仁民而愛物][162] 단계까지 확장하여 실천하기에 이르러야 한다는 것이 바로 맹자 사상의 핵심이다. 이를 맹자는

---

156 夫仁者 己欲立而立人 己欲達而達人 (『論語』, 雍也 28)

157 仲弓問仁 子曰……己所不欲 勿施於人 (顔淵 2); 子貢問曰 有一言而可以終身行之者乎 子曰 其恕乎 己所不欲 勿施於人 (衛靈公 23)

158 樊遲問仁 子曰 愛人 (顔淵 22)

159 顔淵問仁 子曰 克己復禮爲仁 (顔淵 1)

160 人之所不學而能者 其良能也 所不慮而知者 其良知也 孩提之童 無不知愛其親也 及其長也 無不知敬其兄也 親親 仁也 敬長 義也 無他 達之天下也 (『孟子』, 盡心上 15)

161 仁之實 事親是也 義之實 從兄是也 智之實 知斯二者弗去是也 禮之實 節文斯二者是也 (離婁上 27)

162 君子之於物也 愛之而不仁 於民也 仁之而不親 親親而仁民 仁民而愛物 (盡心上 45)

"도는 가까이에 있는데 이를 멀리에서 구하고, 할 일은 쉬운 데에 있는데 이를 어려운 데서 구하려 한다. 사람마다 자기 어버이를 친애하고 자기 어른을 공경한다면, 천하가 화평하게 될 것"[163]이라고 지적하였다. 이러한 점에서 맹자가 군자의 세 가지 즐거움 가운데 첫 번째를 "부모가 모두 생존해 계시고 형제들에게 아무 탈이 없는 것"[164]으로 잡고 있는 까닭을 이해할 수 있는데, 이는 바로 이러한 인의(仁義) 체득과 실천의 객관적 대상이 존재하고 있기 때문에 즐겁다는 의미라고 풀이할 수 있다.

이러한 관점에서 보면, 맹자도 인간의 존재 의의를 사람과 사람 사이의 관계[人倫]에서 찾고 있다. 곧 부자 · 군신 · 부부 · 장유 · 붕우 사이의 관계에서 인간의 존재 특성이 부각되므로, 개별적인 존재에서는 인간 존재의 의미를 찾을 수 없다는 것이 맹자의 주장이다. 부자 · 군신 · 부부 · 장유 · 붕우 사이의 관계에서 각각 친(親) · 의(義) · 별(別) · 서(序) · 신(信)이 있도록 하는 것이 바로 사람이 지켜야 할 다섯 가지 도리[五倫]인데, "사람이 편안히 살고 가르침이 없으면 새나 짐승과 같아질 수밖에 없으므로, 성인이 이를 걱정하여 이 다섯 가지 사람의 도리를 가르치게 하였다"[165]는 지적은 이러한 입장을 단적으로 드러낸다. 이를 보면, 사람의 도리는 바로 사람들 사이의 관계에서 찾을 수 있고, 따라서 인간은 개별적인 존재로 태어나고 살아가는 것이 아니라, 이러한 관계 속에서 태어나고 살아가는 존재, 곧 사회적 관계체인 존재라는 것이 맹자의 인간 파악의 기본 관점이라 하겠다.

---

163 道在爾而求諸遠 事在易而求諸難 人人親其親 長其長 而天下平 (離婁上 11)

164 盡心上 20: 여기서 맹자가 말하는 군자의 세 가지 즐거움이 모두 인간의 사회성을 강하게 함축하고 있다는 사실을 주목할 필요가 있다. 一樂은 인의 체득과 실천의 대상(부모와 형제)이 존재하고 있기 때문에 느끼는 즐거움이고, 二樂은 실제로 인의를 체득하여 일상생활의 대인관계에서 실천함으로써 느끼는 즐거움이며, 三樂은 다른 사람들에게 스스로가 체득한 인의의 도를 가르쳐 주는 즐거움이라고 해석할 수도 있다. 이렇게 보면, 맹자는 군자의 즐거움을 모두 사람 사이의 관계에서 설정되는 것으로 보고 있으며, 사회 속에서 사회적 존재로서 성덕(成德)을 지향하는 데 즐거움의 근거가 있으므로, "천하를 지배하고 다스리는 것은 군자의 즐거움에 들지 못한다"(王天下不與存焉)는 당당함이 나오는 것이라 하겠다.

165 人之有道也 飽食暖衣 逸居而無敎 則近於禽獸 聖人有憂之 使契爲司徒 敎以人倫 父子有親 君臣有義 夫婦有別 長幼有序 朋友有信 (滕文公上 4)

순자도 인간의 사회성을 강조하며, 따라서 사회관계가 인간의 존재 특성을 규정하는 것으로 파악하고 있다. 순자는 다른 생물체에 견주어 인간 존재는 생득적으로 허약하고 무력한 까닭에 단결이 필요하고,[166] 개인적인 능력과 기술의 한계로 말미암아 협동과 상부상조가 필요하기[167] 때문에, 사람은 필연적으로 모여서 사회생활을 할 수밖에 없다[人生不能無群][168]고 본다. 이러한 점은 그의 명분사군(明分使群)의 예론(禮論)을 통해 쉽게 이해될 수 있다. 곧 사람은 군신 · 부자 · 형제 · 부부 같은 사회윤리 관계나 사 · 농 · 공 · 상 따위의 사회직분 관계 속의 존재로서, 이러한 관계 속에서 예에 따라 규정되는 각자의 역할[分]을 충실히 수행함으로써 사회생활[群]을 영위해야 하는 존재라는 것이다.[169] 이러한 관점은 인간을 상호 독립적이고 분리된 존재가 아니라, 사회관계에 따라 본질적으로 연관을 맺고 있는 상호의존적인 존재로 파악하는 시각을 잘 드러내는 것이다. 이러한 시각은 『순자(荀子)』의 「왕제(王制) 편」에 나오는 다음의 지적에서 잘 드러난다.

> 군신 · 부자 · 형제 · 부부의 관계는 처음이자 마지막이고, 마지막이자 처음으로서, 천지와 더불어 이치를 같이 하고, 만세를 통하여 영구히 지속되는 것으로, 무릇 이를 일러 '위대한 근본[大本]'이라 한다.[170]

---

166 力不若牛 走不若馬 而牛馬爲用 何也 日 人能群 彼不能群也 人何以能群 日 分 分何以能行 日 以義 故義以分則和 和則一 一則多力 多力則彊 彊則勝物 (『荀子』, 王制 20-21): 이는 富山房本 漢文大系 卷十五 『荀子集解』의 王制篇 pp. 20-21을 기리킨다. 이하 『荀子』 본문의 인용은 이 예에 따른다.

167 故百技所成 所以養一人也 而能不能兼技 人不能兼官 離居不相待則窮 群而無分則爭 窮者患也 爭者禍也 救患除禍 則莫若明分使群矣 (富國 2-3)

168 故人生不能無群 群而無分則爭 爭則亂 亂則離 離則弱 弱則不能勝物 (王制 21); 人之生不能無群 群而無分則爭 爭則亂 亂則窮矣 故無分者人之大害也 有分者天下之本利也 (富國 6-7)

169 夫貴爲天子 富有天下 是人情之所同欲也 然則從人之欲 則勢不能容 物不能贍也 故先王案爲之 制禮義以分之 使有貴賤之等 長幼之差 知賢愚能不能之分 皆使人載其事 而各得其宜 然後愨祿多少厚薄之稱 是夫群居和一之道也 (榮辱 39-40): 王先謙(1891)의 『荀子集解』에서는 知賢愚에서 知는 智로 읽어야 하고, 賢은 원문에서 삭제되어야 하며, 愨祿은 穀祿이 되어야 한다고 본다.

170 君臣父子兄弟夫婦 始則終 終則始 與天地同理 與萬歲同久 夫是之謂大本 (王制 19-20)

이는 군신 · 부자 · 형제 · 부부 같은 사회관계가 지니는 보편성을 지적한 것으로서, 이러한 사람들 사이의 관계가 사회의 가장 궁극적인 단위임을 표현하는 것이라 볼 수 있다. 바로 이러한 사실에서도 인간을 사회적인 관계체로 보는 순자의 관점을 확인해 볼 수 있다.

이와 같이 사회적 관계체로서의 사람들이 사회관계 속에서 질서와 조화를 유지하여 관계적 존재로서의 존재 의의를 달성하는 길은 각자에게 주어진 역할과 의무를 충실히 수행하는 일이다. 공자는 사회관계 속에서 각자에게 주어진 역할을 충실히 수행하는 것이 사회질서와 조화 유지의 핵심이라고 보고, 이를 정명론(正名論) 체계로 제시하고 있다. 그는 곧 "군주는 군주의 역할을 다하고, 신하는 신하의 역할을 다하며, 부모는 부모의 역할을 다하고, 자식은 자식의 역할을 다하는 것"[171]이 사회에 질서와 조화를 가져오는 정사(政事)의 근본이기 때문에, 자기에게 정사를 맡겨 준다면 반드시 이름을 바로 잡는 일(正名: 각자에게 주어진 역할을 충실히 수행하도록 하는 일)부터 하겠다[172]고 공자는 말하고 있는 것이다.

이렇게 유학의 창시자인 공자로부터 이미 인간을 기본적으로 타인에 대한 관심과 배려를 지닌 존재로 보기 시작했으며, 모든 사회행위의 원동력을 사회관계 속에 주어진 쌍무적인 역할에서 찾음으로써 인간 존재의 사회성을 강조하고 있다. 바로 이렇게 인간을 사회적 관계체인 존재로 파악하는 것이 유학사상에서 인간을 파악하는 가장 기본적인 관점이다. 맹자와 순자도 이러한 공자의 정명론의 체계를 이어 받아, 각 관계 속에서 이루어지는 역할과 의무 수행이 각 관계의 질서를 유지하는 핵심 요건이라 보고 있다. 맹자는 이러한 견해를 "군주다운 군주가 되려면 군주의 역할과 도리를 다해야 하고, 신하다운 신하가 되려면 신하의 역할과 도리를 다해야 한다"[173]고 진술하고 있다. 순자는 이러한 견해를 좀 더 자세히 분석하여 조화로운 사회관계를 이

---

171 齊景公問政於孔子 孔子對日 君君 臣臣 父父 子子 (『論語』, 顔淵 11)

172 子路日 衛君待子而爲政 子將奚先 子日 必也正名乎 (子路 3)

173 欲爲君 盡君道 欲爲臣 盡臣道 (『孟子』, 離婁上 2)

루기 위해서는 우선 사회관계에서 각자가 해야 할 역할과 의무를 명백히 하고[明分] 실생활에서 이를 실행해야 한다[守分]고 보고, 이를 명분사군론(明分使群論)[174] 또는 군거화일론(群居和一論)[175]으로 제시하고 있다.

이렇게 유학사상에서는 인간의 사회생활과 사회행위의 원동력을 사회관계 속의 역할과 의무에서 찾음으로써 개체로서의 개인 존재를 '역할 · 의무 · 배려의 복합체'로 간주하는 입장이 대두된다. 그리하여 개인이 수행하는 대부분의 사회행위의 원동력을 이러한 관계 속에 내재하고 있거나 이러한 관계가 요구하고 있는 역할과 의무 및 타인에 대한 배려에서 찾으려 하게 되며, 사회행위의 목표를 다른 사람 및 내집단과 원만하고 평화로운 관계를 맺고 유지하는 것에 두게 된다. 그러므로 이와 같이 인간 존재의 사회성을 앞세우는 유학사상을 삶의 철학으로 받아들여 온 동아시아 사회인들은 개체로서의 개인의 독립성과 자율성의 추구보다는, 사회관계에서의 '연계성'의 확립과 '조화성'의 추구를 강조하는 집단주의적인 행동양식을 드러내게 되는 것이다.

(2) 덕성의 주체

유학자들은 타인 및 그들과 함께 삶을 영위하는 터전인 사회에 대한 관심과 배려가 곧 덕의 근원이라고 본다. 그들은 덕의 바탕이 인간에게 본래부터 갖추어져 있다는 전제에 따라, 사람은 스스로가 도덕의 주체라는 사실을 깨달아 이를 능동적 · 주체적으로 삶의 장면에서 실천함으로써, 개인적이고 이기적인 욕구와 감정 같은 나머지 인성 요소들이 덕에 맞추어 통제되도록 하는 것이 바른 삶의 자세라는 주장을 편다. 이렇게 유학사상에서는 사회적 존재로서의 인간이 지향해야 할 바람직한 삶의 자세는 능동적 주체적인 도덕인식과 실천이라고 보아, 인간을 '덕성의 주체'로 파악한다. 즉, 인간을 인간

---

174 『荀子』, 富國 2-3.

175 榮辱 39-40.

답게 만드는 핵심 특성은 바로 사회성의 근거인 도덕성을 인간이 본유적으로 갖추고 있다는 사실에서 찾을 수 있다고 보는 것이다.

『논어』에서 공자는 "인(仁)의 실천은 오로지 자신에게 달린 일이지, 남에게 달린 것이 아니다"[176]라고 하여, 덕의 근거가 인간에게 본유적으로 갖추어져 있다는 관점을 드러낸다. 공자에 따르면 자기에게 모든 도덕성의 근거가 갖추어져 있다는 사실을 깨달은 사람이 군자로서, 이렇게 군자는 스스로가 덕성의 주체라는 사실을 확고히 인식하고 있기 때문에, "남에게 모든 책임을 돌리는 소인(小人)과는 달리, 모든 일의 책임을 자기 자신에게서 찾으려 한다."[177]

스스로가 덕성의 주체라는 자각을 도덕성의 바탕으로 강조하는 시각은 공자로부터 이어지는 유학사상의 전통이다. 공자는 "내가 인(仁)을 행하고자 하면, 곧바로 인이 이르게 된다"[178]고 보아, 도덕성이란 자기 몸에 그 근거가 갖추어져 있는 것이긴 하지만, 이를 자각하는 일이 무엇보다 중요함을 역설한다. 그리하여 그는 인을 행하는 것은 자기에게 달려 있는 일이지 남에게 달린 것이 아니므로, "능히 가까이 자기 몸에서 취해서 남에게 비유할 수 있으면, 인을 행하는 방도라고 이를 만하다"[179]고 보고 있는 것이다. 이와 같이 공자는 덕성의 주체인 스스로에 대한 자각이 일상생활에서 도덕성을 실천하는 바탕임을 강조하고 있다.

이러한 인간의 도덕적인 능동성과 주체성의 근거를 맹자는 인의예지 같은 도덕의 뿌리가 인간에게 본래부터 내재하고 있다는 사실에서 구하고 있다. 여기서 한 걸음 더 나아가, 맹자는 인간이 본래 갖추고 있는 선단(善端)을 잃지 않고 그대로 간직[存心]하기 위해서는 우선 스스로가 덕성의 주체라는 사실을 주체적으로 인식하여 이를 확충해야 한다고 보아, 다음과 같이 진

---

176 爲仁由己 而由人乎哉 (『論語』, 顏淵 1)

177 君子求諸己 小人求諸人 (衛靈公 20)

178 仁遠乎哉 我欲仁 斯仁至矣 (述而 29)

179 夫仁者 己欲立而立人 己欲達而達人 能近取譬 可謂仁之方也已 (雍也 28)

술하고 있다.

> 사람은 누구나 남에게 차마 모질게 하지 못하는 마음을 가지고 있다. ……사람이 누구나 남에게 차마 모질게 하지 못하는 마음을 가지고 있다는 사실은, 어떤 어린아이가 우물에 빠지게 된 것을 문득 보았다면, 누구나 깜짝 놀라 불쌍하게 여기는 마음을 가지게 된다는 데서 드러난다. ……이로 보건대, 불쌍히 여기는 마음[惻隱之心]이 없으면 사람이 아니요, 자기의 옳지 않음을 부끄러워하고 남의 옳지 않음을 미워하는 마음[羞惡之心]이 없으면 사람이 아니요, 사양하는 마음[辭讓之心]이 없으면 사람이 아니요, 옳고 그름을 가리려는 마음[是非之心]이 없으면 사람이 아니다. 불쌍히 여기는 마음은 인의 시초[仁之端]요, 부끄러워하고 미워하는 마음은 의의 시초[義之端]요, 사양하는 마음은 예의 시초[禮之端]요, 옳고 그름을 가리려는 마음은 지의 시초[智之端]이다. 사람이 이 네 가지 시초[四端]를 갖추고 있다는 사실은 마치 사람에게 사지(四肢)가 갖추어져 있는 것과 마찬가지다. ……무릇 나에게 갖추어져 있는 네 가지 시초를 모두 넓혀서 채울 줄 알게 되면, 마치 불이 처음 타오르고 샘물이 처음 흘러내리듯 할 것이니, 진실로 이를 채울 수 있으면 사해(四海)를 보전하고도 남음이 있을 것이지만, 진실로 이를 채우지 못하면 부모를 섬기기에도 부족할 것이다.[180]

맹자는 이렇게 사람에게는 인의예지 같은 도덕의 근거가 되는 측은지심·수오지심·사양지심·시비지심의 사단(四端)이 갖추어져 있고, 그렇기

---

180 人皆有不忍人之心……所以謂人皆有不忍人之心者 今人乍見孺子將入於井 皆有怵惕惻隱之心……由是觀之 無惻隱之心 非人也 無羞惡之心 非人也 無辭讓之心 非人也 無是非之心 非人也 惻隱之心 仁之端也 羞惡之心 義之端也 辭讓之心 禮之端也 是非之心 智之端也 人之有是四端也 猶其有四體也……凡有四端於我者 知皆擴而充之矣 若火之始然 泉之始達 苟能充之 足以保四海 苟不充之 不足以事父母(『孟子』, 公孫丑上 6)

때문에 인간의 본성은 착하다고 본다. 이것이 이른바 성선설(性善說)의 요지인데, 이를 통해 맹자가 제시하려고 한 것은 인의예지의 바탕이 인간 본성 속에 주체적으로 내재되어 있는 자연적인 것이지, 외부에서 주어지는 인위적인 것은 아니라는 사실이다.[181] 이는 마치 사람이 팔 · 다리를 가지고 태어나는 것처럼 본래부터 갖추어져 있는 인간의 본성이라는 것이다.

맹자의 성선설에서도 도덕의 본유성보다 중요한 것은 이러한 사실의 주체적 자각이 더욱 강조되고 있다는 점이다. 맹자는 인의예지를 비롯한 모든 인간 행위의 근거를 주체적 인식에서 구하고 있고, 따라서 인간의 도덕적 능동성과 주체성을 강조했던 것이다. 이러한 사실은 인간이 본래 갖추고 태어난 선단을 잃지 않고 그대로 간직[存心]하려면 우선 주체적으로 도를 인식해야[明道] 하고, 도의 주체적 인식을 위해서는 "모든 일의 책임을 스스로에게 돌이켜 찾아야 한다[反求諸己]"[182]는 주장에서도 잘 드러나고 있다. "만물의 이치는 모두 나에게 구비되어 있으므로"[183] 내가 모든 일의 주체이고, 따라서 모든 일이 나에게서 비롯하는 것이다. 그리하여 덕성의 주체인 자기에게서 모든 책임과 근거를 찾아야 한다는 것이 바로 맹자의 인간 이해의 핵심이다.

순자도 덕성 주체인 인간의 능동적 자각을 강조하고 있는데, 이는 그의 독특한 인도론(人道論)을 통해 확인할 수 있다. 그는 "도(道)는 하늘의 도도 아니고, 땅의 도도 아니며, 사람이 행해야 할 바로서 군자가 따르는 것"[184]이라는 인도론의 근거에 따라, "군자는 자기에게 달려 있는 일[在己者]을 삼가 행할 뿐, 하늘에 달린 일[在天者]을 사모하지 않으며 …… 그렇기 때문에 날

181 惻隱之心 人皆有之 羞惡之心 人皆有之 恭敬之心 人皆有之 是非之心 人皆有之 惻隱之心 仁也 羞惡之心 義也 恭敬之心 禮也 是非之心 智也 仁義禮智 非由外鑠我也 我固有之也 弗思耳矣 (告 子上 6)

182 愛人不親 反其仁 治人不治 反其智 禮人不答 反其敬 行有不得者 皆反求諸己 其身正而天下歸之 (離婁上 4)

183 萬物皆備於我矣 (盡心上 4)

184 道者非天之道 非地之道 人之所以道也 君子之所道也 (『荀子』, 儒效 9-10): 楊倞은 『荀子注』에서 人之所以道也를 人之所行之道也로 풀고 있으며, 王先謙도 『荀子集解』에서 人之所以道也의 道를 行의 誤字로 보고 있다.

로 발전한다"[185]는 천인지분(天人之分)의 논리를 전개한다. 그에게 "자기에게 달린 일이란 마음과 뜻을 닦고, 덕행에 힘쓰며, 인식과 판단을 명확히 하고, 오늘날에 태어났지만 옛사람의 도에 뜻을 두는 것,"[186] 곧 스스로가 도덕의 주체임을 자각하고, 이를 일상생활에서 실천하려 노력하는 일이다. 이러한 생각은 인간을 외부 환경 조건의 영향을 받기만 하거나, 환경 조건에 따라 수동적으로 규정되기만 하는 존재가 아니라, 능동적으로 스스로를 규정하는 덕성의 주체로 파악하는 시각을 명백히 드러내는 것이다.

이와 같이 공자 · 맹자 · 순자 같은 유학의 선구자들은 모두 스스로가 덕성의 주체라는 사실에 대한 자각에서 모든 일이 자기결정적이라는 확고한 인식이 나온다고 보아, 결과적으로 일상생활에서 모든 일의 책임을 스스로가 지려 하는 삶의 태도[反求諸己]를 갖는 일이 중요함을 강조한다. 유학사상에서는 이렇게 인간의 도덕적 주체성을 강조하므로, 개체로서의 개인을 이성이나 감성 또는 욕구의 주체로서보다는 덕성의 주체로 간주하게 된다. 결과적으로 이러한 유학사상을 기본 철학으로 삼고 살아 온 동아시아인은 삶의 과정에서 적극적인 자기주장보다는 '자기억제'와 '자기은폐'를 강조하는 집단주의적인 삶의 태도를 발전시키게 되었다. 개인적인 욕구와 감정의 자유로운 표출은 사회와 그 기본 단위인 내집단의 조화를 깨게 되기 쉬우며, 이는 관계를 맺고 있는 타인에 대한 관심과 배려를 앞세우는 도덕 주체로서의 삶의 자세에도 어긋나게 되는 까닭이다.

(3) 무한한 가능체

유학은 성덕(成德)을 지향하는 체계로서, 인간은 누구나 도덕적인 완성을 이루고, 이를 사회생활에 실천하는 군자나 성인이 될 수 있는 가소적(可塑的)인 존재라고 유학자들은 보고 있다. 유학사상은 인간이란 가르침[教]과 배움

---

185 故君子敬其在己者 而不慕其在天者……是以日進也 (天論 28-29)

186 若夫心意修 德行厚 知慮明 生於今而志乎古 則是其在我者也 (天論 28)

[學]을 통해 누구나 덕을 이룰 수 있는 가소적인 존재, 곧 '무한한 가능체'라고 파악하는 입장을 바탕으로 하여 성립한다. 성덕이란 다른 사람들과의 바람직한 관계를 통해 이루어지는 것이므로, 이렇게 덕을 이루어 군자와 성인의 경지에 이를 수 있는 무한한 가능체로 인간 존재를 파악하는 인간관은 인간의 사회성과 도덕성을 강조하는 관점에서 연역되어 나오는 입장이다.

유학사상만큼 교육의 중요성을 인식하고, 이를 강조한 사상체계도 드물 것이다. 이는 선진유학 이래로 내려오는 유학의 전통이라고 볼 수 있다. 유학사상에서 배움과 가르침을 중시한다는 것은, 유학자들이 인간을 안정적인 특성을 지닌 고정적인 실체로서가 아니라, 무한한 가소성을 지닌 가능체로서의 존재로 이해한다는 사실을 의미한다.

『논어』에서 공자는 스스로를 "배우기를 좋아하는 사람[好學者]"[187] 및 "가르치기를 게을리 하지 않는 사람[誨人不倦者]"[188]이라고 하여, 가르치고 배우는 일을 강조하였다. 배우고 가르치는 일, 그리고 배운 내용을 강구하고 실천함으로써 자기를 개선하는 일은 공자와 제자들이 자기를 성찰하는 핵심 내용이었던 것이다.[189]

공자는 스스로를 호학(好學)이라고 자평했지만, 제자 가운데는 안회(顔回)만이 '배우기를 좋아하는 사람'이라고 하면서, 호학의 조건으로 "같은 잘못을 두 번 저지르지 않는 일[不貳過]"을 들고 있다.[190] 그는 "잘못을 하고도 고치지 않는 것이 바로 잘못"[191]이라고 보고, "잘못이 있으면, 고치기를 꺼리지 말아야 한다"[192]고 강조한다. 자기를 성찰하여 잘못을 고침으로써 항상 자기개선

187 十室之邑 必有忠信如丘者焉 不如丘之好學也 (『論語』, 公冶長 27)

188 子曰 若聖與仁 則吾豈敢 抑爲之不厭 誨人不倦 則可謂云爾已矣 (述而 33)

189 曾子曰 吾日三省吾身 爲人謀而不忠乎 與朋友交而不信乎 傳不習乎 (學而 4); 默而識之 學而不厭 誨人不倦 何有於我哉 (述而 2); 子曰 德之不修 學之不講 聞義不能徙 不善不能改 是吾憂也 (述而 3)

190 哀公問 弟子孰爲好學 孔子對曰 有顔回者好學 不遷怒 不貳過 不幸短命死矣 今也則亡 未聞好學者也 (雍也 2)

191 過而不改 是謂過矣 (衛靈公 29)

192 過則勿憚改 (學而 8; 子罕 24)

을 이루려 노력하는 자세,[193] 이것이 『논어』에서 도출되는 대인평가 기준의 하나로, 이는 인간을 무한한 가능체로 인식하는 공자의 시각을 잘 드러낸다.

이러한 공자의 입장은 맹자와 순자에게도 그대로 이어지는데, 그 가운데 맹자의 관점은 자못 독특한 데가 있다. 맹자도 교육을 중시하여, "천하의 영재를 얻어서 이들을 교육하는 일은 군자의 세 가지 즐거움 가운데 하나로서, 천하를 지배하고 다스리는 일은 군자의 즐거움에 들지 못한다"[194]라고 진술함으로써 교육을 그 무엇보다 중요한 일로 내세우고 있다. 그는 한 걸음 더 나아가 교육을 선각자 또는 군자의 의무라고까지 격상시켜[195] "중정(中正)의 도를 얻은 사람은 그렇지 못한 사람을 교육하고, 재능 있는 사람은 재능 없는 사람을 교육해야 한다. …… 만일 중정의 도를 얻은 사람이 그렇지 못한 사람을 버리고, 재능 있는 사람이 그렇지 못한 사람을 버려 교육하지 않는다면, 현명한 사람과 어리석은 사람의 차이는 거의 없을 것이다"[196]라는 입장을 밝히고 있다. 공 · 맹자의 이런 태도는 순자에게도 이어져 『순자』 32편 가운데 제1편인 「권학(勸學)편」이 "배움이란 멈출 수 없는 것[學不可以已]"이란 말로 시작하고 있는 것이다.[197]

배움의 목표는 도덕의 근거가 자신 속에 본래부터 갖추어져 있다는 사실을 자각하고, 이를 실생활에서 실현함으로써 인간의 존재 의의를 완성하는

---

193 見賢思齊焉 見不賢而內自省也 (里仁 17); 三人行 必有我師焉 擇其善者而從之 其不善者而改之 (述而 21); 內省不疚 夫何憂何懼 (顔淵 4)

194 『孟子』, 盡心上 20: 오늘날 쓰이는 '敎育'이란 용어는 맹자가 이 장에서 제시한 君子三樂 중 세 번째 즐거움[得天下英才而敎育之 三樂也]을 기술하면서 처음 사용한 말이다.

195 天之生此民也 使先知覺後知 使先覺覺後覺也 予天民之先覺者也 予將以斯道覺斯民也 非予覺之而誰也 (萬章上 7): 萬章下篇 1장에서 伯夷 · 伊尹 · 柳下惠 · 孔子와 비교하여 聖人의 품격을 논하면서 伊尹을 기술하는 데에도 같은 말이 나오고 있어, 맹자가 교육의 책임을 얼마나 통감하고 있는지 알 수 있게 한다.

196 中也養不中 才也養不才……如中也棄不中 才也棄不才 則賢不肖之相去 其間不能以寸 (離婁下 7)

197 君子曰 學不可以已 靑取之於藍 而靑於藍 氷水爲之 而寒於水……君子博學 而日參省乎己 則智明而行無過矣 (『荀子』, 勸學 1-2)

일이다. 『논어』에서는 이를 "군자는 배움으로써 그 도를 이룩한다"[198]고 표현하고 있으며, 맹자는 "배움의 도란 다른 것이 아니라, 그 놓쳐버린 마음을 찾는 데 있을 뿐이다"[199]라고 하여, 도덕적 자각을 중요하게 여기고 있다. 맹자는 교육의 요체가 자신이 덕성의 주체라는 점을 자각하는 데 있다는 사실을 다음과 같이 강조하고 있다.

> 군자가 올바른 방법으로 깊이 탐구하여 나아가는 것은 스스로 깨달아 얻고자 하는 것이다. 스스로 깨달아 도를 얻으면 이에 처하는 것이 안정되고, 그렇게 되면 도를 활용하는 데 더욱 깊이가 있게 된다. 이렇게 도를 활용하는 데 깊이가 있게 되면, 자기의 좌우 가까이에서 항상 그 근원을 파악하게 된다. 그러므로 군자는 도를 깨달아 스스로 얻고자 하는 것이다.[200]

이 인용문에서 강조하듯 맹자는 스스로에게 본유적으로 갖추어져 있는 인의(仁義)의 도를 스스로 자각하여 체득하도록 하는 것이 교육의 기본 목표라고 보고 있다. 인의를 자각하여 체득하면 도에 처하는 것이 더욱 안정되고, 도를 활용하는 데 더욱 깊이가 있게 되며, 좌우 가까이에서 항상 도의 근원을 파악하는 사람, 곧 이상적 인간이 될 수 있다는 것이다.

순자는 배움의 목표가 도의 자각을 통해 소인의 상태에서 이상적 인간의 상태로 변화하는 일에 있다는 사실을 직접 지적하여, "배움의 궁극적인 목표는 사(士)가 되는 데서 시작하여 성인(聖人)이 되는 데서 끝난다"[201]라거나 "배우는 사람은 본디 성인이 되기 위해 배우는 것"[202]이라고 진술하고 있다.

---

198 君子學以致其道 (『論語』, 子張 7)

199 學問之道無他 求其放心而已矣 (『孟子』, 告子上 11)

200 君子深造之以道 欲其自得之也 自得之 則居之安 居之安 則資之深 資之深 則取之左右逢其原 故君子欲其自得之也 (離婁下 14)

201 學惡乎始 惡乎終……其義則始乎爲士 終乎爲聖人 (『荀子』, 勸學 12)

202 聖人者道之極也 故學者固學爲聖人也 (禮論 14)

순자는 성인은 태어나면서부터 성인이 아니라, 사람이 할 일을 배우고 닦음으로써 보통 사람에서 변화하여 이르는 상태임을 강조한다.[203] 배움의 목표가 인간의 존재 의의를 완성한 성인의 상태에 도달하는 일이고, 따라서 성인은 배움을 통해서 이루어진다는 관점은 유학자들에게 공통적인 것이다.

이러한 배움에 대한 예찬은 인간의 무한한 가소성에 대한 믿음에 근거한다. 유학자들은 사람에게 본래부터 인식 능력과 도덕적 행위 능력이 갖추어져 있음을 전제하고 있다. 맹자는 "생각하지 않고도 알 수 있는 인식 능력"인 양지(良知)와 "배우지 않고도 행할 수 있는 도덕적 행위 능력"인 양능(良能)의 본유설을 주장하고 있고,[204] 순자도 역시 인식 능력[知]과 도덕적 행위 능력[能]의 본유설을 인정하고 있다.[205] 바로 선천적 인식 능력과 도덕적 행위 능력을 통해 사람은 스스로가 도덕 주체라는 사실을 자각하여 배울 수 있고, 이러한 배움을 실생활에서 실행함으로써 성인의 상태로 변화될 수 있다는 것이 유학자들의 한결같은 주장이다.

이러한 인식 능력과 행위 능력의 본유성에 대한 입장은 바로 인간의 무한한 가소성에 대한 확신의 배경이 되어, 자기성찰과 자기개선을 통해 성인의 상태로 변모될 수 있는 근거를 이룬다. 곧 개체로서 개인은 불변적인 속성을 갖춘 고정적 실체가 아니라, 가르침과 배움, 그리고 자기성찰과 자기개선을 통하여 자기향상을 이룰 수 있는 '가변적이고 과정적인 존재'라고 유학자들은 인식하는 것이다. 이와 같이 개인은 가변적이고 과정적인 존재이지, 절대로 불변적이거나 고정적인 존재로 볼 수 없다고 보는 유학사상의 관점에서는, 자기가 가지고 있는 단점을 확인하고 수용하며, 배움을 통해 이를 개선함으로써 자기향상을 이룰 수 있다고 보아 인간의 '가변성'과 '자기개선'을

---

203 涂之人百姓 積善而全盡 謂之聖人 彼求之而後得 爲之而後成 積之而後高 盡之而後聖 故聖人也者 人之所積也 (儒效 36); 今使塗之人伏術爲學 專心一志 思索孰察 加日縣久 積善而不息 則通於神明 參於天地矣 故聖人者 人之所積而致也 (性惡 14)

204 『孟子』, 盡心上 15.

205 所以知之在人者 謂之知 知有所合 謂之智 所以能之在人者 謂之能 能有所合 謂之能 (『荀子』, 正名 3)

강조한다. 따라서 유학사상의 영향을 강하게 받은 동아시아 사회인은 상황에 따른 행위가변성을 중시하고, 자기의 단점을 수용하고 고쳐 자기발전을 도모하려는 특징이 강하게 나타나는 것이다.

3. 자유주의와 유학사상의 인간 이해 관점의 대비

지금까지 자유주의와 유학사상에서 인간을 이해하는 관점은 인간의 존재의의의 출처, 인간의 고유 특성 그리고 인간 존재의 변이가능성의 측면에서 서로 다른 관점을 드러내고 있음을 살펴보았다. 자유주의에서는 인간의 존재 의의를 자유의 보유자로서의 개체성에서 도출하는 것으로 보는 반면, 유학사상에서는 사회적 관계체로서의 사회성에서 인간의 존재 의의가 나오는 것으로 본다. 다른 동물과 다른 인간의 고유 특성을 자유주의에서는 합리성의 근거인 이성의 능력에서 찾지만, 유학사상에서는 도덕성이 인간의 고유 특성이라 개념화한다. 그리고 자유주의에서는 인간을 완비적 실체라고 인식하여 인간 존재의 안정성과 불변성을 강조하지만, 유학사상에서는 인간 존재의 무한한 가변성에 대한 믿음을 굳게 지니고 있다. 이러한 인간관의 차이는 서구와 동아시아 사회에 각각 개인주의와 집단주의 문화가 발달하는 계기가 되었다.

서구 개인주의 사회인들은 독립적이고 평등한 개인들 각자가 사회 구성의 궁극적 단위라고 보아 개인의 자율성과 독립성, 그리고 독특성을 강조하고, 개인이 본유적으로 갖추고 있는 자유와 권리들을 적극적으로 드러내고 추구하는 일을 중시하며, 개인은 안정적이고도 고정된 속성을 갖춘 실체라고 인식한다. 이렇게 서구인은 개체적 존재인 개인의 독립성 · 자율성 · 독특성을 중시하고, 적극적으로 자기주장을 하며, 개인의 고정된 안정성을 강조하는 삶의 태도를 지니고 있는데, 이는 그들의 실생활의 행동과 심성의 특징으로 고스란히 드러나고 있다.

서구인이 보이는 개인주의적인 삶의 모습은 이 사회에서 인간과 세상사를 파악하는 배경으로 작용해 온 자유주의사상의 인간관에서 직접 나오는 것이다. 자유주의사상에서는 사회를 이루는 기본 단위인 개인을 자유의 보유자, 이성의 주체, 그리고 고정적이고 안정적인 자기완비적 실체라고 개념화한다. 자유의 보유자이기 때문에 개인은 스스로의 자율적인 선택과 독특성을 중시하게 되고, 스스로가 이성의 주체로서 합리성의 원천이기 때문에 적극적인 자기주장을 강조하게 되며, 자기완비적인 안정적 실체이므로 자기의 신념이나 행동체계 사이의 일관된 안정성을 추구하는 삶의 태도를 갖추게 되는 것이다.

이와는 대조적으로, 동아시아 사회인은 사회의 궁극적인 구성요소를 개인들 사이의 관계라고 보아 사람들 사이의 연계성과 상호의존성을 중시하며, 이러한 관계 속에서 조화를 이루는 일을 삶의 가장 중요한 주제로 삼는 자세를 굳게 지니고 있다. 이들은 개인적 감정이나 이기적 욕구는 대인관계와 집단의 조화를 해치는 핵심 요소라고 보아, 삶의 과정에서 이를 적극 억제하려 한다. 인간은 자기억제를 통해 자기개선을 이룰 수 있고, 그럼으로써 이상적 상태에 이를 수 있는 가변적인 존재라고 이들은 인식한다. 이렇게 동아시아인은 사람들 사이의 연계성 · 상호의존성 · 조화성을 추구하고, 자기억제를 중시하며, 가변성과 자기개선을 강조하는 삶의 태도를 지니고 있는데, 이러한 사실은 그들의 실제 행동과 심성에 그대로 드러난다.

동아시아인이 보이는 집단주의적인 삶의 모습은 기본적으로 이 사회를 오랫동안 지배해 왔던 유학사상의 인간관에서 직접 도출되는 것이다. 유학사상에서는 인간을 개체적 존재로서는 그 존재 의의를 찾을 수 없는 사회적 관계체, 모든 도덕의 근거를 스스로 갖추고 있는 덕성의 주체, 그리고 자기수련과 자기개선을 통해 이상적 인간의 상태에 도달할 수 있는 무한한 가능체로 파악한다. 이렇게 사회적 관계체로 인간을 인식하므로 사람들 사이의 연계성과 상호의존성, 그리고 조화성의 추구를 강조하게 되고, 덕성의 주체로 인간을 파악하므로 도덕 주체인 스스로를 통제의 대상으로 보아 스스로에게서 모든 책임을 구하는 자기억제를 중시하게 되며, 사람을 무한한 가능체라고 생각하므로 자기향상을 위해 자기개선을 지향하는 태도를 간직하게 된다.

서구 자유주의자들과 동아시아 유학자들이 인간을 이해하는 기본 관점의 이러한 차이를 표로 제시하면 다음 〈표 2-1〉과 같다.

〈표 2-1〉 인간 이해 관점의 동 · 서 대비

대립 내용	자유주의		선진유학	
개체성: 사회성	개체성 중시	→ 자유의 보유자 → 자율성 · 독립성 · 독특성 강조	사회성 중시	→ 사회적 관계체(의무 · 역할 · 배려의 복합체) → 연계성 · 조화성 · 배려성 강조
합리성: 도덕성	합리성 중시	→ 이성 주체 → 자기주장 강조	도덕성 중시	→ 덕성 주체 → 자기억제 강조
완비체: 가능체	안정성 중시	→ 안정적 실체 → 일관성 · 안정성 강조	가변성 중시	→ 무한한 가능체(과정적 존재) → 가변성 · 자기개선 강조

※ 출처: 조긍호, 2008, p. 95, 표 1의 내용을 약간 수정함.

서구의 자유주의사상에서 인간 존재를 이와 같이 파악하는 관점은 서구 사회에서 발달해 온 현대심리학의 연구 내용과 방향을 결정하는 역할을 해 왔다. 심리학은 인간이 삶의 과정에서 경험하는 심리 내용과 과정 및 이의 행동적 표출에 대해 객관적으로 탐구하여 그 법칙성을 찾아내려는 학문이다. 그러므로 심리학은 그것이 탐구되고 있는 사회의 인간을 대상으로 할 수밖에 없으며, 따라서 해당 사회에서 인간을 파악하는 관점에 따라 탐구하는 내용이 달라지게 마련이다. 서구에서 발달한 현대심리학은 서구인이 가지고 있는 인간관을 그대로 반영하고 있다. 이러한 맥락에서 보면, 인간을 파악하는 관점이 서구와 다른 동아시아 사회에서는 심리학의 체계를 달리 구성할 수밖에 없을 것이다.

제3장
동아시아 집단주의와 유학사상
- 그 관련성의 심리학적 탐색* -

* 이 글은 2007년에 출간한 『동아시아 집단주의의 유학사상적 배경: 심리학적 접근』의 내용을 축약하여, 『한국심리학회지: 사회 및 성격, 2007, 21권 4호』에 실었던 논문이다.

중국 · 대만 · 홍콩 · 싱가포르와 같은 중화계를 비롯한 한국과 일본의 동아시아 사회는, 북미와 오세아니아 및 북서 유럽의 개인주의 사회와는 달리, 강한 집단주의의 특징을 간직하고 있는 사회로 알려져 있다.[001] 동아시아인은 대체로 서구인과는 달리 스스로를 자기와 타인 사이의 연계 속에서 파악하고, 개인의 목표보다는 소속 집단의 목표를 우선시키며, 사회행위의 원동력을 사회적 규범과 의무 및 책임감에서 찾고, 내집단과 조화로운 관계를 유지하는 것이 개인에게 불리할지라도 그러한 관계를 유지하려 하는 것과 같은 특징을 보인다.[002] 이와 같이 동아시아 사회에서는 개체적 존재인 자기 자신보다는 같은 집단에 소속된 내집단원에 대한 배려와 책임, 그들과 조화로운 관계를 형성하고 유지하는 일 및 자신에게 부과된 사회적 규범과 의무에 더 큰 관심을 기울이고 중요시하는 집단주의적인 행동양식을 높이 평가하는 것이다.

이렇게 집단주의 문화가 발달한 동아시아 지역 국가들의 가장 커다란 공통점은 유학사상의 배경을 가지고 있다는 사실이다. 중국은 유학사상의 발상지로서, "한(漢, BCE 202~CE 220)대 이후로 역대 왕조들은 모두 유가 학설을 치국의 지도사상으로 삼았으며…… 유가사상은 사회생활에 지배적으로 작용하여…… 그 영향은 심지어 중화 민족의 심리 구조와 민족 성격을 형성하기에까지 이르렀다."[003] 11세기에 들어서 본격적으로 유학사상을 받아들이기 시작한 한국은 조선(朝鮮, 1932~1910) 왕조 이래 "온 동아시아 가운데서도 가장 유교적인 국가"로서, "홍콩이나 일본보다 더한 것은 말할 것도 없고, 심지어 대만이나 중국 자체보다 더욱 유교적"[004]인 국가이다. 일본은 유학사상의 뿌리가 상대적으로 깊지 않은 나라이지만, 도쿠가와 막부의 에도(江戶) 시대(1603~1867)에 "봉건적 지배층에 대한 계급적 정당성을 뒷받침하

---

001 Hofstede, 1980, 1991.
002 Triandis, 1995.
003 孔繁, 1994, p. 17.
004 고병익, 1996, p. 280.

고, 상위자에 대한 충성심을 이끌어 내기 위한 이데올로기"로 유학사상을 널리 펴기 시작한 이래, 메이지유신(明治維新, 1868년) 이후 "천황에 대한 충성심을 보장하기 위해 사회 전체에 대한 정당성을 부여하는 역할"[005]을 유교가 떠맡음으로써 주도적인 사회이념으로 떠올라 오늘에 이르고 있다.

이렇게 유학사상은 동아시아 국가의 거의 전체 역사(중국의 경우) 또는 근세의 역사(한국과 일본의 경우)를 지배해 온 국가 경영의 지도 이념이었다. 아편전쟁(1840~1842) 이후 서세동점의 여파로 유학배척론이 강하게 대두되기도 하였으나, 곧 현대신유가나 동도서기론 같은 유학개신론이 힘을 발휘하게 되었다. 그리하여 유학사상은 현재에도 이들 동아시아 사회인의 "문화 전통과 의식 구조의 중추"[006]가 되어 "마음의 유교적 습성들(the Confucian habits of the heart)"[007]을 형성하고 있는 것이다.

한 예로, 한국인 가운데 유교를 자기의 종교로 지목한 사람은 0.5%에 지나지 않으나, 그들은 일상생활의 기본 실천과 일상적 관행에서는 일정한 정도 이상으로 유교적 행동과 태도 및 습관을 보여, 전체 한국인의 91.7%가 그 신념이나 행동으로 보아 유교도라고 볼 수 있어 현대 "한국인의 절대 다수가 유교의 실천 성원"[008]인 실정이다. 또한 본드를 중심으로 한 일군의 연구자들에 따르면, 중국 · 홍콩 · 대만 · 일본 · 한국 같은 동아시아 국가의 대학생은 미국 · 영국 · 캐나다 · 독일 · 스웨덴 같은 서구의 대학생과는 반대로 강한 '유교적 역동성(Confucian dynamism)'의 가치를 보유하고 있는 것으로 드러나고 있는데,[009] 이러한 사실은 중국과 일본에서도 한국과 마찬가지로 유교적 실행이 보편적 삶의 양식이 되어 있을 가능성이 높음을 시사한다.

이러한 맥락에서 보면, 현대 한국 · 중국 · 일본 같은 동아시아 사회의 사람들이 보이는 집단주의적인 심성 및 행동의 배후에는 그 공통된 문화 배경

---

005 조경욱, 2000, p. 219.
006 이광세, 1998, p. 63.
007 Tu, Wei-Ming, 1996, p. 343.
008 윤이흠 · 박무익 · 허남린, 1985, p. 370.
009 Chinese Culture Connection, 1987.

으로 유학사상이 놓여 있다고 추론할 수 있다.[010] 지금까지 이러한 추론을 검증하려는 많은 연구가 이어져 왔다. 그러나 유교 문화가 동아시아 사회에 끼친 영향에 관한 기존 연구에서는 대체로 동아시아인, 특히 현대 한국인의 부정적 행동 특징에 주목하고, 이들이 유교 문화의 영향에서 나온 것이라고 주장한다. 예를 들면, 개인의 자유보다 권위를 앞세우는 자아말살, 가부장적인 가족중심주의, 계층의식, 관존민비, 권위 존중, 체면 중시, 과거지향성,[011]

---

010 길희성, 1998, p. 3; 이광세, 1998, pp. 64-93; Tu, Wei-Ming, 1985, 1996: 물론 동아시아의 전통 사상은 유학사상 말고도 도교와 불교를 비롯한 다양한 체계가 있고, 따라서 동아시아 집단주의의 사상적 배경을 유학의 체계에서만 찾을 수는 없을 것이다. 사실 이들 사상체계 사이에는 차이점도 많지만, 서양의 철학적 종교적 사상체계와 대비해 보면, 유사한 점이 더 많다고 볼 수 있다. "이 세 체계는 모두 조화와 총체주의(holism) 및 모든 것이 모든 다른 것들에 미치는 상호 영향에 대한 관심을 공유하고 있는 것이다."(Nisbett, 2003, p. 17) 즉, 도교와 불교, 그리고 유학사상은 우주에 존재하는 모든 것은 모든 다른 것들과 상호 연관되어 영향을 주고받기 때문에, 각 개별자로서가 아니라 총체적으로 인식되어야 하며, 상호 연관된 관계망 속에서 조화를 유지하는 일이 모든 삼라만상의 궁극적인 존재 의의라고 본다. 이러한 동아시아 전통 사상들은 또한 인간을 포함한 모든 것은 고정 불변하는 존재가 아니라, 상호 관계 속에서 항상 변전하는 가소적인 존재이며, 이러한 변화 과정 속에 삼라만상의 진정한 본 모습이 담겨 있다고 본다. 이렇게 도교 · 불교 · 유학 같은 동아시아의 전통 사상들은 총체적인 상호 관계 속에서 조화를 추구하고, 역동적인 가소성을 강조한다는 공통점이 있는 것이다.

이 중에서 도교는 인간과 자연 사이의 연관성과 조화 및 상호 역동적으로 영향을 주고받는 관계를 강조한다. 이 체계는 인간이 자연의 일부라고 보아, 인간보다 자연을 더 강조하는 경향을 띤다(諸橋轍次, 1982/2001; 陳鼓應, 1994/1996; Nisbett, 2003). 불교는 생로병사(生老病死) 같은 모든 인간적 괴로움[苦]의 근거를 인간 존재와 모든 다른 것들 사이의 시 · 공간적인 연계 속에서 찾아[十二緣起論], 현상을 고정 불변하는 것으로 보는 미망(迷妄)에 얽매이지[執] 말고, 항상 변전하고 순환하는[輪廻] 진리[諸行無常]를 인식할 것[見性]을 강조하는 인식론 또는 수행론의 체계이다(윤호균, 1999; 諸橋轍次, 1982/2001). 곧 불교는 인간과 그를 얽매는 모든 다른 것들 사이의 상호 역동 관계 속에 놓여 있는 현실세계에서 벗어날 것을 강조함으로써 어찌 보면 현실을 무시하는 경향을 띤다. 이와는 대조적으로, 유학은 사람과 사람 사이의 상호 연계성과 역동성을 중시하며, 사람 사이의 관계[人倫]에서 조화를 도모할 것을 강조한다. 곧 유학은 인간관계와 인간 집단 속에서 이루어지는 조화를 강조하고, 현실세계를 중시하는 경향을 띤다((諸橋轍次, 1982/2001; 조긍호, 2003a; 陳鼓應, 1994/1996). 이러한 맥락에서 보면, 동아시아의 세 전통 사상 가운데 유학사상이 현대심리학에서 밝혀진 집단주의의 특징과 가장 가까운 체계라고 볼 수 있는 것이다.

011 윤태림, 1969, 1970.

눈치 보기, 의존심, 명분 존중, 상하의 구별, 감정과 의욕의 억제, 추리력과 창조력의 결여,[012] 사대주의, 당쟁의 격화, 기술 천시, 허명을 숭상하는 상명(尙名)주의[013] 같은 행동 특징이 모두 유교 문화의 영향에서 나온 특징들이라는 것이다.

동아시아인, 특히 한국인의 부정적 측면에 초점을 맞추고 있는 점도 문제이지만, 이러한 분석이 안고 있는 더욱 심각한 문제점은 유학의 어떤 측면이 구체적으로 현재의 어떤 행동을 낳게 되었는지에 관한 논의가 거의 없다는 사실이다. 기존의 연구가 이러한 문제점을 안고 있는 데에는 몇 가지 원인이 있다고 볼 수 있다. 첫째, 유교 문화가 동아시아인에게 끼친 영향을 분석하기 위한 일관되는 기본틀 없이 논자 나름대로 유학 경전의 이 구절, 저 구절을 이런 저런 행동 특징과 단순히 연결 지어 해석하려 했다는 점이다. 둘째, 현대 동아시아인의 행동과 심성의 특징에 대한 실증적 자료를 수집함 없이 대부분 근거도 희박한 일상적인 편견에 입각하여 분석이 이루어지고 있다는 점이다. 그리고 셋째, 인간 심성과 행동에 관한 유학적 이론체계에 대한 철저한 탐색 없이 상식적인 수준에서 논의가 전개되고 있다는 점이다.

이러한 배경에서 이 장에서는 '동아시아 집단주의의 배경은 유학사상'이라는 사실을 현대 동아시아인의 행동 특징에 관한 실증적인 자료와 유학 경전[014]에서 도출되는 인간관과 인간 심성에 관한 이론체계를 바탕으로 하여 논리적으로 천착해 보려 하였다. 여기에서는 현대 문화비교심리학에서 동아시아인과 서구인의 행동과 심성의 특징을 비교 · 개관하기 위한 개념틀과 유학 경전에서 도출되는 인간관을 이 책 전체를 꿰뚫는 기본적인 틀거리로 삼

---

012 차재호, 1994.

013 현상윤, 1949.

014 유학의 체계에는 선진(先秦)유학, 한당(漢唐)유학, 송명(宋明)대의 신(新)유학, 청(淸)대의 고증학적 유학 및 현대신유학 등 다양한 체계가 있으나, 이 책에서는 이 가운데서 유학의 원류인 공자 · 맹자 · 순자 같은 선진유학자와 선진유학사상에 대한 주희(朱熹)의 새로운 체계, 특히 퇴계 · 율곡 같은 조선조 성리학자의 저술에 기대어 유학자들이 제시하는 인지 · 정서 · 동기의 이론체계를 탐색해 보고자 한다.

고, 문화비교심리학에서 밝혀진 현대 동아시아인의 인지 · 정서 · 동기 세 측면의 행동 특징에 관한 실증적인 자료와 유학 경전에서 추출해 낸 인지 · 정서 · 동기 등 인간 심성에 관한 이론체계를 대비하여, 양자 사이에 꽉 짜인 논리적인 정합성이 있는지를 확인해 보는 방식으로 논의를 진행하였다.

1. 문화차 개관의 기본틀

문화에 대한 심리학적 연구에서 가장 시급히 해결해야 할 문제는 서로 비교할 수 있는 전형적인 소수의 유형으로 다양한 문화를 분류하는 일이다. 이것이 바로 문화 간 비교를 통해 문화와 인간 심리 및 행동 사이의 관계를 추론해 내는 기본 전거가 될 것이기 때문이다. 이러한 맥락에서 문화 사이의 차이를 비교하기 위한 다양한 체계가 제시되었는데, 그 가운데서 가장 대표적인 것은 호프스테드가 66개국(53개 문화 집단)에 걸친 광범위한 비교 연구를 통해 제시한 개인주의-집단주의의 분류체계이다.[015]

이후 문화비교심리학자들은 개인주의-집단주의의 체계가 문화차를 가장 잘 드러낼 것으로 보고 주목하였다. 최근의 문화비교 연구에서 이 분류체계에 관심이 집중된 데에는 다음과 같은 배경이 놓여 있다.[016] 우선 이 분류체계가 "전 세계에 걸친 다양한 문화 사이에 사회행동의 차이를 가져오는 가장 중요한 차원"[017]으로서, 문화차를 설명하는 보편 원칙이 될 수 있을 것이라는 기대를 낳았다는 점이다.[018] 다음으로 이 분류체계를 통해 개인주의와 경제 발전 사이에 밀접한 관계를 설정함으로써,[019] 사회 현상(예: 경제 발전)을 심리적 특징(예: 성취동기, 근대화 성향, 개인주의 성향)으로 설명하려는 사

---

015 Hofstede, 1980.
016 Kagitcibasi, 1997, pp. 8–10.
017 Triandis, 1988, p. 60.
018 Greenfield, 2000, p. 231; Kagitcibasi & Berry, 1989, pp. 515–520.
019 Hofstede, 1980, pp. 165–169; Hofstede, 1991/1995, pp. 116–119.

회과학자들의 오랜 관심사를 부추길 수 있었다는 점이다. 또한 이 체계가 퇴니스의 이익사회-공동사회의 분류체계[020] 같이 전통적으로 사회과학자들에게 익숙하거나 상식적인 분류체계와 공통점이 있다는 사실도 지적할 수 있다. 그리고 이 분류체계가 하나의 설명 수단으로서 단순성과 포괄성을 가지고 있어서 과학이론에 요구되는 '절약의 법칙(law of parsimony)'에 잘 부합하였다는 점도 1980년대 이후 연구자들의 관심을 끌어 모을 수 있었던 요인이었다고 볼 수 있다. 이러한 배경에서 개인주의-집단주의의 분류체계는 "이 이후…… 많은 문화 및 문화비교 연구를 촉진하여"[021] "1980년대는 문화비교 연구에서 개인주의-집단주의의 시대"[022]를 이루었으며, 이러한 경향은 "앞으로도 활발하게 지속될 것으로 기대된다."[023]

호프스테드[024]의 자료에 따르면, 대만(17점) · 한국(18점) · 싱가포르(20점) · 홍콩(25점) · 일본(46점) 같은 동아시아 지역 국가들은 매우 집단주의 쪽에 치우쳐 있다.[025] 이 자료에서 개인주의의 극단에 있는 나라는 미국(91점) · 호주(90점) · 영국(89점) · 캐나다(80점) · 네덜란드(80점) · 이탈리아(76점) · 벨기에(75점) · 덴마크(71점) · 프랑스(71점) 같은 북미와 북유럽의 서구 국가들이다. 이 자료에서 보듯 한국을 비롯한 일본과 중국(대만 · 홍콩 · 싱가포르 같은 중화계 포함)을 포괄하는 동아시아 사회는 전형적인 집단주의 문화권에 속해 있으므로, 동아시아인의 심성과 행동에는 집단주의 문화의 특징이 매

---

020 Tönnies, 1887/1957.

021 Oyserman, Coon, & Kemmelmeier, 2002, p. 3.

022 Kagitcibasi, 1994, p. 52.

023 Kagitcibasi, 1997, p. 39.

024 Hofstede, 1991/1995, p. 87, 표 3-1.

025 이 분석에서 개인주의-집단주의 점수의 분포 범위는 0~100점으로, 점수가 높을수록 개인주의가 강하고, 점수가 낮을수록 집단주의가 강함을 나타내며, 이론적으로 기대되는 평균치는 50점이다. 따라서 50점 미만은 집단주의, 50점 이상은 개인주의 사회를 나타낸다. 이 자료에 중국은 포함되어 있지 않으나, Triandis(1995, pp. 90-91)에 따르면 중국은 동아시아 지역의 어떤 나라보다도 집단주의의 경향이 강한 나라이다. 또 이 자료에서 대만 · 홍콩 · 싱가포르 같은 중화계 국가들이 모두 집단주의의 경향이 강하다는 사실도 중국이 강한 집단주의 사회임을 시사하고 있다.

우 강하게 드러나고 있을 것으로 추정할 수 있다. 그리하여 지금까지의 문화 비교 연구에서는 개인주의 문화의 대표로 미국 · 캐나다 · 호주인을 잡고, 집단주의 문화의 대표로 중국 · 일본 · 한국인을 잡아,[026] 이 두 지역인의 행동과 심성의 특징을 대조 · 분석하는 연구가 주류를 이루었던 것이다.[027]

집단주의 사회에서는 사회 구성의 기본 단위를 사람들 사이의 관계와 이러한 관계의 원형인 가족과 같은 일차 집단이라고 보기 때문에, 인간 일반과 자기 자신을 이러한 관계 속의 존재로 받아들여, 이러한 관계나 집단을 떠나서는 인간의 존재 의의를 찾을 수 없다고 생각한다. 그러므로 집단주의 사회에서는 '관계중심적 인간관'과 함께 '상호의존적 자기관' 또는 '관계적 자기관'이 지배적인 인간관과 자기관으로 떠오른다. 이와는 대조적으로 개인주의 사회에서는 사회 구성의 기본 단위를 독립적이고 자기완비적인 개인 존재에서 찾기 때문에 인간 일반과 자기 자신을 타인과 명확하게 구별되는 개별적인 존재로 받아들여, 이러한 자기를 드러내고 자기 독특성을 실현하는 데에서 삶의 의의를 찾을 수 있다고 본다. 그러므로 개인주의 사회에서는 '개인중심적 인간관'과 함께 '독립적 자기관' 또는 '분리적 자기관'이 지배적인 인간관과 자기관으로 떠오른다.

집단주의와 개인주의 사회에서 지배적인 인간관과 자기관의 이러한 차이

---

026 한 · 중 · 일 삼국을 집단주의라는 하나의 유목으로 묶는다고 해서 이들 삼국 사이에 아무런 차이가 없다는 사실을 의미하는 것은 아니다. 이들은 '집단주의'와 '유교적 역동성'의 가치를 공유하고 있지만, '남성성-여성성'과 '불확실성 회피' 차원에서는 서로 커다란 차이를 보이고 있다(Hofstede, 1980, 1991/1995). 그리고 이들 삼국은 유교의 토착화 과정에서도 특유의 차이를 보이고 있다. 예를 들면, 중국(한 무제 이후)과 한국(고려 광종 이후)에서는 과거제가 실시되어 국가 경영의 관료층이 유학자로 충원되었지만, 일본은 그러한 역사가 없다. 따라서 삼국 사이에 유학이라는 공통의 배경이 놓여 있다고 해도, 그 발전 과정은 서로 다를 수밖에 없었던 것이다. 다만 현재의 시점을 기준으로 할 때 이들 삼국의 근세사에는 유학이라는 공통의 역사가 놓여 있을 뿐만 아니라, 이들 삼국은 서구 개인주의 사회와 비교하여 강한 집단주의적인 특징을 띤다는 공통점을 보인다는 사실에서 이러한 문화 비교 연구의 배경을 찾아볼 수 있는 것이다. 이 문제와 동일 국가 내의 집단 간(예; 세대 간, 교육 수준 간) 문화 성향의 차이에 관해서는 졸저(조긍호, 2007, 6장) 참조.

027 Kagitcibasi, 1997; Oyserman et al., 2002; Triandis, 1995.

는 행위 원동력의 소재, 행위 주체인 자기를 드러내는 양식 및 자기의 상황 간 또는 시계열에 따른 변이가능성과 같은 세 차원에서 근본적인 차이를 낳는다. 곧 문화 유형에 따른 인간관과 자기관의 특징적인 차이는 이 세 차원의 강조점의 차이로 수렴해서 이해할 수 있는데,[028] 말하자면 이 세 차원은 인간의 존재양식에 대한 세 가지 핵심적인 인식의 양식을 반영하는 것이다.

행위 원동력의 소재 차원은 개인으로서 자기가 타인과 어떤 관계에 있으며, 어떤 독특성을 보유하고 있느냐 하는 사회성의 문제와 직결된다. 이에 따라 모든 행위의 원동력을 스스로에게 완비하고 있는 개인 존재에 주의를 기울이게 되는지(개인주의), 아니면 행위 원천의 출처가 되는 상황 조건이나 다른 사람과 맺는 관계에 주의를 기울이게 되는지(집단주의) 하는 점이 달라진다. 이는 인간의 존재 의의를 개체성에서 찾을 것인지(자유주의) 아니면 사회성에서 찾을 것인지(유학사상) 하는 관점의 차이에서 도출되는 문화차 개관의 차원이다.

행위 주체인 자기를 드러내야 하느냐 아니면 감추어야 하느냐 하는 자기표현의 양식 차원은 인간 활동의 지향처의 문제와 직결된다. 이에 따라 스스로의 활동을 통해 환경 세계를 나에게 맞추어 변화시키고, 결과적으로 이러한 과정에서 적극적으로 자기를 드러내는 것이 바람직한지(개인주의), 아니면 자신을 환경이나 타인과 맺는 관계에 맞추어 변화시켜, 결과적으로 자신 속으로 침잠하는 것이 바람직한지(집단주의) 하는 점이 달라진다. 이는 인간의 고유 특성을 합리성의 근거인 이성이라고 볼 것인지(자유주의) 아니면 사회적 관계 특성인 도덕성이라고 볼 것인지(유학사상) 하는 관점의 차이와 대응되는 문화차 개관의 차원이다.

시·공간적인 변이가능성의 차원은 개인 존재의 안정성의 문제와 직결된다. 이에 따라 개인 존재를 고정적이고 안정적인 특성을 지닌 실체적 존재로

028 필자는 졸고(조긍호, 1993, 1996, 1997, 1999a, 2000, 2003, 2006, 2007)에서 집단주의-개인주의 문화차를 이러한 세 차원의 강조점의 차이를 통해 정리할 수 있음을 입증하고 있다.

파악하는지(개인주의), 아니면 상황이나 타인과 맺는 관계의 변화에 따라 달라지는 과정적 존재로 파악하는지(집단주의) 하는 점이 달라지게 된다. 이는 인간 존재를 완비적 실체라고 개념화하여 받아들이는지(자유주의) 아니면 가변적 과정 속의 존재라고 개념화하여 받아들이는지(유학사상) 하는 관점의 차이에서 나오는 문화차 개관의 차원이다.

이러한 인간 존재의 사회성·활동성·안정성의 문제는 지금까지 인간의 문제를 다루는 많은 이론이 추구해 왔던 핵심 주제였던 것이다.

1) 행위 원동력의 소재

이 차원은 사회행위의 근본적인 추진력이 사회관계에서 나타나는 역할·의무·기대·규범과 같은 관계적 속성에서 나오는 것인지, 아니면 개인이 독특하게 가지고 있는 성격·능력·가치·욕구·감정 따위의 내적 속성에서 나오는 것인지에 관한 문제이다. 이는 행위자들 사이의 관계와 상호의존성이 주의(注意)의 초점인지, 아니면 독립적인 개체로서 지닌 개별성이 주의의 초점인지 하는 '주의 지향처'에 대한 인식의 차이를 드러낸다.

행위 원동력의 소재 차원은 사회적 실체이면서 동시에 개별적 실체이기도 한 인간 존재의 이중성을 드러내는 차원으로서, 인간의 사회적 존재 특성을 중시하는지(집단주의), 아니면 개별적 존재 특성을 중시하는지(개인주의) 하는 주의 초점의 차이를 드러내는 것이다. 사실 이 두 가지 중 어느 것을 중시하느냐 하는 문제는 인류 역사에서 끊임없이 부침되어 온 중심 주제였다.[029] 사회성을 중시하느냐 아니면 개별성을 중시하느냐에 따라 사회체제나 사회 구조에 근본적인 차이를 보이게 되며,[030] 이는 바로 집단주의와 개

029 Allport, 1968; Dülmen, 1997/2005; Fiske, Kitayama, Markus, & Nisbett, 1998; Greenfield, 2000; Kagitcibasi, 1997; Kim, 1995; Laurent, 1993/2001; Lukes, 1973; Nisbett, 2003; Triandis, 1995.

030 Nisbett, 2003, pp. 29–39; Ross & Nisbett, 1991, pp. 177–200.

인주의의 근본적인 차이를 드러내는 차원인 것이다.

관계중심적 인간관이 지배적인 집단주의 사회에서는 인간을 기본적으로 타인과 연계되어 있는 관계 속의 존재로 보기 때문에, 사회행위의 원동력을 관계 속에 내포된 역할과 규범, 그리고 타인에 대한 관심과 배려에서 찾는다. 따라서 이 사회에서는 이러한 개인 외적 관계와 상황의 특성 또는 관계를 맺고 있는 타인이 주의의 초점으로 떠오른다. 그리하여 이러한 관계 속에서 조화를 추구하는 일이 사회행위의 근본적인 목표라는 관점을 갖게 되고, 결과적으로 사람들 사이의 연계성과 조화성의 추구를 강조하게 된다(연계성 · 조화성 강조)

이와는 달리 개인중심적 인간관이 지배적인 개인주의 사회에서는 독립적이고 자기완비적인 개인이 가진 성격 · 능력 · 동기 · 정서 · 태도 · 가치 같은 내적 속성에서 사회행위의 원동력을 찾는다. 따라서 이 사회에서는 행위 원동력의 출처인 개인과 그가 지닌 내적 속성이 주의의 초점으로 떠오른다. 그리하여 개인의 자율성과 독특성을 신장하는 일이 사회행위의 근본적인 목표라는 관점을 갖게 되고, 결과적으로 자율성과 독특성의 추구를 강조하게 된다(자율성 · 독특성 강조).

2) 자기표현의 양식

자기를 드러내는 양식의 차이는 인간의 활동성이 자기 내부로 침잠하는 것이 바람직한지, 아니면 자기 외부로 발산되는 것이 바람직한지에 대한 인식의 차이를 드러낸다. 이 차원은 통제의 대상을 무엇으로 잡느냐 하는 데 대한 관점의 차이에서 비롯하는 것으로 볼 수 있다. 상황이나 타인과 맺는 관계가 모든 일의 중심이 되면, 자기 자신이 활동의 지향처로 부각되어 자기 내부로 침잠하게 된다. 따라서 자기와 타인 또는 상황 조건의 요구나 목표 사이에 불일치가 있게 되면, 변화시켜야 할 통제의 대상을 자신에게서 찾게 된다. 곧 자기를 억제하고 변화시켜서 상황 조건의 요구에 맞추려 하는 것이다. 이와는 대조적으로, 자기 자신이 모든 일의 중심이 되면, 자기 밖의 상황 조건이나 다른 사람이 활동의 지향처로 부각되어, 자기 외부로 발양하게 된다. 따라서 자기와 타인 또는 상황 조건의 요구나 목표 사이에 불일치가 있게 되면, 변화시켜야 할 통제의 대상을 자기 이외의 상황 조건이나 타인에게서 찾게 된다. 곧 자기 밖의 것을 변화시켜서 자기에게 맞추려 하는 것이다.[031]

이렇게 자기를 드러내는 양식의 차원은 인간 활동성의 지향처에 대한 인식의 차이를 드러내는 것이다. 융(C. Jung)[032] 이후 성격유형을 분류하는 대표적인 체계가 되어 온 '내향성(introversion)'과 '외향성(extroversion)'의 차원은 바로 이러한 활동성의 지향처의 차이를 문제 삼아 온 것이다. 융은 사람들이 가지고 있는 삶에 대한 일반적 태도를 외향과 내향의 두 상반되는 지향성으로 나누어 개념화한다. 여기서 "외향성은 바깥 세계에 대하여 관심을 갖는 삶의 태도를 가리키고, 반대로 내향성은 자신의 내부 세계(사고 · 감정 · 경험 등)에 몰두하는 삶의 태도를 가리킨다."[033] 곧 "외향성은 개인의 주의가 외부 세계로 지향되어 있고, 내향성은 자신의 내부로 지향되어 있다."[034] 이러한 성격유형의 외향성–내향성의 분류체계는 아이젱크(H. Eysenck), 로터(J. Rotter)를 비롯한 많은 성격심리학자의 이론 및 현대의 '오대 요인 모형(Big Five model)'에 계속 이어져[035] 전반적으로 인간의 외계 적응양식의 체계인 성격의 개인차를 분석하는 가장 기본적이고도 상식적인 틀 가운데 하나로 받아들여지고 있다.[036]

---

031 Markus & Kitayama, 1991a, pp. 228–229.

032 Jung, 1923/1971.

033 민경환, 2002, p. 68.

034 McAdams, 2001, p. 309.

035 홍숙기, 2004, pp. 190–192; Hall & Lindzey, 1978/1987, pp. 154–159; McAdams, 2001, pp. 368–311.

036 Hall과 Lindzey(1978/1987)는 "융의 성격 이론은 현대 사상에서 가장 괄목할 만한 업적 중 하나가 되고 있다. 융 사상의 독창성과 대담성은 최근의 과학사에서 그 유례를 찾기 어려우며, 프로이트(Freud)를 제외한 그 누구도 융이 '인간의 영혼'이라 부르고자 한 것을

관계중심적 인간관이 지배적인 집단주의 사회에서는 개인적인 욕구나 목표의 추구는 사회관계에서 갈등을 일으키고 조화를 해치기 쉬우므로, 가능하면 자신의 내적 욕구나 목표를 통제하고, 자기를 억제하여 양보하고 협동할 것을 강조한다. 또한 이 사회에서는 가능하면 자기를 드러내지 않고 집단 속에 은폐시키는 것이 집단의 조화를 유지하는 방편이라 여겨 자연스럽게 받아들인다(자기억제 강조).

이와는 대조적으로, 개인중심적 인간관이 지배적인 개인주의 사회에서는 자기의 내적 욕구나 목표의 추구는 인간의 자연스러운 권리라고 받아들여, 자기의 이익과 목표 및 욕구를 추구하기 위해 환경이나 타인을 나에게 맞도록 통제하는 것이 당연하다고 여긴다. 그리하여 이 사회에서는 자기의 독특성을 드러내는 적극적인 자기주장과 비록 그것이 집단의 조화를 해칠지라도 솔직하게 자기의 욕구나 목표 및 감정을 드러내는 자기표현을 강조한다(자기주장 강조).

3) 변이가능성

인간 존재와 행위의 변이가능성 차원은 사회 속에 존재하는 행위자인 개인이 시간(과거 · 현재 · 미래의 시계열)과 공간(다양한 관계와 상황)의 측면에서 열린 존재인지 아니면 고정된 존재인지에 대한 인식의 차이를 드러낸다. 곧 인간이 삶의 과정에서 처하게 되는 상황과 관계가 달라지는 데 따라 변화할 수 있는 과정적인 존재인지 아니면 불변적이고 안정적인 속성을 가진 실체적인 존재인지 하는 문제에 대한 인식의 차이를 드러내는 것이다.

들여다 보는 개념적 창을 보다 더 많이 열지는 못했다"(p. 159)고 진술하여, 외향성-내향성에 관한 융의 이론체계를 높이 평가하고 있다. 이렇게 융의 이론은 "심리학자들이 받아들이기 힘들어 하는 것과는 대조적으로, 심리학 밖에서는 그의 영향력이 상당"(홍숙기, 2004, p. 192)한 것이 사실이다. 융에 대한 이러한 호의적인 평가들은 능동성과 활동 지향성의 차원이 인간 이해를 위한 핵심 차원 가운데 하나임을 단적으로 드러내는 것이라 볼 수 있다.

변이가능성의 측면에서 인간 존재를 가변적이라고 보느냐 아니면 불변적으로 보느냐 하는 생각도 뿌리가 아주 깊어서 성격이론들을 이 차원에서 대비해 볼 수도 있다. 가변성–불변성의 차원은 "개인의 기본 성격 구조가 시간에 따라 상당한 정도로 변화될 수 있는가 하는 문제이다. 한 걸음 더 나아가 성격 진보 또는 성격 발달에 기본 변화는 꼭 필요한 요소인가? 아니면 우리가 타인에게서 관찰할 수 있는 표면적 변화란 기본적 성격 구조는 변화하지 않고 영향 받지 않은 채 나타나는 행동의 변화에 불과한 것인가? ……이 가정에 대해서는 이론가들 사이에 많은 차이가 있어서, 그들 이론의 강조점이 각각 다르게"[037] 되는 것이다. 예를 들면, 에릭슨(E. Erikson)의 이론은 시간상에서 인간의 부단한 변화가능성을 전제하고 있지만, 프로이트(S. Freud)의 이론은 유아기에 경험되어 내재된 성격의 기본 구조가 일생을 통해 불변이라고 본다는 점에 두 이론의 근본적인 차이가 있다.[038]

관계중심적 인간관이 지배적인 집단주의 사회에서는 사회의 안정은 그 구성요소인 관계의 안정을 바탕으로 삼는다고 본다. 이 사회에서는 다양한 상황과 관계에 따른 역할의 변이에 맞추어 스스로의 행위를 적합하게 조정하는 데에서 안정이 이루어질 수 있다고 전제함으로써 결국 상황에 따른 인간 심성(성격 · 능력 등)의 변이가능성을 인정하고 강조한다. 집단주의 사회에서는 인간의 성격과 능력도 상황과 시간에 따라 변화할 수 있다고 보아, 자기의 단점을 수용하여 개선하는 일이 사회관계의 조화를 이루고 발전을 도모할 수 있는 일이라 간주하여 중히 여긴다(가변성 · 단점 개선 강조).

이와는 대조적으로, 개인중심적 인간관이 지배적인 개인주의 사회에서는

---

037 Hjelle & Ziegler, 1981/1983, p. 35.

038 Hjelle와 Ziegler(1981/1983)에 따르면, Freud(pp. 35–36, 83) 이외에 강한 불변론의 관점을 보유하고 있는 학자는 Adler(pp. 130–131)와 Murray(p. 211)를 들 수 있고, Erikson(pp. 35, 170–171) 이외에 강한 가변론의 관점을 피력하고 있는 학자는 Skinner(p. 257), Bandura(pp. 302–303), Kelly(pp. 394–395), Maslow(pp. 431–432), Rogers(pp. 475–476)를 들 수 있으며, Allport(pp. 351–352)는 이 문제에 관해 중간적인 입장을 제시하고 있는 것으로 분석할 수 있다. 동 · 서 문화를 이 차원에서 대비하는 관점의 문제점에 관해서는 졸저(조긍호, 2003, pp. 479–480, 주 1) 참조.

사회의 안정은 그 구성요소인 개인의 안정을 바탕으로 한다고 본다. 따라서 각 개인은 지속적이고 일관되는 안정성을 가졌다고 보아, 상황과 관계가 달라지는 데 따른 변이를 받아들이지 않으며, 이러한 변이 또는 비일관성은 개인에게 심각한 위협이 된다고 여긴다. 또한 이 사회에서는 자기 단점의 수용과 개선보다는 본래부터 자기에게 갖추어져 있는 장점을 찾아내어 이를 확충하는 일에 관심을 쏟아, 이를 자기향상의 방안으로 중시한다(안정성 · 장점 확충 강조).

4) 문화차 개관의 틀 대비

문화 유형에 따른 인간 이해 양식의 차이에서 도출되는 이러한 세 차원 강조점의 차이는 각 사회에서 중시하고 추구하는 문화적 명제(cultural imperative)가 된다. 곧 사람들 사이의 관계를 사회 구성의 궁극적 단위로 보는 집단주의 사회에서는 연계성과 조화성의 추구, 자기억제, 상황가변성의 추구와 자기 단점의 개선이 문화적인 명제가 된다. 이와는 대조적으로, 자기완비적이고 독립적으로 존재하는 개체를 사회 구성의 궁극적 단위로 보는 개인주의 사회에서는 자율성과 독특성의 추구, 자기주장, 안정성의 추구와 자기 장점의 확충이 문화적인 명제가 되는 것이다. 사회구성주의(social constructionism)의 입장에 따르면, 이러한 문화적 명제는 곧바로 인지 · 동기 · 정서와 같은 인간의 제반 심리적 경향으로 조형된다.[039]

이러한 맥락에서 여기에서는 두 문화권에서 드러나는 이러한 세 차원 강조점의 차이를 기본틀로 하여, 집단주의와 개인주의 사회에 살고 있는 사람들의 특징적인 인지 · 정서 · 동기의 차이를 개관해 보겠다. 지금까지 분명해졌듯이, 이 세 차원은 인간의 존재양식에 대한 세 가지 핵심적인 차원의 인

---

039 Gergen & Davis, 1985; Markus & Kitayama, 1991a, b, 1994a, b; Nisbett, 2003; Sedikides & Brewer, 2001.

식, 곧 개인으로서 자기는 타인과 어떠한 관계에 있느냐(사회성), 자기를 감추어야 하느냐 아니면 드러내야 하느냐(활동성), 그리고 자기는 변화하는 것이냐 아니면 고정된 것이냐(변이가능성)를 나타내는 것이라 볼 수 있다. 그러므로 집단주의와 개인주의 문화권에서 드러나는 여러 심성과 행동의 차이를 이 세 차원의 인식 및 강조점의 차이로 수렴하여 이해하고자 하는 이 책에서의 문화차 개관의 기본틀은 그 자체로 타당한 논리적인 정합성을 가지고 있다 할 것이다. 이러한 문화차 개관의 기본틀을 정리하면, 다음 〈표 3-1〉과 같다.

〈표 3-1〉 문화 유형에 따른 인간 이해 양식과 강조점의 차이

차원	집단주의 (관계중심적 인간관)	개인주의 (개인중심적 인간관)
사회행위의 원동력과 목표 (주의의 초점)	연계성 · 조화성 강조	자율성 · 독특성 강조
자기표현의 양식 (통제의 대상)	자기억제 강조	자기주장 강조
심성(성격 · 능력)의 변이가능성 (시 · 공간적 변이가능성)	가변성 · 단점 개선 강조	안정성 · 장점 확충 강조

2. 집단주의-개인주의 사회인의 심성과 행동의 특징

앞에서 논의하였듯이 집단주의-개인주의의 분류체계는 전 세계에 걸친 다양한 문화 사이의 사회행동의 차이를 가져오는 가장 중요한 체계로서, 문화차 설명의 보편 원칙이 될 수 있을 것이라는 기대를 유발하여 1980년대 이후 문화비교 연구를 유도하고 촉진하여 왔다. 이러한 연구는 지(인지) · 정(정서) · 의(동기) 같은 인간 심성과 행동의 다양한 측면에서 나타나는 두 문화권의 차이를 주로 한국 · 중국 · 일본(집단주의 문화)과 미국 · 캐나다(개인주의 문화)의 대학생 및 성인들이 같은 측정 척도와 상황에 대해 반응하는 차이를 비교 · 검토하는 작업으로 이루어졌다. 여기에서는 이러한 연구의 결과

를 〈표 3-1〉에서 제시된 바와 같은 두 문화권에서 나타나는 세 차원의 강조점의 차이를 기본틀로 삼아 정리해 보기로 하겠다.[040]

1) 주의의 초점: 연계성·조화성 강조 – 자율성·독특성 강조

행위 원동력의 소재 차원은 사회행위의 근본적인 추진력이 사회관계 속의 역할 · 의무 · 기대 · 규범 같은 관계적 속성에서 나오는 것인지, 아니면 개인이 독특하게 가지고 있는 성격 · 능력 · 가치 · 욕구 · 감정 같은 내적 속성에서 나오는 것인지의 문제이다. 이는 행위자들 사이의 관계와 상호의존성이 주의의 초점인지, 아니면 독립적인 개체로서 가지는 개별성이 주의의 초점인지 하는 주의의 지향처에 대한 인식의 차이를 드러낸다. 관계중심적 인간관을 가지고 있는 집단주의 사회에서는 인간을 기본적으로 타인과 연계되어 있는 존재로 보므로, 사회행위의 원동력을 관계 속의 역할과 타인에 대한 관심 및 배려에서 찾게 되고, 결과적으로 조화로운 관계의 추구가 사회행위의 근본적인 목표라는 입장을 가짐으로써 대인 간 연계성과 조화성의 추구를 강조하게 된다. 반면, 개인중심적 인간관을 가지고 있는 개인주의 사회에서는 독립적인 개인의 내적 속성에서 사회행위의 원동력을 찾게 되고, 따라서 개인의 자율성과 독특성의 추구를 사회행위의 근본적인 목표라고 보아 강조하게 되는 것이다.

대인평가 이러한 주의의 초점 차이로 두 문화에서 강조하는 사회화의 내용이 달라지고, 따라서 대인평가에서 중시하는 특성이 달라진다. 집단주의 사회에서는 "내가 누구인가?"의 학습(집단 내에서의 위치 확인 및 내집단원과의 동일성 추구)에 사회화의 강조점이 주어지고, 결과적으로 내집단원과 맺는 조

---

040 두 문화권의 인지 · 정서 · 동기의 세 차원 강조점의 차이에 관한 자세한 사항은 졸저(조긍호, 2003, 3 · 4 · 5장; 2007, 3 · 4 · 5장; 2012, 2장) 참조.

화로운 관계의 형성이 긍정적 자기평가의 통로가 된다. 따라서 이들은 관계적 조화추구적 특성(친절성 · 타인에의 배려 · 상냥함 · 겸손성 · 관대함 등)을 함양하려 노력하고, 대인평가 장면에서 이러한 특성을 높이 평가하게 된다.

이에 비해, 개인주의 사회에서는 "내가 무엇을 할 수 있나?"의 학습(능력 확인 및 독특성 추구)에 사회화의 강조점이 주어지고, 결과적으로 개인적 소유(능력 · 업적 등)의 증진이 긍정적 자기평가의 근거가 된다. 그러므로 이들은 자기의 고유한 능력과 독특한 장점을 확인하고 발전시키기 위해 노력할 뿐만 아니라, 또 이를 적극적으로 드러낼 수 있는 특성(외향성 · 적극성 · 지도력 · 다변)을 대인평가 과정에서 높이 평가하게 되는 것이다.[041]

귀인 집단주의 사회에서는 개인의 내적 성향보다는 외적 상황적 요인과의 관련성에 중심을 두고 인간을 파악하여, 이러한 관계 속에 내포된 역할과 사회적 압력을 행위의 원동력으로 봄으로써 행동의 원인을 개인의 내적 성향보다는 상황적 요인에서 찾는 상황주의 편향(situationalist bias)이 특징적인 귀인양식으로 드러난다. 이와는 반대로, 개인주의 사회에서는 사람을 상황 유리적인 독립적 존재로 파악하며, 내적 안정적 성향의 보유자로 본다. 따라서 이러한 독립적인 개인의 속성(성향)을 행위의 원동력으로 보게 됨으로써 행동의 원인을 상황적 요인보다는 개인의 내적 속성에서 찾는 성향주의 편향(dispositionalist bias)이 특징적인 귀인양식으로 드러나게 되는 것이다.[042]

정서 집단주의 사회에서는 타인에 대한 배려와 관계의 조화 달성에 도움이 되는 정서가 사회적으로 높은 평가를 받고, 결과적으로 집단주의자들은 이러한 정서에 민감하게 될 것이다. 따라서 집단주의 사회에서는 사람들 사이

---

041 Bond & Hwang, 1986; Fiske et al., 1998; Heine & Lehmam, 1997; Kitayama, Markus, Matsumoto, & Norasakkunkit, 1997; Rhee, Uleman, Lee, & Roman, 1995; Triandis, 1995.

042 Fiske et al., 1998; Markus & Kitayama, 1991a; Morris & Peng, 1994; Nisbett, 2003; Nisbett, Peng, Choi, & Norenzayan, 2001.

의 관계를 이어주는 동정 · 공감 · 수치심 등 타인을 일차적인 참조 대상으로 하는 통합적 정서(integrating emotion)가 권장되고, 또 많이 경험된다. 이에 비해, 개인주의 사회에서는 개인의 자율성과 독특성의 추구에 도움이 되는 정서가 높은 평가를 받고, 결과적으로 개인주의자들은 이러한 정서에 민감하게 될 것이다. 따라서 개인주의 사회에서는 개인 사이의 분화와 독립을 촉진하는 자부심 · 행복감 · 분노 등 개인의 내적 속성을 일차적인 참조 대상으로 하는 분화적 정서(differentiating emotion)가 권장되고 또 많이 경험된다.[043]

동기 집단주의 사회에서는 "개인을 타인과 밀접하게 이끌고, 개인과 사회 환경 사이의 공동체감을 촉진시키는 행동을 산출"[044]하는 일체성(communion)의 동기가 중시될 것이다. 일체성의 동기는 개인보다 타인이나 집단에의 관심을 우선시키며 집단에의 소속을 지향하는 동기로서, 이러한 범주에는 소속 · 존경 · 모방 · 친밀 · 사회적 용인 추구의 동기가 포함된다. 이에 비해, 개인주의 사회에서는 "개인을 직접적인 공동체로부터 분리하고, 사회 환경 내의 타인과는 독립적으로 또는 타인의 희생을 통해서라도 개인적 이득을 확보하려는 행동과 관련"[045]된 주도성(agency)의 동기가 중시될 것이다. 주도성의 동기는 개인을 타인이나 집단보다 우선하며 개인의 자율성과 독립성을 추구하는 동기로서, 이러한 범주에는 자율 · 극복 · 지배 · 자기과시 · 독립 추구의 동기가 포함된다.[046]

---

043 Markus & Kitayama, 1991a, 1994b; Matsumoto, 1989.
044 Geen, 1995, p. 249.
045 Geen, 1995, p. 249.
046 Geen, 1995; Markus & Kitayama, 1991a; Wiggins, 1992.

2) 통제 대상: 자기억제 강조 – 자기주장 강조

자기를 드러내는 양식의 차이는 인간의 능동성이 자기 내부로 침잠하는 것이 바람직한지 아니면 자기 외부로 발산되는 것이 바람직한지 하는 데 대한 인식의 차이를 드러낸다. 이 차원은 통제의 대상을 무엇으로 잡느냐 하는 입장 차이에서 비롯되는 것으로 볼 수 있다. 상황이나 타인과의 관계가 모든 일의 중심이 되면, 자기 자신이 활동의 지향처가 되어 통제의 대상을 스스로에게서 찾게 될 것이다. 이에 비해, 자기가 모든 일의 중심이 되면 자기 밖의 상황 조건이나 다른 사람이 활동의 지향처가 되어 통제의 대상을 상황 조건이나 타인에게서 찾게 될 것이다. 그리하여 관계중심적 인간관을 가진 집단주의 사회에서는 개인적인 욕구나 목표의 추구는 사회관계에서 갈등을 야기하고 조화를 해치게 되기 쉬우므로, 가능하면 내적 욕구나 목표를 통제하고 자기를 억제하여 양보하고 협동할 것을 강조한다. 이와는 반대로, 개인중심적 인간관을 가진 개인주의 사회에서는 자기의 내적 욕구나 목표의 추구는 인간의 자연스러운 권리이므로, 이를 위해 외부 환경이나 타인을 나에게 맞도록 통제하는 것이 당연하다고 보고, 자기의 독특성을 드러내는 적극적인 자기주장과 솔직한 자기표현을 강조하게 된다.

대인평가 자기표현의 강조점에 대한 이러한 차이는 대인 간 갈등 장면에서 이를 해결하는 양식의 차이를 통해 드러난다. 집단주의 사회에서는 갈등 장면에서 양보와 중재를 통해 해결하기를 좋아하며, 갈등에 직면하기보다는 이를 회피하는 책략을 선호하는 반면, 개인주의 사회에서는 이에 직면하여 경쟁과 대결을 통해 이를 해결하기를 좋아한다.[047] 선호하는 갈등 해결 양식의 이러한 차이는 두 문화권에서 중요한 것으로 추구하는 특성의 차이로 이어진다. 즉, 집단주의 사회에서는 대인관계의 조화를 이룰 수 있는 양보·협

---

047 Nisbett, 2003; Peng & Nisbett, 1999; Triandis, 1989.

동 · 겸손 · 내향성을 중시하고, 개인주의 사회에서는 개인적인 독특성과 수월성을 드러내는 적극성 · 솔직성 · 경쟁 · 외향성을 중시하게 된다.[048]

귀인 성취 결과에 대한 원인 추론 과정에서 집단주의자들은 자기 성공에 대해서는 운이나 타인의 도움 같은 외적 요인, 자기 실패에 대해서는 능력이나 노력 부족 같은 내적 요인에 귀인하는 겸양 편향(modesty bias)이 두드러진다. 이에 비해, 개인주의자들은 자기 성공에 대해서는 능력의 우수함 같은 내적 요인에 귀인하고, 자기 실패에 대해서는 운이 나쁨 같은 외적 요인에 귀인하는 자기고양 편향(ego-enhancing bias)이 두드러진다.[049]

정서 정서 상태를 드러내는 표출 규칙(display rule)은 사회적 맥락 내에서 정서의 표현을 조절하고 규제하기 위한 것이다.[050] 집단주의 사회에서는 동정이나 공감 같은 타인중심적 정서의 표현은 권장하지만, 자부심이나 분노와 같은 자아중심적 정서의 표현은 적극적으로 억제한다. 이에 비해, 개인주의 사회에서는 정서표현은 솔직성과 진실성의 반영이라고 보아, 분노나 자부심 등도 거리낌 없이 표현할 것을 권장한다. 더구나 이 사회에서는 정서표현의 억제는 심리적 부적응을 유발하게 된다고 보고, 분노 같은 부정적 정서도 대인 간 조정에 유익한 결과를 가져온다고 인식하여, 적극적으로 표출한다.[051]

동기 집단주의 사회에서는 타인에의 민감성, 상황의 필요와 요구에의 적응 및 자기억제와 조절의 노력을 통해 개인적 역량이 체험되므로, 통제란 결국 상호의존성과 연계성을 실현하기 위하여 개인적 욕구와 목표 및 사적 감정

---

048 Barnlund, 1975.

049 Davis & Stephan, 1980; Fiske et al., 1998; Heine & Lehman, 1997; Markus & Kitayama, 1991a.

050 Ekman, 1982.

051 Markus & Kitayama, 1991a, 1994b; Matsumoto, 1989, 2000.

등 내적 속성을 억제하는 것을 의미하게 된다. 따라서 이 사회에서는 이러한 자기억제와 상황 적응성 및 대인관계에서의 조화의 유지가 자존심의 근거가 되므로, 결과적으로 내적 욕구 통제의 동기가 강해진다. 이에 비해 개인주의 사회에서는 자기의 내적 욕구·감정 및 능력의 표출과 사회적 압력에 대한 저항의 노력을 통해 개인적 역량이 체험되므로, 통제란 결국 개별성과 자율성을 성취하기 위하여 사회 상황이나 외적 제약을 변화시키는 것을 의미하게 된다. 따라서 이 사회에서는 독특성·수월성·자기표현의 유능성 및 외적 제약으로부터의 자유로움이 자존심의 근거가 되므로, 결과적으로 외적 환경 통제의 동기가 강해지는 것이다.[052]

3) 심성 및 행위의 변이가능성: 가변성 강조 – 안정성 강조

인간 심성(성격·능력 등) 및 행위의 변이가능성 차원은 개인이 사회 속의 행위자로서 시(과거·현재·미래의 시계열)·공간(다양한 관계와 상황)적으로 열려 있는 존재인지, 아니면 고정된 존재인지에 대한 인식의 차이를 드러낸다. 곧 시간과 상황에 따른 인간의 변이가능성에 대한 인식의 차이를 드러내는 것이다. 관계중심적 인간관을 가진 집단주의 사회에서는 사회의 안정은 구성요소인 관계의 안정에 근거한다고 보게 되고, 결국 다양한 상황과 관계에 따른 역할의 변이에 맞추어 스스로의 행위를 적합하게 조정하는 데에서 안정이 이루어진다고 전제하므로, 인간 존재의 상황에 따른 변이가능성을 인정하고 강조한다. 그러나 개인중심적 인간관을 가지고 있는 개인주의 사회에서는 사회의 안정은 그 구성요소인 개인의 안정에 기초하고 있다고 보게 되고, 따라서 각 개인은 지속적이고 일관되는 안정성을 가지고 있다고 보아 상황과 관계에 따른 변이를 받아들이지 않으며, 이러한 변이 또는 비일관

---

052 Markus & Kitayama, 1991a; Rothbaum, Weisz, & Snyder, 1982: Weisz, Rothbaum, & Blackburn, 1984.

성은 개인에게 심각한 위협이 되는 것으로 간주한다.

대인평가 집단주의자들은 개인주의자들보다 사람의 성격이 시간과 상황에 따라 변화될 수 있다는 가변성에 대한 신념이 강하며, 인간의 행동은 순전히 성격 같은 내적 특성에 의해서만 촉발되는 것이 아니라, 상황과의 상호작용에 의해 촉발된다고 보는 경향이 강하다.[053] 따라서 집단주의자들은 스스로가 서로 반대되는 정적 특성(예: 예의 바르다)과 부적 특성(예: 무례하다)을 공유하고 있다고 보는 '바넘 효과(Barnum effect)'가 개인주의자들보다 더 크다.[054] 그 결과, 개인주의자들(미국인)은 자기개념을 구성하는 특성 가운데 정적 특성이 부적 특성보다 4~5배 많아 주로 정적 특성으로 스스로를 인식하지만, 집단주의자들(한국인 · 중국인 · 일본인)은 두 특성의 비율이 같거나 또는 부적 특성의 비율이 높아서 집단주의 사회에서 부적 특성을 용인하는 경향이 높음을 보여 주고 있다.[055]

귀인 집단주의 사회에서는 상황의 다양성에 비추어 스스로의 행위를 적합하게 조정하는 가변성을 강조하므로, 성취 장면에서도 비교적 고정적이고 안정적인 요인인 능력보다는 상황가변적인 노력을 중시하게 되어 성취 결과를 능력보다는 노력에 귀인하는 경향이 강하다. 이에 비해, 개인주의 사회에서는 개인의 지속적이고 안정적인 속성이 모든 행위의 원동력이라고 봄으로써 상황의 변이에 따라 달라지지 않는 고정적이고 안정적인 능력을 상황가변적인 노력보다 중시하게 되어 성취 결과를 능력에 귀인하는 경향이 강하다.[056]

---

053 Norenzayan, Choi, & Nisbett, 2002.

054 Choi & Choi, 2002.

055 Bond & Cheung, 1983; Stigler, Smith, & Mao, 1985.

056 Mizokawa & Ryckman, 1990; Stevenson & Stigler, 1992.

정서 집단주의 사회에서는 연계성의 확립이 문화적 명제로서 타인에 대한 배려와 조화의 유지를 강조하게 되고, 결과적으로 자기억제와 자기의 부적 측면을 발견하고, 이를 개선하기 위해 노력하게 된다. 그 결과, 긍정적인 자기상이나 긍정적인 감정보다는 자기의 부적 특성이나 부적 감정에 더 민감하고, 또 이의 경험에 대해 더 수용적이다. 즉, 집단주의자들은 수치·슬픔·애처로움·안타까움 같은 부적 감정의 경험 빈도가 상대적으로 높고, 이를 바람직한 일로 받아들이는 경향이 강하다. 이에 비해, 개인주의 사회에서는 독립성과 독특성 확립이 문화적 명제이기 때문에 적극적인 자기주장과 자기현시를 정당한 것으로 받아들인다. 그 결과, 긍정적인 자기상과 긍정적 감정의 추구를 지향하게 된다. 곧 개인주의자들은 자부심·행복감·기쁨·유쾌함 같은 긍정적 정서에 민감하고, 이의 경험 빈도도 높으며, 이러한 긍정적 정서는 바람직하게 받아들이나, 부정적 정서에 대한 수용도는 아주 낮은 편이다.[057]

동기 집단주의 사회에서는 상황에 따른 심성 및 행위의 가변성을 인정하고 강조하기 때문에 개인의 내적 특성과 행위의 불일치 또는 사회행위의 상황 간 불일치는 문제로 부각되지 않고, 따라서 이 사회에서는 일관성 추구의 동기가 별로 작용하지 않게 된다. 이에 비해, 개인주의 사회에서는 개인의 행위를 안정된 내적 속성의 발현이라 보므로 내적 속성과 행위의 불일치 또는 상황 간 불일치는 개인의 정체감에 심한 혼란을 야기하고, 결과적으로 일관성 추구의 동기가 강해지는 것이다.[058]

---

057 차경호, 1995; Diener, Suh, Smith, & Shao, 1995; Kitayama & Markus, 1991a, 1994b; Suh & Diener, 1995.

058 Fiske et al., 1998; Heine & Lehman, 1997; Markus & Kitayama, 1991; Nisbett et al., 2001.

3. 유학사상과 집단주의 문화의 특징

동아시아인의 삶의 기반이 되어 온 유학사상은 인간 존재의 사회적 · 도덕적 특성[人性論]을 전제로 하여 이러한 존재 특성을 가지는 인간이 지향해야 할 이상적 상태[君子論]를 정립한 다음, 이러한 이상적 인간이 영위하는 사회생활의 양상[道德實踐論]과 이러한 이상적 상태에 도달하기 위해 개인적으로 해야 할 일[修養論]을 정립하려 한 이론체계라고 정리할 수 있다.[059] 이러한 네 체계 가운데 유학사상의 기초는 역시 인성론이다.[060] 유학의 인성론은 도덕적 바탕[仁義禮智]을 인간이 본래부터 갖추고 있다는 인간 존재의 사회성 · 도덕성을 근거로 삼는다는 점이 특징이며, 뒤이은 군자론 · 도덕실천론 · 수양론에서 인간관계의 사회성이 강조되는 배경에는 이러한 인성론의 특징이 그대로 배어 있다. 여기에서 바로 유학사상이 동아시아 집단주의의 사상적 바탕이 되는 근거가 나온다.

어떻게 보면, 유학사상의 핵심은 바로 '인간의 존재 확대'라고 요약할 수 있다. 유학자들은 인간이 인간된 까닭에 관한 관점[人性論]을 통해 존재 확대의 가능성을 따져 보고, 존재 확대의 이상적 모형[君子論]을 제시하여 존재 확대를 삶의 목표로 설정한 다음, 존재 확대를 이루기 위한 방법[修養論]과 그 실제적인 양태[道德實踐論]를 제시하고 있다.

유학사상에서 제시하는 인간의 존재 확대의 길은 타인에 대한 관심을 가지고 그들을 배려하여, 자기 자신뿐만 아니라 다른 사람들도 군자와 성인의 경지에 이르도록 도와줌으로써 인간이 추구해야 할 도(道) 속에서 다른 사람과 자신의 일체화를 이루는 일이다. 타인에 대한 관심과 배려를 인간 삶의 기본 동인으로 삼는 유학사상은 역사적으로 이를 기본 철학으로 삼고 살아

---

059 조긍호, 1998, 1999b, 2003, 2006, 2007.

060 김충렬, 1982, pp. 170, 172–175; 馮友蘭, 1948/1977, pp. 105–107; Needham, 1969/1986, Vol. Ⅱ, pp. 21–29.

왔던 동아시아 사회에 집단주의적인 삶의 양식이 꽃피게 한 사상적 배경이었다. 이러한 맥락에서 보면, 앞에서 살펴본 현대 집단주의 사회의 지배적인 인간관과 자기관, 그리고 이로부터 도출되는 세 차원의 강조점(연계성과 상호의존성, 자기억제, 가변성과 자기개선)은 바로 그 역사적 배경인 유학사상에서 도출되는 인간관 및 인간 심성에 대한 이론체계와 밀접한 논리적 연관성을 가지고 있을 것임은 분명한 사실이다.

1) 유학사상의 인간관과 집단주의적 특징

유학자들이 인간의 존재 확대를 부르짖게 되는 근거는 그들의 인간 파악의 기본틀에 놓여 있다. 유학, 특히 그 원형이 되는 선진유학(先秦儒學) 경전 전체를 꿰뚫고 있는 인간 파악의 기본 입장은 대체로 세 가지로 요약해 볼 수 있다.[061] 곧 유학사상에서는 인간을 무한한 가능체(可能體), 사회적 관계체(關係體), 그리고 덕성 주체(德性主體)로 파악하고 있다. 말하자면, 인간은 개체로서 지닌 존재 가치를 뛰어넘어 사회에 대한 책임을 스스로가 짊어지고 실천해야 하는 존재[社會的 關係體]로서, 타인에 대한 관심과 배려를 통해[德性主體] 존재 확대를 이루어 낼 수 있는 가능성[可能體]을 보유하고 있다는 것이다.

유학자들이 인간을 이러한 세 가지 관점에서 파악하고 있다는 사실은 유학의 창시자인 공자의 『논어(論語)』 첫머리인 「학이편(學而篇)」 1장[062]에 제시되어 있는 삼호(三乎)에 관한 언급에서 잘 드러난다.

> 공자께서 말씀하셨다. 배우고 그것을 항상 익히면, 또한 기쁘지 아니 하겠는가? 벗이 있어 먼 곳으로부터 찾아오면, 또한 즐겁지 아

061 이의 자세한 내용은 졸저(조긍호, 2006, pp. 297-320; 2007, 2장; 2012, 1장) 참조.
062 學而時習之 不亦說乎 有朋自遠方來 不亦樂乎 人不知而不慍 不亦君子乎 (『論語』, 學而 1)

니 하겠는가? 남이 알아주지 않는다고 하더라도 노여워하지 않는다면, 또한 군자답지 아니 하겠는가?

여기서 1호[學而時習之 不亦說乎]는 무한한 가능체(배움을 통해 군자와 성인까지도 될 수 있는 존재)인 인간 존재의 특성을, 2호[有朋自遠方來 不亦樂乎]는 사회적 관계체(다른 사람과 맺는 관계 속에서 다른 사람들과 함께 어울리면서 살아가야 하는 존재)인 인간 존재의 특성을, 그리고 3호[人不知而不慍 不亦君子乎]는 덕성 주체(도덕적 주체로서, 스스로에게서 모든 일의 원인을 찾고, 스스로 모든 책임을 져야 하는 존재)인 인간 존재의 특성을 드러내고 있는 것이다.

(1) 사회적 관계체로의 존재 인식과 주의의 초점

사회적 관계체 『논어』에서 공자는 자기 사상의 핵심인 인(仁)을 "무릇 인이란 자기가 서고자 하면 남을 먼저 세워 주고, 자기가 이루고자 하면 남이 먼저 이루게 해 주는 일"[063]이라거나 "자기가 하고자 하지 않는 것을 남에게 베풀지 않는 일"[064] 또는 "남을 사랑하는 일"[065]이라 제시하여, 타인에 대한 관심과 배려가 인의 핵심이라 보고 있다. 이러한 사실은 공자가 인간의 사회성을 인간 존재의 중핵으로 규정하고 있음을 드러낸다.

인간의 사회적 존재 특성에 대해 공자가 무엇보다도 강조하고 있다는 사실은 그의 정명론(正名論)에서도 확인된다. 그는 사회관계 속에서 각자에게 부여된 역할을 충실히 수행하는 일이 사회질서와 조화 유지의 핵심이라고 보았다. 곧 "군주는 군주의 역할을 다하고, 신하는 신하의 역할을 다하며, 부모는 부모의 역할을 다하고, 자식은 자식의 역할을 다하는 것"[066]이 사회에 질서와 조화를 가져오는 정사의 근본이기 때문에 자기에게 정사를 맡겨 준

---

063 夫仁者 己欲立而立人 己欲達而達人 (雍也 28)

064 仲弓問仁 子曰……己所不欲 勿施於人 (顔淵 2); 子貢問曰 有一言而可以終身行之者乎 子曰 其恕乎 己所不欲 勿施於人 (衛靈公 23)

065 樊遲問仁 子曰 愛人 (顔淵 22)

066 齊景公問政於孔子 孔子對曰 君君 臣臣 父父 子子 (顔淵 11)

다면 "반드시 이름을 바로 잡는 일[正名: 각자에게 주어진 역할을 충실히 수행하도록 하는 일]부터 하겠다"[067]고 공자는 진술하고 있는 것이다.

이러한 공자의 입장은 『맹자(孟子)』와 『순자(荀子)』 같은 초창기 유학자들의 저술에 그대로 이어지고 있다. 맹자는 인간이 선천적 인지 능력[良知]과 선천적 도덕행위 능력[良能]을 구비하고 있다고 보고 있는데, 이러한 사실은 누구나 어려서부터 배우지 않고도 자기 어버이를 사랑할 줄 알고, 자기 형을 공경할 줄 안다는 사실에서 드러난다.[068] 맹자는 "인(仁)의 핵심은 어버이를 모시는 것이고, 의(義)의 핵심은 형을 따르는 것이며, 지(智)의 핵심은 이 두 가지를 깨달아 이를 버리지 않는 것이고, 예(禮)의 핵심은 이 두 가지를 조절하고 아름답게 꾸미는 것"[069]이라고 본다. 이렇게 맹자는 인간 행위의 당위적 규범인 인의예지의 핵심을 바로 친친(親親)과 경장(敬長) 같은 인간관계에서 구하고 있다.

이렇게 보면, 맹자는 인간의 존재 의의를 사람과 사람 사이의 관계에서 찾고 있는 것이라 볼 수 있다. 곧 부자 · 군신 · 부부 · 장유 · 붕우 사이의 관계에서 인간의 존재 특성이 부각되므로, 개별적인 존재에게서는 인간의 존재 의의를 찾을 수 없다는 것이 맹자의 입장이다. 부자 · 군신 · 부부 · 장유 · 붕우 사이의 관계에서 각각 친(親) · 의(義) · 별(別) · 서(序) · 신(信)이 있도록 하는 것이 바로 사람이 지켜야 할 다섯 가지 도리[五倫]인데, "사람이 편안히 살고 가르침이 없으면 금수같이 될 수밖에 없으므로, 성인이 이를 걱정하여 이 다섯 가지 사람의 도리를 가르치게 하였다"[070]는 지적은 이러한 입장을 단적으로 드러내는 것이다.

---

067 子路曰 衛君待子而爲政 子將奚先 子曰 必也正名乎 (子路 3)

068 人之所不學而能者 其良能也 所不慮而知者 其良知也 孩提之童 無不知愛其親也 及其長也 無不知敬其兄也 親親 仁也 敬長 義也 無他 達之天下也 (『孟子』, 盡心上 15)

069 仁之實 事親是也 義之實 從兄是也 智之實 知斯二者弗去是也 禮之實 節文斯二者是也 (離婁上 27)

070 人之有道也 飽食暖衣 逸居而無教 則近於禽獸 聖人有憂之 使契爲司徒 教以人倫 父子有親 君臣有義 夫婦有別 長幼有序 朋友有信 (滕文公上 4)

순자도 인간의 사회성을 강조하며, 따라서 사회관계가 인간의 존재 특성을 규정하는 것으로 파악하고 있다. 곧 사람은 상호 독립적이고 분리된 존재로서가 아니라, 사회관계에 의해 본질적으로 연관을 맺고 있는 상호의존적인 존재라고 파악하는 것이다. 이를 순자는 "군신 · 부자 · 형제 · 부부의 관계는 처음이자 마지막이고, 마지막이자 처음으로서, 천지와 더불어 이치를 같이 하고, 만세를 통하여 영구히 지속되는 것으로, 무릇 이를 일러 '위대한 근본[大本]'이라 한다"[071]고 표현하고 있는데, 이는 군신 · 부자 · 형제 · 부부 같은 사회관계의 보편성을 지적한 것으로서, 이러한 사람들 사이의 관계가 사회의 가장 궁극적인 단위임을 표현하는 것이라 볼 수 있다.

이렇게 유학자들은 인간 존재의 기본 특성을 사람과 사람 사이의 관계라는 사회성에서 찾고 있다. 곧 사회적 관계체로 인간의 존재 특성을 규정하는 것이 유학사상에서 도출되는 인간 파악의 가장 기본적인 입장이다. 말하자면, 인간이 본유하고 있는 도덕적 기초[仁義禮智]는 바로 이러한 인간 존재의 사회성으로부터 연유하는 것이라는 관점이 유학사상의 핵심인 것이다.

타인 및 관계의 중시 유학사상에서 사회적 관계체로 인간을 파악하는 입장은 사회 구성의 기본 단위를 사람들 사이의 관계에서 찾는 입장에서 나온다. 이러한 입장에서는 모든 사회행위는 관계 속에 내포된 질서와 조화를 목표로 하게 되고, 이러한 질서와 조화는 관계 속에 본유적으로 갖추어져 있는 역할의 쌍무적인 수행을 통해 달성된다고 본다. 따라서 유학사상에서는 사회행위의 원동력을 사회관계 속의 역할과 의무 등에서 찾는 태도가 나오게 되며, 결과적으로 이러한 역할과 의무의 근거인 관계 당사자들 사이의 연계성이나 그들에 대한 관심과 배려를 강조하게 된다. 이러한 점은 사회행위의 원동력과 목표(주의의 초점) 차원에서 자율성을 강조하는 개인주의 문화와는

---

071 君臣父子兄弟夫婦 始則終 終則始 與天地同理 與萬歲同久 夫是之謂大本(『荀子』, 王制 19-20)

달리, 사람들 사이의 연계성과 조화성을 강조하는 집단주의 문화의 입장과 같은 것이다.

(2) 덕성 주체로의 존재 인식과 통제 대상

덕성 주체 유학자들의 인간 파악의 입장 중 두 번째 특징은 덕성 주체인 인간의 능동성과 주체성의 강조라고 볼 수 있다. 그들은 도덕의 근거를 인간의 주체적 인식에서 구하고, 도덕적 책임을 스스로에게서 찾음으로써 이러한 입장을 표출하고 있다. 공자는 "인의 실천은 전적으로 자신에게 달린 일이지, 남에게 달린 것이 아니다"[072] 라고 하여, 이러한 입장을 드러내고 있다. 곧 군자는 스스로가 도덕 주체라는 사실을 확고히 인식하고 있기 때문에, "남에게 모든 책임을 돌리는 소인과는 달리, 모든 일의 책임을 자기 자신에게서 찾으려 한다."[073] 따라서 군자는 "남이 알아주지 않는다고 해도 성내지 않는데"[074] 이는 그 원인을 바로 자기의 무능함에서 찾기 때문이다.[075]

이러한 인간의 능동성과 주체성의 근거를 맹자는 인의예지 같은 도덕의 뿌리가 인간에게 본유적으로 내재하고 있다는 사실에서 구하고 있다.[076] 맹자는 인간이 본래 갖추고 있는 선단(善端)을 잃지 않고 그대로 간직[存心]하기 위해서는 우선 스스로가 도덕 주체라는 사실을 확실하게 인식하여, 이를 확충하여야 한다[077]고 보고 있는데, 도의 주체적 인식과 확충을 위해서는 "모

---

072 爲仁由己 而由人乎哉 (『論語』, 顔淵 1)

073 君子求諸己 小人求諸人 (衛靈公 20)

074 人不知而不慍 不亦君子乎 (學而 1)

075 子曰 不患無位 患所以立 不患莫己知 求爲可知也 (里仁 14)

076 人皆有不忍人之心……所以謂人皆有不忍人之心者 今人乍見孺子將入於井 皆有怵惕惻隱之心……由是觀之 無惻隱之心 非人也 無羞惡之心 非人也 無辭讓之心 非人也 無是非之心 非人也 惻隱之心 仁之端也 羞惡之心 義之端也 辭讓之心 禮之端也 是非之心 智之端也 人之有是四端也 猶其有四體也 (『孟子』, 公孫丑上 6); 惻隱之心 人皆有之 羞惡之心 人皆有之 恭敬之心 人皆有之 是非之心 人皆有之 惻隱之心 仁也 羞惡之心 義也 恭敬之心 禮也 是非之心 智也 仁義禮智 非由外鑠我也 我固有之也 弗思耳矣 (告子上 6)

077 凡有四端於我者 知皆擴而充之矣 若火之始然 泉之始達 苟能充之 足以保四海 苟不充之 不足以事父母 (公孫丑上 6)

든 일의 책임을 스스로에게 돌이켜 찾아야 한다[反求諸己]"[078]는 것이다. 곧 "만물의 이치는 모두 나에게 구비되어 있으므로"[079] 내가 모든 일의 주체이고, 따라서 모든 일이 나로부터 비롯되는 것이기에, 덕성 주체인 자기에게서 모든 책임과 근거를 찾아야 한다는 것이 바로 맹자의 주장이다.

순자도 인간을 능동적이고 주체적인 덕성 주체로 파악하고 있다. 그에 의하면, 사람은 천지와 직분을 달리 하는 존재로서, 스스로의 능동적이고 주체적인 노력[080]에 의해 천지에 질서를 부여하고 만물을 부림으로써 천지의 화육에 동참할 수 있는 존재이다.[081] 바로 여기에 "도(道)는 하늘의 도도 아니고, 땅의 도도 아니며, 사람으로서 행해야 할 바로서, 군자가 따르는 것"[082]이라는 인도론(人道論)이 나오게 되는 근거가 있다. 이러한 생각은 능동적 주체적으로 스스로를 규정하는 덕성 주체로 인간을 파악하는 입장을 명백히 드러낸다.

인간의 능동성과 주체성은 인간의 사회성과 도덕성에 대한 인식을 바탕으로 한다. 곧 스스로에게 본유적으로 모든 도덕성의 근거가 갖추어져 있으므로, 이를 잃지 말고 잘 간직하고[存心] 길러서[養性·養心], 일상생활에서 실천하도록 하는 일이 덕성 주체로서의 능동적이고 주체적인 삶의 자세라는 점이 유학사상의 기본 입장이다. 따라서 덕성 주체로 인간을 파악하는 관점은 사회적 관계체로 인간을 보는 조망에서 연역되어 나오는 입장이라 할 것이다.

---

078 愛人不親 反其仁 治人不治 反其智 禮人不答 反其敬 行有不得者 皆反求諸己 其身正而天下歸之 (離婁上 4)

079 萬物皆備於我矣 (盡心上 4)

080 天行有常 不爲堯存 不爲桀亡 應之以治則吉 應之以亂則凶 彊本而節用 則天不能貧 養備而動時 則天不能病 修道而不貳 則天不能禍……本荒而用侈 則天不能使之富 養略而動罕 則天不能使之全 倍道而妄行 則天不能使之吉……受時與治世同 而殃禍與治世異 不可以怨天 其道然也 故明於天人之分 則可謂至人矣 (『荀子』, 天論 21-23)

081 天能生物 不能辨物也 地能載人 不能治人也 宇中萬物生人之屬 待聖人然後分也 (禮論 24-25)

082 道者非天之道 非地之道 人之所以道也 君子之所道也 (儒效 9-10)

자기통제의 중시 유학사상에서 능동적인 덕성 주체로 인간을 파악하는 입장은 모든 도덕적 기초가 사람에게 본유적으로 갖추어져 있다는 인식으로부터 연유되는 것이다. 이러한 입장에서는 모든 사회행위의 원인과 결과를 도덕 주체인 자신의 내부로 귀환하여, 자기 속에 침잠할 것을 강조한다. 곧 스스로가 능동적 주체적인 행위 원천이므로, 통제의 대상은 바로 자기 자신이라고 보게 되고, 따라서 모든 결과의 책임을 스스로가 떠맡고, 또 갈등 유발 상황에서 자기주장 대신 자기를 억제하는 태도를 중시하게 된다. 이러한 점은 통제 대상(자기표현의 양식)의 차원에서 적극적인 자기주장을 강조하는 개인주의 문화와는 달리, 자기억제를 강조하는 집단주의의 문화의 입장과 같은 것이다.

(3) 무한한 가능체로의 존재 인식과 행위가변성

무한한 가능체 유학사상만큼 교육의 중요성을 인식하고, 이를 강조한 사상체계도 드물 것이다. 이는 선진유학으로부터 내려오는 유학의 전통이라고 볼 수 있는데, 유학자들은 인간 존재를 완비된 속성의 집합체, 곧 고정적인 실체로서가 아니라, 교육이라는 후천적인 노력을 통해 변화할 수 있는 무한한 가소성을 지닌 과정적 존재로 개념화한다. 공자는 스스로를 "배우기를 좋아하는 사람[好學者]"[083] 및 "가르치기를 게을리 하지 않는 사람[誨人不倦者]"[084]이라고 하여, 가르치고 배우는 일을 중시하고 있다. 배우고 가르치는 일, 그리고 배운 내용을 강구하고 실천함으로써 자기를 개선하는 일은 공자와 제자들이 자기를 성찰하는 핵심 내용이었다.[085] 공자는 가르침을 베풀면 누구나 착하게 된다고 보고 사람을 가리지 않아[086] 예의를 갖추고 찾아오는

---

083 十室之邑 必有忠信如丘者焉 不如丘之好學也 (『論語』, 公冶長 27)

084 子曰 若聖與仁 則吾豈敢 抑爲之不厭 誨人不倦 則可謂云爾已矣 (述而 33)

085 曾子曰 吾日三省吾身 爲人謀而不忠乎 與朋友交而不信乎 傳不習乎 (學而 4); 黙而識之 學而不厭 誨人不倦 何有於我哉 (述而 2); 子曰 德之不修 學之不講 聞義不能徙 不善不能改 是吾憂也 (述而 3)

086 子曰 有敎無類 (衛靈公 38)

사람에게는 누구에게나 가르침을 베풀었다.[087]

공자는 스스로를 호학(好學)이라고 자평하였지만, 제자 중에서는 안회(顔回)만이 '배우기를 좋아하는 사람'이라고 하면서, 호학의 조건 중 하나로 "같은 잘못을 두 번 저지르지 않는 일[不貳過]"을 들고 있다.[088] 그는 "잘못을 하고도 고치지 않는 것이 바로 잘못"[089]이라 보고, "잘못이 있으면, 고치기를 꺼리지 말아야 한다"[090]고 강조한다. 이렇게 자기를 성찰하여 잘못을 고침으로써 자기개선을 이루려 노력하는 자세,[091] 이것이 『논어』에서 도출되는 또 다른 대인평가의 기준으로, 이는 인간을 무한한 가능체로 인식하는 공자의 입장을 잘 드러내고 있다.

이러한 공자의 입장은 맹자와 순자에게 그대로 이어지고 있다. 맹자에 따르면, 인간은 스스로를 반성하고 자각할 수 있는 능력을 갖추고 있으며, 배우지 않고도 인의를 알 수 있고, 배우지 않고도 인의를 행할 수 있는 양지(良知)·양능(良能)을 구비하고 있으므로,[092] 스스로에게 갖추어져 있는 선단을 깨달아 이를 넓혀서 채우면 "누구나 다 요·순같이 될 수 있는"[093] 가능성을 갖추고 있는 존재인 것이다.

순자도 인간을 무한한 가능성을 지닌 존재로 파악한다는 점에서는 공자와 마찬가지이다. 이러한 사실은 성위지분(性僞之分)과 성위지합(性僞之合)의 인성론과 이에 바탕을 두고 있는 그의 수양론에서 쉽게 추론해 낼 수 있다. 곧 사람은 인식 능력[知]과 도덕적 행위 능력[能]을 본유적으로 갖추고 있

---

087 子曰 自行束脩以上 吾未嘗無誨焉 (述而 7)

088 哀公問 弟子孰爲好學 孔子對曰 有顔回者好學 不遷怒 不貳過 不幸短命死矣 今也則亡 未聞好學者也 (雍也 2)

089 子曰 過而不改 是謂過矣 (衛靈公 29)

090 過則勿憚改 (學而 8; 子罕 24)

091 子曰 見賢思齊焉 見不賢而內自省也 (里仁 17); 子曰 三人行 必有我師焉 擇其善者而從之 其不善者而改之 (述而 21)

092 人之所不學而能者 其良能也 所不慮而知者 其良知也 (『孟子』, 盡心上 15)

093 人皆可以爲堯舜 (告子下 2)

는 존재로서,[094] 이러한 본유적 능력을 발휘하여 도의 최고 규범인 예를 배우고 익혀 일상생활에서 실행함으로써 이상적 인간형인 성인의 상태에 도달할 수 있는 존재라는 것이다.[095] 이는 『순자』 전 편에서 산견되는 인성론과 수양론의 핵심인데, 인간을 과거나 현재에 의해서만 규정되는 것이 아니라 무한한 미래의 가능성에 따라 규정되는 가소적인 존재로 파악하는 순자의 입장을 분명히 드러내는 것이다.

이상에서 드러나듯이, 유학사상에서는 인간에게 본유적으로 갖추어져 있는 반성적 사유 능력과 도덕적 행위 능력을 능동적이고 주체적으로 발휘하여, 도덕성과 사회성이라는 인간 존재의 특성을 일상생활에서 실현하고 이루어 낼 수 있는 무한한 가능성을 가진 존재로 인간을 파악하고 있다. 이렇게 보면, 가능체적 존재로 인간을 파악하는 입장도 인간 존재의 사회성과 도덕성을 근저로 하여 나오는 관점이라 볼 수 있을 것이다.

자기개선의 중시 유학사상에서 무한한 가능체로 인간을 파악하는 입장은 사람이 본유적으로 도덕적 인식과 행위의 능력을 가지고 있는 존재라는 시각에서 나온다. 이는 관계에 따른 역할의 연쇄망 속에서 상대방과 맺는 관계가 달라짐에 따라 변화하는 역할을 충분히 인식하여 수행할 수 있는 인간의 가소성에 대한 믿음의 근거가 된다. 뿐만 아니라, 이는 자기 잘못을 찾아 적극적으로 고침으로써 자기개선을 이룰 수 있는 존재라는 가소성에 대한 믿음의 근거이기도 하다. 따라서 이러한 가능체로 인간을 파악하는 관점으로부터는 인간의 가변성에 대한 강조와 자기개선을 위한 노력을 중시하는 태도가 나오게 된다. 이러한 점은 인간의 심성과 행위의 변이가능성 차원에서

---

094 所以知之在人者 謂之知 知有所合 謂之智 所以能之在人者 謂之能 能有所合 謂之能 (『荀子』, 正名 3); 王先謙(1891)의 『荀子集解』에서는 謂之智의 智를 知의 誤字로 보고 있다.

095 可以爲堯禹……在注錯習俗之所積耳 (榮辱 31-32); 故聖人者 人之所積也……故人知謹注錯 愼習俗 大積靡 則爲君子矣 (儒效 36); 今之人化師法 積文學 道禮義者 爲君子 (性惡 2-3); 塗之人可以爲禹……今使塗之人伏術爲學 專心一志 思索孰察 加日縣久 積善而不息 則通於神明 參於天地矣 故聖人者 人之所積而致也 (性惡 13-14)

일관적인 안정성을 강조하는 개인주의 문화와는 달리, 상황에 따른 가변성을 강조하는 집단주의 문화의 입장과 같은 것이다.

2) 유학적 심성 이해와 집단주의적 특징

앞에서 유학사상에 드러나 있는 인간 파악의 세 가지 기본 입장과 집단주의-개인주의 문화차를 개관하기 위한 비교틀(〈표 3-1〉)을 연결 지어 논의하였다. 이러한 논의에서 문화차 개관의 세 차원 비교틀(주의 초점, 통제 대상, 변이가능성) 중 집단주의 사회에서의 강조점(연계성과 조화성, 자기억제, 가변성과 자기개선)은 각각 사회적 관계체, 도덕 주체, 그리고 가능체로 인간을 보는 유학사상의 입장과 일맥상통하는 차원임이 분명해졌다. 이제 여기서는 〈표 3-1〉의 비교틀에 따라 대인평가와 귀인, 정서, 동기 같은 인간 심성과 행동의 제반 측면에서 나타나는 집단주의-개인주의 문화차를 대비하여 제시한 데에 이어, 유학의 경전들에서 개념화하고 있는 대인평가와 귀인, 정서, 동기에 관한 논의를 개략적으로 정리하여, 이것이 개인주의보다 집단주의 문화의 특징과 상응한다는 사실을 밝힘으로써, 동아시아 집단주의의 유학사상적 배경의 또 다른 일단을 확인해 보기로 하겠다.

(1) 유학적 사회인지론의 집단주의적 특징: 군자론 · 성인론을 중심으로

지(인지) · 정(정서) · 의(동기) 삼분체계로 인간의 심리구성체를 파악하고, 이 가운데에서 이성 중심의 관점(인지우월론)에 따라 인간 심성을 이해하려는 고대 그리스 이래의 서구 철학의 전통과는 달리, 유학자들은 인간의 심리구성체를 덕 · 지 · 정 · 의 사분체계에 따라 파악하고, 이 중에서 덕성에 의해 나머지 심리구성체들이 통합되고 제어되어야 한다는 덕성우월론의 관점을 편다. 이렇게 덕성에 의해 나머지 심리구성체들이 통합되고 제어되는 상태에 이른 사람이 군자와 성인으로, 이들은 유학사상에서 제시하는 이상적 인간상이다. 군자와 성인은 곧 유학의 체계를 삶의 근간으로 삼아 온 동아시아 집단주의 사회에서 그리는 이상적 인간상이 된다. 따라서 군자와 성인의 사람됨이 곧 유학사상에서 제시하고 있는 대인평가와 귀인양식의 전형이라고 볼 수 있으며, 결과적으로 유학사상에서 도출되는 사회인지론은 곧 군자론과 성인론에서 그 바탕을 찾을 수 있다.[096]

『논어』에서 공자는 군자의 모습을 자기를 닦아 인격적 완성을 이루는 수기이경(修己以敬), 인격적 완성을 바탕으로 다른 사람들과 인화를 도모하는 수기이안인(修己以安人) 및 인격적 완성을 이룬 다음 사회적 책무를 자임하는 수기이안백성(修己以安百姓)의 세 가지로 제시하고 있다.[097] 『맹자』에서는 성인의 모습이 인격적 완성을 이루어 깨끗함을 견지하는 성지청(聖之淸), 인간관계에서 인화를 도모하는 성지화(聖之和) 및 사회적 책무를 자임하고 수행하는 성지임(聖之任)의 세 가지로 제시되고 있다.[098] 『순자』에서는 군자와 성인의 모습을 자기수양, 일 및 사물과의 관계, 대인관계, 사회에 대한 책임의 네 측면에서 살피고 있다.[099] 『대학(大學)』에서는 도덕적 완성의 경지에 머무르는 지어지선(止於至善), 주위 사람들을 친애하고 보살피는 친민(親民), 그리고 온 천하의 사람들로 하여금 스스로가 도덕 주체임을 밝게 깨닫게 하려는 명명덕(明明德)을 삼강령으로 제시하여 배움의 최고 목표로 삼음으로써, 이상적 인간을 세 측면에서 살피는 관점을 드러내고 있다.[100]

---

096 이의 자세한 내용은 졸저(조긍호, 2003, 6장; 2007, 3장) 참조.

097 子路問君子 子曰 修己以敬 曰 如斯而已乎 曰 修己以安人 曰 如斯而已乎 曰 修己以安百姓 修己以安百姓 堯舜其猶病諸 (『論語』, 憲問 45)

098 伯夷聖之淸者也 伊尹聖之任者也 柳下惠聖之和者也 孔子聖之時者也 孔子之謂集大成 (『孟子』, 萬章下 1)

099 故君子之於禮 敬而安之 其於事也 徑而不失 其於人也 寡怨寬裕而無阿 其爲身也 謹修飭而不危 其應變故也 齊給便捷而不惑 其於天地萬物也 不務說其所以然 而致善用其材 其於百官之事 技藝之人也 不與之爭能 而致善用其功 其待上也 忠順而不懈 其使下也 均徧而不偏 其交遊也 緣義而有類 其居鄕里也 容而不亂 (『荀子』, 君道 6-7): 王先謙의 『荀子集解』에서는 其爲身也 謹修飭而不危의 危를 詭로 보아 違의 뜻으로 풀고 있다.

100 大學之道 在明明德 在親民 在止於至善 (『大學』, 經): 여기서 둘째 구절을 親民이라 읽은 것은 古註와 『大學』 古本 및 王陽明의 독법(小島毅, 2004, pp. 124-137)을 따른 것이다. 朱熹의 新註에서는 程子의 전통을 따라 이를 新民이라 읽어 "백성들을 새롭게 한다"라고 풀이하고 있다. 그러나 王陽明의 주장에 따라 親民이 옳다고 하는 측에서는 i) 원본

여기서 수기이경, 성지청, 자기수양, 그리고 지어지선은 자기수련을 통한 도덕적 개체의 자기완성이라는 측면에서 나타나는 군자와 성인의 특징을 의미한다. 수기이안인, 성지화, 대인관계, 그리고 친민은 인간관계에서 인화를 꾀하는 측면에서 드러나는 군자와 성인의 특징을 말한다. 그리고 수기이안백성, 성지임, 사회에 대한 책임 및 명명덕[101]은 사회적 책임의 자임과 완수라는 측면에서 나타나는 군자와 성인의 특징을 드러내는 것이다. 이렇게 유학사상에서는 자기수련을 통한 자기완성, 대인관계의 인화 도모 및 사회적 책임의 자임과 완수라는 세 가지 측면에서 이상적 인간상을 그려내고 있다.

사회적 책무의 자임과 연계성 · 조화성 강조 수기(修己)를 통해 인격적 수양을 이룬 군자는 가족 · 친척 · 친구 같은 주위 사람들만 포용하고 그들과만 조화를 이루려 하는 것은 아니다. 군자는 사회적 존재인 인간의 존재 의의가 사회적 책무를 자임하여 이를 완수하는 데 있다고 보고, 온 천하의 사람들에게 인의의 도를 가르쳐서 그들로 하여금 인의의 길을 따르도록 이끄는 일, 그리하여 온 천하의 사람들을 편안하게 해 주는 일을 자기에게 부여된 천명으로 알고, 이 일을 기꺼이 떠맡아 실행하려 한다. 공자는 이러한 군자의 특

에 따라 親民으로 읽어도 文義에 어긋남이 없다, ii) 이것은 『大學』 三綱領의 첫머리에 나오는 중요한 부분인데, 첫머리부터 틀린 글자를 쓸 리가 없다 등의 전거를 대고 있다(권덕주, 1998, p. 16). 필자는 이러한 논리 이외에 이를 이상적 인간의 특징을 진술한 문장으로 볼 경우, 이는 공자의 修己以安人에 해당하는 것으로 보는 것이 타당하다는 입장에서, 이를 親民으로 읽고자 한다. 또한 여기서의 民을 新註에서는 "백성"의 뜻으로 풀고 있으나, 필자는 『詩經』 大雅 生民篇의 厥初生民 時維姜嫄의 예를 따라 보통의 여러 "사람"을 가리키는 뜻으로 풀어, 修己以安人의 人과 같은 뜻으로 보고자 한다.

101 朱熹의 新註에서는 明明德을 스스로의 至德을 닦아 일신을 수양하는 일, 즉 공자의 修己以敬을 가리키는 것으로 해석하고 있다. 그러나 여기서는 이를 온 천하의 사람들로 하여금 스스로의 至德을 밝게 깨달아 알도록 인도하는 修己以安百姓의 상태를 가리키는 것으로 보고자 한다. 이는 이 구절에 이어 八條目을 제시하는 구절이 "古之欲明明德於天下者 先治其國 欲治其國者 先齊其家……"로 시작되어, 明明德이 治國보다 넓은 平天下를 대신하는 말로 쓰이고 있다는 점에서 그 근거를 찾을 수 있다. 이 구절에 이어서 八條目을 제시한 구절은 "……家齊而后國治 國治而后天下平"으로 끝나는데, 이는 앞의 古之欲明明德於天下者가 곧 古之欲平天下者의 뜻임을 알 수 있게 하는 증거가 된다.

징을 '수기이안백성(修己以安百姓)'이라 표현하는데, 여기서의 백성은 온 천하의 사람이라는 의미이다. 곧 수기를 통해 도덕적 수양을 이룬 군자는 자기 수양[修己]과 주위 사람에 대한 배려[安人]에 머물지 않고, 사회 전체에 대해 관심을 가지고 모든 사람을 도덕적 자각의 상태로 이끌어, 그들을 편안하게 해 주는 특징을 갖는다고 공자는 보고 있다.[102] 말하자면, 자신이 모든 다른 사람들과 연계되어 있다는 의식과 책임감을 가지고, 그들과 조화로운 삶을 영위하는 것이 군자의 기본적인 특징인 것이다.

맹자는 이러한 특징을 '성지임(聖之任)'이라 부르는데, 그 전형은 이윤(伊尹)으로서, "그는 천하에 대한 무거운 짐을 스스로 지고자 함으로써"[103] 혼란한 사회를 구제하여 함께 살고 있는 사람들을 보호하려는 군자의 책임을 스스로 떠맡고, 이를 완수하려는 태도를 굳게 지닌 사람이었다.[104] 순자도 군자와 성인은 예(禮)로써 위·아랫사람을 잘 섬기거나 부리며, 그들과 경쟁하려 하지 않고, 오로지 자기의 사회적인 책임을 다하고 또 남들도 그들의 책임을 다하도록 도와주는 사람이라고 보아, 사회에 대한 책임을 떠맡고 이를 완수함으로써 사람들 사이에 연계성과 조화성을 이루는 일을 군자의 중요한 특징으로 제시하였다.[105] 『대학』에서는 이러한 군자의 특징을 '명명덕(大學經)'이라고 하여, 자기가 깨달은 밝은 덕을 천하에 드러내어 밝힘으로써 사람들이 함께 어울리고 연계되어 살고 있는 천하를 조화롭고 평화롭게 하는 일이 군자의 가장 큰 지향처라고 보고 있다.

이상에서 보듯 군자와 성인은 도덕적 인격을 이루어 주위 사람들을 편안하게 이끈 다음에, 이를 넓혀 온 천하의 사람들과 연계의식을 가지고 그들을

---

102 『論語』, 公冶長 15; 顔淵 1, 16; 衛靈公 17; 子張 3 등.

103 伊尹曰 何事非君 何使非民 治亦進 亂亦進 曰 天之生斯民也 使先知覺後知 使先覺覺後覺 予天民之先覺者也 予將以此道覺此民也 思天下之民匹夫匹婦有不被堯舜之澤者 若己推而內之溝中 其自任以天下之重也 (『孟子』, 萬章下 1); 萬章上 7에도 몇 글자가 빠졌을 뿐 같은 내용이 나온다.

104 公孫丑上 2; 公孫丑下 2; 萬章上 6, 7; 萬章下 1; 告子下 6; 盡心上 31; 盡心下 38.

105 『荀子』, 君道 6-7.

편안하게 이끌려는 사회적인 중책을 떠맡고, 이를 일상생활에서 실행하려는 삶의 태도를 지니고 살아가는 사람이다. 이들은 다른 사람들과 강한 연계감을 지니고 살며, 그들과 삶의 과정에서 조화를 이루는 일을 중시하고, 이를 사회적인 책무로 자임하는 것이다.

이렇게 군자와 성인의 사람됨의 핵심 특징인 사회적 책무의 자임은 인간 존재를 '사회적 관계체'로 파악하여, 사람을 다른 사람들과 맺는 '연계성' 속에서 이해하고, 남들과의 사이에 '조화성'을 이룩하려는 삶의 태도에서 비롯되는 것이다. 군자와 성인은 인간의 존재 의의가 사람들 사이의 관계 속에서 드러나게 된다고 보아, 살아가는 과정에서 사회성을 강조하고 있다. 따라서 사람들은 항상 남들과 조화로운 연계성을 확보하고 이를 유지하는 삶을 살아야 하며, 이러한 과정에서 부과되는 사회적 책무를 회피하지 말고 수용하여야 한다고 유학자들은 주장한다. 이러한 맥락에서 보면, '사회적 책무의 자임과 완수'라는 군자의 특징은 동아시아 집단주의 사회인이 주의의 초점 차원에서 강조하는 '연계성'과 '조화성'을 유발함이 확실하며, 여기에서 동아시아 집단주의의 사상적 배경에 유학의 체계가 놓여 있다는 하나의 논거를 확인할 수 있다.

대인관계의 인화와 자기억제 강조 공자는 자기를 닦음으로써 삼가게 된[修己以敬] 다음에, 군자는 "다른 사람들을 편안하게 이끌어 준다[修己以安人]"고 보아[106] 일상생활에서 주위 사람들과 조화를 이루며 살아가는 자세를 중시하고 있다.[107] 이렇게 공자는 도덕적 수양을 이룬 군자는 자기수련에만 머물지 않고 주위 사람들과 조화롭고 편안한 관계를 맺음으로써 그들을 도덕적 자각 상태로 이끄는 특징을 지닌다고 보고 있다.

맹자는 이러한 특징을 "인화를 도모한 성인[聖之和]"이라 보았는데, 그 전

106 『論語』, 憲問 45.

107 爲政 14; 顔淵 5; 子路 23; 衛靈公 21; 陽貨 4, 24.

형은 유하혜(柳下惠)로서,[108] 주위의 모든 사람을 인화로써 품어 안은 사람으로 제시되고 있다.[109] 순자는 대인관계에서 널리 사람들을 포용함으로써 사람들을 의롭게 이끌고 혼란하지 않게 하여, 사람들 사이에 조화가 이루어지게 하는 것이 군자의 특징 가운데 하나라고 보고 있다.[110] 『대학』에서는 이러한 군자의 특징을 '친민(親民)'이라고 표현하여, 도덕적 완성을 이룬 뒤에 이를 주위 사람들에게 확대하고 베풂으로써 그들과 조화를 이루어 사람들을 친애하는 일을 배움의 두 번째 목표로 삼고 있다. 이처럼 유학의 고전들에서는 공자의 '수기이안인'의 논의를 뒤이어, 대인관계에서 조화를 꾀하는 일을 군자와 성인의 또 하나의 특징으로 제시하고 있다.

군자와 성인이 대인관계에서 조화를 이룰 수 있는 것은, 이들이 다른 사람과 맺는 관계에서 그들에 대한 관심을 가지고 그들을 우선 배려함으로써 그들을 널리 포용하고 자기를 억제하기 때문이다. 공자는 인(仁)이란 "남을 사랑하는 일"[111]이므로, "자기가 하고 싶지 않은 일을 남에게 베풀지 말고"[112] "자기가 서고자 하면 남을 먼저 세워 주고, 자기가 이루고자 하면 남이 먼저 이루게 해 주는"[113] 식으로 타인을 먼저 배려하고, 자기를 억제하는 일이 덕을 이루고 다른 사람과 조화를 꾀하는 지름길이라 보았다.

맹자에게는 이러한 다른 사람에 대한 관심과 배려 및 자기억제가 자기를 미루어 다른 사람에게 미치게 하는 '추기급인(推己及人)'[114]과 다른 사람들과

---

108 柳下惠 不羞汚君 不辭小官 進不隱賢 必以其道 遺佚而不怨 阨窮而不憫 與鄉人處 由由然不忍去也 爾爲爾 我爲我 雖袒裼裸裎於我側 爾焉能浼我哉 故聞柳下惠之風者 鄙夫寬 薄夫敦(『孟子』, 萬章下 1)

109 公孫丑上 2; 萬章下 1; 告子下 6; 盡心上 22; 盡心下 15.

110 『荀子』, 君道 6-7.

111 樊遲問仁 子曰 愛人 (『論語』, 顔淵 22)

112 己所不欲 勿施於人 (顔淵 2; 衛靈公 23)

113 夫仁者 己欲立而立人 己欲達而達人 (雍也 28)

114 老吾老 以及人之老 幼吾幼 以及人之幼 天下可運於掌……故推恩 足以保四海 不推恩 無以保妻子 古之人 所以大過人者無他焉 善推其所爲而已矣 (『孟子』, 梁惠王上 7); 得天下有道 得其民斯得天下矣 得其民有道 得其心斯得民矣 得其心有道 所欲與之聚之 所惡勿施爾也 (離婁上 9)

즐거움과 괴로움을 함께 하는 '여민동지(與民同之)'[115]의 태도로 드러난다. 순자는 타인에 대한 관심과 배려 및 자기억제는 다른 사람을 너그럽게 포용하는 일로 드러난다는 '겸술론(兼術論)'을 제시하고 있다.[116] 그에 따르면, 다른 사람을 널리 포용하는 겸술은 군자와 성인의 특징으로, 군자와 성인은 "자기를 기준으로 하여 남을 헤아리기"[117] 때문에 자기를 억제하고, 노둔하거나 어리석거나 지식이 얕거나 순수하지 않은 사람을 포함하여 다른 사람을 두루 포용할 수 있다는 것이다. 이렇게 "자기를 기준으로 하여 남을 헤아리는 일"을 『대학』에서는 '혈구지도(絜矩之道)'[118]라 하여, 대인관계에서 조화를 이루는 핵심으로 제시하고 있다. 이렇게 군자와 성인은 처지를 바꾸어서 남의 상태를 헤아려보는 '역지사지(易地思之)'의 태도로 다른 사람을 두루 포용함으로써 타인에 대해 관심을 갖고 그들을 먼저 배려하여 자기를 억제하는 태도를 견지하고 있고, 그럼으로써 조화로운 대인관계를 맺을 수 있는 것이다.

이렇게 군자와 성인의 사람됨의 또 한 가지 특징인 조화로운 대인관계는 인간 존재를 '덕성 주체'로 파악하여, 모든 도덕적 바탕이 사람에게 본래부터 갖추어 있다는 사실에 대한 주체적 인식에서 비롯된다. 군자와 성인은 다른 사람들도 자기 자신과 똑같은 도덕성과 욕구 및 기호와 감정을 가지고 있다는 사실을 잘 깨닫고 있기 때문에 다른 사람들과의 관계에서 '자기를 억제'하

---

115 이러한 생각은 『孟子』의 첫 편인 梁惠王篇의 중심이 되고 있다. 예를 들면, 梁惠王上 2(古之人 與民偕樂 故能樂也), 梁惠王下 1(今王與百姓同樂則王矣), 梁惠王下 2(文王之囿 方七十里……與民同之 民以爲小 不亦宜乎), 梁惠王下 4(爲民上而不與民同樂者 亦非也 樂民之樂者 民亦樂其樂 憂民之憂者 民亦憂其憂 樂以天下 憂以天下 然而不王者未之有也), 梁惠王下 5(王如好貨 與百姓同之 於王何有……王如好色 與百姓同之 於王何有) 등에서 이러한 견해를 직접 표출하고 있다.

116 故君子度己以繩 接人則用抴 度己以繩 故足以爲天下法則矣 接人用抴 故能寬容 因求以成天下之大事矣 故君子賢而能容罷 知而能容愚 博而能容淺 粹而能容雜 夫是之謂兼術 (『荀子』, 非相 17): 『荀子集解』에서는 接人用抴의 抴를 紲로 보아 槃의 뜻으로 풀고, 因求以成天下之大事矣의 求는 衆의 誤字로 보고 있다.

117 聖人者以己度者也 (非相 13).

118 所惡於上 毋以使下 所惡於下 毋以事上 所惡於前 毋以先後 所惡於後 毋以從前 所惡於右 毋以交於左 所惡於左 毋以交於右 此之謂絜矩之道 (『大學』, 傳 10)

고 남들을 먼저 배려할 수 있다. 이러한 맥락에서 보면, '조화로운 대인관계의 형성과 유지'라는 군자의 특징은 동아시아 집단주의 사회인이 통제 대상 차원에서 강조하는 '자기억제'를 유발함이 명백하며, 여기에서 동아시아 집단주의의 사상적 배경에 유학의 체계가 놓여 있다는 또 하나의 논거를 확인해 볼 수 있다.

자기수련과 가변성 · 자기개선 강조 공자는 군자를 "자기를 닦음으로써 삼가게 된 사람[修己以敬]"[119]이라 보아, 도덕적 가치의 자각과 이의 일상적 실천을 군자의 가장 중요한 특징으로 보고 있다. 이렇게 군자는 인의를 바탕으로 자기수양을 이룬 사람이기 때문에, 자기에게 잘못이 있을 때 이를 고치기를 꺼리지 않으며,[120] 어진 사람을 보면 그와 같아지려 하고, 어질지 못한 사람을 보면 안으로 스스로를 반성하여 자기를 개선하려 한다.[121] 군자가 이렇게 잘못을 고쳐 자기개선을 할 수 있는 것은 모든 일의 책임을 도덕 주체인 자신에게서 찾기 때문이다.[122] 군자는 이렇게 항상 자기 잘못을 개선하고 모든 책임을 자기에게서 찾기 때문에 정서적으로 안정되어 있으며,[123] 자기의 이기적 욕구를 억제할 수 있다.[124] 이렇게 군자가 이루는 자기수련의 핵심을 공자는 인간의 가변성과 자기개선에서 찾고 있다.

이상에서 보듯 공자가 말하는 군자의 첫 번째 특징인 '수기이경'은 자기수련을 이루어 도덕적 자기완성에 이르는 일을 말한다. 이러한 수기이경의 상태를 맹자는 "깨끗하게 자기를 지키고 완성한 성인[聖之淸]"이라 보았다. 맹자가 말하는 '성지청'의 전형은 백이(伯夷)로서,[125] 그는 자기수련을 통해 평

---

119 『論語』, 憲問 45.

120 過則勿憚改 (學而 8; 子罕 24)

121 子曰 見賢思齊焉 見不賢而內自省也 (里仁 17); 子曰 三人行 必有我師焉 擇其善者而從之 其不善者而改之 (述而 21)

122 學而 16; 里仁 14; 憲問 32; 衛靈公 18, 20.

123 子曰 內省不疚 夫何憂何懼 (顔淵 4)

124 子曰 君子食無求飽 居無求安 敏於事而愼於言 就有道而正焉 可謂好學也已 (學而 14)

125 子曰 伯夷 目不視惡色 耳不聽惡聲 非其君不事 非其民不使 治則進 亂則退 橫政之所出 橫

생 도(道)의 실천을 깨끗하게 견지한 사람이어서[126] 인에 머물고 의를 따름으로써[127] 자기완성을 이룬 성인으로 제시되고 있다. 순자는 자기수련을 이룬 군자의 특징을 '자기수양'과 '일 또는 사물과 맺는 관계'의 측면에서 살피고 있는데,[128] 이러한 군자의 특징은 공자의 '수기이경'과 맹자의 '성지청'의 상태와 마찬가지로 자기개선을 통한 도덕적 자기완성에 있다. 『대학』에서 삼강령으로 제시하고 있는 대학의 도 가운데 지극한 선에 머무르는 '지어지선(止於至善)'도 자기개선과 자기수련을 통한 도덕적 자기완성의 상태를 말한다. 이러한 맥락에서 보면, 유학의 경전들에서 제시하는 군자와 성인의 기본 특징은 자기수련을 통한 도덕적 자기완성을 이루는 일이다.

자기수련의 기본 전제는 도덕 주체인 자기에게 모든 도덕의 바탕이 본래부터 갖추어져 있다는 사실을 자각하는 데 있다.[129] 군자와 성인은 도덕 주체라는 자각에 충실하기 때문에, 모든 일의 책임을 스스로에게서 찾으려 하는 반구저기(反求諸己)의 태도를 굳게 지니고 있다.[130] 군자와 성인은 책임의 자기귀인 경향이 강하기 때문에 자기에게 잘못한 일이 있을 때 이를 고쳐 자기개선을 이루기를 주저하지 않는다.[131]

이상에서 보듯 군자와 성인은 도덕의 근거가 자신에게 본유한다는 자각을 이루고, 이러한 바탕 위에서 모든 책임을 자기에게서 구함으로써 항상 자기 잘못을 고치려 노력하는 태도를 굳게 지닌 사람이다. 그들은 자기가 해야 할 일과 해서는 안 될 일이 있음을 잘 분별하여[132] 실생활에서 도덕적 가치에

民之所止 不忍居也 思與鄕人處 如以朝衣朝冠坐於塗炭也 當紂之時 居北海之濱 以待天下之淸也 故聞伯夷之風者 頑夫廉 懦夫有立志 (『孟子』, 萬章下 1)

126 公孫丑上 2, 9; 離婁上 13; 萬章下 1; 告子下 6; 盡心上 22; 盡心下 15.

127 居惡在 仁是也 路惡在 義是也 居仁由義 大人之事備矣 (盡心上 33)

128 『荀子』, 君道 6–7.

129 『論語』, 雍也 28; 顔淵 1; 『孟子』, 離婁下 14; 告子下 6; 『荀子』, 天論 28–29.

130 『論語』, 學而 16; 里仁 14; 憲問 32; 衛靈公 18, 20; 『孟子』, 離婁上 4; 盡心上 4; 『荀子』, 法行 21–22.

131 『論語』, 學而 8; 里仁 17; 子張 21; 『孟子』, 公孫丑上 9; 滕文公下 8; 『荀子』, 勸學 2.

132 『論語』, 顔淵 1; 『孟子』, 離婁下 8; 盡心上 17, 44; 『荀子』, 天論 25.

맞는 일처리를 할 수 있다.[133] 그리하여 그들은 도덕 주체로서 자기가 해야 할 일은 외적 · 상황적 조건에 따라 유발되거나 충족되는 이기적 생물적 정서나 욕구를 적극 억제하고, 그 대신 타인 지향적이고 도덕적인 정서와 욕구는 굳게 간직하고 키워 나가는 일이라고 보아, 자기개선의 삶의 태도를 지향함으로써 도덕적 자기완성을 이루려 하는 것이다.

이렇게 군자와 성인의 사람됨의 기본 특징인 자기수련은 인간의 '무한한 가능성'에 대한 유학자들의 믿음을 그대로 반영하는 것이다. 자기수련은 노력에 따른 인간의 가소성에 대한 신념을 바탕에 깔고 있다. 이러한 맥락에서 보면, '자기수련을 통한 자기완성'이라는 군자의 특징은 동아시아 집단주의 사회인이 인간의 변이가능성 차원에서 강조하는 '가변성'과 '자기개선'을 유발함이 분명하며, 여기에서 유학의 체계가 동아시아 집단주의의 사상적 배경으로 작용하고 있다는 또 다른 논거를 확인해 볼 수 있다.

(2) 유학적 정서이론의 집단주의적 특징: 사단칠정설을 중심으로

공자 · 맹자 · 순자 같은 선진유학자는 대체로 인간의 정서는 바람직한 적응을 해치는 부정적인 영향을 끼치므로, 적극적인 수양을 통해 조절하고 통제해야 할 대상이라고 보고 있다. 그러나 이는 칠정(七情)[134]으로 대표되는 외부 사물에 의해 유발되는 자기중심적 정서의 경우이다. 이들도 타인을 참조 대상으로 하거나 도덕적 수양에 도움이 되는 정서는 억제되기보다는 권장되어야 한다고 본다.

맹자는 외부 사물에 의해 유발되는 정서 이외에 인간에게 본유적으로 내

---

133 故君子壹於道 而以贊稽物 壹於道則正 以贊稽物則察 以正志行察論 則萬物官矣 (『荀子』, 解蔽 17)

134 何謂人情 喜怒哀懼愛惡欲 七者弗學而能……故聖人之所以治人七情 脩十義 講信脩睦 尙辭讓 去爭奪 舍禮何以治之 飮食男女 人之大欲存焉 死亡貧苦 人之大惡存焉 故欲惡者 心之大端也 人藏其心 不可測度也 美惡皆在其心 不見其色也 欲一以窮之 舍禮何以哉 (『禮記』, 禮運 301): 이는 王夢鷗 註譯(1969) 『禮記今註今譯(臺北: 臺灣商務印書舘)』의 p. 301을 가리킨다. 앞으로 『禮記』의 인용은 이 예에 따른다.

재한 착한 정서인 사단(四端)의 존재를 인정하고[135] 이의 적극적인 확충을 주장함으로써 선진유학의 정서 이해에서 특이한 위치를 차지하고 있다. 이러한 사단은 곤경에 빠진 사람을 불쌍히 여기는 측은(惻隱), 자기와 남의 옳지 않음을 부끄러워하는 수오(羞惡), 남에게 양보하고 공경하는 사양(辭讓) 및 옳고 그름을 가리려는 시비(是非)와 같이 타인 또는 삶의 원칙(규범)과 맺는 관계를 조건으로 하는 사회적인 정서라고 볼 수 있다.[136]

칠정과 사단을 중심으로 한 선진유학자들의 이론체계에 따르면, 측은 · 수오 · 사양 · 시비의 사단은 타인 및 규범중심적인 정서 가운데 가장 대표적인 정서이다. 이들은 유발 조건이 모두 자기 내적인 도덕 수양 또는 타인의 복지나 규범에 대한 관심과 배려에 달려 있는 자율적인 정서들이다. 따라서 이들은 각자가 하기에 따라 유발 또는 충족의 여부가 달라지는 정서[在我者 · 在己者]들이므로, 언제나 권장되고 강조된다. 곧 도덕적 수양은 이러한 사단 정서의 확충으로 이해될 수 있다는 것이 유학사상에서 도출되는 정서 이론의 한 가지 특징이다.

이와는 대조적으로, 칠정의 정서는 외적 조건에 의해 유발되는 타율적인 정서이다. 이들은 외적 조건과 자기 자신의 상태를 비추어 봄으로써 유발되는 자기중심적 정서이다. 예를 들면, 외적 조건이 자기의 개인적 욕구나 기존 상태의 충족에 긍정적일 경우에는 '기쁨[喜]'의 정서가 유발되지만, 외적 조건이 자기의 개인적 욕구나 기존 상태의 충족에 부정적일 경우에는 '성냄[怒]'의 정서가 유발된다. 따라서 이들은 외적 조건에 의해 유발 또는 충족의 여부가 달려 있는 정서[在人者 · 在天者]들로서, 적극적으로 억제되고 조절되어야 한다는 점이 강조된다. 정서의 자유로운 표출은 대인관계와 사회의 조화를 해치며, 또한 올바른 마음의 평정 상태를 해칠 가능성이 크기 때문이다. 자기중심적 정서의 억제와 조절을 강조하는 것이 유학사상에서 도출되

135 『孟子』, 公孫丑上 6; 告子上 6.

136 정양은, 1970, pp. 86-90; 한덕웅, 1994, pp. 108-134, 221-222.

는 정서이론의 또 다른 특징이다.

사단을 중심으로 하는 타인 및 규범중심적 정서의 권장과 칠정을 중심으로 하는 자기중심적 정서의 억제는 유학적 수신의 핵심 과정 가운데 하나이다. 정서의 조절을 통해 개인적 욕구나 자기집착에서 벗어나 사단이 정서 체험의 중심이 되는 정서의 승화와 자기개선을 이룰 수 있고, 따라서 도덕적 완성의 경지[成德]에까지 나아갈 수 있다는 것이 유학적 수양론의 대지라고 볼 수 있다. 자기수양을 통한 정서의 조절과 승화의 강조가 유학사상에서 도출되는 정서이론의 또 한 가지 특징이다.

선진유학에서는 사단과 같이 사회 상황에서 유발되는 타인 또는 규범중심적인 정서는 적극적으로 추구하고 확충해야 하지만, 칠정과 같이 외부 사물과 맺는 관계에서 유발되어 개인의 이욕적인 욕구를 부추기는 정서는 적극적으로 조절하고 통제해야 한다고 보는 이중 기준으로 정서 문제에 접근해 왔다. 사단을 확충하고 칠정을 조절하는 것이 바로 선진유학에서 제시하는 수양의 핵심이었다.

이러한 선진유학의 관점은 유학사상의 핵심으로 후대까지 면면히 지속되어 왔다. 이는 불교 및 도교와 갖는 이론적 경합 속에서 형이상학적 철학체계로 확립된 송대 이후의 신유학(新儒學)에서도 그대로 이어져 왔으며, 이러한 신유학의 한 갈래인 주희(朱熹, 1130~1200) 계통의 성리학(性理學)을 받아들인 조선조의 성리학 체계에서는 더욱 교조적으로 이러한 이중 기준에 의한 정서 이해에 집착했다고 볼 수 있다.

유학에서 정서이론을 체계화시킨 대표적인 학자들은 조선조의 성리학자들이었다. 이들이 약 300여 년 동안 지속한 사단과 칠정 사이의 관계에 관한 논쟁인 사칠논변(四七論辯)은 "16세기 중엽부터 논변의 형식으로 연구되기 시작하여 조선조 말까지 계속된 탐구 성과"[137]이다. 이는 탐구 기간의 장구함에서뿐만 아니라, 당시 유학자들 거의 모두가 이 논변에 참여하였다는 점에

137 윤사순, 1997, p. 6.

서 조선조의 성리학을 대표하는 문제였다. 이러한 맥락에서 여기서는 조선조 성리학에서 전개된 정서 이해의 문제를 고찰해 봄으로써 동아시아 집단주의 사회인에게서 특징적으로 나타나는 정서행동이 유학사상을 배경으로 하여 나온 것임을 확인해 보고자 한다.[138]

사단의 권장과 연계성 · 조화성의 강조 조선조의 성리학자들이 그토록 집요하게 사단 · 칠정을 해석하려 했던 의도는 "특히 사단이 선한 정인 점으로 짐작할 수 있듯이, 인간의 '착한 마음씨[善性]'를 믿는 데 있다. 이성에 해당하는 착한 본성이 우리에게 있음은 물론, 그것을 개발하여 실현하게 하려는 데 해석의 일차적인 목적이 있는 것이다. …… 착한 본성의 내재를 믿으면서, 그러한 본성에 의해 이상정치나 인륜을 실현할 수 있다는 사고는 또한 유학 전래의 인존(人尊)과 인본(人本) 의식을 낳은 것이기도 하다. 그런 점에서 인존 · 인본 정신을 뒷받침하는 보다 근본적인 인간학에 속하는 것이 바로 사단 칠정 해석론이라고 해도 과언이 아닐 것이다."[139]

퇴계(退溪 李滉, 1501~1570)와 율곡(栗谷 李珥, 1536~1584)을 비롯한 조선 중기의 유학자들은 사단과 칠정의 유래와 양자 사이의 관계에 대해 서로 다른 의견을 내세워 격렬히 논쟁하였지만, 이들 모두 사단은 착하기만 한 정

---

138 사실 조선조 성리학의 四七論辯에서는 四端純善論이나 七情善惡未定論에서 보듯이, 사단과 칠정의 문제를 善惡論과 연결지어 理氣論의 틀 속에서 파악하려 하였으며, 따라서 이를 심리학적 실증 연구의 토대로 삼기 어렵다는 비판이 있을 수 있다. 또한 사단 가운데 是非를 정서로 볼 수 있느냐 하는 점에는 문제가 있을 수 있다. 그러나 여기에서는 전통적으로 정서체계라고 볼 수밖에 없는 칠정과 연결지어 이해해 왔다는 맥락에서 사단을 타인 및 규범 지향적인 사회적 정서의 핵심으로 보아(정양은, 1970; 한덕웅, 1994), 이기론의 철학적 논점에서는 떠나, 유학자들이 인간의 정서의 문제를 어떻게 개념화해 왔는지의 대략을 파악해 보려는 관점에서 四端七情說을 유학적 정서이론의 기본축으로 이해하려 하였다. 이 책에서 전개되고 있는 바와 같은 사단칠정론의 세 가지 근본적인 관점은 선진 유학자들의 경전에서 전개되고 있는 정서이론과 맥을 같이하고 있다는 사실도 이러한 논점의 근거가 되고 있다. 이의 자세한 내용은 졸저(조긍호, 2003, 7장; 2007, 4장; 2017a, 5장) 참조.

139 윤사순, 1992, p. 8.

서, 곧 순선자(純善者)라고 본다는 점에는 일치하고 있다. 퇴계는 "사단은 마음 속에 간직하고 있는 인의예지의 성에서 나오지만, 칠정은 바깥 사물이 감각기관을 자극하여 나오는 것, 곧 외부 사물에 의해 유발되는 것"[140]이기 때문에, "사단은 모두 선하기만 한 것"[141]이라 보고 있다. 또한 율곡도 측은은 희(喜)·애(哀)·애(愛)·욕(欲)의 순선자, 수오는 노(怒)·오(惡)의 순선자, 사양은 구(懼)의 순선자, 그리고 시비는 이러한 칠정의 소당(所當)과 소부당(所不當)을 아는 순선자라고 보아, 같은 견해를 드러내고 있다.[142]

이렇게 사단은 타인을 대상으로 하거나(측은·사양) 또는 도덕적 규범과 원칙에 비추어서(수오·시비) 유발되는 정서로서, 사람이 본래부터 갖추고 있는 본성에서 나오는 순수하고 착하기만 한 것이기 때문에 적극 권장해야 한다는 주장이 성리학자들의 공통된 관점이다. 타인 및 규범중심의 사단은 '사회적 관계체'로 인간을 보는 관점에서 직접 도출되는 정서 가운데 가장 대표적인 것이다.

사회적 관계체로 인간을 보는 관점은 사회행위의 원동력을 사회관계 속의 역할 및 의무로 보고, 모든 사회행위의 목표를 사회관계의 질서와 조화의 추구에서 찾는 것으로, 사회행위의 원동력과 목표 차원에서 연계성과 조화성을 강조하는 집단주의 문화의 관점과 일맥상통한다. 유학의 체계에서 이

---

140 惻隱羞惡辭讓是非 何從而發乎 發於仁義禮智之性焉爾 喜怒哀懼愛惡欲 何從而發乎 外物觸其形而動於中 緣境而出焉爾 (『退溪全書 一』, 書 答奇明彥 406): 이는 成均館大學校 大東文化硏究院(1997)에서 영인판으로 펴낸『退溪全書』1卷 p. 406의 書 중 答奇明彥을 가리킨다. 이하 退溪의 인용은 이 예에 따른다.

141 四端皆善也 (『退溪全書 一』, 書 答奇明彥 406, 412)

142 夫人之情 當喜而喜 臨喪而哀 見所親而慈愛 見理而欲窮之 見賢而欲齊之者(已上 喜哀愛欲四情) 仁之端也 當怒而怒 當惡而惡者(怒惡 二情) 義之端也 見尊貴而畏懼者(懼情) 禮之端也 當喜怒哀懼之際 知其所當喜 所當怒 所當哀 所當懼(此屬是) 又知其所不當喜 所不當怒所不當哀 所不當懼者(此屬非 此合七情 而知其是非之情也) 智之端也 善情之發 不可枚擧大概如此 若以四端準于七情 惻隱屬哀 羞惡屬惡 恭敬屬懼 是非屬于其當喜怒與否之情也七情之外更無四端矣 (『栗谷全書 一』, 書 答成浩原, 199): 이는 成均館大學校 大東文化硏究院(1971)에서 영인판으로 펴낸『栗谷全書』1卷 p. 199의 書 중 答成浩原을 가리킨다. 이하 栗谷의 인용은 이 예에 따른다.

상적 인간상으로 설정하고 있는 군자나 성인은 자기를 닦는 수기와 함께, 타인과 사회에 대한 관심을 가지고 이를 우선적으로 배려하는 특징을 가진 사람들이다. 따라서 이들의 주의는 자기 자신보다는 관계를 맺고 있는 타인이나 사회에 쏠려 있으며, 결과적으로 대인평가의 기준을 타인과 사회에 대한 관심과 배려에서 찾게 된다. 이러한 경향은 곧바로 '사단'과 '부끄러워함[恥]' 같이 타인과 규범을 참조 대상으로 하는 타인중심적 정서를 중시하고 권장하는 태도를 낳게 된다.

유학사상에서 사회적 관계체로 인간을 보는 관점에서는 행위 원동력과 목표에 기초한 주의의 초점 차원 가운데 집단주의 문화의 특징(사회행위의 원동력＝관계의 연쇄망에 따른 역할 · 의무; 사회행위의 목표＝연계성 · 조화성; 주의의 초점＝타인과 사회)과 일치되는 특징이 도출된다. 이와 같이 사회적 관계체로 인간을 파악하는 유학의 체계에서 도출되는 정서이론이 타인 · 규범 중심 정서의 함양을 극히 강조하고 있다는 사실은, 이러한 논리체계를 사상적 배경으로 삼고 살아온 동아시아 사회에 집단주의 문화가 형성되는 기반이 되어 왔음을 시사한다.

칠정의 억제와 자기억제의 강조 조선조 성리학자들은 모두 칠정은 선악이 혼재해 있는 정서로서, 악으로 흐르기 쉬운 것이라고 본다는 점에서 일치된 견해를 보이고 있다. 퇴계는 "칠정은 외부 사물의 자극에 따라 발동"[143]되는 정서로서, "선악이 정해지지 않은 것"[144]이거나 "본래는 선하지만 악으로 흐르기 쉬운 것"[145]이라 보고 있다. 칠정의 발동이 중도에 맞지 않아 그 이(理)를 잃게 되면, 악하게 된다는 것이다. 곧 인간이 악하게 되는 원천 가운데 하나가 칠정이 그 이치를 잃는 것에 있다고 퇴계는 본다.

---

143 喜怒哀懼愛惡欲 何從而發乎 外物觸其形而動於中 緣境而出焉爾 (『退溪全書 一』, 書 答奇明彦 406)

144 七情善惡未定也 (『退溪全書 一』, 書 答奇明彦 406)

145 七情本善而易流於惡 (『退溪全書 一』, 書 答奇明彦 412)

율곡도 사단은 순선이지만, 칠정에는 선·악이 혼재해 있다고 본다. 그는 "사단은 오로지 착한 마음[道心]만을 가리켜 말하지만, 칠정은 이기적인 마음[人心]과 착한 마음을 합하여 말하는 것이다"[146]라고 하여, 이러한 견해를 표명하고 있다. 이렇게 선·악이 혼재해 있는 칠정이 악으로 흐르게 되는 것은, 희·노·애(哀)·구·애(愛)·오·욕을 마땅히 느껴야 할 때[所當]와 느끼지 말아야 할 때[所不當]를 분명히 구분하지 못하고 혼동하기 때문이다.[147]

성리학자들은 칠정이 사람을 악으로 흐르게 할 수 있는 가능성이 있기 때문에 이는 될 수 있는 대로 억제되어야 한다고 본다. 칠정이 악으로 흐를 가능성이 높아지는 것은 이것이 외부 대상에 의해 유발되는 타율적인 정서라는 점, 그리고 포부·기대·욕구 같은 자기의 현재 상태를 기준으로 하여 유발되는 자기중심적 정서이기 때문에 이기적 욕구와 결합될 가능성이 높아진다는 점 때문이다. 그러므로 자기중심적인 타율적 정서는 성덕(成德)을 향하는 과정에서 방해가 되거나 부정적인 영향을 미치므로, 철저히 통제하고 조절해야 한다는 것이 성리학자들의 공통된 견해이다.

타율적이고 자기중심적인 칠정을 통제하고 조절할 수 있는 것은 개인이 덕성 주체로서 갖추고 있는 인간의 존재 의의를 충분히 자각하여, 일상생활에서 도덕실천을 이룰 수 있는 능동적 주체성을 갖추고 있기 때문이다. 말하자면, '덕성 주체'로서 인간은 스스로를 통제하고 억제할 수 있다는 점에서, 칠정과 같은 자기중심적 정서를 통제하고 조절할 수 있는 가능성이 나오게 되는 것이다.

능동적 덕성 주체로 인간을 보는 관점은 모든 도덕적 기초가 본유적으로 사람 속에 갖추어져 있어서 모든 사회행위의 원인을 자기 내부로 귀환하여 자기 속에 침잠할 것을 강조하는 것으로, 자기표현 양식의 차원에서 자기억제를 강조하는 집단주의 문화의 관점과 통한다. 이러한 관점에서 보면, 모든

---

146 四端專言道心 七情合人心道心而言之也 (『栗谷全書 一』, 書 答成浩原 199)

147 『栗谷全書 一』, 書 答成浩原, 199.

것이 도덕 주체인 자기 자신에게 달려 있다고 봄으로써 항상 모든 일의 책임과 원인을 스스로에게 돌려서 찾게 된다. 그리고 사회와 대인관계에서 질서와 조화를 유지하는 것도 그 책임이 자기 자신에게 달려 있으므로, 통제해야 할 대상을 외부 환경 조건이 아니라 자기 자신에게서 찾게 되고, 결과적으로 항상 자기를 억제할 것을 강조한다. 자기억제와 자기통제를 중시하는 경향은 특히 정서의 측면에서 두드러진다. 곧 그 유발 조건이나 충족 조건이 외부 상황에 달려 있어서, 스스로의 도덕적 수양에 방해가 되는 칠정과 같은 자기중심적 정서는 적극적으로 억제하고 조절해야 한다고 유학사상에서는 보는 것이다.

이와 같이 유학사상에서 능동적 주체자로 인간을 보는 관점에서는 자기표현의 양식에 기초한 통제 대상의 차원 가운데 집단주의 문화의 특징(자기표현의 양식＝자기억제; 통제 대상＝자기 자신)과 일치되는 특징이 도출된다. 이렇게 능동적 덕성 주체로 인간을 파악하는 유학의 체계에서도 동아시아 사회에 집단주의 문화가 형성된 배경의 일단을 찾아볼 수 있다.

정서의 승화와 자기개선 강조 칠정을 비롯한 여러 가지 자기중심적 정서를 억제하고, 사단을 비롯한 타인·규범 지향의 정서를 권장하는 것이 유학적 정서이론의 핵심이다. 정서의 통제와 조절을 통해 자기수양을 하고, 그럼으로써 자기개선을 이룰 수 있게 된다. 성리학, 나아가서 유학의 근본 목적은 사람의 욕심을 버리고, 천리를 보존함으로써[遏人欲 存天理] 성인의 길을 배우는 데[聖學] 있다.[148] 곧 이기적인 욕구에 물든 마음[人心]을 버리고, 천리를 간직한 마음[道心]을 지향해 나아가는 것이 사람의 도리라고 보는 이론체계가 바로 성리학인 것이다. 여기서 사람의 욕심을 버리고, 천리를 보존하는 방법으로 제시되는 것이 바로 경 상태에 머무르는 거경(居敬)이다. 이는 "경(敬) 상태를 이루는 심적 조절 방법"[149]인데, "경은 성학(聖學)의 처음이자 마

---

148 안병주, 1987.

149 한덕웅, 1994, p. 76.

지막이 되는 요체"[150]라고 퇴계와 율곡은 보고 있다. "경은 마음의 주재로서 온갖 일의 근본이 되는 것"[151]이기 때문이다.

거경은 심적 자기조절이 이루어지는 전 과정으로서, 인간에게 정서의 조절과 통제는 거경을 통해 이루어진다는 것이 성리학자들의 생각이다. 유학의 기본 논지에 따르면, 거경 상태에서 이루어지는 정서의 조절과 통제는 "선악 미정"[152]이거나 "본래는 선하지만 악으로 흐를 가능성이 있는"[153] 칠정에 대한 조절과 통제가 된다. 곧 이는 인간의 삶에서 칠정의 작용을 억제하여 선한 방향으로 이끌어 감으로써 정서를 승화시키는 것을 의미한다. 정양은[154]은 이때 사회적 정인 사단의 역할이 중요하다고 보고 있다. 곧 인간관계에서 칠정이 발로되더라도, 사단의 발로가 강해지면 칠정이 자연히 약화될 것이라는 주장이다. 다시 말하면, 타인의 물리적인 존재에 반응[七情]하지 말고, 사회적 자극인 심적 속성에 반응[四端]하도록 하는 것이다. 이렇게 유학에서는 인간관계에서 언제나 칠정보다는 사단이 발로됨으로써 정서의 승화가 이루어지는 것을 중요시 하는데, 그 방법이 바로 거경이다.

거경을 통해서 칠정을 억제하고 사단의 발로를 강화함으로써 정서의 승화를 이루는 것, 이것이 바로 자기수양과 자기개선의 핵심이라는 입장이 유학, 특히 성리학자들의 주장이다. 이러한 관점은 사칠논변을 벌였던 모든 성리학자의 공통적인 견해이다. 성리학자들이 거경을 통한 정서의 승화가 가능하다고 생각하는 것은 인간을 '무한한 가능체'로 파악하는 시각에서 직접 도출된다.

인간 존재를 무한한 가능체로 보는 관점은 관계에 따른 역할의 연쇄망 속에서 변화하는 역할을 충실히 수행할 수 있는 인간의 가소성을 강조하는 것

---

150 敬爲聖學之始終 豈不信哉 (『退溪全書 一』, 聖學十圖 敬齋箴 210); 敬者 聖學之始終也 (『栗谷全書 一』, 聖學輯要 修己上 收斂章 431)

151 敬者 一心之主宰 而萬物之根本也 (『退溪全書 一』, 聖學十圖 大學經 203)

152 『退溪全書 一』, 書 答奇明彦 406.

153 『退溪全書 一』, 書 答奇明彦 412.

154 정양은, 1970, pp. 86-90.

으로, 행위의 변이가능성 차원에서 상황에 따른 가변성을 강조하는 집단주의 문화의 입장과 맥을 같이 한다. 이러한 관점에서 보면, 인간은 항상 자기를 돌아봄으로써 자기의 단점과 잘못을 찾아 이를 고쳐 나가려는 자기개선의 노력을 부단히 해야 하는 존재이다. 따라서 자기성찰과 자기개선이 대인평가의 중요한 기준으로 대두된다. 또한 유학사상에서는 사람은 부단한 자기개선의 과정에서 칠정과 같은 자기중심적 정서를 억제하고 통제하여, 사단과 같은 타인 · 규범중심적 정서가 지배적인 정서가 되도록 노력함으로써 자기개선을 통한 자기향상이 이루어지도록 하여야 한다고 본다.

이렇게 유학사상에서 무한한 가능체로 인간을 보는 관점으로부터는 행위의 변이가능성 및 자기향상의 방안 차원 가운데 집단주의 문화의 특징(상황에 따른 변이가능성＝가변성; 자기향상의 방안＝자기개선)과 일관되는 특징이 도출된다. 이와 같이 무한한 가능체로 인간을 파악하는 유학의 체계도 동아시아 사회에 집단주의 문화가 형성되도록 한 사상적 배경으로 작용하였다.

(3) 유학적 동기이론의 집단주의적 특징: 인심도심설을 중심으로

선진유학자들의 동기이론은 공통적으로 다음과 같은 세 가지 특징을 가지는 것으로 요약할 수 있다. 첫째, 사람은 생물적 동기, 감각추구 동기, 이기적 동기, 사회적 동기, 도덕적 동기와 같은 다양한 동기를 지니는데, 이 가운데 도덕적 동기만이 사람이 스스로 통제할 수 있는 것이기 때문에, 인간의 가장 중핵적인 동기는 도덕적 동기이다. 둘째, 도덕적 동기 이외의 나머지 동기들의 충족 여부는 외적 조건에 의존될 뿐만 아니라, 이러한 동기의 충족으로 말미암는 쾌락은 사람으로 하여금 욕구의 바름을 잃게 하고 불선(不善)으로 이끄는 폐단이 있기 때문에, 이는 절제되거나 제어될 필요가 있다. 셋째, 도덕적 동기는 사람이 스스로 통제할 수 있는 가장 중핵적인 동기일 뿐만 아니라, 욕구 위계에서 가장 상위에 있는 동기이기 때문에, 나머지 동기들이 이에 의해 제어됨으로써 하위 동기들의 폐단에서 벗어나 동기의 승화

가 이루어지는 것이 바람직하며, 이것이 바로 이상적 인간이 되는 길이다.[155]

선진유학자들의 동기이론은 성리학자들이 그대로 이어받고 있다. 그러나 성리학자들은 선진유학자들보다 생물적 이기적 동기들의 향악성(向惡性)을 더욱 강조함으로써 도덕적 동기에 의한 이의 철저한 통제를 중시하는 엄격한 자세를 굳게 지니고 있었던 것으로 보인다. 성리학자들, 그 가운데서도 특히 조선조의 성리학자들이 제시하는 동기이론의 핵심은 인심도심설(人心道心說)에 있었다고 볼 수 있다. 인심도심설의 요점은 도심의 권장과 함양, 인심의 억제와 통제, 그리고 거경을 통한 동기 승화의 세 가지이다.[156]

도심의 권장과 연계성 · 조화성 강조 인심도심설이 기대고 있는 제일의 논거는 인심(人心)은 사람의 생물적 특성에서 나오는 이기적 동기[形氣之私]의 근거이고, 도심(道心)은 사람의 본성에 뿌리를 두고 있는 바른 도덕적 동기[性命之正]의 근거로서, 이 두 가지는 성인과 어리석은 사람을 가릴 것 없이 사람이면 누구나 다 가지고 있는 것이라는 주장이다. 이러한 사실을 퇴계는 "인심은 욕구에 눈을 뜬 것이고, 도심은 의(義)와 리(理)에 눈을 뜬 것"[157]이라고 하여, 인심은 생물적 · 이기적 동기의 근원이고, 도심은 도덕적 동기의 근원임을 주장하고 있다. 이러한 사실을 율곡은 "무릇 좋은 소리 · 색깔 · 냄

---

155 선진유학의 동기이론에 대해서는 졸저(조긍호, 2007, pp. 364-403; 2017a, pp. 262-335) 참조.

156 人心道心說을 순수하게 동기이론이라고만 볼 수 있느냐에 대해서는 논란이 있을 수 있다. 특히 도심은 사단의 근거이고, 인심은 칠정의 근거가 된다는 점에서 인심도심설은 정서이론이라고 볼 수도 있을 것이다. 그러나 이 책에서 드러나듯이 인심은 인욕(人慾)의 바탕으로서 이기적 생물적 욕구 추구의 근거이고, 도심은 사단 그 자체라기보다는 사단과 같은 선을 향한 지향성, 곧 선에 대한 추구(도덕적 동기)의 근거로 볼 수 있다는 것이 퇴계와 율곡 같은 성리학자들의 기본 논점이다. 이러한 맥락에서 여기에서는 인심도심설을 유학적 동기이론의 기본축으로 이해하려 하였다. 이 책에서 전개되는 인심도심설의 세 가지 근본 관점이 선진유학의 경전들에서 도출되는 동기(욕구)설과 같은 논리적 구조를 가지고 있다는 사실도 이러한 논점의 배경이 되고 있다. 이의 자세한 내용은 졸저(조긍호, 2003, 8장; 2007, 5장; 2017a, 4장) 참조.

157 人心卽覺於欲者……道心卽覺於義理者……實以生於形氣 則皆不能無人心 原於性命 則所以爲道心 (『退溪全書 一』, 聖學十圖 心學圖說 208)

새 · 맛에 대한 욕구를 인심이라 하고, 인의예지에 대한 지향을 도심이라 한다"[158]거나 "군주에게 충성하고 어버이에게 효도하는 것 같은 종류는 도심이고, 배고프면 먹기를 바라고 추우면 옷 입기를 바라는 것 같은 종류는 인심이다"[159] 라는 등으로 똑같은 생각을 여러 곳에서 표현하고 있다.

이 가운데에서 "도심은 순전히 천리(天理)일 뿐이어서, 이에는 선만 있고 악은 없지만, 인심에는 천리도 있고 인욕(人欲)도 있어서, 이에는 선도 있고 악도 있다"[160]는 것이 이들의 생각이다. 이렇게 도심이 순수한 선[純善]인 까닭은 도심이 곧 인성(人性)의 중핵인 사단이기 때문이다.[161] 따라서 선악 혼재 상태인 인심[생물적 · 이기적 동기]보다 순선 상태인 도심[도덕적 동기]이 중핵적인 인간의 동기 상태가 되어야 한다는 것이 조선조 성리학자들의 관점인데, 이 점은 선진유학자들의 견해와 동일한 것이다.

이렇게 성리학자들의 관점에서 도심은 곧 순선(純善)인 사단과 같은 것이다. 퇴계는 "도심은 마음의 본체를 가지고 말하여 시종(始終)과 유무(有無)를 관통하는 것이고, 사단은 마음의 단서를 가지고 말하여 마음이 발현되는 데

---

158 夫聲色臭味之類 所謂人心也 仁義禮智之類 所謂道心也 (『栗谷全書 一』, 聖學輯要 修己上 窮理章 453)

159 忠於君 孝於親之類 道心也 飢欲食 寒欲衣之類 人心也 (『栗谷全書 二』, 語錄上 231)

160 道心純是天理 故有善而無惡 人心也 有天理也 有人欲 故有善有惡 (『栗谷全書 一』, 說 人心道心圖說 282)

161 退溪와 栗谷은 道心이 곧 純善인 四端이라고 본다는 점에서는 생각이 같다. 그러나 양자의 人心과 七情의 관계에 대한 생각은 다르다. 즉, 退溪는 人心은 곧 七情이라고 보는 데 반해(人心七情是也 道心四端是也: 『退溪全書 二』, 書 答李宏仲問目 226; 人心爲七情 道心爲四端……二者之爲七情四端固無不可: 『退溪全書 二』, 書 答李平叔 259), 栗谷은 七情에는 본래 四端이 포함되므로, 따라서 이에는 人心과 道心이 섞여 있다고 본다(四端不能兼七情 而七情則兼四端: 『栗谷全書 一』, 書 答成浩原 192; 若七情則已包四端在其中 不可謂四端非七情 七情非四端也……七情之外 更無四端矣 然則 四端專言道心 七情合人心道心而言之也: 『栗谷全書 一』, 書 答成浩原 199; 七情則人心道心善惡之摠名也……四端卽道心及人心之善者也……論者或以四端爲道心 七情爲人心 四端固可謂之道心矣 七情豈可只謂之人心乎 七情之外無他情 若偏指人心 則是擧其半 而遺其半矣: 『栗谷全書 一』, 說 人心道心圖說 283). 이러한 양자의 차이에 대해서는 한덕웅(1994, pp. 123-127; 1999. pp.197-204, 218-222) 참조.

에 나아가 그 단서를 가지고 말한 것이다"[162]라고 하여, 사회적 존재인 다른 사람을 대상으로 도심이 발하여 나타난 정(情)이 곧 사단임을 지적하고 있다. 앞에서 보았듯 사단은 대인관계에서 다른 사람을 지향 대상으로 하여 나타나는 사회적 정서이다. 그러므로 도심은 사회관계에서 다른 사람을 목표 대상으로 하여 나타나는 동기와 정서의 본체가 되는 마음 상태라고 볼 수 있다. 율곡은 "도심은 군주에게 충성하고자 하고, 어버이에게 효도하고자 하는 종류의 마음"[163]이라고 하여, 이러한 사실을 직접 표현하고 있다.

이렇게 보면 도덕적 동기가 인간의 가장 중핵적인 동기이고, 그 근원인 도심이 실생활에서 함양되고 권장되어야 할 마음의 본체라는 인심도심설의 주장은 인간을 '사회적 관계체'로 파악하는 유학자들의 견해에서 직접 도출되는 것이라 할 수 있다. 도덕적 동기는 타인에 대한 관심과 배려를 가지고 그들의 안녕에 이바지하려는 행동의 근거가 되는 타인 지향의 동기이다. 따라서 이러한 동기 상태를 간직하게 되면, 일상생활에서 언제나 타인과 연계되어 있는 자신을 인식하고, 그들과 조화로운 관계를 유지하려는 태도로 살아가게 될 것이다. 이러한 맥락에서 보면, '도덕적 동기와 그 근거인 도심의 권장'이라는 유학적 동기이론의 제일의 특징은 동아시아 집단주의 사회인이 일상생활에서 타인과 맺는 '연계성'의 인식과 '조화성'의 유지를 위해 힘을 쏟도록 유도하게 될 것임이 분명하며, 여기에서도 동아시아 집단주의의 배경에 유학의 체계가 놓여 있다는 논거를 확인할 수 있다.

인심의 통제와 자기억제의 강조 인심도심설에 따르면, 인심이란 사람의 생물적 특징[形氣]에서 나오는 이기적인 욕구의 근원이다. 이를 퇴계는 "인심은 욕구에 눈을 뜬 것"[164]이라거나, "인심이란 사람 욕구[人欲]의 근본이고, 인욕

---

162 道心以心言 貫始終而通有無 四端以端言 就發見而指端緒 (『退溪全書 二』, 書 答李平叔 259)

163 『栗谷全書 二』, 語錄上 231.

164 『退溪全書 一』, 聖學十圖 心學圖說 208.

(人欲)이란 인심이 흘러내린 것"[165] 또는 "인심이란 말은 이미 도심과 상대해서 성립되는 것으로, 자기 몸의 이기적 측면에 속하는 것"[166]이라고 하여, 인심이 생물적·이기적 동기의 근원임을 확실히 하고 있다.

이렇게 인심은 생물적·이기적 동기의 근원으로서, 이를 추구하면 여러 폐단에 빠지게 되므로, 이를 억제하고 도덕적 동기의 근원인 도심을 보존하도록 하여야 한다는 것이 인심도심설의 주장이다. "사람이 착하지 못하게 되는 것은 욕구의 꾐을 받게 되기 때문인데, 욕구의 꾐에 빠졌음에도 이를 알지 못하면, 천리(天理: 도덕적 동기와 도덕성의 근거)가 모두 없어져도 돌아올 줄 모르거나"[167] 그 본심을 잃어서 …… 뜻을 빼앗기는[168] 지경에 빠지고 마는 것이다.

이런 까닭에 인심을 억제하고 도심을 보존해야 하는데, 퇴계는 이를 "대체로 마음을 다잡는 공부[心學]의 방법은 비록 많지만, 그 요점을 종합해서 말하면, 사람의 욕구를 억제하고[遏人欲] 천리를 보존하는[存天理] 두 가지에 불과하다. 여기서 욕구를 억제하는 일은 인심의 측면에 속하는 것이고, 천리를 보존하는 일은 도심에 속하는 것이라 할 수 있다"[169]고 표현하여, 유명한 알인욕(遏人欲)·존천리(存天理)의 이론[170]을 제시하고 있다. 율곡도 "평상시에 엄숙하게 삼가 자신을 지켜서 생각이 떠오를 때마다 그것이 어디에서 연유하고 있는지를 잘 살펴야 한다. 그래서 만일 그것이 생물적·이기적 욕구[人心]에서 발동되었음을 알게 되면, 힘을 다하여 이를 이기고 다스려서 이것

165 人心者 人欲之本 人欲者 人心之流 (『退溪全書 二』, 書 答僑姪問目 307)

166 人心之名 已與道心相對而立 乃屬自家體段上私有底 (『退溪全書 二』, 書 答李平叔 259)

167 甚哉 慾之害人也 人之爲不善 欲誘之也 誘之而弗知 則至於滅天理而不反 (『栗谷全書 一』, 聖學輯要 修己中 矯氣質章 467)

168 欲如口鼻耳目四肢之欲 雖人之所不能無 然多而不節 未有不失其本心者……凡百玩好皆奪志 (『栗 谷全書 一』, 聖學輯要 修己中 養氣章 469)

169 大抵心學雖多端 總要而言之 不過遏人欲存天理兩事而已……凡遏人欲事當屬人心一邊 存天理事當屬道心一邊 可也 (『退溪全書 二』, 書 答李平叔 259)

170 自精一擇執以下 無非所以遏人欲而存天理之工夫也 愼獨以下 是遏人欲處工夫 戒懼以下 是存天理處工夫 (『退溪全書 一』, 聖學十圖 心學圖說 208)

이 자라나지 않도록 해야 한다. 그런데 만일 그것이 인의예지[道心]에서 발동되었음을 알게 되면, 한결같이 이를 간직하고 지켜서 변하거나 옮겨가지 않도록 해야 한다"[171]라고 하여, 똑같은 견해를 피력하고 있다. 이러한 관점을 그는 "대체로 인심은 마구 자라나도록 해서는 안 되며, 이를 절제하고 단속하는 일을 중히 여겨야 하고, 도심은 마땅히 간직하고 길러내야 하며, 이를 미루어 나가고 넓히는 일을 아름답게 여겨야 한다"[172]라고 표현하고 있기도 하다.

인심이란 인간의 생물적 존재 특성에 기초한 이기적 욕구의 근원이어서, 이러한 욕구의 꾐을 받게 되면, 도심[天理]이 모두 없어져도 돌아올 줄 모르고 불선을 저지르게 되거나[173] 뜻을 빼앗기게 되는[174] 폐단에 빠진다고 성리학자들은 본다. 그런 까닭에 생물적 · 이기적 욕구의 근원인 이러한 인심은 철저히 억제하여야 한다[遏人欲]는 것이 성리학자들의 주장인데, 이 점도 선진유학자들의 관점과 동일한 것이다.

생물적 · 이기적 욕구를 통제하고 조절할 수 있는 것은, 사람은 성덕을 지향하는 삶의 과정에서 모든 도덕성의 원천이 스스로에게 갖추어져 있다는 사실을 인식하여, 스스로에게서 모든 일의 책임을 찾는 능동적 주체성을 갖추고 있는 덕성 주체이기 때문에 가능한 것이다. 곧 도덕적 완성을 통해 지극한 선의 상태에 도달하는 것이 덕성 주체인 스스로의 책임이듯이, 생물적 · 이기적 욕구에 휘둘려 불선해지는 것도 역시 개인의 책임이므로, 능동적 주체적으로 이러한 욕구를 억제하고 통제할 수 있게 되는 것이다. 이렇게 보면, 인간을 '능동적인 덕성 주체'로 파악하는 유학사상의 관점으로부터 '이기적 · 생물적 욕구의 억제'를 통한 성덕의 지향이라는 동아시아 집단주의의 특징이 직접 도출되고 있는 것이다.

---

171 惟平居 莊敬自持 察一念之所從起 知其爲聲色臭味而發 則用力克治 不使之滋長 知其爲仁義禮智而發 則一意持守 不使之變遷 (『栗谷全書 一』, 聖學輯要 修己上 窮理章 453)

172 大抵人心不可滋長 而節約爲貴 道心宜保養 而推廣爲美也 (『栗谷全書 二』, 語錄上 232)

173 『栗谷全書 一』, 聖學輯要 修己中 矯氣質章 467.

174 『栗谷全書 一』, 聖學輯要 修己中 養氣章 469.

동기의 승화와 자기개선의 강조 성리학자들은 생물적·이기적 욕구의 근원인 인심의 폐단에서 벗어나는 일은 단순히 이를 억제하거나[175] 절제하는 일[176]에만 머물러서는 안 되고, 도심으로 이를 제어함으로써 도심에 의한 주재가 이루어지도록 해야 한다고 주장한다. 퇴계는 "인심이란 도심과 상대해서 성립되는 것으로 사람 몸의 이기적 측면에 속한 것이어서, 이렇게 인심은 이미 이기적인 한 방향에 떨어져 있는 것이기 때문에, 다만 도심으로부터 명령을 들어서 도심과 하나가 되도록 해야 한다"[177]라는 말로 이러한 논점을 전개하고 있다. 율곡은 "마음을 다스리는 사람은 어떤 생각이 발동될 때에, 이것이 도심임을 알게 되면 이를 넓혀서 채워야 한다. 그러나 이것이 인심임을 알게 되면 정밀하게 잘 살펴서 반드시 도심을 가지고 이를 제어함으로써 인심이 항상 도심의 명령을 따르도록 해야 한다. 이렇게 되면 인심도 또한 도심이 될 것이다"[178]라고 하여, 이러한 주장을 적극적으로 피력하고 있다. 율곡은 한 걸음 더 나아가 이렇게 인심이 도심에 의해 제어되어 도심과 하나가 되면, "이(理)와 의(義)[도덕적 동기]가 항상 보존되고, 물욕(物欲)[생물적·이기적 동기]이 뒤로 물러날 것이니, 이로써 만사를 응대하면, 중도[中]에 맞지 않는 일이 없게 될 것"[179]이라 주장하고 있다.

도심에 의한 인심의 제어가 이루어져서 인심 또한 도심이 될 수 있는 것은 인심과 도심이 서로 다른 두 마음이 아니기 때문이다. 퇴계는 이를 "인심은 욕구에 눈을 뜬 것이고…… 도심은 의리(義理)에 눈을 뜬 것이지만, 이는 두 가지 종류의 마음이 있다는 말은 아니다"[180]라고 표현하고 있다. 이렇게

---

175 『退溪全書 一』, 聖學十圖 心學圖說 208; 『退溪全書 二』, 書 答李平叔 259.

176 『栗谷全書 一』, 聖學輯要 修己上 窮理章 453; 『栗谷全書 二』, 語錄上 232.

177 人心之名 已與道心相對而立 乃屬自家體段上私有底 蓋旣曰私有 則已落在一邊了 但可聽命於道心而爲一 (『退溪全書 二』, 書 答李平叔 259)

178 治心者 於一念之發 知其爲道心 則擴而充之 知其爲人心 則精而察之 必以道心節制 而人心常聽命於道心 則人心亦爲道心矣 (『栗谷全書 一』, 說 人心道心圖說 282-283)

179 夫如是則理義常存 而物欲退聽 以之酬酌萬變 無往而非中矣 (『栗谷全書 一』, 聖學輯要 修己上 窮理章 453)

180 人心卽覺於欲者……道心卽覺於義理者 此非有兩樣心 (『退溪全書 一』, 聖學十圖 心學圖說

인심과 도심은 선악 혼재이냐 아니면 순선이냐 하는 정도에서의 차이를 나타낼 뿐이어서,[181] 순선인 도심 상태로의 승화가 가능한 것이다.

성리학자들이 사람의 욕심을 제어하고[遏人欲] 천리를 보존함으로써[存天理] 동기의 승화를 이루는 방법으로 제시하는 것이 경 상태에 머무르는 거경(居敬)이다. 『중용장구(中庸章句)』 서(序)에 붙인 『서경(書經)』 「대우모편(大禹謨篇)」의 해설에서 주희는 이를 "정밀하게 살피고, 마음을 한결같이 하는 일[精一]"에서 찾고 있는데,[182] 이러한 정일(精一)이 곧 거경의 상태에 해당된다.[183] 말하자면, 거경은 인심을 제어하고 도심을 보존하는 구체적인 방법인 것이다.

"경은 마음의 주재로서, 온갖 일의 근본이 되는 것"[184]이어서 "경은 성인이 되고자 하는 학문[聖學: 유학 전체를 가리킴]의 처음이자 마지막이 되는 요체"[185] 라는 데 퇴계와 율곡이 일치한다. 거경은 성학(聖學)의 또 하나의 방법으로 사물의 이치를 깊이 탐구하는 궁리(窮理)의 근본이 되기 때문에[186] 성학

---

208)

181 『栗谷全書 一』, 說 人心道心圖說 282.

182 人心惟危 道心惟微 惟精惟一 允執厥中……蓋嘗論之 心之虛靈知覺 一而已矣 而以爲有人心道心之異者 則以或生於形氣之私 或原於性命之正 而所以爲知覺者不同 是以或危殆而不安 或微妙而難見耳 然人莫不有是形 故雖上智不能無人心 亦莫不有是性 故雖下愚不能無道心 二者雜於方寸之間 而不知所以治之 則危者愈危 微者愈微 而天理之公 卒無以勝夫人欲之私矣 精則察夫二者之間而不雜也 一則守其本心之正而不離也 從事於斯 無少間斷 必使道心常爲一身之主 而人心每聽命焉 則危者安 微者著 而動靜云爲 自無過不及之差矣 (『中庸章句』, 序)

183 윤사순, 1997, pp. 267-271.

184 敬者一心之主宰 而萬事之本根也 (『退溪全書 一』, 聖學十圖 大學經 203); 蓋心者一身之主宰 而敬又一心之主宰也 (『退溪全書 一』, 聖學十圖 心學圖說 208); 爲學莫如先立其主宰 曰何如可以能立其主宰乎 曰 敬可以立主宰 (『退溪全書 四』, 言行錄一 論持敬 175)

185 敬爲聖學之始終 豈不信哉 (『退溪全書 一』, 聖學十圖 敬齋箴 210); 敬之一字 豈非聖學始終之要也哉 (『退溪全書 一』, 聖學十圖 大學經 203); 敬者聖學之始終也 (『栗谷全書 一』, 聖學輯要 修己上 收斂章 431)

186 敬以爲主 而事事物物 莫不窮其所當然與其所以然之故……至如敬以爲本 而窮理以致知 反躬以踐實 此乃妙心法 而傳道學之要 (『退溪全書 一』, 疏戊辰六條疏 185-186); 持敬是窮理之本 (『栗谷全書 一』, 聖學輯要 修己上 收斂章 431); 大抵敬字 徹上徹下 格物致知 乃其間節次進步處 又曰 今人皆不肯於根本上理會 如敬字只是將來說 更不做將去 根本不立 故其

의 처음이자 마지막이 된다는 것이다.[187]

퇴계와 율곡은 거경의 기능을 유학적 수양론의 핵심의 위치에 올려놓고 있다. 한마디로 경 상태는 주의분산 없는 주의집중의 인지적 기능[188]과 함께 실생활에서 도에 합치하는 목표를 선택하고 이에 적합한 행동을 활성화하는 동기적 기능[189]도 지니는, 심적 자기조절의 전체 과정에 해당한다고 볼 수 있다. 거경의 기능을 이렇게 심적 자기조절이라 보면, 경이 생물적·이기적 동기[人心]를 제어하고 도덕적 동기[道心]를 발양시키는 기능을 한다는 사실은 쉽게 이해된다. 율곡은 "경 상태에서는 안으로 욕구가 싹트지 않고, 밖으로 사물의 유혹이 들어오지 못한다. …… 경은 사람의 욕구를 대적하는 방도로서, 사람이 항상 경 상태에 있게 되면, 천리가 스스로 밝아지고 사람의 욕구는 위로 떠오르지 못하게 되는 것이다"[190]라고 진술하여 이러한 입장을 드러내고 있다.

경에 의해 생물적·이기적 욕구를 제어할 수 있기 때문에 "악을 버리고 선을 따르는 일은 역시 경을 위주로 하는 일[主敬]과 도에 대한 올바른 이해[明理]에 달려 있을 수밖에 없다."[191] 욕구 통제의 기능을 통해 "경은 온갖 사악함을 다 이기게 되므로"[192] 거경은 곧 동기 승화의 직접적인 방도가 된다는 것이 바로 조선조 성리학자들의 입장이었던 것이다.

他零碎工夫無湊泊處 (『栗谷全書 一』, 聖學輯要 修己上 收斂章 433-434)

187 敬者聖學之始終也 故朱子曰 持敬是窮理之本 未知者非敬無以知 程子曰 入道莫如敬 未有能致知而不在敬者 此言敬爲學之始也 朱子曰 已知者非敬無以守 程子曰 敬義立而德不孤 至于聖人 亦止如是 此言敬爲學之終也 (『栗谷全書 一』, 聖學輯要 修己上 收斂章 431); 蓋此心旣立 由是格物致知 以盡事物之理 則所謂尊德性而道問學 由是誠意正心 以修其身 則所謂先立其大者而小者不能奪 由是齊家治國 以及乎天下 則所謂修己以安百姓 篤恭而天下平 是皆未始一日而離乎敬也 然則敬之一字 豈非聖學始終之要也哉 (『退溪全書 一』, 聖學十圖 大學經 203)

188 김성태, 1989, pp. 160-181.

189 한덕웅, 1994, pp. 91-96.

190 敬則內欲不萌 外誘不入……敬所以抵敵人欲 人常敬則天理自明 人欲上來不得 (『栗谷全書 一』, 聖學輯要 修己中 正心章 476)

191 其欲去惡而從善 亦在主敬與明理而已 (『退溪全書 二』, 書 答金而精 94)

192 敬勝百邪 (『栗谷全書 一』, 聖學輯要 修己中 正心章 476)

이상에서 보았듯이, 사람은 거경을 통해 생물적 · 이기적 욕구의 근원인 인심을 제어하고 도덕적 동기의 근원인 도심을 확충하여 인심이 도심의 명령을 따라 도심의 상태로 변모되는[193] 동기의 승화를 이룰 수 있는 존재이며, 동기의 승화가 곧 자기수양과 자기개선의 기초라는 것이 유학, 특히 성리학자들의 핵심 주장이다. 유학자들이 거경을 통해 인심이 도심으로 변화됨으로써 동기의 승화가 이루어질 수 있다고 보는 입장은, 인간을 항상 '자기개선'을 지향하는 과정 속의 존재, 곧 '무한한 가능체'로 파악하는 관점에서 직접 도출된다. 이러한 추론도 상황에 따른 인간의 가변성과 자기개선을 강조하는 동아시아 집단주의의 배경에 유학사상이 자리 잡고 있다는 사실을 확인해 주는 또 다른 논거가 되고 있다.

4. 동아시아 집단주의의 배경: 유학사상

지금까지 한국 · 중국 · 일본 등 동아시아 유교권 국가들에 집단주의 문화가 생성된 배경에는 유학사상이 놓여 있음을 살펴보았다. 이들 국가에서는 근세까지도 유학사상이 국가 경영의 최고이념으로 선양되어 온 공통점이 있다. 물론 일본의 경우는 한국 및 중국과 사정이 조금 다르기는 했지만, 최고 권력자 집단이 유교 장려책을 썼다는 점은 공통적인 것이다. 이들 동아시아 국가에서 유학은 과거의 전통만은 아니다. 유학사상은 현재도 동아시아인의 생각과 행동 및 가치관의 중추가 되고 있다. 동아시아인의 삶을 지배하고 있는 이러한 "마음의 유교적 습성들"[194]은 이들의 현재의 삶을 지배하고 있는 현실의 체계인 것이다.

유학은 인간이 도덕적 사회적 존재라는 사실을 기반으로 하여[人性論], 이

---

193 『退溪全書 二』, 書 答李平叔 259; 『栗谷全書 一』, 書 答成浩原 192; 說 人心道心圖說 282–283.

194 Tu, Wei-Ming, 1996, p. 343.

러한 인간이 도달할 수 있는 이상적 상태[君子論]를 정립한 다음, 이상적 인간이 되는 길[修養論]과 이상적 인간의 사회적 삶의 모습[道德實踐論]을 제시하고 있는 이론체계이다. 이러한 유학사상의 정수는 인성론과 그 이상적 지향처로서의 군자론에 있다. 이렇게 보면, 유학은 인간의 사회적 도덕적 특성을 기반으로 하여, 그 이상적 모형인 성인과 군자로의 '인간 존재의 확대'를 지향하고 있는 사상체계라고 볼 수 있을 것이다.

유학자들이 인간의 존재 확대를 부르짖게 되는 논리적 근거는 그들의 인간 파악의 기본틀에 놓여 있다. 유학 경전 전체를 꿰뚫고 있는 인간 파악의 기본 입장은 대체로 세 가지로 요약할 수 있는데, 이는 인간을 사회적 관계체, 덕성 주체, 그리고 무한한 가능체로서의 존재로 파악하고 있다. 즉, 인간은 개체로서의 존재를 뛰어넘어 관계를 맺고 있는 타인과 그들로 이루어진 사회에 대한 책임을 스스로가 짊어지고 실천해야 하는 존재로서, 주체적으로 존재 확대를 이루어 낼 수 있는 무한한 가능성을 보유하고 있다는 것이다.

유학자들은 인간 존재의 기본 특성을 사람과 사람 사이의 관계라는 사회성에서 찾고 있다. 곧 사회적 관계체로 인간의 존재 특성을 규정하는 것이 유학사상에서 도출되는 인간 파악의 가장 기본 입장이다. 말하자면, 인간이 갖추고 있는 도덕적 기초는 바로 이러한 인간 존재의 사회성으로부터 연유하는 것이라는 관점이 유학사상의 핵심이다.

유학사상에서 강조하는 인간의 능동성과 주체성, 그리고 가변성과 가능성도 인간의 사회성과 도덕성에 대한 인식을 바탕으로 한다. 곧 스스로에게 본유적으로 모든 도덕성의 근거가 갖추어져 있으므로, 이를 잃지 말고 잘 간직하고 길러서 일상생활에서 실천하도록 하는 것이 능동적 주체적인 삶의 자세라는 것이 유학사상의 기본 입장이다. 따라서 능동적 · 주체적 · 가능체적 존재로서의 인간 파악의 관점은 사회적 관계체로 인간을 보는 조망에서 연역되어 나오는 입장이라 할 수 있을 것이다. 이렇게 유학사상의 제반 특징의 배경에는 사회성을 강조한다는 사실이 놓여 있으며, 바로 이 점이 유학사상의 전통을 가지고 있는 동아시아 사회에 집단주의 문화가 생성된 바탕이다.

앞서 사회행위의 원동력과 목표(주의의 초점), 자기표현의 양식(통제 대상) 및 인간 존재의 변이가능성(자기향상의 방안)의 세 차원에서 자율성과 독립성, 자기주장, 안정성을 강조하는 개인주의 사회와는 달리, 집단주의 사회에서는 연계성과 조화성, 자기억제, 가변성을 강조함을 살펴보았다. 이러한 세 차원은 앞에서 제시된 유학사상에서 도출되는 인간 파악의 세 입장과 관련이 깊다.

사회적 관계체로 인간을 보는 입장은 사회행위의 원동력을 사회관계 속의 역할 및 의무로 보고, 모든 사회행위의 목표를 사회관계의 질서와 조화의 추구에서 찾는 것으로, 사회행위의 원동력과 목표 차원에서 연계성과 조화성을 강조하는 집단주의 문화의 입장과 같다. 이러한 입장에서 보면, 군자나 성인은 자기를 닦는 수기와 함께, 타인과 사회에 대한 관심을 가지고 이를 우선적으로 배려하는 특징을 가진 사람들이다. 따라서 이들의 주의는 자기 자신보다는 관계를 맺고 있는 타인이나 사회에 쏠려 있으며, 결과적으로 대인평가의 기준을 타인과 사회에 대한 관심과 배려에서 찾게 된다. 이러한 경향은 곧바로 사단과 '부끄러워함' 같은 타인과 규범을 참조 대상으로 하는 타인중심적 정서를 중시하고 권장하는 입장을 낳게 된다. 또한 사회를 배려하는 경향은 다양한 동기 중에서 그 충족 조건이 스스로의 도덕적 수양에 달려 있으며, 자신보다 타인과 사회에 지향하는 도덕적 동기를 중시하고 권장하는 경향으로 이어진다. 이렇게 유학사상에서 사회적 관계체로 인간을 보는 입장에서는 행위 원동력과 목표에 기초한 주의의 초점 차원 중 집단주의 문화의 특징(사회행위의 원동력=관계의 연쇄망에 따른 역할 · 의무 · 책임; 사회행위의 목표=연계성 · 조화성; 주의의 초점=타인과 사회)과 일치되는 특징이 도출된다. 이와 같이 사회적 관계체로 인간을 파악하는 유학의 체계는 이를 사상적 배경으로 삼아 온 동아시아 사회에 집단주의 문화가 형성되는 기반이 되어 왔다.

능동적 덕성 주체로 인간을 보는 입장은 모든 도덕적 기초가 본유적으로 사람 속에 갖추어져 있으므로 모든 사회행위의 원인을 자기 내부로 귀환하여 자기 속에 침잠할 것을 강조하는 것으로, 자기표현 양식의 차원에서 자기억제를 강조하는 집단주의 문화의 입장과 통한다. 이러한 입장에서 보면, 모든 것이 도덕 주체인 자기 자신에게 달려 있다고 봄으로써 항상 모든 일의 책임과 원인을 스스로에게 돌려서 찾게 된다. 사회와 대인관계에서 질서와 조화를 유지하는 책임도 자기 자신에게 달려 있으므로, 항상 자기를 억제하고, 통제해야 할 대상을 외부 환경 조건이 아니라 자기 자신에게서 찾으며, 결과적으로 항상 자기를 억제할 것을 강조한다. 자기억제와 자기통제를 중시하는 경향은 특히 정서와 동기의 측면에서 두드러진다. 곧 유학사상에서는 그 유발 조건이나 충족 조건이 외부 상황에 달려 있어 스스로의 도덕적 수양에 방해가 되는 칠정과 같은 자기중심적 정서나 생물적 · 이기적 욕구는 적극적으로 억제하고 조절해야 한다고 본다. 이와 같이 유학사상에서 능동적 주체자로 인간을 보는 입장에서는 자기표현의 양식에 기초한 통제 대상의 차원 중 집단주의 문화의 특징(자기표현의 양식=자기억제; 통제 대상=자기 자신)과 일치하는 특징이 도출된다. 이렇게 도덕적 주체로 인간을 파악하는 유학의 체계에서도 동아시아 사회에 집단주의 문화가 형성된 배경의 일단을 찾아볼 수 있다.

마지막으로, 무한한 가능체로 인간을 보는 입장은 관계에 따른 역할의 연쇄망 속에서 관계가 달라짐에 따라 변화하는 역할을 충실히 수행할 수 있는 인간의 가소성을 강조하는 것으로, 인간의 심성과 행위의 변이가능성 차원에서 상황에 따른 가변성을 강조하는 집단주의 문화의 입장과 맥을 같이 한다. 이러한 관점에서 보면, 인간은 항상 자기를 돌아봄으로써 자기의 단점과 잘못을 찾아 이를 고쳐 나가려는 자기개선의 노력을 부단히 해야 하는 존재이다. 따라서 자기성찰과 자기개선이 대인평가의 중요한 기준으로 대두된다. 또한 사람은 부단한 자기개선의 과정에서 칠정과 같은 자기중심적 정서와 생물적 · 이기적 동기를 억제하고 통제하여, 사단과 같은 타인 · 규범중심적 정서와 도덕적 동기가 지배적인 정서와 동기가 되도록 노력함으로써 자기개선을 통한 자기향상이 이루어지도록 해야 한다고 유학사상에서는 본다. 이렇게 유학사상에서 무한한 가능체로 인간을 보는 입장으로부터는 행위의 변이가능성 및 자기향상의 방안 차원 중 집단주의 문화의 특징(상황에 따른 변이가능성=가변성; 자기향상의 방안=자기개선)과 일관되는 특징이 도출된다. 이와 같이 무한한 가능체로 인간을 파악하는 유학의 체계도 동아시아 사회에 집단주의 문화가 형성되도록 한 사상적 배경으로 작용하여 왔던 것이다.

지금까지 보아 왔듯이, 집단주의 문화에서 특징적인 세 차원의 강조점과 유학사상에서 도출되는 인간 파악의 세 입장은 서로 상응되고 있다. 뿐만 아니라 유학사상에서 도출되는 대인평가 · 귀인 · 정서 · 동기의 이론체계는 집단주의 문화의 특징적인 대인평가 · 귀인 · 정서 · 동기의 내용과 일치되는 것으로 드러나고 있다. 이러한 사실은 모두 유학사상이 동아시아 지역에 집단주의 문화가 형성되도록 하는 배경이 되어 왔음을 드러내고 있다.

제4장

·

유학사상의 구조와 유학심리학의 체계

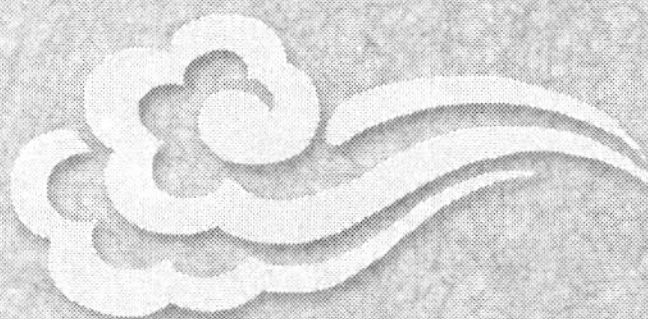

동아시아인의 삶의 기반이 되어 온 유학사상은 인간이 태어날 때부터 본유적으로 갖추고 있는 심적 특성에 관한 사색체계인 인성론(人性論), 이러한 본성을 지닌 사람으로서 지향해야 할 가장 바람직한 이상적 상태에 관한 논리체계인 군자론(君子論), 사회적 존재로서 이러한 이상적 인간이 걸어가야 할 삶의 양식에 관한 정리체계인 도덕실천론(道德實踐論), 그리고 개인적으로 이러한 이상적 상태를 이루기 위해 인간이 해야 할 일에 관한 방법론의 체계인 수양론(修養論)의 네 체계를 주축으로 하여 구성되고 있는 이론체계이다. 즉, 유학은 인간의 본유적 특성을 사회적 · 도덕적 특성[人性論]을 전제로 하여 정리하고, 이러한 존재 특성을 지닌 인간이 지향해야 할 이상적 상태[君子論]를 정립한 다음, 이러한 이상적 인간의 사회적인 삶의 모습[道德實踐論]과 이상적 인간의 상태에 도달하기 위해 개인적으로 노력해야 할 바[修養論]를 제시하고 있는 이론체계인 것이다. 그러므로 유학사상에 바탕을 두고 전개될 유학심리학은 이 네 체계를 근거로 하는 것일 수밖에 없다. 이들은 각각 심리구성체론, 이상적 인간형론, 사회관계론, 그리고 자기발전론과 관계된 내용이 될 것이다.

1. 인성론과 심리구성체론

서구의 현대심리학은 인간의 심성을 지 · 정 · 의 삼분체계로 파악하는 전통적인 서구 철학의 심리구성체론을 바탕으로 하여 성립한다.[001] 곧 "서양에서는 플라톤에서부터 심성을 삼분하는 사상이 발달하여, 칸트(I. Kant)에 이르러 지 · 정 · 의를 삼분하는 이론이 철학의 형이상학에 우세"[002]하게 되었고, 이러한 전통에 따라 "지적 체험, 정적 체험, 의지적 체험을 각각 독립된

---

001 Hilgard, 1980; Parkinson & Colman, 1995.

002 정양은, 1986, p. 11.

심적 단위로 구분하여"[003] 연구하는 심리학이 발달하였다.

현대심리학에서는 이들 심성의 세 요소를 각각 인지 · 정서 · 동기로 연구해 오고 있으며, 이 세 체계 사이의 관계를 이성중심주의(理性中心主義)의 관점에서 고찰하여,[004] 정서나 동기체계는 부차적인 체계이거나 인지체계에 힘입어 생겨나는 하위체계라고 보는 입장[005]이 주조를 이루어 왔다. 이러한 이성중심주의의 싹은 이미 플라톤에게서 발견할 수 있는 서구 철학의 전통이었으며,[006] 특히 현대 서구 사회를 형성하고 있는 개인주의의 사상적 배경인 자유주의와 계몽주의는 모두 이성중심주의를 개념적 뼈대로 하여 성립하고 있는 이념체계인 것이다.[007]

유학사상의 인성론에서 제시하고 있는 심리구성체론은 이와는 다르다. 공자를 비롯한 유학자들도 서구 철학자들과 마찬가지로 인간의 심성에 지 · 정 · 의의 요소가 갖추어져 있다고 본다. 그러나 유학자들은 이 밖에 도덕성의 바탕이 인간의 심성에 본래부터 갖추어져 있다고 보아 덕 · 지 · 정 · 의라는 사분체계로 인간의 심성을 이해하려 한다. 이 점이 유학사상에서 도출되는 심리구성체론의 기본 특징이다.

유학사상에서는 인간의 심성을 구성하는 이 네 체계 가운데 덕의 요소가 중심으로, 이에 의해 나머지 심성 요소들(지 · 정 · 의)이 제어되고 통합될 것을 강조하는 덕성중심주의(德性中心主義)의 관점을 굳게 지니고 있다. 이는 유학이 성덕(成德)을 지향하는 사상체계라는 사실에서 나오는 당연한 논리적인 귀결이다. 곧 유학사상에서는 인간이 가진 생물적 · 이기적 욕구와 감정체계를 지양하고, 스스로가 도덕 주체임을 깨달아 일상생활에서 도덕성을 실천하는 것이 인간 삶의 이상이라고 보고 있다.

---

003 정양은, 1970, p. 78.

004 정양은, 1970, 1976, 1986; Hilgard, 1980; Mandler, 2007.

005 예: Lazarus, 1982, 1984; Weiner, 1974.

006 Bordt, 1999/2003, pp. 109-110.

007 노명식, 1991, pp. 37-43; Russell, 1959/2003, pp. 312-321, 342-343.

1) 서구의 심리구성체론 – 삼분체계론과 이성우월주의

인간의 정신세계를 몇 가지 기본적인 구성요소 또는 기능으로 구분하고, 각각의 본질적인 특성 및 작용과 그들 사이의 관계를 탐색하여 보려는 노력은 인간의 삶에 대한 철학적 탐구의 시초부터 있어 왔던 핵심적인 문제였다. 이러한 심리구성체론의 문제는 현대심리학의 이론적 바탕을 형성하고 있다. 심리학은 인간이 자기를 둘러싸고 있는 환경 세계를 이해하고, 외부 환경 세계의 영향을 받으며, 또한 외부 환경 세계에 작용을 끼쳐가는 과정을 객관적으로 분석하고자 하는 학문체계이므로, 이러한 외계에 대한 인식 및 이에 대한 적응의 과정은 필연적으로 인간이 갖추고 있는 심리적 능력 또는 요소를 기반으로 하지 않을 수 없기 때문이다.

서구에서는 고대 그리스 철학으로부터 인간의 심성을 지(이성) · 정(감성) · 의(욕구)의 세 체계로 삼분하는 사상이 발달하였으며, 이 중에서 인간의 가장 독특한 특징을 이루는 요소는 이성이라고 간주하는 전통이 면면히 이어져 왔다. 이러한 전통에 따라 현대심리학에서는 이들 심성의 세 요소를 각각 인지 · 정서 · 동기로 연구해 오고 있으며, 이 세 체계 사이의 관계를 이성중심주의(理性中心主義)의 관점에서 고찰하여, 정서나 동기체계는 부차적인 체계이거나 인지체계에 힘입어 생겨나는 하위체계라고 보는 입장이 주조를 이루어 왔다.

(1) 서구의 삼분체계론

서구에서 인간 심성의 구성요소를 지 · 정 · 의의 세 체계로 보는 관점의 서막을 연 사람은 고대 그리스의 철학자인 플라톤(Platon)과 아리스토텔레스(Aristoteles)였는데, 그들의 이론은 그 후 서구 철학사를 면면히 지배해 온 전통적인 관점이 되었다. 플라톤은 영적 갈등 상황(예: 물을 마시고 싶지만, 건강을 위하여 마셔서는 안 되는 상황)으로부터 연역하여, 인간의 영혼이 욕망(epithumeticon)과 열정(thumicon)과 이성(logicon) 등 상호배타적인 세 부분으로 구성된다고 보았다. 그의 영혼 삼체계설은 그의 국가 구성 원칙으로부터 도출된다. 그는 한 국가가 성립되기 위해서는 지혜의 담지자인 지배계층, 용기의 담지자인 호위계층, 절제의 담지자인 생산계층이 있어야 하듯이, 한 개인의 영혼에도 이 세 가지 덕의 근원인 이성·열정·욕망이 갖추어져 있어야 한다고 보았던 것이다.[008]

플라톤의 삼체계설은 아리스토텔레스에게 이어졌다. 아리스토텔레스는 플라톤과 달리 발생 순서에 따라 영혼의 삼체계 사이에 위계를 부여하여 식물은 영양혼(vegetative soul)만을 가지고, 인간을 제외한 동물은 이 이외에 감각혼(sensory soul)을 가지며, 인간은 이 두 가지 영혼에 더하여 이성혼(rational soul)을 가지고 있다는 이론을 제시하였다.[009] 여기서 영양혼·감각혼·이성혼은 대체로 플라톤의 욕망·열정·이성에 해당하는 것으로,[010] 이와 같이 아리스토텔레스는 플라톤의 영혼 삼체계설을 받아들이고 있는 것이다.

고대 그리스 철학의 영혼 삼체계설은 아우구스티누스(St. Augustinus)와 아퀴나스(St. T. Aquinas) 같은 중세의 기독교 철학자들에게로 이어졌다. 이들은 각각 플라톤과 아리스토텔레스의 이론을 물려받았는데,[011] 다만 이성에 종교적이거나 초자연적인 속성을 첨가하여, 이성의 능력을 통해 유한한 존재인 인간이 불멸하는 전능자인 신의 존재를 인식하고 또 신의 속성에 대해 이해할 수 있다고 보았다는 점이 특이할 뿐이었다.[012]

중세로부터 벗어나 근대사회로 진입하면서도 심성의 삼분체계론은 그대로 이어졌다. 서구 사회의 근대는 '개인화'의 물결이 휘몰아친 시대로 특징지을 수 있는데, 17~18세기의 자유주의사상과 계몽주의운동에서 서구 개

---

008 박전규, 1985, p. 44; Bordt, 1999/2003, pp. 107–111; Dickinson, 1967/1989, p. 148; Guthrie, 1960/2003, pp. 146–151; Höffe, 1994–1995/2001, Vol. 1, pp. 100–101; Ricken, 1988/2000, pp. 155–170.

009 Russell, 1959/2003, p. 140.

010 Wesley, 1972, p. 58.

011 Russell, 1959/2003, p. 186.

012 Wesley, 1972, pp. 58–59.

인주의가 사상적으로 만개하게 되었다. 이 시기에는 신(神)의 의지나 속성에 의해 인간의 삶과 사회행위를 이해하려는 중세의 이념이 퇴조하고, 개인의 속성에서 인간의 삶과 사회 형성 및 질서의 원동력을 찾으려는 관념이 등장하였다. 다양한 분야에서 이러한 운동이 벌어졌는데, 대표적인 사람들은 홉스(T. Hobbes)와 로크(J. Locke) 및 루소(J. J. Rousseau) 같은 사회계약론(社會契約論)의 주창자들이었다.

이들 사회계약론자들은 아무런 인위적인 강제력이 존재하기 이전의 자연상태(自然狀態)를 상정하고, 이러한 자연 상태에서의 인간 곧 자연인(自然人)의 속성에서 사회 형성과 국가 권력의 원천을 찾아보려는 사람들이었다. 그런데 이들도 자연인은 자기이익 추구의 욕구, 이익 추구의 성공과 실패에서 오는 호오의 감정 또는 자연 상태에의 열정과 타인에 대한 연민과 동정심 같은 감성 및 합리적 선택의 근거인 이성을 인간의 본유적인 심성 요소라고 보고 있다. 이렇게 사회계약론자들도 고대나 중세의 철학자들과 마찬가지로 인간의 본유적인 특성을 욕구 · 감성 · 이성의 세 가지로 개념화하여 파악하고 있다.[013]

근대에 들어서서 인간 심성의 삼분체계설이 본격적으로 전개된 것은 18세기 독일에서였다. 이 시기 독일에서는 인간 심성이 갖추고 있는 여러 가지 능력을 확인해 내려는 능력심리학(faculty psychology)이 태동되고 있었으며, 곧 스코틀랜드 학파(Scottish school)와 연계하여, 고대 그리스 시대 이래 이어져 온 인간의 심성이 갖춘 능력의 지 · 정 · 의 삼체계설을 주장하고 전파하는 온상의 역할을 하였다. 마침 18세기 유럽 대륙의 시대 조류는 계몽주의였는데, 계몽주의가 표방하는 개인과 그의 의식에 대한 관심, 개인의 심성이 갖추고 있는 능력에 대한 무한한 신뢰라는 시대정신과 부합되면서, 능력심리학에서 주장하는 인간 능력의 삼분체계설은 인간 심성에 대한 타당한

---

013 사회계약론자들이 주장한 자연인의 본성의 삼분체계론에 대해서는 졸저(조긍호, 2012, pp. 418–441; 조긍호 · 강정인, 2012, pp. 355–379) 참조.

이론으로서의 지위를 획득하게 되었다.[014]

능력심리학자들의 마음의 삼분체계 능력설은 칸트에 의해 지지를 받으면서, "당시 가장 영향력 있는 철학자의 지원을 받게 되었다." 칸트의 삼 비판서(순수이성 비판, 실천이성 비판, 판단력 비판) 가운데 "순수이성은 지성 또는 인지에 해당되고, 실천이성은 의지, 행위 또는 의욕에 해당되며, 판단력은 쾌 또는 고통의 감정에 해당된다."[015] 칸트는 경험적 내성에 의해 삼체계 능력설을 주장한 경험주의자들과는 달리, 인간의 선험적 능력에 대한 조심스러운 반성적 사고를 통해 삼분체계 능력설에 도달하게 되었다.

삼분체계설은 20세기에 발달한 실험심리학(experimental psychology) 위주의 미국 심리학에서도 그대로 받아들여지고 있었다.[016] 그러나 1920년대 이후 행동주의(behaviorism)가 득세하면서 자극−반응의 좁은 틀로 인간의 행동을 이해하려는 견해가 미국 심리학을 지배하게 되면서 마음의 삼분체계설은 현대심리학에서 설 자리를 잃게 되었다.[017] 하지만 삼분체계설이 다시 현대심리학에서 지배적인 인간 심성 이해의 틀로 받아들여지는 데에는 그리 오랜 시간이 걸리지 않았다. 1950년대를 거쳐 1960년대에 '인지 혁명(cognitive revolution)'이 대두하면서 마음의 지적인 측면에 관한 관심이 되살아나고, 1980년대 인지적 판단에 대한 정서 반응의 우선성에 관한 논의가 불붙으면서[018] '정서 혁명'이 전개되어 정적 측면에 대한 관심이 회복되었다. 이어서 1990년대에는 인간 삶에서의 동기 과정의 중요성 및 문화에 따른 동기의 내용의 차이에 대한 연구와 함께[019] '동기 혁명'이 진행되어 욕구적 측면에의 관심이 새로워지면서, 전통적인 삼분체계설은 서구의 지배적인 심

---

014 Hilgard, 1980, pp. 107−111.

015 Hilgard, 1980, p. 109.

016 Angell, 1907, p. 83; Hilgard, 1980, pp. 112−114; McDougall, 1923, p. 266; Warren, 1906, p. 220.

017 Allport, 1940.

018 예: Frijda, 1986, 1988; Lazarus, 1982, 1984; Tomkins, 1981; Zajonc, 1980, 1984.

019 예: D'Andrade, 1992; Munro, 1997; Pittman, 1998.

리구성체론으로서의 위상을 다시 되찾게 되었던 것이다.[020] 이러한 사실은 지 · 정 · 의 삼분체계로 인간의 심리구성체를 이해하려는 관점이 서구 사회에서 얼마나 견실하게 지속되고 있는지를 잘 드러내 준다.

(2) 서구의 이성중심주의

서구에서 이성중심주의의 전통을 연 사람도 플라톤과 아리스토텔레스였다. 플라톤은 정의의 관념과 국가론에 입각해서 이성중심주의를 설파하고 있다. 그에 따르면, 영혼의 세 부분(이성 · 열정 · 욕망)이 서로 바른 관계를 유지하는 것이 바로 정의인데, 열정과 욕망은 이성의 지배 아래 있을 때 제대로 기능을 수행할 수 있다고 보아 이성중심주의의 초석을 놓고 있다.[021] 이성은 국가 구성의 세 계층 중에서 지배계층의 덕인 지혜의 근거이고, 열정과 욕망은 각각 호위계층과 생산계층의 덕인 용기와 절제의 근거로서, 제대로 작용하는 정의로운 국가는 지배계층인 철인이 호위계층과 생산계층을 통어하여 각자의 역할을 제대로 수행하도록 감독해야 이루어질 수 있으므로, 열정과 욕망은 이성의 지배를 받을 수밖에 없다는 것이 플라톤의 관점이었다.[022] 이렇게 플라톤은 영혼의 위계구조설을 바탕으로 이성중심주의를 제창하고 있는 것이다.

아리스토텔레스도 영혼의 위계구조설을 펴고 있는데, 그는 위계의 근거를 각각의 발생 근거에서 찾는 관점을 제시하고 있다. 즉, 욕망의 원천인 영양혼은 식물적인 영혼일 뿐이고, 감정의 원천인 감각혼은 동물적인 영혼일 뿐이며, 지적 활동의 원천인 이성혼은 인간만이 갖추고 있는 영혼이기 때문

---

020 LeDoux(2002/2011)는 최근의 신경과학 분야의 연구를 종합하여 "오랜 역사를 거치면서 마음은 인지, 감정, 동기의 3대 요소가 섞여 있는 3부작으로 인식되어 왔다"(p. 293)면서, 각각에 작용하는 대뇌 신경기제의 확인을 통해 "그것은[마음은] 인지, 감정, 동기화 기능들에 전념하는 시냅스 네트워크를 포함하는 하나의 종합 시스템"(p. 427)이라고 주장하여, 서구의 삼분체계론이 현대심리학뿐만 아니라 신경과학 분야의 연구에도 지배적인 영향을 끼치고 있는 논리체계라는 사실을 지적하고 있다.

021 Bordt, 1999/2003, pp. 109-110.

022 Ricken, 1988/2000, p. 160.

에 이성이 최상의 위계에 있는 영혼이라는 것이 아리스토텔레스의 이성중심주의의 요체였다.[023]

플라톤과 아리스토텔레스를 이어받은 중세 기독교 철학자들도 이성중심주의의 교의를 펴고 있다. 그들은 욕망과 열정은 인간을 악으로 빠뜨리게 하는 원천이고, 이성은 신의 존재에 대한 인식과 신성 체험의 원천이기 때문에 이성으로 욕망과 열정을 통제해야 인간은 신의 의지에 부합하는 착한 삶을 영위할 수 있다고 보는 것이 아우구스티누스와 아퀴나스 같은 기독교 철학자들의 이성중심주의의 대의이다.[024]

르네상스와 기독교 개혁 운동 이후 근대로 접어들면서도 이성중심주의의 전통은 그대로 이어졌다. 아니 오히려 과학혁명에 이어 자유주의가 대두되면서 이성중심주의의 경향은 더욱 강화되었다고 볼 수 있다. 자유주의사상의 맥락에서 사회와 국가 권력 형성의 원천을 자유로운 개인들 사이의 계약에서 찾으려는 사회계약론자들에게서 이성중심주의는 절정을 맞는다. 홉스와 로크 및 루소 같은 계약론자들은 욕구와 감정에 따라서만 삶을 영위하는 자연 상태에서는 상호 간의 이익 갈등으로 혼란이 유발되어, 결과적으로 개인의 자유가 억압되고 개인의 삶이 피폐해질 수밖에 없는데, 이때 개인들이 이성에 의해 합리적인 계약을 체결함으로써 안전과 평화의 체제인 국가를 설립하게 된다고 주장한다. 이렇게 욕구와 감정은 혼란과 투쟁의 원천이지만 이성은 안전과 평화의 원천으로서, 인간의 삶은 이성의 지도 아래 이루어져야 한다는 것이 사회계약론자들의 이성중심주의의 논지이다.[025]

18세기 계몽주의자들은 인간의 이성 능력에 따라 개인과 사회의 몽매함을 제거하고 진보를 도모할 수 있다고 주장하여 이성의 우월성을 강조하였다.[026] 칸트 같은 합리론자들도 인간의 지성 능력에서 지 · 정 · 의 삼 체계의

---

023 Barnes, 1982/1989, pp. 122–127; Russell, 1959/2003, p. 140; Wesley, 1972, p. 58.

024 Höffe, 1994–1995/2001, Vol. 1, pp. 311–357, 401–442; Russell, 1959/2003, pp. 186, 197–200, 228–234; Wesley, 1972, pp. 58–59.

025 조긍호, 2012, pp. 418–441; 조긍호 · 강정인, 2012, pp. 358–379.

026 Russell, 1959/2003, pp. 338–342.

근거를 구하려는 이성중심주의의 입장에 서 있다.[027] 영국의 연합주의 심리학자들도 아리스토텔레스의 영혼의 발생위계설을 받아들여 인지 기능이 인간의 의식을 구성하는 핵심 측면이라는 관점에서 이성중심주의의 관점을 견지하고 있다.[028]

이성중심주의의 경향은 20세기의 미국 심리학에도 그대로 유입되었다. 1920년대 행동주의의 득세에 따라 의식이나 마음 같은 개념이 심리학에서 추방되면서 지성뿐만 아니라 감성과 욕구도 심리학 연구의 대상이 되지 못하고, 따라서 이성중심주의가 사라지는 듯 했으나, 1950~1960년대에 '인지 혁명'에 의해 되살아났다.[029] 1980년대 이후 '정서 혁명'과 '동기 혁명'이 진행되면서 감성과 욕구에 대한 관심도 부활하고 있으나, 아직 미국 심리학을 지배하고 있는 경향이 인지우월주의라는 사실은 부인하기 힘들다.[030] 인간 이해의 근거로서의 삼분체계설의 토대를 허물고자 했던 행동주의에 대한 반론이 정서 연구자나 동기 연구자에 의해서가 아니라 인지 연구자들에 의해 먼저 제기되었다는 사실은 서구 사회에서 이성중심주의의 전통이 얼마나 강고한지를 입증하는 사례라고 볼 수 있을 것이다.

2) 유학사상의 심리구성체론 – 사분체계론과 덕성우월주의

유학사상은 우주 안에서 인간이 차지하는 독특한 위상을 인간이 갖추고 태어나는 본성에서 찾으려는 인성론(人性論)을 바탕으로 하여 성립하고 있다.[031] 유학의 인성론은 인간은 태어나면서부터 도덕성·지성·감정·욕구의 네 가지 본유적인 특성을 갖추고 있다는 사분체계론을 토대로 하고 있는

027 Hilgard, 1980, p. 109; Kant, 1888, p. 311
028 Hilgard, 1980, p. 111; Wesley, 1972, p. 59.
029 Mandler, 2007, p. 165.
030 정양은, 1995, 2003; Hilgard, 1980; Kunda, 1990; Mandler, 2007.
031 김충렬, 1982, pp. 180-182; 馮友蘭, 1948/1977, pp. 105-107; Needham, 1969/1986, Vol. Ⅱ. pp. 21-29.

데, 이는 지 · 정 · 의 삼분체계론을 기반으로 하고 있는 서구의 관점과 다르다. 따라서 서구의 현대심리학이 삼분체계론의 관점에서 인지 · 정서 · 동기의 문제를 주로 다루어 왔다면, 유학심리학의 체계에서는 이 외에 도덕성의 문제가 가장 중요한 연구 문제로 부각된다.

유학의 인성론은 이 네 가지 본유적인 특성 중에서 인간을 다른 생물체와 구별 짓는 가장 핵심적인 특성은 도덕성으로서, 이에 의해 나머지 요소들이 제어되어야 한다는 덕성우월주의를 기본 요지로 삼는다. 이러한 맥락에서 보면 인지 · 정서 · 동기와 같은 심적 과정의 탐구에서도 이들 심적 과정과 도덕성 사이의 관계의 문제를 중요하게 다루어야 할 것이며, 이러한 점이 유학심리학 체계의 핵심 특징으로 부각된다.

(1) 유학사상의 사분체계론

유학의 창시자인 공자는 인간에게 욕구체계, 감정 반응의 체계, 지적 인식 능력의 체계, 그리고 도덕적 지향성의 체계 같은 네 가지 요소가 본유적으로 갖추어져 있다고 보고 있다.[032] 공자는 이 네 요소 중 도덕적 지향성의 체계를 가장 중시하였다. 누구나 자신에게 갖추어져 있는 도덕성을 스스로 다할 뿐만 아니라[忠], 이를 다른 사람에게까지 미루어가는 일[恕]이 바로 공자의 사상 전체를 꿰뚫는 핵심[033]이라는 지적은 이러한 사실을 단적으로 드러내 준다.

맹자는 유학사에서 처음으로 분명한 인성론인 성선설(性善說)을 제시하고 있는데, 그도 또한 욕구체계, 감정 반응의 체계, 지적 인식 능력의 체계, 그리고 도덕성의 체계가 인간에게 본유적으로 갖추어져 있다고 본다.[034] 그의 성선설의 핵심은 이러한 인간 본성의 네 요소 가운데 도덕성의 요소를 중

---

032 공자의 사분체계론에 대해서는 졸저(조긍호, 2008, pp. 108-118) 참조.

033 子曰 參乎 吾道一以貫之 曾子曰 唯 子出 門人問曰 何謂也 曾子曰 夫子之道 忠恕而已矣(『論語』, 里仁 15); 子貢問曰 有一言而可以終身行之者乎 子曰 其恕乎 己所不欲 勿施於人(衛靈公 23)

034 맹자의 사분체계론에 대해서는 졸저(조긍호, 2008, pp. 122-134) 참조.

심으로 하여 인간의 특성을 이해하려 한다는 점이다. 곧 인성을 구성하는 다른 요소들, 특히 욕구와 감정 반응의 체계는 인간과 동물이 공유하는 것이므로, 이를 인간을 규정하는 본성으로 볼 수는 없다는 것이 맹자의 생각이다. 그 대신 그는 인간만이 독특하게 갖추고 있는 특성, 곧 도덕성에서 인간의 본성을 찾아야 한다는 입장인 것이다. 그에 따르면, 이러한 도덕성이 인간에게 본디부터 갖추어져 있다는 사실은 사단(四端)의 존재,[035] 인의예지(仁義禮智) 같은 도덕성의 본유성,[036] 그리고 이러한 본유적인 도덕성을 인식하고 일상생활에서 실천할 수 있는 능력인 양지(良知)와 양능(良能)의 구비성[037]에서 찾아볼 수 있다.

순자도 공·맹과 같이 사람에게는 태어날 때부터 욕구체계, 감정 반응 체계, 지적 인식 능력의 체계, 그리고 도덕적 행위 능력의 체계가 갖추어져 있다고 본다.[038] 그런데 순자에게서 특이한 점은 그가 지적 능력의 체계를 그 어느 선진유학자보다도 강조하여, 인간을 지성 주체로도 보고 있다는 사실이다.[039] 그러나 그에게서도 이러한 지적 능력을 통해 사람이 인식해야 할 가장 중요한 것은 "다른 동물과는 달리 인간만이 본유하고 있는 도덕성"[040]이다. 이러한 도덕성의 인식은 상황에 맞는 도덕적 행위의 선택과 이를 기초

---

035 無惻隱之心 非人也 無羞惡之心 非人也 無辭讓之心 非人也 無是非之心 非人也 惻隱之心 仁之端也 羞惡之心 義之端也 辭讓之心 禮之端也 是非之心 智之端也 人之有是四端也 猶其有四體也 (『孟子』, 公孫丑上 6)

036 惻隱之心 人皆有之 羞惡之心 人皆有之 恭敬之心 人皆有之 是非之心 人皆有之 惻隱之心 仁也 羞惡之心 義也 恭敬之心 禮也 是非之心 智也 仁義禮智非由外鑠我也 我固有之也 弗思耳矣 (告子上 6); 君子所性 仁義禮智根於心 其生色也 睟然見於面 盎於背 施於四體 四體不言而喻 (盡心上 21)

037 人之所不學而能者 其良能也 所不慮而知者 其良知也 孩提之童 無不知愛其親也 及其長也 無不知敬其兄也 親親 仁也 敬長 義也 無他 達之天下也 (盡心上 15)

038 순자의 사분체계론에 대해서는 졸저(조긍호, 2008, pp. 140-155) 참조.

039 김승혜, 1990, pp. 233-242; 牟宗三, 1979, pp. 224-225; 정인재, 1981; 蔡錦昌, 1989, pp. 55-94; 蔡仁厚, 1984, pp. 405-428; 黃公偉, 1974, pp. 454-458.

040 水火有氣而無生 草木有生而無知 禽獸有知而無義 人有氣有生有知 亦且有義 故最爲天下貴也 (『荀子』, 王制 20); 人之所以爲人者 非特以其二足而無毛也 以其有辨也 夫禽獸有父子而無父子之親 有牝牡 而無男女之別 故人道莫不有辨 (非相 9-10)

로 한 도덕성의 일상적 실천의 근거로서 중요하다는 것이 순자의 기본 입장이다.[041]

이와 같이 유학자들은 생물체적이고 이기적이며 사회적인 욕구체계[欲], 외부 사물이나 자기 자신 또는 타인을 지향 대상으로 하여 유발되는 감정 반응의 체계[情], 외부 환경 세계와 자기 자신 및 타인, 스스로가 갖추고 있는 도덕성을 인식할 수 있는 지적 능력의 체계[知], 그리고 도덕적 지향성과 도덕 의지 및 도덕적 행위 능력으로 드러나는 도덕성의 체계[德]의 네 가지로 인간의 심리구성체를 파악하고 있다고 볼 수 있다. 곧 선진유학에서는 심리구성체가 도덕성 · 지성 · 욕구 및 정서의 네 체계로 이루어져 있다고 보는 셈이다. 이러한 관점에서는 도덕성이 종래의 심리학에서 추구했던 인지 · 동기 · 정서와 별도로 연구되어야 할 필연성이 도출되며, 여기에 바로 서구 심리학과 다른 유학심리학이 성립될 수 있는 밑바탕이 놓여 있다고 볼 수 있을 것이다.

(2) 유학사상의 덕성중심주의

유학자들은 도덕성의 본유설에 대한 강한 신념에 덧붙여서 도덕성이 인간 심성의 가장 중핵적인 체계라는 덕성우월론을 견지하고 있다. 맹자나 순자는 양지 · 양능 또는 지 · 능 같은 도덕적 인식 능력과 도덕적 행위 능력을 사람이 본유적으로 갖추고 있다고 보고, 이를 통해 스스로가 덕성 주체라는 자각을 이루어야 할 뿐만 아니라,[042] 이기적 욕구와 정서를 억제하여, 이기적 욕구와 정서가 도덕성에 의해 지배되고 통어되도록 해야 한다고 주장한다.[043] 이러한 관점은 공자로부터 이어지는 유학의 전통이며, 특히 성리학자들은 삶의 목표를 "이기적 욕구와 정서를 통제하고, 도덕성을 간직하는 일

---

041 然而塗之人也 皆有可以知仁義法正之質 皆有可以能仁義法正之具 然則其可以爲禹明矣……今塗之人者 皆內可以知父子之義 外可以知君臣之正 然則其可以知之質 可以能之具其在塗之人明矣 (性惡 13-14)

042『孟子』, 盡心上 15;『荀子』, 正名 3.

043『論語』, 里仁 15; 公冶長 23;『孟子』, 告子上 14, 15;『荀子』, 修身 29-30.

[遏人欲 · 存天理]"[044]이라고 보아, 도덕성에 의한 이기적 욕구와 정서의 통제를 중시하고 있다.

이러한 맥락에서 보면 유학자들이 도덕성의 본유설을 통해 주장하려 했던 핵심은 덕성우월론의 관점이라 할 수 있다. 곧 유학자들은 도덕성에 의해 인간 존재가 지닌 특성들이 모두 통합되어야 함을 강조하고 있는 것이다. 유학심리학에서는 이러한 도덕성에 따른 욕구와 정서의 통제가 어떻게 가능하고, 또 이는 개인에게 어떠한 효과를 가져올 것인지가 또 하나의 중요한 탐구 문제로 등장하게 될 것이다. 특히 이 문제는 자기심리학에서 다루어질 자기통제의 핵심이 된다는 점에서 도덕심리학과 자기심리학을 관련짓는 연결고리가 될 수 있을 것이다.

이와 같이 도덕성의 인식과 실천이 인간 심성의 중핵적 요소이어서 생물체적 이기적 욕구와 감정 반응의 체계가 도덕성의 체계에 의해 통제받아야 하는 까닭을 유학자들은 두 가지 근거에서 찾고 있다. 그 하나는 도덕성의 인식과 실천은 본인이 하기에 달려 있는 것, 곧 스스로 통제할 수 있는 것[在我者, 在己者]이지만, 생물체적 욕구의 충족과 감정 반응의 유발 조건은 외부 상황의 요인에 달려 있는 것, 곧 본인이 스스로 통제할 수 없는 것[在外者, 在天者]이기 때문이다.[045] 또 하나는 생물체적 · 이기적 욕구와 감정 반응의 관장 기관은 눈 · 코 · 입 · 귀 · 피부 같은 감각기관[五官]이지만, 도덕성의 관장 기관은 마음[心]으로서,[046] 마음은 사람의 한가운데 자리 잡고 있어서 감각기

---

044 自精一擇執以下 無非所以遏人欲而存天理之工夫也 愼獨以下 是遏人欲處工夫 戒懼以下 是存天理處工夫 (『退溪全書 一』, 聖學十圖 心學圖說 208); 大抵心學雖多端 總要而言之 不過遏人欲存天理兩事而已……凡遏人欲事當屬人心一邊 存天理事當屬道心一邊 可也 (『退溪全書 二』, 書 答李平叔 259); 治心者 於一念之發 知其爲道心 則擴而充之 知其爲人心 則精而察之 必以道心節制 而人心常聽命於道心 則人心亦爲道心矣 何理之不存 何欲之不遏乎 (『栗谷全書 一』, 說 人心道心圖說 282-283)

045 求則得之 舍則失之 是求有益於得也 求在我者也 求之有道 得之有命 是求無益於得也 求在外者也 (『孟子』, 盡心上 30); 若夫心意修 德行厚 知慮明 生於今而志乎古 則是在我者也 故君子敬其在己者 而不慕其在天者 小人錯其在己者 而慕其在天者 君子敬其在己者 而不慕其在天者 是以日進也 小人錯其在己者 而慕其在天者 是以日退也 (『荀子』, 天論 28-29)

046 耳目之官不思而蔽於物 物交物則引之而已矣 心之官則思 思則得之 不思則不得也 此天之

관을 다스리는 군주가 되기 때문이다.[047]

이러한 이론적 배경을 바탕으로 하여 선진유학자들은 강한 덕성중심주의의 견해를 굳게 간직하고 있으며, 이러한 태도는 이후 전개된 모든 유학사상의 전통이 되어 왔다. 이와 같이 인간 심성을 구성하는 구성체들 가운데 도덕성이 핵심이라는 덕성우월론의 관점에 서게 되면, 심성을 구성하는 요소들 사이의 관계도 도덕성의 요소를 중핵으로 하고, 나머지 요소들, 특히 욕구와 감정의 체계는 도덕성에 지배되는 부차체계라고 볼 수밖에 없을 것이다. 여기에서 바로 이성중심주의의 맥락 아래 인지우월론의 관점에서 전개되어 온 현대 서구 심리학과는 다른 양상을 띠는 덕성중심주의의 유학심리학이 성립할 수 있는 근거를 찾아볼 수 있을 것이다.

3) 동·서 심리구성체론과 심리학의 문제 – 도덕심리학의 새 지평

지금까지 보았듯이 서구인은 개체성 · 합리성 · 실체성의 가치를 주축으로 하여 인간을 이해하려 한다. 그들은 인간의 존재 의의를 개체성에서 찾고, 동물과 다른 인간의 중핵 특성을 합리성의 근거인 이성이라고 보며, 인간은 자기실현의 기반을 모두 완비하여 갖추고 있는 실체라고 인식한다. 이러한 서구인의 인간관은 그들의 심리구성체론에 그대로 반영되고 있다. 서구인은 인간 삶의 바람직한 모습을 개체적 존재로서의 자기실현에서 찾기 때문에 개체로서의 존재를 드러내는 특성인 욕구와 감성 및 이성이 인간에

所與我者 (『孟子』, 告子上 15); 心不可以不知道 心不知道 則不可道 而可非道……心知道然後可道 可道然後能守道 以禁非道……故治之要在於知道 人何以知道 日 心 (『荀子』, 解蔽 10-11); 何緣而以同異 日 緣天官 凡同類同情者 其天官之意物也同……形體色理 以目異 聲音淸濁……奇聲 以耳異 甘苦鹹淡……奇味 以口異 香臭芬鬱……奇臭 以鼻異 疾養……輕重 以形體異 (正名 6-8); 若夫目好色 耳好聲 口好味 心好利 骨體膚理好愉佚 是皆生於人之情性者也 (性惡 6)

047 耳目鼻口形能 各有接而不相能也 夫是之謂天官 心居中虛 以治五官 夫是之謂天君 (『荀子』, 天論 24-25); 心者形之君也 而神明之主也 出令而無所受令 (解蔽 14)

게 갖추어져 있는 심성의 기본 요소를 이룬다고 보며[삼분체계론], 삼자 사이의 관계도 합리성의 근거인 이성을 중심으로 하여 파악하는 이성우월주의의 경향을 띠게 되는 것이다. 이러한 서구 철학의 배경에서 태동된 현대 서구 심리학이 인지·정서·동기의 세 분야를 기본적인 탐구의 영역으로 설정하여 온 것은 당연한 논리적인 귀결이었다.

이러한 배경에서 서구인은 도덕성이란 인간의 발달 과정에서 이러한 세 가지 기본 요소에 의해 부차적으로 갖추어지는 것으로 간주하며[부차요소설], 도덕성은 태동 근거가 되는 심성 요소 한 차원에 국한되는 속성을 띠는 것으로 받아들인다[단일차원설]. 그렇기 때문에 전통적으로 서구 심리학계에서 도덕성은 기본 연구 영역으로 부각되지 못하고,[048] 다른 기본 연구 영역에 부속되는 하위 분야로 받아들여져 왔던 것이다.

이에 비해 유학사상에서는 사회성·도덕성·가변성의 가치를 기반으로 하여 인간을 이해하려 한다. 유학자들은 인간의 존재 의의를 사회성에서 찾음으로써 동물과 다른 인간의 중핵 특성을 사회규범의 체계, 곧 도덕성이라 간주하며, 인간은 사회생활을 통하여 도덕성을 인식하고 실천함으로써 인간 삶의 목표인 이상적 인간상을 이루는 일에 근접할 수 있다고 여긴다. 이러한 유학사상의 인간관은 유학자들의 심리구성체론에 그대로 반영되고 있다. 즉, 유학자들은 인간의 사회적 특성인 도덕성이 개체적 특성인 욕구·감정·이성과 함께 인간에게 본유적으로 갖추어져 있다고 여기며[사분체계론], 인간의 중핵 특성으로서의 도덕성이 개체적 심성 요소들을 통제하고 지배한다고 간주하는 것이다[덕성우월주의].

유학적 심리구성체론은 그대로 유학자들의 도덕성에 관한 이론, 곧 도덕성이 인간에게 태어날 때부터 갖추어져 있는 본유적인 심성의 체계라는 본유설과 이를 통해 다른 심성의 요소들이 통합을 이룬다는 통합설로 이어지고 있다. 이렇게 유학의 관점에서 다루어야 할 심리학의 연구 문제는 전통적

048 Bloom, 2012, p. 71.

인 인지 · 정서 · 동기심리학 이외에 도덕심리학이 별개의 고유한 영역으로 연구되어야 할 필요성이 도출된다. 도덕심리학에서는 도덕성의 존재 근거의 문제, 도덕성의 기능 문제, 그리고 도덕 인식과 실천의 합일[知行合一]의 문제가 핵심적인 연구 문제로 등장할 것이다.

(1) 도덕성의 존재 근거: 부차요소설과 본유설

서구 철학과 심리학에서는 인간의 심성에 관한 삼분체계론의 관점에서 도덕성의 존재 근거로서 도덕성의 부차요소설을 주장한다. 곧 도덕성은 이성에 근거를 둔 인지 능력 발달의 부속체계(이성주의적 의무론 · 인지 능력 발달이론)이거나, 호오(好惡)의 정념에 근거를 둔 감정 반응의 부속체계(경험론적 정념론 · 정신역동이론)이거나 또는 쾌락의 원리에 따라 학습된 행동 습관(공리주의적 결과론 · 학습이론)일 뿐, 인간이 본디부터 갖추고 있는 본유적인 심리구성체는 아니라는 것이 서구의 도덕성 이론이 주장하는 공통점이다.[049] 이는 인간을 개체성을 주축으로 하여 이해함으로써 인간 존재의 사회적 특성에서 연유하는 도덕성은 도외시하고, 이성 · 감성 · 욕구 같은 개체적 존재 특성만을 인간의 심성을 이루는 기본 구성요소라고 받아들이는 서구의 삼분체계론적 심리구성체론에서 나오는 자연스러운 논리적 귀결이다.

이에 비해 유학사상에서는 인간의 심성에 관한 사분체계론의 관점에서 도덕성의 존재 근거로서 도덕성의 본유설을 주장한다. 곧 도덕성은 인간에게 태어날 때부터 갖추어져 있는 인간의 본유적인 심리구성체라는 것이 공자[爲仁由己說] · 맹자[四端說] · 순자[事物位階說] 같은 유학자들의 공통적인 관점이다.[050] 이는 인간을 사회성을 주축으로 하여 이해함으로써 이성 · 감성 · 욕구 같은 개체적 존재 특성만이 아니라, 도덕성이라는 사회적 존재 특성도 인간의 심성을 이루는 기본 구성요소라고 간주하는 유학사상의 사분체

049 서구 철학과 심리학에서의 도덕성에 관한 연구 내용은 졸저(조긍호, 2017b, pp. 204-266) 참조.

050 유학사상에서의 도덕성에 관한 연구 내용은 졸저(조긍호, 2017b, pp. 268-332) 참조.

계론적 심리구성체론에서 나오는 필연적인 결론이다.

도덕성의 존재 근거에 대한 이러한 동·서의 관점 차이 가운데 어느 것이 옳은가? 도대체 도덕성이 인간 심성에 본유적인 것인가 아니면 심성의 다른 요소에 부속되거나 다른 요소에 의해 부차적으로 갖추어지는 것인가? 만일 전자라면, 도덕성의 문제는 심리학의 고유한 문제 영역으로 탐구되어야 할 것이다. 그러나 만일 후자라면, 도덕성은 지금까지의 서구 심리학에서와 같이 다른 심성 요소와의 관계에서 부차적으로 다루어야 할 것이다.

21세기에 들어서기 직전과 그 이후에 전개되고 있는 영유아발달심리학, 영장류학(primatology) 및 진화심리학의 연구에 따르면, 도덕성은 인간에게 본유적인 심리구성체로 보는 것이 더 타당하다는 결과들이 얻어지고 있다.[051] 이러한 연구는 대부분 서구의 방법론을 동원하여 서구의 학자들에 의해 이루어져 왔지만, 이러한 연구의 결과를 통해 밝혀지고 있는 사실은 기본적으로 유학사상의 도덕 본유설에서 예측하는 것들이라는 사실을 주목할 필요가 있다. 바로 이러한 사실에서 오늘날 학문 세계의 주요 화두로 등장하고 있는 학문 분야 사이의 통섭(統攝) 및 더 나아가서 동·서의 관점의 회통(會通)이 이루어지는 실례를 보게 된다.

(2) 도덕성의 기능: 단일차원설과 통합설

도덕성의 존재 근거를 부차요소설을 근간으로 하여 파악하려는 서구 심리학에서는 도덕성의 기능을 도덕성의 존재 근거를 이루는 기본 구성요소의 기능에 귀결지어 이해하려는 단일차원설을 통해 접근하려 한다. 인지발달론에서는 도덕성의 기능을 인지적인 도덕 판단이라는 단일 차원에 국한하여 이해하려는 관점을 전개한다. 정신역동론에서는 도덕성의 기능을 감정적인 적응에 국한하여 접근한다. 또한 학습이론에서는 도덕 습관의 기능을 오로지 유기체가 처해 있는 상황에서 얻게 되는 쾌락의 추구와 고통의 회피라는

---

051 도덕성의 본유성에 대한 현대 과학적 연구 내용은 졸저(조긍호, 2017b, pp. 376-428) 참조.

결과에만 국한하여 이해하려 한다.

단일차원설에 의해 도덕성의 기능의 문제에 접근하려는 전통적인 서구의 관점은 도덕성의 제일의 기능을 개체로서의 개인의 자율성의 확보에 두고 접근하는 입장에서 유래하였다.[052] 서구 개인주의 사회에서는 인간을 타인이나 집단과 분리되고 구획된 독립적인 실체라고 보므로, 개인은 자기실현을 비전으로 하여 자기가 지향하고 있는 바를 자유롭게 추구하고, 이에 맞게 살 자율적 권리를 보유하고 있다는 관점에서, 도덕성의 본질을 개인의 자유 선택과 독립적인 개인 사이의 계약에서 찾는다. 이러한 서구식 접근의 근본 가정은 사회란 개인들이 이익 갈등을 최소화하고 스스로의 이익을 지키기 위해 다른 성원들과 계약을 맺음으로써 형성된 것이며, 개인들은 이러한 계약을 통해 자기이익을 최대로 보장해 줄 수 있는 행위 원칙에 합의하게 된다는 것이다. 이러한 행위 원칙 가운데 핵심이 되는 것은 정의(正義)의 원칙이며, 도덕성은 이러한 정의원칙에 따른 자율적 선택에서 나온다고 본다. 곧 서구 개인주의 사회에서는 도덕성의 본질을 '정의의 도덕성(the morality of justice)'이라고 보아, 도덕적 문제의 핵심은 개인의 권리와 자유, 사회계약에 의한 공정성의 확보, 그리고 개인의 자율적 선택에 있지, 타인이나 사회에 대한 배려와 책임에 있지 않다고 받아들이는 것이다.[053]

이에 비해 도덕성의 인간 본유성을 강조하는 유학사상에서는 도덕성이

---

052 Fiske et al., 1998; Gilligan, 1982; Hamilton, Blumenfeld, Akoh, & Miura, 1990; Miller, 1984, 1991, 1994, 1997; Miller & Bersoff, 1992, 1994; Miller, Bersoff, & Harwood, 1990; Miller & Luthar, 1989; Shweder, Mahapatra, & Miller, 1990; Shweder, Much, Mahapatra, & Park, 1997; Taylor, 1989.

053 Nunner-Winkler, 1984: 정의의 도덕성은 개인적 자유의 관념과 사회계약의 개념을 핵심으로 하고 있다. 이 전통에서는 도덕성에 합치하느냐 여부를 타인의 권리를 침해하느냐의 여부에 따라 판단한다. 여기서는 도덕 판단의 목표를 타인의 권리를 침해하지 않으면서 자기의 이익을 최대로 확보하는 것에 두며, 타인의 권리를 증진시키거나 타인을 돕는 것은 도덕 판단의 전제 조건이 아니다. 이렇게 정의의 관점에 초점을 맞추게 되면 남을 도울 의무나 책임은 없게 되고, 따라서 남을 돕거나 집단의 이익을 도모하는 것은 전적으로 개인의 재량권에 속하는 문제이지 도덕적 전제 조건은 아니게 된다. 이와 같이 서구 개인주의 사회에서 지배적인 정의의 도덕성은 개인의 권리와 자유, 그리고 사회계약을 기초로 하여 성립되며, 자율적인 선택이 도덕 판단의 핵심이라 보는 입장이다.

개체적 특성의 심성 요소(이성 · 감성 · 욕구)를 제어하고 그 자체 속에 통합할 수 있다는 도덕성의 통합설을 주장한다. 공자는 일이관지론(一以貫之論)을 통해, 맹자는 확충설(擴充說)을 통해, 그리고 순자는 역물론(役物論)을 통해 이러한 논지를 전개한다. 이렇게 도덕성이 개체적 특성에서 나오는 심성의 요소들을 통합할 수 있는 것은 욕구 · 감정 · 인지의 체계 속에 도덕적 지향성이 내포되어 있을 뿐만 아니라, 도덕성의 기관인 심(心)이 욕구와 감정의 체계인 오관(五官)에 대한 통제력을 갖추고 있기 때문이라는 것이 유학자들의 관점이다.

이러한 통합설에 의해 도덕성의 기능의 문제에 접근하는 유학사상의 관점은 도덕성의 제일의 기능을 관계를 맺고 있는 다른 사람과 사회집단에 대한 관심과 배려를 자신에 대한 관심과 배려보다 앞세우는 데에서 찾으려는 입장에서 유래하였다. 동아시아 집단주의 사회에서는 인간의 존재 의의는 관계를 맺고 있는 타인과의 상호연계성 속에서 찾아야 한다고 간주하며, 상호 관계에서 도출되는 쌍무적인 역할과 의무 및 상대방에 대한 관심과 배려가 사회행위의 근본적인 원동력이라고 본다. 이들은 개인을 의무 · 역할 · 배려의 복합체, 타인을 우선적으로 고려하고 그들의 복지에 책임을 지는 덕성의 주체, 그리고 성덕을 지향하여 자기개선을 이루려 하는 가변적 · 과정적 존재로 파악한다. 이러한 유학의 체계를 사상적 배경으로 하고 있는 집단주의사회에서 개인의 권리와 객관적인 정의의 원칙은 이차적인 관심으로 밀려나게 되며,[054] 따라서 이들의 도덕성의 관념은 지극히 관계중심적인 것일 수밖에 없는 것이다.

이러한 맥락에서 보면 객관적인 행위 원칙인 정의의 원칙은 절대적이거나 보편적인 것이 아니라 이차적인 중요성을 가지는 것일 뿐이며, 이보다 대인관계에서의 상대방에 대한 배려와 책임감이 더 중요한 것으로 부각된다. 공자는 섭공(葉公)과 벌인 '정직성'이라는 도덕성에 관한 논의에서,[055] 객관

---

054 Yeh, 1996.

055 『論語』에는 이러한 사실을 지적하여, 다음과 같이 진술하고 있다: "섭공(葉公)이란 사람이 공자에게 '우리 무리에 정직하게 행동하는 사람이 있습니다. 그는 자기 아버지가 남의 양

적인 정의의 원칙보다 부모-자식 사이의 윤리가 더욱 중요하며, 구태여 정의의 원칙을 내세우지 않아도 사람들 사이의 관계가 바로 정립되면, 저절로 바른 행위가 이루어진다는 관점을 확실히 하고 있다. 사람들 사이의 관계 윤리, 즉 공자뿐만 아니라 유학자들은 누구나 타인에 대한 배려와 책임이 객관적이고 보편적인 행위 원칙보다 우선한다고 보고 있는 것이다. 이렇게 다른 사람에 대한 배려와 책임감에서 도덕성의 근거를 찾으려 하는 것이 '배려의 도덕성(the morality of caring)'으로, 동아시아 집단주의 사회에서는 이러한 관점에서 도덕성을 개념화하고 있다.[056]

이렇게 배려의 도덕성은 도덕성의 출처를 타인에 대한 관심과 배려 및 책임감에서 찾으려 하는 입장이다. 개인이 스스로의 권리나 자유 또는 이익보다는 관계를 맺고 있는 타인에 대한 배려와 책임을 우선시하는 데에서 도덕성이 나온다고 보는 것이 집단주의 사회의 특징이다. 즉, "집단주의 사회에서 개인의 욕구와 권리에의 관심은 사회적 의무보다 부차적이며, 개인 간의 근본적인 상호의존성에서 나오는 대인 간 책임감은 강력한 도덕적 '선'으로 경험되는 것이다."[057] 도덕성에 의해 타인과 사회를 배려할 수 있는 근거는 도덕성이 각 개인이 갖추고 있는 개체적 특성을 그 자체 속에 통합할 수 있는 가능성을 갖추고 있기 때문이다. 곧 도덕의 통합성으로부터 타인과 사회에의 배려라는 도덕 원칙이 태동되어 나오게 되는 것이다.

을 훔치자, 관가에 고발하여 이를 증언하였습니다'라고 말씀드렸다. 이에 대해 공자께서는 '우리 무리의 정직한 사람은 이와 다릅니다. 아버지는 자식을 위하여 숨겨 주고, 자식은 아버지를 위하여 숨겨 줍니다. 정직함은 바로 이러한 가운데에 있는 것입니다'라고 말씀하셨다." (葉公語孔子曰 吾黨有直躬者 其父攘羊 而子證之 孔子曰 吾黨之直者異於是 父爲子隱 子爲父隱 直在其中矣, 『論語』, 子路 18) 물론 이 인용문에서 공자가 객관적인 정의 원칙을 무시하는 것이 옳다고 보는 것은 아니다. 다만 객관적 원칙보다는 모든 행위 원칙의 출발 원천으로서의 대인관계, 그중에서도 특히 부모-자식 사이의 관계에서 서로 간에 배려하고 상대방의 복지에 대해 책임지려 하는 자세가 더욱 중요함을 역설하고 있을 뿐이다. 대인관계에서 서로 간의 배려와 책임이 도외시되거나 무시되면, 객관적인 행위 원칙의 도출 근거 자체가 사라지게 된다고 공자는 보고 있었던 것이라 생각할 수 있다.

056 Fiske et al., 1998; Miller, 1994, 1997; Miller & Bersoff, 1992, 1994.

057 Fiske et al., 1998, p. 941.

도덕성의 본질을 이렇게 서로 다르게 개념화하면, 도덕적 문제 상황의 규정이나 도덕성이 인간 삶에서 수행하는 기능에 관해 서로 다른 관점을 가지게 된다. 개인주의 사회에서 도덕적 문제 상황은 개인의 권리가 침해되었는지의 여부이고, 이에 개입할 것인지는 개인의 자율적 선택에 달려 있지만, 집단주의 사회에서 도덕적 문제 상황은 관계 당사자가 곤경에 빠져 있는지의 여부이고, 이에 개입하는 것은 개인의 책임이자 의무가 된다.[058] 그러므로 어떤 것이 도덕적인 문제 상황이고, 또 어떤 행동이 도덕적으로 착한 행동인지에 대한 규정과 그러한 행동이 가져오는 효과를 놓고 서로 다른 관점을 가지게 되므로, 유학심리학에서 전개될 도덕성에 관한 탐구 주제들은 서구 심리학의 그것과는 크게 달라질 것이다.

최근 전개되고 있는 사회 · 문화심리학자들의 도덕성에 관한 연구에 따르면, 도덕성은 정의라는 단일 차원으로 구축되어 있는 것이 아니라, 타인과 소속 집단 및 종교 배경에의 배려와 존중 등 다차원으로 구축된 사고 및 감정과 선택의 체계라는 사실이 밝혀지고 있다.[059] 이러한 연구는 대부분 서구의 방법론을 동원하여 서구의 학자들에 의해 이루어지고 있다. 그러나 이러한 연구의 결과를 통해 밝혀지고 있는 사실은 기본적으로 유학사상의 도덕통합설에서 예측하는 것들이라는 사실을 주목할 필요가 있다. 바로 이러한 사실에서도 도덕성에 관한 연구에서 동 · 서 관점의 회통(會通)이 이루어지는 가능성의 한 예를 보게 된다.

(3) 도덕 인식과 도덕 실천의 관계: 지행합일(知行合一)

유학의 심리구성체론에서 특별히 주의해서 생각해 보아야 할 것은 이 체계에서 지적 인식 능력과 도덕적 행위 능력을 별개의 심리구성체로 상정하기는 하지만, 이 양자의 기능은 유학의 근본 목적인 성덕(成德)이라는 한 가

---

058 Fiske et al., 1998; Miller & Bersoff, 1992, 1994; Miller et al., 1990; Miller & Luthar, 1989.

059 Greene, 2013; Haidt, 2012; Shweder et al., 1997.

지 목표로 통합되는 것이어서 따로 떼어 고찰할 수 없다는 사실이다. 스스로에게 갖추어져 있는 도덕성과 스스로가 도덕 주체라는 사실에 대한 인식은 일상생활에서 도덕을 실천할 것을 목표로 하는 것이고, 또 후자(도덕 실천)는 전자(도덕 인식)를 근거로 하기 때문이다.

도덕적 인식과 이의 일상적 구현은 도덕 주체로서 인간이 이루어야 하는, 서로 분리할 수 없는 양 측면이라고 보는 것이 유학사상의 특징이다. 유학자들은 인식 없는 실행이나 실행을 전제로 하지 않는 인식은 모두 공허한 것으로 보고 배격하는 입장을 취하며, 도덕 주체인 인간에게서 이 두 측면(인식과 실행)이 통합되는 것이 바로 덕을 이루어 군자가 되는 길이라고 주장한다.[060]

도덕적 인식과 실행이 통합되어야 한다는 것은 공자로부터 이어지는 유학의 전통이다. 유학의 가장 핵심 경전인 『논어』는 공자의 "배우고(지적 능력에 의한 인식) 그것을 때에 맞추어 익히면(도덕적 행위 능력을 통한 실행) 또한 기쁘지 아니 하겠는가?"[061]라는 말씀에서 시작하여, 도덕적 인식과 그 실행의 통합을 강조하는 유학의 전통을 열고 있다. 맹자도 공자의 입장을 이어받아 도덕적 인식과 실행의 통합이 중요함을 역설하고 있다.[062] 그는 이렇게 도를 깨달아 인식하는 일[明道]과 이를 일상생활에서 실행하는 일[集義]의 조화[配義與道], 곧 도덕 인식과 실행의 통합을 군자가 되는 핵심이라고 본다.[063] 도덕적 인식과 실천의 통합에 대해서 공자와 맹자보다 더 집중적으로 논의하고 있는 사람은 순자이다. 순자에게 도는 곧 인도(人道)이고,[064] 이는 곧 예의(禮義)이다.[065] 예의는 일상생활, 사적 감정, 자연 질서, 사회질서 같

---

060 김승혜, 1990; 勞思光, 1967/1986; 蔡仁厚, 1984; Nisbett, 2003; Tu, Wei-Ming, 1985.

061 學而時習之 不亦說乎 (『論語』, 學而 1)

062 君子深造之以道 欲其自得之也 自得之 則居之安 居之安 則資之深 資之深 則取之左右逢其原 故君子欲其自得之也 (『孟子』, 離婁下 14)

063 敢問浩然之氣 日 難言也……其爲氣也 配義與道 無是 餒也 (公孫丑上 2)

064 道者非天之道 非地之道 人之所以道也 君子之所道也 (『荀子』, 儒效 9-10)

065 禮者人道之極也 (禮論 13)

은 인간 생활 전반의 규범이므로,[066] 이는 실생활의 실천을 전제로 하는 것이다.[067] 이렇게 이러한 예의에 대한 인식은 이의 실천과 불가분의 관계에 있을 수밖에 없다.[068]

이상의 논의에서 분명히 드러나듯이, 유학사상에서는 도덕적 인식과 실행은 서로 분리하여 생각할 수 없으며, 양자의 통합이 이상적 인간이 되는 지름길이라고 본다. 따라서 유학사상에서 보는 도덕성의 문제를 고찰하기 위해서는 도덕적 인식만이 아니라, 실천의 문제를 함께 고려할 필요가 있다. 이렇게 도덕적 인식과 이의 실천의 통합을 이룬 사람들이 바로 군자(君子)나 성인(聖人)인 것이다.

2. 군자론과 이상적 인간형론

플라톤으로부터 면면히 이어져 온 서구의 이성중심주의적 전통과 17세기 이후 서구인의 삶의 기본 양식이 되고 있는 개인주의 문화의 특징을 결부시켜 보면, 서구 사회에서 그리는 이상적 인간의 특징이 드러난다. 서구 사회에서 그리는 이상적 인간은 상호 독립적이고 평등한 개체로서 존재하는 이성 주체인 개인이 갖추고 있는 이성의 능력을 최대로 발휘하여 삶의 과정에서 자기를 실현하는 사람이다. 곧 이성 주체로서의 자기실현이 서구 사회에서 그리는 이상적 인간의 전형적인 모습인 것이다. 이러한 사실은 현대 서구

---

066 宜於時通 利以處窮 禮信是也 凡用血氣志意知慮 由禮則治通 不由禮則勃亂提僈 食飮衣服 居處動靜 由禮則和節 不由禮則觸陷生疾 容貌態度 進退趨行 由禮則雅 不由禮則夷固辟違 庸衆而野 故人無禮則不生 事無禮則不成 國家無禮則不寧 (修身 24–26); 天地以合 日月以明 四時以序 星辰以行 江河以流 萬物以昌 好惡以節 喜怒以當 以爲下則順 以爲上則明 萬物變而不亂 貳之則喪也 禮豈不至矣哉 立隆以爲極 而天下莫之能損益也 (禮論 11–12); 使本末終始 莫不順比 足以爲萬世則 是禮也 (禮論 24)

067 唐君毅, 1986; 牟宗三, 1979; 張其昀, 1984; 蔡錦昌, 1989; 蔡仁厚, 1984; 馮友蘭, 1948/1977; 黃公偉, 1974; Cua, 1985; Dubs, 1927.

068 心知道然後可道 可道然後能守道 以禁非道……知道察 知道行 體道者也 (解蔽 11–13)

심리학의 이상적 인간형론인 성숙인격론(成熟人格論)에 잘 드러나 있다.[069]

이와는 대조적으로, 유학사상에서는 공자로부터 인간의 심성이 덕 · 지 · 정 · 의 사분체계로 구성되는 것으로 보고, 이 네 요소 사이의 관계에서도 도덕적 지향성의 요소가 중심이 되어야 한다는 덕성중심주의의 입장이 지배하여 왔다. 유학자들은 덕을 타인과 공동체에 대한 관심과 배려를 축으로 삼아 이해하려 하는데, 덕의 원형이 인간의 본성 속에 태어날 때부터 갖추어져 있다고 보는 것이 유학사상의 기본 특징이다.

유학자들이 덕의 본유설을 주장하게 되는 배경에는 그들이 인간을 사회적 존재로 개념화하여 본다는 사실이 놓여 있다. 유학자들은 인간이 인간된 근거를 인간 존재의 사회성에서 찾는다. 인간은 부모와 자식, 군주와 신하, 남편과 아내, 형과 아우, 그리고 벗과 벗 사이의 관계 속에서 태어나서, 이러한 관계 속에서 살다가, 이러한 관계 속에서 죽어가는 존재라고 유학자들은 이해한다. 그들에 따르면, 이러한 관계가 인간 삶의 원초적 기반이자 굴레여서, 이러한 관계를 떠나서는 인간의 삶을 이해할 수 없다. 따라서 이러한 유학사상의 지배를 받아 온 동아시아 사회에는 오래전부터 사회를 이루는 기본 단위는 바로 이러한 사람들 사이의 관계라는 집단주의 문화가 형성되었던 것이다.

개체적 존재로서의 개인보다 사람들 사이의 관계를 중시하는 이러한 집단주의적 삶의 양식을 지니고 살아 온 동아시아인이 그려온 이상적 인간은 유학사상에서 제시하는 군자(君子)였다. 군자는 스스로가 도덕 주체임을 인식하고 일상생활에서 유학적 덕성을 체현함으로써 스스로가 성덕(成德)할 뿐만 아니라, 함께 살아가고 있는 다른 사람들도 덕을 이루도록 도와주는 삶의 태도를 지니며 살아가고 있는 사람이다. 곧 타인과 공동체에 대한 관심과 배려가 유학의 이상적 인간상인 군자의 기본 특징인 것이다.

---

069 김성태, 1976; 조긍호, 2006.

1) 현대 서구 심리학의 성숙인격론

현대심리학에서 외부 세계에 대한 한 개인의 고유한 적응과 삶의 양식에 관한 연구는 주로 성격심리학 분야에서 다루어져 왔다. 성격(性格)이란 보통 "내적 속성으로서, 통합성 · 고유성 · 일관성 · 역동성을 지닌 존재",[070] 곧 한 개인의 전반적이고도 고유한 사람됨을 말한다. 현대심리학에서 이러한 성격을 연구하는 목적 중 한 가지는 "사람들로 하여금 더 원만하고 만족스러운 삶을 영위할 수 있도록 도와주는 것"[071]인데, 원만하고 만족스러운 삶의 모습은 이상적인 인간상의 모습으로 구체화된다고 볼 수 있다. 그러므로 성격에 관한 연구를 잘 살펴보면, 각 이론가들이 제시하는 이상적 인간형의 모습을 추출해 볼 수 있을 것이다. 현대 서구 심리학에서 제시되어 온 다양한 이상적 인간상을 김성태[072]는 '성숙인격(成熟人格)'으로 개념화하여 통합하고 있다.

김성태는 서구의 성격심리학자들이 그리고 있는 이상적 인간상의 특징이 모두 52가지로 정리하는데, 군집분석(群集分析)을 통해 이들을 주체성 · 자기수용 · 자기통일 · 문제중심성 · 따뜻한 대인관계의 다섯 가지 특징으로 묶어 제시하고 있다.[073] 여기서 주체성은 "자기가 타고난 가능성을 실현하고 주체감을 가지며, 자신의 책임과 역할 성취를 충분히 완수"하는 특징을 말한다. 자기수용은 "자기의 현실을 효율적으로 인지하고, 현실 속에서의 자기를 객관화시키며, 현실과 자기 자신을 있는 그대로 받아들이는" 특징을 의미한다. 자기통일은 "확고하고도 타당한 인생 목표를 지니고 살며, 통일된 세계관을 세우고, 이에 맞추어 자주적으로 행동"하는 특징이다. 문제중심성은 "문제를 직접 현실 속에서 해결하는 데 만족을 느끼며, 자기중심적이 아니고

070 민경환, 2002, p. 4.
071 Hjelle & Ziegler, 1981/1983, p. 13.
072 김성태, 1976, 1984, 1989.
073 김성태, 1976, pp. 1–27; 1984, pp. 203–214; 1989, pp. 280–288.

문제중심적으로 일에 열중"하는 특징을 지칭한다. 그리고 따뜻한 대인관계는 "사랑, 이해와 수용적 태도로 타인과의 따뜻한 관계를 유지"[074]하는 특징을 가리킨다.

이러한 다섯 가지 특징은 '따뜻한 대인관계'를 제외하고는 모두 개체로서의 개인에 대한 관심에서 도출되는 것이라 볼 수 있다. 곧 자기 자신의 능력과 잠재력에 대한 인식(주체성), 자기를 둘러싸고 있는 현실에 대한 인식과 이의 수용(자기수용), 자기의 진로와 인생 목표의 객관적 정립(자기통일), 일상생활에서 자기의 가능성을 실현하려는 문제중심적인 일 처리와 성취 지향(문제중심성) 등 개체로서 존재하는 개인의 정체성 확립 및 성취와 관련이 깊은 특징이다.

정체감이란 자신의 능력과 가능성에 대한 객관적이고도 정확한 이해와 수용, 자기의 현실에 대한 객관적이고도 정확한 이해, 그리고 이 두 가지를 토대로 한 자기의 목표와 진로에 대한 객관적이고도 명확한 설정 등으로 구성되는 자기동일성과 지속성에 대한 인식이고,[075] 이를 추구하여 현실 속에서 자기의 모든 잠재적 가능성을 성취하는 것이 곧 자기실현이다.[076] 이렇게 서구 개인주의 사회에서는 자기정체성을 확립하고 이를 추구하는 자기실현을 핵심으로 하고, 여기에 대인관계의 원만함을 덧붙여 이상적 인간상을 개념화하고 있다. 즉, "자기정체성을 확립하고, 일상생활 속에서 자기의 가능성을 실현하기 위해 노력하며, 다른 사람과 따뜻한 관계를 맺으면서 살아가고 있는 사람", 곧 자기실현인(自己實現人)을 이상적 인간상으로 설정하고 있는 것이라 요약할 수 있을 것이다.

---

074 김성태, 1976, pp. 26–27.
075 Erikson, 1959.
076 이부영, 2002, pp. 90–93.

2) 유학사상의 군자론

유학은 성덕(成德)을 지향하고 있는 이론체계이다. 유학자들은 인성론을 통해 우주 안에서 인간만이 갖추고 있는 인간의 고유한 본성을 정위한 다음, 이를 바탕으로 인간이 이룰 수 있는 가장 바람직한 인간상을 인간 삶의 목표로 설정하여 그려내고 있다. 이상적 인간은 보통 군자(君子)와 성인(聖人)이라고 통칭되는, 일상생활에서 덕을 이룬 성덕자(成德者)이다.[077]

이러한 군자와 성인의 특징을 세 가지로 정리하여 제시하는 것이 유학사상의 전통이다. 이러한 사실은 다음과 같은 공자의 진술에 잘 드러나 있다.

> 자로(子路)가 군자에 대해 묻자, 공자는 "군자는 자기를 닦음으로써 삼가는 사람[修己以敬]"이라고 대답하였다. 자로가 "그것뿐입니까?" 하고 묻자, 공자는 "군자는 자기를 닦음으로써 사람들을 편안하게 해 주는 사람[修己以安人]"이라고 대답하였다. 자로가 거듭 "그것뿐입니까?" 하고 묻자, 공자는 "군자는 자기를 닦음으로써 온 백성을 편안하게 해 주는 사람이다[修己以安百姓]. 자기를 닦음으로써 온 백성을 편안하게 해 주는 일은 요·순도 이를 오히려 어렵게 여겼다"고 대답하였다.[078]

---

077 유학의 경전들에서 성덕자의 모범으로 제시되는 사람들은 요(堯)·순(舜)·우(禹)·탕(湯)·문(文)·무(武)·주공(周公)·공자(孔子) 같은 사람들이다. 유학은 이들을 성덕자로 설정해 놓고, 이러한 상태에 도달하는 일을 삶의 목표로 삼는 사상체계이다. 유학자들의 저술에서 덕을 이룬 이러한 이상적 인간은 대인(大人)·대장부(大丈夫)·대유(大儒)·현인(賢人)·현자(賢者)·지인(至人)·성인(成人)·군자(君子)·성인(聖人)과 같은 다양한 용어로 표현되는데, 이 중 가장 일반적인 것은 군자와 성인이다. 이 중 성인은 보통 요·순·우·탕·문·무·주공·공자 정도를 지칭할 때 쓰이고, 기타 덕을 이룬 사람을 가리킬 때는 군자라는 말을 사용한다.

078 子路問君子 子曰 修己以敬 曰 如斯而已乎 曰 修己以安人 曰 如斯而已乎 曰 修己以安百姓 修己以安百姓 堯舜其猶病諸 (『論語』, 憲問 45)

이 인용문에서 공자는 군자의 특징을 "자기를 닦음으로써 삼가는 일[修己以敬]", "자기를 닦음으로써 주위의 사람들을 편안하게 해 주는 일[修己以安人]", 그리고 "자기를 닦음으로써 온 천하 사람들을 편안하게 해 주는 일[修己以安百姓]"의 세 가지로 보고 있다. 여기서 수기이경(修己以敬)은 도덕적 수양과 인격 함양[자기완성], 수기이안인(修己以安人)은 대인관계에서의 조화의 달성[관계 완성], 그리고 수기이안백성(修己以安百姓)은 사회적 책무의 자임(自任)과 달성[사회 완성]을 의미한다. 그러므로 공자는 개인적 인격의 수양과 완성뿐만 아니라, 타인에 대한 관심과 배려 및 사회에 대한 책임감을 이상적 인간의 기본 특징으로 보고 있는 것이다. 곧 인간은 스스로가 타고난 도덕적 인격을 완성해야 할 뿐만 아니라, 기본적으로 이를 타인과 사회에 대한 배려와 책임감으로 승화시켜야 하는 존재라고 공자는 보고 있다.

이상적 인간의 특징을 수기·안인·안백성의 세 가지로 보는 공자의 입장은 맹자에게 그대로 이어진다. 맹자는 이들 각각을 성지청(聖之淸: 성인 중에서 가장 순수하고 깨끗한 분), 성지화(聖之和: 성인 중에서 가장 융화를 도모한 분), 성지임(聖之任: 성인 중에서 가장 사회적인 책임을 다한 분)이라 부르고 있다.[079] 그러므로 맹자도 공자와 마찬가지로 성인의 특징을 자기 인격의 수양, 대인관계의 조화 추구, 그리고 사회적 책무의 자임과 완수의 세 가지로 보고 있는 것이다.

이렇게 이상적 인간의 특징을 세 가지로 입론하는 유학자들의 관점은 군자가 되는 길을 정리하여 제시하고 있는 『대학(大學)』에 잘 드러나고 있다. 『대학』에서는 대학의 도를 깨우쳐서 실천하는 이상적 인간의 특징을 지어지선(止於至善)·친민(親民)·명명덕(明明德)의 세 가지로 들고 있다. 여기서 '지어지선'은 도덕적 인격적 수양을 이룬 상태를 말하는 것으로, 공자의 '수기이경'의 상태에 해당되는 것이라 볼 수 있다. 이어서 '친민'은 일상생활

079 伯夷聖之淸者也 伊尹聖之任者也 柳下惠聖之和者也 孔子聖之時者也 孔子之謂集大成 (『孟子』, 萬章下 1)

에서 지선(至善)에 머물러 도덕적 인격적 완성을 이룬 다음, 이를 주변 사람들에게 확대하고 베풂으로써 그들과의 사이에 친애함과 조화를 이룬 상태를 말하는 것으로, '수기이안인'의 상태를 의미하는 것이다. 다음으로 '명명덕'은 자기의 착한 본심을 미루어 밝게 드러냄으로써 온 천하의 사람들로 하여금 도덕 및 모든 일의 기초가 스스로에게 내재되어 있음을 깨달아 알도록 하는 상태를 말하는 것으로, '수기이안백성'에 해당되는 특징이라 볼 수 있다.[080]

이상에서 본 바와 같이 유학적 이상적 인간상의 제일의 특징은 자기수련을 통한 자기완성[修己以敬 · 聖之淸 · 止於至善]이다. 군자와 성인은 끊임없는 자기수련을 통해 스스로가 도덕 주체라는 사실을 확고히 자각함으로써[081] 자기가 바라야 할 것[所欲]과 바라서는 안 되는 것[所不欲], 해야 할 일[所爲]과 해서는 안 되는 일[所不爲]을 잘 분별하여, 소불욕(所不欲)은 억제하고 소욕(所欲)은 잘 간직하여 키워 나가며, 소불위(所不爲)는 행하지 않고 소위(所爲)는 적극적으로 추구하는 도덕적 자기완성을 이룬 사람들이다.[082] 그렇기 때문에 이들은 모든 일의 책임을 도덕 주체로서의 자기에게서 구하며[反求諸己],[083] 정서적으로 안정되어 있을 뿐만 아니라[084] 자기의 잘못을 고쳐 자기개선을 함으로써 자기향상을 이룰 수 있다.[085]

---

080 이러한 해석에 대해서는 3장의 「주 100」과 「주 101」 참조.

081 君子喩於義 小人喩於利 (『論語』, 里仁 16); 君子深造之以道 欲其自得之也 自得之 則居之安 居之安 則資之深 資之深 則取之左右逢其原 故君子欲其自得之也 (『孟子』, 離婁下 14)

082 無爲其所不爲 無欲其所不欲 如此而已矣 (『孟子』, 盡心上 17); 人有不爲也 而後可以有爲 (離婁下 8)

083 君子求諸己 小人求諸人 (『論語』, 衛靈公 20); 君子病無能焉 不病人之不己知也 (衛靈公 18); 不患人之不己知 患不知人也 (學而 16); 不患無位 患所以立 不患莫己知 求爲可知也 (里仁 14); 不患人之不己知 患其不能也 (憲問 32); 愛人不親 反其仁 治人不治 反其智 禮人不答 反其敬 行有不得者 皆反求諸己 其身正 而天下歸之 (『孟子』, 離婁上 4); 同遊而不見愛者 吾必不仁也 交而不見敬者 吾必不長也……失之己 而反諸人 豈不亦迂哉 (『荀子』, 法行 21-22)

084 君子不憂不懼……內省不疚 夫何憂何懼 (『論語』, 顏淵 4); 故君子之…於人也 寡怨寬裕而無阿 (『荀子』, 君道 6)

085 過則勿憚改 (『論語』, 學而 8); 見賢思齊焉 見不賢而內自省也 (里仁 17); 君子以仁存心 以禮存心……有人於此 其待我以橫逆 則君子必自反也 我必不仁也 必無禮也……我必不忠 (『孟子』, 離婁下 28); 君子博學 而日參省乎己 則智明而行無過矣 (『荀子』, 勸學 2); 見善 修

군자와 성인은 이렇게 도덕적 자기완성을 이루는 데에만 머물지 않고, 이를 다른 사람에게 널리 펼침으로써 대인관계에서 인화를 이루고 있다. 그들은 자기 가족에 대한 도덕적 의무와 역할 수행을 통해 가족관계에서 조화를 이룬 다음에,[086] 이를 다른 사람들과의 관계에서 요구되는 의무와 역할 수행으로 확대해 가고, 타인에 대한 관심과 배려에서 남들을 포용함으로써 널리 사람들을 사랑하고, 그들과 조화로운 대인관계를 이루어 나간다.[087]

자기수련을 통해 도덕적 자기완성을 이룬 군자와 성인은 이렇게 다른 사람들을 널리 포용하여 조화로운 관계를 이룬 다음에, 온 천하의 사람들을 편안하게 이끌어 주는 일을 자기에게 부여된 사명으로 알고, 이러한 사회적 중책을 자임하고, 이를 일상생활에서 완수하려 한다. 그들은 현실 정치에 참여하여 인정(仁政)을 펼침으로써[088] 백성들이 인의의 은택을 입어 편안하게 살 수 있도록 하는 일을 자기의 책임으로 여긴다.[089] 그러나 현실 정치에 참여하는 기회는 천명(天命)에 속하는 일이어서 원한다고 해서 얻어지는 것이 아

然必以自存也 見不善 愀然必以自省也 (修身 22)

086 君子務本 本立而道生 孝弟也者 其爲仁之本與 (『論語』, 學而 2); 君子篤於親……故舊不遺 (泰伯 2); 人之所不學而能者 其良能也 所不慮而知者 其良知也 孩提之童 無不知愛其親也 及其長也 無不知敬其兄也 親親 仁也 敬長 義也 無他 達之天下也 (『孟子』, 盡心上 15); 仁之實 事親是也 義之實 從兄是也 智之實 知斯二者弗去是也 禮之實 節文斯二者是也 (離婁上 27); 君子之於物也 愛之而不仁 於民也 仁之而不親 親親而仁民 仁民而愛物 (盡心上 45); 老吾老 以及人之老 幼吾幼 以及人之幼 天下可運於掌……故推恩 足以保四海 不推恩無以保妻子 古之人 所以大過人者無他焉 善推其所爲而已矣 (梁惠王上 7)

087 君子和而不同 小人同而不和 (『論語』, 子路 23); 君子周而不比 小人比而不周 (爲政 14); 君子尊賢而容衆 嘉善而矜不能 (子張 3); 故君子度己以繩 接人則用抴 度己以繩 故足以爲天下法則矣 接人用紲 故能寬容 因衆以成天下之大事矣 故君子賢而能容罷 知而能容愚 博而能容淺 粹而能容雜 夫是之謂兼術 (『荀子』, 非相 17)

088 聖人……旣竭心思焉 繼之以不忍人之政 而仁覆天下矣 (『孟子』, 離婁上 1)

089 齊景公問政於孔子 孔子對曰 君君 臣臣 父父 子子 (『論語』, 顔淵 11); 子路曰 衛君待子而爲政 子將奚先 子曰 必也正名乎 (子路 3); 欲爲君 盡君道 欲爲臣 盡臣道 (『孟子』, 離婁上 2); 遇君則修臣下之義 遇鄕則修長幼之義 遇長則修子弟之義 遇友則修禮節辭讓之義 遇賤而少者 則修告導寬容之義 無不愛也 無不敬也 無與人爭也 恢然如天地之苞萬物 如是則賢者貴之 不肖者親之 (『荀子』, 非十二子 33)

니다. 그러므로 그들이 정치 참여보다 더욱 중시하는 것은 교육이다.[090] 그들은 온 천하의 사람들에게 누구나가 도덕성을 본유적으로 갖추고 있는 도덕 주체라는 사실을 직접 가르치거나, 실생활에서의 행동 모범을 통해 깨우쳐 줌으로써 스스로가 도덕적 완성을 이루어 평화로운 사회생활을 할 수 있도록 이끌어 주는 일을 자기에게 부여된 사회적 책무라고 받아들여, 이를 완수하기 위해 평생을 노력하는 것이다.[091] 이렇게 이들은 "인(仁)을 이루는 일을 자기의 책임으로 받아들임으로써 임무는 무겁고, 죽어서라야 그 책임에서 벗어나게 되는"[092] 삶을 살아가는 사람들인 것이다.

3) 동·서 이상적 인간형론과 심리학의 문제 – 정신건강심리학의 새 지평

이상에서 보면, 서구 심리학에서 제시되고 있는 이상적 인간상과 동아시아 유학사상에서 제시되고 있는 이상적 인간상의 유사점과 차이점이 분명히 드러난다. 서구에서 제시되고 있는 자기정체성의 확립 및 자기실현(주체성 · 자기수용 · 자기통일 · 문제중심성)과 따뜻한 대인관계의 특징은 동아시아에서 제시되고 있는 자기수련을 통한 도덕적 자기완성(수기이경 · 성지청 · 지어지선)과 대인관계의 인화 도모(수기이안인 · 성지화 · 친민)의 특징과 유사하다고 볼 수 있다. 물론 이 경우에도 전자는 독특하고 독립적인 개체로서의 자기 개성의 실현이 핵심 목표로 전제되고 있지만, 후자는 사회적 관계체로서의 개인의 타인에 대한 관심과 배려 및 책임의 달성이 핵심 목표로 전제되

---

090 善政不如善教之得民也 善政民畏之 善教民愛之 善政得民財 善教得民心 (『孟子』, 盡心上 14)

091 子曰 若聖與仁 則吾豈敢 抑爲之不厭 誨人不倦 則可謂云爾已矣 (『論語』, 述而 33); 天之生此民也 使先知覺後知 使先覺覺後覺也 予天民之先覺者也 予將以斯道覺斯民也 非予覺之而誰也 (『孟子』, 萬章上 7); 中也養不中 才也養不才……如中也棄不中 才也棄不才 則賢不肖之相去 其間不能以寸 (離婁下 7)

092 士不可以不弘毅 任重而道遠 仁以爲己任 不亦重乎 死而後已 不亦遠乎 (『論語』, 泰伯 7)

어 있다는 차이가 있다. 그러나 이러한 차이보다 더욱 근본적인 것은 유학사상에서 제시하는 사회적 책무의 자임과 완수(수기이안백성 · 성지임 · 명명덕)라는 특징은 서구의 이상적 인간상에서는 찾을 수 없다는 사실이다. 이는 서구에서는 전적으로 독립적인 개체로서의 개인의 특성에 초점을 맞추어 이상적 인간상을 제시하고 있음에 반해, 동아시아 유학사상에서는 인간의 사회적 존재 특성을 강조하는 관점에서 이상적 인간상을 개념화하고 있기 때문에 나오는 차이라 볼 수 있다.

여기서 한 가지 고찰해 보아야 할 것은 양의 동 · 서를 불문하고 그들이 제시하고 있는 이상적 인간상은 그야말로 바람직한 목표 상태로서의 인간의 특징을 제시하고 있는 것이지, 현실의 삶 속에서 누구나 그러한 이상적인 상태를 이룰 수 있다는 말은 아니라는 사실이다. 매슬로에 따르면, 자기실현을 이루어 이상적 인간형의 상태에 도달한 사람은 극소수이어서, 인구의 1% 이하만이 이러한 상태에 도달할 뿐이다.[093] 나머지 대부분은 무엇인가의 결핍에 매달려, 자기중심적이고 자기집착적인 삶을 살고 있을 뿐이다. 공자도 "자기를 닦음으로써 온 천하의 사람들을 편안하게 해 주는 '수기이안백성(修己以安百姓)'은 요(堯)나 순(舜)같은 성인도 오히려 어렵게 여긴 경지"[094]라거나, "널리 사람들에게 은혜를 베풀고 뭇 사람들을 구제하는 일[博施濟衆]은…… 요와 순 같은 성인도 오히려 어렵게 여긴 경지"[095]라고 진술하여, 사회적인 책무의 자임과 달성이 매우 어려운 일임을 지적하고 있다. 이렇게 이상적 인간형에 도달하는 것은 매우 어려운 일이고, 따라서 이는 인간의 삶이 지향해야 할 고귀한 목표 상태로서의 의미를 갖는 것이다. 여기서 중요한 것은 현실적인 삶의 과정이나 거기서 드러나는 심성적 · 행동적 특징에서뿐만이 아니라, 그러한 목표 상태의 설정에서조차도 동 · 서 문화권의 차이가 극

---

093 Maslow, 1971.

094『論語』, 憲問 45.

095 子貢曰 如有博施於民而能濟衆 何如 可謂仁乎 子曰 何事於仁 必也聖乎 堯舜其猶病諸 (雍也 28)

명하게 드러나고 있다는 사실이다.

이상에서 고찰해 본 바와 같은 이상적 인간상에 관한 서구인과 동아시아인의 관점의 차이로부터 직접적으로 도출되는 심리학적 연구 문제는 정신건강심리학의 문제이다. 바람직한 이상적(理想的) 인간상에 대한 모습의 반대쪽에는 부적응적인 이상적(異常的) 인간의 모습이 놓여 있을 것이기 때문이다. 그러므로 누구나가 추구하려 하는 바람직한 인간상에 대한 입장 차이는 어떠한 사람이 부적응 상태에 있는 사람인지에 대한 관점의 차이를 낳을 뿐만 아니라, 그 원인이 무엇인지에 대한 견해의 차이와 더불어, 어떠한 치료적 개입에 의해 부적응 상태에서 벗어나 바람직한 인간상에 근접하게 만들 수 있을 것인지에 대한 접근 양식의 차이를 유발하게 될 것이다.

현대 서구 심리학에서는 "심리학의 중요한 목표 중 하나는 심리학의 연구를 통해 얻어진 지식을 활용하여 심리적 부적응으로 고통을 겪고 있는 사람들이 그러한 증상에서 벗어나도록 도와줌으로써 더욱 효과적이고 생산적이며 행복한 삶을 영위하도록 이끌어 주는 것"[096]이라는 전제에서 연구를 진행해 왔다. 즉, 현대 서구 심리학에서 가장 많이 연구되며, 또 가장 많은 학자가 관심을 가지고 있는 문제는 바로 이러한 정신건강심리학의 문제인 것이다. 현대심리학의 메카인 미국의 경우뿐만 아니라, 그 영향을 고스란히 받고 있는 우리나라에서도 가장 많은 심리학자가 활동하고 있는 분야가 임상심리학과 상담심리학이라는 사실은 이러한 경향을 잘 드러내 준다.

정신건강과 심리치료에 관한 현대 서구 심리학의 연구에서는 이상(異常) 행동의 원인과 증상, 그리고 그 종류 및 이의 진단에는 보편적인 기준이 적용될 수 있을 것이라고 보는 입장이 주류를 이루어 왔다. 곧 제반 이상행동은 문화권의 차이에 상관없이 동일한 원인에 의해 나타나고, 보편적인 증상을 보이며, 그 종류도 문화권에 따라 똑같을 뿐만 아니라, 이의 확인과 측정 기법도 문화에 따라 달라지지 않는다는 것이다. 그러나 정신분열증 · 우울

---

096 Matsumoto, 2000, p. 251.

증 · 신체화증상 · 약물중독 같은 가장 일반적인 이상행동에서조차 문화 유형에 따라 개념 규정이나 원인 및 증상이 달라질 수 있다는 사실이 최근의 연구를 통해 밝혀지고 있다.[097] 문화 유형별로 권장되는 정서의 종류가 달라지고 또한 표출 규칙(display rule)이 달라짐에 따라,[098] 그리고 자기를 파악하는 입장이 달라짐에 따라[099] 정상과 이상의 개념 규정이 달라지고, 주로 나타나는 이상의 증상이 달라질 뿐만 아니라, 이에 대한 처치 또는 사회적 개입의 양상이 달라진다.

문화 유형에 따라 이상성(異常性)의 기준과 그에 기저하는 심리적 원인이 달라진다면, 부적응행동의 치료법이 문화적 맥락에 따라 달라질 것임은 자명한 일이다. 사실 심리치료의 여러 접근법은 이러한 문화적 맥락에 따른 '문화화(culturalization)'의 결과였다고 볼 수 있다. 현대 심리치료적 접근법의 뿌리는 프로이트에 의해 창시된 정신분석학에 있는데, 이에는 유태인이었던 프로이트가 받아들인 유태 문화의 가치가 반영되어 있으며,[100] 이에 기초를 두고 미국에서 변형 · 발전된 다른 심리치료법은 또 그들 나름대로 미국의 문화적 가치를 드러내고 있다. 다음 진술은 이러한 사실을 잘 드러낸다.

> 심리치료의 뿌리와 발달의 역사를 검토하면서, 어떤 학자들은 현대 심리치료의 기초인 정신분석학은 유태인의 문화적 맥락 내에서 특수하게 발전된 것이며, 이는 유태인의 신비주의와 여러 측면에서 공통성을 보유하고 있다는 사실을 지적하여 왔다. 사실 행동적 접근이나 인본적 접근 같은 다른 심리치료 접근법의 발달은 전통적인 정신분석학이 미국 문화와 사회에 '문화화'한 결과라 간주될 수 있다. 이렇게 보면, 심리치료는 문화적 산물이어서 문화적 맥락을

---

097 Draguns, 1997; Jenkins, 1994; Marsella, 1979, 1985; Matsumoto, 2000.
098 Jenkins, 1994.
099 Marsella, 1985.
100 Langman, 1997.

> 반영할 뿐만 아니라, 재생산하고 있다고 생각할 수 있다. …… 이러한 의미에서 심리치료는 결코 탈가치적인 것이 될 수는 없다. 왜냐하면 모든 심리치료는 특정 문화 맥락에 구속되어 있으며, 문화란 필연적으로 도덕적 가치체계와 연관되어 있는 것이기 때문이다.[101]

이러한 관점에서 보면, 이상성에 대해 서로 다른 기준을 보유하고 있는 개인주의와 집단주의 사회에서 제시하고 있는 정신건강의 기준, 심리치료의 목표 및 심리치료 과정에서의 강조 내용은 서로 달라질 수밖에 없을 것이다.

(1) 정신건강의 기준

서구 개인주의의 배경인 자유주의사상에서는 개인 존재를 자유의 보유자, 이성 주체, 완비적 실체라고 개념화하여 받아들인다. 그러므로 개인주의 사회에서는 자유의 보유자로서 지니는 독립성 · 독특성 · 자율성, 이성의 주체로서 지니는 합리성 · 적극성, 완비적 실체로서 지니는 안정성 · 일관성을 이상적 인간의 기준이라고 본다. 이와는 대조적으로, 동아시아 집단주의의 배경인 유학사상에서는 인간을 사회적 관계체, 덕성의 주체, 가변적 · 과정적 존재라고 파악한다. 그러므로 집단주의 사회에서는 사회적 관계체로서 지니는 연계성 · 상호의존성 · 조화성, 덕성의 주체로서 지니는 배려성 · 겸손성, 과정적 존재로서 지니는 유연성 · 가변성을 이상적 인간의 기준이라고 본다.

이렇게 두 문화권에서 개인을 파악하는 세 가지 관점 각각에 따라 이상적 인간에게 요구하는 강조점은, 문화권에 따라 개체성과 사회성(주의의 초점), 합리성과 도덕성(통제 대상), 실체성과 가소성(변이가능성) 차원에서 강조하는 내용과 일치한다. 이러한 강조점은 두 문화권에서 각각 바람직한 정신건강의 기준으로 작용한다. 그러므로 이러한 기준에 부합하는 특성을 가지고 있

---

101 Matsumoto, 2000, p. 265.

거나 이에 부합하는 삶의 태도를 견지하고 있는 사람은 정신적으로 건강한 사람이 되지만, 그렇지 못한 사람은 해당 사회에서 부적응자로 낙인찍힌다.

개인주의와 집단주의의 배경으로서의 자유주의와 유학사상에서 개인을 파악하는 입장과 이상적 인간의 기준의 차이는 두 사회에 살고 있는 사람들의 제반 심성과 행동의 차이를 유발하는 근거가 된다. 곧 개인주의 사회에서는 독립성과 독특성, 자기주장 및 안정성을 강조함에 비해, 집단주의 사회에서는 연계성과 조화성, 자기억제 및 가변성을 강조한다. 이러한 강조점의 차이가 두 사회에서 이상적으로 보고 추구하는 인간상의 차이와 관련이 있다면, 이들은 또한 이 두 사회에서 정신적으로 건강하지 못한 사람을 규정하는 차이로 작용하는 것으로도 볼 수 있을 것이다.

서구 개인주의 사회에서 이상적(理想的)이라고 보는, 자기 독립성과 독특성을 추구하여 집단의 목표보다 개인적인 목표를 중시하는 자세, 집단의 조화보다는 자기 감정을 솔직하게 표현하는 것을 중시하여 분노와 같은 감정도 적극적으로 표출하는 경향, 상황의 변화에도 과도하게 안정성과 일관성에 집착하는 태도 등은 동아시아인의 눈에는 철이 덜 들었거나 유연성이 부족한 것으로 보일 것이다. 반대로 동아시아인이 바람직하다고 여기는, 개인의 목표보다 집단의 목표를 앞세우는 태도, 자기의 사적 욕구와 감정을 억누르고 집단의 조화를 앞세우는 경향, 상황의 변화에 맞추어 행동과 의견을 바꾸는 자세 등은 서구인에게는 나약하거나 적응을 잘하지 못하는 증상으로 비칠 것이다.

이와 같이 문화 유형에 따라 정신건강의 기준이 달라진다면, 정신건강은 문화보편적인 문제가 아니라 문화특수적인 문제가 된다. 그러므로 유학사상을 바탕으로 하여 정립될 새로운 유학심리학에서 정신건강과 관련된 문제를 다룰 때는, 지금까지 서구 심리학에서 제시해 왔던 정신건강의 기준을 재검토하는 작업부터 해야 할 것으로 보인다.

(2) 심리치료의 목표

문화 유형에 따라 정신건강과 부적응의 기준이 달라진다면, 이를 치료하기 위한 접근법이 문화 유형에 따라 달라질 것임은 쉽게 예측할 수 있다. 사실 심리치료의 여러 접근법은 이러한 문화적 맥락에 따른 문화적응(enculturation)의 결과였다.[102] 이러한 관점에서 보면, 이상성에 대해 서로 다른 기준을 보유하고 있는 개인주의와 집단주의 사회에서 제시하고 있는 심리치료의 목표는 서로 달라질 수밖에 없다. 각 사회에서 바람직한 인간상으로 강조하는 특성과 이에 부합하는 삶의 태도가 치료 목표에 반영될 것이기 때문이다.

개인주의 사회와 심리치료의 목표 개인주의 사회에서는 개인 존재를 자유의 보유자, 이성 주체, 그리고 안정적 실체라고 파악한다. 이 사회에서는 독립성·자율성과 독특성, 합리성과 적극성, 그리고 안정성과 일관성을 바람직한 개인의 특성으로 본다. 따라서 독립적이지 않거나 독특하지 못한 사람, 적극적으로 솔직하게 자기표현이나 자기주장을 하지 못하는 사람, 그리고 안정적이고 긍정적인 자기상을 가지고 있지 못하거나, 태도와 행동의 일치성 및 성격 특성의 상황 간 일관성이 결여된 사람을 정신적으로 문제가 있는 사람이라 간주한다. 따라서 개인주의 사회에서는 '개체로서의 자기의 독립성·자율성·독특성을 인식하고, 적극적으로 자기를 주장하며, 안정적이고 일관적인 정적 자기상을 보유하고 있는 사람'이 되도록 도와주는 것이 심리치료의 궁극적인 목표로 부각된다.

집단주의 사회와 심리치료의 목표 집단주의 사회에서는 개인을 역할·의무·배려의 복합체, 덕성 주체, 그리고 가변적 과정적 존재라고 인식한다. 이 사회에서는 타인과의 연계성과 조화성, 자기억제와 겸손성, 그리고 자기

102 Langman, 1997; Matsumoto, 2000, pp. 264-269.

개선과 가변성을 바람직한 개인의 특성으로 본다. 따라서 집단에서 고립되거나 집단의 성원들과 잘 어울리지 못하는 사람, 자기의 감정이나 욕구를 억제 또는 통제하지 못하는 사람, 겸손하지 못하고 지나치게 자기주장을 하는 사람, 그리고 자기의 단점이나 부적 측면을 부인하고 정적 측면만을 지나치게 추구하거나, 지나치게 일관성을 추구하는 사람을 정신적으로 문제가 있는 사람이라 간주한다. 따라서 집단주의 사회에서는 '함께 사는 존재로서의 상호의존성과 조화성을 인식하고, 될 수 있는 대로 자기의 사적 감정과 욕구를 억제하고 드러내지 않으며, 자기의 단점을 수용하고 상황에 따라 유연한 적응성을 보이는 사람'이 되도록 도와주는 것이 궁극적인 심리치료의 목표로 부각된다.

(3) 심리치료의 과정

이렇게 문화 유형에 따라 부적응행동의 기준과 이를 치료하기 위한 심리치료의 목표가 달라진다면, 개인주의와 집단주의 사회에서 이루어지는 심리치료 과정의 특징과 그 과정에서 중시하는 내용에 커다란 차이가 나타나게 된다는 사실은 두말할 나위도 없이 분명한 일이다.

통찰의 내용 개인주의 사회에서는 독립적인 개인의 개체적 존재 특성을 강조하므로 심리치료를 받으면서 통찰해야 할 핵심 내용은 자기의 독특성과 수월성에 근거를 둔 '자기에 관한 통찰'일 것이다. 이에 비해, 집단주의 사회에서는 대인관계 속에 있는 개인의 사회적 존재 특성을 강조하므로, 심리치료 과정에서 자기와 타인 사이의 유사성과 같은 '인간 일반에 관한 통찰'을 해 내야 할 것이다.

주의와 이해의 강조점 개인주의 사회에서는 개인의 사적 감정과 욕구를 있는 그대로 드러내는 것을 인간의 기본적인 권리라고 간주한다. 따라서 자기의 내밀한 사적 감정과 욕구를 솔직하게 표출하지 못하고 억압하면 심리적으로 부적응이 유발된다고 본다. 그러므로 개인주의 사회에서는 심리치료의 과정에서 자기의 진실한 사적 감정과 욕구가 무엇인지에 대해 항상 주의를 기울이고, 이를 정확하게 파악하여 이해할 것을 강조한다.

이에 비해 집단주의 사회에서는 개인의 사적 감정과 욕구를 있는 그대로 드러내는 것은 대인관계의 조화와 집단의 통합을 해치는 원인이 된다고 간주한다. 따라서 자기의 사적 감정과 욕구를 솔직하게 있는 그대로 드러내면 대인관계에 갈등을 유발하여 집단원들로부터 배척당하게 되므로, 결과적으로 심리적 부적응이 유발된다고 본다. 그러므로 집단주의 사회에서는 심리치료의 과정에서 자기 자신의 감정과 욕구에 주의를 기울이고 이해하려 하기보다는 관계를 맺고 있는 상대방의 감정과 요구에 주의를 기울이고 이해할 것을 강조한다.

자기확인의 내용 개인주의 사회에서는 자기가 가지고 있는 장점의 확충을 통한 자기만족감이 행복감과 자존감의 근원으로 작용한다. 따라서 이 사회에서는 자기의 단점을 부인하거나 억압하고, 그 대신 자기의 장점을 확충함으로써 정적인 자기상을 유지하는 일이 중요해진다. 이들은 자기의 단점이 불어나거나 부적 정서 체험의 빈도가 늘어남으로써 정적 자기상 대신 부적인 자기개념을 가지게 되면 심리적 부적응이 유발된다고 본다. 그러므로 개인주의 사회에서 확인하고 강화해야 할 자기의 측면은 정적인 특성과 정적인 감정 경험이다.

이에 비해 집단주의 사회에서는 자기의 단점을 찾아 이를 고쳐 나가는 자기개선이 행복감과 자존감의 근원으로 작용한다. 따라서 이 사회에서는 자기의 장점을 찾아 확충하려 하기보다는 자기의 단점을 찾아 이를 개선하여 자기향상을 이루는 일이 중요해진다. 그러므로 집단주의 사회에서 확인하여야 할 자기의 측면은 장점보다는 단점이나 부적인 특성이 된다.

자기 관련 훈련의 내용 개인주의 사회에서는 자기의 사적 감정과 욕구를 억제하고 드러내지 않는 일은 심리적 부적응의 직접적인 원인으로 작용하게 된다고 본다. 그러므로 이 사회에서는 심리치료 과정에서 적극적으로 자기를 주장하고, 자기의 감정과 욕구를 효과적으로 표현할 수 있는 훈련을 강조한다.

이에 비해 집단주의 사회에서는 자기의 사적 욕구와 감정을 있는 그대로 드러내는 일은 집단 내에 갈등을 야기하고 조화를 해치므로, 심리적 부적응이 유발되는 원천으로 작용한다고 본다. 그러므로 이 사회에서는 심리치료 과정에서 적극적으로 자기를 드러내는 대신, 자기를 억제하고 절제하는 극기(克己) 훈련을 강조한다.

3. 도덕실천론과 사회관계론

앞에서 보았듯 서구 사회에서 그리고 있는 이상적 인간상은 '자기실현인'이다. 이들은 개체로서 지닌 모든 능력과 잠재가능성을 삶의 과정에서 최대로 발휘하여 높은 성취를 이룬 사람으로 그려지고 있다. 이는 개체성 · 이성 · 실체성을 바탕으로 하여 인간 존재를 파악하는 자유주의의 인간관으로부터 도출되는 당연한 논리적인 귀결이다. 개인 존재를 이렇게 모든 행위의 원천을 내적으로 완비하고 있는 평등하고 상호 독립적인 이성의 주체라고 파악하게 되면, 삶의 목표를 개체로서의 자기실현에서 찾게 될 수밖에 없을 것이기 때문이다.

개체적 존재로서 개인의 이성을 중시하는 관점에 서면, 사람과 사람 사이에 맺는 관계에서 추구하는 목표는 각자가 이러한 관계에서 얻을 수 있는 이익의 최대화에서 찾게 된다. 자유주의자들에게 있어 "이성은 본질적으로 자기이익을 가장 효과적으로 추구할 수 있는 계산 능력"[103]을 본질로 하는 것이기 때문이다. 이러한 맥락에서 현대 서구 개인주의 사회에서 사회관계를 인

103 노명식, 1991, p. 41.

식하는 기본틀은 모든 대인관계를 교환의 관점에서 보는 '합리적 계산자 모형(計算者 模型)'이라는 점이 쉽게 이해될 수 있다. 이러한 사실은 현대 서구 사회과학에서 "사회관계에 대한 가장 영향력 있는 관점은 다양한 사회교환 이론에 의해 제공되고 있다"[104]는 점에서 잘 드러나고 있다.

이에 견주어 유학사상에서는 이상적 인간의 상태에 도달한 군자와 성인을 자기 스스로의 수양과 완성에만 머무르고 이에 만족하는 사람이 아니라, 함께 살아가고 있는 다른 사람들에게 관심을 가지고, 그들도 도덕적 자기수양을 통해 자기완성에 이르도록 하려는 책임감을 느끼며, 이러한 책임을 실생활에서 실천하려는 사람으로 그리고 있다. 이는 사회성과 도덕성, 그리고 가소성을 바탕으로 하여 인간을 파악하는 유학의 입장에서 나오는 당연한 논리적인 귀결이다. 개인 존재를 사회관계에 내포되어 있는 의무 · 역할의 복합체라고 보아 타인과 사회에 대한 관심과 배려, 곧 덕성의 주체라고 파악하면, 삶의 목표를 함께 살아가고 있는 다른 사람들과 맺는 사회관계의 조화와 질서의 추구에서 찾게 될 것이기 때문이다.

이렇게 사람들 사이의 관계에서 요구되는 질서와 조화의 추구가 사회관계의 목표라는 전제에서 출발하는 것이 유학사상에서 도출되는 사회관계론의 특징이다. 이는 사회 구성의 궁극적 단위를 서로 독립적인 개인이 아니라, 사람들 사이의 관계에서 찾는 견해에서 나오는 자연스러운 관점이다. 이러한 관점에서는 독립적인 개인끼리 공정한 교환을 거쳐 각자의 이익을 추구하는 것이 아니라, 특정 관계 당사자들(부모-자식, 군주-신하, 남편-아내, 형-아우, 친구-친구) 사이에서 추구하고 달성해야 할 기본적인 조화[親 · 義 · 別 · 序 · 信]의 추구가 사회관계의 목표로 부각될 수밖에 없다. 이러한 맥락에서 보면 유학적 사회관계론의 핵심은 사회관계에서 요구되는 조화의 추구와 덕의 실천에 관한 이론, 곧 도덕실천론이 될 수밖에 없다.

---

104 Taylor, Peplau, & Sears, 2003, p. 263.

1) 서구의 사회교환이론

현대 서구 개인주의 사회의 대표적 사회관계론인 사회교환이론[105]은 홉스 · 로크 · 루소 같은 17~18세기 자유주의자의 사회계약설에서 이론적 근거를 찾을 수 있다. 이들 자유주의자의 사회계약설이 현대 사회교환이론의 이론적 모태로 작용하였다는 사실은 사회교환이론의 기본틀을 이루는 사회 구성의 기본 단위에 대한 인식, 인간 존재의 기본 특성에 대한 인식, 사회관계의 목표에 대한 인식, 그리고 사회관계 유지의 규범에 대한 인식의 측면에서 양자 사이에 논리적 정합성이 있기 때문이다.

(1) 사회 구성의 기본 단위: 독립적이고 평등한 자유의 주체로서의 개인

홉스와 로크 및 루소 같은 사회계약론자들은 사회가 형성되기 이전의 자연 상태에서 사람은 모두 평등하고 독립적인 자유를 가지고 있는 존재라고 개념화한다. 그들은 독립적이고 평등한 자유의 주체로서의 개인이 자발적으로 합의하여 사회계약을 맺음으로써 사회가 형성된다고 주장한다.[106] 곧 이

---

105 사회교환이론의 관점은 한 개인의 사회행동을 분석하는 거대 이론인 "학습이론(學習理論)과 의사결정이론(意思決定理論)의 두 가지를 토대로 구축"(Taylor et al., 2003, p. 10)되어 둘 이상의 사람 사이의 관계를 분석하는 데 사용되어 온, 현대 사회심리학의 가장 기본적인 이론체계 중 하나이다(Brehm, 1992, p. 157; Emerson, 1992, pp. 30-31; Shaw & Constanzo, 1982/1985, p. 90). 학습이론에 토대를 두고 있으므로 교환이론에서는 상호작용에서 얻게 되는 보상과 이익 같은 '강화(强化, reinforcement)'를 중시하고, 의사결정이론에 토대를 두고 있으므로 교환이론가들은 행동 선택 과정에서의 '합리성(合理性, rationality)'을 중시한다. 이러한 교환의 관점은 심리학뿐만 아니라 사회과학 전체에 걸쳐 광범위하게 연구자들의 관심을 사로잡아 온 이론틀이다. 교환이론 중 대표적인 것은 사회학자인 호만스(Homans, 1961, 1974), 그리고 심리학자인 티보와 켈리(Thibaut & Kelley, 1959; Kelley, 1979; Kelley & Thibaut, 1978) 및 월스터, 버샤이드와 월스터(Walster, Berscheid, & Walster, 1976; Walster, Walster, & Berscheid, 1978)의 이론을 들 수 있다.

106 사회계약론자들이 사회 구성의 기본 단위를 독립적이고 평등한 개인으로 보고 있다는 사실은 그들의 '자연인'의 본성과 '자연 상태'에 대한 관점에서 직접적으로 도출된다. 이에 대해서는 졸저(조긍호, 2012, pp. 421-428; 조긍호 · 강정인, 2012, pp. 358-366) 참조.

들 사회계약론자들은 사회 구성의 기본 단위는 독립적이고 평등한 자유의 주체로서의 개인이라고 보는 것이다.

자유의 주체로서의 독립적이고 평등한 개인이 사회 구성의 기본 단위라는 17~18세기 사회계약론자들의 주장은 20세기 중·후반 호만스, 티보와 켈리, 월스터 등 같은 서구 사회과학자의 사회교환이론에 그대로 반영되고 있다.[107] 그들은 인간의 사회행동은 모두 개인이 과거 경험을 통해 습득한 학습의 원리, 곧 자기에게 보상과 이익을 가져오는 행동 또는 그런 선택지는 선택하여 계속 수행하고, 개인에게 부담과 손해를 안겨 주는 행동 또는 그런 선택지는 회피하게 된다는 효과의 법칙에 따라 이루어지는 것이라고 본다. 즉, 모든 사회행위는 개인의 학습된 행동으로 환원하여 이해할 수 있다는 것이다.[108]

교환이론가들은 사회 장면에서 개인 사이의 상호작용은 서로가 서로에게 보상과 부담을 주고받는 교환의 과정으로 분석할 수 있다고 본다. 이렇게 상호작용을 교환의 과정으로 개념화하는 배경에는 교환 당사자인 개인들이 서로 평등하고 자발적인 행위와 선택의 주체라는 관념이 놓여 있다. 곧 독립적이고 평등한 자유의 주체로서의 개인들의 자발적인 교환행동이 모든 사회행동의 근원이라는 것이다.

이렇게 보면 호만스, 티보와 켈리, 월스터 등 같은 사회교환론자도 홉스, 로크와 루소 같은 사회계약론자와 마찬가지로 사회는 독립적이고 평등한 자유의 주체로서의 개인을 기본 단위로 하여 형성되는 집합체라고 인식하고 있는 것이다. 여기에서 현대 교환이론이 근대의 사회계약론에 토대를 두고

---

107 사회교환이론가들의 제반 이론적 관점에 대해서는 졸저(조긍호, 2008, pp. 354-389; 2012, pp. 442-513) 참조.

108 Homans(1974, pp. 2-6)는 개인의 모든 행동이 효과의 법칙에 따라 학습된 것으로 보고, 이러한 개인 행동이 모든 인간 행동의 기본이라 여겨, 이를 '기본적 형태(elementary forms)'의 사회행동이라 보고 있으며, 이러한 관점은 사회교환이론가들에게 공통되는 입장이다. 이러한 사실은 사회교환이론에서도 사회 구성의 기본 단위를 독립적이고 평등한 개인으로 잡고 있음을 드러내 주고 있다.

있다는 추론이 타당성을 갖는 제1의 근거를 찾아볼 수 있다.

(2) 인간 존재의 기본 특성: 이성을 갖춘 합리적 계산자

자유의 주체라는 사실 이외에 사회계약론자들이 인간의 기본 특성이라고 개념화하는 또 한 가지는 인간을 이성의 주체라고 개념화한다는 사실이다. 그들은 혼란한 자연 상태에서 평화로운 사회 체제로 이행하는 계약을 맺게 되는 근거는 인간이 이성을 갖춘 합리적 계산자이기 때문이라는 사실에서 도출된다고 본다.[109] 사회계약론자들은 혼란한 자연 상태로부터 자기 생명과 이익을 보전할 수 있는 유일한 길은 이성에 따른 합리적 계산을 통해 자연 상태의 무제한적인 자연권을 포기하고, 이를 새로 형성되는 사회에 양도하는 계약을 맺는 길밖에 없다고 주장한다. 곧 그들에게 사회계약은 이성을 통한 합리적 계산의 산물인 것이다.

인간을 이성 능력을 갖춘 합리적 계산자라고 보는 사회계약론자들의 관점은 사회교환이론가들에 의해 그대로 답습되고 있다. 호만스 등의 교환이론가들은 보상과 부담을 주고받는 교환의 과정에서 개인은 다양한 선택지 중 자기에게 가장 커다란 이익을 가져다주거나 최소의 부담을 안겨 줄 수 있는 선택지를 합리적으로 선택하여 행동할 것이라고 본다.[110]

호만스, 티보와 켈리, 윌스터 등 교환이론가들도 홉스, 로크, 루소 같은 사회계약론자들과 마찬가지로 인간을 이성 능력을 갖춘 합리적 계산자로 보고 있다는 공통점을 갖는다. 이것이 바로 현대사회과학자들의 교환이론이 17~18세기에 제시된 사회계약설을 모태로 하여 성립하고 있다는 추론이 타당성을 갖고 있다는 제2의 근거가 된다.

---

109 사회계약론자들은 혼란한 또는 취약한 자연 상태로부터 개인의 자기이익을 보전하기 위한 장치가 바로 사회계약인데, 이는 이성에 따른 합리적 선택의 결과라고 본다. 곧 인간이 갖추고 있는 이성적 능력이 곧 사회와 국가 형성의 바탕이 되며, 이성의 합리적 계산을 통한 자기이익 추구가 인간의 사회행동의 근본적인 원동력이라는 것이다. 이에 대해서도 졸저(조긍호, 2012, pp. 421-428; 조긍호 · 강정인, 2012, pp. 358-365) 참조.

110 Homans, 1974, pp. 43-45; Thibaut & Kelley, 1959, pp. 10, 13-30; Walster et al., 1976, pp. 9-24; 1978, pp. 21-83.

(3) 사회관계의 목표: 자기이익의 최대화

전술한 바대로 사회계약론자들은 모두 인간은 태어나면서부터 자기의 보전과 자기이익의 확보에 관심을 가지고 있는 자기이익 추구자라고 보고 있다.[111] 이들은 공통적으로 인간 행동의 제1동인을 자기이익의 추구와 최대화에서 찾는다. 곧 자기이익의 최대화가 인간의 최대 관심사라는 것이 이들의 관점이다.

사회계약론자들은 자연 상태에서 사람들이 사회계약을 맺어 사회를 형성하기로 하는 근본적인 동인은 그렇게 하는 것이 자기이익을 평화롭고 안전하게 확보할 수 있는 최선의 합리적인 선택이기 때문이다. 즉, 사회계약은 자기이익의 추구와 확보의 안전성을 담보하기 위한 장치로서의 의미를 갖는다는 것이 홉스 · 로크 · 루소 같은 사회계약론자들의 공통된 주장이다. 이렇게 사회계약론자들은 사회를 구성하는 모든 성원이 추구하는 자기이익의 확보와 최대화를 사회 형성, 곧 사회관계의 목표라고 보고 있다.

사회관계의 목표를 자기이익의 최대화로 잡고 있는 것은 현대 교환론자들도 마찬가지이다. 자기이익의 최대화를 사회관계의 목표로 부각시키는 입장은 전술한 바대로 인간을 평등하고 독립적인 자유의 주체이면서 동시에 이성을 통한 합리적 계산자로 개념화하는 관점에서 직접 도출된다. 자유의 주체로서 인간은 보상과 부담을 주고받는 교환의 과정에서 자발적이고도 능동적으로 자기의 이익에 대한 관심을 증폭시키게 될 것이고, 합리적인 이성의 주체로서 인간은 여러 선택지 가운데서 자기에게 최대로 유리한 선택지를 선택하여 행동하게 될 것이므로, 결과적으로 자기이익의 최대화가 사회관계에서 추구되는 목표로 부각될 수밖에 없다. 이러한 점에서 사회계약론과 교환이론의 접합점을 찾을 수 있고, 여기에서 17~18세기의 사회계약설이 현대 교환이론의 이론적 모태로 작용하고 있다는 추론의 타당성을 지지

111 사회계약론자들이 보는 '자연인'의 본성의 핵심은 인간은 기본적으로 '자기이익 추구자'라는 사실에 있으며, 사회계약의 근거인 이성의 기본적인 기능도 자기이익의 확보에 있다. 졸저(조긍호, 2012, pp. 421-433; 조긍호 · 강정인, 2012, pp. 362-371) 참조.

하는 제3의 근거를 찾을 수 있을 것이다.

(4) 사회관계 유지의 규범: 공정한 교환

사회계약론에서는 사회계약이란 계약의 당사자들이 자연 상태에서 가지고 있던 무제한적인 권리를 사회에 양도하는 대신 사회로부터 안전과 평화를 보장받는 교환이 이루어지는 협정이라고 개념화한다. 사회계약은 계약자와 사회 사이의 공정교환(fair exchange)을 전제로 하고 있을 뿐만 아니라, 계약의 당사자들도 동등한 만큼씩 자기의 권리를 내놓기로 계약하는 것이므로 사회 구성원 사이에서도 공정한 교환이 전제되고 있는 것이라고 볼 수 있다.[112]

교환이론에서도 사회관계 유지의 규범을 공정한 교환에서 찾는다. 호만스는 자기의 '기본적 사회행동이론'을 분배정의의 문제에 적용하면서, "분배정의가 실현되지 않아서 어떤 사람이 불리함을 받게 될수록 분노를 느끼고, 이에 따른 정서적 행위를 하게 될 것"[113]이라고 예측함으로써 공정한 교환이 관계 유지의 핵심 규범임을 드러내고 있다.[114] 성과, 비교 수준, 대안적 비교 수준 및 성과 행렬 등의 개념을 통해 상호작용의 만족도와 지속 여부를 분석하는 티보와 켈리의 이론은 결국 대인관계의 만족 여부를 공정한 교환에서 찾고자 하는 이론인 셈이다.[115] 교환이론 가운데 공정한 교환을 사회관계 유지의 기초로 제시하는 대표적인 이론은 월스터 등의 형평이론이다. 그들은 불형평에 대한 심리적 반응 명제(명제 3)와 형평 회복을 위한 노력 명제(명제 4)에서 이러한 논리를 직접 내세우고 있다.[116]

---

112 혼란한 자연 상태로부터 개인들이 자기이익을 보호하기 위해 서로 간에 동등한 만큼씩 자기의 자연권과 자연법 집행권 등을 양도하기로 계약하는 사회계약은 기본적으로 자기이익 추구를 위한 '공정성의 협약'을 전제로 하는 것이다. 이에 대해서는 졸저(조긍호, 2012, pp. 428-441; 조긍호 · 강정인, 2012, pp. 366-379) 참조.

113 Homans, 1961, p. 75.

114 Homans, 1974, pp. 25, 37-39, 43-45.

115 Thibaut & Kelley, 1959, pp. 10, 13-30.

116 Walster et al., 1976, p. 6; 1978, pp. 17-18.

이와 같이 사회계약설이나 사회교환이론 모두 공정한 교환을 강조하며, 이를 사회관계가 유지되느냐 아니면 깨어지고 마느냐를 가름하는 핵심 규범으로 내세우고 있다. 이러한 사실은 사회계약설이 후대의 사회교환이론의 기반으로 작용하고 있다는 추론의 타당성을 제공하는 제4의 근거라고 볼 수 있음을 명확하게 드러내 주는 것이다.

2) 유학사상의 도덕실천론

앞에서 살펴보았듯이 유학자들은 수기를 통해 체득한 도덕성을 일상생활에서 실천하는 일이 군자와 성인이 사회적인 삶을 영위하는 기본적인 모습이라고 보며, 따라서 도덕실천론이 곧 그들의 사회관계론이 된다. 이러한 선진유학자들의 도덕실천론은 사회관계의 융합과 조화를 이루는 일을 사회생활의 목표라고 보는 공통성을 띠고 있다. 유학자들은 사회관계의 조화 추구라는 도덕 실천의 목표는 각 관계에 내재해 있는 역할의 충실한 수행을 통하여 이루어진다고 주장한다.

선진유학자들의 사회관계론은 사회성을 강조하여 인간 존재를 파악하는 그들의 인간관을 그대로 반영하고 있다. 곧 인간은 개체적 특성만으로 살아가는 존재가 아니라, 태어날 때부터 다른 사람들과 맺는 관계 속에서 살아가는 존재라는 관점, 곧 인간 존재의 사회성에서 도덕 실천의 근거를 찾는 것이 선진유학자들의 견해이다.

(1) 사회 구성의 기본 단위: 상황 속의 관계

유학사상에서는 인간은 다른 사람들과 맺는 사회관계 속의 존재로서, 사회관계를 떠나서는 존재 의의 자체가 상실된다고 본다. 개인이 이렇게 관계를 형성하고 있는 가장 기본적인 사람들이 부모 · 형제 · 부부 같은 가족이며, 붕우와 군신 같은 관계는 가족관계의 연장선상에서 이해할 수 있다. 그러므로 유학자들은 개인을 그 속에 포함하고 있는 이러한 관계, 그중에서도 특히 모든 사회관계의 원형인 가족관계가 사회를 이루는 기본 단위라고 본다.

인간의 존재 의의를 사회적 관계체로서의 존재 특성에서 찾아 사회 구성의 기본 요소를 사회적 관계라고 보는 이러한 관점은 유학의 창시자인 공자로부터 이어지는 전통이다. 맹자는 인의예지(仁義禮智) 등 도덕의 핵심을 부모-자식과 형-아우의 가족관계에서 구하여,[117] 인간의 존재 의의를 사람 사이의 관계[人倫]에서 찾는 입장을 분명히 하고 있다.

> 사람이 편안히 살고 가르침이 없으면 새나 짐승과 같아질 수밖에 없으므로, 성인이 이를 걱정하여 다섯 가지 사람의 도리를 가르치게 하였다. 이는 "부모와 자식 사이에는 친애함[親]이 있어야 하고, 군주와 신하 사이에는 의로움[義]이 있어야 하며, 부부 사이에는 역할의 나뉨[別]이 있어야 하고, 어른과 아이 사이에는 차례[序]가 있어야 하며, 친구 사이에는 신의[信]가 있어야 한다"는 것이다.[118]

이렇게 부자·군신·부부·장유·붕우 사이의 관계에서 각각 친(親)·의(義)·별(別)·서(序)·신(信)을 이루는 것이 바로 사람이 지켜야 할 다섯 가지 도리[五倫]라는 지적은, 사람의 도리는 사람들 사이의 관계에서 찾을 수밖에 없고, 따라서 인간은 개별적인 존재로 태어나고 살아가는 것이 아니라, 이러한 관계 속에서 태어나고 살아가는 존재라는 맹자의 인간 파악의 기본 관점을 단적으로 드러내는 것이다. 순자도 인간의 사회성을 강조하며, 따라서 군신·부자·형제·부부 같은 사회관계가 인간의 존재 특성을 규정하는 것으로 파악하고 있다.[119]

---

117 仁之實 事親是也 義之實 從兄是也 智之實 知斯二者弗去是也 禮之實 節文斯二者是也 (『孟子』, 離婁上 27); 人之所不學而能者 其良能也 所不慮而知者 其良知也 孩提之童 無不知愛其親也 及其長也 無不知敬其兄也 親親 仁也 敬長 義也 無他 達之天下也 (盡心上 15)

118 人之有道也 飽食暖衣 逸居而無教 則近於禽獸 聖人有憂之 使契爲司徒 教以人倫 父子有親 君臣有義 夫婦有別 長幼有序 朋友有信 (滕文公上 4)

119 君臣父子兄弟夫婦 始則終 終則始 與天地同理 與萬歲同久 夫是之謂大本 (『荀子』, 王制 19-

이러한 입장은 공자・맹자・순자 같은 선진유학자들만의 생각은 아니다. 12세기의 주희와 16세기의 퇴계와 율곡 같은 성리학자도 사람을 대인관계 속의 존재로 개념화하여 인식함으로써 사회란 오륜과 같은 관계를 주축으로 하여 구성되고 있음을 강조하고 있다. 그들은 아동기로부터 교육의 핵심을 이러한 인간관계를 조화롭게 유지하기 위해 각자가 해야 할 일을 충실히 수행하는 일에서 구하고 있는데, 이러한 사실은 그들이 선진유학자들을 이어받아 사회 구성의 기본 단위를 사람들 사이의 관계에서 찾고 있다는 사실을 여실히 보여 준다.[120]

사회를 이루는 기본 단위를 이렇게 상호 독립적이고 평등한 개인이 아니라 개인들로 이루어진 집합적 관계라고 보게 되면, 사회를 이해하기 위해서는 그 구성단위인 관계의 속성을 이해하는 일로부터 비롯해야 한다는 관점이 나온다. 유학의 이론체계가 개인적 속성의 분석에 초점을 맞추지 않고, 오륜과 같은 관계적 속성에 치중하고 있는 것은 바로 이러한 배경에 연원이 있는 것이다.

사회 구성의 기본 단위를 평등하고 독립적인 개인이라고 보느냐(서구 개인주의) 아니면 다른 사람과 맺는 관계라고 보느냐(동아시아 집단주의) 하는 차이는 두 문화권에서 제시되는 사회관계론에 차이를 가져오는 요인으로 작용한다. 사회 구성의 기본 단위에 대한 인식의 차이로부터 사회관계론에서 다루어야 할 내용의 차이가 도출될 것이기 때문이다.

(2) 인간 존재의 기본 특성: 타인/집단에의 배려자

사회 구성의 기본 단위에 대한 인식의 차이와 더불어 문화권에 따른 사회관계론의 차이를 가져오는 또 다른 요인은 인간의 기본 특성에 대한 견해의 차이이다. 공자・맹자 및 순자와 같은 유학의 창시자들은 인간을 인간답게

20)

120 인간의 사회성과 사회 구성의 기본 단위로서의 대인관계를 중시하는 성리학자들의 관점에 대해서는 졸저(조긍호, 2012, pp. 634-754) 참조.

만드는 속성은 다른 동물과는 달리 인간이 본유적으로 갖추고 있는 도덕성에서 찾을 수 있다고 본다. 덕성의 주체로서 인간은 본유적으로 다른 사람과 소속 집단원에 대한 관심을 가지고 그들을 자기 자신과 마찬가지로 배려하고자 하는 존재라는 것이 유학자들의 관점이다.

공자는 자기 사상의 핵심인 인(仁)을 관계를 맺고 있는 타인에 대한 관심과 배려라고 보아, 인간을 타인과 집단에의 배려자로 규정하고 있다.

> 자공(子貢)이 "한마디 말로써 평생 동안 행해야 할 만한 것이 있습니까?" 라고 물었다. 이에 대해 공자는 "그것은 '자기를 미루어 남에게까지 미쳐가는 일'[恕]일 것이다. 자기가 바라지 않는 일을 남에게 베풀지 말아야 한다" 라고 대답하였다.[121]

맹자[122]와 순자[123]도 타인에게 관심을 갖고 배려하는 덕의 기초가 인간에게 본유적으로 갖추어져 있다고 보아 인간을 타인과 집단에의 배려자로 개념화하고 있다. 유학자들은 이렇게 인간은 타인에 대해 관심을 가지고 그들을 자신처럼 배려하고자 하는 존재로서, 이러한 타인에의 관심과 배려가 사회행위의 기반으로 작용한다고 본다. 선진유학자들의 이러한 입장은 성리학자들에게 그대로 이어지고 있다. 그들은 아동기부터 교육을 통하여 부모·

---

121 子貢問曰 有一言而可以終身行之者乎 子曰 其恕乎 己所不欲 勿施於人 (『論語』, 衛靈公 23): 인(仁)의 핵심을 "타인에 대한 관심과 배려"에서 구하는 이러한 공자의 입장은 이 이외에도 雍也 28 (夫仁者 己欲立而立人 己欲達而達人), 顔淵 1 (顔淵問仁 子曰 克己復禮爲仁), 顔淵 2 (仲弓問仁 子曰……己所不欲 勿施於人), 顔淵 22 (樊遲問仁 子曰 愛人) 등에서 거듭 제시되고 있다.

122 無惻隱之心 非人也 無羞惡之心 非人也 無辭讓之心 非人也 無是非之心 非人也 惻隱之心 仁之端也 羞惡之心 義之端也 辭讓之心 禮之端也 是非之心 智之端也 人之有是四端也 猶其有四體也 (『孟子』, 公孫丑上 6); 惻隱之心 人皆有之 羞惡之心 人皆有之 恭敬之心 人皆有之 是非之心 人皆有之 惻隱之心 仁也 羞惡之心 義也 恭敬之心 禮也 是非之心 智也 仁義禮智非由外鑠我也 我固有之也 弗思耳矣 (告子上 6)

123 人之所以爲人者 非特以其二足而無毛也 以其有辨也 夫禽獸有父子 而無父子之親 有牝牡而無男女之別 故人道莫不有辨 (『荀子』, 非相 9-10)

형제 · 친구 같은 사람들에 대한 관심과 배려를 어떻게 행동으로 옮겨 드러낼 것인가를 함양해야 한다고 본다. 이와 같이 유학자들은 인간이 본유적으로 갖추고 있는 타인에 대한 관심과 배려를 사회관계가 형성되는 기초라고 간주하는 것이다.[124]

사회행위의 근거를 이성에 기초한 합리적 계산에서 찾느냐(서구 개인주의) 아니면 덕성에 기초한 타인에 대한 관심과 배려에서 찾느냐(동아시아 집단주의) 하는 차이도 두 문화권에서 제시되는 사회관계론에 차이를 가져오는 요인으로 작용한다. 인간의 기본 특성에 대한 인식의 차이로부터 사회관계에서 추구해야 할 목표와 사회관계 유지의 규범에 대한 인식이 달라지기 때문이다.

(3) 사회관계의 목표: 사회관계의 조화 추구

이상에서 대비해 본 사회 구성의 기본 단위와 인간의 기본 특성에 대한 서구와 동아시아 사회의 지배적인 관점의 차이는 두 문화권에서 특유의 사회관계론이 제시되는 배경으로 작용한다. 서구의 사회계약론자들과 사회교환이론가들은 사회 구성의 기본 단위는 자유의 주체로서의 평등한 개인이라고 본다. 자유의 주체로서의 개인은 이성 능력을 가진 합리적 계산자이기도 하다는 것이 그들의 관점이다. 자유의 주체로서 개인은 보상과 부담을 주고받는 교환을 주조로 하는 삶의 과정에서 자기이익을 최대화하려는 이기적 관심을 가지고 있으며, 합리적 계산을 통해 다양한 선택지 가운데에서 자기이익을 최대로 보장해 줄 수 있는 방안에 따라 행동하게 된다고 가정하는 것이 서구인의 관점이다.

이와는 달리 유학자들은 사회적 관계체로서의 사람들이 다른 사람과 맺는 관계가 사회 구성의 기본 단위가 된다고 본다. 또한 덕성의 주체로서 인

---

124 타인과 집단에의 배려자로 인간을 이해하는 성리학자들의 관점에 대해서는 졸저(조긍호, 2012, pp. 634-754) 참조.

간은 이러한 관계를 통해 하나의 단위로 묶인 다른 사람에 대한 관심을 가지고 그들을 우선적으로 배려하려는 존재이기도 하다는 것이 그들의 관점이다. 이렇게 관계 상대방에 대한 관심과 배려를 통해 일상생활에서 도덕성을 실천하는 것이 사회관계의 핵심이라는 도덕실천론이 유학자들이 제시하는 사회관계론이다. 공자의 복례론(復禮論), 맹자의 여인위선론(與人爲善論) 및 순자의 군거화일론(群居和一論)은 바로 일상적 도덕실천을 사회관계의 핵심이라고 보는 유학사상의 사회관계론이다.[125]

도덕적 관심에 따라 선화(善化) 가능성이 큰 존재인 사람들 사이의 관계를 사회 구성의 궁극적인 단위라고 인식하는 유학사상에서는 사회관계의 목표를 이기적인 자기이익의 추구에서 찾지 않고, 조화로운 사회관계의 형성에 두는 사회관계론이 도출된다. 유학사상에서 도덕적 지향성은 다른 사람에 대한 관심과 그들에 대한 우선적 배려를 핵심으로 한다. 그러므로 유학사상에서는 자기보다는 관계를 맺고 있는 타인이 관심의 초점으로 부각되며, 그와 조화로운 관계를 맺는 것이 사회생활에서 추구하는 중심적인 일이 될 수밖에 없다.

공자는 개체가 지닌 이기적 욕구와 감정을 억제하는 극기(克己)가 이루어진 다음에, 일상적 도덕의 체계인 예로 돌아가는 복례(復禮)를 통해 사회관계의 조화를 도모하는 일이 도덕 실천의 목표라고 보는 복례론을 제시하여, 유학적 사회관계론의 초석을 놓고 있다. 공자는 인을 행하는 세목을 묻는 안연(顔淵)에게 예를 통한 일상생활의 통제를 주장함으로써 이러한 관점을 드러내 보인다.[126] 예의 근본으로 돌아가 일상생활에서 이를 실천함으로써 사회관계의 질서와 조화를 이루는 일, 이것이 도덕 실천의 근본 목표라고 보는 것이 공자의 복례론의 핵심이다.

맹자는 일상적 도덕 실천, 곧 집의[集義]를 통해 다른 사람들과 함께 선을

---

125 선진유학사상의 도덕실천론에 대해서는 졸저(조긍호, 2012, pp. 520-633) 참조.

126 顔淵問仁 子曰 克己復禮爲仁 一日克己復禮 天下歸仁焉 爲仁由己 而由人乎哉 顔淵曰 請問其目 子曰 非禮勿視 非禮勿聽 非禮勿言 非禮勿動 (『論語』, 顔淵 1)

이룸으로써 사회관계의 융합을 이루는 일이 도덕 실천의 목표라는 여인위선론을 제시하고 있다. 인의(仁義)의 일상적 실천을 통해 다른 사람들과 더불어 사회관계에서 선을 이루는 일, 곧 여인위선(與人爲善)이라는 목표를 달성할 수 있게 된다는 것이 맹자의 도덕실천론의 요체이다.[127] 도덕 실천은 일상생활에서 차근차근 의를 모두어서[集義] 생겨나는 것이지, 하루아침에 갑자기 노력한다고 해서 얻어지는 것은 아니다.[128] 집의를 통해 여인위선을 이루게 되면 사회관계에 질서와 조화가 이루어져 사회관계의 융합이 도모된다는 것이 맹자의 생각이다.

순자는 도(道)는 하늘의 도나 땅의 도가 아니라 사람이 행해야 하는 일에서 찾아야 한다는 인도론(人道論)[129]의 바탕 위에서, 인도의 표준인 예의 체계[130]를 일상적으로 실천함으로써 사회생활의 조화와 통일을 이루는 것[群居和一]이 도덕 실천의 목표라는 군거화일론을 제시하고 있다.[131] 순자는 사람들이 모여서 사회생활을 하게 되면, 사람의 욕구는 많고 자원은 부족하기 때문에 필연적으로 다툼이 빚어질 수밖에 없다고 본다.[132] 그렇다고 해서 서로 떨어져 살면, 다른 동물과의 생존경쟁에서 살아남기 힘들 뿐만 아니라 상부상조를 하지도 못하니, 필연적으로 궁핍해질 수밖에 없다. 여기에서 사회관계에서 각자가 해야 할 역할과 각자의 합당한 몫을 나누는 체계인 예가 필요해지는 근거를 찾을 수 있으며, 결국 사람들은 이러한 나눔의 체계인 예를

---

127 大舜有大焉 善與人同 舍己從人 樂取於人以爲善 自耕稼陶漁 以至爲帝 無非取於人者 取諸人以爲善 是與人爲善者也 故君子莫大乎與人爲善 (『孟子』, 公孫丑上 8)

128 敢問 何謂浩然之氣 日 難言也 其爲氣也 至大至剛 以直養而無害 則塞於天地之間 其爲氣也 配義與道 無是餒也 是集義所生者 非義襲而取之也 (公孫丑上 2)

129 道者非天之道 非地之道 人之所以道也 君子之所道也 (『荀子』, 儒效 9-10)

130 禮者人道之極也 (禮論 13)

131 夫貴爲天子 富有天下 是人情之所同欲也 然則從人之欲 則勢不能容 物不能贍也 故先王案爲之制禮義以分之 使有貴賤之等 長幼之差 知賢愚能不能之分 皆使人載其事 而各得其宜 然後慤祿多少厚薄之稱 是夫群居和一之道也 (榮辱 39-40)

132 埶位齊而欲惡同 物不能澹 則必爭 爭則亂 亂則窮矣 先王惡其亂也 故制禮義以分之 使有貧富貴賤之等 足以相兼臨者 是養天下之本也 (王制 6); 欲惡同物 欲多而物寡 寡則必爭矣 (富國 2)

통해 사회생활을 할 수 있게 된다[明分使群]는 것이다.[133] 이렇게 예를 통해 사회생활을 하게 되면[134] 더불어 모여 살면서 조화롭게 통일을 이루게 되며, 이러한 군거화일(群居和一)이 바로 도덕 실천, 곧 일상적 예의 실행의 근본적인 목표라는 것이 순자의 사회관계론의 요점이다.

12~16세기의 성리학자들은 이러한 선진유학자들의 도덕실천론을 그대로 물려받고 있다. 그들은 일상생활에서 인심(人心)을 억제하고 도심(道心)을 간직하는 자기억제를 사회관계의 조화를 이룰 수 있는 기본이라고 보아, 사회관계의 조화를 강조한다. 또한 그들은 거경(居敬)을 도덕 실천을 위한 삶의 자세로 강조하여, 항상 경 상태에 머물러 자기 자신을 성찰함으로써 다른 사람에 대한 관심과 배려를 강화하고 관계의 조화를 꾀할 수 있다고 본다. 즉, 성리학자들도 조화로운 사회관계의 형성을 인간의 도덕 실천의 목표로 설정하고 있다.[135]

이렇게 서구와 동아시아 사회에서 제시되고 있는 사회관계론에서는 각각 자기이익의 최대화와 사회관계의 조화를 사회관계의 목표로 설정하는 차이를 보이고 있다. 이러한 사회관계의 목표는 두 종류의 사회관계론의 제1명제라고 볼 수 있다.

(4) 사회관계 유지의 규범: 역할의 쌍무적 수행

이러한 사회관계 형성의 목표에 관한 명제에 이어, 모든 사회관계론의 이론적 초점은 이러한 사회관계의 목표를 달성하기 위하여 현재의 사회관계를 지속하고 유지할 필요가 생기는데, 사회관계를 유지하고 지속하는 데 필요

---

133 故百技所成 所以養一人也 而能不能兼技 人不能兼官 離居不相待則窮 群而無分則爭 窮者患也 爭者禍也 救患除禍 則莫若明分使群矣 (富國 2-3)

134 力不若牛 走不若馬 而牛馬爲用 何也 曰人能群 彼不能群也 人何以能群 曰分 分何以能行 曰以義 故義以分則和 和則一 一則多力 多力則彊 彊則勝物……故人生不能無群 群而無分則爭 爭則亂 亂則弱 弱則不能勝物 (王制 20-21)

135 성리학자들의 인심도심설(人心道心說)에 대해서는 졸저(조긍호, 2007a, pp. 404-418; 2012, pp. 718-737) 참조.

한 규범은 어떠한 것인가에 관한 것이다. 이러한 사회관계 유지의 규범이 사회관계론들의 두 번째 핵심 명제를 형성한다.

사회계약론자들은 사회의 형성과 유지의 근거를 공정한 교환에서 찾고 있다. 사회계약설의 현대판 전개인 사회교환이론의 관점에서도 상호 간의 공정한 교환을 통해 성원들 사이에 야기될 수 있는 갈등을 해소함으로써 사회관계의 유지가 가능하게 된다고 간주하고, 결과적으로 사회에서는 이러한 규범을 발전시켜 사회화 과정을 통해 성원들에게 강요하게 된다고 본다.

이와는 대조적으로 도덕적 관심에 따라 선화(善化) 가능성이 큰 존재인 사람들 사이의 관계를 사회 구성의 궁극적인 단위라고 인식하는 유학사상에서는 사회관계의 목표를 조화로운 사회관계의 형성에 두고, 사회관계의 유지 규범을 사람들 사이의 관계에 내포되어 있는 각자의 역할(役割)을 충실히 수행하는 것에서 찾으려 한다. 유학사상에서 도덕적 지향성은 다른 사람에 대한 관심과 그들에 대한 우선적 배려를 핵심으로 한다. 그러므로 유학사상에서는 자기보다는 관계를 맺고 있는 타인이 관심의 초점으로 부각되며, 그와 조화로운 관계를 맺는 것이 사회생활에서 추구하는 중심적인 일이 될 수밖에 없는 것이다. 이렇게 다른 사람과 조화로운 관계를 형성하고 유지하기 위해서는 각자가 자기에게 부여된 역할을 충실히 수행하는 일이 핵심적으로 중요해진다.

공자는 '수기'와 '안인 · 안백성'이 이루어지는 영역인 가족생활과 사회생활에서 각자가 자기에게 부여되어 있는 역할을 정확하게 인식하여 이를 충실히 수행하는 일을 '이름을 바로잡는 일', 곧 정명(正名)이라 하여, 사회관계 유지의 핵심으로 잡고 있다.[136] 그는 이렇게 각자가 할 일을 분명히 하는 정명은 정사의 근본이므로 자기에게 정사를 맡겨 준다면 각자의 할 일을 분명하게 하는 일부터 하겠다고 말하고 있다. 정명을 통해 정령이 순조롭게 시행되고, 사람들이 교화되며, 사법제도가 제대로 시행되는 것과 같이 모든 일이

136 齊景公問政於孔子 孔子對曰 君君 臣臣 父父 子子 公曰 善哉 信如君不君 臣不臣 父不父 子不子 雖有粟 吾得而食諸 (顔淵 11)

제대로 이루어지게 되어 사회생활에 조화가 이루어지기 때문이라는 것[137]이 공자가 정명론(正名論)에서 주장하고자 하는 요점이다. 이렇게 공자는 사회관계를 유지하는 핵심 규범을 각 관계에 내재되어 있는 역할의 충실한 수행에서 찾고 있는 것이다.

맹자도 공자의 정명론을 이어받아 사회관계에 내재되어 있는 역할을 충실하게 수행하는 일을 사회관계를 유지함으로써 다른 사람들과 더불어 선을 이룰 수 있는 방법으로 중시하고 있다. 그는 사회관계에서 각자의 역할을 충실히 수행하는 일은 인(仁)을 지키는 일이 된다고 보아, 이를 '할 일을 다 하는 길', 곧 진도(盡道)라 표현하고 있다.[138]

순자는 인도의 표준인 예(禮)에 따라 각자가 마땅히 해야 할 일을 분명히 구분해야 하며[明分], 구분된 역할을 일상생활에서 충실하게 수행하는 일[守分]이 사회생활을 하면서 조화롭게 통일을 이루는 방법이라는 수분론(守分論)을 제시한다. 이러한 역할 수행은 사회에 평화를 가져와 사회생활의 목표를 달성하는 길이라는 것이 순자의 생각이다.[139] 그에 따르면 사회관계에서의 역할은 쌍무적인 것이므로, 각자가 자기에게 주어진 역할을 동시에 함께 수행해야 양자 사이에 질서가 이루어져 관계의 유지가 가능하다고 본다. 곧 사람들 사이의 관계는 엄격한 상하관계가 아니라 쌍무적이고 상호의존적인 관계이므로, 역할 수행의 쌍무성(상호의존성)이 바로 사회관계에서 각자의 역할을 수행하는 수분의 핵심이라는 것이다.[140]

---

137 子路曰 衛君待子而爲政 子將奚先 子曰 必也正名乎……名不正 則言不順 言不順 則事不成 事不成 則禮樂不興 禮樂不興 則刑罰不中 刑罰不中 則民無所措手足 故君子名之必可言也 言之必可行也 君子於其言 無所苟而已矣 (子路 3)

138 欲爲君 盡君道 欲爲臣 盡臣道 二者皆法堯舜而已矣 不以舜之所以事堯事君 不敬其君者也 不以堯之所以治民治民 賊其民者也 孔子曰 道二 仁與不仁而已矣 (『孟子』, 離婁上 2)

139 故喪祭朝聘師旅一也 貴賤殺生與奪一也 君君臣臣父父子子兄兄弟弟一也 農農士士工工商商一也 (『荀子』, 王制 20); 農以力盡田 賈以察盡財 百工以巧盡械器 士大夫以上至於公侯 莫不以仁厚知能盡官職 夫是之謂至平 (榮辱 40)

140 請問爲人父 曰寬惠而有禮 請問爲人子 曰敬愛而致恭 請問爲人兄 曰慈愛而見友 請問爲人弟 曰敬詘而不悖……此道也 偏立而亂 俱立而治 其足以稽矣 (君道 5)

이렇게 하나의 단위로 결합한 관계(예: 부모-자식, 군주-신하, 남편-아내, 형-아우, 친구-친구) 속에서 각자에게 부여된 역할을 충실히 수행하는 것이 조화로운 관계를 이루는 일이 될 뿐만 아니라, 일단 이루어진 조화로운 관계를 유지하는 관건이기도 하다는 것이 공자로부터 이어지는 유학사상의 핵심 주장이다. 공자의 정명론은 맹자의 진도론과 순자의 수분론의 바탕이 되고 있으며, 성리학자들에게도 그대로 이어지고 있다. 성리학자들은 아동기 교육의 핵심은 조화로운 관계를 형성하고 유지하기 위해 각 관계에서 요구되는 역할을 삶의 과정에서 수행하는 데에 있다고 강조함으로써 공자로부터 이어지는 정명론의 체계를 답습하고 있는 것이다.[141]

이상에서 보듯 서구와 동아시아 사회에서 제시되고 있는 사회관계론에서는 각각 공정한 교환과 사회관계 속에 내포되고 있는 역할의 인식과 수행을 사회관계 유지의 규범으로 설정하는 차이를 보이고 있다. 이러한 사회관계 유지의 규범 체계는 두 종류의 사회관계론을 구성하는 제2명제이다.

3) 동·서 사회관계론과 심리학의 문제 – 사회 및 조직심리학의 새 지평

지금까지 보아온 바대로 사회계약설에 바탕을 두고 있는 서구의 교환이론은 두 가지 기본 명제를 축으로 하여 구성되고 있다. 즉, 이기적인 존재인 독립체로서의 개인이 사회관계를 통해 자기의 이익을 최대화하려 한다는 사회관계의 목표를 규정한 명제와 공정한 교환을 통해 상호 간의 이익 갈등을 해소하려 한다는 사회관계의 유지 규범에 관한 명제이다. 인간의 사회관계를 이해하는 이러한 조망에서는 이기적 본성을 가지고 있는 상호 평등하고 독립된 개인이 자기의 이익 극대화를 위해 어떤 행동을 선택하고 결정하는지

141 역할 수행을 도덕실천의 방법론으로 간주하는 성리학자들의 관점에 대해서는 졸저(조긍호, 2012, pp. 634-754) 참조.

하는 문제와 서로 간의 이익 갈등을 필연적으로 내포하는 사회관계가 어떻게 형성되고 유지되는지 하는 문제에 관심을 기울이게 된다. 교환이론의 관점에서는 전자의 문제는 합리성을 기초로, 후자의 문제는 공정성을 기초로 하여 접근하려 하며, 전자는 합리적 의사 결정에 관한 연구를, 후자는 분배정의 및 친교관계 형성과 유지에 관한 연구를 이끌게 되었다고 볼 수 있다.

이에 비해 사회성을 기반으로 하여 인간 존재를 파악하는 유학사상에서는 사람과 사람 사이의 관계를 사회 구성의 기본 단위라고 본다. 또한 유학사상에서는 인간은 기본적으로 덕성 주체로서 타인에 대한 관심과 배려를 기반으로 하여 사회생활을 영위할 것이라고 개념화한다. 이러한 맥락에서 유학사상에서는 관계의 융합이나 조화롭게 통일된 관계를 형성하는 것을 사회관계의 목표라고 인식하며, 관계의 융합이나 조화로운 관계는 모두 사회관계 속에 내포된 역할의 분명한 인식과 충실한 수행을 통해 이루어지는 것으로 본다.

유학사상에서 이렇게 인간 존재의 기본 특성과 이에서 연유되는 사회관계의 목표와 그 유지 규범을 서구인과 다르게 본다면, 결과적으로 인간의 사회행동에 관한 연구 주제가 달라질 수밖에 없다. 사회심리학은 사회적 존재로서의 타인이나 집단에 대한 반응을 과학적으로 탐구하는 학문이고, 조직심리학은 회사와 같은 특수조직체에서 빚어지는 인간 행동을 실증적으로 탐구하는 분야이다. 그러므로 앞에서 고찰한 바와 같은 사회관계에 대한 동·서 차이로부터 사회 및 조직심리학과 관련된 새로운 연구 문제와 이를 보는 새로운 관점이 도출된다. 이러한 문제 중 대표적인 것으로 역할(役割)의 문제, 분배정의(分配正義)의 문제, 작업동기(作業動機)의 문제 등을 들 수 있다.

(1) 역할심리학의 문제

유학의 도덕실천론에서는 사회관계의 목표(사회관계의 융합과 조화의 달성)를 달성하여 원만한 사회관계를 유지하기 위해서는 관계 당사자들이 해당 관계에 내포된 각자의 역할을 정확하게 인식하고 이를 일상생활의 과정에서 충실히 수행하여야 한다고 본다. 이것이 공자의 복례론, 맹자의 여인위선론, 순자의 군거화일론 같은 유학적 사회관계론의 기본 골자이다. 이렇게 유학자들은 사회관계 유지의 기본규범을 쌍무적인 역할의 인식과 수행에서 찾는다.[142] 이러한 관점에서는 사회관계에 내포되어 있는 역할의 정확한 인식과 이의 충실한 수행의 문제가 연구 주제로 떠오르게 된다.

유학사상의 도덕실천론에서 도출되는 제1의 연구 주제는 사회관계 유지의 규범인 역할의 인식 및 수행과 관련된 역할심리학(役割心理學)의 문제이다. 이러한 역할의 문제는 지금까지 사회학자들의 관심사였지 심리학자들의 관심 대상은 아니었다.[143] 지금까지 심리학자들이 역할의 문제를 도외시해 왔던 것은 '사회적 역할'이란 것이 개인의 심리적인 내용 속에 있는 것이 아니라 객관적인 현실로서 제반 사회의 규정(social prescriptions) 속에 존재하는 것, 곧 개인 속에 내재하는 것이 아니라 개인 밖에 외재하는 것이라는 생각이 배경에 깔려 있었다고 추론할 수 있다.

그러나 역할의 문제를 유학사상에서처럼 개인 존재에 내포되어 있는 존재의 근거 자체라고 봄으로써 이를 개인의 심리 내용 속의 본유적인 개념으로 인식하게 되면, 이는 중요한 심리학적인 연구 대상으로 떠오르게 될 것이다. 이러한 사실은 성역할의 문제도 제도적으로 엄격하게 구분되어 상호 불가침의 관계였던 남성의 일과 여성의 일이 사회로 진출하는 여성의 수가 급증하여 그 경계가 모호해졌고, 그 결과 성역할을 생물학적 성(sex)에 의해서가 아니라 사회문화적으로 형성(gender)되거나 각자가 받아들인 심리 내용 속의 개념으로 인식하기 시작한 이후에 본격적으로 심리학적 조명을 받기 시작한 것으로 볼 수 있다는 시사에서[144] 그 개연성의 일단을 찾아볼 수 있을

---

142 『論語』, 顔淵 11; 『孟子』, 離婁上 2; 『荀子』, 君道 5 등.

143 그러나 최근 심리학계 내에서도 문화가 주요한 연구 주제로 등장하면서 사회적 역할(social role)의 문제가 문화비교 연구의 주된 개념틀의 하나로 제기되고 있는데(Taylor et al., 2003, pp. 10-13), 이는 이제 심리학자들도 서서히 역할의 문제에 관심을 갖기 시작했음을 시사하는 현상이다.

144 Taylor et al., 2003, pp. 335-369.

것이다.

이러한 역할의 인식과 수행의 문제에 대해 공자는 정명론[145]에서, 맹자는 오륜설[146]과 진도론[147]에서, 그리고 순자는 수분론(守分論)[148]에서 강조하고 있다. 유학사상에서 도출되는 역할심리학과 관련된 연구 주제로는 역할의 유형과 부여 근거의 문제, 역할 수행의 효과의 문제, 역할 수행의 점진적 확대의 문제 등을 들 수 있다.[149]

(2) 분배정의의 문제

역할심리학의 문제 이외에 유학사상의 도덕실천론에서 도출되는 다른 연구 주제로는 분배정의(分配正義)의 문제를 들 수 있다. 분배정의란 한 사회가 보유하고 있는 유한한 자원이나 공동작업의 성과를 성원들에게 어떻게 분배하는 것이 정의로운가 하는 문제이다. 인류 역사를 통하여 통용되어 온 정의의 기준은 공정성이다. 즉, 사회 성원이나 공동 작업자들에게 사회 자원이나 공동 작업의 성과를 공정하게 분배해 주는 것이 바로 정의의 핵심이라는 것이다.

다양한 분배 상황에서 사람들이 사용하는 공정분배 원칙의 종류에 대해서는 학자마다 의견이 분분하지만, 여러 분배 원칙 중에서 가장 보편적이고 또 가장 널리 적용되어 온 것은 형평 원칙(equity principle), 균등 원칙(equality principle), 필요 원칙(need principle)의 세 가지이다.[150] 이러한 세 가지 분배 원칙은 유한한 자원이나 공동 작업의 성과를 분배하는 양식에서 차이가 있을 뿐만 아니라, 각각에 따라 분배가 이루어졌을 때 집단이나 그 성원들에게 미치는 효과 면에서도 차이가 있기 때문에 상황에 따라 선호되는

---

145 『論語』, 顔淵 11

146 『孟子』, 滕文公上 4.

147 離婁上 2.

148 『荀子』, 王制 5-6, 20; 榮辱 39-40; 王覇 25, 28-29, 36; 君道 15 등.

149 유학적 역할심리학의 문제에 대한 자세한 사항은 졸저(조긍호, 2012, pp. 866-886) 참조.

150 Deutsch, 1974, 1975; Leventhal, 1976; Mikula, 1980; Schwinger, 1980.

분배 원칙이 달라진다.

형평 원칙은 투입이나 기여의 크기에 비례하여 성과를 분배하는 원칙이다. 따라서 투입이나 기여가 큰 사람은 큰 몫을 분배받고, 그것이 작은 사람은 작은 몫만을 분배받게 된다. 균등 원칙은 투입이나 기여의 크기에 상관없이 모든 성원에게 똑같이 성과를 분배하는 원칙이다. 필요 원칙은 성원 각자의 필요에 따라 자원이나 성과를 분배하는 원칙이다. 따라서 분배될 자원에 대한 필요가 크거나 급박한 사람은 그렇지 않은 성원보다 더 큰 몫을 받게 된다.

이렇게 분배의 기준이 달라지고, 이에 따라 분배받는 양에도 차이가 생기기 때문에, 각 분배 원칙을 적용하였을 때 얻는 효과에 차이가 있다. 이러한 효과는 크게 두 가지로 나누어 볼 수 있다. 그 하나는 과제 수행 또는 경제적 생산성과 관련된 측면의 효과이고, 또 하나는 성원들 사이의 사회·정서적 유대와 관련된 측면의 효과이다.[151] 과제 수행 또는 경제적 생산성의 측면에서 가장 효과적인 분배 원칙은 형평 원칙이다. 균등 원칙이나 필요 원칙은 생산성 제고와는 무관하거나 경우에 따라서는 역효과를 가져온다. 사회·정서적 관계의 측면에서 세 원칙은 특이한 차이를 보인다. 형평 원칙은 경쟁적 적대관계를 조성한다. 이에 비해 균등 원칙은 유대감이 강하며 조화로운 협동관계를 창출하고, 필요 원칙은 상대방의 발전과 복지에 관심을 갖는 친밀관계를 조성하는 데 기여한다.

이러한 관점에서 보면 사회관계를 통해 추구하는 목표가 달라짐에 따라 분배 원칙의 선호 양상이 달라질 것임은 필지의 사실이다. 사회를 보상과 부담을 주고받는 평등하고 독립적인 개체들로 구성되는 것이라고 인식하여, 이러한 개인들 사이에 형성되는 사회관계에서 각자가 자기이익을 최대로 추구하는 것을 사회관계의 목표라고 개념화하여 받아들이는 서구 개인주의 사회인들은 각자의 기여도에 따라 비례적으로 성과를 분배하는 형평 규범을

151 Mikula, 1980.

공정한 분배 원칙으로 선호할 것이라고 예측할 수 있다.

이와는 대조적으로 타인에 대한 관심과 배려의 주체인 사람들 사이의 관계를 사회 구성의 기본 단위라고 인식하여, 사람들 사이에 조화로운 관계를 형성하는 것을 사회관계의 목표라고 개념화하여 받아들이는 동아시아 집단주의 사회인들은 모든 성원에게 균등하게 분배해 주는 균등 규범을 공정한 분배 원칙으로 선호할 것이라고 예측할 수 있다. 이러한 분배 원칙을 통해서라야 성원들 사이의 유대감이 강화되어 결과적으로 조화로운 관계를 형성할 수 있을 것이기 때문이다. 분배 원칙의 선호에 대한 많은 문화비교 연구의 결과에서는 이러한 예측이 사실로 확인되고 있다.[152]

분배 원칙 선호도의 문화차 이외에 분배 문제와 관련하여 유학심리학에서 고찰해야 할 주제로는 유학자들이 형평 분배보다 균등이나 필요 분배를 선호하는 이론적 근거의 문제, 분배 문제와 여타 유학심리학적 주제와의 관련성 문제(예: 역할 구분과 분배정의의 문제 등) 등을 생각해 볼 수 있다.[153] 서구와는 다른 관점에서 사회관계를 조망하는 유학심리학의 체계에서는 분배정의 문제에 대해 서구 심리학과는 다른 이론체계가 도출될 것이다.

(3) 작업동기와 보상체계의 문제

역할심리학 및 분배정의의 문제 이외에도 사회관계론을 보는 동·서의 입장의 차이로부터 작업동기(work motive)와 보상체계를 인식하는 관점의 차이가 도출된다. 사회관계의 목표와 관계 유지의 규범에 대한 인식이 달라짐에 따라 일을 하는 동기도 달라지고, 또 봉급을 책정하고 지급하는 방식에도 차이가 유발될 것이기 때문이다.

어떤 조직체이든지 구성원들의 작업동기를 끌어올려 그 조직체가 의도하고 있는 목표를 달성하거나 조직체 전체의 생산성을 높이려 한다. 전통적으

152 예: Bond, Leung, & Wan, 1982; Leung & Bond, 1984.

153 분배정의 문제와 관련된 유학심리학의 연구 주제에 대한 자세한 사항은 졸저(조긍호, 2012, pp. 886-919) 참조.

로 조직 장면에서는 이러한 목적을 이루기 위해 인사 선발 · 작업 조건 · 목표 설정 · 수행평가 · 승진 · 직원 교육 등의 측면에서 각각의 조직에 적합한 다양한 방안을 모색해 왔다. 이러한 방안 가운데 "조직원들의 행동을 자극하고 그들에게 영향을 미치는 가장 일반적인 방법은 보상체계를 이용하는 방식이다."[154]

대부분의 사람은 하나의 조직체에 소속되어 일을 하고 그 대가로 봉급을 받아 생활한다. 그러나 봉급은 조직원들이 생계를 유지하는 수단이기만 한 것은 아니다. 이는 자존심의 근거가 되기도 하며, 조직에 대한 불만족을 유발하는 중요한 요인이 되기도 한다. 봉급의 크기나 봉급체계의 공정성에 대한 인식은 조직원들의 사기(士氣)에 영향을 미쳐 작업동기의 직접적인 요인으로 작용한다.

봉급을 책정하고 지급하는 방식은 다양하지만, 가장 널리 사용되는 것은 조직원 각자의 수행 성과에 기초하여 보수의 액수를 책정하는 성과연동제(performance-based pay system)와 조직체에 몸담아 봉사한 시간의 길이에 따라 보수를 책정하는 연공서열제(seniority-based pay system)이다. 성과연동제는 조직원 각자가 조직에 기여한 정도에 따라 보수의 액수를 차등지급하는 방식으로, 기본적으로 형평 규범에 따라 봉급을 결정하는 방식이다. 이에 비해 연공서열제는 조직에 근무한 시간의 길이에 따라 봉급의 액수가 달라지므로, 누구든지 근무한 시간의 길이가 같으면 똑같은 액수를 지급받는 체제여서, 어떻게 보면 균등 규범의 성격이 강한 봉급 책정 방식이다.

대체로 공동작업의 성과를 형평 규범에 따라 분배하면 조직체 전체의 생산성 수준이 향상되는 정적(正的) 효과가 유발되고, 균등 규범에 따라 분배하면 조직원 사이의 조화가 이루어지는 효과가 유발된다는 사실이 밝혀져 왔다. 이러한 맥락에서 생각해 보면 개인의 이익 추구를 강조하는 서구 개인주의 사회에서는 성과연동제에 따라 봉급을 책정하고, 관계의 조화를 강조

---

154 Jex & Britt, 2008/2011, p. 322.

하는 동아시아 집단주의사회에서는 연공서열제에 따라 봉급을 책정하는 경향이 강할 것이라고 예측할 수 있다.[155] 이렇게 사람들이 가지고 있는 일에 대한 인식, 일을 하는 목표, 일을 열심히 하도록 유도하는 요인, 기업 조직의 효율성을 높이는 방안 등의 문제는 문화 유형에 따라 차이가 있을 수 있다. 그러므로 서구와 다른 사회관계론을 제시하고 있는 유학심리학에서는 서구 심리학과는 다른 조직심리학의 문제와 이론체계가 제시될 것이다.[156]

4. 수양론과 자기발전론

전통적으로 서구 심리학에서는 인간과 환경을 대립항으로 놓고, 환경의 자극에서 오는 영향력을 제어하는 것이 통제의 핵심이라 여겨왔으며, 이러한 환경에 대한 통제력이 자기효능감을 구성하는 중추라고 인식해 왔다. 이는 인간과 자연, 이성과 감성, 개인과 집단, 신과 악마, 선과 악 같은 이분법으로 세상사를 개념화하는, 고대 그리스 시대부터 이어져 온 서구식 사상체계가 빚어내는 필연적인 결과였다.[157]

서구인이 가지고 있는 통제에 대한 이러한 관념은 서구에서 전개된 자기통제에 관한 연구로 이어지고 있다. 곧 자기통제란 미래에 설정한 목표의 획득으로 얻게 될 더 큰 욕구의 충족이나 쾌락을 위해 즉각적인 쾌락을 추구하

155 개인주의 사회에서는 개인 수행의 성과, 곧 조직에 기여한 바에 따라 보상을 해 주어야 작업동기가 높아져 열심히 일하게 될 것이고, 그렇게 해야 조직체 내에서 자기이익의 최대화라는 사회관계의 목표를 이룰 수 있을 것이다. 이에 비해 집단주의 사회에서는 누구에게나 똑같은 조건인 근무연수에 따라 보상을 지급해 주어 조직체(회사)가 각자를 보호해 준다는 느낌을 가져야 작업동기가 높아져 열심히 일하게 될 것이고, 결과적으로 조화로운 관계 형성이라는 사회관계의 목표를 이룰 수 있을 것이다. 이러한 추측은 실제로 대부분의 동·서 기업 조직에서 실시하고 있는 보상체계의 차이로 드러나고 있다(예: Erez, 1997, pp. 213-217; Chang & Hahn, 2006 등).

156 작업동기와 보상체계 문제에 대한 유학심리학의 연구 주제에 대한 자세한 사항은 졸저(조긍호, 2012, pp. 919-952) 참조.

157 White, 1993, p. 31.

려는 욕구나 즉각적인 고통을 회피하려는 욕구를 제어하는 것이라는 관점이 서구 심리학에서 전개된 자기조절이론들의 배경이었다. 그 결과 "자기통제에 관한 기존 연구에서는 자기통제를 증진시키는 원천으로써 행위자 자신에게 돌아가는 보상(물질적 보상 또는 사회적 보상)을 이용하는 패러다임만을 사용하였다."[158] 말하자면, 외적 보상의 크기의 함수로서 표적행동의 유인력이 커지고 동시에 방해 요인의 제어력이 줄어들 것이라는 전제에 따라 미래에 주어질 보상의 크기를 크게 함으로써 표적행동의 유인력을 높이거나 즉각적인 쾌락이나 고통의 방해력을 줄이는 것과 같이, 외적 조건의 조작을 토대로 주로 연구해 왔다. 외적 조건을 자기에게 맞추어 변화시키는 것을 통제라고 보는 서구인의 관점에 비추어 볼 때, 이는 자연스러운 귀결이었다.

외부 환경의 통제를 강조하는 서구 사회와는 대조적으로, 유학사상에서는 인간과 자연, 개인과 사회를 서로 대립하는 실체로 보지 않고, 서로가 서로를 내포하고 있어서 넓고 크게 서로 끌어안아 조화를 이루고 있는 광대화해(廣大和諧)의 존재로 받아들였다. 인간은 모든 도덕성의 원천을 본유적으로 갖추고 있는 능동적 덕성 주체라고 유학자들은 인식한다. 따라서 모든 일의 원인은 스스로에게 갖추어져 있으므로 통제해야 할 대상은 외부의 환경 세계가 아니라 모든 삶의 주체인 자기 자신이며, 결과적으로 자기의 이기적인 욕구와 사적인 감정을 다스리는 것이 수양의 핵심이라 여겨 왔던 것이다.

유학사상의 수양론은 기본적으로 자기 자신이 모든 덕성의 주체라는 명확한 인식을 근거로 하여, 스스로를 억제하고 통제함으로써 실생활에서 도덕을 실천하는 일을 근간으로 하고 있다. 곧 유학자들은 능동적 주체적으로 모든 책임을 스스로에게서 구함으로써 자기의 이기적이고 사적인 욕구와 감정을 억제하고 절제하는 삶의 자세를 견지하는 일이 수양의 핵심이라고 여긴다. 유학사상을 배경으로 하고 있는 동아시아 사회인에게 통제란 곧 자기억제와 자기절제를 의미한다. 그 결과 이들이 파악하는 자기의 문제는 서구

---

158 정영숙, 1994, p. 2.

인의 그것과는 달라진다. 이러한 맥락에서 유학의 수양론에 근거하여 유학심리학에서 탐구될 자기통제론의 연구의 내용은 서구 심리학의 그것과는 다른 내용이 될 수밖에 없다.

1) 서구의 환경통제론

인간을 이해하는 관점의 동·서 차이는 필연적으로 통제의 의미에 대한 두 문화권의 차이를 유발한다. 서구 자유주의사상에서는 인간을 개체성·합리성·실체성을 중심으로 하여 이해함으로써 "통제에 대한 서구인의 관념은 일차적으로 자기 내적 속성의 적극적인 주장과 결과적으로 사회 상황 같은 외부 환경적 측면을 변화시키려는 시도를 의미하는 것이다."[159] 곧 서구인에게 통제는 외부 환경 조건을 자기에게 맞추어 변화시키는 것을 의미한다. 이러한 통제에 대한 개념은 그들의 환경통제에 관한 이론에 그대로 나타나고 있다. 서구의 자기조절론들에서는 대체로 외부 환경이 갖는 유인가(incentive)를 조절하여 개인의 목표성취력을 높이려는 전략을 취한다. 곧 외부 환경 조건을 조작하여 방해력을 줄이는 것을 통제의 핵심이라 보고 있는 것이다.[160]

(1) 통제에 대한 서구인의 관념

자유주의사상에서는 개체성·합리성·실체성을 기반으로 하여 인간을 이해함으로써 개체로서 지닌 자율성과 독특성, 자기이익 추구와 적극적인 자기주장, 그리고 사회행위의 원천이 되는 제반 특성의 일관성과 안정성을 강조하는 개인주의적인 삶의 태도를 중시한다. 이러한 자유주의자들의 관점에서 서구 심리학에서 전개된 환경통제론의 특징이 자연스럽게 도출된다.

---

159 Markus & Kitayama, 1991a, p. 228.

160 서구의 자기조절론에 대해서는 졸저(조긍호, 2008, pp. 457-484) 참조.

현대 서구 심리학에서 전개된 환경통제론은 다양하지만, 환경 세계를 개인의 욕구에 합치되도록 변화시키는 것을 통제의 본질이라고 본다는 점에서는 견해가 일치하고 있다. 곧 "서구인이 가지고 있는 통제의 개념은 기본적으로 자기의 내적 속성의 주장과 이를 위해 결과적으로 사회적 상황 같은 외적 측면을 자기에게 맞게 변화시키려는 시도라는 의미를 내포"[161]하는 것이다. 이렇게 서구인은 자기와 환경 세계 중에서 변화시키고 통제해야 할 것은 자신이 아니라 환경 세계라고 본다. '자유의 보유자'로서 개인은 자율적인 합리적 선택 능력을 갖는 존재이고, 따라서 모든 통제력의 원천이 자유의 보유자이면서 '이성의 주체'인 개인에게 있다고 간주하는 입장에서 보면, 통제력의 원천을 자기에게서, 그리고 통제의 대상을 외부 환경 세계에서 찾는 것은 당연한 논리적인 귀결인 것이다.

통제를 개별성과 자율성을 성취하기 위하여 사회 상황이나 외적 제약을 변화시키는 것을 의미하는 것으로 받아들이는 서구 개인주의 사회에서는 자기의 내적 욕구·권리 및 능력의 표출과 사회적 압력에 대한 저항의 노력을 통해 개인적 역량이 체험될 수밖에 없다. 따라서 개인주의 사회에서는 자기표현의 유능성 및 외적 제약으로부터의 자유로움이 자존심(self-esteem)과 자기효능감(self-efficacy)의 근거가 된다. 이들에게 효능감이란 "개인이 주어진 목표 획득에 필요한 행위를 조직하고 수행할 수 있는 가능성에 대한 신념"[162]이다. 곧 개인이 갖추고 있는 환경 통제력에 대한 신념, 곧 스스로가 통제력의 원천이며, 이를 통해 통제해야 할 대상은 외부 환경이라는 신념이 바로 자기효능감인 것이다. 이러한 특징은 서구에서 전개된 자기조절에 관한 연구[163]에 그대로 반영되고 있다. 이러한 이론에서는 "개인의 욕구에 부합되도록 외부세계를 변화시키기 위한 노력"[164]을 강조하는 입장에서, 능동성·

161 Markus & Kitayama, 1991a, p. 228.
162 Bandura, 1997, p. 3.
163 예: Bandura, 1977, 1997; Seligman, 1975 등.
164 Rothbaum, Weisz, & Snyder, 1982, p. 8.

도전 및 저항과 극복 등 "외부지향적 행동"을 중시하고, 수동성 · 후퇴 및 순종 등 "내부지향적 행동"을 통제 불능의 상태에서 나오는 병리적 현상이라 간주해 왔던 것이다.[165]

이러한 맥락에서 현대 서구 환경통제론에서는 통제력의 근거를 개인의 자기효능감 신념 같은 개인이 갖추고 있는 통제 관련 능력에서 찾는다. 여기서 통제 관련 신념은 개인의 목표 추구를 방해하는 외적 요인의 영향력을 제어함으로써 목표를 지속적으로 추구하는 개인의 능력에 대한 신념을 말한다. 서구인에게 이러한 통제 관련 신념은 성격이나 지능 같은 개인의 내적 속성의 하나로서, 개인의 '자기개념'과 함께 발달하는 것이다. 곧 "신생아는 '자기'에 관한 인식이 없이 태어나지만, 환경과의 상호작용을 통해 '자기'에 대한 인식이 사회적으로 구성된다. 따라서 개인적 주도성(환경 통제력)에 대한 인식도 주변에서 벌어지는 사건들 사이의 인과관계의 지각과 자기행위를 통한 인과 연쇄의 이해를 통해 자기 스스로가 원인행위자(causal agent)라는 사실을 인식하는 데까지 점진적으로 발달해 간다."[166]

이와 같이 서구인이 볼 때 통제 능력은 자기 행동을 통해 외부 사물에 작용을 가함으로써 외부 환경의 변화를 유발할 수 있다는 신념을 근거로 하여 발달하는 것이다. 그러므로 이들에게 통제란 외부 대상에 대한 제어를 의미한다. 곧 외부 환경 세계를 변화시켜 자기의 의도에 맞게 변화시키는 것이 통제이다. 이렇게 서구인은 통제의 대상을 환경 세계라고 보며, 따라서 자기효능감은 환경 통제력을 의미한다. 즉, 환경의 영향을 제어하여 개인이 목표한 표적행동의 실행을 지속하는 것이 통제의 내용이자 자기효능감의 바탕이 되는 것이다.

---

165 Rothbaum et al., 1982; Weisz, Rothbaum, & Blackburn, 1984.

166 Bandura, 1997, p. 164: 자기효능감의 발달에 관해서는 Bandura(1997, pp. 162-211) 참조.

(2) 서구 현대심리학의 자기조절론

이상에서 보았듯 서구의 현대심리학에서는 "자기통제란 개인에게도 유익하고 사회적으로도 바람직한 결과를 가져오는 어떤 행동(표적행동)과 그 행동의 실행을 방해하는 요인이 있을 때, 방해 요인의 영향을 제어하고 표적행동을 실행하도록 자신을 규제하는 것"[167]이라 보고 연구를 진행해 왔다. 자기통제 또는 자기조절(self-regulation)에 관한 심리학적 연구에서는 개인이 설정한 목표 추구의 과정에서 이를 방해하는 혐오사건이나 방해 요인의 영향을 제어함으로써 자기효능감을 유지하는 일이 자기통제 또는 자기조절의 핵심이라고 보아 왔다. 즉, 자기통제란 미래에 설정된 목표의 획득에서 오는 더 큰 욕구의 충족이나 쾌(快)를 위해 즉각적인 쾌를 추구하려는 욕구나 즉각적인 고통을 회피하려는 욕구를 제어하는 것이라는 입장이 이러한 연구의 배경이었다. 그 결과 "자기통제에 관한 기존 연구에서는 자기통제를 증진시키는 원천으로써 행위자 자신에게 돌아가는 보상(물질적 보상 또는 사회적 보상)을 이용하는 패러다임만을 사용하였다."[168] 말하자면, 외적 보상의 크기의 함수로서 표적행동의 유인력이 커지고, 동시에 방해 요인의 제어력이 줄어들 것이라는 전제에서, 미래에 설정된 보상의 크기를 크게 함으로써 표적행동의 유인력을 높이거나 즉각적인 쾌나 고통의 방해력을 줄이는 등 외적 조건의 조작을 통해 주로 연구해 왔던 것이다.

이렇게 서구 사회에서는 통제란 "기본적으로 개인의 내적 속성을 적극적으로 주장함으로써 결과적으로 공적인 행동과 사회 상황 같은 외적 측면을 변화시키려는 시도"[169]를 의미하는 것이라는 관점에서, 외부 환경을 개인에게 맞추어 변화시킴으로써 개인의 목표를 성취할 수 있는 자기효능감을 높이거나 유지하는 데 연구의 초점을 두어 왔다고 볼 수 있다. 이들에게 효능감이란 "개인이 주어진 목표 획득에 필요한 행위를 조직하고 수행할 수 있는

---

167 정영숙, 1995, p. 86.
168 정영숙, 1994, p. 2.
169 Markus & Kitayama, 1991a, p. 228.

가능성에 대한 신념"[170]이다. 곧 개인이 갖추고 있는 환경 통제 능력에 대한 신념, 곧 스스로가 통제력의 원천이며, 이를 통해 통제해야 할 대상은 외부 환경이라는 신념이 바로 자기효능감인 것이다. 이러한 자기효능감의 바탕 위에서 스스로가 성취해 낼 수 있는 목표를 설정하고, 이를 이루어 내기 위해 필요한 인지적인 준비(계획 · 연습 · 책략 선택 등)를 갖추며, 설정한 목표를 이루기 위해 필요한 내용과 현실 사이의 관계를 검토하여 행위나 목표를 수정하거나 지속하는 자기점검과 평가가 상시적으로 이루어지는 과정이 곧 자기통제 또는 자기조절의 과정[171]이라는 것이 서구에서 전개된 자기조절론의 핵심이다.

이러한 맥락에서 서구에서 이루어진 자기조절에 관한 연구가 주로 외적 자극의 유인가의 조작을 통해 자기통제 과정에 관한 연구를 수행해 왔던 배경을 찾아볼 수 있다. 이들은 "자기통제란 개인에게도 유익하고 사회적으로도 바람직한 결과를 가져오는 어떤 행동(표적행동)과 그 행동의 실행을 방해하는 요인이 있을 때, 방해 요인의 영향을 제어하고 표적행동을 하도록 자신을 규제하는 것"[172]이라는 관점에서, 표적행동의 유인가를 높임으로써 방해 요인의 제어력을 감소시키려는 전략을 통해 자기통제의 문제에 접근해 왔다.

표적행동의 유인가를 높이려는 전략이 곧 서구 자기조절론의 핵심인 '목표설정이론'에서 주장하는 목표 설정의 방안이다. 곧 달성해야 할 목표를 외부에 높고 구체적으로 설정함으로써 자기통제의 동기를 높이려 하는 것이다. '목표설정이론'에서는 설정되는 목표가 구체적일수록, 그리고 그 유인가가 클수록 방해 요인을 제어하려는 동기 수준이 강해져서 결과적으로 표적행동의 수행 수준이 높아진다고 가정하고 있다. 이러한 연구에서는 "표적행동의 실행을 이끄는 유인물로서 행위자에게 주어지는 물질적 보상이나 사회

---

170 Bandura, 1997, p. 3.

171 Fiske & Taylor, 1991, pp. 195–211; Markus & Wurf, 1987, pp. 307–314.

172 정영숙, 1995, p. 86.

적 보상만을 사용하였다."[173] 즉, 환경 세계에서 주어지는 물질적 사회적 보상의 획득이 개인이 자기를 통제하고 표적행동을 실행하는 목적이라는 것이 이러한 연구의 기본 가정이었던 것이다.

서구의 자기조절에 관한 연구가 모두 이렇게 외적 유인가의 설정에만 초점을 맞추었던 것은 아니다. 그들은 달성해야 할 목표를 '가능한 자기'나 '이상적 자기' 또는 '당위적 자기' 같이 자기의 미래상으로 설정하고 연구를 진행하기도 하였다. 그러나 이러한 자기의 미래상도 외적으로 설정된 높은 유인가를 갖는 목표와 마찬가지로 '실제적 자기'를 제어하기 위한 동기적 기능을 갖는다는 것이 이들의 공통적인 관점이다. 미래적 자기상의 핵심 속성은 외부 환경 세계에 대한 개인의 통제력에 대한 신념, 곧 자기효능감 신념의 증진이다.

자기효능감이 중요한 이유는 이를 근거로 해서 외부 환경 세계를 개인의 목표에 합치하도록 변화시킬 수 있기 때문이다. 외적으로 설정된 목표는 자기효능감에 기초한 자기 선택적 성취를 근거로 해서 달성될 수 있다. 그러므로 바람직한 자기의 미래상에 도달하려는 근본적인 목적은 외부 환경에 대한 통제력을 높임으로써 외적으로 설정된 목표의 달성으로 얻게 될 물질적 사회적 보상을 획득하기 쉽게 하려는 데 있다고도 추론해 볼 수 있다. 이러한 추론에 기대어 보면, 자기의 속성과 관련된 자기조절 연구도 외적 목표 설정 방안의 연구와 같은 논리적 근거를 갖고 있는 것으로 생각해 볼 수 있을 것이다. 이렇게 현대 서구 심리학에서 전개된 자기조절 연구에서는 미래에 설정된 목표를 추구하는 과정에서 방해 요인을 제어하고 자기를 통제하는 근본적인 목적을 이러한 과정을 통해 얻게 될 물질적 사회적 보상의 획득에 두고 있다.

---

173 정영숙, 1994, p. 9.

2) 유학사상의 자기통제론

유학사상에서는 인간을 사회성 · 도덕성 · 가소성을 중심으로 하여 이해함으로써 "동아시아인에게 통제란 자기 자신을 다양한 대인적 상황에 맞추어 조정하는 것을 의미한다. 따라서 통제력의 주도적 행사는 일차적으로 자기의 내부로 지향하여, 사회관계의 조화로운 평형 상태를 해칠 가능성이 있는 개인적 원망(願望)과 목표 및 사적 감정 같은 내적 속성을 억제하는 데로 집중된다."[174] 곧 동아시아인에게 통제는 자기 자신을 환경 조건에 맞추어 변화시키는 것을 의미한다. 이러한 통제에 대한 개념 규정의 효과는 그들의 자기통제론에 그대로 나타난다. 유학의 수양론에서는 자기의 욕구와 사적 감정을 제어하여 덕성 주체로서 갖추고 있는 도덕성을 일상생활에서 실천하는 것이 군자가 되는 일의 핵심이라고 보는 것이다.

(1) 통제에 대한 동아시아인의 관념

유학사상은 사회성 · 도덕성 · 가소성을 기반으로 하여 인간을 이해함으로써 사회적 관계체로서 지닌 연계성과 유사성, 조화성의 추구와 자기억제, 그리고 변화하는 환경 세계에 대한 유연한 적응성을 강조하는 집단주의적인 삶의 태도를 중시한다. 이러한 유학자들의 관점으로부터 유학사상에서 전개된 자기통제론, 곧 수양론의 특징이 자연스럽게 도출된다.

이러한 맥락에서 보면, 동아시아인에게 "통제란 고도의 자기통제와 다양한 대인관계 상황에서 자신을 효율적으로 변화시키는 효능성의 형태를 띤다. 이들에게 통제력의 주도적 행사는 기본적으로 대인관계의 조화로운 평형 상태를 해칠 가능성이 있는 개인적이고 사적인 욕구 · 목표 · 정서 같은 내적 속성으로 지향하는 내부지향적인 것이 된다."[175] 유학사상을 배경으로

---

174 Markus & Kitayama, 1991a, p. 228.

175 Markus & Kitayama, 1991a, p. 228.

하고 있는 동아시아 사회인에게 통제란 곧 자기억제와 자기절제를 의미하는 것이다.

이와 같이 통제를 타인과의 연계성과 관계의 조화를 성취하기 위하여 자기의 욕구나 사적 감정을 변화시키는 것을 의미하는 것으로 받아들이는 동아시아 집단주의 사회에서는, 타인에의 민감성 · 상황의 필요와 요구에의 적응 및 자기억제와 조절의 노력을 통해 개인적 역량이 체험될 수밖에 없다. 따라서 이 사회에서는 자기억제와 상황적응성 및 대인관계에서의 조화의 유지가 자존심과 효능감의 근거가 된다. 유학사상의 수양론에서는 동아시아 사회의 이러한 특징이 잘 반영되어 있다. 곧 유학자들에게 자기통제란 사적 욕구와 감정의 조절과 억제를 의미하는 것이었다.

이와 같이 유학의 수양론에서는 통제력의 근거를 도덕적 주체로서 개인이 갖추고 있는 도덕적 자각에서 찾아 자기 자신의 욕구나 감정을 억제하는 것을 통제의 핵심이라고 보고 있다. 즉, 환경 세계를 나에게 맞추어 변화시키는 대신 자기 자신을 다른 사람이나 상황에 맞추어 변화시키는 것을 통제라고 보는 것이 유학자들의 기본 관점이다. 그들은 이러한 자기통제의 목적은 자기의 사적 욕구와 감정의 절제를 통한 자기개선에 있다고 본다.

이러한 맥락에서 보면 통제 과정에서 '외부지향적 행동(능동성 · 도전 및 저항과 극복)'을 중시하는 서구인과는 달리, 동아시아인은 '내부지향적 행동(수동성 · 후퇴 및 순종)'을 중시할 것이라 추론할 수 있다. 이러한 내부지향적 행동은 "자기를 외부세계에 합치되도록 만들고, '현실과 타협'하려는 노력"[176]에서 나오는 것이어서 전자의 '일차통제(primary control)'와 대비하여 '이차통제(secondary control)'라 부를 수 있다. 곧 일차통제는 타인 · 대상 및 환경 조건 같은 외부의 현실을 자기에게 합치하도록 영향을 끼침으로써 보상을 얻으려 하는 서구적인 통제행동이지만, 이차통제는 자기의 기대 · 목표 · 원망(願望) 같은 자기 내부의 속성을 외부 현실에 맞게 변화시킴으로써 보상을

176 Rothbaum et al., 1982, p. 8.

얻으려 하는 동아시아적인 통제행동인 것이다.[177]

(2) 유학사상의 수양론

이상에서 보듯이 유학의 수양론은 사회성 · 도덕성 · 가소성을 기반으로 하여 인간을 파악하는 유학사상의 기본 입장으로부터 직접적으로 도출된다. 인간은 사회관계 속의 존재로서 다른 사람들과 조화로운 관계를 유지해야 하고(사회성), 그러기 위해서는 조화를 해칠 가능성이 큰 자기의 욕구와 감정을 억제하고 조절할 필요가 있으며(도덕성), 이를 통해 자기의 단점을 찾아 고치는 자기개선을 이루어 수양의 목표를 달성할 수 있다(가소성)는 것이 유학자들의 자기통제론, 곧 수양론의 요지이다. 이렇게 인간 존재의 사회성을 중시하는 유학자들의 입장은 자기통제의 논리적 배경(사회관계의 조화 유지)을 형성하고, 도덕성을 중시하는 관점은 자기통제의 대상(자기의 사적인 욕구와 감정)을 제시하며, 가소성을 중시하는 견해는 자기통제를 거쳐 이루려는 목표(자기개선)를 규정하고 있다.

유학자들의 수양론은 모두 인간의 향악성(向惡性)을 억제하고 도덕성의 근거를 보존하는 데 초점을 두고 있다. 공 · 맹 · 순 같은 선진유학자들은 인간의 향악성이 생물체적 · 이기적 욕구와 사적 감정에서 나온다는 점에 생각이 일치하고 있다. 그러므로 이들의 수양론은 모두 사적 욕구와 감정을 통제하는 일을 근간으로 하고 있으며, 이러한 맥락에서 유학자들의 수양론은 곧 자기통제론으로 연결되는 것이다.

이렇게만 보면 선진유학자들의 수양론이 인간의 억제와 통제에만 초점을 맞추고 있는 것으로 보이기 쉽다. 그러나 선진유학자들의 수양론을 논의할 때는 필히 이들이 인간의 도덕적 지향성과 도덕적 자각을 강조하고 있다는 사실을 염두에 두어야 한다. 인간은 스스로에게 갖추어져 있는 도덕적 지향성을 인식하고, 이를 일상생활에서 키워 냄으로써 자기개선을 이루어, 이

---

177 Weisz et al., 1984, p. 956, 표 1 참조.

상적 인격(군자와 성인)의 상태에 도달할 수 있는 존재라는 것이 이들의 기본 관점이다.

이러한 유학자들의 입장은 그들의 수양론에 잘 반영되어 있다. 공자의 수양론은 자기의 사적인 욕구와 감정을 극복하고 예(禮), 곧 도덕성의 체계로 돌아가는 일이 수양의 핵심이라는 수기론(修己論)이다. 맹자의 수양론은 마음의 생각하는 기능을 다하여 스스로에게 갖추어져 있는 도덕성의 근거를 명확히 깨달음으로써 도덕 주체로서의 인식을 명확히 하는 존심론(存心論)이 핵심이다. 순자의 수양론은 인도의 표준인 예를 인식한 다음, 이에 자세히 통달하여 예의 체계를 체득하는 체도론(體道論)이 중심이다.[178]

공자는 욕구와 감정을 통제하는 일을 자기를 극복하는 일[克己]이라 하여, 이에 적극적인 가치를 부여하고 있다.[179] 그에 따르면 극기는 예의 체계로 돌아가는 일[復禮]의 전제로서, 생물체적 존재인 인간이 사회적 존재로 승화하는 근거가 된다.[180] 곧 공자에게 자기수양은 생물체적 개체적 존재로 머물기 쉬운 인간이 사회적 존재 특성을 실현할 수 있는 전제 조건인 셈이다.

공자는 예에 의해 자기 몸을 단속함으로써 자기의 행위가 도덕성의 체계에 비추어 어긋나지 않았는지 살펴보는 자기성찰을 수양의 중요한 방법으로 제시하였다. 그는 이러한 자기성찰은 사람으로서 지향해야 할 바를 익히는 배움을 전제로 하여 이루어지는 것이라고 보아, 배움을 매우 중시하였다. 배운 바를 매일 익히고 이에 비추어 자기를 돌아보면, 자기의 잘못이 드러나게 된다는 논리였던 것이다. 그리하여 자기의 잘못을 고쳐 나감으로써 같은 잘못을 두 번 다시 범하지 않게 되는 자기개선을 이루는 일이 공자가 제시하는

---

178 공·맹·순의 수양론에 대해서는 졸저(조긍호, 2008, pp. 407-457) 참조.

179 공자는 생물체적 욕구와 이기적 욕구는 충족 여부가 외적 조건에 달려 있어서 스스로 통제할 수 없으며, 사적 감정도 외적 조건에 의해 촉발되기 때문에 스스로 통제하기 힘들다고 본다. 이렇게 생물체적 욕구와 이기적 욕구 및 사적 감정은 내재적인 통제가 힘들어서, 이를 그대로 방치하거나 추구할 경우 여러 폐단에 빠지게 되기 때문에(『論語』, 里仁 5, 12; 公冶長 10; 述而 11; 顔淵 5, 10; 子路 17; 陽貨 15; 微子 7), 이들을 절제하고 제어할 필요가 있다는 것이 공자의 생각이다.

180 顔淵 1.

수양의 방법이었다.[181]

맹자도 생물체적 · 감각적 · 이기적 욕구의 절제를 수양의 핵심으로 강조하고 있다. 그는 이러한 욕구, 특히 생물체적 욕구와 감각적 욕구는 생존에 필요한 것이어서 모두 없앨 수는 없으므로, 이러한 욕구의 과도한 추구를 줄이는 과욕(寡欲)을 중시한다. 즉, 생존을 위해 무욕(無欲)할 수는 없으므로, 다욕(多欲)을 절제하는 일이 중요하다는 것이다. 다욕은 본심을 잃게 만드는 요체이기 때문이다.

> 마음을 기르는 데에는 욕심을 줄이는 것[寡欲]보다 더 좋은 일은 없다. 그 사람됨이 욕심이 적으면, 본래의 착한 마음을 간직하지 못하는 바가 있다고 하더라도 그런 경우가 드물게 마련이고, 반대로 그 사람됨이 욕심이 많으면, 어쩌다가 본래의 착한 마음을 간직하는 수가 있다고 하더라도 그런 경우 또한 드물게 마련이다.[182]

맹자는 욕구의 절제에서 한걸음 더 나아가 도덕적 지향성에 의해 나머지 욕구들을 제어함으로써 도덕적 지향성이 욕구 추구를 지도하는 욕구의 승화가 이루어져야 한다고 본다. 이렇게 욕구의 승화가 이루어지면, 소욕(所欲)과 소불욕(所不欲), 소위(所爲)와 소불위(所不爲)를 잘 구분하여 사람의 도리를 밝게 인식하는 명도(明道)가 이루어진다는 것이다.[183] 생물체적 · 이기적 욕구의 절제와 욕구 승화를 통해 도덕적 지향성이 인간 본성 속에 갖추어져 있음을 깨달아, 바랄 것만 바라고 해야 할 일만 행하게 되는 일이 곧 수양의

---

181 공자가 자기성찰과 자기개선을 수양의 방법으로 중시하였다는 사실은『論語』에서 이 문제가 '배움[學]'과 함께 가장 자주 언급되는 주제(學而 4, 8; 里仁 7, 17; 公冶長 26; 雍也 2; 述而 2, 3, 21, 30, 33; 子罕 24; 顔淵 4; 衛靈公 29; 子張 21 등)라는 사실에서 잘 드러나고 있다.

182 養心莫善於寡欲 其爲人也寡欲 雖有不存焉者寡矣 其爲人也多欲 雖有存焉者寡矣 (『孟子』, 盡心下 35)

183 人有不爲也 而後可以有爲 (離婁下 8); 無爲其所不爲 無欲其所不欲 如此而已矣 (盡心上 17)

핵심이라는 것이 맹자의 수양론의 대지인데, 맹자도 자기성찰과 자기개선을 수양의 핵심 방안으로 강조하고 있다.[184]

순자는 욕구의 추구를 절제하는 절욕(節欲)과 욕구가 올바른 방향을 잡도록 인도하는 도욕(道欲)을 수양의 핵심으로 제시하고 있다. 그는 인간이 생물체적 · 이기적 욕구를 가지고 있다[有欲]거나 이러한 욕구가 많다[多欲]는 사실은 하등 문제될 것이 없다고 본다. 그러므로 그는 욕구를 모두 없애는 거욕(去欲)이나 욕구를 줄이는 과욕(寡欲)을 수양의 방법으로 제시하지 않는다. 순자는 욕구의 추구가 예의 체계를 벗어나서 절도를 잃는 것이 문제라고 여긴다. 따라서 욕구의 추구를 절제하고, 욕구의 추구가 올바른 방향을 잡도록 인도해 주는 일이 수양의 핵심이라는 것이다.[185]

순자가 수양의 방법으로 제시하는 것은 마음을 기르는 양심(養心)과 혈기와 행동양식을 다스리는 치기(治氣)이다. 그는 감각기관 같은 육체의 주인은 마음이므로, 이를 잘 길러 혈기를 예의 체계에 맞도록 다스리는 일이 욕구 추구를 절제하고, 욕구가 예에 맞추어 방향을 잡도록 인도함으로써 자기개선을 이루는 첩경이라고 보았다.[186]

이상과 같이 유학자들의 수양론은 모두 자기통제를 핵심으로 하고 있다. 공 · 맹 · 순은 모두 사적 욕구와 감정을 절제하고 통제함으로써 도덕적 지향성을 굳건하게 견지하는 일이 바로 수양의 요체라고 보고 있는 것이다. 이들은 통제의 대상은 바로 자기 자신이지 외부 대상이 아니라고 여긴다. 유학자

---

184 公孫丑上 2; 公孫丑下 9; 滕文公下 8; 離婁上 4; 離婁下 28; 告子下 15; 盡心上 4 등.

185 凡語治而待去欲者 無以道欲 而困於有欲者也 凡語治而待寡欲者 無以節欲 而困於多欲者也……欲不待可得 而求者從所可 欲不待可得 所受乎天也 求者從所可 所受乎心也……心之所可中理 則欲雖多 奚傷於治……心之所可失理 則欲雖寡 奚止於亂 故治亂在於心之所可 亡於情之所欲……欲雖不可盡 可以近盡也 欲雖不可去 求可節也 (『荀子』, 正名 19-22)

186 治氣養心之術 血氣剛彊 則柔之以調和 知慮漸深 則一之以易良 勇膽猛戾 則輔之以道順 齊給便利 則節之以動止 狹隘褊小 則廓之以廣大 卑濕重遲貪利 則抗之以高志 庸衆駑散 則刦之以師友 怠慢僄弃 則炤之以禍災 愚款端愨 則合之以禮樂 通之以思索 凡治氣養心之術 莫徑由禮 莫要得師 莫神一好 (修身 27-29); 君子養心 莫善於誠 致誠則無它事矣 唯仁之爲守 唯義之爲行 誠心守仁則形 形則神 神則能化矣 誠心行義則理 理則明 明則能變矣 變化代興 謂之天德 (不苟 11)

들은 이러한 자기통제를 통해 스스로가 갖추고 있는 도덕적 지향성을 올바로 인식하게 되고, 이에 비추어 자기를 성찰하여 봄으로써 자기의 잘못을 고쳐 나갈 수 있게 된다고 본다. 이렇게 자기통제의 효과는 곧 자기개선을 이루는 일로 모아진다. 곧 사적인 욕구와 감정을 통제함으로써 자기개선을 이루어 도덕적으로 바람직한 사람이 되는 것, 이것이 선진유학자들이 수양론의 체계를 통해 주장하려는 기본 논지이다.

3) 동·서 자기발전론과 심리학의 문제 – 자기심리학의 새 지평

이상에서 보았듯이 동 · 서양에서의 인간 일반 및 자기에 대한 관점의 차이로부터 필연적으로 통제의 의미와 자존감의 근거에 대한 문화 간 차이가 빚어진다.[187] 서구의 개인주의 사회에서는 사회의 궁극적인 구성 단위를 개체로서의 개인이라고 보므로, 개인의 독립성과 자율성을 신장시킬 수 있는 자기주장을 적극 권장한다. 따라서 개인주의 사회에서는 개인 내적 속성의 주장과 성취를 강조하므로, 통제란 결과적으로 사회 상황이나 외적 제약을 변화시키는 '일차통제'를 의미하게 되고,[188] 따라서 독특성과 수월성이 자존감의 근거가 된다.

이에 비해 유학사상의 전통이 강한 동아시아 집단주의 사회에서는 사회의 궁극적인 단위를 사람들 사이의 관계라고 보므로, 사회화 과정에서 충동의 억제와 집단지향적인 성취를 강조하게 된다. 그러므로 집단주의 사회에서는 자기억제와 대인 상황에 맞게 자기를 효율적으로 조정하는 것을 주도성(agency)의 표현으로 받아들인다. 그 결과, 내적 욕구나 개인적 목표 또는 사적 감정 등의 내적 특성을 억제하거나 조정하는 '이차통제'를 중시하게 되

---

187 Kitayama, Markus, Matsumoto, & Norasakkunkit, 1997; Markus & Kitayama, 1991a, b.

188 Rothbaum et al., 1982; Weisz et al., 1984.

고,[189] 이러한 이차통제와 상황 적응성 및 대인관계에서의 조화의 유지가 자존감의 근거가 되는 것이다.

바로 이러한 차이 때문에 서구의 심리학에서는 지금까지 환경 조건과 외적 보상의 조작을 통해 인간의 행위를 통제하려는 연구가 주류를 이루어 왔다고 볼 수 있다. 이러한 배경에는 바로 서구 사회를 지배해 왔던 초월적 준거처의 지향과 획일적 이성에 의한 세계 개혁 내지 정복이라는 계몽주의 사상에 따른 근대화의 이념[190]이 깔려 있었던 것이라고 생각할 수 있다.

이에 비해 선진유학자들은 모든 일의 원천은 자기 자신이라는 인문주의(人文主義)의 입장에서 항상 모든 책임을 스스로에게서 찾고, 따라서 스스로를 통제함으로써 환경 세계와 조화를 이루며 사는 일을 지향해 왔다고 볼 수 있다. 드 배리(de Bary)가 유학사상을 "도덕적 · 문화적 개인주의"[191]라 부르는 것은 바로 이러한 점을 지적하여 말하는 것이다. 이러한 공 · 맹 · 순의 입장에서 생각해 보면, 앞으로 자기통제에 관한 심리학적 연구에서는 자기반성의 문제와 욕구의 조절을 유도하는 내적 요인의 문제에 좀 더 주의를 기울여야 할 것이라 사료된다.

그뿐만 아니라 새로운 심리학에서는 무엇을 자기 발전의 목표라고 보아야 할 것인지 하는 문제에 대해서도 고려해 볼 필요가 있을 것이다. 서구 심리학에서는 자기의 환경 통제 능력을 신장함으로써 개체로서의 자기실현을 도모하는 것이 자기발전의 최종 목표라고 보는 관점이 주류를 이루어 왔다고 볼 수 있다. 그러나 유학사상에서는 다른 사람이나 사회적 책임까지도 끌어안음으로써 사회적 존재 특성을 실현하는 일, 곧 자기확대를 인간 삶의 최종 목표라고 간주한다. 그렇다면 자기확대를 이룰 수 있는 방안은 어떠한 것인가 하는 문제도 자기 관련 심리학에서 주목해야 할 중요한 연구 문제가 되

---

189 김수인, 1996; 조긍호, 2003a, b; 최상진, 1995; Rothbaum et al., 1982; Weisz et al., 1984.

190 이에 대해서는 노명식, 1991, pp.153-169; 주명철, 1994; Gray(1995/2007, pp. 44-58) 및 졸저(조긍호, 2006, pp. 173-178) 참조.

191 de Bary, 1983/1998, p. 130.

어야 할 것이다.

(1) 자기존중감의 근원

"윌리엄 제임스 이래 심리학자들은 자기에 대한 긍정적인 견해를 갖고자 하는 것이 아주 강력한 동기의 하나라는 사실을 지속적으로 밝혀왔다."[192] 이러한 정적(正的) 자기평가를 위한 욕구는 인간의 보편적인 동기인데,[193] 이러한 욕구는 해당 사회의 문화적 명제를 달성하는 데서 충족되는 것임이 많은 문화비교 연구에서 밝혀지고 있다.[194] 곧 문화 유형에 따라 소속 성원들이 따를 것으로 가정하는 문화적 명제가 달라지는데, 소속 사회의 문화적 명제를 충족하는 일이 자기존중감의 근거가 된다는 것이다. 이렇게 문화 유형에 따라 성원들에게 강요하는 문화적 명제가 다를 수밖에 없으므로, 자기존중감의 근원이 문화 유형에 따라서 달라지게 될 것임은 쉽게 추론할 수 있다.[195]

자기존중감의 근거가 문화 유형에 따라 달라지면, 문화에 따라 이를 측정하는 도구를 다르게 구성해야 할 것이다. 지금까지 이 분야의 연구에서는 서

---

192 Matsumoto, 2000, p. 63.

193 Brown, 1998; Heine, Lehman, Markus, & Kitayama, 1999; Sedikides & Skowronski, 2000, 2002.

194 조긍호, 2002; Fiske et al., 1998; Heine et al., 1999; Kitayama, Markus, & Lieberman,1995; Kitayama et al, 1997; Kunda, 2000; Markus & Kitayama, 1991a, b, 1994a, b; Matsumoto, 2000; Sedikides, Gaertner, & Toguchi, 2003; Sedikides, Gaertner, & Vevea, 2005.

195 개인의 독립성을 중시하는 개인주의 사회의 문화적 명제는 자율성과 개별성 및 독특성의 추구이다. 따라서 개인주의 사회에서는 자기의 내적 욕구, 권리 및 능력의 표출과 사회적 압력에 대한 저항의 노력을 통해 개인의 역량과 주도성이 체험되므로, 결과적으로 독특성과 탁월성, 자기표현의 유능성 및 외적 제약을 받지 않는 자유로움이 자기존중감의 근거가 된다. 이와는 대조적으로 개인 사이의 상호의존성을 중시하는 집단주의 사회의 문화적 명제는 상호연계성, 사회 통합 및 대인 간 조화의 추구이다. 따라서 집단주의 사회에서는 타인에 대한 민감성, 상황의 필요와 요구에 대한 적응 및 자기억제와 조절의 노력을 통해 개인의 역량과 주도성이 체험되므로, 결과적으로 이러한 자기억제와 상황적응성 및 대인관계에서 조화를 유지하는 일이 자기존중감의 근거가 된다.

구인의 자기존중감 수준이 동아시아인의 그것보다 유의미하게 높다는 사실이 일관되게 나타나고 있다.[196] 이러한 결과가 나타나는 까닭은 이 분야의 연구에서 자기존중감을 측정하기 위해 사용되는 척도가 개인주의 사회의 문화적 명제는 잘 반영하지만, 집단주의 사회의 그것은 잘 반영하고 있지 못하기 때문이다.[197] 그러므로 자기 관련 유학심리학의 연구에서는 무엇보다도 먼저 집단주의 사회의 자기 관련 문화적 명제를 반영하는 측정 척도부터 개발해야 할 것이다.

(2) 통제력과 자기효능감

두 문화권에서 자기존중감을 낳는 근원의 차이는 그대로 자기표현과 통제 양상의 문화차를 유발한다. 자기표현과 통제 양상의 차이는 자기가 통제력을 갖추고 있다는 신념인 자기효능감의 문화차와 직접 연결된다.

보통 집단주의 사회에서는 자기효능감이 중요하지 않거나 경험되지 않을 것이라고 생각하기 쉬운데, 이는 그렇지 않다. "통제감의 주축인 효능감 신념"[198]의 기능적 가치는 문화보편적인 것이다. 하지만 "보편성이 탈 문화적 관점(culture-free perspective)을 의미하는 것은 아니다. 자기가 바라는 효과를 산출할 수 있는 능력에의 신념은 어떤 문화권에서나 확립될 수 있는 것이다. 그러나 효능감 신념이 어떻게 발달하는지, 이것이 어떤 목적을 위해 쓰이는지, 그리고 특정 문화 환경 내에서 이것이 가장 잘 발휘될 수 있는 방법이 무엇인지는 문화적 가치와 실제가 결정하는 것이다. 따라서 효능감의 신념은 집단주의와 개인주의 사회에서 모두 생산성에 기여할 수 있는데, 다만 개인주의자들은 스스로가 사태를 관리할 수 있을 때 가장 효능감을 느끼고 생산적이지만, 집단주의자들은 타인들과 함께 사태를 관리할 때 가장 효

---

196 Baumeister, Tice, & Hutton, 1989; Diener & Diener, 1995; Heine & Lehman, 1997; Heine et al., 1999, pp. 776-777, 그림 1, 2.

197 조긍호, 2006, pp. 540-542; Heine et al., 1999.

198 Bandura, 2000, p. 212.

능감을 느끼고 생산적일 뿐인 것이다."[199] 따라서 개인주의 사회에서는 '개인효능감(personal efficacy)'이 중요하지만 집단주의 사회에서는 '집단효능감(collective efficacy)'이 중요하며,[200] 이들은 각각 개인주의와 집단주의 사회의 '일차통제'와 '이차통제'의 주축이 되는 신념 체계라고 볼 수 있다.

이러한 맥락에서 보면 유학심리학에서 다룰 자기통제의 문제는 자기의 사적 욕구와 감정의 억제와 이어진다. 이는 사단칠정설(四端七情說)이나 인심도심설(人心道心說) 같은 성리학의 정서이론과 동기이론에서 강조해 온 내용이다.[201] 이들 이론에서 이러한 사적 감정과 욕구의 억제는 자기개선을 통한 도덕적 완성의 근간이 되는 수양의 핵심이다. 그렇다면 이러한 욕구와 감정의 통제는 어떻게 이루어지는가? 성리학자들이 제시하는 방법은 거경(居敬)이다. 그러므로 유학심리학에서는 거경의 심리학적 탐색이 중요한 문제로 떠오르게 될 것이다.[202]

(3) 자기향상의 방안

이상에서 보았듯이 정적인 자기상을 추구하려는 경향은 인간 사회에서

---

199 Bandura, 1997, p. 32.

200 Bandura, 1997. pp. 31-33, 470-472; 2000, pp. 211-213: 개인주의 사회에서 효능감의 근원은 개인으로서 유능하다는 '개인효능감'이다. 자기가 외부 환경에 대해 통제력을 가지고 있다는 신념이 곧 개인효능감의 내용이다. 이렇게 개인주의 사회에서 '나도 가치 있는 사람이라는 느낌'은 남이 못하는 일을 내가 할 수 있거나, 남과 다른 나만의 독특성이 드러날 때, 또는 환경과 타인을 통제하여 나에게 맞게 변화시켰을 때 높아진다. 이에 비해 집단주의 사회에서 효능감의 근원은 집단에 대한 소속감과 집단 속의 조화감에서 나오는 '집단효능감'이 된다. 개인주의 사회와는 달리, 집단주의 사회에서 '나도 가치 있는 사람이라는 느낌'은 나의 사적인 욕구나 감정을 억제하고 남들과 잘 어울리거나, 남들이 나를 유용한 성원으로 받아들여 줄 때, 또는 남들과 같은 소속원으로서 집단의 통합을 위해 함께 노력할 때 높아지는 것이다.

201 사단칠정설의 심리학적 함의는 한덕웅(1994, pp. 208-230)과 졸저(조긍호, 2007, pp. 310-320; 2017a, pp. 377-386), 인심도심설의 심리학적 함의는 한덕웅(1994, pp. 97-103)과 졸저(조긍호, 2007, pp. 404-418; 2017a, pp. 302-318) 참조.

202 이에 관해서는 김성태(1989, pp. 1-53, 169-198, 244-287), 한덕웅(1994, pp. 76-96) 및 졸저(조긍호, 2003a, pp. 417-419, 464-469; 2012, pp. 718-737) 참조.

누구나 가지는 문화보편적인 욕구이지만, 문화 유형에 따라 정적인 자기상을 구성하는 내용에 대한 생각은 서로 다르다. 그러므로 정적인 자기상을 이루기 위해 자기향상을 도모하는 방안에 대한 입장이 문화 유형에 따라 서로 달라질 것이라는 사실은 자명한 일이다.

개인주의 사회에서는 개인이 보유하거나 이룩한 능력 · 태도 · 가치관 · 성격 · 정서 등 고정적이고 안정적인 내적 속성에 의해 개인의 존재 의의가 드러나게 된다고 본다. 또한 개인주의 사회에서는 독립성이 문화적 명제이므로 개인의 독특성을 강조하게 되고, 결과적으로 자기의 장점과 고유성에 민감하게 되어 정(正)적인 자기상과 자기에 대한 정적인 감정을 추구하게 된다. 이 사회에서는 스스로가 성취한 독특성과 장점의 확충에 의한 '자기고양'을 자기향상의 통로라고 본다. 즉, 개인주의 사회에서는 자기고양의 방향으로의 문화적 압력이 존재하게 되어, 자기의 단점이나 부적 측면은 회피하거나 절감하는 대신, 자기의 정적 측면에 주의를 기울이고, 이를 정교화하게 된다. 그 결과 개인주의 사회에서의 자기화(self-making)는 자기 속에 갖추어져 있는 안정적이고 일관적인 정적 특성을 확인하고 고양시키는 일이 주축이 되어, 이러한 자기고양을 통해 자기향상을 이루는 일이 자기존중의 근거가 될 뿐만 아니라,[203] 정적 특성의 보유로 인한 자기만족도가 곧 행복감을 유발하는 기초가 된다.[204]

이에 비해 집단주의 사회에서는 개인의 내집단과의 연계성과 책임의 수행을 통해 개인의 존재 의의가 드러나게 된다고 본다. 집단주의 사회에서는 연계성이 문화적 명제이므로 타인에의 배려와 조화의 유지를 강조하게 되고, 결과적으로 정적인 자기상이나 자기에 대한 정적인 감정보다는 자기의 부(負)적인 측면과 부적 감정에 더 민감하고, 또 이의 경험에 대해 수용적이

---

203 조긍호, 1997a, c, 2003a, b; Diener & Diener, 1995; Diener & Larsen, 1993; Fiske et al., 1998; Heine & Lehman, 1995; Kitayama & Markus, 1994, 1995; Kitayama et al., 1995, 1997; Markus & Kitayama, 1994a, b.

204 Diener & Diener, 1995; Heine & Lehman, 1995; Kwan, Bond, & Singelis, 1997.

될 가능성이 높다.[205] 이 사회에서는 다양한 상황과 관계에 의해 사람이 규정된다고 보므로, 이러한 상황과 관계에 맞추어 스스로의 행위를 적합하게 조정할 것을 강조하게 되고, 따라서 상황과 관계에 따른 행위의 가변성을 인정하고 중시하게 된다. 그러므로 집단주의 사회에서는 대인관계의 조화를 해칠 수 있는 자기의 단점을 찾아 이를 고치려고 노력하게 되고, 이러한 '자기개선'이 자기향상의 통로로 부각된다. 그 결과 집단주의 사회에서의 자기화는 집단의 기대에 비추어 자기에게 결여된 것이 무엇인가를 찾아내고 이를 수정하는 일이 주축이 되며, 이러한 자기개선을 통해 자기향상을 이루는 일이 자기존중의 근거가 되는 것이다.[206]

집단주의 사회에서는 사회관계의 조화와 집단 속에서의 자기의 적합한 위치에 주의를 기울이게 되어 조화를 해치거나 남에게 피해를 줄지도 모르는 부적 측면의 확인과 개선에 힘쓰게 되므로, 이러한 노력이 곧 행복감의 기초가 된다. 즉, 자기의 정적 측면의 확인에 기초한 자기만족도가 삶의 만족도 및 행복감의 직접적인 지표가 되는 개인주의 사회와는 달리, 집단주의 사회에서 자기만족도와 행복감은 아무런 상관이 없고, 타인으로부터의 수용감이나 대인관계에서의 조화가 행복감의 직접적인 지표가 된다.[207] 요컨대, 집단주의 사회에서 지배적인 자기향상의 방안은 자기의 부정적 측면을 수용하고 이를 고쳐 나가는 자기개선인 것이다.

---

205 집단주의 사회에서는 자기의 단점이나 부적 성격 특성, 그리고 부적 정서 경험에 대한 수용도도 높고, 이를 적극적으로 회피하려 하지도 않는다(차경호, 1995; Diener, Suh, Smith, & Shao, 1995; Suh & Diener, 1995). 집단주의 사회에서는 자기의 단점이나 부적 특성 및 부적 정서 경험이 부정적인 자기개념을 가져오는 것이라 받아들이지 않는다. 이들은 이러한 자기의 부적 측면에 대한 수용의 폭이 매우 커서, 이들도 무난히 자기개념 속에 받아들인다. 이들은 이러한 부적 측면의 개선을 통해 사회 집단의 조화가 이루어지고, 이러한 자기개선을 통해 집단원들이 자기를 유용한 성원으로 인정하고 받아들이는 경향이 높아질 것이라 기대한다.

206 조긍호, 1997a, c, 2003a; Diener & Diener, 1995; Diener & Larsen, 1993; Fiske et al., 1998; Heine & Lehman, 1995; Kitayama & Markus, 1994, 1995; Kitayama et al., 1995, 1997; Markus & Kitayama, 1994.

207 Diener & Diener, 1995; Heine & Lehman, 1995; Kwan et al., 1997.

(4) 삶의 목표: 자기실현과 자기확대

이상에서 보아 온 바와 같은 자기존중감, 통제력과 효능감, 자기향상의 방안 등에 관한 문화 유형 사이의 차이는 필연적으로 두 문화권에서 상정하는 삶의 목표 및 이를 달성하는 데 필요한 동기에 관한 입장의 차이를 유발한다. 인간 삶은 주관적으로 체험하고 인식하는 자기에 의해서 이루어지는 것이기 때문이다.

자유주의와 자기실현 서구인의 삶의 배경이 되어 왔던 자유주의사상에서는 '자유의 보유자'로서의 자율성과 독립성, '이성 주체'로서의 합리성, '안정적 실체'로서의 자기완비성과 독특성 등에서 개인 존재의 이상을 찾고, 이러한 이상을 추구함으로써 개체로서의 가능성과 잠재력을 최대로 발휘하는 '자기실현(self-actualization)'을 인간 삶의 목표로 규정해 왔다.[208] 그러므로 서구인의 가장 기본적인 동기는 '자기실현동기'라고 볼 수 있다.

이렇게 독립적이고 자율적인 개인의 '자기실현동기'를 가장 근본적인 동기로 보는 개인주의의 배경에는 신-악마; 선-악; 인간-자연; 마음-신체; 자기-타인; 개인-집단(사회)을 대립적인 관계로 파악하여, 전자(신 · 선 · 인간 · 마음 · 자기 · 개인)를 후자(악마 · 악 · 자연 · 신체 · 타인 · 집단)보다 중시하는 서구의 이원론적 철학이 깔려 있으며,[209] 동시에 개인의 자유의지(free will)에 따른 합리적 선택으로 인간의 목표지향성을 이해하려는 자유주의적 전통이 놓여 있다.[210]

유학사상과 자기확대 유학사상에서는 인간을 사회관계 속에서의 상호의존적인 존재로 파악하며, 이러한 관계 속의 역할 · 규범 및 사회적 연대가 개인의 특성보다 더 중요한 행위의 원동력이라고 본다. 이 사회에서는 상호연관

---

208 Wilson, 1997.
209 Fiske et al., 1998; Johnson, 1985; Markus & Kitayama, 1991a, b; Miller, 1997.
210 Johnson, 1985.

된 관계적 존재인 개인들이 이러한 관계와 역할의 연쇄망 속에 참여하여 자기개선을 통해 자기향상을 도모함으로써 상호의존성과 조화로운 관계, 그리고 원만한 사회의 통합을 이루는 것이 인간 삶의 이상이라고 여긴다.[211]

그러나 이 경우의 상호의존성은 사회관계의 중요성에 대한 관심과 지향을 의미하지, 자신의 개인적 가치에 관심이 없다는 것은 아니다. 즉, 상호의존적인 삶이란 자기의 상실이나 자기에 대한 관심의 부재를 의미하는 것이 아니라, 개인의 주의 · 인지 · 감정 · 동기가 관계 및 규범에 터해서 조직화되는 것을 의미할 뿐이다.[212] 그러므로 유학사상이 삶의 기반이 되고 있는 집단주의 사회에서는, 어떤 의미에서 보면 더 잘 발달하고 분화된 자기관이 요청되는 것이다. 이들에게는 자기의 여러 측면이 서로 분리되어 일치하지 않을 수 있으므로,[213] 이들 간의 조화로운 관계 설정이 중요해진다.

이러한 관점에서 보면 집단주의 사회에서는 자기의 여러 측면, 예를 들면 스스로가 보는 '사적 자기(private self)', 일반적인 타인이 보는 나에 대한 견해인 '공적 자기(public self)' 및 집단 성원들이 보는 나에 대한 견해인 '집단적 자기(collective self)' 사이에 조화를 이루어[214] 상호의존성을 최대화하는 것을 이상적 인간의 중요한 특징이라고 받아들인다고 추론할 수 있다. 이러한 통합과 조화는 나에 대한 다양한 견해를 가지고 있는 타인이나 집단을 나 자신 속에 끌어들여 나 자신과 동일시하는 데에서 가장 잘 이루어질 것이다. 따라서 타인이나 집단을 자신의 중요한 속성의 하나로서 자신의 정의 안에 포함시키는 '자기확대(self-expansion)'가 집단주의 사회의 가장 핵심적인 동

---

211 Fiske et al., 1998; Miller, 1997; Tu, Wei-Ming, 1985, 1996.

212 Fiske et al., 1998, pp. 924-926.

213 Triandis, 1989, 1990: 인도인에게 '자기'는 구획된 실체(bounded entity)로서의 individual(분리할 수 없는 통합된 존재)이 아니라, 상호 연관되어 있지만 개별적인 여러 측면의 dividual(분리할 수 있는 분절된 존재)로 받아들여진다(Bharati, 1985, pp. 219-225; DeVos, Marsella, & Hsu, 1985, p. 14; Marriott, 1976, p. 111)는 지적은 이러한 사실을 극적으로 드러내 주고 있다.

214 Baumeister, 1986.

기가 될 것이다.[215]

유학사상에서는 모든 일의 책임을 스스로에게서 찾음으로써[反求諸己] 스스로의 단점을 고쳐 나가는 자기개선을 자기발전의 핵심으로 본다. 이는 공자·맹자·순자 등 초기 유학자들뿐만 아니라 성리학자에게서도 공통적으로 나타나는 유학사상의 핵심 입장이다. 자기개선은 곧 자기를 확대하여 도덕적 완성을 이루는 근본이 된다. 즉, 공자가 말한 이른바 주위 사람 및 온 천하 사람들과 하나가 되어 그들을 편안하게 해 주는 안인(安人)과 안백성(安百姓)은 곧 자기개선을 통해 자기를 닦는 수기(修己)를 기초로 하여 이루어지는 것으로서, 따라서 공자는 이를 "자기를 닦음으로써 주위 사람들을 편안하게 해 주는 일[修己以安人]" 및 "자기를 닦음으로써 온 천하 사람들을 편안하게 해 주는 일[修己以安百姓]"이라고 표현하고 있다.[216] 이렇게 유학사상의 핵심은 바로 인간의 존재 확대 또는 확장이라고 요약할 수 있는데, 『대학』에서 제시하는 "격물(格物)－치지(致知)－성의(誠意)－정심(正心)－수신(修身)－제가(齊家)－치국(治國)－평천하(平天下)"의 팔조목(八條目) 동기위계설[217]도 이러한 생각을 잘 드러내고 있다. 즉, 팔조목 각각에서 상위 조목은 하위 조목의 목표로서, 최상위 목표인 평천하까지 자기확대가 이루어질 수 있고, 또 그렇게 되도록 노력해야 함을 역설하고 있는 것이다.

---

215 Aron과 동료들(Aron & Aron, 1986; Aron, Aron, & Smollan, 1992; Aron, Aron, Tudor, & Nelson, 1991)은 이러한 '자기확대동기'가 인간의 기본적인 동기의 하나라고 제안하고, 이는 타인과의 밀접한 애착 관계의 형성을 통해 이루어질 수 있음을 밝히고 있다. 자기확대는 밀접한 관계 형성 이외에도 중요한 타인에의 인식이나 소속 집단의 인식을 활성화함으로써도 이루어지는 것으로 밝혀지고 있으며(Brewer & Gardner, 1996; Hinkley & Anderson, 1996; Smith & Henry, 1996), 타인의 역할을 수행하여 타인의 조망을 취득하는 절차에 의해서도 자기확대가 이루어지고 있다(이수원, 1993, 1994; Davis, Conklin, Smith, & Luce, 1996).

216 『論語』, 憲問 45.

217 古之欲明明德於天下者 先治其國 欲治其國者 先齊其家 欲齊其家者 先修其身 欲修其身者 先正其心 欲正其心者 先誠其意 欲誠其意者 先致其知 致知在格物 物格而后知至 知至而后意誠 意誠而后心正 心正而后身修 身修而后家齊 家齊而后國治 國治而后天下平 (『大學』, 經); 『大學』의 八條目을 Maslow(1971)와 같은 욕구위계설로 보는 관점에 대해서는 졸저(조긍호, 2017a, pp. 331-334) 참조.

『대학』의 팔조목에서는 치국과 평천하를 최고의 욕구위계에 둠으로써 이러한 관점을 집약적으로 드러낸다. 치국·평천하는 개체로서의 도덕적 자각과 수양(격물－치지－성의－정심－수신)에서 시작하여, 대인관계에서 조화를 이루는 일(제가)을 거쳐 이루어진다는 사실을 주목해야 한다. 곧 자기확대는 가까운 곳에서 시작하여 점진적으로 확대해 감으로써 이루어지는 것이지, 한꺼번에 달성될 수는 없다는 것이 유학자들의 주장이다. 이러한 논의에서도 유학심리학에서 탐구해야 할 문제가 도출되고 있다. 자기확대가 어떻게 하여 이루어질 수 있는가? 그것의 기능은 어떠한 것인가? 자기확대를 이룬 사람과 그렇지 못한 사람은 어떠한 차이가 있는가? 이러한 것이 자기확대와 관련하여 유학심리학에서 탐구해 보아야 할 문제의 예가 될 것이다.

삶의 가장 기본적인 동기를 '자기실현동기'라고 보는 서구인의 태도는 인간 삶을 개체로서의 존재 특성에만 국한시켜 이해하고자 하는 것이다. 동아시아인의 삶의 배경이 되어 왔던 유학사상에서는 개체적 존재 특성만 가지고는 인간 삶을 이해하는 데 한계가 있다고 본다. 그들은 개체로서의 존재를 넘어서는 사회적 특성에서 인간의 존재 의의를 찾으려 한다. 그러므로 이들은 '자기확대동기'를 인간 삶의 가장 기본적인 동기로 제시하고 있는 것이다. 이러한 맥락에서 보면 자기실현과 개체로서의 존재 특성에만 초점을 맞추어 온 서구 심리학에서의 '자기'에 대한 탐구는 지나치게 좁은 조망에서 연구를 진행해 온 것으로 보인다. 그러므로 서구 개인주의의 틀에서 벗어나서 유학사상을 배경으로 하고 있는 동아시아인의 삶의 내용을 포괄하여 이해하기 위해 구축될 새로운 심리학에서는 자기에 관한 이해의 조망도 좀 더 폭넓게 정립될 필요가 있을 것이다.

5. 유학심리학과 보편심리학의 꿈

지금까지 서구 개인주의와 동아시아 집단주의의 사상적 배경이 되어 온 자유주의와 유학사상의 체계에서 인간을 이해하는 관점이 서로 다르다는 사실을 토대로 양 진영에서 전개되어 온 심리구성체론, 이상적 인간형론, 사회관계론, 자기발전론의 차이를 개관한 다음, 이를 바탕으로 하여 구성될 수 있는 유학심리학의 몇 가지 연구 내용을 정리하여 왔다. 앞에서 논의되었듯 유학사상을 기반으로 하여 구성될 새로운 유학심리학은 자유주의를 토대로 하여 전개되어 왔던 현대 서구 심리학과는 매우 다른 모습의 것이었다.

현대심리학은 서구 사회에 개인주의 문화가 태동되는 계기가 된 자유주의사상에서 인간을 파악하는 관점과 깊은 관련성을 맺고 발전해 왔다. 자유주의자들은 인간을 독립적이고 평등한 자유의 주체라고 전제하므로, 사회란 이러한 개인을 기본 단위로 하여 구성되는 집합체일 뿐이라고 인식한다. 그러므로 서구인은 사회나 집단보다는 개체로서의 개인에게 초점을 맞추어 인간의 삶과 세상사를 받아들이게 되고, 따라서 그들이 전개하는 심리학은 인간의 사회성을 도외시하는 개체중심성을 띨 수밖에 없었다. 이에 반해 동아시아 사회를 오랫동안 지배해 왔던 유학사상에서는 인간을 사회적 관계체라고 파악하여 인간의 존재 의의를 사회성에서 찾으려 한다. 유학자들은 사회란 사람들 사이의 관계를 기본 단위로 하여 구성되는 통합적인 유기체라는 관점을 전개함으로써 인간의 사회성을 개체성보다 앞세우는 태도를 견지한다. 이러한 배경에서 그들은 인간에 대한 이해는 이러한 관계적 특성의 이해를 통해 이루어져야 한다고 본다. 그러므로 현대 서구 심리학이 빠져 있는 지나친 개체중심주의의 덫에서 벗어나기 위해서는 인간의 사회성을 강조하는 유학적 관점을 심리학의 연구 속에 끌어들여야 할 필요성이 있다.

자유주의사상에서는 인간을 독립적이고 평등한 자유의 주체일 뿐만 아니라 이성의 주체이기도 하다고 파악하고, 이성을 통한 합리적 계산 능력이 인간과 동물 사이의 근본적인 차이를 만들어 낸다고 여긴다. 이러한 맥락에서 서구인은 인간의 행동을 지배하는 합리적 법칙을 찾아내는 데 몰두하게 되고, 이것이 서구 심리학의 특징을 형성하고 있다. 그들은 대체로 인간의 행동을 지배하는 합리적 법칙을 환경 자극이나 생물체적 욕구에 환원하여 이해하려는 강한 기계론적 환원론의 경향을 보인다. 이와는 대조적으로 유학사상에서는 인간을 덕성의 주체라고 파악하여, 인간과 동물의 차이를 도덕성의 본유 여부에서 찾으려 한다. 이러한 도덕성은 타인과 사회에 대한 주체적이고 자발적인 관심과 배려로 표출된다는 것이 유학자들의 관점이다. 이러한 맥락에서 보면 서구 심리학의 기계론적 환원주의가 빠지고 있는 수동적 인간 이해의 문제점에서 벗어나기 위해서는 도덕적 주체성을 강조하는 유학의 관점을 심리학의 연구 내용 속에 통합할 필요성이 도출된다.

또한 자유주의사상에서는 인간을 제반 내적 속성을 완비하여 갖추고 있는 실체로 인식하여, 인간 행위의 안정성과 일관성을 중시한다. 이러한 입장을 이어받은 서구인들은 현재의 인간을 지배하는 법칙을 각자가 태어날 때부터 갖추고 있는 속성이나 과거의 경험을 통한 학습의 결과에서 찾으려는 경향이 강하며, 이러한 태도는 심리학의 연구를 지나치게 과거결정론에 경도되도록 하는 문제점을 낳고 있다. 이에 반해 유학사상에서는 인간을 처해 있는 상황이나 타인과 맺는 관계에 따라 달라지는 가변체로 인식하여, 인간 존재의 미래지향성을 강조한다. 그러므로 서구 심리학이 지나친 과거결정론의 문제점에서 벗어나기 위해서는 미래지향성을 강조하는 유학사상의 관점을 그들의 이론체계 속에 도입하는 일이 요청된다.

이와 같이 현대 서구 심리학이 안고 있는 개체중심주의, 기계적 환원론 및 과거결정론의 문제점에서 탈피하는 길은 인간의 사회적 존재 특성, 도덕적 주체성 및 미래지향성을 강조하는 유학적 인간 이해의 관점을 심리학의 연구 속에 받아들이는 것이다. 이렇게 유학사상의 인간 이해를 주축으로 하여 구축될 심리학은 사회성 지향의 심리학, 도덕적 주체성 지향의 심리학, 가변적 미래 지향의 심리학이 됨으로써 서구의 현대심리학과 보완적으로 통합될 필요가 있으며, 그렇게 되어야 글자 그대로 보편심리학의 꿈이 이루어질 것이다.[218]

---

218 서구 심리학의 문제점과 이를 치유하기 위한 유학심리학의 지향점에 대해서는 졸저(조긍

보편심리학 구축의 꿈과 관련하여 한 가지 생각해 볼 문제는 이러한 연구가 가져올 효과에 관한 것이다. 오늘날 지구촌을 휩쓸고 있는 '세계화(globalization)'를 통해 문화 사이의 접촉이 활발해지고, 문화 간 경계의 장벽이 허물어지면서, 세계화가 몰고 올 문화적 효과에 대해 관심이 증폭되고 있다. 세계화가 가져오게 될 문화적 효과에 대한 논의는 대체로 '동질화(homonization)', '양극화(polarization)', '혼융화(hybridization)'의 세 가지로 정리될 수 있다.[219] 동질화 명제는 세계화에 따라 전 세계의 문화가 서구 특히 미국 문화에 동화되어 서구 문화, 곧 미국 문화로 균일화될 것이라는 관점이다. 양극화 명제는 세계화가 진행되면서 서로 다른 문화 사이의 차이가 더욱 두드러져 양극화되고, 문명 사이의 갈등이 심화되어 결국 문명 사이의 충돌로 이어질 것이라는 관점이다. 혼융화 명제는 세계화가 진행되어 서로의 문화에 대해 잘 이해하게 됨으로 말미암아, 상대방 문화의 장점을 수용하여 자신의 문화 내용과 결합하는 문화의 혼융 현상이 나타날 것이라는 관점이다.

이러한 맥락에 비추어 본다면, 지금까지 논의해 온 서구 심리학과는 다른 유학심리학을 정립하려는 시도는 심리학 연구의 미래에 어떠한 효과를 미칠 것인가? 심리학 연구가 서구 심리학, 특히 미국 심리학으로 동질화하는 데 기여할 것인가? 아니면 동 · 서의 심리학이 서로 각자의 길을 달려서 결과적으로 서로의 차이가 심화될 것인가? 그것도 아니라면, 이러한 연구를 통해서 서로의 차이와 그 원인에 대한 이해 수준이 높아져 둘을 아우르는 그야말로 보편적인 심리학이 나올 수 있을 것인가?

이 가운데 동질화 가능성은 유학심리학 자체가 성립될 논리적 터전이 없

호, 2017a, pp. 61–76, 120–135) 참조.

219 이 분류의 영어 원어는 Holton(1998, pp. 167–180)의 용어이다. 이를 강정인(2002, pp. 225–227)은 동질화, 양극화, 혼융화라고 번역하여 사용하고 있다. Nisbett(2003, pp. 219–229)은 사고양식의 동 · 서 차이가 겪게 될 미래상을 예측하면서 똑같은 분류를 각각 서구화(Westernization), 지속적 차이(continued divergence) 및 동 · 서의 접근(covergence)이라 표현하고 있다. 이 문제에 대해서는 강정인(2002), 졸저(조긍호, 2007, pp. 453–477), Nisbett(2003, pp. 219–229) 참조.

다면 모를까, 그렇지도 않은 상황에서는 어림없는 일이다. 우선 이 책과 같이 유학심리학을 구축하자고 주장하는 논의 자체가 미국 심리학에 의한 심리학의 통일 가능성을 일축한다. 미국 심리학은 미국의 문화 특수적인 토착심리학일 뿐, 더 이상 전 세계를 끌어안는 보편심리학은 아니다.[220] 그렇다면 새로운 유학심리학을 구축하려는 시도는 심리학의 양극화를 부추겨 문화차를 확산시키게 될 것인가? 그럴지도 모른다. 기존의 서구 심리학을 보편심리학으로 받아들이고 있는 사람에게 이러한 시도는 그 자체로 양극화 또는 문화차 확산의 위험을 내포하는 시도로 비칠 수도 있다.

그러나 이러한 시도는 동·서 심리학의 혼융화를 꾀하는 새로운 시도로 여겨질 수도 있다. 필자의 바람은 이렇게 받아들여지는 것이다. 이러한 새로운 유학심리학이 정립되고, 그 연구 성과가 현재의 서구 심리학만큼 쌓여 대등한 관계에 이른다면, 이 두 진영의 심리학은 제삼의 보편심리학으로 통합될 수 있는 가능성을 열게 될 것이다. 그렇지 않고 현재 상태에 만족하고 만다면, 심리학계에 진정한 의미의 보편심리학의 꿈은 이루어질 수 없을 것이다.

그렇다면 어떻게 해야 새로운 유학심리학이 심리학의 양극화라는 치명적인 결과를 빚지 않고, 보편심리학의 모색을 위한 중간 단계의 중책을 담당할 수 있을 것인가? 그것은 아마도 연구의 자세에 따라 달라질 것이다. 문화 사이의 차이를 찾아내어 자꾸 벌려 놓기만 해서는 양극화의 오류에서 벗어나기 힘들 것이다. 그렇게 되면 서로 간의 차이만 확대해서 부각시키는 결과가 될 것이다. 그 대신 그러한 차이의 원인을 정확히 밝혀내고, 그 원인이 삶의 과정에서 갖는 의미를 천착하는 작업을 계속 한다면, 문화차는 단지 다양성

---

220 1970년대에 시작되어 1980년대 이후 본격적으로 전개되고 있는 문화비교심리학의 연구에서 밝혀지고 있는 가장 기본적인 내용은 서구 심리학은 서구의 문화특수적인 토착심리학일 뿐이지 더 이상 전 세계인을 끌어안는 보편심리학은 아니라는 사실이다(Berry et al., 1992, p. 378; Greenfield, 2000, p. 231; Kim, 2000. pp. 284-285; Yang, 2000, pp. 245, 250). 이러한 사실에 대해서는 졸저(조긍호, 1998, pp. 44-54; 2003a, pp. 29-74; 2006, pp. 25-84; 2007, pp. 20-33, 57-75) 참조.

일 뿐이라는 인식에 도달하거나 또는 문화 간의 차이는 단지 겉보기에 드러난 현상일 뿐이고, 그 배경의 맥락은 유사하다는 이해에 도달할 것이다.

이러한 예를 한 가지만 들어보자. 문화비교에 관한 초기 연구에서는 서구인은 자기의 독특성을 과장하여 생각하는 '허구적 독특성(false uniqueness)' 지각 경향이 동아시아인보다 크다는 사실이 지속적으로 밝혀져 왔다. 이러한 연구자들의 견해는 서구인은 개인주의 사회에서 강조하고 중시하는 여러 능력(지능 · 기억력 · 운동 능력)이나 개체성 특성(독립성 · 자립성 · 자기주장성)뿐만 아니라, 집단주의 사회에서 중시하는 배려성 특성(동정심 · 배려성 · 타인 사정 이해심)에서도 비교 대상이 되는 다른 사람보다 자기가 더 특출하다고 생각한다는 것이었다. 그들은 문화차에 관해 가지고 있는 기존 관념에 기대어 모든 특성과 능력을 통합하여 전체적으로 분석함으로써, 개인주의 사회인이 보이는 허구적 독특성 지각 경향이 집단주의 사회인이 보이는 그것보다 항상 크다는 결과를 거듭 제시하고 있었던 것이다.

그러나 얻어낸 자료를 특성 유형별로 분석해 보면, 허구적 독특성 지각 경향은 개인주의 사회에서만 나타나는 특징이 아니라는 사실이 바로 드러난다. 곧 능력이나 개체성 특성의 경우에는 개인주의자가 집단주의자보다 허구적 독특성 지각 경향을 크게 보이지만, 배려성 특성의 경우에는 집단주의자의 허구적 독특성 지각 경향이 개인주의자의 그것보다 더 큰 것이다.[221]

이러한 결과는 이 현상에 대한 해석을 완전히 새로운 시각에서 하도록 요구한다. 곧 문화 유형에 따라 권장하고 강조하는 특성이 다르고, 해당 사회에서 권장하는 특성에 대해서는 어느 사회에서나 허구적 독특성의 지각 현상이 나타난다는 것이다. 이러한 해석을 통해 정적(正的) 자기상의 추구는 개인주의 사회만의 특징이라고 생각하던 이전까지의 관점이 변화하게 되었다. 곧 정적 자기상의 추구는 어느 사회에서나 중요하지만, 정적 자기상을 낳는 특성들에서는 문화 간에 차이가 있을 수 있다는 좀 더 성숙한 해석이 유도되

---

221 이러한 방향의 기존 연구의 개관과 새로운 결과에 대해서는 졸고(조긍호, 2002) 참조.

었던 것이다. 이러한 연구를 통해 보편적인 현상(정적 자기상의 추구)과 문화특수적인 현상(정적 자기상의 근원)을 구분해서 볼 수 있게 되는 것이다.

필자는 이러한 연구의 태도가 문화비교 연구에 확산되어야 하리라 믿는다. 단순한 문화차의 나열이 아니라, 심층적인 보편적 심리 현상과 표층적인 현상적 차이를 구분해서 보는 성숙한 태도로 문화비교 연구를 진행한다면, 새로운 유학심리학의 정립이 문화차를 확산하는 잘못된 시도라는 비난에서 벗어나 진정한 보편심리학의 구축을 위한 대안이라고 받아들여질 수 있을 것이라고 생각하기 때문이다.

제5장

동·서 인간관과 이상적 인간상의 차이
– '사람됨'의 두 유형* –

* 이 장은 2016년 5월 14~16일 '홍콩시립대학교 동아시아센터'에서 'Oneness in Philosophy and Psychology'를 주제로 하여 개최되는 국제학술회의에서 발표하기 위해 준비한 것이었으나, 사정으로 인해 필자는 그 회의에 참석하지 못하고 원고만 보냈었다. 이 원고는 'The self and the ideal human being in Eastern and Western philosophical tradition: Two types of Being a Valuable Person'이라는 제목으로 영역되어, P. J. Ivanhoe, O. J. Flanagan, V. S. Harrison, H. Sarkissan과 E. Schwitzgebel이 2018년에 공동으로 편찬하여 Columbia University Press(New York)에서 출간한 『*The oneness hypothesis: Beyond the boundary of self*』의 11장(pp. 234–268)에 실려 있다. 이 장의 내용 중 많은 부분은 앞 장의 내용과 중첩되나, 하나의 논문으로서의 짜임새를 갖추기 위하여 대체로 원문을 그대로 싣기로 한다.

모든 문화는 개인과 집단 사이의 관계를 어떻게 정위하느냐에 따라 차이가 나는데, 여기에는 개인을 집단보다 우선시하느냐 아니면 집단을 개인보다 우선시하느냐 하는 두 선택지가 있을 뿐이다.[001] 이 중에서 개인을 집단보다 우선시키는 것은 개인주의 문화의 특징으로, 이는 북미와 오세아니아 및 북서 유럽의 지배적인 문화 유형이다. 이에 비해 집단을 개인보다 우선시키는 것은 집단주의 문화의 특징으로, 이는 중국 · 대만 · 홍콩 · 싱가포르 같은 중화계와 중국의 영향을 계속 받아 온 한국 및 일본으로 대표되는 동아시아 사회의 지배적인 문화 유형이다.[002]

서구인은 개인 존재를 독립적이고 개별적인 실체로 파악하고, 소속 집단의 목표보다 개인의 목표를 앞세우며, 사회행위의 원동력을 성격과 능력 및 정서와 동기 같은 개인 내적 속성에서 찾는다. 이에 비해 동아시아인은 자기와 타인 사이의 연계 속에서 개인의 존재 의의를 찾고, 소속 집단의 목표를 개인의 목표보다 앞세우며, 사회행위의 원동력을 개인의 내적 속성보다는 사회적 규범 · 의무 · 책임감 같은 관계적 및 상황적 요인에서 찾는다.[003] 이러한 개인과 집단 사이의 관계에 대한 인식의 차이는 두 문화권에서의 자기관[004]과 세상사에 대한 인식의 양상[005]을 다르게 하고, 그 결과 두 문화권에 살고 있는 사람들의 심성과 행동에 다양한 차이를 유발하는 것으로 드러나고 있다.

집단보다 개인을 우선시하는 전통의 배경에는 '개인화'를 주조로 하여 진행되어 온 서구의 역사와 고대 그리스 시대 이래의 서구 철학이 놓여 있다.[006] 이렇게 개인을 그들이 소속되어 있는 맥락인 집단과 사회보다 우선시하는 서구 개인주의는, 상호 평등하고 독립적이며 자율적인 존재인 개인이

---

001 Greenfield, 2000.
002 Hofstede, 1980, 1991.
003 Triandis, 1995.
004 Markus & Kitayama, 1991.
005 Nisbett, 2003.
006 Lukes, 1973; Nisbett, 2003.

갖는 천부적인 자유와 권리 그리고 보편적인 이성을 중시하는 '자유주의' 이념에서 절정을 맞는다. 곧 서구 개인주의의 이념적 배경은 자유주의사상이다.[007] 반면에 개체로서 존재하는 개인보다 그들로 구성된 집단을 우선시하는 동아시아 집단주의는 사람들 사이의 관계를 중시하고, 이러한 관계를 맺는 타인에 대한 관심과 배려 그리고 사회적인 책임과 도덕성을 앞세우는 '유학'의 체계에서 그 사상적 배경을 찾아볼 수 있다.[008]

이 장에서는 인지 · 정서 · 동기 등 인간 심성과 행동의 제반 측면에서 나타나는 서구 개인주의와 동아시아 집단주의 문화권의 다양한 차이는, 각각 그 사상적 배경이 되는 자유주의사상과 유학사상에서 인간 존재를 파악하는 관점(인간관)의 차이[009]로부터 도출된다는 사실과, 이러한 인간관의 차이는 두 문화권에서 가정하는 이상적 인간상의 차이[010]를 유발하는데, 이러한 이상적 인간상의 차이는 가치로운 삶과 '사람됨'에 관한 동 · 서 문화권의 특징적인 차이를 유발한다는 사실에 대해 고찰해 보기로 하겠다.

1. 자유주의와 유학사상의 인간관의 차이

서구 사회에서 개인주의가 지배적인 삶의 태도로 굳어진 데에는 고대 그리스 문명에 의해 뿌려진 개성 존중의 싹이 르네상스와 기독교 개혁을 통해 거세진 개인화의 흐름을 타고 17세기에 들어서면서 무르익은 자유주의사상에 힘입어 활짝 꽃피었다는 배경이 놓여 있다. 17세기에 절정을 맞은 자유주의의 물결은, 미국과 프랑스의 시민혁명과 뒤이은 계몽주의운동 및 산업혁

---

007 노명식, 1991; 조긍호, 2003, 2006, 2007, 2008, 2012; Gray, 1985; Laurent, 1993; Lukes, 1973 등.

008 조긍호, 2003, 2006, 2007, 2008, 2012; Bond & Hwang, 1986; Kagitcibasi, 1996, 1997; Markus & Kitayama, 1991; Nisbett, 2003; Tu, Wei-Ming, 1985, 1996 등.

009 조긍호, 2003, 2006, 2007, 2008, 2012.

010 조긍호, 2006.

명을 통해 삶의 전 분야에 확산되어 서구인들로 하여금 개인주의적인 의식과 삶의 자세를 가지도록 확고한 자리를 차지하게 되었다.[011]

자유주의는 “개인을 사회제도 및 사회구조에 앞서는 것으로 보아 사회보다 더 현실적이고 보다 더 기본적인 것”[012]으로 여기는 신념체계이다. 곧 자유주의는 사회의 기본적 구성단위를 서로 독립된 개체로서 살아가는 개인이라고 보는 신념체계이며, “개인이 사회에 우선하고, 개인이 사회보다 더 절실하다”고 여김으로써, “논리상 사회는 개인들의 산술적 총계에 불과한 허구”[013]라고 인식한다. 이와 같이 자유주의의 세계관에서는 움직일 수 없는 중심을 개인에게 두고 있고, 그렇기 때문에 개인주의의 이념적 배경은 바로 자유주의사상이다.

이러한 맥락에서 개인주의의 인간관은 자유주의에서 추구하는 가치로부터 유추할 수 있다. 여러 학자[014]의 공통된 견해에 따르면, 자유주의가 추구하는 가치는 개인의 자유와 권리, 이성과 합리성, 그리고 인간의 평등과 존엄성의 가치로 요약할 수 있다. 이러한 세 가치체계로부터 자유주의와 개인주의의 세 차원(인간 존재 의의의 출처, 인간의 중핵 특성, 인간의 변이가능성)의 인간관이 도출된다. 즉, 자유주의자들은 자유와 권리의 주체로서의 개체성에서 인간의 존재 의의를 찾으며, 이러한 인간의 가장 중핵적인 특성은 합리적 판단의 근거인 이성이라고 보며, 이성 주체인 인간은 누구나 안정적인 능력과 성격 등을 완비하고 있는 실체라고 여긴다.

이에 비해 동아시아 사회를 오랫동안, 특히 최근세까지 지배했던 이념은 유학사상이었다. 중국에서는 한무제(漢武帝)의 과거제 실시 이후 2,000여 년 동안, 한국에서는 고려 광종(光宗)의 과거제 실시 이후 1,000여 년 동안, 특

---

011 노명식, 1991; Dülmen, 1997/2005; Dumont, 1993; Gray, 1995/2007; Laurent, 1993/2001; Lukes, 1973.

012 노명식, 1991, p. 31.

013 노명식, 1991, p. 43.

014 노명식, 1991; Dülmen, 1997/2005; Dumont, 1993; Gray, 1995/2007; Laurent, 1993/2001; Lukes, 1973.

히 성리학(性理學)을 치국의 이념으로 삼아온 조선조 500여 년 동안, 그리고 일본에서는 에도(江戶)막부 설립 이후 400년 가까운 세월 동안 유학이 국가 경영의 최고이념으로 숭상되었다. 이러한 배경에서 동아시아인은 아직까지도 "마음의 유교적 습성들"[015]을 바탕으로 한 집단주의적인 삶의 태도를 견지하고 있는 것이다.

유학사상이 추구하는 가치는 인간의 사회성, 도덕성 및 가변성이다. 유학자들은 인간을 사회적 관계 속에서 태어나 살다가 죽는 존재, 곧 사회적 관계체로 보아 인간의 존재 의의를 사회성에서 찾고, 따라서 인간의 중핵적인 특성을 관계 상대방과 사회에 대한 관심과 배려의 체계인 도덕성이라 보며, 도덕성은 사람에게 완성된 형태로 갖추어져 있는 것이 아니라 가능태로 갖추어져 있다가 사회생활을 하는 동안의 개인적인 노력에 따라 변화하는 과정을 겪게 된다고 본다.[016]

여기서 서구의 '개체성' 중심의 인간 파악의 관점은 동아시아의 '사회성' 중심의 관점과 대(對)가 되어 인간의 존재 의의를 어디에서 찾을 것이냐 하는 차원의 인식의 차이를 드러내고, 서구의 '이성(합리성)' 중심의 인간관은 동아시아의 '도덕성' 중심의 인간관과 대를 이루어 다른 동물과 달리 인간만이 갖는 인간의 중핵 특성이 무엇이냐 하는 차원의 생각의 차이를 드러내며, 서구의 '실체설(완비성)' 중심의 인간관은 동아시아의 '증가설(가변성)' 중심의 인간 이해의 관점과 대를 이루어 인간의 시 · 공간상에서의 변이가능성 차원의 조망의 차이를 드러낸다. 이러한 세 차원의 인간을 파악하는 관점의 차이는 두 문화권의 지배적인 문화 유형인 개인주의와 집단주의의 골격을 형성하고 있다고 추론할 수 있다.

---

015 Tu, Wei-Ming, 1996, p. 343.

016 조긍호, 2003, 2006, 2007, 2008, 2012.

1) 인간의 존재 의의 – 개체성 대 사회성

서구 사회에 개인주의 문화를 배태시킨 자유주의사상과 동아시아 집단주의 문화의 기반이 되고 있는 유학사상의 핵심적인 차이는 인간의 존재 의의를 어디에서 찾을 것인가의 문제이다. 르네상스와 기독교 개혁을 바탕으로 하여 무르익은 자유주의는 인간의 존재 의의를 상호 분명한 경계를 가진 독립적인 개인의 '개체성'에서 찾으려는 사상체계이다. 이 체계에서는 사회란 독립적이고 평등한 개체들의 집합체일 뿐이라고 본다. 즉, 인간의 존재 의의는 각 개인의 독립성과 독특성을 주축으로 하여 드러나게 된다고 보는 것이 자유주의의 기본 입장이다.

자유주의 이념에서 개인 존재를 파악하는 관점은 무엇보다도 개인을 '자유와 권리의 보유자'로 인식하는 것이다. 17세기 이래 서구 사회에서는 개인이 신앙과 양심의 자유, 표현의 자유, 정치적 자유, 경제적 자유 및 사생활의 자유 같은 여러 자유를 보유하고 있다는 개인적 자유의 관념이 지배해 왔으며, 이러한 생각이 자유주의 이념의 토대가 되고 있다. 자유주의가 추구해 온 최고의 이념은 이와 같이 개인적 자유의 확보에 있었는데, 이러한 관념의 배후에는 자연권 사상이 놓여 있다. 곧 개인은 생명 · 재산 · 행복 추구에 대한 기본권을 천부적으로 부여받고 있으며, 이러한 기본권을 행사하거나 보호하기 위한 필수적인 장치가 바로 개인적 자유라는 것이다. 이러한 자유의 관념에는 개인이 그 누구의 부당한 간섭이나 제재도 받지 않고, 자기에게 가장 유리하거나 적합하거나 또는 타당한 신앙 · 양심 · 사상 · 도덕률 · 정치 및 경제체제를 자율적으로 선택할 수 있다는 독립성과 자율성에 대한 신념이 바탕에 깔려 있다.[017]

이에 비해 오랫동안 동아시아 사회의 이념적 바탕이 되어 왔던 유학사상

---

017 노명식, 1991; Dülmen, 1997/2005; Dumont, 1993; Gray, 1995/2007; Laurent, 1993/2001; Lukes, 1973.

은 인간의 존재 의의를 인간 존재의 사회성에서 찾으려 하는 이론체계이다. 인간은 사회관계 속의 존재로서 관계를 떠나서는 그 존재 의의 자체가 상실된다고 보는 것이 유학사상이다. 이 체계에서는 사회란 개체들의 집합이 아니라, 개인들이 맺고 있는 관계들을 단위로 하여 구성되는 커다란 유기체라고 본다. 따라서 인간의 존재 의의는 각자가 타인과 맺는 관계, 곧 상호의존성을 핵으로 하는 사회성 속에서 드러나게 된다고 보는 것이 유학사상의 기본 입장이다.

자유의 보유자로 개인 존재를 인식하는 자유주의 이념과는 대조적으로, 유학사상은 인간을 '사회적 관계체'로 보는 입장에서, 개인 존재를 사회관계 속에 내포된 '역할 · 의무 및 타인에 대한 관심과 배려의 복합체'로 간주하는 관점을 굳게 지니고 있다. 유학사상에서는 사회를 이루는 기본 단위는 부자 · 군신 · 부부 · 장유 · 붕우 같은 사람들 사이의 관계라고 본다. 이러한 관점을 바탕으로 각 관계에서 관계 당사자들에게 요구되는 쌍무적인 역할과 의무의 수행을 통해 관계의 조화와 질서가 달성되고, 그렇게 되면 조화롭고 평화로운 이상사회가 이루진다고 여긴다. 유학사상에서는 사회행위의 원동력을 개인이 처한 사회관계 속의 역할과 의무에서 찾게 되며, 결과적으로 이러한 역할과 의무의 근거인 관계 당사자들 사이의 상호연계성이나 상대방에 대한 관심과 배려를 중시한다.[018]

2) 인간의 중핵 특성 – 이성 대 도덕성

서구 자유주의와 동아시아 유학사상의 또 다른 핵심적인 차이는 동물과 달리 인간만이 독특하게 갖는 인간의 중핵 특성을 무엇으로 보느냐 하는 입장의 차이이다. 서구에서는 고대 그리스 시대로부터 인간의 심성 또는 영혼

---

018 공자의 인설(仁說)과 정명론(正名論), 맹자의 오륜설(五倫說)과 진도론(盡道論), 순자의 대본설(大本說)과 수분론(守分論) 등에 '사회적 관계체'로 인간을 파악하는 유학자들의 관점이 잘 드러나 있다.

을 지성 · 감성 · 욕구의 세 가지 요소로 구분하여 보는 삼분체계론이 지배하여 왔다. 이 세 가지 요소 중에서 욕구와 감성은 인간뿐만이 아니라 다른 동물도 갖추고 있는 특성이지만, 지성(이성)은 인간만이 갖추고 있는 특성으로서 다른 동물은 갖추고 있지 못하다고 간주하는 것이 서구의 전통이었다. 그러므로 인간이 갖추고 있는 세 요소 중에서 이성이 가장 우월한 특성이라는 이성우월주의의 관점으로 인간을 이해하려는 것이 고대로부터 면면히 이어져 온 서구 철학의 특징이었다.[019] 이러한 전통은 자유주의자들도 그대로 이어받고 있는데, 이렇게 서구 사회에서는 '이성 주체'로서의 인간의 '합리성'을 인간의 중핵 특성으로 중시하고 있다.

자유의 주체로 개인을 파악하는 입장에서 자유주의의 이념은 개인을 자신의 행복과 만족을 추구하는 존재, 곧 이기적인 정열과 욕망에 따라 활동하고 행동하는 존재라고 보는 전제 위에 성립하고 있다. 이렇게 사람들 모두가 이기적인 욕망을 추구하다 보면, 필연적으로 욕구 충돌이 빚어질 수밖에 없다. 개인이 본래부터 지닌 이성의 힘이 빛을 발휘하게 되는 것은 이 지점에서라고 자유주의자들은 본다. 곧 '이성의 주체'로서 개인은 욕구 충돌에서 오는 파국을 피하고, 그러면서도 최대한 각자의 이익을 보장하는 선에서 욕구를 조정하는 체제를 만들기로 합의하게 되고, 그 결과 나타난 것이 사회계약에 의한 국가체제라는 것이다. 이렇게 국가와 사회는 개인의 이성의 산물이라는 것이 자유주의자들의 생각이다. 이성은 자신에게 유익한 것을 합리적으로 계산하고 선택하는 능력으로 드러난다.[020]

이에 비해 동아시아 유학사상에서는 인간의 심성은 지성 · 감성 · 욕구의 세 요소 이외에 도덕성으로 이루어져 있다는 사분체계론으로 이해한다. 이 중에서 나머지 요소들은 동물도 갖추고 있으나, 도덕성은 인간에게만 고유한 특성이므로, 인간은 도덕성을 주축으로 하여 파악해야 하는 존재라는 덕

---

019 Bordt, 1999/2003; Guthrie, 1960/2003; Hilgard, 1980; Ricken, 1988/2000.
020 노명식, 1991; 조긍호 · 강정인, 2012; Lukes, 1973.

성우월주의가 유학자들이 인간을 이해하는 기본 관점이었다. 이러한 입장은 선진유학자뿐만 아니라 성리학자에게로 이어져 온 전통으로, 유학사상은 인간의 본유적인 도덕성을 중핵으로 하여 성립되고 있는 이론체계이다. 이렇게 동아시아 사회에서는 인간을 '덕성 주체'로 개념화하여 타인/집단에 대한 관심과 배려를 동물과 다른 인간의 중핵 특성으로 강조한다.

이성 주체로 개인 존재를 인식하는 자유주의 이념과는 대조적으로, 유학사상에서는 인간의 능동성과 주체성이 타인에 대한 관심과 배려라는 덕성에서 최대로 드러난다고 본다. 유학사상에서는 인간을 '덕성 주체'로 파악하는 관점을 가지고 있는데, 이들에게 인간의 능동성과 주체성이란 인의예지(仁義禮智) 같은 도덕의 근거가 개인에게 본래부터 갖추어져 있다는 사실을 자각하고, 이를 실생활에서 실행하는 일을 뜻한다.[021]

3) 인간의 변이가능성 – 완비성 대 가변성

서구 자유주의와 동아시아 유학사상에서 인간을 파악하는 관점의 세 번째 차이는 인간을 완비된 안정적인 실체로서 이해하느냐 아니면 끊임없이 변화하는 과정 속의 가변체로 인식하느냐 하는 것이다. 세계를 이루고 있는 개별적인 대상들은 그 자체로 고정적이고 완비적인 속성을 지니며, 따라서 이 세계에 살고 있는 사람들도 역시 저마다 고정적이고 안정적인 속성을 갖춘 존재라고 보는 것은 고대 그리스 시대 이래 서구 문명의 전통이었다.[022] 자유주의사상가들은 사람은 누구나 스스로의 행동을 주도할 수 있는 고정적이고 안정적인 내적 속성을 완비하고 있으며, 또한 이를 개발하여 자기실현을 이룰 수 있는 자율성을 갖추고 있다는 점에서 인간은 평등하

021 공자의 위인유기설(爲仁由己說)과 구저기론(求諸己論), 맹자의 사단설(四端說)과 반구저기론(反求諸己論), 순자의 사물위계설(事物位階說)과 인도론(人道論) 등에 이러한 도덕성의 인간 본유설과 덕성우월론이 잘 드러나 있다.

022 Nisbett, 2003.

고, 그러한 내적 속성들은 각 개인에게 특유하다는 점에서 인간은 존엄하다고 보았다.[023] 즉, 그들은 인간의 평등성과 존엄성의 근거를 누구나 안정적인 속성을 갖추고 있는 실체라는 사실, 곧 인간의 '완비성'에서 찾으려 하였던 것이다.

서구 사회에서 고대 그리스 시대부터 이어져 온, 모든 사물이 고정적 속성을 갖추고 있으며 이러한 속성은 안정적이어서 시간이나 상황에 따라 변화하지 않는다는 세상사에 대한 인식은 사람에 대한 이해에도 그대로 이어져왔는데, 특히 자유주의자들은 모든 개인은 자기만의 독특한 내적 성향(성격 · 능력 · 동기 등)을 완비하고 있으며, 이는 다른 사물들과 마찬가지로 '고정적이고 안정적인 실체'라고 본다. 곧 개인은 고정적인 성격 특성과 능력을 갖추고 있으며, 이러한 고정적 속성은 시간과 상황에 따라 달라지지 않는 '안정성'을 띤다는 것이다.[024]

이에 비해 유학은 성덕(成德)을 지향하는 체계로서, 인간이란 가르침[教]과 배움[學]을 통해 누구나 덕을 이룰 수 있는 '무한한 가능성'을 갖추고 있는 존재라고 파악하는 입장을 바탕으로 하여 성립한다. 인간은 선인(先人)이나 도를 이룬 사람들의 가르침을 따라 배움으로써 자기성찰과 자기개선을 이루어내고, 그럼으로써 현재의 불완전한 소인(小人)의 상태에서 장차 이상적인 군자(君子)의 상태로 변화될 수 있는 가변적인 존재이며, 인간의 삶은 이러한 궁극적인 성덕의 상태를 지향해 가는 과정이라고 유학자들은 본다. 곧 개인은 '가변적이고 과정적인 존재'이지, 절대로 불변적이거나 고정적인 존재로 볼 수 없다고 유학자들은 간주하는 것이다.

이렇게 배움을 통해 사람은 불완전한 소인의 상태에서 덕을 이룬 군자의 상태로 변화될 수 있다는 관점에 따라, 개인을 가변적이고 과정적인 존재로 파악하는 것이 유학사상의 특징이다. 인간을 관계 속의 존재로 파악하는 유

---

023 Lukes, 1973.

024 Dweck, 1991; Dweck, Hong, & Chiu, 1993.

학사상에서는 이러한 개인 존재의 도덕적 성숙가능성뿐만 아니라, 맺고 있는 관계의 양상에 따라 달라지는 역할과 의무에 맞추어 유연하게 스스로를 변화시키는 '유연성'과 '가변성'을 강조한다.[025]

2. 서구 개인주의와 동아시아 집단주의의 문화차

이상에서 보았듯이 서구 개인주의의 사상적 배경인 자유주의에서는 인간을 모든 행위의 원천을 스스로 완비하고 있는 자유와 권리의 보유자, 합리적 사고와 선택의 능력을 갖추고 있는 이성의 주체, 그리고 안정적이고 일관적인 속성의 완비적인 실체라고 인식한다. 이에 비해 동아시아 집단주의의 배경인 유학사상에서는 인간을 사회관계 속의 역할과 의무의 복합체, 관계를 맺고 있는 타인과 사회에 대한 관심과 배려, 곧 덕성의 주체, 그리고 소인의 상태로 태어나 군자로 발전할 수 있는 가변체라고 인식한다.

이러한 인간관의 차이는 곧 서구 사회에 살고 있는 사람들과 동아시아에 살고 있는 사람들의 주의의 초점, 자기표현의 양식 및 인간의 변이가능성 차원에서 제반 차이를 유발하여 서구인과 동아시아인이 대인(對人)평가, 귀인(歸因), 정서 및 동기 등 인간 삶의 모든 측면에서 각각 개인주의와 집단주의적인 행동 특징을 드러내는 원천으로 작용하고 있다.[026]

인간의 개별적 특성을 중시하는지 아니면 사회적 존재 특성을 중시하는지 하는 차원에서의 인식의 동 · 서 차이는 주의의 초점 차원의 차이를 유발

---

025 공자의 교학설(敎學說)과 개과론(改過論), 맹자의 교육의무설(敎育義務說)과 자득론(自得論), 순자의 권학설(勸學說)과 체도론(體道論) 등에 인간의 가변성에 관한 유학자들의 생각이 잘 드러나 있다.

026 서구 자유주의와 동아시아 유학사상의 인간관의 대비와 이로부터 도출되는 개인주의와 집단주의의 차이 및 현대 문화비교의 연구들의 결과 대인평가와 귀인, 정서, 동기행동에서 드러나는 동 · 서의 실제적인 문화차의 내용에 대해서는 졸저(조긍호, 2007, pp. 98-142; 2008, pp. 43-95; 2012, pp. 48-140) 및 이 책 3장의 제2절 참조.

한다. 이에 따라 모든 행위의 원동력을 스스로 완비하고 있는 개인 존재에 주의를 기울이게 되는지(개인주의), 아니면 행위 원천의 출처가 되는 상황 조건이나 다른 사람과 맺는 관계에 주의를 기울이게 되는지(집단주의)의 여부가 달라진다.

인간의 중핵 특성을 합리적 판단의 근거인 이성이라고 보느냐 아니면 타인과 사회에 대한 관심과 배려의 근거인 도덕성으로 보느냐 하는 차이는 행위 주체인 자기를 드러내야 하느냐 아니면 감추어야 하느냐 하는 자기표현의 양식 차원의 차이를 유발한다. 이에 따라 스스로의 합리적 선택을 통해 환경 세계를 나에게 맞추어 변화시키고, 결과적으로 이 과정에서 적극적으로 자기를 드러내는 것이 바람직한지(개인주의), 아니면 자신을 환경이나 타인과 맺는 관계에 맞추어 변화시켜, 결과적으로 자신 속으로 침잠하는 것이 바람직한지(집단주의)의 여부가 달라지게 된다.

인간을 고정적이고 안정적인 실체로 인식하느냐 아니면 변화 과정 속의 가변적 존재로 인식하느냐 하는 차이는 시 · 공간적인 변이가능성의 차원의 차이를 유발한다. 이에 따라 개인 존재를 고정적이고 안정적인 특성을 지닌 일관성 추구자로 파악하는지(개인주의), 아니면 상황이나 타인과 맺는 관계의 변화에 따라 달라지는 유연한 변화자로 파악하는지(집단주의)의 여부가 달라지게 된다.

1) 주의의 초점 차원: 독립성·자율성·독특성 강조 – 연계성·조화성·유사성 강조

인간의 존재 의의를 개체성에서 찾으려는 관점과 사회성에서 찾으려는 관점의 차이는 기본적으로 삶의 과정에서 주의의 초점을 어디에 기울일 것이냐 하는 차원에서의 차이를 유발하여, 두 문화권 사람들이 사회생활에서 강조하는 내용의 차이를 가져온다.

자유의 보유자로 개인을 파악하는 관점은 곧 개인의 '독립성'과 '자율성'을 중시하는 삶의 태도를 낳게 되며, 결국 독립성과 자율성을 높이 평가하고, 이를 일상생활에서 추구하는 심리적 · 행동적 경향을 촉발한다. 개인 존재의 독립성과 자율성에 대한 강조는 개인의 사회행위의 원동력을 자유의 보유자인 개인이 갖추고 있는 독특한 내적 속성(성격 · 능력 · 욕구 · 감정 등)에서 찾는 입장을 낳는다. 따라서 개인주의 사회에서는 주의의 초점이 개인 존재 및 그의 내적 속성에 쏠리게 마련인 만큼 결과적으로 개인의 '독특성'을 과도하게 강조하는 자기중심적인 심리와 행동의 특징이 유발되는 것이다.

그러나 인간을 사회적 관계체로 보아 개인 존재를 역할 · 의무 · 배려의 복합체로 간주하는 관점은 관계 당사자들 사이의 '연계성'과 '조화성'을 중시하는 삶의 태도를 낳으며, 결국 상호연계성과 조화성을 높이 평가하고, 이를 일상생활에서 추구하는 심리적 · 행동적 경향을 낳는다. 이러한 관계 당사자들 사이의 연계성과 조화성의 강조는 자기 자신보다는 관계를 맺고 있는 상대방이나 집단이, 그리고 자기의 내적 속성보다는 공적 규범과 상황적 요구가 주의의 초점으로 부각되게 할 것이고, 결과적으로 자기와 타인의 '유사성'을 과도하게 추구하는 타인 또는 집단중심적인 심리와 행동의 특징으로 연결되는 것이다.

2) 자기표현의 양식 차원: 자기주장 강조 – 자기억제 강조

동물과 다른 인간의 중핵 특성을 합리성의 근거인 이성에서 찾을 것이냐 아니면 타인과 집단에 대한 관심과 배려의 근거인 도덕성에서 찾을 것이냐 하는 입장의 차이는 통제의 대상을 환경 세계라고 볼 것이냐 아니면 자기의 사적인 욕구와 감정이라고 볼 것이냐 하는 차이를 낳게 되고, 결과적으로 삶의 과정에서 자기를 드러내는 양식의 문화차를 유발한다.

이성 주체로 개인 존재를 파악하는 자유주의 입장에서는 인간의 '합리성'을 강조하게 되며, 이성의 힘에 대한 강한 신뢰가 삶의 신조로 부각된다. 그 결과 이성의 주체인 인간이 외부 환경 세계를 통제할 수 있다고 믿고, 결국

'외부 환경을 통제의 대상으로 보는 태도'를 갖게 된다. 그리하여 이들은 이성 주체인 자기를 적극적으로 표출하고, 자기에게 이익을 가져올 수 있는 요인(자기의 장점이나 긍정적 특성 · 능력 · 감정 등)을 확장시키려 노력하며, 자기의 현재와 미래를 과도하게 낙관적으로 인식하는 경향을 띤다. 따라서 이들에게는 적극적인 '자기주장'을 높이 평가하는 심리와 행동의 특징이 두드러지게 되는 것이다.

이에 반해 동아시아인들에게 인간의 능동성은 모든 일의 책임을 도덕 주체인 자기에게서 구하는 태도와 직접 연결되며, 따라서 그들은 자기의 이기적이고 사적인 욕구와 감정을 억제하는 일이 인간의 능동성과 주체성을 발휘함으로써 삶의 목표인 도덕적 완성을 이루는 지름길이라고 본다. 그 결과 유학사상에서는 통제의 대상을 '덕성 주체'인 자기 자신에게서 찾음으로써 '겸양'과 '자기억제'를 강조하게 되며, 이러한 경향은 결과적으로 삶의 과정에서 자기를 잘 드러내지 않고 자신 속에 침잠하는 자기억제적인 심리와 행동의 특징을 낳게 되는 것이다.

3) 변이가능성 차원: 안정성·일관성·장점 확충 강조 – 가변성·유연성·자기개선 강조

서구에서 개인 존재를 고정적이고 안정적인 실체로 파악하는 입장은 현대 서구인에게 그대로 이어져서, 개인의 성격과 능력은 시간과 상황이 달라져도 변화하지 않는다는 '실체설(entity theory)'적인 신념체계를 강하게 드러낸다.[027] 따라서 개인의 내적 성향 사이, 외적 행동 사이, 그리고 내적 성향과 외적 행동 사이에는 어떠한 경우에도 안정적이고 불변적인 일관성이 존재하는 것으로 파악하는 경향을 보인다. 그 결과 이들에게는 '안정성'과 '일관성'을 추구하는 심리와 행동의 특징이 강하게 나타나며, 자기발전이란 자신이

---

027 Dweck, 1991; Dweck et al., 1993.

갖추고 있는 안정적인 장점을 찾아내어 확충하는 '장점 확충'을 통해 이루어지는 것으로 본다.

이에 비해 인간을 과정적이고 가변적인 존재라고 보는 유학사상의 관점에서는 자기의 단점을 확인하고 수용하며, 배움을 통해 이를 개선함으로써 자기향상을 이룰 수 있다고 보아, 인간의 '자기개선'을 강조한다. 개인 존재의 가변성과 자기개선을 강조하는 이러한 유학사상의 입장은 현대 동아시아인에게도 그대로 이어져서 개인의 성격과 능력은 시간과 상황에 따라 역동적으로 변화될 수 있다는 '증가설(incremental theory)'적인 신념체계를 강하게 드러낸다.[028] 따라서 자기의 부정적 요인(단점과 부정적 특성 및 감정 등)도 무난히 수용하고, 이를 개선하는 일을 가치롭게 여기며, 성취 장면에서 능력보다는 노력을 높이 평가하는 경향을 낳게 된다. 그 결과 이들에게서는 상황에 따른 '가변성'과 '유연성'을 중시하고, 자기의 단점을 수용하고 개선하려는 심리와 행동의 특징이 강하게 나타나는 것이다.

3. 이상적 인간상의 동 · 서 차이

이상에서 서구 개인주의와 동아시아 집단주의 사회의 이념적 기초인 자유주의와 유학사상에서 인간을 파악하는 관점의 차이를 인간의 존재 의의의 출처, 동물과 다른 인간의 중핵 특성 및 인간의 시 · 공간적 변이가능성의 세 측면에서 고찰해 보고, 이어서 이러한 관점의 차이로부터 두 문화권 사람들이 드러내는 현실적 제반 차이를 개관해 보았다. 이와 같은 서구와 동아시아의 인간관의 차이 및 이로부터 연유하는 두 문화권 사람들이 보이는 심성과 행동의 차이를 바탕으로 하여, 개인주의 사회인과 동아시아 사회인이 인식하는 이상적 인간상을 도출해 낼 수 있다. 이러한 이상적 인간상에 대한

028 Dweck, 1991; Dweck et al., 1993.

동 · 서의 차이는 두 문화권에서 지향하는 가치로운 삶의 자세를 드러내기 때문에, 이를 통해 서구와 동아시아에서 개념화하는 '자기화'와 '사람됨'의 차이를 추론해 볼 수 있을 것이다.

1) 서구의 이상적 인간상 – 자기실현인

서구에서는 자유주의의 사상적 전통으로 인해 사회의 궁극적인 존재론적 단위는 평등하고 독립적인 개인이라고 간주하며, 사회는 이러한 개별적 개체들의 복수적인 집합에 불과하다고 본다. 그들은 이러한 개인을 자유의 보유자, 이성 주체 및 안정적 고정적 실체로 인식한다. 이러한 입장에서는 다양한 능력 · 동기 · 정서 및 특성을 완비하고, 상황이나 타인과는 분리된 독립적인 개인을 사회 제도의 출발점으로 삼기 때문에, 기본적으로 비사회적(非社會的)인 개인이 가지고 있는 고정적인 내적 특성들을 사회행위의 규범적 단위로 보게 된다. 그 결과 상황 유리적이고 개인중심적인 인간관이 두드러지게 되어 개체성의 부각을 사회관계의 목표로 삼는 개인주의적인 인간 파악의 입장이 부각되는 것이다.

이와 같이 서구인은 인간을 '자유와 권리의 보유자'로 인식하기 때문에 '독립성과 자율성 및 독특성을 지닌 사람'을 귀히 여기고, 인간을 '이성의 주체'로 인식하기 때문에 '합리적 판단에 따라 적극적으로 자기를 표현하고 주장하는 사람'을 높이 평가하며, 인간을 '완비적 실체'로 받아들이기 때문에 '자기의 장점을 확충하려 하는 안정성과 일관성을 갖춘 사람'을 가치롭게 여긴다.

서구인이 보는 이러한 이상적 인간상의 모습은 현대 서구 심리학의 이론에 그대로 반영되고 있다. 현대 성격심리학에서는 이상적 인간의 상태를 자기실현(아들러, 융, 매슬로), 생산성(프롬, 로저스), 적응성(엘킨, 로턴), 통일성(커텔, 엘킨, 시먼), 성숙성(올포트), 자율성(리즈먼) 등 다양한 관점에서 제시하고 있는데, 김성태[029]는 이러한 다양한 이상적 인간상의 모습을 '성숙인격(成熟人格)'으로 묶어 정리하고 있다. 그는 이들 서구의 현대 성격심리학자들이 나열하여 제시하고 있는 이상적 인간상의 특징이 모두 52가지임을 밝혀 내고, 이들을 내용상의 유사성을 기준으로 군집분석(群集分析)하여 이들이 다섯 가지 군집으로 묶임을 확인해 내고 있다. 즉, 현대 서구 성격심리학자들은 이상적 인간상을 다섯 가지 특징으로 개념화해 내고 있다는 것이다.

이들은 주체성 · 자기수용 · 자기통일 · 문제중심성 · 따뜻한 대인관계의 다섯 가지이다. 여기서 주체성은 "자기의 능력을 분명하게 인식하고, 자기가 타고난 가능성을 주도적으로 실현하고자" 하는 특징을 말한다. 자기수용은 "자기의 현실을 효율적으로 인지하고, 현실 속에서의 자기를 객관화시키며, 현실과 자신을 있는 그대로 받아들이는" 특징을 의미한다. 자기통일은 "확고하고도 타당한 인생 목표를 지니고 살며, 통일된 세계관을 세우고, 이에 맞추어 자주적으로 행동"하는 특징이다. 문제중심성은 "문제를 직접 현실 속에서 해결하는 데 만족을 느끼며, 자기중심적이 아니고 문제중심적으로 일에 열중"하는 특징을 지칭한다. 그리고 따뜻한 대인관계는 "사랑, 이해와 수용적 태도로 타인과의 따뜻한 관계를 유지"하는 특징을 가리킨다.[030]

이러한 다섯 가지 특징은 '따뜻한 대인관계'를 제외하고는 모두 개체로서의 개인에 대한 관심에서 도출되는 것이라 볼 수 있다. 곧 자기 자신의 능력과 잠재력에 대한 인식(주체성), 자기를 둘러싸고 있는 현실에 대한 인식과 이의 수용(자기수용), 자기의 진로와 인생 목표의 객관적 정립(자기통일), 일상생활에서 자기의 가능성을 실현하려는 문제중심적인 일 처리와 성취 지향(문제중심성) 등 개체로서 존재하는 개인의 정체성 확립 및 성취와 관련이 깊은 특징인 것이다. 정체감이란 자신의 능력과 가능성에 대한 객관적이고도 정확한 이해와 수용, 자기의 현실에 대한 객관적이고도 정확한 이해, 그리고

029 김성태, 1976, 1989.

030 김성태, 1976, pp. 1-27; 1989, pp. 199-243.

이 두 가지를 토대로 한 자기의 목표와 진로에 대한 객관적이고도 명확한 설정 등으로 구성되는 자기동일성과 지속성에 대한 인식이고,[031] 이를 추구하여 현실 속에서 자기의 모든 잠재적 가능성을 성취하는 것이 곧 자기실현이다.[032]

이렇게 서구 개인주의 사회에서는 자기정체성을 확립하고 이를 추구하는 자기실현을 핵심으로 하고, 여기에 대인관계의 원만함을 덧붙여 이상적 인간상을 개념화하고 있다. 즉, "자기정체성을 확립하고, 일상생활에서 자기의 가능성을 실현하기 위해 노력하며, 다른 사람과 따뜻한 관계를 맺으면서 살아가고 있는 사람"을 이상적 인간상으로 설정하고 있는 것이라 요약할 수 있을 것이다.

현대 성격심리학에서 설정한 이상적 인간상, 곧 '자기실현인(自己實現人)'의 특징들은 서구인의 인간관과 직접적인 관련을 맺고 있는 것으로 볼 수 있다. 자기 자신의 능력과 잠재력에 대한 인식을 핵으로 하는 '주체성'의 특징은 인간을 자유와 권리의 보유자로 보아 '개체성'에서 인간의 존재 의의를 찾으려는 인간 파악의 관점과 관련이 있다. 주체적인 인간은 독립적이고 자율적으로 자기의 독특성을 추구할 것이기 때문이다.

자기를 둘러싸고 있는 현실을 정확히 인식하고 이를 있는 그대로 받아들이는 '자기수용'과 일상생활에서 자기의 가능성을 실현하려는 문제중심적인 일 처리와 성취를 지향하는 '문제중심성'의 태도는 인간을 이성의 주체로 보아 '합리성'을 강조하는 인간 파악의 관점과 밀접히 관련된다. 자기의 현실을 있는 그대로 수용하는 태도와 문제중심적인 일처리는 합리적인 자기이해의 산물이기 때문이다.

자기의 진로와 인생 목표의 객관적 정립이라는 '자기통일성'은 인간을 안정적 실체로 보아 '일관성'과 '안정성'을 중시하는 인간 파악의 관점과 관련

---

031 Erikson, 1959, p. 102.

032 이부영, 2002, pp. 90-93.

된다. 통일된 세계관에 따라 확고하고도 타당한 인생 목표를 지니고 사는 통일된 자기관을 갖추고 있는 사람들은 일관적이고도 안정적으로 삶의 목표를 추구할 수 있을 것이기 때문이다.

2) 동아시아의 이상적 인간상 – 자기확대인

동아시아에서는 유학사상의 전통으로 인해 인간은 타인과의 관계 속에 존재하고, 이에 의해 규정되며, 따라서 사회는 각자가 이러한 관계 속에 내포된 역할과 의무를 충실히 수행함으로써 유지된다고 본다. 곧 사회의 궁극적인 구성단위는 사람 사이의 관계 또는 이러한 관계의 원형인 가족과 같은 일차 집단이라고 보며, 이러한 관계를 떠난 개인 존재는 상상적인 원자일 뿐 존재 의의를 상실하게 된다고 본다. 그들은 이러한 관계 속의 개인을 의무 · 역할 · 배려의 복합체, 덕성 주체 및 가변적 과정적 존재로 인식한다. 따라서 이러한 체계에서는 사람들 사이의 관계를 사회제도의 출발점으로 삼기 때문에, 관계 속에서의 역할과 상호연계성을 사회행위의 규범적 단위로 보게 된다. 그 결과 상황의존적이고 관계중심적인 인간관이 두드러지게 되어, 상호관계에서의 조화와 질서의 추구를 사회관계의 목표로 삼는 집단주의적인 인간 파악의 입장이 부각되는 것이다.

이와 같이 동아시아인은 인간을 '사회적 관계체'로 인식하기 때문에 '연계성과 조화성 및 유사성을 추구하는 사람'을 귀히 여기고, 인간을 '덕성의 주체'로 인식하기 때문에 '타인과 집단에 대한 배려가 깊고, 자기억제력이 뛰어난 사람'을 높이 평가하며, 인간을 '가변적인 과정적 존재'로 받아들이기 때문에 '상황에 따라 자신을 유연하게 변화시키며, 자기의 단점을 찾아 개선하려는 사람'을 가치롭게 여긴다.

동아시아인이 바람직한 사람의 특징으로 여기는 이러한 특징들은 동아시아 집단주의의 사상적 배경인 유학사상의 이상적 인간형론에 그대로 드러나 있다. 유학의 체계에서 개념화하는 대표적인 이상적 인간상은 군자(君子)와 성인(聖人)이다. 유학의 경전들에서 군자의 특징은 여러 가지로 제시되고 있으나, 후대의 모든 유학자의 이상적 인간형론의 기반이 되고 있는 것은 『논어(論語)』에 제시되는 다음과 같은 공자의 군자론(君子論)이다.

> 자로(子路)가 군자에 대해 묻자, 공자는 "군자는 자기를 닦음으로써 삼가는 사람[修己以敬]"이라고 대답하였다. 자로가 "그것뿐입니까?"라고 묻자, 공자는 "군자는 자기를 닦음으로써 다른 사람들을 편안하게 해 주는 사람[修己以安人]"이라고 대답하였다. 자로가 거듭 "그것뿐입니까?"라고 묻자, 공자는 "군자는 자기를 닦음으로써 온 천하의 백성을 모두 편안하게 해 주는 사람이다[修己以安百姓]. 그러나 이렇게 자기를 닦음으로써 온 백성을 편안하게 해 주는 일은 옛날의 성인인 요(堯)와 순(舜)도 이를 오히려 어렵게 여겼다"라고 대답하였다.[033]

제자인 자로와의 이 문답에서 공자는 군자의 특징을 "자기를 닦음으로써 삼가는 사람[修己以敬]", "자기를 닦음으로써 사람들을 편하게 해 주는 사람[修己以安人]", 그리고 "자기를 닦음으로써 온 천하 사람들을 편안하게 해 주는 사람[修己以安百姓]"이라고 진술하여, 군자의 특징을 수기(修己) · 안인(安人) · 안백성(安百姓)의 세 가지로 잡고 있다.

'수기이경'은 군자가 자기의 사적 욕구와 감정을 억제하고, 모든 일에 대한 책임을 남에게 미루지 않으며, 자기개선을 이루어 자기향상을 도모함으로써 도덕 주체로서의 인식을 확고히 이룬 상태를 말한다. 즉, 이는 개체로서의 자기 인격의 완성을 이룬 상태이다. '수기이안인'은 인의를 기초로 자기 몸을 닦아 도덕적 수양을 이룬 이후에 일상생활에서 주위 사람들을 편안하

---

033 子路問君子 子曰 修己以敬 曰 如斯而已乎 曰 修己以安人 曰 如斯而已乎 曰 修己以安百姓 修己以安百姓 堯舜其猶病諸 (『論語』, 憲問篇 45장)

게 이끌어 주는 상태를 말한다. 즉, 이는 대인관계에서 조화를 이룬 상태, 곧 관계의 완성을 이룬 상태를 말하는 것이다. '수기이안백성'은 수기를 통해 수양을 이룬 군자가 가족 · 친구 등 주변 사람들만 포용하고 그들과만 조화를 이루고자 하는 것이 아니라 사회에 대한 책무를 스스로 자임(自任)함으로써, 온 천하 사람 곧 사회 전체를 편안하게 이끄는 상태를 말한다. 즉, 이는 사회적 책무를 자임하고 이를 완수하기 위해 노력하는 자세를 말하는 것이다.

이러한 입장은 유학자들에게 그대로 이어지고 있다. 한 예로, 맹자는 옛 성인인 백이(伯夷) · 유하혜(柳下惠) · 이윤(伊尹)을 각각 성지청자(聖之淸者) · 성지화자(聖之和者) · 성지임자(聖之任者)라고 진술하여, 이상적 인간의 특징을 "깨끗한 본성의 견지와 자기수련[聖之淸]", "대인관계의 조화 달성[聖之和]" 및 "사회적 책무의 자임과 완수[聖之任]"의 세 가지로 제시하고 있다.[034]

이상에서 보듯이 유학자들은 이상적 인간상을 공통적으로 '자기수련을 통한 자기개선과 도덕 주체로서의 확고한 자기인식', '자기억제와 대인관계에서의 조화의 추구' 그리고 '타인과 사회에 대한 관심을 가지고 사회적 책무를 스스로 떠맡아 실생활에서 이를 수행하려는 태도'의 세 측면에서 개념화하고 있다. 이렇게 유학자들은 이상적 인간상을 도덕 주체로서의 스스로의 인격적 성숙에 머무르지 않고, 자기수련의 결과를 주위 사람에 대한 관심과 배려 및 사회에 대한 책임으로까지 확대함으로써 사람들과 조화를 이루고, 사회에 대한 책무도 스스로 지려 하고 이를 수행하려는 사람, 곧 '자기확대인(自己擴大人)'으로 설정하고 있다. 이러한 자기확대의 이상적 인간상은 유학사상에서 인간을 파악하는 관점에서 직접적으로 도출된다.

군자와 성인의 사람됨의 기본 특징인 자기수련은 인간의 '무한한 가능성'에 대한 유학자들의 믿음을 그대로 반영하는 것이다. 자기수련은 노력에 따

---

034 伯夷聖之淸者也 伊尹聖之任者也 柳下惠聖之和者也 孔子聖之時者也 孔子之謂集大成 (『孟子』, 萬章下 1)

른 인간의 가소성에 대한 신념을 바탕에 깔고 있다. 이러한 맥락에서 '자기수련을 통한 인격체로서의 자기완성'이라는 군자의 특징은 동아시아 집단주의 사회인이 인간의 변이가능성 차원에서 강조하는 '가변성' 및 '자기개선'과 밀접한 관련성을 갖는 것으로 추론할 수 있다.

이어서 군자와 성인의 사람됨의 또 한 가지 특징인 조화로운 대인관계는 인간 존재를 '덕성 주체'로 파악하여, 모든 도덕적 바탕이 사람에게 본래부터 갖추어 있다는 사실에 대한 주체적 인식에서 비롯되는 것이다. 군자와 성인은 다른 사람들도 자기 자신과 똑같은 도덕성과 욕구 및 기호와 감정을 가지고 있다는 사실을 잘 깨닫고 있기 때문에, 다른 사람들과의 관계에서 '자기를 억제'하고 남들을 먼저 배려할 수 있는 것이다. 이러한 맥락에서 보면 '조화로운 대인관계의 형성과 유지'라는 군자의 특징은 동아시아 집단주의 사회인이 자기표현의 양식 차원에서 강조하는 '자기억제'를 유발함이 명백하다. 그러므로 대인관계의 조화 추구라는 군자의 특징은 인간을 도덕 주체로 여기는 인간관에서 도출되는 것이라 볼 수 있다.

군자와 성인의 사람됨의 핵심 특징인 사회적 책무의 자임과 수행은 인간 존재를 '사회적 관계체'로 파악하여, 사람을 다른 사람들과 맺는 '연계성' 속에서 이해하고, 남들과의 사이에 '조화성'을 이룩하려는 삶의 태도에서 비롯되는 것이다. 군자와 성인은 인간의 존재 의의가 사람들 사이의 관계 속에서 드러나게 된다고 보아 살아가는 과정에서 사회성을 강조하고 있다. 따라서 사람들은 항상 남들과 조화로운 연계성을 확보하고 이를 유지하는 삶을 살아야 하며, 이러한 과정에서 부과되는 사회적 책무를 회피하지 말고 수용하여야 한다고 유학자들은 주장한다. 이러한 맥락에서 보면 '사회적 책무의 자임과 수행'이라는 군자의 특징은 사회성에서 인간의 존재 의의를 찾는 동아시아 집단주의 사회인이 주의의 초점 차원에서 강조하는 '연계성' 및 '조화성'의 추구와 깊게 관련되는 것으로 볼 수 있다.

4. '사람됨'의 두 유형

앞에서 보듯이 서구인은 주체감을 가지고 자기의 현실을 있는 그대로 받아들이며, 통일된 인생관을 기초로 문제중심적으로 일에 몰두함으로써 자기의 독특성과 잠재력을 발휘하여 현실적인 성취를 이룬 '자기실현인'을 이상적 인간으로 규정하고 있다. 이러한 서구의 이상적 인간상은 개체성, 이성 및 완비적 실체성을 기반으로 하여 개인의 독립성 · 자율성 · 독특성 및 적극적 자기주장과 합리적인 사고, 그리고 안정성과 일관성 추구를 강조하여 인간을 이해하는 자유주의의 인간관에서 연유하였다.

이에 반해 동아시아인은 자기수련의 과정에서 스스로의 단점을 확인하고 고쳐 나가는 자기개선을 통해 도덕적 인격체로서의 자기완성을 이루고, 다른 사람에 대한 관심과 배려를 확충하여 조화로운 사회관계를 이루려 하며, 몸담아 살고 있는 사회에 대한 책무를 스스로가 떠맡아 이를 수행하려 노력하는 '자기확대인'을 이상적 인간으로 설정하고 있다. 이러한 동아시아의 이상적 인간상은 사회성, 도덕성 및 가변성을 바탕으로 하여, 사람들 사이의 연계성과 조화성 및 유사성, 타인에 대한 배려와 자기억제, 그리고 상황에 따른 가변성과 유연한 적응을 강조하여 인간을 이해하는 유학사상의 인간관에서 연유하였다.

이렇게 '자기실현인'을 이상적 인간상으로 설정하는 서구의 모형과 '자기확대인'을 이상적 인간상으로 규정하는 동아시아의 모형으로부터 우리는 '의미 충만한 전체'로서의 '사람됨' 또는 '자기화'에 대한 동 · 서의 두 유형을 생각해 볼 수 있다.

1) 자기개체성의 견고화와 자기고양

인간의 존재 의의를 자유의 보유자로서의 개인 존재가 갖는 개체성에서 찾으려는 개인주의 사회에서는 행위 원동력으로서의 자기가 주의의 초점으로 부각되고, 결과적으로 이 사회에 살고 있는 사람들은 개인의 독립성과 자율성 및 독특성을 강조하고 삶의 과정에서 이를 추구하려 한다. 그러므로 서구인은 자기와 타인을 평가하는 기준을 자기 자신에게서 찾음으로써 자기의 독특성을 과도하게 추구하고, 타인과 자신의 행동의 원인을 독특한 개인 내적 특성에서 찾는 경향이 확연하게 나타나며, 자부심 같은 자기중심적인 정서의 체험 빈도가 높고, 개인지향적 동기의 강도가 강하다.

이어서 여타 동물과는 다른 인간의 중핵 특성을 이성 주체로서의 인간의 합리성에서 찾으려는 개인주의 사회에서는 통제의 대상을 환경 세계로 보아 환경 세계를 자기에게 맞추어 변화시키려 하고, 결과적으로 이 사회인들은 자기주장과 자기고양을 강조하고 추구하려 한다. 그리하여 서구인은 경쟁과 대결을 통해 갈등을 해결하려는 경향이 높고, 자기와 타인의 행동 원인을 자기의 자존심을 고양시킬 수 있는 측면에서 찾는 자기고양의 경향이 강하며, 분노와 같이 대인관계를 해칠 가능성이 있는 감정일지라도 솔직하고도 적극적으로 표출하려 하고, 외적 환경을 변화시켜 자기에게 맞추려는 환경 통제의 동기가 강하다.

인간을 행동의 원인이 되는 제반 특성을 갖추고 있는 완비적인 실체로 개념화하여 받아들이는 개인주의 사회에서는 자기향상의 방안을 개인이 갖추고 있는 다양한 장점을 찾아 확충하는 일에서 찾게 되고, 결과적으로 이 사회인은 시간적 · 상황적 변이에도 불구하고 변치 않는 안정성과 일관성을 강조하고 추구하려 한다. 이러한 맥락에서 서구인은 개인의 성격과 능력은 상당히 안정적이어서 시간이나 개인의 노력에 따라 크게 변화하지 않는다고 인식하고, 스스로가 타고난 장점의 확충을 통해 자기발전이 이루어진다고 생각하여 스스로의 긍정적 특성과 긍정적 감정을 중시하고 추구하는 경향이 강하다. 또한 그들은 자기 주변에서 일어나는 세상사를 비교적 일관적이고 안정적으로 보고, 성취의 결과를 안정적 요소인 능력에 귀인하는 경향이 두드러지며, 일상생활에서 일관성 추구의 동기가 강하게 드러난다.

이러한 결과에서 보듯이, 삶의 과정에서 서구인의 관심은 대체로 독립적인 자기의 개별성과 독특성 및 수월성을 확인하고 이를 드러내는 데 쏠려 있다. 그들은 자기와 타인의 차이를 찾아내고, 이로부터 자기만의 고유성을 확인하여 이를 적극적으로 확충함으로써 자기에 대한 만족감을 높여 가는 데에서 '사람됨' 또는 '자기화'의 의미를 찾는다.

그러므로 서구인에게 자기존중감은 자기의 독특성과 수월성 및 자기에 대한 만족감을 바탕으로 한다. 이러한 사실은 일찌기 로젠버그(M. Rosenberg)[035]가 제시하여 자기 관련 심리학의 연구에서 가장 많이 사용되는 '자기존중감 척도(Self-Esteem Scale: SES)'의 문항들이 모두 자기독특성이나 수월성 또는 자기만족도에 근거를 둔 것이라는 점에서 잘 드러난다.[036] 그렇기 때문에 서구인은 이 척도에서 측정한 자기존중감의 수준이 매우 높은 것으로 드러나고 있다. 하이네(S. J. Heine) 등은 많은 연구에서 SES로 측정한 자기존중감 점수들을 사후종합분석(meta-analysis)해 본 결과, 서구인(주로 유럽계 미국인과 캐나다인)의 자기존중감의 분포는 대체로(약 93%) 이론적 중간점보다 상위에 편포하며, 중간점 이하인 사람은 7% 미만임에 반해,[037] 일본인의 자기존중감은 대체로 이론적 중간점에서 약간 하위에 분포하고 있다는 사실을 밝혀내었다.[038] 또한 로젠버그 이외의 다른 척도들로 서구인의 자기존중감을 측정한 연구에서도 사용된 척도에 상관없이 서구인의 자기존중감의 평균 또는 중앙치는 이론적 중간점보다 상위에 편포하고 있다는 사실이 확인되기도 하였다.[039]

서구인이 자기독특성을 주축으로 하는 자기관을 가지고 있다는 사실은

---

035 Rosenberg, 1965.

036 이러한 문항들의 예로는 "나는 내가 좋은 특성들을 많이 가지고 있다고 생각한다", "다른 사람들과 동등한 기준에서 비교해 보면, 나는 충분히 가치 있는 사람이다", "전반적으로 나는 나 자신에 대해 만족한다" 등이 있다.

037 Heine et al., 1999, Figure 1, p. 776.

038 Heine et al., 1999, Figure 2, p. 777.

039 Baumeister, Tice, & Hutton, 1989.

자기가 가지고 있는 능력과 긍정적인 특성의 독특성을 사실 이상으로 과장하여 인식하는 '허구적 독특성' 지각 경향이 서구인에게서 과도하게 나타난다는 사실에서도 드러난다. 미국 대학생을 대상으로 한 연구에서, 자기의 지도력이 평균 이상이라고 생각하는 학생은 70%에 이르고, 60%의 학생은 남들과 잘 어울리는 능력이 상위 10% 안에 든다고 보고 있으며, 심지어 자기의 사교성이 상위 1% 이내에 든다고 생각하는 학생도 25%에 이르는 것으로 나타나고 있다.[040] 이러한 자기독특감의 과잉지각 경향은 서구인들로 하여금 '비현실적인 낙관주의(unrealistic optimism)'에 빠지게 만드는 원천으로 작용한다.[041]

이러한 사실은 서구인에게 '자기화'는 자기의 독특성과 수월성을 주축으로 하는 자기만족감을 근거로 하여 이루어지는 것임을 알게 한다. 그들은 자기완비적이고 독립적이며 자율적인 개체로서의 자기가 갖추고 있는 독특성을 찾아내고 이를 확충함으로써, 점점 더 남들과 확실하게 구분되는 데에서 가치로운 존재로서의 자기의 의미를 찾으려 하는 것이다.[042] 이러한 과정에서 개인은 남들과 점점 더 견고한 경계를 가진 '분리된 존재(seperated person)'가 되어 가는 것이며, 이러한 자기견고화와 자기고양을 통한 자기만족감의 추구가 서구인이 이상적 인간이 되는 길의 핵심으로 여기는 '자기실현'의 밑바탕이 된다.

2) 상호연계성의 확대와 자기개선

인간의 존재 의의를 사회적 관계체로서의 인간의 사회성에서 찾으려는 유학사상에서는 개인에게 영향을 미치는 타인과 집단이 주의의 초점으로 부각되고, 따라서 이 사회에 살고 있는 사람들은 개인 사이의 연계성과 조화성

---

040 Myers, 1987.

041 Heine & Lehman, 1995.

042 Markus & Kitayama, 1991.

및 사람들 사이의 유사성을 중시하고 이를 추구하려는 강한 지향성을 보인다. 그러므로 동아시아인은 자기와 타인을 평가하는 기준을 타인에게서 찾음으로써 타인과의 유사성을 과도하게 추구하고, 행동의 원인을 외적 조건에서 찾는 경향이 나타나며, 공감과 동정심 같은 타인중심적 정서의 체험 빈도가 높고, 집단지향적 동기가 두드러지게 나타난다.

이어서 인간만이 갖는 중핵 특성을 덕성 주체로서의 인간의 도덕성에서 찾으려는 집단주의 사회에서는 통제의 대상을 자기 자신이라고 보아 자기의 사적인 욕구와 감정을 드러내지 않으려 하고, 따라서 이 사회인은 삶의 과정에서 자기억제와 겸양을 강조하고 추구하려는 강한 경향성을 띤다. 그리하여 동아시아인은 양보와 중재를 통해 갈등을 해결하려는 경향이 높고, 자기와 타인의 행동의 원인을 자기를 낮추고 상대방을 높이는 방향으로 겸손하게 귀인하는 경향이 강하며, 자기의 감정, 특히 대인관계를 해칠 가능성이 있는 분노 같은 감정을 잘 드러내려 하지 않고, 자기의 욕구를 억제하고 나를 타인과 외적 조건에 맞추려는 자기통제의 동기가 두드러진다.

인간을 시 · 공간의 변화에 따라 달라질 수 있는 과정적 존재라고 보는 증가설적 신념체계에 따라 파악하는 집단주의 사회에서는 자기의 단점을 찾아 개선해 나가는 일이 자기향상의 길이라고 보고, 따라서 인간의 가변성과 유연성을 강조하고 높이 평가한다. 이러한 맥락에서 동아시아인은 사람의 성격과 능력은 시간과 개인의 노력에 의해 달라지는 것으로 인식하고, 스스로의 단점을 확인하고 개선하는 데에서 자기발전이 이루어진다고 여긴다. 그리하여 이들은 스스로의 단점과 부정적 감정도 무리 없이 수용하는 경향이 강하다. 또한 이들은 성취의 결과를 가변적인 요인인 노력에 귀인하는 경향이 강하고, 일상생활에서 태도와 행동 또는 사적 자기와 공적 자기 사이에 일관성을 추구하려는 경향이 그리 크게 나타나지 않는다.

이러한 결과는 일상생활의 과정에서 동아시아인의 관심은 대체로 사회관계를 맺고 있는 사람들 사이의 연계성을 확인하고, 그들과 조화로운 관계를 유지하는 데 쏠려 있다는 사실을 시사한다. 그들은 자기와 타인의 유사성을 찾아내고, 이로부터 관계 당사자들 사이의 상호의존성을 확인하여 그들과의 조화로운 관계를 공고하게 만듦으로써, 타인과 집단의 인정을 받고 그들에게 수용되어 자기확대를 이루는 데에서 '사람됨' 또는 '자기화'의 의미를 찾는다.

동아시아인에게 자기존중감은 독특성이나 수월성을 근거로 하는 것이 아니다. 사회행위의 원동력을 개인의 내적 특성에서 찾는 서구인은 개인의 독립성과 자율성을 추구하고 중시하기 때문에, 내적 특성의 확인과 적극적 표현 등 자기독특성의 추구가 자기존중감의 근거가 된다. 이에 비해 행위의 원동력을 사회관계 속의 역할과 의무 같은 상황 요인에서 찾는 동아시아인은 상호의존성과 연계성을 중시하기 때문에, 타인으로부터의 인정과 수용감, 그리고 자기조절과 억제 및 사회관계에서의 조화의 유지가 자기존중감의 근거로 떠오른다.[043]

이러한 사실은 서구인과 동아시아인을 비교한 연구에서 서구인은 자율성 · 독립성 · 개별성 · 독특성 같은 개인적 특성을 중시하여 자기존중감의 기초로 받아들이지만, 동아시아인은 호의성 · 양보심 · 겸양 · 조화성 같은 관계적 특성을 중시하여 자기존중감의 근거로 받아들인다는 결과[044]에서 잘 드러난다. 또한 서구인에게 행복감과 자기만족감은 자부심 및 자기 독특성의 성취와 밀접한 관련이 있지만, 동아시아인에게 행복감은 자부심이나 독특성의 성취와는 무관하고, 타인으로부터의 수용감과 밀접하게 관련된다는 결과[045]도 이러한 사실을 뒷받침하고 있다. 동아시아인이 이렇게 호의성과 조화성 같은 관계적 특성을 자기존중감의 근거로 받아들인다는 사실은 독특성과 수월성 및 자기만족감을 바탕으로 하는 서구의 자기존중감 척도[046]에서 동아시아인의 점수가 낮게 나온 배경으로 작용했을 가능성이 높다.[047]

---

043 Fiske et al., 1998; Heine, 2012; Kitayama et al., 1997; Kunda, 2000; Markus & Kitayama, 1991; Matsumoto & Juang, 2004.

044 Sedikides, Gaertner, & Toguchi, 2003.

045 Heine & Lehman, 1995.

046 예: Rosenberg, 1965.

047 Baumeister et al., 1989; Heine et al., 1999.

이렇게 동아시아인은 자기존중감과 자기만족감의 근거를 상호연계성과 타인으로부터의 수용감 같은 관계적 특성에서 찾으므로, 자기와 타인 사이의 유사성을 과장하여 인식하는 경향이 높다.[048] 필자의 연구에 따르면, 우리나라 사람 가운데 집단중심성향이 개인중심성향보다 더 높은 사람들은 반대의 경우보다 의견 · 기호 · 취미 · 가치관 등에서 자기와 친구와의 유사성을 훨씬 높게 인식하고 있는 것으로 드러나고 있다.[049]

이러한 사실은 동아시아인에게 '자기화'는 관계를 맺고 있는 다른 사람들과의 유사성과 연계성 및 다른 사람에게 수용됨으로써 얻게 되는 관계만족감을 근거로 하는 것임을 드러낸다. 그들은 스스로나 타인을 사회적 관계체로 인식하여 관계를 조화롭게 유지하려 하며, 그러기 위해서 자기의 단점을 찾아 이를 고쳐 나가는 일을 삶의 과정에서 중요하게 여긴다. 그러므로 그들은 타인과의 유사성을 강조하여 타인을 그들 속에 수용하려 하고, 또 자기 자신도 타인에게 인정받고 받아들여지기 위해 자기개선의 노력을 기울인다. 동아시아인은 이러한 과정에서 남들과 하나로 어우러진 '조화로운 존재(ensembled person)'가 되어 가며, 이러한 상호연계성의 확대와 자기개선의 추구가 동아시아인이 상정하는 이상적 인간이 되는 길, 곧 '자기확대'의 바탕이 되는 것이다.

3) 문화차는 숙명인가?

문화차에 관한 논의를 할 때는 '생태학적 오류(ecological fallacy)'의 함정에 빠지지 않도록 조심해야 한다. 이는 집단 수준에서 밝혀진 차이를 해당 집단의 모든 개인에게 과일반화하여 해석하는 오류를 말한다.[050] 예를 들면, 미국 사회가 개인주의적이고 한국 사회가 집단주의적이라고 해서, 모든 미국

---

048 Holyoak & Gordon, 1983; Srull & Gaelick, 1983.
049 조긍호, 2005.
050 Smith, Bond, & Kagitcibasi, 2006, p. 43.

인이 모든 한국인보다 더 개인주의적이라거나 모든 한국인이 모든 미국인보다 더 집단주의적이라고 해석하는 것이 생태학적 오류이다.

문화차의 결과는 집단 간의 평균적인 차이를 반영할 뿐이다. 그러므로 문화차는 문화 집단 사이의 상대적인 차이일 뿐이지, 해당 사회의 모든 사람에게 일률적으로 적용되는 차이는 아니다. 동아시아인보다 더 집단주의적인 서구인도 있을 수 있고, 서구인보다 더 개인주의적인 동아시아인도 있을 수 있다. 그러므로 이 책의 논의도 상대주의적으로 받아들여야 한다. 앞에서 논의된 모든 차이는 분명 서구와 동아시아의 절대적인 차이를 반영하는 것은 아니다.

아무리 상대적인 차이라 할지라도, 실제 자료를 통해 나타나는 이러한 두 문화 사이의 차이는 앞으로도 계속 지속될 것인가? 이 문제에 대해서는 세계화가 진행됨에 따라 동아시아 문화가 서구 문화로 흡수되어 서구화될 것이라는 견해와 문화 사이의 대결이 격화됨으로써 문화차가 지속될 것이라는 견해 및 두 문화가 서로를 받아들여 중간의 어느 지점으로 수렴될 것이라는 견해가 대립하고 있다.[051]

심리학적인 연구 결과는 이 세 견해 중 수렴설에 따라 두 문화가 중간지점에서 통합을 이룰 것이라는 사실을 시사해 준다.[052] 상대방의 문화에 접촉하여 그 사회에서 산다면, 비록 그 기간이 짧을지라도 상대 문화의 사고방식을 받아들여 세상사를 인식하는 경향이 증가하게 된다는 결과[053]나 서구에 이주한 동아시아인은 전형적인 서구인과 동아시아인의 중간적인 사고방식을 보인다는 결과들[054]은 수렴설을 지지하는 증거라 볼 수 있다.

세계화가 진행됨에 따라 서구와 동아시아는 서로를 잘 알게 되고, 상대방의 문화를 고유 문화 속에 받아들이고 있다. 이미 동아시아의 교육은 체제

---

051 Holton, 1998, pp. 167–180; Nisbett, 2003, pp. 219–229.

052 Nisbett, 2003.

053 Kitayama, Duffy, Kawamura, & Larsen, 2002.

054 Heine & Lehman, 1997; Nisbett, 2003; Peng & Knowles, 2003 등.

와 내용 면에서 서구 교육체제와 내용을 답습하고 있으며, 동아시아에서 교육받은 학생들의 가치관과 행동은 서구 학생들의 그것과 매우 유사하다.[055] 동아시아의 교육열은 세계 최고 수준이어서 2010년대에 한 · 중 · 일 삼국의 고교 진학률은 80~99%, 대학 진학율은 50~80%에 이르고 있다. 그러므로 동아시아인, 특히 동아시아의 젊은이들은 서구의 문화에 대해 잘 알고, 심지어 익숙해 있기까지 하다.

서구에서도 동아시아 문화에 대한 이해와 동경은 이제 무시할 수 없는 추세로 자리 잡고 있다. 동아시아의 음식, 종교, 의술 및 건강법에 관해 서구인은 열광하고 있으며, 서구의 지나친 개인주의가 인간 소외를 초래한다고 믿게 된 많은 서구인이 이제 동양적인 공동체를 통하여 사회 문제를 해결하려 노력하고 있다.[056]

이러한 상황에 근거해서 보면 서구와 동아시아의 많은 사람이 이제 이중문화적(bicultural)이며, 이러한 경향은 세계화에 따라 문화 사이의 접촉이 늘어나면서 더욱 심해질 것이라고 생각할 수 있다. 이중문화자들은 두 문화의 중간에 해당하는 가치나 신념을 가지고 있을 뿐만 아니라, 특정 상황에 따라 유연하게 둘 중 하나를 선별하여 사용한다.

역사적 경험에 의해 전형적인 이중문화자인 홍콩인은 백악관이나 자유의 여신상 같은 서구의 이미지에 노출되어 서구 문화에 점화(priming)되면 타인의 행동 원인을 서구식으로 귀인하고, 천안문이나 만리장성 같은 중국의 이미지에 노출되어 동아시아 문화에 점화되면 동아시아식으로 귀인한다.[057] 최근의 연구에서는 서구와 동아시아의 대학생에게 다양한 방식으로(예: 문장 속에서 각각 일인칭 복수 단어−we, our, us−와 일인칭 단수 단어−I, my, me−에 괄호를 치게 함) 집단주의성향과 개인주의성향을 점화시키면, 각각 점화된 문

---

055 Nisbett, 2003; Peng, Nisbett, & Wong, 1997 등.

056 Nisbett, 2003.

057 Hong, Chiu, & Kung, 1997.

화의 가치관이나 자기관 또는 행동양식을 보임이 확인되고 있다.[058]

이러한 맥락에서 서구인과 동아시아인이 개념화하는 자기화와 사람됨의 차이는 절대로 두 문화권 사람에게 어쩔 수 없는 숙명은 아니라고 볼 수 있다. 현대사회에 살고 있는 사람들은 모두 어느 정도 이중문화자이다. 그러므로 서구인이라고 해서 언제나 '자기개체성의 견고화와 자기고양'을 기초로 하여 자기화하려 하지는 않고, 동아시아인이라고 해서 언제나 '상호연계성의 확대와 자기개선'을 축으로 하여 자기화하려 하지는 않는다. 그러한 경향이 서구와 동아시아에서 일반적으로 나타나긴 하지만, 우리는 처하게 되는 상황에 따라 서구식 자기화가 두드러지기도 하고(예: 토론회에서 경쟁하는 상황), 동아시아식 자기화가 두드러지기도 하는 것이다(예: 국가 간 운동경기에서 자기 나라를 응원하는 상황). 인간은 본질적으로 개체적 존재이면서 사회적 존재이기 때문이다.

---

058 Hong, Morris, Chiu, & Benet-Martinez, 2000; Kühnen, Hannover, & Schubert, 2001; Lee, Aaker, & Gardner, 2000 등.

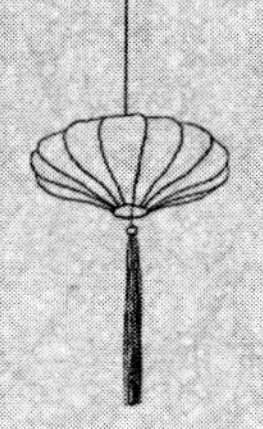

제6장

도덕성의 본유성과 통합성에 대한 동·서 접근의 회통(會通)

– 도덕심리학의 새 지평* –

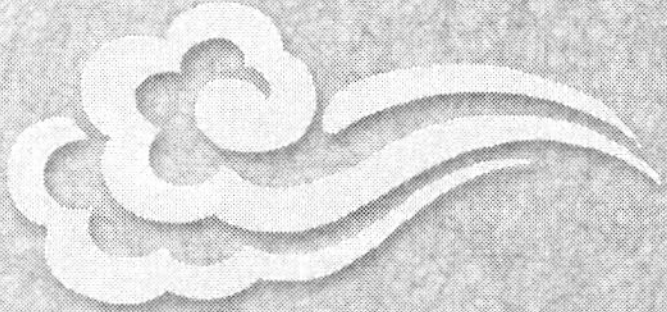

* 이 글은 2018년 8월 17일 한국심리학회 연차학술대회 중 '한국 사회 및 성격심리학회'에서 주최한 심포지엄에서 발표된 것으로, 졸저(조긍호, 2017b)의 내용을 기반으로 한 것이다. 이 장의 내용 중 많은 부분은 앞 장의 내용과 중첩되고 있으나, 하나의 논문으로서의 짜임새를 갖추기 위하여 원문을 그대로 싣기로 한다.

전통적으로 심리학자들의 연구 관심은 공간적으로는 '여기(here)'에, 시간적으로는 '지금(now)'에 집중되어 있었다고 볼 수 있다. 심리학자들의 관심이 집중되었던 '여기'는 대체로 심리학 연구가 주로 이루어지는 서구 사회였고, '지금'은 심리학의 연구가 폭발적으로 이루어진 20세기 중후반의 현대였다. 그러니까 종래까지의 전통적인 심리학은 20세기 중후반의 서구 사회에 초점을 맞추어 연구가 진행되어 왔던 것이다.

'여기에서 지금(here and now)'의 관점에서 20세기 중후반에 서구 사회인을 대상으로 이루어진 연구를 통해 밝혀진 인간 행동의 원리들은 어느 시대, 어느 사회의 누구에게나 적용될 수 있는 보편적인 원리일 것이라는 가정이 종래까지의 심리학을 지배해 온 신념이었다. 이렇게 20세기 중후반에 서구인을 대상으로 한 연구들이 곧 보편심리학을 구성할 것이라는 믿음이 종래까지의 심리학 연구의 기본적인 자세를 이루고 있었다고 볼 수 있다. 즉, '여기에서 지금' 경험하는 주관적 체험이 심리학의 근본적인 연구 대상이며, 이를 통해 인간 행동의 보편적인 원리를 찾아낼 수 있을 것이라는 보편주의(universalism)가 그동안 심리학의 연구를 지배해 왔다.

그러나 지난 세기의 말엽에 접어들면서부터 심리학자들의 조망은 '여기에서 지금'이라는 좁은 관점에서 벗어나 시·공간적으로 크게 확대되었다. 심리학적 관심의 공간적인 조망 확대는 1980년대 이후 폭발적으로 전개되고 있는 문화차 연구가 이끌고 있으며, 시간적인 조망 확대는 20세기 중반에 들어서면서 본격화된 현대진화론의 영향으로 1980~1990년대 이후 등장한 진화심리학에 의해 주도되고 있다.[001]

심리학적 조망의 공간적 확대 조류를 이끌고 있는 문화차 연구의 결과에

---

001 『*The Handbook of Social Psychology*』의 제4판[Gilbert, Fiske & Lindzey (Eds.), 1998, New York: Mcgraw-Hill.]의 제2권 말미에 '떠오르는 연구 조망(Emerging Perspectives)'으로 '사회심리학의 문화적 기반(The Cultural Matrix of Social Psychology by Fiske, Kitayama, Markus, & Nisbett, pp. 915-981)'과 '진화사회심리학(Evolutionary Social Psychology by Buss & Kenrick, pp. 982-1026)'을 들고 있다는 사실은 이러한 논의의 타당성을 입증해 주고 있다.

따르면, 종래까지 서구 심리학에서 보편적인 인간 행동의 원리라고 받아들여져 온 많은 것[002]이 실상은 서구인, 특히 미국 백인이 가지고 있는 고도의 개인중심적인 인간관에 기초한 문화특수적인 것일 뿐, 예컨대 동아시아인 같이 관계중심적인 인간관을 가지고 있는 문화권에도 일반적으로 적용되는 원리는 아니라는 사실이 밝혀지고 있다.[003] 이러한 결과는 기존 서구 심리학의 보편성에 회의를 갖게 하기에 충분한 것으로, 문화차 연구를 통해 기존의 심리학은 서구, 특히 미국의 문화특수적인 심리학일 뿐이라는 인식이 확산되었다. 그 결과 서구 사회('여기')라는 좁은 공간에 갇혀 있던 심리학자들의 관심이 세계 곳곳의 비서구 사회('저기')로 열리는 공간적 확대가 이루어짐으로써, 이제 심리학자들은 공간적으로 '여기와 저기(here and there)'를 아우르는 조망을 희구하고 있다.

심리학적 관심의 시간적인 확대를 주도하고 있는 진화심리학은 현재의 인간이 갖추고 있는 제반 심성과 작용 및 이타성(altruism) 같은 사회행동의 근거를 인간 종(種)의 진화 과정에서 찾아보려는 작업이 주류를 이루고 있다. 즉, 현생 인류(人類)의 신체적 유전적 특징이 원시 조상 때부터 지속적으로 부딪치는 문제 상황에 적응해 온 과정의 산물이듯이, 현대인의 심리적 특성과 사회행동의 특징도 원시 조상 때부터 지속적으로 경험해 온 문제에 대한 적응 과정의 산물이라는 것이 진화심리학의 기본 전제이다.[004] 이렇게 진화심리학은 심리학 연구의 시간적 조망을 지구상에 인간 종이 등장했을 때부터로 넓힘으로써, 심리학의 연구 관심을 '현재'뿐만이 아니라 '먼 과거'로까지 확대하고 있다. 진화심리학을 통하여 이제 심리학자들은 시간적으로 '현재와 과거(now and then)'를 아우르는 조망을 요구하게 된 것이다.

이러한 심리학적 조망의 시 · 공간적인 확대 현상이 잘 어우러지고 있는

---

002 예: 인간의 인지 능력은 구체적인 추론 양식에서 추상적인 추론 양식으로 발달해 간다는 피아제의 인지 능력의 발달 원리.

003 예: Miller, 1984; Heine, 2012.

004 Buss, 2012/2012, pp. 77-127 참조.

영역이 도덕성에 관한 연구의 분야이다. 이 글에서는 최근 영유아발달심리학, 영장류학, 진화심리학, 사회 및 문화심리학분야에서 이루어지고 있는 도덕성의 인간 본유성과 도덕성의 통합성에 관한 연구의 결과를 중심으로 하여, 동 · 서의 학문적 회통(會通) 가능성에 대해 생각해 보고자 한다. 이를 위해 우선 서구와 동아시아 사회의 지배적인 인간관과 심리구성체론의 차이로부터 비롯하여, 서구인과 동아시아인의 도덕성에 관한 전통적인 조망과 이론적 접근의 차이를 살펴보고, 이어서 현대 서구 과학계에서 이루어지고 있는 도덕성에 관한 연구 결과가 전통적인 서구적 관점보다는 동아시아 유학사상의 조망을 통해 더 잘 이해될 수 있다는 사실을 밝혀 보고자 한다.

1. 동 · 서의 인간관과 심리구성체론의 차이

20세기 중후반에 접어들면서 급속히 진행되고 있는 세계화의 여파로 전 세계에 지구촌(地球村)화의 물결이 굽이치고 있기는 하지만, 또한 서구와 동아시아 사회 사람들의 제반 심성과 행동양식 사이에는 좀처럼 좁혀지기 힘든 차이가 있음이 속속 드러나고 있다. 이러한 차이는 두 사회에 각각 개인주의와 집단주의라는 서로 다른 문화가 발달하여, 서구와 동아시아 사회인들이 인간과 세상사를 바라보는 관점에 근본적인 차이가 유발되고 있다는 사실에서 나온다. 이렇게 서구와 동아시아 사회에서 각각 개인중심과 집단/관계중심이라는 문화 유형이 발달하게 된 근원에는 고대 그리스와 중국의 생태조건과 사회 조직 및 관습의 차이에서 비롯하는 삶의 양식의 차이가 오랜 시간 동안 두 지역인의 정신세계를 지배해 왔다는 배경이 놓여 있다.[005]

고대 그리스는 높은 산으로 막힌 좁은 해안가에서 중앙집권화하지 못한 도시국가가 발달하여 도시 사이의 이주와 교역이 활발했으며, 따라서 시장

005 Nisbett, 2003.

과 정치집회에서 벌어지는 대립과 논쟁이 삶의 중요한 부분이었다. 그러므로 그리스인은 나와 나 아닌 것, 인간과 자연, 하나의 사물과 다른 사물을 엄격히 구별하여 범주화하고, 저마다 지니는 일관되고 불변하는 본질(essence)을 추상화하여, 그들을 지배하는 법칙을 찾아내려 노력하였으며, 결과적으로 맥락과 분리된 독립적인 대상이 주의의 초점으로 부각되어, 분리된 대상의 안정적이고 불변적인 속성을 인식하는 데 힘을 쏟았다. 그리하여 그리스인에게서는 대상의 본질적인 속성을 논리 규칙에 따라 범주화하는 분석적 사고(analytical thinking)의 양식이 발달하게 되었다.

그러나 고대 중국은 넓고 비옥한 평원에서 중앙집권화 · 위계화한 사회가 형성되어 사람들이 한 지역에 몇 세대 동안 정착하면서 농경에 힘썼으므로, 이웃과 협동하고 조화를 추구하는 일이 삶의 중요한 부분이었다. 그러므로 중국인은 각 개체로서는 존재 의미가 없고 모든 것은 연관적인 맥락에 존재한다고 인식하여, 항상 변화하는 상황에서 상호 연관된 역할과 의무 같은 규범을 파악하고 이에 맞추어 감으로써 공동생활의 조화와 질서를 이루려 노력하였다. 따라서 그들에게는 분리되고 고립된 대상이 아니라 그들이 놓여 있는 전체 장(場, field)이 주의의 초점으로 부각되어, 결과적으로 그들은 전체 맥락 속에서 역동적으로 변화하는 가소성(可塑性)을 파악해서 통일성을 이루어 내는 데 힘을 쏟았다. 그리하여 중국인에게서는 다양한 대상을 그 관계의 유사성에 따라 통합적으로 함께 인식하는 총체적 사고(holistic thinking)의 양식이 발달하게 되었다.

이러한 배경에서 지속적으로 고대 그리스 철학의 영향을 받아온 서구인들은 사회는 상호 분리되고 독립적인 개인을 기본 단위로 하여 구성되는 복수적인 집합에 지나지 않는다고 인식하여, 집단보다 개인을 중시하는 개인주의의 경향을 띠게 되었다고 볼 수 있다. 이와는 대조적으로 오랜 세대에 걸쳐 거듭 고대 중국 철학의 영향을 받아온 동아시아인은 상호 연관된 사람들 사이의 관계 또는 그러한 관계의 원형인 가족과 같은 일차 집단을 기본 단위로 하여 구성되는 사회는 그 자체가 하나의 유기체라고 인식하여, 개인보다 그들이 놓여 있는 장으로서의 관계를 중시하는 집단주의의 경향을 띠게 되었다고 추론해 볼 수 있다.

이렇게 개체로서 존재하는 개인을 그들이 소속되어 있는 맥락인 집단과 사회보다 우선시하는 서구 개인주의는 상호 평등하고 독립적이며 자율적인 존재인 개인이 갖는 천부적인 자유와 권리 그리고 보편적인 이성을 중시하는 '자유주의(自由主義)' 이념에서 절정을 맞는다. 곧 현대 서구 개인주의의 이념적 배경은 자유주의사상이다. 이와는 달리, 개체로서 존재하는 개인보다 그들로 구성된 집단(가족 · 친구 · 종교 조직 · 향우회 · 동창회 · 회사의 소속부서 등)을 우선시하는 동아시아 집단주의는 사람들 사이의 관계를 중시하고, 이러한 관계를 맺는 타인에 대한 관심과 배려 그리고 사회적인 책임과 도덕성을 앞세우는 '유학(儒學)'의 체계에서 사상적 배경을 찾아볼 수 있다.[006]

1) 동·서 인간관의 차이

서구 사회의 역사적 전개 과정은 '개인화(個人化)'라는 한마디로 요약할 수 있다. 서구의 역사에서도 고대 그리스 이전의 긴 기간은 전체를 앞세우는 관점이 지배하다가, 인간 행위의 점진적인 개인화로 자유가 도래했고, 그 결과 개인과 전체 사이의 관계가 뒤집어진 역사인 것이다. 서구 사회에서 개인을 사회보다 앞세우는 개인주의가 지배적인 삶의 태도로 굳어진 데에는 고대 그리스 문명과 기독교의 유입으로 인해 뿌려진 개인주의의 싹이 르네상스와 기독교 개혁을 통해 거세진 개인화의 흐름을 타고 17세기에 들어서면서 무르익은 자유주의사상에 힘입어 활짝 꽃피게 되었다는 배경이 놓여 있다.

13~14세기 이탈리아에서 태동한 르네상스는 중세의 신(神) 중심의 세계

006 동 · 서 문화차의 사상적 근원과 인간관의 차이에 대해서는 졸저(조긍호, 2012, pp. 29-140; 2017a, pp. 32-60, 78-120; 2017b, pp. 165-181) 참조.

관에서 탈피하여 그리스 시대의 세계관으로 복귀하고자 한 복고적인 문예부흥 운동이었다. 르네상스 시대 서구인들이 회복하려 했던 것은 신 및 자연과 대립된 인간중심의 세계관, 인간 능력의 핵심을 이성(理性)에서 찾으려는 이성중심의 인간관, 그리고 인간을 포함한 세계의 모든 사물이 그 자체로 변치 않는 본질적인 속성을 갖추고 있다는 완비적 실체(實體)로서의 물질관 등이었다. 르네상스 운동은 한마디로 세계와 인간의 재발견을 통해 개체의 개성과 합리적 선택을 중시하는 혁신운동이었다. 르네상스 운동은 개인의 양심과 종교의 자유를 부르짖고 등장한 16세기 기독교 개혁 운동과 이어져 17세기에 들어서면서 자유주의사상으로 발전함으로써 개인의 자유와 자연권 사상이 태동하는 밑거름이 되었다. 자유주의사상은 서구 사회에 개인주의 문화가 등장하는 기반이 되었는데, 이러한 맥락에서 서구 개인주의 사회의 지배적인 인간관은 바로 르네상스 시대의 인간관(개성 존중, 이성 존중, 완비적 실체로서의 인간 이해)을 바탕으로 하고 있는 것이라 볼 수 있다.

르네상스 시대의 인간관은 자유주의자들에 의해 철저히 계승되었다. 자유주의는 개인의 '자유와 자유의지' '이성과 진보' 그리고 '평등과 존엄성'의 가치들을 핵심적으로 추구하는 사상체계이다. 이러한 자유주의가 추구하는 세 차원의 가치에서 자유주의 체계가 사회 구성의 기본 단위인 개인 존재를 파악하는 관점을 직접 끌어낼 수 있다. '자유와 자유의지'의 가치에서는 인간 존재의 상호 독립성을 강조하여, 개체적 존재로서의 개인을 '자유의 보유자'로 파악하는 입장이 나온다. 이어서 '이성과 진보'의 가치에서는 인간의 합리성을 강조하여, 개인을 '이성의 주체'로 여기는 입장이 나온다. 그리고 '평등과 존엄성'의 가치에서는 인간의 자기완비성을 강조하여, 개인을 언제 어디에서나 일관적인 '완비적 실체'로 개념화하는 입장이 나오게 된다.

서구의 역사는 이렇게 '개인화'의 과정으로 특징지을 수 있지만, 모든 인간 사회가 이러한 변화 과정을 겪어온 것은 아니다. 인류가 환경 세계와 외부의 위협으로부터 스스로를 보호하고 적응함으로써 살아남기 위해 택한 원초적인 삶의 양식은 집단적인 것이었다. 그 집단의 크기는 씨족 · 부족 · 국가 등으로 점차 넓혀져 갔지만, 집단적인 양태가 삶을 영위하는 기본 양식이었던 것은 분명한 사실이다. 중국을 비롯한 동아시아 사회를 지배해 온 것은 집단중심적인 삶의 양식이었다. 동아시아 사회는 고대로부터 농경이 삶의 중심이었으며, 서구와 같은 근대적인 혁명은 20세기에 들어서서야 가능했던 데에서 그 까닭의 일단을 찾아볼 수 있다.

동아시아 사회를 오랫동안 지배해 온 이념은 유학사상이었다. 중국에서는 한 무제(武帝) 이후 2,000여 년 동안, 우리나라에서는 고려 광종(光宗) 이후 1,000여 년 동안 과거제를 통해 국가 경영의 관리들을 등용해 왔다. 과거의 시험과목이 유학의 경전들이었으므로, 중국과 우리나라에서는 최근세까지 유학이 국가 경영의 최고이념으로 군림해 온 것이다. 일본에서도 에도(江戶)막부가 설립된 17세기 이후 새로운 통일국가의 사회질서 확립의 방침과 국가의 경영이념을 유학에서 찾으려 하였으므로, 일본의 근대도 유학적 이념이 지배하였다고 볼 수 있다.

서구에서 르네상스 운동이 벌어지던 비슷한 시기 동아시아에서 태동된 신유학(新儒學)도 남북조(南北朝)와 수(隋)·당(唐) 시대 유학에 차용된 불교와 도교의 영향을 제거하고 유학의 새로운 형이상학(形而上學) 체계의 정립을 통해 진(秦) 통일(BCE 221) 이전 시대의 순수한 원시유학의 체계로 돌아가고자 한 복고운동이었다. 주희(朱熹) 등 신유학자들은 공자·맹자·순자 같은 선진(先秦) 시대 창시자들의 사상을 획기적으로 변화시키려고 했던 것이 아니라, 그들의 이론체계를 자신들이 창안한 이기론(理氣論)을 통해 새롭게 해석하려고 하였을 뿐이었다. 이러한 유학의 체계를 이념적 기반으로 하여 발전한 동아시아 집단주의 사회의 지배적인 인간관은 따라서 선진유학자들의 인간 이해의 입장을 바탕으로 하고 있다.

개체성을 중핵으로 하여 인간을 파악하는 서구 자유주의사상의 관점과는 대조적으로, 유학은 인간의 사회적 존재 특성을 기반으로 하여 성립하고 있는 사상체계이다. 유학사상은 인간이 태어날 때부터 도덕적 바탕을 본유하고 있다는 인간 존재의 사회성과 도덕성을 근거로 삼는 점에 특징이 있다.

어떻게 보면 유학사상의 핵심은 바로 '인간의 존재 확대'"라고 볼 수 있다. 유학은 인간이 인간된 까닭을 도덕적 존재로서의 인간의 사회성에서 찾음으로써 존재 확대의 가능성을 따져 보고[人性論], 존재 확대의 이상적 모형을 군자(君子)와 성인(聖人)으로 설정하여 삶의 목표로 삼은 다음[君子論], 그러한 목표를 이루기 위한 방법을 제시하고 있는[道德實踐論 · 修養論] 사상체계인 것이다.

유학자들이 인간의 존재 확대를 부르짖게 되는 근거는 그들의 인간 파악의 기본틀에 놓여 있다. 유학, 특히 그 원형이 되는 선진유학(先秦儒學) 경전 전체를 꿰뚫고 있는 인간 파악의 기본 입장은 대체로 세 가지로 정리할 수 있다. 곧 유학사상에서는 인간을 사회적 관계체(關係體), 능동적인 덕성 주체(德性主體), 그리고 무한한 가능체(可能體)로 파악하여, 사람들은 누구나 개체로서 지닌 존재 가치를 뛰어넘어 타인과 사회에 대한 책임을 스스로 짊어지고 실천해야 하는 존재로서, 능동적 · 주체적인 도덕 인식과 실천을 통하여 존재 확대를 이루어 낼 수 있는 가능성을 보유하고 있다는 것이다.[007]

여기서 서구의 개체성 중심의 인간 파악의 관점은 동아시아의 사회성 중심의 인간 파악의 관점과 대(對)가 되고, 서구의 합리성(이성) 중심의 인간관

---

007 유학자들이 인간을 이러한 세 가지 관점에서 파악하고 있다는 사실은, 유학의 창시자인 공자의 『論語』 첫머리 학이편(學而篇) 1장에 제시되어 있는 삼호(三乎)에 관한 언급[學而時習之 不亦說乎 有朋自遠方來 不亦樂乎 人不知而不慍 不亦君子乎: 『論語』, 學而 1]과, 공자에 이어 선진유학 체계를 완성한 맹자의 『孟子』 「진심상편(盡心上篇)」 20장에 제시되어 있는 군자삼락(君子三樂)에 관한 논의[君子有三樂 而王天下不與存焉 父母俱存 兄弟無故 一樂也 仰不愧於天 俯不怍於人 二樂也 得天下英才而教育之 三樂也 君子有三樂 而王天下不與存焉: 『孟子』, 盡心上 20]에서 잘 드러난다. 여기서 공자의 1호(學而時習之)와 맹자의 3락(得天下英才而教育之)은 '무한한 가능체(배움을 통해 군자와 성인까지도 될 수 있는 존재)'인 인간 존재의 특성을, 2호(有朋自遠方來)와 1락(父母俱存 兄弟無故)은 '사회적 관계체(가족 및 다른 사람과 맺는 관계 속에서 다른 사람들과 함께 어울리면서 살아가야 하는 존재)'인 인간 존재의 특성을, 그리고 3호(人不知而不慍)와 2락(仰不愧於天 俯不怍於人)은 '덕성 주체(자기가 모든 일의 주체로서, 스스로에게서 모든 일의 원인을 찾고, 스스로 모든 책임을 져야 하는 존재)'인 인간 존재의 특성을 드러내고 있다. 이렇게 선진유학자들은 인간 존재의 사회성(공자의 2호와 맹자의 1락), 도덕적 주체성(3호와 2락), 그리고 가변성(1호와 3락)에 초점을 맞추어 인간의 기본 특성을 파악하고 있다.

은 동아시아의 도덕성 중심의 인간관과 대를 이루며, 서구의 실체성 중심의 인간 이해는 동아시아의 가변성 중심의 인간 이해의 관점과 대를 이루어, 두 문화권의 지배적인 문화 유형인 개인주의와 집단주의의 기본 골격을 형성하고 있다고 추론할 수 있다.

(1) 인간의 존재 의의: 개체성 대 사회성

서구 사회에 개인주의 문화가 태동되는 직접적인 배경이 된 자유주의사상과 동아시아 집단주의 문화의 기반이 되고 있는 유학사상의 핵심적인 차이는 인간의 존재 의의를 어디에서 찾을 것인가의 문제에 대한 견해차에서 도출된다. 르네상스와 기독교 개혁 운동을 바탕으로 하여 발전한 자유주의는 인간의 존재 의의를 상호 분명한 경계를 가진 독립적인 개인의 '개체성'에서 찾으려는 입장을 기초로 하여 성립되고 있는 사상체계이다. 이 체계에서는 사회란 독립적이고 평등한 개체들의 집합 그 이상도 그 이하도 아니라고 본다. 즉, 인간의 존재 의의는 각 개인의 개체성을 주축으로 하여 드러나게 된다고 보는 것이 자유주의의 기본 입장이다.

이렇게 인간의 존재 의의를 개체성에서 찾으려는 자유주의 이념에서 개인 존재를 파악하는 관점은 무엇보다도 개체로서의 개인을 '자유의 보유자'로 인식하는 것이다. 자유주의가 추구해 온 최고의 이념은 개인적 자유의 확보에 있었는데, 이러한 관념의 배후에는 자연권 사상이 놓여 있다. 곧 개인은 생명 · 재산 · 행복 추구에 대한 기본권을 천부적으로 부여받고 있으며, 기본권을 행사하거나 보호하기 위한 필수적인 장치가 바로 개인적 자유라는 것이다.

이와 같이 자유의 보유자로 개인을 파악하는 관점은 곧 개인의 '독립성'과 '자율성'을 중시하는 삶의 태도를 낳게 되며, 결국 독립성 · 독특성 및 자율성을 높이 평가하고, 이를 일상생활에서 추구하는 심리적 행동적 경향을 촉발한다. 이러한 개인 존재의 독립성과 자율성에 대한 강조는 개인의 사회행위의 원동력을 자유의 보유자인 개인이 갖추고 있는 독특한 내적 속성(성격 ·

능력 · 욕구 · 감정 등)에서 찾는 입장을 낳게 된다. 따라서 서구 사회에서는 주의(注意)의 초점이 개인 존재 및 그의 내적 속성에 쏠리게 마련인 만큼, 결과적으로 자기중심적이고 개인주의적인 심리와 행동의 특징이 유발되는 것이다.

이에 비해 오랫동안 동아시아 사회의 이념적 바탕이 되어 왔던 유학사상은 인간의 존재 의의를 인간 존재의 '사회성'에서 찾으려 하는 이론체계이다. 인간은 사회관계 속의 존재로서 관계를 떠나서는 존재 의의 자체가 사라진다고 보는 것이 유학사상이다. 이 체계에서는 사회란 개체들의 집합이 아니라, 개인들이 맺고 있는 관계들을 단위로 하여 구성되는 커다란 유기체라고 본다. 따라서 인간의 존재 의의는 각자가 타인과 맺는 관계, 곧 상호의존성을 핵으로 하는 사회성 속에서 드러난다고 보는 것이 유학사상의 기본 입장이다.

이렇게 인간의 존재 의의를 타인/집단과의 관계와 같은 사회성에서 찾으려 하는 유학사상은 인간을 '사회적 관계체'로 보는 입장에서, 개인 존재를 사회관계 속에 내포된 '역할 · 의무 및 타인에 대한 관심과 배려의 복합체'로 간주하는 관점을 굳게 지니고 있다. 유학사상에서는 사회를 이루는 기본 단위는 부자 · 군신 · 부부 · 장유 · 붕우 같은 사람들 사이의 관계라고 본다. 이러한 관점을 바탕으로 각 관계에서 당사자들에게 요구되는 역할과 의무의 쌍무적인 수행을 통해 관계의 조화와 질서가 달성되고, 그 결과 조화롭고 평화로운 이상사회가 이루진다고 여긴다.

이렇게 개인 존재를 역할 · 의무 · 배려의 복합체로 간주하는 관점은 관계 당사자들 사이의 '연계성'과 '조화성'을 중시하는 삶의 태도를 낳으며, 결국 상호의존성과 조화성을 높이 평가하고, 이를 일상생활에서 추구하는 심리적 행동적 경향을 낳는다. 상호의존성과 조화성의 강조는 자기 자신보다는 관계를 맺고 있는 상대방이나 집단이, 그리고 자기의 독특한 내적 속성보다는 공적 규범과 상황적 요구가 주의의 초점으로 부각되게 할 것이고, 결과적으로 동아시아 사회인의 관계중심적이고 집단주의적인 심리와 행동의 특징으로 연결되는 것이다.

인간의 존재 의의를 개인의 개체적 특성에서 찾을 것이냐 아니면 상호의존적인 관계 속의 사회적 특성에서 찾을 것이냐 하는 관점의 차이는 사회관계에서 무엇을 주의의 초점으로 잡을 것이냐 하는 차이를 낳게 되고, 사회관계에서 상응하는 중시 내용의 차이를 유발한다. 즉, 서구 사회에서는 개체로서의 자기 자신이 주의의 초점으로 부각되어 개인의 독립성과 자율성 및 독특성을 강조하는 개인주의 문화가 형성되고, 동아시아 사회에서는 개인을 둘러싸고 있는 타인과 상황 및 타인과 맺는 관계가 주의의 초점으로 부각되어 개인들 사이의 상호의존성과 조화성 및 타인에 대한 관심과 배려가 중시되는 집단주의 문화가 형성되는 배경에는, 일차적으로 인간의 존재 의의를 개체성에서 찾으려 하느냐(서구) 아니면 사회성에서 찾으려 하느냐(동아시아) 하는 관점의 차이가 놓여 있는 것이다.

(2) 인간의 고유 특성: 합리성 대 도덕성

서구 자유주의와 동아시아 유학사상의 또 다른 핵심적인 차이는 동물과 달리 인간만이 독특하게 갖는 고유한 특성을 무엇으로 보느냐 하는 관점의 차이이다. 자유의 주체로 개인을 파악하는 입장에 이어 자유주의의 이념은 개인을 자신의 행복과 만족을 추구하는 존재, 곧 이기적인 정열과 욕망에 따라 활동하고 행동하는 존재라고 보는 전제 위에 성립한다. 이렇게 사람들 모두가 이기적인 욕망을 추구하다 보면 필연적으로 욕구 충돌이 빚어질 수밖에 없다. 그러므로 사람들은 필연적으로 욕구 충돌에서 오는 파국을 피하고, 그러면서도 최대한 각자의 이익을 보장하는 선에서 욕구와 감정을 조정하는 체제를 만들 필요에 봉착하는데, 이러한 상황에서 동물과 다른 인간만의 고유한 특성이 요구된다고 자유주의자들은 전제한다. 서구인은 이러한 인간만의 고유한 특성을 이성의 능력에서 찾는다. 이렇게 서구 사회에서는 '이성 주체'로서의 인간의 '합리성'을 인간의 고유한 특성으로 강조하고 중시한다.

이와 같이 이성 주체로 개인 존재를 파악하는 자유주의 입장에서는 이성의 힘에 대한 강한 신뢰가 삶의 신조로 부각된다. 그 결과 이성의 주체인 인간이 외부 환경 세계를 통제할 수 있다고 믿고, 결국 '외부 환경을 통제의 대상으로 보는 태도'를 갖게 된다. 그리하여 이들은 이성 주체인 자기를 적극적으로 표출하고, 자기에게 이익을 가져올 수 있는 요인(자기의 장점이나 긍정적 특성·능력·감정)을 확장시키려 노력하며, 자기의 현재와 미래를 과도하게 낙관적으로 인식하는 경향을 띤다. 따라서 이들에게는 개인주의 사회인이 보이는 바와 같은 적극적인 '자기주장'을 높이 평가하는 심리와 행동의 특징이 두드러지게 되는 것이다.

이성 주체로 개인 존재를 인식하는 자유주의 이념과는 대조적으로, 유학사상에서는 인간의 고유성이 타인에 대한 관심과 배려라는 도덕성에서 최대로 드러난다고 본다. 유학사상에서는 인간의 존재 의의를 사회성에서 찾고 있는데, 인간의 사회적 존재 특성이 실생활에서 드러나도록 만드는 인간만의 고유한 특성이 바로 다른 사람에 대한 관심과 배려의 체계인 도덕성이라는 것이다. 이렇게 동아시아 사회에서는 인간을 '덕성 주체'로 개념화하여, 타인과 집단에 대한 관심과 배려 곧 '도덕성'을 동물과 다른 인간의 기본적인 특성으로 강조한다.

그러므로 유학자에게 인간의 능동성과 주체성은 모든 일의 책임을 도덕 주체인 자기에게서 구하는 태도와 직접 연결되며, 따라서 자기의 이기적이고 사적인 욕구와 감정을 억제하는 일이 능동성과 주체성을 발휘하여 삶의 목표인 도덕적 완성을 이루는 지름길이 된다고 본다. 그 결과 유학사상에서는 통제의 대상을 '덕성 주체'인 자기 자신에게서 찾음으로써 '겸양'과 '자기억제'를 강조하며, 이러한 경향은 결과적으로 집단주의 사회인이 보이는 자기은폐적인 심리와 행동의 특징을 낳는 배경이 되고 있다.

이와 같이 동물과 다른 인간의 고유한 특성을 합리성의 근거인 이성에서 찾을 것이냐, 아니면 타인/집단에 대한 관심과 배려의 근거인 도덕성에서 찾을 것이냐 하는 입장의 차이는 통제의 대상을 환경 세계라고 볼 것이냐, 아니면 자기의 사적인 욕구와 감정이라고 볼 것이냐 하는 차이를 낳고, 결과적으로 사회관계에서 상응하는 중시 내용의 차이를 유발한다. 곧 서구 사회에서는 합리적인 이성의 힘을 통해 환경 세계를 자기에게 맞추어 변화시키려는 과정에서 적극적으로 자기를 드러내고 주장하는 것을 자연스럽게 여겨 추구하는 개인주의 문화가 형성되고, 동아시아 사회에서는 도덕성에 기초하여 자기 자신의 내적 욕구와 감정을 타인이나 집단과의 관계를 고려하여 통제하려는 과정에서 자기를 드러내지 않고 타인을 우선적으로 배려하는 집단주의 문화가 형성되는 이면에는, 인간의 고유 특성을 이성에서 찾을 것이냐(서구) 아니면 도덕성에서 찾을 것이냐(동아시아) 하는 관점의 차이가 도사리고 있는 것이다.

(3) 인간의 변이가능성: 완비성 대 가변성

서구 자유주의와 동아시아 유학사상에서 인간을 파악하는 관점의 세 번째 차이는 인간을 고정적이고 안정적인 실체로서 이해하느냐 아니면 끊임없이 변화하는 과정 속의 가변체로 인식하느냐 하는 것이다. 세계를 이루고 있는 개별적인 대상들은 그 자체로 고정적이고 안정적인 속성을 지니고 있으며, 따라서 그 세계에 살고 있는 사람들도 역시 저마다 안정적이고 일관적인 속성을 갖춘 존재라고 보는 것은 고대 그리스 시대 이래 면면히 이어져 온 서구 문명의 전통이었다. 자유주의사상가들은 사람은 누구나 스스로의 행동을 주도할 수 있는 안정적인 내적 속성을 완비하고 있으며, 또한 이를 개발하여 자기실현을 이룰 수 있는 자율성을 갖추고 있다는 점에서 인간은 평등하고, 그러한 내적 속성은 각 개인에게 특유하다는 점에서 인간은 존엄하다고 보았다. 즉, 그들은 인간의 평등성과 존엄성의 근거를 누구나 안정적이고 일관적인 속성을 갖추고 있는 실체(實體)라는 사실, 곧 인간의 '완비성'에서 찾으려 하였던 것이다.

이와 같이 자유주의의 이념에서 개인 존재를 파악하는 세 번째 관점은 개인을 '안정적이고 고정적인 완비적 실체'로 인식하는 것이다. 곧 개체로서의 개인은 안정적인 성격 특성과 능력 및 동기들을 갖추고 있으며, 이러한 고정적 속성은 시간과 상황에 따라 달라지지 않는 안정성과 일관성을 띤다는 것이 자유주의자의 관점이다. 따라서 개인의 내적 성향 사이, 외적 행동 사이, 그리고 내적 성향과 외적 행동 사이에는 어떠한 경우에도 안정적이고 불변적인 일관성이 존재하는 것으로 파악하는 경향을 보인다. 그 결과 그들은 '안정성'과 '일관성'을 추구하는 심리와 행동의 특징을 강하게 드러내며, 자기발전이란 자신이 갖추고 있는 안정적인 장점을 찾아내어 확충하는 '장점확충'을 통해 이루어지는 것으로 본다.

이에 비해 유학은 성덕(成德)을 지향하는 체계로서, 인간이란 가르침[教]과 배움[學]을 통해 누구나 덕을 이룰 수 있는 무한한 가능성을 갖추고 있는 '가능체'라고 파악하는 입장을 바탕으로 하여 성립한다. 인간은 선인(先人)이나 먼저 도(道)를 이룬 사람들의 가르침을 따라 배움으로써 자기성찰과 자기개선을 이루어 내고, 그럼으로써 현재의 불완전한 소인(小人)의 상태에서 장차 이상적인 군자(君子)의 상태로 변화될 수 있는 가변적인 존재이며, 인간의 삶은 궁극적인 성덕의 상태를 지향해 가는 과정이라고 유학자들은 본다. 곧 유학사상에서는 개인은 '가변적이고 과정적인 존재'이어서, 타인과 맺는 관계의 양상에 따라 달라지는 역할과 의무에 맞추어 스스로를 변화시키는 '유연성'을 갖추고 있다는 사실을 강조한다.

인간을 과정적이고 가변적인 존재라고 보는 유학사상의 관점에서는 자기의 단점을 확인하고 수용하며, 배움을 통해 이를 개선함으로써 자기향상을 이룰 수 있다고 보아, 인간의 '자기개선'을 강조한다. 따라서 자기의 부정적 요인(단점과 부정적 특성 · 감정)도 무난히 수용하고, 이를 개선하는 일을 가치롭게 여기며, 성취 장면에서 능력보다는 노력을 높이 평가하는 경향을 낳는다. 그 결과 이들에게서는 상황에 따른 행위가변성을 중시하고, 자기의 단점을 수용하고 고치려는 심리와 행동의 특징이 강하게 나타나는 것이다.

과거–현재–미래의 시간적 연속선상에서 인간의 현재적 상태를 과거로부터 물려받아 미래로 이어져 갈 안정적 실체로 받아들일 것이냐, 아니면 인간을 무한한 변화 과정 속의 존재라고 볼 것이냐 하는 관점의 차이는 자기발전의 원동력을 기존에 갖추고 있는 장점의 확충 과정에서 찾을 것이냐, 아니면 자기의 단점을 찾아 이를 고쳐 나가는 자기개선의 과정에서 찾을 것이냐 하는 차이를 낳게 되고, 결과적으로 사회관계에서 상응하는 중시 내용의 차이를 유발한다. 즉, 서구 사회에서는 자기발전의 원동력을 안정적인 실체로서의 자기가 갖추고 있는 장점의 확충에서 찾는 개인주의 문화가 형성되고, 동아시아 사회에서는 과정적인 존재로서의 자기가 가지고 있는 단점을 확인하고 고쳐 나가는 자기개선을 자기발전의 원동력으로 간주하는 집단주의 문화가 형성되는 배경에는, 인간을 완비적 실체로 볼 것이냐(서구) 아니면 과정적 가변체로 볼 것이냐(동아시아) 하는 입장의 차이가 개재하고 있는 것이다.

2) 동·서의 심리구성체론의 차이

이상에서 보듯이 서구인은 인간의 존재 의의를 개체로서의 존재 특성(개체성)에서 찾고, 인간의 고유한 특성을 합리성의 근거인 이성이라고 여기며, 시간적인 연속선상에서 인간은 안정적이고 일관적인 완비적 실체라고 인식한다. 이에 비해 동아시아인은 인간의 존재 의의를 사회적 존재 특성(사회성)에서 찾고, 인간의 고유한 특성을 다른 사람에 대한 관심과 배려의 근거인 도덕성이라고 여기며, 스스로의 노력 여하에 따라 인간은 소인의 상태에서 군자의 상태로 변화할 수 있는 과정적 가변체라고 인식한다.

이러한 인간관의 차이는 두 문화권에 각각 개인주의 문화와 집단주의 문화가 형성되는 배경으로 작용하였다. 그리하여 서구인은 일상생활에서 자율성 · 독립성 · 독특성을 중시하고, 적극적인 자기주장을 가치롭게 여기며, 삶의 과정에서 안정성과 일관성을 높이 평가하여 자기고양을 통해 자기발전을 이루려는 경향을 강하게 드러낸다. 이에 비해 동아시아인은 일상생활에서 상호의존성 · 조화성 · 유사성을 중시하고, 자기의 욕구와 감정을 드러내지 않는 자기억제를 가치롭게 여기며, 삶의 과정에서 가변성과 유연성을 높이 평가하여 자기성찰과 자기개선을 통해 자기발전을 이루려는 경향을 강하게 드러낸다.

두 문화권의 이러한 차이는 서구와 동아시아에서 각각 삼분체계론과 사분체계론, 그리고 이성우월주의와 덕성우월주의의 심리구성체론을 철학적 전통으로 삼아 왔다는 배경에서 도출되는 것이다.[008]

(1) 서구의 심리구성체론: 삼분체계론과 이성우월주의

서구 사회에서는 인간의 존재 의의를 개체성에서 찾기 때문에, 개인의 심리구성체를 개체의 내적 속성을 구성하는 지적 체계, 감정체계, 욕구체계를 중심으로 개념화하려는 전통이 이어졌다. 이러한 맥락에서 서구 사회에는 인간의 심리구성체가 지(知, 이성) · 정(情, 감성) · 의(意, 욕구)의 세 체계로 이루어지고 있다는 삼분체계론이 지배하여 왔으며, 이 삼자 가운데 이성을 중심으로 인간의 삶과 사회질서를 파악하려는 이성중심주의의 전통이 강하게 영향을 끼쳐 왔다.

서구에서 인간 심성의 구성요소를 지 · 정 · 의의 세 체계로 보는 관점의 서막을 연 사람은 고대 그리스의 철학자인 플라톤과 아리스토텔레스였는데, 그들의 이론은 그 후 서구 철학사를 면면히 지배해 온 전통적인 관점이 되었다.[009] 플라톤은 영적 갈등 상황(예: 물을 마시고 싶지만, 마셔서는 안 되는 상황)으로부터 연역하여 인간의 영혼이 욕망과 이성과 열정으로 구성된다고 보았다. 이러한 그의 영혼 삼체계설은 그의 국가 구성 원칙으로부터 도출된다. 그는 한 국가가 성립되기 위해서는 지혜의 담지자인 지배계층, 용기의 담지

---

008 서구의 삼분체계론적 전통과 이성중심주의에 대해서는 Hilgard(1980)와 졸저(조긍호, 2008, pp. 168-193; 2017b, pp. 26-73), 그리고 유학의 사분체계론과 덕성중심주의에 대해서는 졸저(조긍호, 2008, pp. 107-168; 2017b, pp. 76-163) 참조.

009 Russell(1959/2003)은 "철학적 문제치고 이 두 철학자[플라톤과 아리스토텔레스]가 조금이나마 가치 있는 발언을 해놓지 않은 문제가 없는 까닭에, 오늘날 이 두 사람의 철학을 무시하고 아예 원점에서부터 독창적으로 시작하는 철학자가 있다면 그가 누구든 그의 노력이 완전히 헛수고에 그칠 수도 있는 위험을 감수하고 나서야 할 것"(p. 84)이라 공언하고 있다. 이런 관점에서 보면 심리구성체의 문제의 경우에도 플라톤과 아리스토텔레스의 이론이 이후 전개되는 서구 철학사의 지주가 되고 있는 사실을 이해할 수 있다.

자인 호위계층, 절제의 담지자인 생산계층이 있어야 하듯이, 한 개인의 영혼에도 이 세 가지 덕의 근원인 이성 · 열정 · 욕망이 갖추어져 있어야 한다고 보았던 것이다.

플라톤의 삼체계설은 아리스토텔레스에게 이어졌다. 아리스토텔레스는 플라톤과 달리 발생 순서에 따라 영혼의 삼 체계 사이에 위계를 부여하여, 식물은 영양혼(욕망)만을 가지고, 동물은 이 이외에 감각혼(열정)을 가지며, 인간은 이 두 가지 영혼에 더하여 이성혼(이성)을 가지고 있다는 이론을 제시하였다.

고대 그리스 철학의 영혼 삼체계설은 아우구스티누스와 아퀴나스 같은 중세의 기독교 철학자들에게로 이어졌다. 이들은 각각 플라톤과 아리스토텔레스의 이론을 물려받았는데, 다만 이성에 종교적이거나 초자연적인 속성을 첨가하여, 이성의 능력을 통해 유한한 존재인 인간이 불멸하는 전능자인 신(神)의 존재를 인식하고 또 신의 속성에 대해 이해할 수 있다고 보았다는 점이 특이할 뿐이었다.

중세에서 벗어나 근대사회로 진입하면서도 심성의 삼분체계론은 그대로 이어졌다. 서구 사회의 근대는 '개인화'의 물결이 휘몰아친 시대로 특징지을 수 있는데, 17~18세기의 자유주의와 계몽주의 운동에서 서구 개인주의는 사상적으로 만개하였다. 이 시기에는 신의 의지나 속성에 의해 인간의 삶과 사회행위를 이해하려는 중세의 이념이 퇴조하고, 개인의 속성에서 인간의 삶과 사회질서의 원동력을 찾으려는 관념이 등장하였다. 다양한 분야에서 이러한 운동이 벌어졌는데, 그 대표적인 사람들은 홉스와 로크 및 루소 같은 사회계약론자였다.

이들 사회계약론자는 아무런 인위적인 강제력이 존재하기 이전의 자연 상태를 상정하고, 이러한 자연 상태에서의 인간 곧 자연인의 속성에서 사회 형성과 국가 권력의 원천을 찾아보려는 사람들이었다. 그런데 이들도 자연인은 자기이익 추구의 욕구, 이익 추구의 성공과 실패에서 오는 감정 또는 자연 상태에의 열정과 타인에 대한 연민과 동정심 같은 감성 및 합리적 선택의 근거인 이성을 인간의 본유적인 심성 요소라고 보고 있다.

18세기에 들어서면서 대륙의 관념론자도 고대로부터 내려온 삼분체계설을 물려받고 있었는데, 그 대표자는 칸트라고 볼 수 있다. 칸트는 유명한 삼비판서(순수이성 비판, 실천이성 비판, 판단력 비판)를 통해 인간의 선험적 능력을 고찰하고, 지 · 정 · 의 세 체계는 그 자체 선험적인 근거를 가지는 것이라고 주장하여 삼분체계설에 논리적인 확실성을 부여하였다.

칸트가 활동하던 시기에 독일에서는 멘델스존과 테텐스 같은 사람들에 의해 능력심리학(能力心理學)이 태동하여 연구되었는데, 이들은 지 · 정 · 의 세 요소를 인간의 마음이 작용하는 세 차원의 능력이라 보고, 각각의 작용을 내성(內省) 방법으로 탐구하기 시작하였다. 그러니까 18세기 독일에서는 삼요소설이 삼능력설로 연구의 방향을 달리하였을 뿐, 인간의 심성에 대한 삼분체계설은 그대로 유지되고 있었다고 볼 수 있다.

능력심리학은 스코틀랜드로 건너가면서 마음의 다양한 능력을 찾아내려는 경향을 띠면서 삼체계설이 잠시 주춤하다가, 19세기의 영국에서 연합심리학(聯合心理學)이 대두되어 마음의 통합성을 강조하게 됨으로써 세력이 일정 부분 회복되었다. 브라운과 베인 같은 연합주의 심리학자들은 마음의 다양한 능력을 찾아 단순히 나열하려는 스코틀랜드 능력심리학의 교의를 비판하고, 마음의 통합 작용 또는 기능을 연합의 원리에 따라 정리하려 하였다. 그들에 따르면 인식 · 감정 · 욕망은 서로 관련을 맺지 않는 별개의 체계가 아니라, 서로 연합하여 작용하면서 정신생활의 각 순간에 지배적으로 나타나는 기능이라고 보았다. 그러므로 이들 연합심리학자도 마음의 삼분체계설을 받아들이고 있었다고 볼 수 있다.

삼분체계설은 20세기에 발달한 미국 심리학에서도 그대로 받아들여졌다. 그러나 1920년대 이후 행동주의가 득세하면서 자극－반응의 좁은 틀로 인간의 행동을 이해하려는 견해가 미국 심리학을 지배하면서, 마음의 삼분체계설은 현대심리학에서 설 자리를 잃게 되었다. 하지만 삼분체계설이 다시 현대심리학에서 지배적인 인간 심성 이해의 틀로 받아들여지는 데에는 그리

오랜 시간이 걸리지 않았다. 1950년대를 거쳐 1960년대에 '인지 혁명'이 대두하면서 마음의 지적인 측면에 관한 관심이 되살아나고, 1980년대 인지적 판단에 대한 정서 반응의 우선성에 관한 논의가 불붙으면서 '정서 혁명'이 전개되어 정적 측면에 대한 관심이 회복되었다. 이어서 1990년대에는 인간 삶에서의 동기 과정의 중요성 및 문화에 따른 동기의 내용의 차이에 대한 연구들과 함께 '동기 혁명'이 진행되어 욕구 측면에의 관심이 새로워지면서, 전통적인 삼분체계설은 서구의 지배적인 심리구성체론으로서의 위상을 다시 되찾게 되었다.

서구 철학에서 인간의 심성을 구성하는 이 세 체계 가운데 중핵을 이루는 것은 이성(理性)이었다. 감성과 욕구는 동물도 가지고 있지만, 이성은 인간만의 고유한 특성이라고 보았기 때문이었다. 그러므로 서구 심리학에서 항상 관심의 제일 대상이 되었던 것은 지적인 과정에 대한 연구였다. 정서나 동기는 인지와 대등한 위상을 갖는 심리구성체로 인정되었다기보다는 인지보다 중요성이 떨어지거나, 인지의 결과로 유발되거나, 합리적 인지 과정을 방해하는 요소로 간주될 뿐이었다.

서구 심리학 자체가 지적 인식의 결과인 관념(觀念, idea) 요소의 분석이나 관념 연합의 문제를 객관적·과학적으로 분석하려는 시도에서 출범했다는 사실은 서구 심리학에서의 인지중심주의 경향을 잘 드러내 준다. 이러한 경향은 1950~1960년대에 전개된 인지 혁명 이후에 더욱 심화되어 인간의 인지 과정을 컴퓨터에서 정보가 처리되는 과정을 모사(模寫, computer simulation)하여 설명하게 되면서 더욱 굳어진 현대 서구 심리학의 가장 핵심 조류가 되고 있다. 인지 과정은 이성의 지배를 받는 것이어서 합리적인 추구가 가능하지만, 정서나 동기는 이성의 지배를 벗어나는 것이어서 합리적인 접근이 힘들다고 본 데에 이러한 태도의 원인이 있었다.[010]

---

010 물론 서구 심리학에서 인지중심주의에 대한 반발이 없었던 것은 아니다. 1970년대 이후 인지 과정에 미치는 정서와 동기의 영향이 밝혀지고, 인간의 합리성에 대한 신념을 절하시키는 여러 발견이 이어지면서, 정서와 동기를 인지의 구속으로부터 해방시키려는 시도

(2) 유학의 심리구성체론: 사분체계론과 덕성우월주의

유학사상에서는 인간의 존재 의의를 사회성에서 찾기 때문에 개인의 심리구성체를 인간의 개체적 속성을 구성하는 지 · 정 · 의뿐만 아니라, 사회적 속성을 이루는 도덕성의 네 체계를 중심으로 개념화하여 이해하려는 전통이 이어졌다. 이러한 맥락에서 동아시아 사회에는 인간의 심리구성체가 덕(德, 도덕성) · 지(이성) · 정(감성) · 의(욕구)의 네 체계로 이루어지고 있다는 사분체계론이 지배하여 왔으며, 이 네 체계 가운데 덕성을 중심으로 하여 인간의 삶과 사회질서를 파악하려는 덕성중심주의의 전통이 강하게 영향을 끼쳐 왔다.

인간의 사회성에서 그 존재 의의를 찾으려는 유학의 심리구성체론은 개체성을 중심으로 하여 인간 존재를 파악하려는 서구의 삼분체계론과는 다르다. 유학의 창시자인 공자는 분명한 인성론을 제시하고 있지는 않지만, 그는 인간에게 태어날 때부터 욕구체계, 감정 반응의 체계, 지적 인식 능력의 체계, 그리고 도덕적 지향성의 체계 같은 네 가지 요소가 본유적으로 갖추어져 있다고 보고 있다. 누구나 자신에게 갖추어져 있는 도덕성을 스스로 다할 뿐만 아니라 이를 다른 사람에게까지 미루어 가는 일[忠 · 恕]이 바로 공자의 사상 전체를 꿰뚫는 핵심[011]이라는 사실은, 그가 이 네 체계 가운데 도덕성의 체계를 가장 중시하였음을 단적으로 드러내 준다.

맹자는 유학사에서 처음으로 분명한 인성론인 성선설(性善說)을 제시하고 있는데, 공자와 마찬가지로 그도 욕구체계, 감정 반응의 체계, 지적 인식 능력의 체계, 그리고 도덕성의 체계가 인간에게 본유적으로 갖추어져 있다고 본다. 성선설의 핵심은 이러한 인간 본성의 네 요소 가운데 도덕성의 요소를 중심으로 하여 인간의 특성을 이해하려 한다는 점이다. 곧 인성을 구성하는 다른 요소들, 특히 욕구와 감정 반응의 체계는 인간과 동물이 공유하는

가 나타났던 것이다. 그러나 아직까지도 서구 심리학이 인지중심주의에 의해 지배되고 있다는 사실은 부인하기 어렵다.

011 子曰 參乎 吾道一以貫之 曾子曰 唯……夫子之道 忠恕而已矣 (『論語』, 里仁 15); 子貢問曰 有一言而可以終身行之者乎 子曰 其恕乎 己所不欲 勿施於人 (衛靈公 23)

것이므로, 이를 인간을 규정하는 본성으로 볼 수는 없다는 것이 맹자의 생각이다. 그 대신 그는 인간만이 독특하게 갖추고 있는 특성, 곧 도덕성에서 인간의 본성을 찾아야 한다는 입장이다. 그에 따르면, 도덕성이 인간에게 본디부터 갖추어져 있다는 사실은 사단(四端)의 존재,[012] 인의예지(仁義禮智) 같은 도덕성의 본유성,[013] 그리고 이러한 본유적인 도덕성을 인식하고 일상생활에서 실천할 수 있는 능력인 양지(良知)와 양능(良能)의 구비성[014]에서 찾아볼 수 있다.

순자도 공 · 맹과 같이 사람에게는 태어날 때부터 욕구체계, 감정 반응체계, 지적 인식 능력의 체계, 그리고 도덕적 행위 능력의 체계가 갖추어져 있다고 본다. 순자의 특이한 점은 그가 지적 능력의 체계를 그 어느 선진유학자보다도 강조하고 있다는 사실이다. 그러나 그에게서도 이러한 지적 능력을 통해 사람이 인식해야 할 가장 중요한 것은 스스로가 본유하고 있는 도덕성이다. 이러한 도덕성의 인식은 상황에 맞는 도덕적 행위의 선택과 이를 기초로 한 도덕성의 일상적 실천의 근거로서 중요하다는 것이 순자의 기본 입장이다.[015]

이와 같이 유학자들은 생물체적이고 이기적이며 사회적인 욕구체계[欲], 외부 사물이나 자기 자신 또는 타인을 지향 대상으로 하여 유발되는 감정 반응의 체계[情], 외부 환경 세계와 자기 자신 및 타인, 그리고 스스로가 갖추고 있는 도덕성을 인식할 수 있는 지적 능력의 체계[知], 도덕적 지향성과 도덕의지 및 도덕적 행위 능력으로 드러나는 도덕성의 체계[德]의 네 가지로 인간의 심리구성체를 파악하고 있다고 볼 수 있다. 곧 유학사상에서는 심리구성

---

012 惻隱之心 仁之端也 羞惡之心 義之端也 辭讓之心 禮之端也 是非之心 智之端也 人之有是四端也 猶其有四體也 (『孟子』, 公孫丑上 6)

013 仁義禮智非由外鑠我也 我固有之也 弗思耳矣 (告子上 6); 君子所性 仁義禮智根於心 其生色也 睟然見於面 盎於背 施於四體 四體不言而喻 (盡心上 21)

014 人之所不學而能者 其良能也 所不慮而知者 其良知也 孩提之童 無不知愛其親也 及其長也 無不知敬其兄也 (盡心上 15)

015 所以知之在人者 謂之知 知有所合 謂之智 所以能之在人者 謂之能 能有所合 謂之能 (『荀子』, 正名 3); 知之不若行之 學至於行之而止矣 行之明也 明之爲聖人 (儒效 33)

체가 도덕성 · 지성 · 욕구 · 정서의 네 체계로 이루어져 있다고 본다. 이러한 맥락에서 도덕성이 인지 · 동기 · 정서와 별도로 연구되어야 할 필연성이 도출되며, 여기에 바로 서구 심리학과 다른 유학심리학이 성립될 수 있는 밑바탕이 놓여 있다고 볼 수 있을 것이다.

유학자들은 도덕성이 인간의 본유적인 심리구성체라는 사실에 대한 강한 신념에 덧붙여 도덕성이 인간 심성의 가장 중핵적인 체계라는 덕성우월론을 견지하고 있다. 맹자나 순자는 양지 · 양능 또는 지 · 능 같은 도덕적 인식 능력과 도덕적 행위 능력을 사람이 본유적으로 갖추고 있다고 보고, 이를 통해 스스로가 덕성 주체라는 자각을 이루어야 할 뿐만 아니라, 이기적 욕구와 정서를 억제하여 이기적 욕구와 정서가 도덕성에 의해 지배되고 통어되도록 해야 한다고 주장한다. 이러한 관점은 공자 이후 유학의 전통이며, 특히 성리학자들은 삶의 목표를 "이기적 욕구와 정서를 통제하고, 도덕성을 간직하는 일[遏人欲 存天理]"이라고 보아, 도덕성에 의한 이기적 욕구와 정서의 통제를 중시한다. 이러한 맥락에서 보면, 유학자들이 사분체계설을 통해 주장하려 했던 핵심은 덕성우월론의 관점이라 할 수 있다. 곧 유학자들은 도덕성에 의해 인간 존재가 지닌 특성들이 모두 통합되어야 함을 강조하고 있는 것이다.

2. 도덕성에 관한 동 · 서 접근의 차이

앞에서 보았듯이 서구에서 개체성 · 합리성 · 실체성의 가치를 중핵으로 하여 인간을 이해하려는 입장은 인간의 심성을 구성하는 기본요소를 개체적 존재를 이루는 특성에서 찾으려는 자세를 유발하였다. 이러한 배경에서 서구인은 개체로서의 개인의 삶의 바탕을 형성하는 이성 · 감정 · 욕구의 세 가지를 인간의 영혼 또는 심성을 이루는 기본적인 요소라고 보는 삼분체계론을 기반으로 하는 심리구성체론을 전개해 왔다.

개체성에서 인간의 존재 의의를 찾으려는 서구인의 인간관과 이에서 연유하는 삼분체계론적 심리구성체론의 입장에 서서 보면, 인간의 사회성에 기반을 두고 발생하는 도덕성의 문제는 인간의 삶을 이해하는 과정에서 부차적인 중요성을 가질 수밖에 없다. 인간을 이해하는 이러한 개체성 중심의 관점에 따르면 사회는 각 개인의 집합체일 뿐 그 이상도 이하도 아니게 될 것이고, 따라서 사회는 개인의 특성을 통해 이해되고 접근될 수밖에 없는 부속체계일 뿐이기 때문이다. 이렇게 원만한 사회생활을 가능하게 하는 사회규칙과 규범의 준수를 전제로 하는 도덕성은 개체성의 실현을 목표로 삼는 개인의 삶에서는 이차적인 중요성을 띠게 되고, 결국 부차적인 의미를 가질 수밖에 없다.[016]

이에 비해, 전통적으로 유학사상은 사회성과 도덕성의 가치를 바탕으로 하여 인간을 이해하려는 입장을 견지하여 왔다. 유학자들은 인간은 다른 사람들과의 관계를 떠나서는 존재 의의 자체가 사라질 뿐만 아니라, 삶 자체도 영위할 수 없는 존재라는 것이다. 이렇게 인간을 사회적 관계체라고 보면서, 사회적 존재 특성에서 인간의 존재 의의를 찾으려 하는 것이 유학자들의 인간 파악의 가장 기본적인 관점이다.

인간을 사회성을 중심으로 하여 이해하기 때문에 유학자들은 인간의 가장 중핵적인 특성은 도덕성이라고 본다. 도덕성이란 기본적으로 타인 및 사회에 대한 관심과 배려의 체계로서 사회생활을 원만하게 유지하는 규범으로 구체화된다. 그러므로 도덕성은 인간의 사회적 존재 특성으로부터 연유하는 것으로, 인간을 사회적 관계체라고 파악하게 되면 다른 동물과 구별되는 인간의 가장 중핵적인 특성을 도덕성이라고 여기는 것은 논리적인 필연이다.

이와 같이 사분체계론과 덕성우월주의를 근간으로 하는 유학자들의 심리구성체론으로부터 유학사상에서 주장하는 도덕의 본유성과 통합성의 논리적 타당성이 도출된다. 인간은 개체적 특성인 욕구 · 감정 · 인지체계만이 아

016 도덕성에 관한 서구의 전통적인 연구에 대해서는 졸저(조긍호, 2017b, pp. 204-267) 참조.

니라 도덕성이라는 사회적 특성의 체계도 본유적으로 갖추고 있을 뿐만 아니라, 개체적 특성의 체계(욕구 · 감정 · 인지)도 그 자체 속에 도덕적 지향성을 갖추고 있다는 것이 유학자들의 관점이다. 뿐만 아니라 개체적 특성, 그 중에서도 욕구와 감정의 체계는 감각기관이 관장하고, 도덕성은 마음[心]이 관장하는데, 이 중에서 전자는 후자의 지배를 받는다고 유학자들은 간주한다. 바로 이러한 맥락에서 도덕성에 의해 개체적 심성의 체계들이 통합될 수 있는 가능성이 도출된다는 것이 유학자들의 주장인 것이다.[017]

1) 서구 심리학의 도덕성 이론

서구의 심리구성체론은 욕구 · 감정 · 이성의 삼분체계설을 근간으로 하며, 이 삼 체계 사이의 관계도 이성우월주의에 의해 구축된다. 삼분체계설과 이성우월주의는 플라톤의 영혼갈등설과 국가론에 연원을 두고 면면히 이어져 온 서구의 전통이었다. 삼분체계설과 이성우월주의는 서구인의 도덕성에 대한 이해의 양식에도 지속적인 영향을 미쳐 왔다.

서구인은 인간의 심성을 구성하는 기본적인 요소들은 이성과 감성과 욕구의 체계라고 여기므로, 도덕성은 이러한 기본 구성요소들과의 관계에서 부차적으로 갖추어지는 것이라고 본다. 도덕성의 부차요소설은 그들의 이성우월주의의 논지와 결합되어 더욱 강력한 모습으로 유지된다. 또한 서구인은 도덕성을 이성 또는 감성이라는 단일 요소의 부차적인 결과물이라고 인식하고 접근하는 단일차원설을 편다. 서구 심리학의 도덕성이론도 이러한 부차요소설과 단일차원설을 근간으로 삼고 있다는 공통점을 띠고 있다.

서구인의 도덕성에 대한 부차요소설과 단일차원설은 그들의 인간 파악의 관점에서 연역되어 나오는 자연스러운 귀결이다. 서구인은 개체성과 합리

017 도덕성에 관한 전통적인 유학사상의 이론에 대해서는 졸저(조긍호, 2017b, pp. 268-333) 참조.

성 및 완비성의 가치를 축으로 하는 개체중심적 인간관을 통해 인간을 이해하려 한다. 인간의 존재 의의를 개체로서 완비적으로 갖추고 있는, 그리하여 자기실현의 근거가 되는 개체적 특성에서 찾으려 하며, 합리성을 중시하여 그 근거로서의 이성을 인간의 중핵 특성으로 간주하는 것이 서구인이 인간을 이해하는 관점의 핵심이다. 그러므로 서구인은 인간의 사회적 존재 특성을 그리 중시하지 않는 사회이론을 당연한 것으로 간주하며, 따라서 그들에게 인간의 사회적 존재 특성의 핵심인 도덕성은 그 자체 인간의 기본적인 요소로는 여겨지지 않는 것이다.

(1) 서구 심리학의 부차요소설

서구 사회에 면면히 이어져 온 도덕성에 관한 접근은 이성주의적 전통이다. 고대 그리스 시대로부터 덕윤리(virtue ethics)론자들은 인간이 추구해야 할 바람직한 덕성을 미리 설정해 놓고, 이의 본질을 논리적인 추론을 통해 규명함으로써 도덕법칙을 도출하려는 방법으로 도덕의 문제에 접근해 왔다. 도덕의 문제에 이성주의적으로 접근하는 이러한 전통은 칸트(I. Kant)에게 이어졌지만, 칸트가 도덕의 문제에 접근하는 방법은 덕윤리론자들과는 매우 달랐다.

칸트는 미리 설정된 덕성에 대한 이성적인 추론을 통해 도덕법칙을 정립하려는 대신에, 논리적인 추론에 의해 도덕법칙의 형식(形式)을 미리 정립한 다음, 이를 기초로 추구해야 할 이상적인 덕성을 도출해야 한다는 형식주의(formalism)를 기반으로 하여 도덕의 문제에 접근하려 하였다. 칸트는 이성적인 추론을 통해 도달되는 도덕법칙을 정언명법(定言命法, categorical imperative)[018]이라 부르고, 이는 이성에 갖추어져 있는 보편적인 선의지(善意志)가 부과하는 의무(義務)로서의 도덕 명령이라, 누구나 복종해야 하는 도덕률이라 여겼다. 즉, 칸트는 이성에 근거를 두고 있는 정언명법을 준수하는

---

018 선의지에 근거를 둔 보편적이고도 필연적인 의무로서의 도덕법칙이 정언명법이다. 이는

것은 인간의 의무이며, 이러한 의무를 이행하는 것이 곧 도덕행위라는 이성주의적 의무론을 주장하였던 것이다. 도덕성이란 논리적인 추구를 통해 유도되는 이성의 부차적인 산물이라는 것이 칸트의 관점이다.

칸트의 이성주의적 도덕관은 피아제(J. Piaget)와 콜버그(L. Kohlberg) 같은 인지발달론자에게 이어졌다. 이들 인지발달론자는 도덕성이란 곧 도덕적인 문제 상황에서의 도덕 판단일 뿐인데, 이는 인지 능력의 발달에 따라 전(前)도덕적인 수준에서 도덕적인 수준으로 발달한다고 보았다. 피아제는 타율적으로 주어지는 상 · 벌의 결과에 따라 도덕 판단이 이루어지는 단계에서 자율적으로 추론한 의도나 동기를 고려하여 도덕 판단이 이루어지는 단계로 발달하는데, 이는 전적으로 논리적인 조작(操作)적 사고를 할 수 있느냐의 여부와 얼마나 자기중심성(自己中心性)에서 벗어나서 사고를 할 수 있느냐의 여부에 따라 달라진다고 주장하였다.

도덕성이란 인지 능력 발달의 함수로 달라지는 인지의 부속체계라는 것이 피아제의 관점이었다. 좀 복잡하고 더욱 정교하기는 하지만,[019] 콜버그도 역시 피아제와 마찬가지로 도덕성을 인지 능력 발달의 부속체계로 간주하는 입장을 전개하고 있다.

칸트 같은 이성주의자와는 달리 흄(D. Hume)에게 도덕의 문제는 인식이나 이성의 문제가 아니라, 경험의 문제이며 감정의 문제이다. 이러한 관점에서 흄은 이성적 추론을 통해 얻게 되는 당위를 정당화시키거나 이성적 추론

여러 가지 형식으로 표현될 수 있지만, 보편법칙의 정식과 인간성의 정식으로 표현된 정언명법이 가장 대표적이다. 보편법칙의 정식으로 표현된 정언명법은 “네가 동시에 그것이 보편법칙이 될 것을 의욕할 수 있는 그러한 준칙에 따라서만 행위하라”는 것이다. 이는 언제나 누구에게나 보편적으로 적용될 수 있는 준칙에 따라서 행위하는 것이 의무로서의 도덕법칙이라는 선언이다. 인간성의 정식으로 표현된 정언명법은 “너는 너 자신의 인격에 있어서나 아니면 모든 사람의 인격에 있어서의 인간성을 단지 수단으로서가 아니라, 항상 동시에 목적으로서 대우하도록 그렇게 행위하라”는 것이다. 이는 인간을 수단으로서가 아니라 항상 목적으로 대우하는 것이 의무로서의 도덕법칙이라는 주장이다.

019 콜버그는 도덕 판단의 수준을 결과 중심의 인습이전 수준, 행위의 의도와 법질서 중심의 인습 수준, 보편적 도덕률 중심의 인습 이후 수준으로 나누고, 각 수준을 다시 두 단계씩으로 구분한다.

을 통해 보편적인 행위규범을 발견하려 하기보다는, 인간 본성에 대한 경험적인 분석을 통해 도덕 현상을 설명하고자 한다. 그는 이러한 경험론적인 심리주의의 바탕 위에서 인간의 행위를 결정하는 것은 이성이나 이성적 추론이 아니라 대상에 대한 욕구와 혐오 같은 정념(情念, passion)이라고 보고, 도덕의 문제에 대한 정념론을 편다. 즉, 도덕행위는 욕구 대상에 대한 접근과 회피 대상에 대한 혐오라는 정념의 산물이라는 것이다. 흄은 도덕성을 정념의 결과로 여길 뿐만 아니라, 도덕적 일반화의 근거도 타인의 정념과 그 반응에의 공감(共感)이라는 감정 반응에서 찾으려는 철저한 감정론의 논지를 전개한다.

정념론적 도덕이론은 서구 심리학계에서는 프로이트(S. Freud)에 의해 계승되고 있다. 프로이트는 인간의 성격은 무의식적 욕구의 체계인 원초아(id), 욕구의 현실적 충족을 담당하는 체계인 자아(ego), 사회적 · 도덕적으로 욕구를 충족하게 하는 통제력의 체계인 초자아(super-ego)로 구성되는 것으로 본다. 여기서 도덕 선택과 판단은 초자아의 기능이다. 이 세 요소 중에서 인간에게 본유적으로 갖추어져 있는 것은 원초아뿐이고, 자아와 초자아는 성격 발달 과정에서 습득되는 것이라고 본다. 이렇게 정신역동이론에서도 도덕성은 후천적으로 발달되는 부속체계라고 여긴다.

프로이트에 따르면, 초자아는 성격 발달의 제3기(3~6세의 남근기) 동안에 나타나는 동성부모에의 배척과 이성부모에의 애착이라는 감정 반응에 근거를 두고 발달한다. 이러한 오이디푸스 복합(Oedipus complex)[020]의 결과 아이들은 동성부모가 연적(戀敵)으로서의 자기에게 해를 끼칠는지도 모른다는 공포감을 갖게 되는데, 이를 해결하기 위한 반작용으로 동성부모를 닮아가려고 노력하게 된다고 프로이트는 주장한다. 이러한 동일시(同一視)를 거쳐 아이들은 사회규범과 가치를 받아들여 내면화하고, 그 결과로 초자아가 발달한다는 것이 정신역동이론가들의 관점이다.

---

020 남자아이의 경우; 여자아이의 경우는 엘렉트라 복합(Electra complex).

정신역동이론가들은 도덕성이란 철저하게 감정 반응(이성부모에의 애착감, 동성부모에의 배척감과 공포감)의 결과 후천적으로 습득되는 부수체계라고 간주한다. 그들은 또한 도덕성은 근본적으로 개인 외적인 근거(동성부모가 갖추고 있는 외적인 근거를 갖는 사회규범)가 개인에게 받아들여져 내면화된 결과물이라고 여긴다.

18세기 중후반의 산업혁명 및 미국과 프랑스의 시민혁명이라는 거대한 사회변혁의 격랑 속에서 태동한 것이 벤담(J. Bentham)의 공리주의(功利主義, utilitarianism)였다. 그도 흄과 마찬가지로 경험론적인 심리주의의 관점에서, 감각 경험의 관찰과 분석을 통하여 인간 행동의 원리를 찾아내어야 인간을 올바로 이해할 수 있다고 주장하였다. 그는 경험론적으로 찾을 수 있는 인간 행동의 유일한 원리는 내적인 목적이나 동기 또는 이성적 판단이 아니라, 쾌락(快樂)의 추구와 고통의 회피라고 보았다. 이러한 맥락에서 벤담은 쾌락을 가져오고 고통을 감소시키는 행동은 선이고, 고통을 유발하고 쾌락을 감소시키는 행동은 악이라고 간주하였다.

이렇게 도덕성은 행위 결과의 함수일 뿐이라는 쾌락주의적 결과론(結果論)이 도덕의 문제에 접근하는 벤담의 기본 입장이었다. 이러한 맥락에서 사람들은 자신의 행위를 통하여 쾌락의 양은 최대화하려 하고, 고통은 최소화하려 한다는 유용성의 원리가 보편적인 행위 원리로서 등장하며, 이러한 유용성의 원리는 '최대 다수의 최대 행복'이라는 공리주의의 모토로 확산된다. 이 점에서 벤담의 쾌락론은 공리주의와 맞닿게 된다.

벤담은 사람들은 기본적으로 자기 자신의 이익을 증진시키기 위하여, 즉 자신의 쾌락의 총량을 최대화하고 고통의 총량을 최소화하려는 목표에 도달하기 위해 행위한다고 굳게 믿는다. 더 나아가서 그는 공동체의 성원 모두가 자기 행복의 증진을 추구하게 되면, 공동체 전체의 행복도 따라서 확대될 것이라고 믿는다. 공동체는 개인들의 집합일 뿐이므로, 개인들이 모두 각자의 행복의 증진을 위해 노력하면, 최대 다수의 최대 행복이라는 공리주의의 모토가 실현될 것이라는 점이 벤담의 확신이었다.

이러한 벤담의 쾌락주의적 결과론은 서구 심리학에서 행동주의의 학습이론으로 연결되었다. 행동주의자들은 거의 모든 인간의 행동은 과거에 효과(效果)의 법칙에 따라 학습(學習)된 것이라고 본다. 보상을 가져오거나 처벌을 감소시키는 행동, 곧 쾌락을 유발하는 행동은 유기체의 행동 목록 속에 유지되고, 보상을 감소시키거나 처벌을 증가시키는 행동, 곧 고통을 유발하는 행동은 행동 목록에서 사라진다는 학습의 원리가 곧 효과의 법칙이다. 이러한 보상과 처벌은 어떤 행동에 주어지거나 행동 이후에 회수되는 강화(强化)의 함수로서 이해할 수 있다. 그러므로 학습의 과정이란 강화를 적절히 조작함으로써 행동의 유발 확률을 증가시키거나 감소시키는 과정을 말한다. 즉, 어떤 행동에 이은 쾌락과 고통을 적정화하면, 그 행동의 학습이 이루어진다는 것이 학습이론의 골자이다.

이렇게 인간의 모든 행동은 대상에 대한 의도나 동기 같은 내적인 구성물을 가정하지 않고도, 순전히 행동이 가져오는 쾌락과 고통이라는 결과에 의해 이해할 수 있다는 것이 학습이론의 관점이다. 이러한 맥락에서 학습이론가들은 도덕성도 과거 학습을 통하여 특정 상황에서 사회적으로 바람직한 방향으로 행동하는 습관이 형성된 결과로 이해할 수 있다고 주장한다. 구태여 도덕성이라는 내적 구성물을 들먹이면서 도덕이론을 구축할 필요가 없다는 것이다. 이렇게 행동주의 심리학의 학습이론가들은 도덕성이란 과거 학습의 결과 습득된 특정한(사회적으로 바람직한) 행동 습관(行動習慣)으로, 학습 과정의 부산물일 뿐이라고 여긴다.

이상에서 보듯이 서구 심리학에서는 도덕성을 인지(인지 능력 발달이론) 또는 감정 반응(정신역동이론)의 부속체계이거나 학습된 습관체계(학습이론)일 뿐이라고 보아, 모두 도덕성의 인간 본유성을 부정하는 입장을 취한다. 이러한 관점은 각각의 철학적 배경이 되는 이성주의적 의무론, 경험론적 정념론, 그리고 공리주의적 결과론의 도덕성에 관한 이론적 요지를 그대로 물려받은 데서 나온 결과이다.

(2) 서구 심리학의 단일차원설

도덕성에 접근하는 이러한 부차요소설적 입장은 결과적으로 서구 심리학자들로 하여금 도덕성을 그 뿌리가 되는 기본적인 심성 요소에만 귀결하여 이해하려는 관점(단일차원설)을 유발하는 계기가 되었다.

인지발달이론에서는 도덕성을 도덕적인 문제 상황에서 이루어지는 판단의 문제로 보고 접근한다. 도덕 판단은 인지 능력의 발달에 따라 행위의 결과(상과 벌)에 초점을 맞추어 옳고 그름을 판단하는 단계에서 행위의 의도 및 동기와 사회질서 유지에 초점을 맞추어 판단하는 단계로 발달한다는 것이 인지발달이론가들의 주장이다. 그들은 이러한 도덕 판단 양상의 발달 과정은 아직 논리적 조작(操作, operation)을 하지 못하여 직관적이고 자기중심적으로 외부 대상 세계를 이해하는 사고 능력 단계에서 논리적 조작을 할 수 있어서 가역적(reversible)이고 탈중심적(decentered)으로 외부 대상 세계를 이해하는 단계로 발달함에 따라 자연스럽게 이어지는 현상이라고 본다. 이렇게 도덕성은 외계를 인식하는 인지 능력의 발달 과정으로 환원하여 이해할 수 있으며, 따라서 도덕 판단은 인지적 판단이라는 단일 차원의 속성만을 갖는다는 것이 인지발달이론가들의 한결같은 주장이다.

도덕성을 인식과 판단의 문제로 환원하여 이해하려는 인지이론가들과는 달리 정신역동이론에서는 도덕성은 감정 반응의 문제일 뿐이라고 간주한다. 프로이트는 부모와 아이 사이의 관계에서 파생하는 감정 반응의 여파로 초래되는 동성부모에 대한 동일시 과정을 통해 사회 규칙과 도덕규범을 받아들여 내면화함으로써 갖추어지는 초자아가 곧 도덕성의 기능을 하는 것으로 여긴다. 이러한 초자아로서의 도덕 감정은 도덕적인 문제 상황에서 사회 규칙이나 도덕규범에 어긋나는 행동을 하지나 않을까 하는 불안을 유발하고, 이러한 불안이 도덕적 행위의 근거로서 작용한다는 것이 정신역동이론의 관점이다. 곧 사회규범에 어긋나는 행동을 했을 때 받게 될 초자아의 비난과 견책(죄책감)을 피하기 위해서 도덕적 행동을 하며, 따라서 도덕적 행위는 죄책감을 피하기 위한 자기방어적인 반응일 뿐이라고 프로이트는 보고 있는 것이다.

도덕성은 부모에 대한 애증(愛憎)의 감정 반응을 바탕으로 생겨나는 것일 뿐만 아니라, 도덕적인 문제 상황에서 초자아의 견책으로 유발될 죄책감(罪責感)이라는 감정 반응을 회피하기 위하여 도덕행동을 하게 된다고 보는 정신역동이론에서는 도덕성을 오로지 감정 반응을 주축으로 하여 이해하려 한다. 곧 도덕성은 감정 반응이라는 단일 차원의 속성으로 환원하여 이해할 수 있다는 입장이 정신역동이론의 관점이다.

행동주의 심리학의 학습이론에서는 도덕성이란 강화의 원리를 통하여 학습된 행동 습관일 뿐이라고 본다. 즉, 과거의 경험을 통해 사회적으로 바람직하게 여겨지는 행동이 자주 보상을 받아 하나의 습관으로 형성된 것이 곧 도덕성일 뿐이지, 도덕성이라는 유기체 내적인 구성물이 인지나 감정의 형태로 갖추어져 있는 것은 아니라고 학습이론가들은 주장한다. 말하자면 도덕적인 문제 상황에서 도덕적인 행동을 하는 것은 그것이 옳은 일이라는 판단(인지발달이론)이나 자기 견책적인 죄책감이라는 감정(정신역동이론) 때문이 아니라, 다만 그러한 문제 상황에서는 그렇게 행동하도록 과거에 형성된 행동 습관 때문일 뿐이라는 것이다. 이렇게 도덕성을 과거 학습의 결과라는 단일 차원으로 환원하여 이해하려는 것이 학습이론의 관점이다.

2) 유학사상의 도덕성 이론

유학사상의 심리구성체론은 욕구 · 감정 · 이성 · 덕성의 사분체계설을 근간으로 하며, 이 네 체계 사이의 관계도 덕성우월주의에 의해 구축되는 체계이다. 사분체계설과 덕성우월주의는 공자로부터 시작되어 유학자들에게 이어져 온 유학의 전통이었다. 사분체계설과 덕성우월주의는 유학자들의 도덕성에 대한 이해의 양식에도 지속적인 영향을 미쳐 왔다.

유학자들은 서구인과는 달리 이성 · 감정 · 욕구만이 아니라 도덕성도 인간의 심성을 구성하는 기본적인 요소라고 여겨, 도덕의 인간 본유설을 주장한다. 도덕 본유설은 그들의 덕성우월주의와 이어져 더욱 강력한 모습을 갖춘다. 또한 유학자들은 도덕성은 인간의 심성을 구성하는 다른 요소들(이성 · 감정 · 욕구)과 밀접한 관련을 맺고, 이들을 그 자체 속에 포괄적으로 통합하려 한다는 도덕의 통합설에 관한 논지를 전개한다.

유학자들의 도덕성에 대한 본유설과 통합설은 그들의 인간 파악의 관점에서 나오는 자연스러운 귀결이다. 유학사상은 인간 존재의 사회성과 도덕성 및 가변성의 가치를 주축으로 하는 관계중심적 인간관을 통해 인간을 이해하려 한다. 인간은 사회관계 속의 존재로서, 인간의 존재 의의는 사회관계에서 찾을 수밖에 없다는 것이 유학자들의 인간관의 핵심이다. 그러므로 유학자들은 삶의 과정에서 인간 존재의 근거인 관계의 조화를 이루려 노력하는 일을 중시하고, 결과적으로 이러한 조화를 가져오는 원천인 도덕성을 동물과 다른 인간의 고유성을 드러내는 핵심 요인으로 부각시킨다.

(1) 유학사상의 도덕 본유설

공자는 자기 사상의 핵심인 인(仁)이 바로 '타인과 사회에 대한 관심과 배려'라고 보아, 도덕성의 근거를 사회적 존재 특성에서 구하고 있다. 그는 인이란 "자기가 바라지 않는 것을 남에게 베풀지 않는 일"[021]이라거나 "자기가 서고자 하면 남을 먼저 세워 주고, 자기가 이루고자 하면 남이 먼저 이루게 해 주는 일"[022] 또는 "남을 사랑하는 일",[023] 그리하여 "어려운 일은 남보다 먼저 하지만, 그 대가는 남보다 나중에 받는 일"[024]이어서, "개인의 사욕과 사적 감정을 이기고[克己] 사회적 규범체계로 돌아가는 것[復禮]이 곧 인"[025]이라 제시함으로써, 타인에 대한 관심과 배려가 인(仁), 곧 도덕성의 중핵이라 보고

---

021 仲弓問仁 子曰……己所不欲 勿施於人 (『論語』, 顔淵 2); 子曰……己所不欲 勿施於仁 (衛靈公 23)

022 夫仁者 己欲立而立人 己欲達而達人 (雍也 28)

023 樊遲問仁 子曰 愛人 (顔淵 22)

024 仁者 先難而後獲 (雍也 20)

025 顔淵問仁 子曰 克己復禮爲仁 (顔淵 1)

있다. 이렇게 공자는 도덕성을 사회적 존재인 인간이 사회 속에서 타인과 관계를 맺으면서 살아가는 과정에서 요구되는 기본 특성이라 여긴다.

공자는 도덕성이 인간에게 태어날 때부터 본유적으로 갖추어져 있다는 사실을 "도덕성[仁]이란 내 몸 밖에 멀리 있는 것이 아니라서, 내가 인을 행하고자 하면 바로 마음 깊은 곳에서 올라오게 마련"[026]이어서, "능히 자기에게서 취해 남에게까지 미루어가는 것[能近取譬]이 도덕성을 행하는 방도"[027]가 된다고 표현하고 있다. 그러므로 "도덕성을 실행하는 것은 남에게 달려 있는 일이 아니라, 자기에게 달려 있는 일[爲仁由己]"[028]이라는 것이다. 공자는 사람이 태어날 때부터 갖추고 있는 도덕성은 구체적으로 일상생활에서 인(仁)이나 선(善) 및 의(義)의 추구, 효제(孝弟)의 실천, 그리고 사회 속에서 요구되는 역할 수행 같은 도덕적 지향성으로 드러난다고 주장한다.

공자에 이어 맹자는 유명한 사단설(四端說)을 통해 도덕성의 인간 본유설을 제시하고 있다. 그는 어떤 어린아이가 위험에 빠진 것을 보고 누구나 놀라서 불쌍히 여기는 마음[惻隱之心]이 드는 것은 그를 구해 주었을 때 얻게 될 보상이나 구해 주지 않았을 때 듣게 될 비난 등 외적인 요인 때문이 아니라는 사실을 예로 들면서, 측은 · 수오 · 사양 · 시비 등 도덕성의 근거는 인간에게 본유하고 있는 것이어서 "이런 사단을 갖추고 있지 않으면 사람이 아니다"라고 단언한다.[029] 그는 또 다른 곳에서 "곤경에 빠진 사람을 불쌍히 여기는 마음[惻隱之心]," "자기 잘못을 부끄러워하고, 남의 잘못을 미워하는 마음[羞惡之心]," "남에게 사양하고, 어른을 공경하는 마음[恭敬之心]," "옳고 그름을 가리려고 하는 마음[是非之心]"은 인의예지(仁義禮智) 같은 도덕성 그 자체

---

026 子曰 仁遠乎哉 我欲仁 斯仁至矣 (述而 29)

027 能近取譬 可謂仁之方也已 (雍也 28)

028 爲仁由己 而由人乎哉 (顔淵 1)

029 今人乍見孺子將入於井 皆有怵惕惻隱之心 非所以內交於孺子之父母也 非所以要譽於鄕黨朋友也 非惡其聲而然也 由是觀之 無惻隱之心 非人也 無羞惡之心 非人也 無辭讓之心 非人也 無是非之心 非人也 惻隱之心 仁之端也 羞惡之心 義之端也 辭讓之心 禮之端也 是非之心 智之端也 人之有是四端也 猶其有四體也 (『孟子』, 公孫丑上 6)

로서 "사람이면 누구나 가지고 있다"고 하여, 도덕의 인간 본유설을 강조하여 피력하고 있다.[030] 이러한 맥락에서 맹자는 "사람의 본성은 선(善)하다"고 선언하고 있는 것이다.[031]

사단의 인간 본유설 이외에, 맹자는 또한 선천적인 도덕적 인식 능력[良知]과 선천적인 도덕적 행위 능력[良能]이 인간에게 본디 갖추어져 있다는 사실에서 인간의 본성에 도덕성이 본유하고 있다는 사실의 근거를 찾는다.[032] 이렇게 생각하지 않고도 알 수 있는 도덕적 인식 능력인 양지(良知)와 배우지 않고도 실천할 수 있는 도덕적 실천 능력인 양능(良能)을 선천적으로 갖추고 있다는 사실은 도덕적 지향성이 인간에게 본유적으로 갖추어져 있음을 의미한다. 이와 같은 맥락에서 생각해 보면, 맹자가 말하는 본유적인 도덕성이란 곧 스스로가 도덕 주체임에 대한 자각과 스스로가 갖추고 있는 도덕성의 일상적 실천 같은 도덕적 지향성에 의해 본유성의 여부가 드러나는 인간의 본성이다.

순자는 독특한 사물위계설(事物位階說)을 통해 도덕성의 인간 본유성에 대한 관점을 제시한다. 그는 무생물[水火]은 기(氣)만 있고, 식물[草木]은 기와 더불어 생명[生]이 있고, 동물[禽獸]은 기 및 생명과 더불어 지각 능력[知]이 있을 뿐이지만, 사람은 이 이외에 도덕성[義]까지 갖추고 있어서 우주 안에서 가장 귀한 존재라고 본다.[033] 바로 인간이 본유적으로 도덕성을 갖추고 있다는 사실이 우주의 다른 삼라만상과 구별하여 인간을 진실로 인간답게 만드는 기본 요소라는 것이 순자의 주장이다.[034] 이와 같이 순자도 공자 및 맹자와 마

---

030 惻隱之心 人皆有之 羞惡之心 人皆有之 恭敬之心 人皆有之 是非之心 人皆有之 惻隱之心 仁也 羞惡之心 義也 恭敬之心 禮也 是非之心 智也 仁義禮智非由外鑠我也 我固有之也 弗思耳矣 (告子上 6)

031 孟子道性善 言必稱堯舜 (滕文公上 1)

032 孟子曰 人之所不學而能者 其良能也 所不慮而知者 其良知也 孩提之童 無不知愛其親也 及其長也 無不知敬其兄也 親親 仁也 敬長 義也 無他 達之天下也 (盡心上 15)

033 水火有氣而無生 草木有生而無知 禽獸有知而無義 人有氣有生有知 亦且有義 故最爲天下貴也 (『荀子』, 王制 20)

034 人之所以爲人者 非特以其二足而無毛也 以其有辨也 夫禽獸有父子 而無父子之親 有牝牡

찬가지로 도덕성의 인간 본유설을 강조하여 제시하고 있다.

순자도 또한 맹자와 마찬가지로 인간에게 도덕적 인식 능력[知]과 도덕적 행위 능력[能]이 갖추어져 있어,[035] 도덕적 인식과 실천을 위한 지향성이 인간에게 본디부터 갖추어져 있다고 여김으로써 도덕성의 인간 본유설을 펼치고 있는 것이다.

(2) 유학사상의 도덕 통합설

도덕성이 사람에게 본유적으로 갖추어져 있다는 유학사상의 입장은 인간의 심리구성체를 사분체계론을 통해 이해하려는 관점에서 나오는 자연스러운 논리적인 귀결이다. 유학사상에서는 인간에게 본유적인 네 체계(덕성 · 이성 · 감정 · 욕구)의 심성 요소들 사이의 관계를 덕성우월론을 통해 개념화한다. 곧 심성의 나머지 요소들이 도덕성에 의해 통제되어 도덕성으로 통합되는 것이 바람직한 삶의 모습을 이룬다는 것이다.

유학자들은 도덕성에 의한 나머지 요소들의 통합이 가능한 근거를 욕구 · 감정 · 인지의 체계가 그 자체 속에 도덕적인 지향성을 갖추고 있다는 사실에서 찾고 있다. 그렇기 때문에 각 체계가 갖추고 있는 도덕적 지향성에 의해 각 심성체계의 나머지 부분들이 통합을 이루게 된다는 것이다.

공자는 자기가 추구하는 모든 것은 충(忠)과 서(恕)라는 도덕성 한 가지로 통합된다는 일이관지론(一以貫之論)을 통해 도덕성의 통합에 대해 지적하고 있다.[036] 맹자는 본래 갖추고 태어난 사단을 넓혀 꽉 채움으로써 온 천하를 이롭게 할 수 있다는 확충설(擴充說)을 통해 도덕의 통합 가능성에 대해 논

而無男女之別 故人道莫不有辨 (非相 9-10)

035 所以知之在人者 謂之知 知有所合 謂之知 所以能之在人者 謂之能 能有所合 謂之能 (正名 3); 凡禹之所以爲禹者 以其爲仁義法正也 然則仁義法正 有可知可能之理 然而塗之人也 皆有可以知仁義法正之質 皆有可以能仁義法正之具 (性惡 13)

036 子曰 參乎 吾道一以貫之 曾子曰 唯 子出 門人問曰 何謂也 曾子曰 夫子之道 忠恕而已矣 (『論語』, 里仁 15)

의하고 있다.[037] 순자는 도덕성에 의해 나머지 심성 요소들을 부려 써야 한다는 역물론(役物論)을 통해 도덕의 통합이 가져올 효과에 대해 언급하고 있다.[038]

유학자들은 지 · 정 · 의 같은 심성 요소가 도덕성에 의해 통합될 수 있는 것은 욕구 · 감정 · 인지의 체계 안에 도덕적 지향성이 내재되어 있기 때문이라고 본다. 인간은 태어나면서부터 생물적 생존욕구, 자기이익 추구 욕구, 사회적 욕구 및 도덕적 지향성의 욕구 등 다양한 욕구를 갖추고 있다는 것이 공자 · 맹자 · 순자의 일치된 생각이다. 이 중에서 앞 세 가지는 충족 여부가 외적 조건에 달려 있는 재외자(在外者)이고, 도덕적 지향성의 욕구는 그 충족 여부가 자기의 수양 여부에 달려 있는 재기자(在己者)이기 때문에, 인간은 스스로가 어찌할 수 없는 전자를 억제하고, 그 대신 스스로의 수양 여부에 의존하는 후자를 적극적으로 추진하고 권장해야 한다는 것이 유학자들의 욕구이론의 핵심이다. 바로 이런 점에서 도덕적 지향의 욕구가 나머지 욕구(생존욕구, 이기적 욕구, 사회적 욕구)를 통제하고 제어할 수 있는 가능성의 동력이 생긴다는 것이다.[039]

감정 반응에도 같은 논리가 적용된다. 유학자들은 인간의 감정체계를 자아중심적 정서와 타인/규범중심적 정서로 나누어 개념화한다. 이 중에서 전자는 외적 조건에 따라 또는 외적 조건이 자기의 포부나 바람 및 욕구와 일치하거나 불일치하기 때문에 나타나는 외발(外發)적인 것이어서 내적으로 통제하고 조절해야 할 정서이지만, 후자는 타인에 대한 관심과 배려 또는 도덕 원칙 및 사회규범을 기반으로 하여 유발되는 내발(內發)적인 것이어서 일

---

037 人之有是四端也 猶其有四體也 有是四端而自謂不能者 自賊者也 謂其君不能者 賊其君者也 凡有四端於我者 知皆擴而充之矣 若火之始然 泉之始達 苟能充之 足以保四海 苟不充之 不足以事父母 (『孟子』, 公孫丑上 6)

038 志意脩則驕富貴矣 道義重則輕王公矣 內省則外物輕矣 傳曰 君子役物 小人役於物 此之謂矣 身勞而心安爲之 利少而義多爲之 事亂君而通 不如事窮君而順焉 故良農不爲水旱不耕 良賈不爲折閱不市 士君子不爲貧窮怠乎道 (『荀子』, 修身 29-30)

039 유학의 욕구이론에 대해서는 졸저(조긍호, 2017a, pp. 262-334) 참조.

상적 삶의 과정에서 적극적으로 함양하고 키워 나가야 하는 정서라는 것이 공자 이후 유학자들의 공통된 생각이다. 이렇게 후자가 전자의 정서를 억제할 수 있는 가능성은 후자가 도덕적 지향성에서 유발되어 나오는 것이어서 도덕적 통제력을 갖기 때문이라는 것이 공 · 맹 · 순의 기본 신조이다. 맹자는 특히 측은 · 수오 · 사양 · 시비의 사단이 도덕성 그 자체이자 타인과 규범을 참조 대상으로 하는 내발적인 정서의 핵심이라고 보아, 도덕적 지향성에 의한 감정 반응의 통합가능성의 근거를 사단이라는 사회적 감정의 존재 그 자체에서 찾고 있다.[040]

또한 유학자들은 지적 능력을 통해 인식하는 내용을 자기와 타인의 본성과 역할, 인의예지 같은 도덕성, 천명과 시간 같은 자연현상의 이치, 그리고 기타 여러 가지 구체적 사실 등으로 나누어 제시하고 있다. 이 중 전자의 두 가지(사람의 본성 · 역할과 도덕성)에 대한 인식은 도덕적 인식이라 볼 수 있는데, 『논어』에서는 인식 대상에 대한 언급 총 64회 가운데 39회(60.3%), 『맹자』에서는 63회 가운데 26회(41.3%), 『순자』에서는 156회 가운데 76회(48.7%), 곧 세 경전을 합하면 전체의 약 50% 정도가 도덕성과 관련되는 대상에 대한 인식의 문제를 다루고 있다. 이러한 사실은 본유적인 인식 능력을 통해 인간이 인식해야 할 핵심은 스스로가 도덕의 주체라는 사실과 스스로가 태어날 때부터 갖추고 있는 도덕성의 내용이라고 보는 것이 선진유학으로부터 이어져 내려오는 유학사상의 전통임을 확실히 드러낸다. 이러한 사실은 덕성 주체로서의 인간이 덕을 지향하는 과정에서 인식의 내용을 도덕성에 맞추어 조율하거나 통제해야 함을 의미하는 것으로, 이러한 사실을 통해 유학자들은 도덕적 지향성이 인식 능력 전반에 대한 통제력을 보유하고 있음을 주장하고 있다.[041]

이상에서 보듯이 도덕성이 나머지 심성 요소들에 대해 통제력을 가질 수

---

040 유학의 정서이론에 대해서는 졸저(조긍호, 2017a, pp. 336-398) 참조.
041 유학의 인지이론에 대해서는 졸저(조긍호, 2017a, pp. 400-487) 참조.

있는 것은 나머지 요소들이 그 자체 속에 도덕적인 지향성을 갖추고 있기 때문이다. 이러한 배경에서 유학의 덕성우월주의가 도출되는 것으로, 공자는 이를 도덕성 한 가지로 나머지 요소들을 꿰뚫는 일이관지(一以貫之), 맹자는 사단의 확충(擴充), 순자는 나머지 심성 요소들을 부리는 역물(役物)이라 표현하고 있다.

3. 현대 서구 학계의 도덕성에 관한 연구

지난 세기의 말엽을 거쳐 21세기에 들어서면서부터 서구의 학계에서는 영유아발달심리학, 영장류학, 진화심리학 및 사회 · 문화심리학을 중심으로 하여 마치 그동안 막혀 있던 봇물이 터진 것처럼 도덕성에 관한 연구가 본격적으로 이루어지고 있는데, 이러한 연구를 통해 도덕성의 인간 본유성과 도덕성의 다차원적 통합성을 지지하는 증거가 쌓이고 있다. 이러한 결과들은 유학사상에 근거를 둔 이론적 관점이 서구의 과학적 방법론을 동원한 실증적 연구들에 의해 사실로 밝혀지고 있음을 증명하는 것이다.

1) 도덕성의 본유성에 관한 최신 연구들

모든 생물체는 자연 선택(natural selection)의 원리에 따라 도태되거나 생존한다는 진화론(進化論)은 기본적으로 생명체들의 이기성(利己性)을 전제로 한다. 번식을 통한 존재의 지속은 무자비한 생존경쟁, 곧 생존 단위들 사이의 이기적인 투쟁을 바탕으로 한다는 것이 진화론의 기본 전제이다. 다윈(C. Darwin) 이래 진화론이 부딪친 가장 풀기 어려운 수수께끼 가운데 하나는 자기의 생존 기회를 희생하면서까지 동종의 타 개체를 돕는 이타성(altruism)

의 문제였다.[042] 이타행동은 모든 생명체의 자기보존을 위한 이기성과는 역행되는 행동으로, 자기의 번식가능성을 심각하게 위협할 수도 있기 때문이다.[043]

이타행동의 문제는 자기보다 타인을 우선 배려한다는 점에서 곧 도덕성의 문제라고 볼 수 있는데, 이는 최근 영유아의 사회성 발달 과정에 대한 발달심리학자들의 연구, 유전적으로 현생 인류(人類, Homo Sapience)와 가장 근연종(近緣種)인 고릴라 · 침팬지 · 오랑우탄 · 보노보 같은 영장류 유인원(類人猿, Great Apes)의 이타행동에 대한 영장류학자들의 연구 및 인간 종의 이타행동에 관한 설명이론체계를 모색하려는 진화심리학자들의 연구를 통해 도덕성의 본유성에 관한 탐구로 접근되고 있다.

(1) 영유아발달심리학의 연구

최근 아동의 인지 능력과 사회성의 발달 수준이 과거에 상정했던 것보다 훨씬 빨라, 출생 후 2세 이전의 영유아, 특히 출생 후 3~4개월의 영아에게서도 나타난다는 사실이 실증적인 연구의 결과를 통해 드러나고 있다. 이러한 결과가 얻어진 것은 전통적으로 언어행동이나 구체적인 행동지표를 종속측정치로 삼아 인지 능력이나 사회성의 발달을 다루던 관행에서 벗어나, 언어 습득이나 복잡한 행동발달 이전 시기의 영유아의 특정 행동(예: 응시하기, 관심 대상에 손 뻗치기 등)을 종속측정치로 삼아 연구를 진행하게 된 데에서 연원을 찾을 수 있다. 이러한 연구를 통해서 언어가 학습되기 이전의 영유아도 이미 타인에 관심을 가지며, 또한 선(善)에 대한 선호와 악(惡)에 대한 처벌 의지를 갖추고 있음이 밝혀져, 도덕성이 인간에게 본유적으로 갖추어져 있다는 사실에 대한 증거가 쌓이고 있는 것이다.

---

042 Cronin, 1991/2016, pp. 23-27, 513-602.

043 표준적으로 진화심리학자들에게 이타행동은 "행위자는 적합성 부담(fitness cost)을 지면서 수혜자는 이득을 보는 상호작용을 지칭하는 것"(Kurland & Gaulin, 2005, p. 448)으로 받아들여진다. 곧 자기의 번식적 이기성은 포기하면서 타 개체에게 이득을 주는 행위가 이타행동인 것이다.

생후 1년이 채 되지 않은 영아도 애매한 상황에 부딪쳤을 때 타인의 해석을 이용하여 자신의 해석을 구성하는 사회적 참조(social referencing) 현상을 보인다. 이 시기의 영아에게 애매하게 생긴 장난감을 제시하면 흔히 뒤에 앉아 있는 엄마를 쳐다보며, 이때 엄마가 긍정 정서를 보내면 그 장난감에 접근하지만, 엄마가 부정 정서를 보내면 장난감에서 회피하는 행동을 보인다. 만 1세경에 즈음하여 나타나는 이러한 영아의 사회적 참조 행동은 이 나이 또래의 영유아도 애매한 상황에 처하면 타인의 행동을 참조하며, 그들의 반응에 따라 자신의 행동을 조정한다는 점을 함의한다.[044] 최근의 연구에서는 5~6개월 된 영아에게서도 사회적 참조 행동이 나타남이 관찰되었다.[045]

유아의 인지발달 수준을 고려한다면, 이 시기의 영아들이 사회적 참조 행동을 보인다는 것은 사람들이 타인에 대한 사회적 정보를 추구하여 세상에 대한 지식을 구성하는 행동은 태어날 때부터 갖추어져 있는 것으로 볼 수 있음을 의미한다. 또한 영유아들은 갓 태어났을 때부터 타인의 고통에 대한 정서 반응(예: 따라 울기, 우는 아이 달래기, 곤경에 빠진 아이 도와주기 등)을 보인다는 사실도 관찰되었다.[046] 도덕성이란 타인에 대한 관심에서 비롯된다는 사실을 생각해 보면, 타인에 대한 관심과 더불어 타인의 마음 상태를 이해하고 배려하는 마음 읽기(mind reading) 능력이 매우 이른 시기부터 나타난다는 최근의 연구 결과[047]는 도덕성의 인간 본유성을 시사하는 증거가 된다.

---

044 김근영, 2014.

045 Vaillant-Molina & Bahrick, 2012; Walden, Kim, McCoy, & Karrass, 2007.

046 Warneken & Tomasello, 2009a.

047 다른 사람에게도 자기와 마찬가지로 특정한 일이나 대상에 대한 바람[願望]과 믿음[信念], 곧 마음 상태가 갖추어져 있다고 생각하는 능력이 '마음이론(theory of mind, Premack & Woodruff, 1978)'으로, 마음이론에 대한 연구를 통해 타인의 마음 상태를 추론하고 이해하는 '마음 읽기'가 유아 시기부터 가능하다는 사실이 밝혀지고 있다. 마음이론에 대한 연구는 주로 '틀린 믿음(false belief)'에 대한 이해의 문제를 중심으로 하여 이루어져 왔다(Doherty, 2009, 2013, pp. 16-18, 23-25). 이러한 연구의 결과 타인의 마음 상태를 이해하는 능력은 언어를 습득하여 이를 원활히 사용하기 전(생후 15개월경, Song & Baillargeon, 2008)부터 영아에게 본유적으로 갖추어져 있다는 사실이 드러나고 있다. 마음 읽기의 능력은 타인에 대한 배려를 촉발하여, 어려운 처지에 빠져 있는 사

생후 6개월 된 영아는 제삼자가 언덕을 올라가는 것을 도와주는 인형과 방해하는 인형을 보여 준 다음 선택하게 했을 때, 전자에게 더 많이 손을 뻗쳐 가지려고 하는 선호행동을 보였으며,[048] 이러한 경향은 심지어 생후 3개월짜리 영아에게서도 관찰되었다.[049] 또한 생후 5개월 된 영아도 제삼자를 돕는 인형이 보상받는 경우를 제삼자를 방해하는 인형이 보상받는 경우보다 더 좋아했으며, 남을 돕는 인형이 받은 보상과 방해한 인형이 받은 보상 중에서 골라 가지게 하면 후자의 것을 빼앗아 가지려 하였다.[050] 선한 행동을 하는 대상을 그렇지 않은 대상보다 더 선호하거나, 규칙의 준수자를 보상해 주고 규칙 위반자를 처벌하려는 경향이 매우 어릴 때부터 관찰된다는 결과는 인간에게 도덕성이 태어날 때부터 갖추어져 있다는 사실을 시사한다.

언어 습득 이전의 매우 어릴 때부터 다른 사람으로부터 세상에 대한 정보를 얻으려 하고, 타인의 상태에 대해 관심을 보이고 그들을 배려하며, 더욱이 착한 행동을 하는 사람을 그렇지 않은 사람보다 선호할 뿐만 아니라, 규칙 준수자를 보상하고 규칙 위반자를 처벌하려는 행동을 보인다는 사실은 도덕성의 인간 본유성에 대한 훌륭한 증거이다.

(2) 영장류의 이타행동 연구

고릴라 · 침팬지 · 오랑우탄 · 보노보 같은 유인원 중에서도 침팬지는 인류와 가장 가까운 근연종으로, 유전부호(genetic code)의 96%를 공유할 정도로 양자 사이의 유사성은 매우 크다.[051] 양자 사이의 유전적 유사성은 행동적 측면에서 다양한 유사성을 산출하는데, 행동적 유사성이 가장 잘 드러나

람을 자발적으로 도와주는 행동의 근거로 작용한다. 이와 같이 인간에게 본유적으로 갖추어져 있는 마음 읽기의 능력은 타인에 대한 배려, 곧 도덕성의 근거로 작용하며, 따라서 이는 도덕성의 인간 본유성을 드러내는 확실한 증거가 되는 것이다(Perner & Ruffman, 2005, pp. 214-216).

048 Hamlin, Wynn, & Bloom, 2007.

049 Hamlin & Wynn, 2011; Hamlin, Wynn, & Bloom, 2010.

050 Hamlin, 2012, 2013.

051 Varki & Nelson, 2007.

는 분야가 이타행동의 영역이다.[052] 이러한 배경에서 침팬지와 인간 유아 사이의 이타행동의 관련성에 관한 문제는 최근 20~30년 동안 진화심리학자들의 많은 관심을 끌어온 주제였다. 이러한 연구는 대체로 다른 개체의 목표 추구행동에 대한 의도적이고 자발적인 도움행동의 장면에서 이루어져 왔다.[053]

생후 14개월 된 유아들은 어른이 양손 가득 물건을 나르다가 한 개를 사고로 떨어뜨리면 다가가서 그것을 집어 주며, 양손 가득 물건을 들고 옷장 문을 열려고 하면 다가가서 문을 열어 주었다. 이런 도움행동은 아무런 물질적 보상이나 칭찬이 없어도 자발적으로 나타났다. 동물원에서 기른 침팬지나 자연 상태에서 큰 침팬지도 언어적이거나 물질적인 보상이 없어도 위에서와 똑같은 도움행동을 보였다.[054] 침팬지도 인간과 동일한 상황에서 동일한 도움행동을 나타낸다는 이러한 결과는 도움행동이 인간에게 고유한 문화 때문에 나타나는 행동이 아니라는 사실을 강력하게 시사한다.

인간의 의도적 · 자발적인 도움행동이 후천적인 근거를 갖는 것이 아니라 인간에게 본유적인 행동 경향성의 발현일 것이라는 추론은 동일한 도움행동이 침팬지에게서도 나타난다는 실험 결과 이외에도 여러 관찰 결과와 추론에서 뒷받침되고 있다.[055]

첫째, 의도적, 자발적인 도움행동이 생후 14개월이라는 매우 이른 시기에 나타난다는 사실이다. 이 시기는 대부분의 부모가 아동에게서 친사회적인 행동이 나올 것을 기대하거나 또는 이러한 행동을 훈련시키기도 전이므로, 이 결과는 도움행동의 인간 본유성을 시사하는 것으로 보인다. 그러나 이는 생후 14개월 동안 어른들이 하는 도움행동에 대해 사회학습(social learning)을 했을 가능성도 있다는 점에서 논란을 불러올 수 있는 해석이다.

---

052 McCullough & Tabak, 2010, p. 263.

053 Tomasello, 2009; Warneken & Tomasello, 2009a, b.

054 Warneken & Tomasello, 2006, 2007; Warneken, Hare, Melis, Hanus, & Tomasello, 2007.

055 Tomasello, 2009, pp. 6-13.

둘째, 이 실험들에서는 부모가 물질적이거나 언어적인 보상을 주는 것이 도움행동의 크기에 아무런 영향을 가져오지 못하는 것으로 나타났다. 심지어 20개월짜리 유아를 대상으로 한 어떤 실험에서는 물질적 보상을 주면 도움행동이 줄어들기도 하였다.[056] 물질적 보상이 유아의 도움행동을 줄인다는 결과는 외적 보상이 내적 동기를 감소시킨다는 사실을 의미하는 것으로, 도움행동의 본유성을 암시한다.

셋째, 도움행동은 아직 서구화되지 않은 전통적인 문화권의 동일 연령층의 유아들에게서도 동일하게 나타난다.[057] 이러한 문화 연구의 결과는 도움행동이 문화의 영향을 받아 형성되는 행동이 아님을 시사한다.

넷째, 생후 18개월짜리 유아들은 피해자에게 공감적 관심(empathetic concern)을 가지고 있을수록 피해자를 더 많이 도와주었다. 어떤 아이(피해자)의 그림을 제삼자가 찢어 버리는 것을 본 유아가 얼굴을 찡그리는 정도를 측정해 보면, 피해자의 장난감을 또 다른 아이가 뺏으려고 할 때 피해자를 도와주는 정도는 그의 불행을 보고 얼굴을 찡그린 정도와 비례했다.[058] 이러한 결과는 유아의 도움행동을 유발하는 원동력은 타인의 곤경에 대한 관심과 그에 대한 배려에 있음을 의미한다.

이러한 결과와 추론들을 고려해 볼 때, 유아의 도움행동은 문화적 학습이나 부모의 훈련(사회화) 때문에 산출되는 것이 아니라, 태어날 때부터 인간이 본유하고 있는 도덕성에서 나오는 행동이라는 사실이 확실하다.

(3) 현대진화론에서의 이타성의 진화기제에 관한 이론

진화론을 연구하는 진화생물학자와 진화심리학자들의 최근의 핵심 관심사는 이러한 실험과 관찰을 통해 밝혀진 이타행동의 진화기제를 밝혀 보려는 것이다. 진화란 자연 선택의 원리에 의한 이기적 투쟁의 결과라는 진화

---

056 Warneken & Tomasello, 2008.

057 Tomasello, 2009.

058 Vaish, Carpenter, & Tomasello, 2009.

론의 기본 명제에 비추어 보면, 얼핏 보기에 이타행동은 자연 선택의 법칙에 어긋나는 것처럼 보인다. 곧 진화란 진화의 단위[059]가 가진 생존가능성을 높임으로써 이루어지는데, 이타행동에 의해 자손을 낳기 전에 죽기라도 한다면 자기 유전자를 후대에 전달할 수 없으므로 이타행동은 진화 과정에서 선택되지 못하고 도태될 수밖에 없기 때문이다. 그러나 이타행동이 진사회성(eusociality) 곤충이나 인간을 비롯한 영장류의 특징적인 행동이라는 사실은 어떻게 설명할 수 있는가?

현대진화론에서 이러한 문제는 '포괄적합성(inclusive fitness)'의 개념으로 접근한다.[060] 여기서 "포괄적합성은 어떤 개체나 생물의 성질이라기보다는 그 행동이나 효과의 성질이다. 따라서 포괄적합성은 어떤 개체가 지닌 번식 성공도(번식적합성)에다가 그 개체의 행동이 유전적 친족의 번식 성공에 미치는 효과를 더한 것이다."[061] 유전자 중심의 관점에서 보면, 포괄적합성을 높이는 일이라면 유전자의 운반체로서의 개체를 희생해서라도 친족의 번식 성공도를 높이며 유전자의 복제 성공을 가져오는 방안을 생각할 수 있고, 이것이 바로 이타행동이라는 것이다. 이렇게 보면 이타행동은 자연 선택의 원리 속에 자연스럽게 통합된다는 것이 현대진화론의 관점이다. 즉, 이타행동을 통해 협력자[시혜자]는 부담(cost)을 지게 되지만, 수혜자는 이득(benefit)을 얻게 되는데, 양자 사이의 근연도 등 특정 확률이 '이득 대비 부담 비율(cost-to-benefit-ratio: c/b)'보다 커지면, 이타행동이 포괄적합성을 높이는 유리한 행동양식으로 부각된다.

현대진화론에서는 친족끼리의 이타행동은 친족선택(kin selection)의 개

059 진화의 단위 문제는 매우 복잡한 문제인데, 복제되어 후대에 전달되는 자기복제자(replicator)를 무엇으로 보느냐의 문제로 정리할 수 있다. Darwin(1859)의 고전진화론에서는 자기복제되는 진화의 단위를 개체(유기체, organism)라고 보지만, 1960년대 이후 특히 Williams(1966) 이후의 현대진화론에서는 복제되는 진화의 단위를 유전자(gene)라고 본다. 그러니까 고전진화론이 '개체 중심의 관점'을 택해 왔다면, 현대진화론은 '유전자 중심의 관점'에서 개체(유기체)는 다만 유전자의 운반체일 뿐이라고 여긴다.

060 Hamilton, 1964.

061 Buss, 2012/2012, p. 44.

념으로,[062] 직접 접촉하고 있는 집단의 구성원에 대한 이타행동은 직접적 교호성(direct reciprocity)의 개념으로,[063] 직접 접촉하지 못하는 구성원에 대한 이타행동은 간접적 교호성(indirect reciprocity)의 개념이나[064] 연결망 교호성(network reciprocity)의 개념 또는 신호이론(signaling theory)으로,[065] 그리고 집단 수준의 집단 선택(group selection) 또는 다수준선택(multilevel selection)의 개념으로[066] 접근하여 이타행동의 진화에 대해 설명하려 한다.[067]

이타행동을 시혜자의 부담과 수혜자의 이득 사이의 비율로 계산해서 이해하는 관점에 따라 분석하게 되면, 시혜자의 이타행동도 장기적으로는 자

---

062 Hamilton, 1964: 이 이론에 따르면, 친족 사이의 근연도 r이 이득 대비 부담비율보다 큰 조건(r 〉 c/b)에서 친족 사이에 이타행동이 늘어난다.

063 Trivers, 1971: 이 이론에 따르면, 한 집단의 성원 중 특정 성원과의 계속적인 접촉 확률 w가 이득 대비 부담비율보다 큰 조건(w 〉 c/b)에서 두 성원 사이의 이타행동이 늘어난다.

064 Nowak & Sigmund, 1998: 이 이론에 따르면, 곤경에 빠진 낯선 개체를 도와주면 협력자(시혜자)라는 명성(reputation)을 얻게 되고, 이러한 명성은 시혜자가 비슷한 곤경에 빠졌을 때 모르는 개체로부터 도움을 받을 확률을 높이므로, 이타행동이 늘어난다는 것이다. 이 이론에서는 어떤 개체의 명성에 대해 알게 될 확률(q)이 이득 대비 부담비율보다 큰 조건(q 〉 c/b)에서 이타행동이 늘어난다.

065 Maynard Smith & Harper, 2003: 이 이론은 협력자들은 자기의 이타행동을 통해서 자기가 가진 유전형적 장점(예: 지능, 신체적 힘, 자원의 풍부함, 친절성, 배우자나 동맹자로서의 가치 등)을 신호로 내보내고, 이 신호를 받는 개체들은 그를 선호함으로써 이러한 개체들끼리 연쇄망 군집(network cluster)을 형성하게 되어 이타행동이 증가한다고 본다. 여기서는 연쇄망의 평균 이웃의 수(k)가 이득 대비 부담비율보다 큰 조건(k 〉 c/b)에서 이타행동이 증가하게 된다고 예측한다.

066 Wilson & Wilson, 2007; Wilson, 2012: 이 이론은 집단 사이의 경쟁을 통해 협력자가 많은 집단이 수혜자만 있는 집단보다 더 번영하게 되어 이타행동이 늘어나게 된다고 본다. 이 이론에 따르면, 집단의 최대 크기(n)와 집단의 수(m)의 비율과 '부담 대비 이득비율(benefit-to-cost-ratio: b/c)' 사이에 [b/c 〉 1 + n/m]의 관계가 성립할 때, 집단 선택에 의한 이타행동이 증가한다.

067 McCullough & Tabak, 2010, pp. 264-271; Nowak, 2006: 최근 압도적으로 경쟁이 유리한 '죄수 곤경 게임(prisoner's dilemma game)' 상황에서도 두 게임 당사자의 관계가 오래 지속되면, '맞받아치기 전략(tit-for-tat strategy)' 곧 협동하는 경향의 전략이 우세하게 된다는 컴퓨터 모사(computer simulation) 연구들(Axelrod, 1984; Axelrod & Hamilton, 1981; Trivers, 1985)도 도덕성의 진화가능성을 입증하고 있다.

기에게 번식적 이득을 가져오게 되는 것이므로, 이타행동도 결국 이기적인 관점으로 환원해서 이해하는 것이 아니냐는 반론이 나올 수 있다. 그러나 시혜자는 장기적인 이득을 기대하고 곤경에 빠진 사람을 돕는 행동을 하는 것이 아니라, 다만 수혜자의 필요에 의해 그를 곤경에서 구출하겠다는 동기에 따라 즉각적으로 행동할 뿐이다.

또한 어떤 사람은 시혜자는 스스로의 돕는 행동으로 인해 쾌락을 얻기 위해 남을 돕는 것이기 때문에, 이는 궁극적으로 이기적인 행동이라고 주장하기도 한다. 그러나 타인이 자기의 도움을 받고 이득을 얻는 것을 보면서 얻는 즐거움을 도움행동으로 인해 사회적 인정이나 물질적 보상과 같은 자기이익을 누림으로써 얻는 쾌락과 같은 것으로 볼 수는 없다.[068] 더욱이 곤경에 빠진 사람이 얻는 복지를 보면서 얻는 즐거움은 내적 동기에 따른 쾌락(intrinsic pleasure)이고, 따라서 본질적으로 이타적인 성격의 것이다. 뿐만 아니라 이타행동을 수행하는 것이 본질적으로 내적인 자기보상을 가져오는 것이라면, 이타행동을 유발하는 심리적 기제는 그 자체 생물학적으로 갖추어져 있는 본유성을 갖는 것이라 해석할 수 있는 것이다.[069]

이러한 맥락에서 보면, 영유아와 영장류에게서 나타나는 이타행동의 결과는 인간에게는 태어날 때부터 도덕성이 본유적으로 갖추어져 있다는 사실을 일관되게 확인해 주고 있다. 최근 '사회적 대뇌 가설(social brain hypothesis)'을 주장하는 학자들에 따르면,[070] 영장류는 다른 포유류들과는 달리 사회집단을 형성하여 삶을 유지하는 특징을 보이는데, 영장류 특히 인류(Homo Sapience)의 진화 과정에서는 사회집단의 크기가 커지는 데 따라 대뇌의 크기가 정비례하여 커졌다고 한다. 집단생활이란 기본적으로 집단성원에 대한 관심과 배려를 요구하므로, 집단의 크기가 커지면 자연히 관심을

---

068 Batson, 2010; Batson, Dyck, Brandt, Batson, Powell, McMaster, & Griffitt, 1988.

069 de Waal, 2007; Warneken & Tomasello, 2009b, p. 456, 각주 1.

070 Dunbar, 1998, 2008, 2011, 2014; Gamble, Gowlett, & Dunbar, 2014/2016; Lieberman, 2013/2015.

기울여야 할 대상이 많아지므로, 그 인지적 수요를 감당하기 위해 대뇌의 크기가 커질 수밖에 없었다는 것이다. 이러한 관점에서 보면, 타인에의 관심과 배려는 집단생활을 하는 영장류 특히 인류의 본유적인 특성이고, 따라서 인류에게 도덕성은 원초부터 갖추어져 있는 본성임이 분명하다.

2) 도덕성의 통합성에 관한 최신 연구들

도덕성에 대한 인지발달이론에서는 도덕성을 인지 능력 발달의 부산물로 보고, 도덕적 판단 과정의 분석을 통해 이 문제에 접근해 왔다. 인지발달론자들에게 도덕성은 도덕적 문제 상황에 대한 인지적 추론과 판단의 문제일 뿐이었다. 정신역동이론에서는 이성부모와 동성부모에 대한 애증의 결과 나타나는 동성부모에의 동일시를 통해 도덕규범을 내면화하여 형성되는 초자아가 도덕성의 근거라고 여긴다. 이렇게 도덕성을 감정적 반응의 부산물로 여기는 정신역동이론에서는 주로 부적응적인 감정 반응이 야기하는 부적응 행동을 중심으로 도덕성의 문제에 접근해 왔다. 정신역동이론가들에게 도덕성은 다만 감정적 반응의 문제일 뿐이었다.

과연 도덕성은 인지적 추론과 판단의 문제일 뿐인가? 아니면 감정적 반응에 그치는 문제일 뿐인가? 이러한 문제는 도덕성의 통합성에 대한 관심을 유발하는데, 최근에 도덕성을 주제로 삼는 사회심리학자들과 문화심리학자들이 이 문제에 접근하여 괄목할 만한 성과를 내고 있다.

(1) 도덕성의 다차원 기반이론: 도덕성의 복합성과 통합성

전통적으로 인지발달론자들은 도덕성을 정의(justice)의 단일 원칙에 따라 개념화하고,[071] 도덕성의 문제를 정의라는 단일 차원의 인지적 추론과 판단의 문제로 환원하여 이해하려는 전통을 형성하였다. 그러다가 1980년대에

071 Piaget, 1932/1965; Kohlberg, 1969.

들어서면서 정의는 남성이 중시하는 가치일 뿐이라는 관점에서, 여성의 도덕성을 포괄하기 위해 정의와 더불어 배려(caring)의 원칙도 포함하고자 하는 관점이 대두되었다.[072] 한편 일부 인류학자는 이러한 도덕 원칙이 서구 개인주의 사회의 도덕 판단 양상을 반영할 뿐, 문화보편적인 도덕 원칙이 될 수는 없다고 보았다.[073] 그들은 인도인의 도덕 판단의 양상을 분석하여 인도인의 도덕 판단 양상은 자율성(autonomy), 공동체성(community) 및 신성성(divinity)의 원리를 포괄적으로 고려하여 이루어지며, 이러한 포괄적인 도덕 원칙은 서구인의 도덕 판단의 양상을 분석할 경우에도 적용될 수 있다고 보고, 이를 지지하는 실증적인 증거를 제시하였다.

이러한 맥락에서 하이트(J. Haidt)를 중심으로 한 일군의 사회심리학자들은 인류학, 심리학 및 진화심리학의 연구를 포괄적으로 개관하여 진화적인 근거를 갖는 문화보편적인 도덕 기반(moral foundation)을 찾아내려 하였다.[074] 그 결과 도덕 판단이 다섯 가지 기반(배려/위해, 공정/부정, 충성/배신, 권위/전복, 고결성/타락)을 기초로 하여 이루어진다는 도덕기반이론을 제시하였다.

여기서 배려/위해(care/harm) 기반은 신생아와 같이 연약한 대상에 대한 직관적 반응으로, 아이가 고통스러워하거나 스트레스 상황에 놓여 있을 때 적응적 기제로 작용하는데, 이는 다른 모든 동물에게서도 발견되는 것으로 진화적 근거를 갖는 보편적 반응이다. 이러한 반응기제는 누군가의 고통을 덜어 주는 일은 옳은 것으로, 잔인한 행동은 옳지 않은 것으로 판단하도록 작용한다. 이 차원에서 특징적으로 유발되는 감정은 동정심(compassion)이며, 배려(caring)와 친절성(kindness)이 이 차원과 관련된 덕목(virtue)이다

공정/부정(fairness/cheating) 기반은 양방향의 주고받기가 특징인 교환관

---

072 Gilligan, 1982.

073 Shweder, Much, Mahapatra, & Park, 1997.

074 Haidt, 2012; Haidt & Graham, 2007; Haidt & Joseph, 2004, 2007; Haidt & Kesebir, 2010; Graham, Haidt, Koleva, Motyl, Iyer, Wojcik, & Ditto, 2012.

계 상황에서 개인 간의 협동과 동맹 형성을 도모하는 적응기제로 작용한다. 이 차원에서는 공정하게 주고받는 반응은 옳은 행동으로, 교환의 공정성을 깨뜨리거나 상대방을 속이는 반응은 나쁜 행동으로 판단된다. 이 차원의 특징적인 감정 반응은 분노(anger), 죄책감(guilt), 감사함(gratitude) 등이며, 관련 덕목은 공정(fairness), 정의(justice), 신뢰(trustworthiness) 등이다.

충성/배신(loyalty/betrayal)은 집단에 대한 위협이나 도전의 상황에서 단결력 있는 연합을 구성함으로써 집단의 유지와 번영을 도모하는 적응기제로 작용한다. 이 차원에서는 소속 집단에 충실히 봉사하는 행동은 옳은 것으로, 집단에 해를 끼치거나 배반하는 행동은 나쁜 것으로 판단한다. 이 차원에서 유발되는 특징적인 감정 반응은 집단에 대한 긍지(group pride)와 배신자에 대한 격노(rage at traitors) 등이며, 충성심(loyalty), 애국심(patriotism), 자기희생(self-sacrifice) 등이 관련 덕목으로 부각된다.

권위/전복(authority/subversion)은 지배와 복종의 위계 서열 내에서 서로에게 유리한 관계를 다짐으로써 질서 있는 공동체의 형성을 도모하는 기제로 작용한다. 이 차원에서는 위계질서를 준수하는 행동은 옳은 것으로, 위계에 도전하거나 이를 깨뜨리는 행동은 나쁜 것으로 상정된다. 이 차원의 특징적인 감정 반응은 존경심(respect)과 두려움(fear)이며, 경의(deference)와 복종(obedience)이 대표적인 관련 덕목이다.

고결성/타락(sanctity/degradation)은 병원균과 기생충 문제에 대한 적응적 반응 기제로서, 오염을 피하고 청결과 고귀함을 지향하는 기반이다. 이 차원에서는 고귀함과 깨끗함 및 신성을 지향하는 반응은 옳은 것으로, 더러움과 오염 및 신성모독을 가져오는 반응은 나쁜 것으로 받아들여진다. 혐오(disgust), 숭배(reverence), 경외(awe) 등이 이 차원의 대표적인 감정 반응이며, 관련 덕목으로는 절제(temperance), 순결(chastity), 경건(piety) 등을 들 수 있다.

이들 다섯 차원은 정도의 차이는 있지만 어느 누구나 관심을 갖는 판단 규범이고, 자동적인 감정적 평가를 수반하며, 문화적으로 널리 분포하고 있음이 밝혀지고 있다. 또한 최근의 많은 진화생물학과 진화심리학의 연구 결과에 따르면, 인간은 이 다섯 가지 차원을 유발하는 문제 상황에 대해 생득적인 준비성(innate preparedness)을 갖추고 있을 뿐만 아니라, 이들은 환경세계에 대해서도 지대한 적응적 가치를 가지고 있음이 밝혀지고 있다. 이렇게 이들 다섯 가지는 모두 원시 상황에서부터 지속적으로 작용해 온 적응기제로, 오늘날에도 다양한 현상에 대한 옳고 그름의 반응을 이끌어 내는 도덕적 반응의 실질적인 차원으로 작용하고 있기 때문에 도덕적 기반(moral foundation)이라고 볼 수 있다는 것이 도덕기반이론의 골자이다.[075]

이 다섯 가지 도덕 기반 중 앞의 두 가지(공정과 배려)는 개인의 안녕과 권리 및 자율성을 강조하는 개별화 기반(individualizing foundations)이고, 뒤의 세 가지(충성, 권위, 고결성)는 집단의 결속을 위한 의무와 자기조절을 강조하는 결속 기반(binding foundations)이다.[076] 이렇게 보면 자율성의 원리를 중심으로 하여 도덕 판단 능력이 발달해 간다고 보는 서구 인지발달론자들의 도덕 판단에 관한 전통적인 연구는 도덕성에 관한 개별화 기반에만 초점을 맞추어 연구를 진행해 왔다고 볼 수 있다.

하이트와 공동연구자들은 개인의 문화 성향에 따라 중시하는 도덕적 기반의 차이를 보일 뿐,[077] 기본적으로 이들 다섯 가지 도덕 기반 모두는 진화적 기원을 갖는 문화보편적인 것이어서 서구인이 도덕 판단을 할 때 실제로 적용된다는 사실을 밝히고 있다.[078] 앞의 5차원 도덕 기반의 설명에서 보았듯이 각 차원의 기반은 도덕적 상황에서 나타나는 정서, 도덕 판단, 행동 및

---

075 Graham, Haidt et al., 2012, pp. 36-40.

076 Graham, Haidt, & Nosek, 2009.

077 Haidt를 중심으로 한 연구자들이 이 다섯 가지 도덕 기반의 문화보편성을 밝히고자 했던 대표적인 영역이 미국 내에서 '문화전쟁(cultural war: Graham, Nosek, & Haidt, 2012, p. 15)'이라고까지 표현되는 진보주의자(liberal)와 보수주의자(conservative)의 도덕 판단 기준의 차이에 관한 문제이다. 이러한 연구에 따르면, 진보주의자들은 공정과 배려의 두 차원에만 근거하여 도덕 판단을 하는 데 비해, 보수주의자들은 다섯 차원을 모두 이용하여 도덕 판단을 하는 것으로 밝혀지고 있다. 이러한 경향은 우리나라도 마찬가지인 것으로 드러나고 있다(이재호 · 조긍호, 2014).

078 Haidt & Graham, 2007; Haidt & Joseph, 2007.

덕성을 모두 아우른다. 도덕 기반의 복합성(pluralism)에 대한 도덕 기반 이론의 이러한 관점은 도덕성이 인지적 판단이나 도덕적 감정 등 어느 하나의 심성 차원에만 국한되는 것이 아니라, 통합성을 갖는 심리구성체라는 사실을 전제로 하여 성립되고 있는 것이다.

(2) 도덕 판단의 직관주의 모형: 감정의 우선성과 인지적 합리화의 후속성

하이트는 5차원 도덕기반이론 이외에 도덕 판단에 대한 '사회적 직관주의 모형(social intuitionist model)'을 제시하여,[079] 도덕적 문제 상황에 접했을 때 이에 대한 추론과 해석 같은 인지 반응이 선행되어 도덕 판단이 이루어지는 것이 아니라, 당혹감이나 불쾌감과 같은 정서적 반응이 선행되고 그에 대한 인지적 합리화 과정이 따르게 된다고 주장하였다. 즉, 도덕 판단의 과정에서는 도덕 판단에 대해 합리주의 모형(rationalist model)을 따르는 인지발달이론가들이 주장하듯이 인지적 추론이 선행되고 이에 의해 도덕 판단이 이루어지는 것이 아니라, 정서 반응이 선행되고 이에 따라 나머지 과정(도덕 판단과 도덕 추론)이 영향을 받는다는 것이다.[080]

그는 이러한 주장을 검증하기 위해 '도덕적인 당혹감(moral dumb-founding)'을 유발하는 문제 상황을 제시하고, 이에 대한 판단을 하게 한 다음 그 까닭을 계속 추궁하는 방법으로 직관적 판단 모형을 검증하였다.[081] 이러한 문제에 대해 사람들은 단호하게 어떤 판단을 제시한다(예: "오누이끼리 성관계를

---

079 Haidt, 2001, 2007, 2012; Haidt & Bjorkland, 2008; Haidt & Kesebir, 2010.

080 Haidt(2001)는 도덕 판단에 대한 직관주의 모형의 주장을 편 첫 논문에 '정서적인 몸통과 그 합리적인 꼬리(the emotional dog and its rational tail)'라는 은유적인 제목을 붙여 이러한 주장의 설득력을 높이려 시도하고 있다.

081 이러한 문제 상황의 한 가지 예는 다음과 같다: "대학생인 줄리와 마크는 오누이인데, 여름방학을 맞이하여 함께 프랑스를 여행하는 중이다. 어느 날 밤 그들은 해변 근처의 오두막에 함께 머물게 되었는데, 그들은 자기들이 성관계를 가진다면 재미있을 뿐만 아니라, 최소한 서로에게 새로운 경험이 될 것이라고 여겼다. 임신을 방지하기 위해 줄리는 피임약을 복용하였고, 마크는 콘돔을 사용하였다. 그들은 성관계를 즐겼지만, 두 번 다시 함께 성관계를 갖지 않기로 결정하였다. 그들은 그날 밤 일을 아무도 모르는 둘만의 특별한 비밀로 하기로 했는데, 이로 인해 그들은 서로 더 가까워진 것을 느끼게 되었다. 당신은

가진 일은 나쁜 일이다."). 그러나 왜 그렇게 생각하는지를 추궁하면, 대부분의 사람은 문제 상황에 제시되어 있는 것과는 반대되는 이유를 들어 자신의 판단을 옹호하려 한다(예: "근친상간으로 임신을 하면 유전적 결함을 가진 아이가 태어날 테니까", "정서적인 위해를 입을 테니까", "다른 사람들이 알게 되면 따돌림을 당할 테니까" 등). 그러나 그럴 때마다 문제 상황에 제시되어 있는 반대 증거를 제시하면서 응답자가 내린 판단의 근거를 계속 추궁하면, 응답자들은 필경 "모르겠어요. 그 이유를 설명할 수 없네요. 그러나 그들의 행동이 잘못인 것은 분명하잖아요?"라는 응답을 하게 마련이다.

이러한 결과에 대해 직관주의 모형에서는 인지발달이론 같은 합리주의 모형에서 주장하듯이 도덕적 추론이 이루어진 다음, 이에 기초를 두고 도덕적 판단을 하게 되는 것이 아니라는 사실을 입증하고 있다고 해석한다. 그 대신 도덕적 문제 상황에 부딪치면 우선 직관적인 감정 반응(예: 도덕적 당혹감, 불쾌감 등)이 나타나고, 이어서 이러한 감정 반응에 기초를 둔 도덕 판단이 이루어진 후, 자기의 판단에 대한 합리적인 추론이 이루어지게 된다는 것이다. 즉, 도덕적 문제 상황에서는 합리적 추론 모형에서 전제하듯이 [도덕적 추론 → 도덕 판단]을 거치는 것이 아니라, [직관적 감정 평가 → 도덕 판단 → 도덕적 추론]의 과정을 거쳐 도덕적 문제 상황에 대처한다는 것이 직관주의 모형의 주장이다.

직관주의 모형의 주장은 '전동차 문제(trolley problem)'[082] 상황에서의 반응을 통해서도 입증되고 있다. 이 문제의 기본안에 대해 응답자들은 대부분

이 일을 어떻게 생각하는가? 그들이 성관계를 가진 것은 괜찮은 일인가?"

082 Thomson(1985)이 제시한 전동차 문제의 기본안과 비교안은 다음과 같다.

기본안: "통제 불능의 전동차가 당신 눈앞에서 질주한다. 전동차가 계속 진행하면, 저 앞에서 철도 공사를 하고 있는 5명의 공사원이 치어 죽는다. 당신 앞에는 선로 전환기가 있는데, 그 스위치를 누르면, 전동차는 옆 선로로 빠지게 되고, 그러면 그 앞에 있는 1명의 공사원이 치어 죽게 된다. 당신은 전환기 스위치를 누를 것인가?" [그대로 있으면 5명 죽음; 스위치 누르면 1명 죽음]

비교안: "기차역의 육교에 서서 통제 불능의 전동차가 저 멀리서 질주해 오고 있는 광경을 보게 되었다. 전동차가 계속 진행하면 선로 저 앞에서 철도 공사를 하고 있는 5명의 공사

(87%) 전환 스위치를 누르겠다고 응답한다. 공리주의에 따른 결과론적 판단을 한 것이다. 그러나 비교안에 대해 뚱보를 밀어 떨어뜨리겠다는 응답자는 3분의 1도 되지 않았다(31%). 두 문제의 내용은 동일한 데도(매우 단순한 어떤 행동을 하면 5명이 살고 그 대신 1명이 죽지만, 그대로 있으면 5명이 죽는다), 응답자들의 응답은 매우 달랐다. 기본안에 대해 응답자들은 이를 감정적 반응이 개재하지 않는 단순한 계산 문제로 받아들인 데 반해, 비교안에 대해 응답자들은 감정적 반응이 개재되는 도덕적 문제로 인식하고 있음이 드러났는데, 기능적 자기공명영상(fMRI) 등 여러 분석 결과 감정적 반응의 개재 여부가 이러한 응답률의 차이를 유발한 것으로 밝혀졌다.[083]

이러한 결과에서 밝혀지고 있는 사실은 도덕적 문제 상황에 놓이면, 합리적인 인지적 추론에 따른 판단만을 하는 것이 아니라, 감정적 반응과 인지적 반응이 나타나 함께 작용한다는 사실이다. 이때 대부분의 경우에는 감정적 반응이 우선적으로 나타나고, 인지적 판단과 추론은 감정적 반응이 주도하는 방향으로 가닥을 잡는다는 것이 도덕 판단에 대한 직관주의 모형의 주장이다. 직관주의 모형은 합리주의 모형과는 달리 도덕의 통합성을 전제로 삼는 유학적 관점을 취하고 있다고 볼 수 있을 것이다.

4. 도덕성 연구를 통한 동 · 서 접근의 회통

이상에서 영유아발달심리학, 영장류학, 진화심리학 및 사회 · 문화심리학 연구를 통해 도덕성이 인간에게 본유적인 특성이라는 사실과 도덕성은 다양한 기반을 갖는 복합적인 심성의 체계임을 확인할 수 있었다. 전통적으로 유

원이 치어 죽게 된다. 당신 옆에는 마침 매우 뚱뚱한 사람이 커다란 가방을 메고 있는데, 그를 밀어 선로에 떨어뜨리면 전동차가 멈추게 되어 5명의 공사원은 무사하게 된다. 그러나 떨어진 뚱보는 전동차에 치어 죽는다. 당신은 그 뚱보를 밀어 떨어뜨릴 것인가?" [그대로 있으면 5명 죽음; 뚱보를 밀어 떨어뜨리면 뚱보 1명만 죽음]

083 Greene, 2013, pp. 105-131.

학자들이 줄기차게 주장해 온 도덕성의 인간 본유성과 통합성에 대한 논의가 서구의 현대 과학자들에 의해 사실로 밝혀지고 있다는 이러한 연구 결과는 동 · 서의 학문적 회통 가능성에 대한 귀중한 사실을 시사한다.

1) 도덕의 본유성과 동·서 접근의 회통

영유아발달심리학의 연구에서는 사회적 참조, 마음 읽기(mind reading) 및 선과 악의 비교와 선호행동이 생후 3~4개월부터 14~15개월이라는 매우 이른 영아기 때부터 나타난다는 연구 결과를 통해, 타인에 대한 관심과 배려 그리고 선(善)에 대한 선호가 인간 본성에 본유하고 있다는 사실을 확인할 수 있었다. 언어를 습득하기 이전의 영아에게서 이미 사회적 참조와 마음 읽기 및 선에 대한 선호행동이 나타난다는 사실은 도덕성이 인간에게 본유적인 특성이라는 사실을 드러내는 좋은 증거이다.

영장류학의 연구를 통해서는 인간의 영아에게서 나타나는 도움행동이 침팬지에게서도 나타난다는 사실이 밝혀지고 있다. 이러한 연구에서는 동물원에서 인간이 기른 침팬지뿐만이 아니라 자연 상태에서 침팬지 엄마가 기른 침팬지도 다른 침팬지가 곤경에 빠져 있을 때 아무런 보상이 주어지지 않아도 도와주는 행동을 보였다. 즉, 그들은 다른 침팬지가 필요로 하는 물건을 집어 주거나 옷장 문을 자발적으로 열어 주었다. 인간의 영아뿐만이 아니라 현생 인류와 가장 근연종인 침팬지에게서도 자발적이고 의도적인 도움행동이 나타난다는 사실은 도움행동이 인간에게 본유적인 특성에서 연유하고 있다는 사실을 강력하게 지지하는 증거이다.

이타행동의 진화기제에 대한 설명이론에 관한 연구에서도 도덕성이 오랜 세월 동안의 진화 과정에서 형성된 인간에게 본유적인 특성이라는 사실이 확인되었다. 사회적 대뇌 가설에서는 현생 인류가 유난히 큰 '대뇌화(encephalization) 지수'와 '신피질(neocortex) 비율'에서 드러나는 바와 같이 여타 포유류 같은 다른 동물과는 비교할 수 없을 정도로 커다란 뇌를 갖추게 된 배경에는, 인류의 원시 조상들이 열대우림의 수상(樹上)생활에서 넓고 광활한 육상생활로 생활 터전을 옮겨 이족보행(二足步行)을 하게 됨으로써, 생태조건의 변화에 적응하는 과정에서 부닥친 적응상의 문제(예: 포식동물의 위협)를 해결하기 위한 진화적 선택이 놓여 있음을 확인할 수 있었다. 인류의 원시 조상들은 이 문제를 사회집단의 크기 확장이라는 방법으로 해결하려 하였는데, 이러한 과정에서 동종의 다른 개체에 대한 관심과 배려 및 그들과의 동맹 형성을 위해 필요한 인지적 과부하(cognitive overload)에 적응하는 과정에서 대뇌를 키울 필요가 대두되었다는 것이 사회적 대뇌 가설의 골자이다. 인류의 대뇌 크기의 변화는 인류의 진사회성의 원인이자 결과로서, 타 개체에 대한 관심과 배려라는 도덕성의 인간 본유성과 밀접한 관련이 있다는 것이 사회적 대뇌 가설의 주장이다.

죄수 곤경 게임의 컴퓨터 모사 연구에서는 고전경제학의 이론적 관점에 따르면 경쟁적 행동만이 지배해야 하는 상황에서도 협력행동이 나타나고, 지속적으로 상호작용이 이루어지는 상황에서는 이러한 협력행동이 진화 과정에서 안정적이고도 강력한 지배적 행동으로 떠오를 수도 있다는 가능성이 제시되고 있다. 이러한 결과도 인류의 진화 과정에서 도덕성이 안정적인 행동 특성으로 형성됨으로써 협력행동의 근거가 되는 도덕성이 인간의 본유적인 특성으로 부각되었을 가능성을 드러내고 있다.

현대진화론자들은 이타행동의 진화 기제에 대한 다양한 수준의 이론을 제시하고 있다. 현대진화론에서는 친족끼리의 이타행동은 친족선택의 개념으로, 직접 접촉하고 있는 집단의 구성원에 대한 이타행동은 직접적 교호성의 개념으로, 직접 접촉하지 못하는 구성원에 대한 이타행동은 간접적 교호성의 개념이나 연결망 교호성의 개념 또는 신호이론으로, 그리고 집단 수준의 집단 선택 또는 다수준선택의 개념으로 접근하여 이타행동의 진화에 대해 설명하려 한다. 이타행동의 진화 기제를 밝히려는 연구에서도 도덕성의 인간 본유성의 가능성이 점쳐지고 있다.

이러한 맥락에서 보면, 영유아와 영장류에게서 나타나는 타인에 대한 관심과 배려, 선에 대한 선호, 도움행동, 협력행동 그리고 이타행동에 관한 연구 결과는 인간에게는 태어날 때부터 도덕성이 본유적으로 갖추어져 있다는 사실을 일관되게 확인해 주고 있다. 이는 유학자들이 2,500여 년 전부터 줄기차게 주장해 온 바이다. 인간은 덕성의 주체로서, 도덕성의 본유성은 인간의 조건이자 존재 이유라는 관점은 유학자들이 인간을 파악하는 핵심 명제였던 것이다. 그러나 도덕성의 인간 본유성에 대한 유학자들의 이러한 주장은 아무런 논리적인 탐색이나 실제 근거가 없는 직관적인 주장일 뿐이었다는 데 문제점이 있다. 즉, 유학자들의 주장에는 이론적 당위성만이 있었던 것이다.

그러나 1980년대 이후에 전개된 현대진화론, 진화심리학, 영장류학 및 영유아발달심리학에서 전개되고 있는 도덕성에 관한 연구에서는 엄밀한 과학적인 접근을 통해 도덕성의 인간 본유성이 실증적으로 밝혀지고 있다. 전통적인 서구 철학과 서구 심리학에서는 도덕성의 부차요소설 또는 하위요소설의 관점에서, 인간의 도덕성은 인지 능력이나 감정 또는 행동 습관의 부차적인 체계일 뿐 인간에게 본유적인 기본 심리구성체가 아니라는 관점이 지배해 왔다. 이러한 맥락에서 보면, 1980년대 이후 특히 21세기에 들어서서 탐구되고 있는 도덕성 연구의 이론적 근거를 서구의 전통에서 찾을 수는 없다. 도덕성의 인간 본유성에 관한 서구 현대적 연구의 이론적 배경은 오히려 동아시아 유학사상의 전통과 밀접히 연결되고 있는 것이다.

2) 도덕의 통합성과 동·서 접근의 회통

사회 및 문화심리학의 최신 연구에서는 도덕 판단 영역이 다차원적으로 구성된다는 사실과, 도덕적 문제 상황에 부딪쳤을 때 인지적 판단과 추론만이 아니라 감정적 반응도 이루어지는데, 후자(감정적 반응)가 전자(인지적 판단과 추론)보다 선행한다는 사실이 밝혀지고 있다. 이러한 결과는 도덕성이 다양한 차원을 포괄하는 문제 영역이며, 도덕적 문제는 최소한 감정적 반응과 인지적 판단의 복합적인 작용을 통해 이해해야 한다는 사실을 의미한다.

여성학자인 길리건은 전통적인 심리학의 도덕성 연구, 특히 콜버그 등의 인지발달이론에 의한 도덕성 연구는 정의라는 단일한 남성적 가치에 국한하여 연구가 이루어져 왔다고 주장한다. 이러한 도덕성 연구에서는 인간관계에서의 타인에 대한 배려라는 여성적 가치는 무시한 채 연구가 이루어져 왔기 때문에, 도덕의 다차원적 구조에는 아예 처음부터 문을 닫아놓고 있었다는 것이 길리건의 관점이다. 게다가 전통적인 콜버그 식의 도덕성 연구는 방법론에서도 남성중심적이었기 때문에, 최소한 전통적으로 여성적 가치라고 여겨져 온 타인과 인간관계에의 배려를 포괄하는 연구가 이루어져야 도덕성에 대한 균형 잡힌 연구가 될 것이라는 점이 길리건의 의견이었다.

인류학자인 쉬웨더는 미국과 인도의 아동과 성인에게 사회적 인습과 도덕 규칙의 양 차원에서 애매한 일련의 일탈행동을 제시해 주고, 각 행동의 옳고 그름을 판정하도록 하였는데, 미국의 응답자들은 대체로 사회 인습 위반 사례와 도덕 위반 사례를 구분하여 판단하였으나(그들은 인습 위반 사례 중 타인에게 해를 입히거나 타인의 권리를 침해한 사례만을 도덕 위반 사례로 판정하였다), 인도의 응답자들은 이 두 사례를 구분하지 않고 사회 인습에 위반되는 행동은 또한 도덕적으로도 옳지 않은 행동이라고 판정함을 발견하였다. 이러한 사실은 미국인, 특히 상류계층의 미국인은 도덕성을 타인에의 위해나 타인의 권리 침해라는 단일 기준으로 이해하는 경향이 높지만, 인도인은 도덕성을 최소한 세 가지 기준(자율성 · 공동체성 · 신성)을 포괄하는 다차원적 구조로 이해하고 있음을 드러낸다.

쉬웨더의 이론에 크게 공감한 사회심리학자 하이트는 진화적인 근거를 갖는 문화보편적인 도덕 기반(moral foundation)을 찾아내려 하였다. 그는 인류학, 심리학 및 진화심리학의 연구를 포괄적으로 개관하여, 도덕 판단이 배려/위해, 공정/부정, 충성/배신, 권위/전복, 고결성/타락의 다섯 가지 기반을 기초로 하여 이루어진다는 도덕기반이론을 제시하였다. 그는 이들 5차원의 도덕 기반이 진화적 근거를 갖는 문화보편적인 도덕성의 다차원적 구조라는 사실을 다각도로 검토하고, 각 차원의 진화적 근거와 각 차원의 관련 정서 및 유발행동 등을 폭넓게 제시하고 있다. 이들 5차원의 도덕 기반은 개인 존재의 자율성과 관련되는 것(배려/위해, 공정/부정), 사회적 존재로서의 공동체성과 관련되는 것(충성/배신, 권위/전복), 그리고 우주적 존재로서의 초월자의 신성과 관련되는 것(고결성/타락)으로 구분할 수 있는데, 이러한 점에서 하이트와 쉬웨더의 공통성을 확인할 수 있다.

이러한 도덕성의 다차원적 구조 이외에 하이트와 그린의 연구에서는 도덕적 문제 상황(하이트는 무해한 금기 위반 사례; 그린은 전동차 문제)에 놓이면, 사람에게는 우선 정서적인 반응(예: 도덕적 당혹감)이 유발되고, 그다음 이에 따른 도덕적 판단(예: "오누이끼리의 근친상간은 나쁜 일이다")을 하게 되며, 마지막으로 이러한 판단을 지탱해 줄 도덕적 추론(예: "근친상간은 열성유전의 위험을 높이니까 나쁘다")을 하게 된다는 사실이 기능적 자기공명영상 같은 최신의 연구 방법을 동원한 연구를 통해 밝혀졌다. 이렇게 도덕적 문제 상황에 대처할 때는 일반적으로 감정적 반응이 선행되고 인지적 판단과 추론이 이에 뒤따르는 절차가 동원된다는 것이 직관적 도덕 판단 이론(하이트 · 그린)의 일관된 주장이다. 도덕성은 감정 반응과 인지 반응의 복합적인 통합 구조로 이루어져 있다는 것이 이들 이론의 핵심이다.

이러한 최신 연구 결과는 모두 도덕성의 다차원성 또는 통합성을 공통적으로 확인해 준다. 도덕의 통합성은 선진(先秦) 시대로부터 유학자들이 인성론을 통해 지속적으로 제시해 온 유학의 기본 신조이다. 그러나 도덕성의 통합성에 대한 유학자들의 이러한 주장도 아무런 논리적인 탐색이나 실제 근거가 없는 직관적인 주장일 뿐이었다는 데 문제점이 있다. 즉, 유학자들의 주장에는 이론적 당위성만이 있었던 것이다.

그러나 1980년대 이후에 사회심리학과 문화심리학에서 전개되고 있는 도덕성에 관한 연구에서는 엄밀한 과학적인 접근을 통해 도덕의 다차원성과 통합성이 실증적으로 밝혀지고 있다. 전통적인 서구 철학과 서구 심리학에서는 도덕성의 부차요소설 또는 하위요소설의 관점에서, 인간의 도덕성은 인지 능력이나 감정이라는 단일 차원의 속성만을 가질 뿐이라는 관점이 지배해 왔다. 이러한 맥락에서 보면, 1980년대 이후, 특히 2000년대에 들어서서 탐구되고 있는 도덕성 연구의 이념(?) 또는 이론적 근거를 전통적인 서구의 전통에서 찾을 수는 없다. 도덕의 통합성에 관한 현대적 연구의 이론적 배경은 오히려 유학사상의 전통과 밀접히 연결되고 있는 것이다.

이렇게 보면, 도덕의 통합성에 관한 유학사상의 이론적 지향점은 도덕성에 관한 최신 사회심리학과 문화심리학의 연구를 통해 실증적인 증거를 확보하게 되었다고 볼 수 있다. 이러한 유학적 이론과 서구적 방법론의 만남이 바로 동 · 서의 회통이 이루어지는 진정한 모습이라 할 것이다.

3) 동·서 회통의 길 – 동도서기

이상에서 고찰한 바와 같이 도덕성의 인간 본유성과 도덕성의 통합성에 관한 전통적인 유학사상의 이론적 지향점은 최근의 현대진화론, 영유아발달심리학, 영장류학, 진화심리학 및 사회 · 문화심리학에서 실증적인 증거를 확보하게 되었다고 볼 수 있다. 그 결과 지금까지 직관적인 통찰 수준에 머물고 있었던 동아시아 유학의 이론적 이념이 서구의 엄격한 방법론에 의해 비로소 과학적인 조명을 받게 되었으며, 이러한 양자의 만남이 바로 동 · 서의 회통 또는 통섭(統攝)[084]이 이루어지는 진정한 모습이라 할 수 있을 것이다.

도덕성 문제에 대한 동 · 서 접근의 회통을 통해 도덕성에 대한 심리학적 연구 분야에 새로운 지평이 열릴 가능성이 점차 높아져 가고 있다. 이러한 새로운 지평은 도덕성에 관한 연구 문제의 정립은 유학적 이론체계에서 제공받고, 구체적인 연구 방법은 서구의 학문체계에서 제공받음으로써 구축될 수 있을 것이다. 곧, 도덕성의 문제를 조망하는 관점은 유학사상에서 도출하

084 Wilson, 1998.

고, 이 문제에 실증적으로 접근하는 방법론은 서구의 학문체계에서 제공하여 양자가 상호 보완적으로 통섭을 이루는 일이 도덕심리학 분야에 새로운 지평이 열리는 길이 될 것이다. 아마도 동도서기(東道西器)의 참모습을 도덕성 연구의 실제에서 보게 될 날이 멀지 않을지도 모른다.

아편전쟁(1840~1842)으로 19세기 중엽부터 몰아닥친 서세동점(西勢東漸) 여파로 말미암아 동아시아 사회에서는 유학사상이 발전의 지체와 낙후의 원인으로 지목되면서 유학배척론[全般西化論 · 文明開化論]이 강하게 대두되었다가, 곧이어 서구의 과학기술은 받아들이되 유학의 인문(人文)정신을 통해 문화적 정체성을 회복하자는 절충적 통합론[中體西用論 · 東道西器論]이 세를 얻게 되었다. 절충론은 대체로 유학개신론의 형태를 띠고 전개되어 오늘에 이르고 있다.

이 시기 우리나라에서 전개된 동도서기론은 유교의 개신론이었다. 유학계 자체의 개신의 노력으로 우리나라에서는 유교적 사고양식과 관습, 그리고 가치관이 강하게 남아 있다. 이는 1970~1980년대의 급속한 경제 발전과 1990년대의 정치 발전을 통해 "경제성장과 민주화라는 두 가지 프로젝트를 이루어 낸"[085] 배경이 되었거나, 또는 그 결과 생긴 자부심에 근원을 둔 '우리 것 찾기 운동'에 반영되어 있기도 하다. 어떤 연구자는 1996~2000년 사이의 기간 동안 국내 일간지에 게재된 유교 관련 기사를 분석한 결과, "유교가 결코 박물관의 박제품이 아니라, 우리 사회에 살아 있는 역동적 기제임을 확인할 수 있었다"[086]고 보고하고 있다.

동도서기론의 핵심은 동도(東道), 곧 유학적 이론체계와 서기(西器), 곧 서구의 과학과 방법론의 결합을 지향하는 것이다. 이런 점에서 현대 서구의 과학계에서 이루어지고 있는 도덕성에 관한 연구는 동도서기의 참모습을 보여주는 것이라 볼 수 있다. 서구의 학자들이 동도서기의 전형을 보여 주고 있

---

085 최영진, 2000, p. 31.

086 최영진, 2000, p. 24.

다는 사실은 역사적 아이러니이다. 이러한 연구가 좀 더 지속되어 서구의 학자들이 자기 연구의 이론적 배경이 서구보다는 동아시아의 철학적 전통에 더욱 근접해 있다는 사실을 인지한다면, 동도서기를 기반으로 하는 도덕심리학 연구의 새 지평은 더욱 활짝 열릴 것이다.

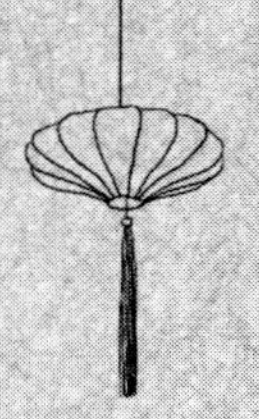

제7장

한국 심리학의 어제, 오늘 그리고 내일
– 서구중심성과 그 탈피를 위한 노력을 중심으로* –

* 이 글은 2016년 5월 20일 한국심리학회에서 개최한 '한국심리학회 창립 70주년 기념 심포지엄'의 기조논문으로 발표한 것이다. 원래 이 글은 졸저(조긍호, 2003a, pp. 74-100; 2015, pp. 63-101, 2016, pp. 245-346)의 개관을 기초로 하여 그 내용을 대체로 옮겨 오되, 이에 약간의 새로운 자료를 첨가하여 재구성하였다.

한국심리학회는 광복 이듬해인 1946년 2월 4일 임석재(任晳宰)·이재완(李載琓)·이진숙(李鎭淑)·이본녕(李本寧)·고순덕(高舜德)·방현모(方顯模)·성백선(成百善) 등 7인에 의해 '조선심리학회'라는 이름으로 창설되어, 1948년 11월 '대한심리학회'로 개명하였다가 1953년 3월 '한국심리학회'로 재개명하여 올해로 창립 70주년을 맞은 우리나라에서 유일한 심리학 관련 학술 연구 단체이다.[001] 한국심리학회의 회원은 기본적으로 대학원에서 심리학 및 관련 분야의 석사 이상의 학위를 받은 사람을 위주로 하고 있는데, 한국심리학회는 2015년 말 현재 등록회원 수가 15,000여 명[002]으로 창립 당시보다 약 2,200배가량 증가하였으며, 그 산하에 15개의 분과학회를 거느리고 있는[003] 우리나라에서 가장 큰 학술 단체 중 하나이다.

한국심리학회에서는 모학회에서 발간하는 『한국심리학회지: 일반』을 비롯하여, 해당 분과학회에서 "임상, 상담, 산업 및 조직, 사회 및 성격, 발달, 인지 및 생물, 사회문제, 건강, 여성, 소비자 광고, 학교" 등 모두 12종의 학술지를 『한국심리학회지: ○○』의 이름으로 각각 일 년에 3~4회씩 발간하고 있다.[004] 이들 학회지에는 매 발간호마다 대략 10편 내외의 논문이 실리는데, 그러므로 『한국심리학회지』에 실리는 논문만 해도 대체로 연 500여 편이 될 정도이어서, 학회 회원들의 연구열이 매우 높은 편이다.

---

001 정양은, 2000, p. 62; 차재호·염태호·한규석, 1996, pp. 14-15.

002 탁진국(2015). 회장 인사말: 한국심리학회 홈페이지 http://www.koreanpsychology.or.kr/ 참조.

003 이들 산하 분과학회는 설립연도 순으로 한국임상심리학회(1964년), 한국상담심리학회(1964년 임상심리학회와 함께 설립되었다가 1986년에 분리됨), 한국산업 및 조직심리학회(1964년), 한국사회 및 성격심리학회(1975년), 한국발달심리학회(1975년), 한국인지 및 생물심리학회(1977년 창립된 실험심리학분과회와 1980년 창립된 인지심리학분과회가 1982년 한국실험 및 인지심리학회로 통합되었다가, 1991년에 창립된 생물 및 생리심리학회와 2008년에 오늘의 이름으로 통합됨), 한국문화 및 사회문제심리학회(1991년), 한국건강심리학회(1994년), 한국여성심리학회(1995년), 한국소비자광고심리학회(1999년), 한국학교심리학회(2002년), 한국법심리학회(2008년), 한국중독심리학회(2011년), 한국코칭심리학회(2011년), 한국측정평가심리학회(2014년)들이다(괄호 안은 설립연도임: 한국심리학회 홈페이지 참조).

004 한국심리학회 홈페이지 참조.

현재 우리나라에는 전국 51개 대학 및 대학원에 심리학과가 설치되어 있으며,[005] 매년 2,000여 명의 심리학과 졸업생이 배출되고 있다. 이들 중 5개 사이버대를 제외한[006] 46개 대학 및 대학원에 석사 이상의 학위과정이 설치되어 있다. 1960년대까지만 해도 겨우 5개 대학에만 심리학과가 설치되어 있었으며[007] 한 해 졸업생 수가 90여 명에 불과했던 것과 비교해 보면,[008] 실로 눈부신 발전이라 하지 않을 수 없다.

1960년대까지 이들 5개 대학의 심리학과에 재직하던 심리학 교수의 수는 20여 명에 불과하였으나, 1978년 이후 각 대학에 심리학과가 우후죽순처럼 설치되어 학회 창립 50주년을 맞은 1996년에는 32개 대학의 심리학과에 168명의 심리학 교수가 재직하였다.[009] 현재는 51개 대학 및 대학원에서 500여 명의 교수가 심리학 교육을 담당하고 있어,[010] 1960년대에 비해 25배의 비약적인 성장을 보이고 있는 실정이다.

이상에서 보듯이 한국의 심리학은 한국심리학회가 창립된 지 70년 만에 눈부신 성장을 이루었다. 한국 심리학의 발전 상황에 대한 자세한 사항은 학회 창립 50주년을 기념하여 한국심리학회에서 펴낸 『한국심리학회 50년사』에 실린 글[011]과 그 4년 후 대한민국 학술원에서 펴낸 『한국의 학술 연구: 심리학』에 실린 글[012]에 자세히 진술되어 있다. 이 저술에 따르면 심리학이

---

005 한국심리학회 홈페이지에는 1979년 설립된 전북대 심리학과와 1996년에 설립된 우석대 심리학과 등 전북지역 심리학과 및 서울의 한국상담심리대학원대학교와 용문상담심리대학원대학교의 상담심리학과가 빠진 47개 대학(대학원) 심리학과만 제시되고 있다.

006 이들은 건양사이버대, 고려사이버대, 글로벌사이버대, 대구사이버대, 그리고 서울디지털대의 상담심리학과들이다(한국심리학회 홈페이지 참조).

007 서울대(1946년), 중앙대(1947년), 이화여대(1951년), 성균관대(1954년), 고려대(1960년). (괄호 안은 학과 창설연도임: 정양은, 2000, p. 56, 표 1-2; 차재호 등, 1996, pp. 54-55, 표 1-11 참조.)

008 차재호 등, 1996, p. 21.

009 차재호 등, 1996, pp. 54-55, 표 1-11 참조.

010 이 조사를 수행해 준 서강대학교 심리학과 대학원의 남상희와 문혜진 씨에게 감사드린다.

011 차재호 등, 1996.

012 정양은, 2000.

우리나라에 도입된 이후 특히 광복과 더불어 학회가 창립된 이후 한국 심리학은 두 가지 면에서 획기적인 변화를 이루었다고 볼 수 있다.

그 하나는 학회의 양적인 팽창이다. 불과 7명이 모여 결성한 한국심리학회의 회원 수는 창립 30년 만인 1976년에는 140명(20배), 40년이 지난 1987년에는 360명(52배), 창립 50주년인 1996년에는 1,000여 명(143배)으로 불어났다가[013] 창립 70주년인 현재에는 15,000여 명(2,200배)으로 늘어나 거의 기하급수적인 성장을 이루었다. 또한 창립 당시 1개 대학(경성대학, 현 서울대학교)에 설치되어 있던 심리학과는 창립 15년을 맞은 1960년만 해도 불과 5개 대학에만 설치되어 있다가, 창립 50주년인 1996년에는 32개 대학, 그리고 70주년인 2016년 현재에는 51개 대학 및 대학원에 설치되어 있을 정도로 급팽창하였다.

또 한 가지 변화는 독일식 근본주의적 아카데미즘에 머물러 있던 심리학자들의 관심이 미국식 기능주의의 도입으로 실용적 문제에로 옮겨가면서, 직업으로서의 심리학 및 심리학의 실생활 장면에의 응용의 문제에 대한 관심과 연구 내용이 심리학계에 팽배하게 되었다는 사실이다. 이러한 사실은 심리학의 응용 문제에 일차적으로 관심을 기울이는 분과학회들이 우후죽순으로 창립되었다는 점에서 잘 드러난다.[014] 학회 창립 이후 20년 가까이 지난 1964년에 '임상심리학분과회'와 '산업 및 조직심리학분과회'를 필두로 하여 창립되기 시작한 산하 분과학회도 50주년인 1996년에는 9개로 늘어났다가 현재는 15개로 불어났는데, 이 중 하나의 분과학회를 제외하고는[015] 대체로 순수한 아카데미즘보다는 미국식 기능주의에 입각한 실생활의 문제에 더

---

013 차재호 등, 1996, pp. 44-45.

014 정양은, 2000, pp. 78-115.

015 15개의 분과학회 중 전통적인 근본주의적 아카데미즘에 입각한 순수심리학을 지향하는 분과학회는 한국인지 및 생물심리학회가 유일한데, 이는 각각 1977년과 1980년에 창립된 실험심리학회와 인지심리학회가 1982년 한국실험 및 인지심리학회로 통합되었다가, 1991년에 창립된 생물 및 생리심리학회와 2008년에 오늘의 이름으로 통합된 분과학회이다(정양은, 2000, pp. 79, 100-103).

많은 관심을 경주하는 분과학회들이라고 볼 수 있다.

이러한 두 가지 변화 경향은 학회 창립 50주년을 맞은 1996년경이나 70주년을 맞은 오늘날이나 마찬가지 상황에 있다고 볼 수 있다. 즉, 50주년(1996년)에서부터 70주년(2016년)을 맞은 오늘날까지 20년 동안 양적인 팽창(학회회원 수: 1,000여 명에서 15,000여 명으로 15배 증가; 심리학과 수: 32개에서 51개로 1.6배 증가)과 실용적인 관심의 증가(분과학회 수: 9개에서 15개로 1.7배 증가) 경향이 계속 이어지고 있다. 그러므로 한국심리학회 창립 70주년을 맞아 한국 심리학의 어제와 오늘을 반추해 보는 작업의 내용은 50주년과 그 즈음에 한국 심리학의 역사와 연구 경향을 고찰한 앞의 두 논문의 내용과 달라질 것이 별로 없을 것이다.

따라서 한국 심리학의 역사에 대한 고찰은 전적으로 앞의 두 논문에 미루기로 하고, 이 글에서는 다만 이 두 논문에서 다루고 있지 않은 한국 심리학 연구의 서구중심성과 그 탈피를 위한 노력의 문제에 초점을 맞추어 고찰해 보기로 하겠다. 서구, 특히 미국의 입장에서 제기된 세계화의 물결이 거세게 밀어닥쳐 문명 사이의 충돌이 첨예화되고 있는 오늘의 상황에서, 그리고 1980년대 이후 세계의 주변부 국가가 아니라 세계 10대 경제대국의 하나로서 당당한 주인공의 일원으로 세계인과 어깨를 나란히 하고 있는 우리의 상황에서, 계속 서구 심리학의 "곁치기"[016]만 해서는 더 이상 "한국 심리학 운운"하기가 힘들 것이기 때문이다.

---

016 차재호 등(1996, pp. 4)은 그동안 한국 심리학은 "서구 심리학, 특히 미국 심리학을 수입하고 지금도 그런 일을 계속하고 있다"면서, 이러한 "밖에서 곁치기해 들어오는 경향은 앞으로도 계속"될 것이지만, "문제는 우리가 수입만 하고 수출을 하지 못하고 있는 사정에 있다"고 보고 있다. 그들은 이어서 "수출도 수출 나름이다. 외국 상품과 꼭 같은 것을 수출하는 방법도 있고, 우리 고유의 것을 만들어 수출할 수도 있다. 후자를 하는 것이 더욱 바람직할진대, 이를 위해서는 우리의 심리학 연구의 전통이 생겨야 한다"고 주장하고 있다. 이 책에서 필자가 하려는 작업은 이러한 관점에서 우리 심리학의 정립을 위한 그간의 몸부림을 정리해 보고자 하는 것이다.

1. 한국 심리학 연구의 서구중심성

우리나라에 서구식 현대심리학이 도입되어 공식적으로 가르쳐진 것은 일제 치하인 1924년 경성제국대학의 창설과 더불어 법문학부 철학과 내에 심리학전공이 설치되면서부터였다.[017] 당시 경성제대 심리학전공의 교수들[018]은 "주로 일본의 동경제국대학 심리학과 출신이었다. 이들 일본인 교수들은 라이프치히(Leipzig)의 분트(W. Wundt) 연구실이나 베를린(Berlin)대학 철학과에서 심리학을 공부한 사람들이어서 독일 심리학의 학풍을 그대로 이어받은 사람들이다. 그러므로 해방 전 한국 심리학은 분트의 구성주의 심리학, 그리고 코프카(K. Koffka), 쾰러(W. Köhler) 및 레빈(K. Lewin) 등이 주장한 형태주의 심리학이 주류를 이루고 있었다. …… 이와 같은 경성제국대학의 심리학 학풍은 비단 경성제국대학뿐만 아니라 전체 일본심리학의 사조이기도 하였다."[019] 이렇게 광복 이전 우리나라에 처음 도입된 심리학은 철저하게 일본인들이 받아들인 독일 심리학 일색이었다.[020]

이 시기에 배출된 한국인 심리학자는 겨우 12명뿐이었는데,[021] 이들 중 경성제대와 일본의 각 대학에서 심리학을 공부한 사람들이 주로 1945년 광복

---

017 당시 경성(京城)제대에는 법문학부 철학과 내에 철학 · 심리학 · 미학의 세 전공이 설치되었는데, 이는 일본의 동경(東京)제대나 경도(京都)제대의 학제를 그대로 따온 것이었다.

018 하야미 히로시(速水滉), 구로다 료우(黑田亮), 후꾸도미 이찌로(福富一郎), 야마노 도시다께(天野利武), 와다 요헤이(和田陽平). 이 중 하야미 히로시는 1926년 초대 법문학부장을 역임했고, 1936년에는 경성제국대학 총장에 취임하였다(차재호 등, 1996, pp. 10-11).

019 정양은, 2000, pp. 12-13.

020 1924년 개교한 경성제대의 심리학실험실은 라이프치히 대학에 있는 분트의 심리학실험실의 구조나 설비를 본뜬 것으로, 당시 심리학실험실로는 동양 최고의 시설이었을 뿐만 아니라 일본의 동경제대나 경도제대의 심리학실험실을 능가하는 것이었다(정양은, 2000, pp. 13-14; 차재호 등, 1996, p. 10).

021 이 중 경성제대 철학과에서 심리학을 전공한 사람이 6명(임석재, 윤태림尹泰林, 이진숙, 이의철李義喆, 이본녕, 서명원徐明源), 일본의 각 대학에서 심리학을 전공한 사람이 3명(성백선, 방현모, 고순덕), 그리고 미국과 유럽에서 심리학을 공부한 사람이 3명(염광섭廉光燮, 이관용李灌鎔, 이재완)이었다(정양은, 2000, pp. 14-16; 차재호 등, 1996, pp. 11-12).

이후 한국의 심리학 교육과 연구를 주도하였다. 그러므로 광복 이후에도 당분간 한국의 심리학은 여전히 일본인에게서 전수받은 독일 심리학이 주류를 이루고 있었다고 할 수 있다.

그러나 미군정의 실시와 곧 이은 한국전쟁의 여파로 한국 사회 전반에 미국의 영향이 물밀듯이 밀어닥치면서 이러한 경향에 제동이 걸리게 되었다. 실용주의 철학에 바탕을 두고 있는 기능주의 심리학과 과학주의의 기치를 내건 행동주의 심리학 같은 미국 심리학이 서서히 구성주의와 형태주의에 기초한 독일 심리학을 밀어내는 상황이 조성되었던 것이다. 하지만 1960년대까지만 해도 우리나라에서 심리학과가 설치된 대학은 서울대·중앙대·이화여대·성균관대·고려대뿐으로, 심리학 교수의 수도 전부 합하여 20여 명에 불과하였으며, 이 다섯 대학에서 1960년대 말까지 20여 년 동안 배출한 심리학 석사의 수가 채 80명이 되지 않을 정도로[022] 심리학 연구의 상황은 열악하였다. 그러니까 광복 이후 1960년대 말까지의 한국 심리학은 독일 심리학의 퇴조와 미국 심리학의 부상을 특징으로, 일본 제국주의의 강점 시기에 시작된 심리학 교육과 연구의 명맥이 겨우 유지되고 있었던 시대라 할 수 있을 것이다.

그러다가 1970년대부터 한국 심리학계의 상황은 급격히 달라지기 시작하였다. 이 시기에 한국 심리학계의 상황이 급변하게 된 가장 커다란 배경으로는 1970년대 말부터 당시 군사정부의 대학 회유 및 팽창 정책의 여파로 전국의 대학에 심리학과가 우후죽순처럼 창설되어, 심리학의 외연이 급격히 확장되었다는 사실을 들 수 있다.[023] 게다가 1960년대 중반부터 많은 학생

---

022 차재호 등, 1996, p. 31, 표 1-3; 정양은(2000, pp. 56-57)에 의하면, 우리나라에서 심리학 석사는 1954년부터 배출되기 시작하여 1974년까지 20년 동안 겨우 128명이 석사학위를 받았을 뿐이었으나, 1975년부터 1990년까지 15년 동안에는 6배인 733명의 심리학 석사가 배출되었다.

023 전술한 바대로 1996년에 이르면 32개 대학이 심리학과를 보유하게 되었으며(정양은, 2000, p. 56, 표 1-2), 오늘날에는 51개 대학에서 심리학 전공자를 배출하고 있는 실정이다.

이 구미 각국, 특히 미국 대학의 심리학과에 유학하여 박사학위를 받고 돌아와,[024] 기존의 국내 대학 심리학과에서 박사학위를 받은 사람들과 함께 새로 생긴 각 대학 심리학과의 교수진을 구성하여,[025] 심리학의 교육과 연구의 중추를 담당하고 있다. 앞에서 언급하였듯이 광복 이후 한국 심리학계는 일본이 받아들인 독일 심리학의 영향에서 벗어나 미국 심리학으로 방향 선회를 하고 있었을 뿐만 아니라, 미국의 대학에서 박사학위를 받은 학자들이 대거 심리학 교육과 연구의 중심 세력이 되었다는 사실은 1970년대 이후 한국의 심리학이 미국 심리학 일색으로 길들여졌다는 점을 방증한다 할 수 있을 것이다.

---

024 외국 대학의 심리학과에서 박사학위를 받은 한국인은 1960년대까지만 해도 5~6명에 불과하였으나, 그 이후 폭발적으로 증가하여 1970년대 29명, 1980년대 49명, 1990년대 초반에 75명에 이르며, 오늘날에는 그 수를 파악하기 힘들 정도이다. 그런데 이들 중 대부분(1970년대 이후 133명, 전체의 87%)은 미국의 대학에서 학위를 받았다(한국심리학회 편, 1996, pp. 547–556).

025 같은 시기(1960~1996년) 국내 대학 심리학과에서 박사학위를 받은 사람 수는 외국에서 박사학위를 받은 사람(153명)과 비슷한 167명이었다(한국심리학회 편, 1996, pp. 541–547). 이들도 미국 박사들과 마찬가지로 대체로 각 대학 심리학과의 교수로 활약하였는데, 이는 2000년 현재 전국의 32개 심리학과에 재직하고 있던 교수들(179명) 중 국내 박사가 87명, 외국 대학의 학위자가 92명이라는 사실이 이를 입증한다. 즉, "전국의 심리학과 교수를 국내 출신 박사와 외국 출신 박사가 각기 약 절반씩을 차지"하고 있었다(정양은, 2000, pp. 57–58). 이러한 경향은 그 후로도 계속 이어져 2000년까지 설립된 이들 32개 대학 심리학과의 2016년 현재 전임교수는 총 238명으로, 그중 박사학위 수여대학이 국내 대학인 경우가 94명, 미국 대학인 경우가 99명으로 비슷하였다(한국심리학회 홈페이지 참조). 이 조사에서는 유럽 지역 대학 박사가 10명, 기타 아시아 대학 박사가 3명이고, 박사학위 취득대학의 소재지가 불명인 경우(학회 홈페이지에 교수 명단만 나와 있고, 출신대학이 명기되지 않은 경우)가 59명이나 되었다. 그런데 아마도 주요 대학에서 영어 강의를 의무화하는 현재의 경향을 염두에 두고 보면, 소재지 불명자의 대부분은 미국의 대학에서 학위를 취득한 사람일 가능성이 높다. 이렇게 보면, 현재 우리나라 대학의 심리학과 교수 중 미국 대학에서 박사학위를 받은 사람이 국내 대학이나 기타 지역대학 출신자보다 압도적 다수일 가능성이 있다.

2. 탈서구중심적 연구 경향의 대두와 연구 갈래

이렇게 한국의 심리학계는 출발 초기부터 서구중심적 경향에 깊이 물들어 있었다. 물론 그 추종 대상은 세계 정세의 변동에 따라 독일에서 미국으로 크게 방향 선회를 하였으나, 어쨌든 강한 서구중심주의가 한국 심리학계의 주류를 형성하고 있었던 것은 사실이었다. 그러나 그동안 한국의 심리학계가 서구중심주의에 마냥 안주하고 있었던 것만은 아니다. 한국 사회와 한국의 전통사상에 대한 관심이 늘어나면서 한국인의 정체성과 특징을 심리학적으로 접근해 보려는 경향이 꾸준히 이어져 왔던 것이다. 이러한 경향은 1960~1970년대부터 시작되어 1980년대와 1990년대에 본격적으로 자리 잡게 된다.

1) 탈서구중심적 연구 경향 대두의 배경

현대심리학은 1879년 독일의 분트가 라이프치히대학교에 심리학실험실을 설립하면서부터 시작되었다. 본래 철학자이자 생리학자였던 분트는 인간이 인식한 외계 사물에 대한 관념의 구성요소를 실증적인 관찰을 통해 과학적으로 밝혀내는 것이 바로 심리학의 핵심 연구 내용이라 보았다. 이러한 연구 주제는 인간과 외계를 이분하고, 인식 주체인 인간이 인식 대상인 외계를 인식하는 과정과 그 결과적인 내용을 탐색하려는, 플라톤으로부터 이어지는 서구의 관념철학으로부터 비롯되는 것이라 볼 수 있다. 이렇게 현대 과학적 심리학은 출발 초기부터 서구 철학의 맥락에 근거하고 있어서, 서구중심적인 학문이 될 수밖에 없었다. 물론 당시에는 이러한 서구중심적인 시각이 곧 인간 이해의 보편적인 시각이라는 인식이 팽배하였고, '서구중심적'이라는 용어는 그 자체가 성립할 수조차 없었다고 볼 수 있다.

그러나 오늘날에는 '서구중심적'이라는 용어가 전혀 낯설지 않으며, 다양한 분야에서 실제로 사용되고 있다. 심리학계에서도 서구의 심리학, 특히 미국 심리학이 인간 일반을 이해하기 위한 보편심리학일 수는 없고, 이는 단지 서구 또는 미국의 문화특수적인 심리학일 수밖에 없다는 인식이 팽배해 있는 실정이다. 그리하여 현재 비서구 지역에서는 탈서구중심주의가 심리학계의 중요한 흐름으로 진행되고 있으며, 한국의 심리학계는 어쩌면 이러한 흐름을 선도하는 상황에 있다고 볼 수 있다.[026]

(1) 행동주의의 퇴조와 마음에 대한 관심의 재생: 미국 심리학의 위상 하락

심리학계에 불어 닥친 탈서구중심의 연구 경향은 우선 1960년대에 일어난 인지혁명(認知革命, cognitive revolution)으로 인해 미국 심리학의 위상이 하락하였다는 사실로부터 시작된다. 1910년대 미국의 심리학계에서는 행동주의(behaviorism)라는 새로운 학파가 등장하여 심리학 연구의 흐름을 주도하게 되었다. 행동주의의 비조인 왓슨(J. B. Watson)은 행동주의의 선언문 같은 논문에서[027] 심리학이 진정한 실증과학이 되기 위해서는 실증적으로 관찰하고 측정할 수 있는 행동(行動, behavior)만을 연구 대상으로 삼아야 하며, 또한 엄밀한 인과(因果)추론이 가능한 자연과학적인 연구 방법인 실험(實驗, experiment)을 적극적으로 도입해야 한다고 주장하였다.

이렇게 그는 의식에서 행동으로의 연구 대상의 방향 선회와 내성(內省)에서 실험으로의 연구 방법을 전환해야 심리학이 비로소 과학이 될 수 있다고 소리를 높였다. 그는 인간은 외계의 자극(刺戟, stimulus)을 받고 이에 반응(反應, response)하는 기계체계일 뿐이어서, 동물과 아무런 차이가 없다고 보았

---

026 심리학계에서 탈서구중심적 연구가 가장 두드러진 분야는 1980년대 이후 본격적으로 진행되고 있는 문화비교심리학의 분야인데, 한국심리학회에서는 이미 1990년에 '개인주의-집단주의: 동·서양 심리학의 만남(Individualism-Collectivism: Psychocultural Perspectives from East and West)'이라는 국제학술회의를 개최할 정도로 이 분야에 대한 관심과 연구열이 높아져 있었다(정양은, 2000, p. 75; 차재호 등, 1996, 전게서, p. 51). 이 국제학술회의는 시기적으로나 규모 면에서 이 분야의 연구를 선도한 중요한 문화비교심리학 분야의 국제학술회의였다.

027 Watson, 1913.

다. 이러한 왓슨의 주장은 미국의 심리학자들에 의해 전폭적으로 받아들여져, 1960년대에 인지혁명에 의해 기세가 꺾이기까지 반세기 이상 동안 미국 심리학, 아니 전체 심리학계의 지배적인 흐름이 되었다.

행동주의의 시대에 의식이나 마음 같이 직접 관찰할 수 없는 개념은 심리학계에서 폐기처분되어 심리학자들이 이러한 인간 내적 구성물을 더 이상 심리학의 용어로 사용하지 않게 되었다. 그러나 의식이나 마음 같은 인간 내적 측면을 배제하고 순전히 외현적인 행동만을 연구 대상으로 삼는 학문이 과연 심리학일 수 있을까 하는 인식이 서서히 심리학계에 팽배하자, 1960년대 초반에 이르러 사고(思考) 과정과 같은 인지(認知)에 대한 관심이 되살아나면서[028] 의식이나 마음의 문제가 다시 심리학의 전면에 부활하게 되었다.

이러한 배경에서 되살아난 인지 과정에 대한 관심은 1960년대 미국 심리학계를 중심으로 전개된 인지혁명을 초래하였다. 이 시기의 인지혁명은 심리학계에 마음에 대한 관심의 재생이라는 패러다임 전환(paradigm shift)을 몰고 온 사건으로, 1930년대 중반 독일 심리학의 퇴조에 이어 미국이 전 세계 심리학 연구의 중심지가 되기는 했으나, 미국 심리학은 미국이라는 하나의 국가에 국한되는 것일 뿐 보편적인 심리학일 수는 없다는 인식을 심어 주었다.[029]

미국 심리학의 위상 하락을 여실히 보여 준 사례로 대표적인 행동주의 심리학자인 스키너(B. F. Skinner)와 언어학자인 촘스키(N. Chomsky) 사이의 언어 습득에 관한 논쟁[030]에서, 1960년대와 1970년대의 언어심리학자들뿐만 아니라 당대의 지식인 대다수가 촘스키를 지지하였다는 사실을 들 수 있다.

---

028 Fiske & Taylor, 1991, pp. 7–9.

029 Mandler, 2007, p. 165.

030 이는 Skinner의 언어행동에 관한 1957년 저술(*Verbal behavior*. Acton, MI: Copley Publishing Group.)에 대해 Chomsky가 1959년에 장문의 논문(A review of B. F. Skinner's Verbal Behavior. *Language*, *35*, 26–58.)을 통해 비판함으로써 그 후 수년간 양자 사이에 촉발된 논쟁으로, 당시 지식인 사회의 일반적인 평가는 Skinner의 조작적 조건형성에 의한 언어 습득이론보다는 Chomsky의 언어 습득 및 생성의 선천적 능력설이 옳다는 것이었다. 이는 심리학계에서 행동주의의 퇴조를 몰고 온 상징적인 사건이었다.

여하튼 인지혁명이 몰고 온 행동주의의 퇴조로 인하여 미국 심리학의 위상이 하락하고 미국 심리학의 연구 경향에 대한 맹목적인 추종의 경향이 사라지게 되었는데, 이는 심리학계에 탈서구중심적 연구 경향이 태동되는 원인(遠因)이 되었다고 볼 수 있다.

(2) 탈근대사조의 대두와 문화에의 관심 고조: 기존 심리학의 보편성에 대한 회의의 확산

심리학계에 탈서구중심적 연구의 경향을 몰고 온 가장 직접적인 계기가 된 것으로는 단순히 미국 심리학의 위상이 하락하였다는 점 이외에 탈근대주의 사조의 대두와 함께 심리학자들 사이에 문화에 대한 관심이 부쩍 높아졌다는 사실을 들 수 있다. 심리학계에서 문화에 대한 관심이 구상화하여 나타나기 시작한 것은 네덜란드의 사회심리학자인 호프스테드의 대규모 연구 이후이다.[031] 호프스테드는 다국적 거대기업인 IBM에 근무하는 53개 문화권 117,000여 명의 직원에게 작업 목표 및 가치와 관련된 '작업 관련 가치 조사'를 실시하여,[032] 국가 또는 문화 사이의 차이를 드러내는 네 가지 요인 구조—권력거리 · 개인주의 · 남성성 · 불확실성 회피—를 확인해 내었다.[033] 이 네

---

031 Hofstede, 1980.

032 이 연구의 대상은 모두 IBM이라는 같은 회사에 근무하는 사람들이었으므로, 근로 조건이나 학력 및 연령 등은 대체로 비슷하고 단지 국적만 다르다는 사실에 비추어 보면, 이 조사에서 드러나는 차이는 곧 국가 또는 문화의 차이를 반영하는 것으로 볼 수 있다는 것이 호프스테드의 생각이었다. 또한 그는 국가 사이의 차이를 부각시키기 위하여 각 문항에 대한 개인별 점수가 아니라 응답자들의 국가별 평균치를 기초 자료로 하여 분석하는 '생태학적 분석(ecological analysis)'을 실시하였는데, 이 점이 바로 그의 연구로 하여금 문화비교심리학 분야에서 시원적인 작업으로서의 가치를 지니게 하는 주요 요인이 되고 있다.

033 이 중에서 '권력거리(power distance)'는 사회 내의 권력 분포의 불평등의 지표, '개인주의(individualism)'는 개인의 자유와 선택을 중시하고, 개인을 집단보다 중시하며, 개인 사이의 구속력이 느슨한 정도의 지표, '남성성(masculinity)'은 자기주장 · 경쟁 · 물질적 성공 등의 남성적 가치를 선호하는 정도의 지표, 그리고 '불확실성 회피(uncertainty avoidance)'는 불확실한 상황이나 미지의 상황으로 인해 위협을 느끼는 정도의 지표를 나타낸다.

요인 가운데 이후의 연구자들이 문화차를 가장 잘 드러낼 것으로 보고 주목한 요인이 '개인주의-집단주의' 차원이었다.

문화비교심리학의 연구에서 이렇게 개인주의-집단주의의 분류체계에 관심이 집중된 데에는 여러 요인이 복합적으로 작용하였는데,[034] 그 가운데 가장 중요한 것으로 동아시아가 하나로 묶이고 서구가 그 반대쪽 극단에 모이는 것은 개인주의-집단주의 차원이 유일하여, 동·서의 문화차를 대비할 수 있는 개념틀이 마련되었다는 사실을 들 수 있다.[035] 곧 개인주의-집단주의 차원은 동·서의 문화차를 비교하는 유일한 핵심 차원으로 등장하게 되었던 것이다. 이와 같은 맥락에서 지금까지의 문화비교 연구에서는 주로 미국·캐나다·호주 같은 서구의 국가를 개인주의 문화권의 대표로 잡고, 이와 대비되는 집단주의 문화권의 대표로 한국·중국·일본 같은 동아시아 유교권 국가를 잡아, 이 두 지역인의 심성과 행동의 특징을 대조하고 분석하는 연구가 주류를 이루어 왔다.[036]

이러한 문화비교 연구를 통해 각 문화권, 특히 개인주의와 집단주의 문화 사이의 다양한 차이가 밝혀짐으로써 기존에 어느 사회에나 일관되게 적용될 것이라고 인식되어 왔던 많은 심리학 원리의 보편성에 대한 회의가 확산되었다. 곧 기존의 심리학에서 보편적인 것으로 여겨져 온 많은 원리가 실상은 서구인, 특히 미국 중산층 백인 대학생이 가지고 있는 고도의 개인중심적 인간관에 기초한 문화특수적인 것일 뿐, 관계중심적 인간관을 가지고 있는 문

---

034 조긍호, 2012, pp. 32-40; Kagitcibasi, 1997, pp. 3-10.

035 호프스테드의 자료에서 보면, 개인주의-집단주의 차원에서는 미국(1위)·호주(2위)·영국(3위)·캐나다(4/5위)·네덜란드(4/5위)·뉴질랜드(6위)·이탈리아(7위)·벨기에(8위)·덴마크(9위)·스웨덴(10/11위)·프랑스(10/11위)·아일랜드(12위)·노르웨이(13위)·스위스(14위)·독일(15위) 같은 서구의 국가들이 개인주의의 극단으로 묶이고, 대만(44위)·한국(43위)·싱가포르(40위)·홍콩(37위)·일본(22/23위) 같은 동아시아 유교권 국가들이 강한 집단주의 문화권으로 묶이고 있다(Hofstede, 1991: 차재호·나은영 역, 1995, p. 87, 표 3-1). 그러나 이 외의 나머지 차원에는 동·서 국가들이 혼재되어 있다(Hofstede, 1991/1995, p. 52, 표 2-1; p. 128, 표 4-1; p. 169, 표 5-1 참조).

036 Kagitcibasi, 1997; Oyserman, Coon, & Kemmelmeier, 2002; Triandis, 1995.

화권에도 똑같이 적용되는 원리는 아니라는 사실을 심리학자들이 인식하게 되었던 것이다.[037]

이러한 관점에서 보면 미국 심리학으로 대표되는 기존의 서구 심리학 이론들은 미국 또는 서구라는 지역적 한계에서 탈맥락화하지 못하고, 서구식 개인주의의 관점에 함몰되어 대상을 보는 서구인의 자기중심성에서 벗어나지 못하고 있었던 것이다.[038] 이러한 서구의 자기중심성에서 벗어나 인간 행동의 문화적 존재구속성(存在拘束性)이라는 특성을 정확히 이해하기 위해서는 심리학이 탈서구중심화할 필요가 제기되며, 이러한 맥락에서 1980년대 이후 본격적으로 전개된 문화비교심리학이 이론적으로나 현실적으로 가지는 가치를 찾아볼 수 있다.

(3) 아시아적 가치 담론의 대두: 유학사상에 대한 관심의 증폭

아시아는 보통 무슬림의 중동(사우디아라비아 · 이란 · 이라크 · 시리아 · 요르단 등), 힌두교와 불교 및 무슬림의 동남아시아(인도 · 파키스탄 · 태국 · 캄보디아 · 라오스 · 미얀마 · 인도네시아 · 말레이시아 등), 그리고 유교의 동아시아(중국 · 대만 · 한국 · 일본 · 홍콩 · 싱가포르 등)의 세 지역으로 구분하지만, 모두 강한 집단주의 문화를 보유하고 있다.[039] 이 중에서 개인주의와 대비되는 집단주의 문화의 특징에 대한 문화비교 연구는 주로 동아시아 유교권 국가

---

037 이러한 점은 현대 미국 사회심리학의 핵심 연구 30개를 선정하여 이스라엘에서 재검한 Amir와 Sharon(1987)의 연구에서, 6개에서만 동일한 결과가 나왔고, 4개에서는 부분적으로만 결과가 반복되었을 뿐임에 반해, 20개에서는 완전히 반대되는 결과가 얻어졌다는 보고에서 잘 드러나고 있다.

038 이러한 점을 지적하여 Yang(1997, p. 69)은 "세계에서 가장 발달한 북미의 심리학은 그 자체 태생적으로 토착심리학의 한 종류일 수밖에 없다. 이는 그 주요 개념 · 이론 · 방법 및 발견이 원래 그리고 자발적으로 어느 정도 유럽의 지적 전통, 엄격하게는 주로 미국 사회의 문화적 및 사회철학적 기반 위에서 배태된 것이라는 의미에서 그러하다"고 진술하고 있으며, 그런 의미에서 "현재의 심리학은 서구로부터 나온 일종의 토착심리학일 뿐"(Yang, 2000, p. 245)이라거나 "미국의 주류 심리학은 세계에서 가장 거대한 토착심리학"(p. 250)이라 단언하고 있다.

039 Hofstede, 1991/1995, p. 87, 표 3.1.

를 대상으로 진행되어 왔다. 그 까닭의 일단은 1980년대 이후 서구인 사이에 동아시아와 그 사상적 배경인 유학사상에 대한 관심이 부쩍 높아졌다는 사실을 들 수 있다.

1980년대에 서구의 사회과학계에서는 '아시아적 가치(Asian values)' 논의를 중심으로 하는 동아시아 담론이 활발하게 전개되었다. 동아시아 담론이 등장하게 된 배경은 정치 · 경제 · 문화적으로 다양하지만, 가장 중요한 것은 역시 1970~1980년대에 일본을 비롯한 한국 · 대만 · 홍콩 · 싱가포르 등 이른바 동아시아 '4소룡(four small dragons)'의 눈부신 경제 발전을 들 수 있다. 1970년대를 거치면서 동아시아는 경제적 비중만으로도 자기 목소리를 내면서 일정한 역할을 할 수 있을 정도로 성장하여 세계 무대에 화려하게 등장했다.

동아시아가 이렇게 급격한 경제성장을 이루자 그 배경에 대한 설명이론 창출의 필요성이 서구 사회과학계에 부상하였다. 프로테스탄트 윤리가 자본주의 발전의 원동력으로, 아시아에서는 그러한 기독교적 윤리체계가 없었기 때문에 자본주의가 발전하지 못했다는 베버(Max Weber) 류의 아시아 정체론의 관점을 지지하고 있었던 대부분의 서구인에게 동아시아의 눈부신 경제성장은 그 자체로 신선한 충격이었던 것이다.

이들 서구의 학자들은 일본과 동아시아 4소룡이 모두 유교 문화권에 속한다는 점에 근거를 두고, 유교에 내재한 검약과 절제 의식, 높은 교육열, 가족주의적 인간관계, 협동과 근면 등의 유교적 가치가 이 지역 경제 발전의 원동력이 되었다는 '동아시아 발전 모형'을 설명체계로 제시하였다. 그러나 서구인의 아시아적 가치, 특히 유학적 가치에 대한 담론이 항상 유학 예찬론으로 이어지기만 했던 것은 아니다. 동아시아 발전 모형에 따라 유학적 가치가 동아시아 경제 발전의 원동력이라고 찬양하던 그들이 1990년대 중반 동아시아에 경제 위기가 닥치자 유학적 가치가 경제 위기의 주범이라고 몰아세웠으며, 한국 같은 나라에서 불과 3~4년 내에 IMF체제를 극복하고 경제 회

복을 이루자 다시 유학 예찬론을 들먹였던 것이다.[040]

이러한 사실은 동아시아의 학자들로 하여금 서구인이 제기한 '아시아적 가치' 논쟁은 서구인의 시각에서 서구인 구미에 맞추어 진행된 서구중심적인 논의에 불과하며, 결국은 아시아를 주변부화(周邊部化) 또는 타자화(他者化)할 위험이 다분한 시도라는 경계심을 갖게 하기에 충분하였다. 그러나 어쨌든 이러한 논의는 동아시아를 관심의 초점에 놓음으로써 동아시아의 학자들에게 스스로에 대한 반성과 함께 서구중심주의의 미망에서 깨어나는 계기를 제공해 준 것[041]만은 틀림없는 사실이다.

(4) 동양사상에 내재한 심리학체계에의 개안(開眼): 유학의 심성론과 불교의 연기론

세계에서 유례를 찾을 수 없을 정도로 급속한 경제 발전은 동아시아인, 특히 1960년대 초반까지만 해도 세계 최빈국이었던 한국인에게 스스로에 대한 자신감을 회복하게 해 준 획기적인 사건이었다. 이제는 스스로가 세계사의 당당한 주역의 일원이라는 인식을 한국인은 갖기 시작하였다. 이러한 자신감이 구체적으로 나타나기 시작한 것이 1970년대 말부터 불기 시작한 '우리 것 찾기' 열풍이었다.

우리 것 찾기 열풍은 우리 문화의 정체성을 확인하기 위해 그 사상적 배경을 탐구하는 작업으로 확산되었다. 샤머니즘 · 불교 · 유학 등 많은 전통종교 및 사상체계에로 관심이 기울여졌는데, 그중에서도 삼국시대 이후 우리나라 사람들의 삶에 깊이 파고든 불교와 조선조에 들어와서는 말할 것도 없고 고려 광종(光宗)의 과거제 실시 이후 약 1,000여 년 동안 우리나라 문화의 원형을 형성해 온 유학사상에 학자들의 관심이 집중되었다. 심리학계에서도 1960년대 말과 1970년대 초부터 불교와 심리상담 사이의 관련성을 추적하거나, 현대심리학적 연구 내용을 유학 경전의 내용과 결부시켜 해석함

---

040 이승환, 2000, p. 198; 조긍호, 2007a, pp. 467-469.

041 강정인, 2002, p. 229.

으로써 한국인에게 끼친 유교 문화의 영향을 탐구하거나 또는 불교와 유학 사상으로부터 서구와는 다른 새로운 심리학의 가능성을 도출해 보려는 작업이 꾸준히 이어져 왔다.

불교사상에 관심을 가지고 연구하기 시작한 사람들은 상담심리학자들이었는데, 이들은 1960년대부터 주로 불교의 연기론(緣起論)에 이론적 바탕을 두고 부적응의 문제에 접근하려 하거나, 명상(冥想)을 위주로 하는 불교의 수행법에서 서구의 상담이론들에서 제시하는 것과는 다른 동양적 상담의 기법을 찾아보려 하였다. 이들은 불교사상에 내재한 마음중심주의가 심리학의 체계라는 강한 믿음을 기초로,[042] 부적응의 발생과 그 치료뿐만 아니라 정상적인 적응생활에 대한 이해도 불교사상의 탐구를 통해 접근할 수 있다고 보았다.

1960년대에 시작된 유학사상과 심리학의 관련성에 관한 초기의 연구를 통해 이 분야의 심리학자들은 유학사상이 철학의 체계일 뿐만 아니라, 기본적으로는 인간이 본유적으로 갖추고 있는 심성(心性)에 관한 논의를 바탕으로 하고 있는 인간중심적이고 현실적인 삶의 이론체계라는 점에서 심리학의 체계일 수도 있다는 확신을 가지게 되었다. 이러한 맥락에 서면, 심성론 곧 인성론(人性論)을 바탕으로 한 유학사상과 그것이 가지는 심리학적 함의에 관한 연구를 통해 동아시아인의 심성과 행동을 적실(適實)하게 이해하기 위한 이론체계가 도출될 것이라는 전망을 할 수 있다. 동아시아 사회는 오랫동안 유학사상을 치국의 이념으로 삼아왔을 뿐만 아니라, 오늘날에도 "마음의 유교적 습성들(the Confucian habits of the heart)"[043]은 동아시아인의 삶의 자세와 행동양식 속에 그대로 반영되고 있기 때문이다. 이렇게 동아시아인의 삶의 기반이 되어 온 유학사상은 다양한 이론으로 구성되는 사상체계이지만, 그 골격을 이루는 이론체계는 인성론이다. 유학은 시종일관 심성론, 곧 인성론 중심의 이론체계이며, 그러한 점에서 철저하게 인간중심주의에 기울어져 있는 사상체계인 것이다.[044]

---

042 권석만, 2000, p. 141.

043 Tu, Wei-Ming, 1996, p. 343.

044 김충렬, 1982, pp. 170, 172–175; 馮友蘭, 1948/1977, pp. 105–107; Needham,

이러한 맥락에서 불교와 유학사상은 근본적으로 심리학적인 이론체계로 정리할 수 있다. 우리나라의 심리학자들이 이러한 관점에서 불교와 유학사상을 심리학적으로 탐구하기 시작한 것은 일찍이 1960~1970년대부터였다. 이러한 연구들은 태생적으로 서구 추종적이자 서구 의존적이었던 한국의 심리학계가 서구중심주의에서 벗어나 스스로의 문화적 정체성을 확인하고 심리학 연구의 지평을 넓히고자 하는 노력의 표출이었던 셈이다.

2) 한국 심리학계에서의 탈서구중심적 연구의 세 갈래

이러한 맥락에서 한국 심리학계에서도 근래 문화가 인간 행동과 심성에 미치는 영향에 대한 관심이 늘어나고 있으며, 특히 동양 내지는 한국의 문화 전통 안에서 서구 심리학을 대치할 수 있는 새로운 심리학의 가능성을 모색하거나 연구의 가능성을 탐색해 보려는 경향이 점증하고 있다. 한국의 문화 전통과 한국인의 행동 및 심리적 특성 사이의 관계에 대한 관심의 증가 현상은 1970년대 중반 이후 한국 문화 또는 한국인의 특성에 대한 주제로 한국심리학회나 그 산하 분과학회에서 개최한 심포지엄이나 세미나가 계속되고 있다는 사실에서 단적으로 드러나고 있다.[045]

1969/1986, Vol. Ⅱ, pp. 21-29.

045 한국심리학회에서의 이러한 움직임은 이미 1976년 10월에 '한국 사회와 심리학'이라는 심포지엄을 개최한 데에서 비롯되어, 1980년대 중반부터 본격적으로 전개되고 있다. 1980년대 중반부터 2000년까지 한국심리학회 또는 그 산하 분과학회에서 개최한 한국인 또는 한국 사회 관련 심포지엄이나 세미나는 다음과 같다(한국심리학회 편, 1996, pp. 68-79; 조긍호, 2003a, p. 75.): '한국 사회와 심리학(1976년 10월)'; '한국 가족관계에서의 갈등(1984년 7월)'; '한국인의 인간관계(1984년 10월)'; '인간 이해의 동 · 서 비교(1986년 7월)'; '심리학에서 본 지역감정(1988년 6월)'; '한국인의 행동 특성과 가치관: 근로의식(1992년 10월)'; '남 · 북의 장벽을 넘어서: 통일과 심리적 화합(1993년 6월)'; '한국인의 특성: 심리학적 탐색(1993년 10월)'; '일상화된 국민의식과 행동의 문제점: 심리학적 접근(1994년 5월)'; '심리학에서의 문화비교 연구(1996년 2월)'; '한국인의 건강에 관한 종합학문적 접근(1996년 6월)'; '동양심리학의 모색(1997년 10월)'; '문화와 심리학(1999년 8월)'; '한국 심리학의 정체성과 도전: 토착심리학과 문화심리학적 접근(2000년 10월)'.

그동안 한국 심리학계에서 이루어진 이러한 탈서구중심적인 연구는 세 가지 방향으로 진행되어 왔다. 그 하나는 문화가 인간의 심성과 행동에 미치는 영향에 관한 관심의 부상과 더불어 개인주의 문화권의 서구인과 집단주의 문화권의 동아시아인 특히 한국인의 행동 및 심성의 실제적이고도 현실적인 특징을 밝혀냄으로써, 한국인을 포함하는 동아시아인의 심리적 정체성을 확인해 보고자 하는 문화비교심리학의 연구이다. 또 하나는 동아시아 집단주의 문화의 배경에 유학사상이 놓여 있다는 사실을 이론적으로 검증해 내고 이에 내포되어 있는 심리학적 함의를 도출함으로써 한국 문화의 사상적 정체성을 확인함은 물론 서구 심리학을 대치할 수 있는 새로운 유학심리학의 가능성을 탐색해 보고자 하는 연구이다. 마지막으로는 상담심리학자들을 중심으로 하여 심리상담과 불교사상과의 관련성을 탐색하거나 이에 기초를 둔 새로운 상담모형을 개발하려는 연구이다.

이제 이 글에서는 한국 심리학계에서 진행된 이러한 세 방향의 탈서구중심적 연구들—문화 관련 심리학적 연구, 유학사상의 심리학화 작업, 불교사상의 심리학화 작업—의 개관을 통해 이러한 연구의 공과(功過)를 살펴보고, 이어서 이 분야의 연구가 앞으로 지향해야 할 자세에 대해 논의해 보기로 하겠다.

3. 문화 관련 심리학적 연구

한국 심리학계에서는 1980년대 이후 문화가 인간 행동과 심성에 미치는 영향에 대한 관심이 늘어나고 있으며, 특히 동양 또는 한국의 문화 전통 안에서 서구 심리학을 대치할 수 있는 새로운 심리학의 가능성을 모색하거나 그 연구의 가능성을 탐색해 보려는 경향이 점증하고 있다. 이 분야의 논문들은 주로 '한국심리학회'의 공식적인 기관지인 『한국심리학회지: 일반』과 '한국심리학회 산하 사회 및 성격심리학회'의 기관지인 『한국심리학회지: 사회 및 성격』에 게재되는데, 2000년도까지의 이 두 잡지에 실린 사회심리학 관련 논문 총 333편을 분석해 보면, '문화와 동양심리' 관련 논문이 34편으로 전체의 10.2%를 차지하여, 36편씩으로 각각 전체의 10.8%를 차지하고 있는 '대인 지각과 귀인' 및 '고정관념과 편견'과 함께 한국 사회심리학계의 3대 연구 영역을 형성하고 있음을 알 수 있다.[046] 특기할 사실은 '문화와 동양심리' 관련 논문들은 이 두 공식적인 학술지에 1990년도 이후부터 등장하기 시작하여 1990년 이후만 놓고 본다면 전체 사회심리학 관련 논문의 16.0%로 가장 많이 연구되는 분야로 성장하였다는 사실이다. 이 중 문화 관련 연구물은 1990년대 이후부터 쏟아져 나왔는데, 이에는 1980년대부터 "한국 사회심리학의 정체성 내지는 고유성을 확립하고자 하는 일부 사회심리학자들의 관심"[047]이 부쩍 높아졌다는 배경이 놓여 있다.

한국의 심리학자들이 이러한 문화 관련 심리학에 쏟은 관심을 짐작케 하는 사건 가운데 백미는 한국심리학회가 "개인주의-집단주의: 동·서양 심리학의 만남"이라는 주제로 1990년 7월 9일부터 13일까지 개최한 국제학술대회이다. 이 학술대회는 한국심리학회가 1946년 창립된 이래 최초로 개최한 국제학술회의였다. 앞 절에서도 언급하였듯이 개인주의-집단주의는 당시 한창 부상하던 문화비교심리학의 대표적인 이론으로 전 세계 학자들의 연구 관심을 이어주는 고리가 되는 주제인 데다가, 집단주의 문화의 중심국 중 하나이면서 비약적인 경제 발전으로 세계인의 주목을 받고 있었던 한국에서 개최되는 학술회의라는 점에서 이 대회는 전 세계 많은 학자의 이목을 끌었다. 그리하여 이 대회에는 국제학계에 익히 잘 알려진 학자들[048]을 비롯한 21개국 67명의 학자와 250여 명의 국내학자 및 대학원생들이 참가하여 4일에 걸쳐 국외 21편, 국내 52편 등 총 76편의 논문을 발표하는 성황을 이루었으며, 이 대회에서 발표된 논문들의 일부는 두 권의 영문 책[049]으로 발

---

046 장성수, 2000, pp. 219-235.

047 장성수, 2000, p. 228.

048 예: J. Berry, H. Triandis, C. Kagitcibasi, Y. Poortinga, S. Schwartz 및 D. Sinha.

049 Kim, Triandis, Kagitcibasi, Choi, & Yoon(Eds.), 1994; Yoon & Choi(Eds.), 1994.

간되었다. 이 국제학술회의는 사회심리학자들뿐만 아니라 국내의 심리학자들 모두에게 "문화라는 변인의 중요성을 부각시켜 매우 큰 영향"[050]을 미쳤으며, 사회심리학계에서는 문화 관련 논문의 폭증을 몰고 왔던 것이다.[051]

이렇게 문화비교심리학의 대두와 부상에 힘입어 1990년대 이후 현대심리학적인 방법을 동원하여 한국 문화 및 한국인의 행동과 심리적 특성 사이의 관계를 분석한 연구는 크게 세 가지 영역으로 나눌 수 있다. 첫째, 한국에서의 문화 관련 심리학의 현상 파악과 이를 기초로 한 한국적 문화심리학의 내용 및 방법론 탐색 작업이다. 둘째, 한국인의 집단주의적 행동과 심리적 특징을 서구 개인주의 문화인과 비교하여 분석하거나 우리 사회 안의 여러 문화 성향 집단 사이의 차이를 비교하여 분석하는 문화비교 연구이다. 셋째, 한국인의 토착적인 행동이나 심리 내용을 찾아내어 분석하는 한국인의 고유한 특성에 관한 연구이다.

1) 문화 관련 심리학의 이론화 작업

우리나라에서 1990년대에 들어서면서부터 활발히 이루어져 온 문화 관련 심리학의 성격 규정과 이론화 작업은 대체로 기존 서구 심리학의 보편성에 대한 회의로부터 시작하여, 이 문제와 관련한 기존 한국 심리학계의 반성 및 앞으로의 과제 등을 집중적으로 탐색하여 왔다. 이러한 작업의 중심 연구자는 한규석과 최상진이다. 한규석[052]은 기존의 한국 사회심리학이 문화특수성을 무시하고, 서구의 사회심리학을 무분별하게 받아들이는 경향이 있었음을 지적하고, 집단주의-개인주의의 개념틀 등 문화비교 연구에서 이루어진 성과에 터해 인간 행동에 미치는 문화의 영향을 고려하는 새로운 연구 방향을 설정할 필요성이 있음을 지적하고 있으며, 또 다른 논문에서는 한국 심리

050 차재호 등, 1996, p. 51.
051 장성수, 2000; 조긍호, 1995a.
052 한규석, 1991a.

학계에서 그동안 이루어진 이러한 방향의 연구를 개관하고 있다.[053]

최상진도 기존 서구 심리학의 한계 인식으로부터 문화 관련 심리학의 연구 필요성을 도출하고 있는데, 그는 이러한 관점에서 한국과 같은 비서구 문화권에서 지향해야 할 연구는 토착심리학이라는 입장을 제시하고 있다.[054] 그는 그동안 자신이 해 온 한국의 토착적인 심리학적 개념들(정 · 우리성 · 한 · 화 · 심정 · 체면 · 눈치 · 의례성 · 핑계 · 의리 · 팔자)에 관한 연구 성과를 정리하여 제시함으로써 이러한 주장에 설득력을 더하고 있다.[055]

이상과 같은 기존의 한국 심리학계에의 반성과 이를 통한 새로운 연구 방향의 설정이라는 명제는, 1990년대 이후 '문화와 동양심리' 관련 연구물이 사회심리학계에서 가장 많이 발표되고 있다는 사실에 비추어 보면,[056] 이 시대 한국 사회심리학계의 '시대정신(Zeitgeist)'이 되어 있다고 보아도 지나친 말은 아닐 것이다. 이러한 연구는 서구 심리학에 지나치게 경도되고 있었던 기존의 한국 심리학 연구에 대한 반성을 토대로 새로운 한국 심리학의 정체성을 모색해 보자는 기치를 모토로 내세우고 있었다. 그러나 그들이 거둔 성과는 대체로 서구에서 진행되고 있는 문화 관련 심리학의 동향 소개(?) 또는 이론적 소개(?)에 머물고 있을 뿐, 원래 내세웠던 목표에는 한참 못 미치는 수준에 그치고 말았다는 느낌이 강하다.

2) 문화비교 연구

1980년대 이후 문화 관련 심리학에서 문화비교 연구의 기본틀로 삼아 온 것은 '개인주의-집단주의'의 분류체계였다. 이러한 배경에서 한국 심리학계에서 이루어진 문화비교 연구도 대체로 개인주의-집단주의의 기본틀을 중

---

053 한규석, 1999.
054 최상진, 1999a; 최상진 · 한규석, 1998.
055 최상진, 2000a, 2000b, 2011.
056 장성수, 2000, pp. 221의 표 3-1, 227-229.

심으로 이루어졌다. 그동안 한국 심리학계에서 이루어진 문화비교 연구는 크게 개인주의-집단주의 문화의 특징을 개괄적으로 비교한 연구, 한국과 대비되는 개인주의 문화권의 국가로 미국을 잡아 두 집단의 행동과 심리적 특징의 차이를 직접 대비하는 연구 및 한국 사회 내에서의 여러 집단 간 차이 또는 문화 성향 집단 간의 차이 분석을 통해 개인주의와 집단주의의 특징을 대비하고자 하는 연구로 나누어 볼 수 있다.

(1) 개인주의-집단주의 특징 개괄 연구

두 문화 유형에 따른 행동 및 심리적 차이를 우리나라에서 개관한 연구는 한규석[057]으로부터 비롯되었다. 그는 문화 유형에 따라 '나'의 의미, 내·외집단 구분, 동조행동, 자기노출 등에 차이가 있음을 개괄하였다. 그러나 이 논문은 아직까지 서구에서도 이 두 문화 유형의 차이를 조감할 수 있는 이론적 틀이 제시되기 이전의 개관 논문이어서[058] 두 문화 유형의 차이를 개관하

---

057 한규석, 1991b.

058 '개인주의-집단주의' 문화의 차이를 가져오는 원천에 대한 이론을 처음 제시한 사람은 Markus와 Kitayama(1991)였다. 그들은 서구 개인주의 사회인과 동아시아 집단주의 사회인이 가지고 있는 전형적인 자기관(self construal)의 차이가 두 문화의 차이를 유발한다는 이론을 제시하였다. 즉, 서구 사회에서는 자기를 타인과 구획되는 경계를 가지고 있는 '독립적인 자기(independent self)'로 인식하는 데 반해, 동아시아 사회에서는 자기를 타인, 특히 내집단의 타인과 연계되어 있는 관계 속의 존재, 곧 '상호의존적 자기(interdependent self)'로 인식하며, 이러한 자기관의 차이가 두 문화권 사람들의 인지·정서·동기 등 제반 행동과 심리적인 특성에 차이를 유발하게 된다는 것이다. 이어서 Triandis(1995)는 당시까지 이루어진 문화비교 연구를 개관하여, 개인주의와 집단주의 문화 사이에 자기규정(개체성-연계성), 목표우선성(개인목표 우선-집단목표 우선), 행위 원동력(개인 내적 속성-역할이나 의무), 관계중시 여부(내집단과 거리 두기-내집단에의 귀속)의 네 측면에서 차이를 보인다는 사실을 밝혔다.

이들 이외에 Nisbett(2003)은 고대 그리스와 중국의 생태조건과 생산양식의 차이 및 이로부터 도출되는 사회화 강조점의 차이에서부터 서구인과 동아시아인이 세상사를 인식하고 조직화하는 인지양식(cognitive style)의 차이를 도출해 내고, 이러한 인지양식의 차이가 서구와 동아시아에 각각 개인주의와 집단주의 문화가 조성된 원천이라는 이론을 제시하였다. 즉, 서구 사회에서는 인간을 포함하는 각각의 개별적인 실체들의 속성을 파악하는 것이 세상사를 이해하는 기본이라는 관점에서 '분석적 사고(analytic thinking)'의 양식이 지배적인 사고양식으로 조성되었고, 동아시아 사회에서는 사람을 포함하는 제반 사물들의 상

기 위한 통일된 이론적 관점을 제시하지 못한 흠이 있다.

필자는 문화 유형에 따라 인간관에 차이가 나고, 이에 따라 두 문화 유형에서 강조하는 세 차원의 차이가 유발된다는 관점에서, 두 문화 유형과 행동 및 심리적 특징의 관계를 개괄하고 있다.[059] 필자는 개인주의와 집단주의 문화의 차이는 근본적으로 사회 구성의 단위를 개인으로서의 독립적인 개체로 보느냐(개인주의) 아니면 사람들 사이의 관계와 가족 같은 일차 집단으로 보느냐(집단주의) 하는 데 있다는 입장에서 출발한다. 이러한 사회 구성의 기본 단위에 대한 인식의 차이는 결국 인간을 파악하는 세 차원의 입장의 차이를 가져오게 되고, 이러한 인간관의 차이는 곧바로 주의의 초점, 자기표현의 양식 및 행위가변성과 자기향상의 방안의 측면에서의 강조점의 차이를 유발하여 개인주의 문화와 집단주의 문화의 제반 차이가 나타난다고 본다.[060]

호의존적인 관계를 파악하는 것이 세상사를 이해하는 지름길이라는 관점에서 '총체적 사고(holistic thinking)'의 양식이 지배적인 사고양식으로 조성되었으며, 이러한 사고양식의 차이가 개인주의와 집단주의 사회인의 제반 차이를 유발하게 되었다는 것이다.

이들 중 Triandis(1995)의 관점은 어떤 논리적 근거에서 연역된 이론이라기보다는 많은 실증적 연구의 결과들을 귀납하여 종합해 낸 것으로, 이후의 연구를 이끄는 이론적 가치가 부족하다는 단점이 있다. 그리하여 이 분야의 많은 연구자는 자기들이 밝혀낸 개인주의-집단주의 문화의 차이를 Markus와 Kitayama(1991) 또는 Nisbett(2003)의 이론적 틀에 기대어 해석하는 경향을 보인다.

059 조긍호, 1993, 1996, 1997a, 1999a, 2000, 2012.

060 이러한 관점은 서구 개인주의 문화의 사상적 배경인 자유주의(liberalism)와 동아시아 집단주의 문화의 배경인 유학사상에서 내세우는 가치들로부터 인간의 존재 의의의 출처, 인간의 중핵 특성, 이러한 중핵 특성의 존재양식 등 세 차원에서 인간을 파악하는 입장의 문화권 간 차이가 도출된다는 사실에 대한 추론으로부터 유래한다. 17세기 서구의 자유주의자들은 자유와 권리, 이성과 진보, 평등과 존엄의 가치를 중시하는데, 이로부터 개체성에서 인간의 존재 의의를 찾아 인간을 자유와 권리의 보유자로 보는 입장이 도출되고, 이러한 인간의 가장 중핵적인 특성을 이성으로 보아 인간을 이성의 주체로 보는 관점이 나오며, 이러한 이성의 능력은 누구나 태어나면서부터 완비된 상태로 갖추고 있다는 생각에서 인간을 완비된 실체로 개념화하는 인간관을 갖추게 된다. 이에 비해 유학사상에서는 사회성, 도덕성, 가소성을 중시하는 입장에서, 인간의 존재 의의를 사회적 관계에서 찾아 인간을 사회적 관계체로 보는 관점을 지니게 되고, 인간의 중핵 특성을 도덕성에서 찾아 인간을 덕성의 주체로 보게 되며, 인간을 소인(小人)의 상태에서 태어나 도덕적 완성을 이룬 군자(君子)를 지향해 가는 존재 곧 무한한 가능체로 파악하는 인간관을 갖추게 된다. 이러한 세 차원의 인간관의 차이로부터 주의의 초점(자기-관계 상대방), 추구 목표(자기이익-집단이익)

필자는 이러한 세 차원의 강조점의 차이를 통해 개인주의 문화와 집단주의 문화의 대인평가와 귀인,[061] 정서,[062] 동기[063] 및 사회관계[064] 등 여러 측면에서 나타나는 제반 차이를 정리하고 있다.[065] 두 문화에서의 행동 및 심리적 특징의 차이를 개관한 이러한 연구들은 두 문화의 차이에 관한 구체적이거나 새로운 정보를 덧붙여 주지는 못했지만, '개인주의-집단주의'의 차이를 조감하는 기본틀을 부각시켜 제시하여 두 문화 유형이 조성된 사상적 배경을 탐색하는 하나의 시각을 제공하는 역할을 수행해 왔다고 볼 수 있다.

(2) 두 문화 사이의 차이 비교 연구

문화비교 연구의 중핵은 서로 다른 두 문화권에서 같은 차원의 심리적 개념에 대한 반응 또는 행동에서 어떠한 차이가 나타나는가를 살펴보는 것이다. 집단주의와 개인주의 문화비교 연구에서도 한국과 같은 특징적인 집단주의 문화의 성원들과 미국과 같은 특징적인 개인주의 문화의 성원들이 보이는 동일한 대상에 대한 반응의 차이를 비교해 보는 것이 가장 일반적인 연구의 틀이다.

우리나라에서도 많지는 않지만, 직접적인 문화비교 연구들이 이루어졌다. 이종한은 한국과 미국의 성인에게서 공동체의식을 조사하여, 한국인이 미국인보다 가족 모임 · 동창회 · 향우회 등 비자발적 집단에 더 많이 소속되고, 더 강한 공동체의식을 느낌을 밝혀내었다.[066] 정태연은 한국과 미국의

및 자기향상의 방안(장점 확충-단점 개선) 차원에서의 강조점(독립성 · 자율성 · 독특성-연계성 · 조화성 · 유사성 / 자기주장-자기억제 / 일관성 · 안정성-가변성 · 유연성)의 차이가 나오게 된다는 것이 필자의 생각이다. 이에 대한 자세한 내용은 졸저(조긍호, 2007a, pp. 53-142; 2008, pp. 43-95; 2012, pp. 48-140) 참조.

061 조긍호, 1993, 1996.

062 조긍호, 1997a.

063 조긍호, 1999a, 2000.

064 조긍호, 2012.

065 이러한 문화비교 연구의 종합적 개관에 대해서는 졸저(조긍호, 2003a; 2006, pp. 57-78; 2007a; 2012, pp. 143-290) 참조.

066 이종한, 1992.

대학생에게서 성격 특성의 극단성과 사회선희도가 행동일관성에 미치는 영향을 비교한 결과, 미국 학생은 더 극단적인 행동일수록 일관적이라고 평가하였으나, 한국 학생들은 사회적으로 바람직한 행동일수록 일관적이라고 평가함을 발견하였다.[067] 이러한 연구는 한국인의 집단주의적 특징(스스로 선택하지 않은 귀속 집단에의 공동체의식과 사회규범 · 요구 · 기대에의 일관성 유지 경향)을 잘 드러내 준다.

최근에 최인철과 동료들은 한국 · 중국 · 일본 등 동아시아인과 미국 · 캐나다 등 서구인의 인지양식과 과정에 근본적인 차이가 있음을 밝히는 일련의 연구를 수행하였다.[068] 이들은 자기들 연구에서 찾아낸 결과를 집단주의-개인주의의 틀에 따라 해석하지 않고, 동아시아인의 통합적 · 전체적 · 변증법적 사고양식과 서구인의 범주적 · 분석적 · 모순율적 사고양식의 차이에서 연유하는 것으로 본다는 점에서 새로운 이론적 관점을 제공하고 있다. 즉, 이들은 두 문화권의 사고양식에 질적인 차이가 있다고 해석함으로써 문화차를 양적인 차이뿐만 아니라 질적인 차이로도 보며, 행동이나 사고 내용의 차이뿐만 아니라 사고 과정의 차이로도 보는 입장을 전개하고 있는 것이다.

이러한 한 · 미 간의 비교 이외에 이누미야 요시유키 · 최일호 등은 같은 집단주의 문화에 속하는 한국과 일본 학생의 자기관과 비현실적 낙관성을 비교하고 있으며,[069] 나은영은 기존 자료를 종합하여 61개국의 국가투명성(national transparency)에 미치는 문화적 요인과 대인 간 신뢰의 영향을 분석하기도 하였다.[070]

---

067 정태연, 2001.

068 최인철, 1999; Choi, 2002; Choi & Choi, 2002; Choi, Dalal, & Kim-Prieto, 2000; Choi, Dalal, Kim-Prieto, & Park, 2001; Choi & Nisbett, 1998, 2000; Choi, Nistett, & Norenzayan, 1999; Choi, Nisbett, & Smith, 1997; Nisbett, Peng, Choi, & Norenzayan, 2001.

069 이누미야 요시유키 · 최일호 · 윤덕환 · 서동효 · 한성열, 1999.

070 나은영, 2001.

(3) 단일 문화 내의 문화 연구

흔히 문화비교 연구는 국가 간 비교가 필수적인 것 같지만, 이는 잘못된 생각이다.[071] 단일 문화 내에서 이루어진 연구일지라도 문화비교에 관한 이론을 다루고 있거나 찾아낸 결과가 문화비교의 함의가 크다면, 이는 문화비교 연구라 할 수 있다.

우리나라에서 한국인만을 대상으로 한 문화 관련 연구 중 가장 많이 이루어진 것은 한국인의 가치관의 변화에 관한 연구이다.[072] 이러한 연구에서는 한국인은 구세대일수록 집단주의적인 경향이 강하고, 젊은 세대일수록 개인주의적인 경향이 점차 증가하여 세대차가 크게 나타나고 있다는 사실이 공통적으로 밝혀지고 있다. 즉, 한국 사회는 현재 전반적으로는 아직 집단주의의 경향이 강하지만, 문제 영역에 따라서는 개인주의의 가치와 집단주의의 가치가 혼재하는 역동적인 상황에 놓여 있다는 것이다.[073]

한국이라는 단일 문화 내에서 이루어진 문화비교 연구들은 대체로 이러한 척도에 의해 연구참여자들을 집단중심성향자와 개인중심성향자로 나누고, 이들의 동일한 차원에서의 대상 또는 자극에 대한 반응의 차이를 비교하는 설계들로 연구가 이루어졌다. 예를 들면, 한규석과 오점조는 아동을 두레성향자(집단중심성향자)와 홀로성향자(개인중심성향자)로 나누어 그들의 교류양상을 비교하고 있으며,[074] 고재홍은 대학생과 회사원들을 이 두 문화 성향 집단으로 나누어 그들의 공동작업 성과에 대한 분배양식의 차이를 분석하고

---

071 *Journal of Cross-Cultural Psychology*는 문화비교 연구를 전문으로 다루는 학술지인데, 이 학술지에 수록된 연구들 중 국가 간 비교가 이루어진 것은 32.5%에 불과하고, 단일 문화 내에서 이루어진 연구도 32.6%에 이른다(Smith, 1995: 한규석, 1997, p. 92에서 재인용). 이에 비추어 보면, 둘 이상의 문화 간의 비교만이 문화비교 연구의 기본은 아니다.

072 나은영 · 민경환, 1998; 나은영 · 차재호, 1999; 박광배 · 김미숙, 1992; 이종한, 2000; 차재호 · 장영수, 1992; 차재호 · 정지원, 1993; 한규석 · 신수진, 1999; 한성열 · 안창일, 1990; Cha, 1994.

073 이러한 배경에서 Kim과 Kim(1997) 및 김동직과 한성열(1998)은 이 두 문화 성향을 측정하는 한국판 척도를 제작하여 표준화하고 있다.

074 한규석 · 오점조, 1993.

있다.[075]

이러한 연구 중 집중적인 수렴연구가 이루어진 것이 두 가지 있어 눈길을 끈다. 그 하나는 공정조망과 인정조망에 근거해서 도움행동과 분배행동을 할 때의 차이를 분석한 이수원과 장성수의 연구이다.[076] 그들은 공정과 인정이 갈등하는 상황(예: 친구의 노부모가 교통규칙을 위반한 것을 목격한 교통경찰)에서 공정을 선호하는 사람(예: 교통위반 스티커를 발부해야 한다는 판단)과 인정을 선호하는 사람(예: 묵인하고 모른 체해야 한다는 판단)을 나누었을 때, 전자는 후자보다 타인의 호의에 대해 물질적 보상을 하려 하거나 자기가 타인에게 베푼 호의에 대해서도 물질적 보상을 받으려 하며, 공동성과를 분배할 때에도 형평 분배를 선호함을 밝혀내었다. 이러한 결과를 기초로 그들은 개인주의 문화의 성원들은 공정조망에 근거해서 상호작용을 하고, 집단주의 문화의 성원들은 인정조망에 터해서 상호작용을 한다는 입장을 제시하고 있다.

집중적인 수렴연구의 또 다른 예는 필자의 연구이다.[077] 이 연구들에서 고등학생과 대학생 또는 회사원을 집단중심성향자와 개인중심성향자로 나누었을 때, 전자는 후자보다 겸양귀인 경향이 강하고, 동조행동을 더 많이 하며, 여러 문제에 대한 의견의 허구적 합의성 지각 경향은 더 높고, 자신의 능력에 대한 허구적 독특성 지각 경향은 낮음이 밝혀졌다. 또한 전자는 후자보다 공적 자의식 수준은 높고, 사적 자의식 수준은 낮으며, 타인에의 공감 수준과 분노 통제 수준 또한 높음이 밝혀졌다. 뿐만 아니라 전자는 후자보다 이차통제의 경향은 높고 일차통제의 경향은 낮으며, 도덕적 지향성도 높은 수준에 이르고 있음이 드러났다. 이들은 모두 집단주의와 개인주의 문화의 특징적인 차이와 일치하는 결과로서, 단일 문화 내의 문화비교 연구의 가치를 잘 드러내고 있다.

---

075 고재홍, 2001.

076 이수원 · 이헌남, 1993; 장성수 · 이수원 · 정진곤, 1990; 장성수 · 이헌남, 1989.

077 조긍호, 2002, 2003b, 2005; 조긍호 · 김소연, 1998; 조긍호 · 김은진, 2001; 조긍호 · 김지연 · 최경순, 2009; 조긍호 · 김지용, 2001; 조긍호 · 김지용 · 홍미화 · 김지현, 2002; 조긍호 · 명정완, 2001; 조긍호 · 이재영, 2007.

3) 한국인의 고유한 특징 연구

한국인의 고유한 행동 및 심리적인 특징을 찾아 이를 심리학적으로 분석하려는 연구의 효시는 윤태림의 연구를 들 수 있다.[078] 그는 한국인의 사고방식과 성격의 특징을 한국인의 체질인류학적 특징 · 풍토 · 언어 · 전통사상 및 사회경제적 조건 등의 측면에서 분석하고 있다. 그러나 그가 제시하고 있는 자료와 이를 통해 도출해 낸 결론 사이에 논리적 · 실증적 연결이 거의 없을 뿐만 아니라, "한국인을 은연중에 서양인과 비교하면서 단지 다르다는 것을 보여 주는 것이 아니라, 못하다는 함축을 곳곳에서 던지고"[079] 있어, 객관적인 연구의 자세도 견지하고 있지 못하다는 아쉬움을 남기고 있다.

한국인의 삶 속에서 독특하게 나타난다고 여겨지는 행동 특성에서 심리학적 개념을 이끌어 내고, 이를 토착심리학의 관점에서 분석하고 있는 대표적인 연구자는 최상진이다.[080] 그는 "한국인의 삶 속에서, 그리고 일상의 언어적 생활 속에서 보편화된 '말 언어'나 '말 개념'을 심리학적 개념으로 구성"[081]하려는 시도에서, 한국의 토착적 현상에 대한 사회표상적 분석[082]을 집중적으로 하고 있다. 지금까지 그가 분석한 토착적 현상 또는 개념들은 정(情),[083] 우리성(weness),[084] 한(恨),[085] 홧병,[086] 심정(心情),[087] 체면(體面),[088]

---

078 윤태림, 1969, 1970.
079 한규석, 1999, p. 114.
080 최상진, 2000a, 2000b, 2011.
081 최상진, 2000a, p. 26.
082 최상진, 1990.
083 최상진 · 이장주, 1999; 최상진 · 김지영 · 김기범, 2000a.
084 최상진, 1993a; Choi & Choi, 1994.
085 최상진, 1991.
086 최상진 · 이요행, 1995.
087 최상진 · 김기범, 1999; Choi & Kim, 1998.
088 최상진 · 김기범, 2000; 최상진 · 유승엽, 1992.

눈치,[089] 의례성(儀禮性),[090] 핑계,[091] 의리(義理),[092] 팔자(八字)[093] 등 열한 가지에 이른다.

이러한 연구를 바탕으로 최상진[094]은 '심정심리학'과 '당사자심리학'의 논리가 "한국인의 심리학을 구성하는 차별적 핵심 사상이 될 수 있음을 제기하였다."[095] 그에 따르면, 한국인의 사회적 인간관계에서 개인은 상호 독립적인 존재가 아니라, 서로 정을 바탕으로 하나가 되는 '우리'로 지향하는 존재이고, 따라서 이러한 인간관계의 그물망 속에서 개인들은 항상 상호작용의 객관적인 '제삼자'가 아니라 '당사자'들이므로, 당사자들의 심정 읽기가 한국인의 특징을 이해하는 핵심이라는 것이다. 한국 토착심리학의 발전을 위해서는 이러한 그의 주장이 앞으로의 연구를 통해 실증적인 근거를 마련함으로써 더욱 이론적으로 세련될 필요가 있을 것으로 보인다.

그러나 이러한 한국인의 토착행동에 관한 연구는 그 이론적 중요성에도 불구하고 몇 가지 심각한 문제점을 지니고 있는 것으로 보인다. 우선 연구의 문제 정리 또는 비교의 시각이 과학적 연구의 기반인 객관성을 결여하고, 어떤 때는 명시적으로나 암묵적으로 지나친 자기비하에 빠져 있거나(예: 윤태림의 연구) 또는 지나친 자기도취(예: 최상진의 연구)에 빠져 있다는 점이다. 다음으로는 이러한 연구에서 한국인의 토착적 특성이라고 간주되고 있는 내용이 과연 한국인만의 특징인지에 대한 실증적 자료 또는 논리적 설득력이 떨어진다는 점이다. 예를 들면, 체면중시 행동이나 핑계 찾기 또는 눈치 보기가 과연 한국인만의 고유한 행동 특성인지에 대한 객관적인 자료가 제시되지 않고, 이들이 한국인의 고유한 특성이라는 사실이 암묵적으로 전제된

---

089 최상진 · 진승범, 1995.
090 최상진 · 유승엽, 1994.
091 최상진 · 임영식 · 유승엽, 1991.
092 최상진 · 김미희 · 박정열 · 김기범, 2000.
093 최상진 · 김지영 · 김기범, 2000b.
094 최상진, 1993b, 1997, 2000b.
095 한규석, 1999, p. 114.

상황에서 논의가 진행되고 있다. 마지막으로 연구의 문제전개 방식 주로 사회표상의 확인에 그치는 등 연구 방법이 매우 협소하다는 사실이다. 이 분야의 연구가 그 이론적 중요성에 부응하는 성과를 거두기 위해서는 앞으로 이러한 문제점을 고려하여 좀 더 폭넓고 객관적인 시각과 방법을 동원한 연구가 이루어져야 할 것이다.

4. 유학사상의 심리학화 작업

한국의 심리학계에서 이루어진 또 다른 탈서구중심적 연구는 전통사상과 동양 고전에서 다루어지고 있는 심리적 현상을 서구 심리학에서 찾아진 사실과 결부시켜 해석함으로써 같은 현상을 보는 양자의 공통점과 차이점을 밝혀 보려는 작업 및 동양 고전의 해석을 기초로 동·서양의 문화 전통 내에서 인간을 파악하는 관점의 차이를 전반적으로 대비해 봄으로써 동양심리학의 가능성에 관한 이론적 기초를 탐색해 보려는 작업이다. 이러한 작업 중 불교사상의 심리학적 연구는 주로 상담심리학이라는 한정된 분야에서 연구가 이루어졌으며, 연구의 양도 비교적 적다. 또한 도교와 전통 샤머니즘의 심리학화 작업은 거의 이루어져 있지 않은 실정이다. 이에 비해 유학사상의 심리학화 작업은 상대적으로 연구물도 많고, 연구자도 사회·인지·적응·성격·발달·산업/조직 등 심리학의 거의 전 분야에 걸쳐 있다.

한국 심리학계에서 유학사상의 심리학적 연구에 본격적으로 관심을 보이기 시작한 것은 1970년대에 들어서면서부터였는데, 지금까지 이루어진 이러한 연구는 대체로 세 가지 방향으로 요약해 볼 수 있다.

첫째, 유학 고전에 대한 심리학적 해석 작업이다. 이러한 작업에는 유학 고전에서 다루어지고 있는 심리적 사실을 서양의 현대심리학에서 찾아진 사실과 결부시켜 해석하거나 또는 같은 사실에 대한 양자의 입장의 차이를 찾아보려는 작업과, 유학의 경전이나 사상가의 학설 가운데 심리학설에 관련되는 것을 찾아 현대심리학의 관점에서 조망하여 새로운 이론으로 정립해 보고자 하는 작업이 포괄된다. 유학 고전의 심리학적 해석 작업은 지금까지 가장 활발하게 연구가 이루어진 분야이다.

둘째, 동·서양의 문화 전통 내에서 인간을 파악하는 관점의 차이를 전반적으로 대비해 봄으로써 유학사상에 기초한 동양적 심리학의 가능성에 대한 이론적 기초를 탐색해 보려는 작업이다. 1970년대에 시작된 이러한 작업은 수는 비록 적을지라도, 이론적인 측면에서 주목할 만한 성과가 쌓이고 있다.

셋째, 한국 사회에서 유교의 영향을 받아 형성된 문화 수준의 특징을 찾아내고, 이것이 현대 한국인의 심리와 행동에 미친 영향을 분석해 보려는 연구이다. 이는 1960년대 말부터 연구가 시작되어 1990년대에 들어서면서 많은 학자의 관심이 모이고 있는 분야이다.

1) 유학 고전에 대한 심리학적 해석 작업

유학 고전의 독서 작업을 통해 유학사상에 드러나 있는 심리적 사실을 현대심리학의 연구 결과와 결부시켜 해석하거나, 유학의 경전이나 구체적인 사상가의 저술에서 심리학적 관련이 깊은 체계를 찾아내어 심리학설화 하는 작업은 1970년대 이후 연구물이 많이 축적되어 왔으며, 그중에는 상당히 비중 있는 연구물이 제시되기도 하였다. 이러한 작업을 정리하는 데에는 여러 관점이 제시될 수 있겠지만, 여기에서는 이러한 작업에서 다루고 있는 고전이나 사상가의 시대 구분에 따라 유학사상의 뿌리인 공자·맹자·순자 등 진(秦) 통일 이전 시대[先秦 時代] 유학자들의 경전에 대한 독서 작업과 신유학(新儒學)의 한 갈래인 조선조 성리학(性理學) 체계의 독서 작업으로 나누어 고찰해 보기로 한다.

(1) 선진유학(先秦儒學) 고전의 독서 작업

이 분야 연구의 효시는 이의철의 연구이다.[096] 그는 『순자』의 심리학적 해석 작업을 통해 이 분야의 연구를 개척하였다. 이러한 시원적인 연구 이래 활발한 연구가 이루어져 왔는데, 예로써 임능빈(1991)은 『논어』에 제시되고 있는 성숙인격의 이론을 현대 인본주의 심리학자들의 자기실현 이론과 결부시켜 해석해 내고 있으며,[097] 성영신 등은 『논어』와 『맹자』에서 물·욕·이·녹(物·欲·利·祿) 등에 관해 언급하고 있는 내용을 찾아내어 유학사상에서 보는 물질관과 소비행동을 분석하고 있다.[098] 1990년대에 활발하게 이루어진 이 분야의 연구 중에서는 선진유학사상의 심리학적 함의를 분석하여 이를 바탕으로 새로운 연구 문제를 발굴하려 한 이수원과 필자의 연구가 특히 눈길을 끈다.[099]

이수원은 '중용(中庸)'의 심리학설화 작업에 몰두하였다.[100] 그는 사회관계의 갈등 상황에 초점을 맞추어 중용을 해석하였다. 그에 따르면, 사회관계의 갈등은 시(是)나 비(非) 또는 호(好)나 오(惡)의 어느 한쪽에 서서 상대방을 바라볼 때 나타나는 것으로, 중용이란 상대방의 입장에 서서 생각해 보는 역지사지(易地思之)의 과정을 거쳐서 시와 비 또는 호와 오의 대립을 넘어서는 인식 차원의 전환이 이루어지고, 결과적으로 새로운 가치가 창출되는 과정으로 이해할 수 있다는 것이다. 인식 차원의 전환, 즉 중용의 상태는 역지사지의 과정을 통해 두 상반된 가치를 통합함으로써 이루어지며, 이것이 바로 중용의 심리학적 의미라는 것이 그의 해석이다. 이렇게 중용을 갈등 상황에 적용한 새로운 해석은 선진유학의 가장 중요한 경전의 하나인 『중용』의 사상을 심리학적으로 연구하는 계기가 될 뿐만 아니라, 승-승(勝-勝, win-win)의 방법으로 갈등을 해결하는 구체적인 방안을 제공받을 수 있다는 점에서,

---

096 이의철, 1979.
097 임능빈, 1991.
098 성영신 · 김철민 · 서정희 · 박종구 · 박은아, 1993.
099 이수원, 1999; 조긍호, 1990, 1991, 1994, 1995b, 1997b, 1998a, 1998b, 1999b.
100 이수원, 1999.

갈등의 사회심리학 분야의 새로운 이론 정립을 위한 토대를 마련해 주는 획기적인 작업이다.

중용이라는 선진유학사상을 갈등이라는 구체적인 문제 상황과 결부하여 심리학설화하려는 이러한 작업과는 달리, 필자는 『맹자』[101]와 『순자』[102]를 꼼꼼하게 읽어 심리학의 관점에서 면밀하게 해석하고, 이를 기초로 맹자와 순자가 보는 인간 이해의 틀을 찾아내어, 이를 통해 현대심리학을 조감해 봄으로써 새로운 심리학의 연구 문제를 발굴하거나, 문제에 접근하는 새로운 시각을 도출해 내려는 일련의 작업을 수행하였다. 그의 연구는 "특히 맹자나 순자의 심리학설을 찾아내어서 대조하고 특징점을 밝히기 위하여, 이들의 심리학설 뿐만 아니라 각자의 전체 사상체계를 개관하고, 그 안에서 심리학설의 위상을 자리매김하는 방법으로 논의가 이루어졌다."[103]

필자는 맹자와 순자 및 선진유학의 사상체계에서 심리학적 함의가 깊은 체계를 인성론(人性論), 군자론(君子論), 도덕실천론(道德實踐論), 그리고 수양론(修養論) 등 네 분야의 이론체계로 보고, 각각으로부터 서구의 현대심리학과는 다른 새로운 심리학의 연구 문제를 도출해 내고 있다.[104] 우선 선진유학의 인성론으로부터는 지 · 정 · 의(知 · 情 · 意)의 삼분체계의 심리구성체론을 근간으로 하는 현대심리학과는 달리, 덕 · 지 · 정 · 의(德 · 知 · 情 · 意) 사분체계의 심리구성체론을 도출해 내고, 덕성(德性)의 심리학(心理學)이 중요한 심리학의 문제로 연구되어야 할 분야라는 사실을 이끌어 내고 있다. 군자론으로부터는 개인의 자기실현을 이상적 인간의 핵심으로 보는 현대심리학의 연구 경향과는 달리, 사회적 책무의 자임(自任)과 완수가 이상적 인간의 핵

---

101 조긍호, 1990, 1991.

102 조긍호, 1994, 1995b, 1997b, 1998b.

103 한덕웅, 2001a, p. 457: 더 나아가 그는 이러한 일련의 작업에 대해 "서로 대조되는 두 초기 유학사상가들의 심리학설을 검토할 수 있는 함의가 논의됨으로써 그 후에 형성되고 발전된 여러 유형의 유학심리학을 역사적으로 이해할 수 있는 초석을 마련하였다. 또한 이 연구는 두 유학사상가의 심리학설을 경전 해석에 근거를 두고 체계화함으로써 유학심리학사의 연구에도 기여하게 되었다"(p. 458)고 진술하고 있다.

104 조긍호, 1998a, 1999b, 2008.

심 특징이라고 보아 인간의 사회적 존재 특성을 강조하는 이론체계를 이끌어 내고 있다. 이어서 도덕실천론으로부터는 지금까지 심리학에서 도외시해 온 사회적 역할의 수용과 수행이 사회관계론 연구의 핵심 과제가 되어야 한다는 사실을 이끌어 내고 있으며, 수양론으로부터는 욕구와 감정의 절제와 바람직한 방향으로의 전화(轉化)를 핵으로 하는 자기통제(自己統制)의 독특한 자기이론체계를 새로운 심리학의 연구 문제로 도출해 내고 있다.

(2) 성리학 체계의 심리학설화 작업

우리나라에서 받아들인 유학은 주희(朱熹, 1130~1200) 이후 신유학의 한 갈래인 성리학의 체계였으며, 조선 시대에는 이를 국가 경영의 최고 이념으로 삼고 지속적으로 장려해 왔다. 따라서 한국의 유학사는 곧 성리학사라고 할 수 있다. 이러한 배경에서 한국의 심리학계에서도 선진유학의 심리학설화 작업보다는 성리학의 심리학설화 작업이 훨씬 많은 학자에 의해 광범위하게 추진되어 왔으며, 그 결과 학문적으로나 실제적으로 크게 영향을 끼친 중요한 업적이 많이 쌓여 있다. 이러한 연구는 성격 및 적응심리학적 접근의 연구, 경(敬) 사상의 심리학설화 연구, 사단칠정론(四端七情論)의 심리학설화 연구 및 성리학 체계를 인간 행동의 일반이론모형으로 정립하고자 하는 연구가 주류를 이루고 있다.

성격 및 적응심리학적 접근 조선조 성리학자들의 저술에서 심리학설과 관련된 내용을 찾아, 이를 성격심리학과 결부시켜 해석하려는 시도는 이상로에 의해 처음 이루어졌다. 그는 이어서 성격 구조의 역동에 관한 성리학과 현대 심리학의 입장을 비교하고 있으며, 성리학의 입장에서 적응 문제를 바라보는 접근을 소개하기도 하였다.[105]

이상로에 이어 이 분야의 연구는 임능빈에 의해 집중적으로 이루어졌

105 이상로, 1974, 1979, 1980.

다.[106] 그는 조선조 성리학자 중 주로 퇴계 이황(退溪 李滉, 1501~1570)과 율곡 이이(栗谷 李珥, 1536~1584)의 사상체계를 중심으로 성리학 이론을 다루면서, 성격 및 적응심리학적 함의를 추출해 내려는 연구를 계속 발표하였다. 그는 퇴계와 율곡을 통해 본 성리학 체계는 기본적으로 도덕적 인격체를 지향하는 체계여서 도덕성을 성격체계의 핵심에 놓는 이론체계라는 특징을 갖는다고 보고, 그 성격 및 적응심리학적 함의를 도출해 내려 하였다. 뿐만 아니라, 그는 퇴계와 율곡의 이론과 언행의 기록으로부터 상담과 심리치료의 이론이나 실제에 활용할 수 있는 시사점을 모색하고자 했다. "그 가운데 퇴계와 율곡의 사상에서도 행위의 실천을 강조하고 있는 점에 근거를 두고 행동 치료와 조화되는 요소가 있음을 지적하기도 하였다."[107] 한 예로, 그는 퇴계의 언행록이나 서간문에서 개인상담과 가족상담에 관련된 상담 사례를 찾아내서 이를 현대 정신치료의 관점에서 분석하여, 퇴계가 특히 적응 과정에서의 정서 통제의 문제를 중시했음을 밝혀냄으로써, 퇴계 사상의 적응심리학적 함의를 발굴해 내고 있다.[108]

이렇게 성격 및 적응심리학의 관점에서 성리학의 이론체계에 접근하는 연구 중 가장 많은 관심의 대상이 되었던 것은 김성태의 성숙인격론(成熟人格論)에 관한 연구라고 볼 수 있다.[109] 그는 서구 심리학에서 전개된 이상적 인간형에 관한 연구를 개관하고, 이를 성리학의 이상적 인간형과 비교·고찰하는 연구를 수행하였다.

경(敬) 사상의 심리학설화 작업 이기적 욕구에 물든 인심(人心)을 버리고 천리를 간직한 도심(道心)을 지향해 나가는 것이 사람의 할 일이라고 보는 체계가 바로 성리학인데, 여기서 사람의 욕심을 버리고[遏人欲] 천리를 보존하는

---

106 임능빈, 1981a, 1981b, 1982, 1983, 1995.
107 한덕웅, 2001a, p. 454.
108 임능빈, 1981a.
109 김성태, 1976.

[存天理] 방법으로 제시되는 것이 바로 경(敬) 상태에 머무르는 거경(居敬)이다. 경은 마음의 주재로서 온갖 일의 근본이 되는 것이어서, 이는 성인이 되는 길, 곧 성학(聖學)의 처음이자 마지막이 되는 요체라는 데 성리학자들의 의견이 일치하고 있다. 따라서 성리학의 심리학설화 작업을 위해서는 경 사상의 심리학설화가 필수적으로 요청되는 작업이다. 경 사상의 심리학설화 작업은 김성태[110]와 한덕웅[111]에 의해 주목 받는 저술이 출간되었다.

김성태는 여러 성리학자의 거경(居敬)에 관한 논의를 종합하여 "경 공부로 얻어지는 상태 또는 경 공부라는 것은 마음의 안정성, 집중성 및 객관적 태도를 주된 요인으로 지니고 있는 주의 과정에 가까운 것"[112]이라고 보아, 경을 현대심리학에서의 주의(注意) 및 경계(警戒) 과정과 결부시켜 해석해 내고 있다. 이 연구는 성리학의 핵심 이론인 경 사상을 현대 인지심리학의 관점에서 분석하고, 이를 통해 경 상태를 실증적으로 연구할 수 있는 계기를 제공해 주고 있다는 점에서 커다란 의의를 지닌다.

그는 이보다 앞서 여러 성리학자의 심리학설에 근거를 두고, 성숙인격(成熟人格)의 특징을 규명한 바 있다.[113] 이 연구는 성리학의 성숙인격을 경 사상과 연결 지어 찾아내고, 이를 서양심리학에서 제시된 성숙성격의 이론과 결부시켜 양자 간의 유사점과 차이점을 부각시킨 연구이다. 또한 이 연구에서는 성숙인격의 실제 모형으로 충무공 이순신(忠武公 李舜臣, 1545~1598)과 월남 이상재(月南 李商在, 1850~1927)를 들어서 그들의 언행록을 직접 분석함으로써 이 연구 내용의 적용 가능성을 보여 주고 있다. 또한 그는 주의 및 경계 과정으로 경 사상을 해석하는 자기의 이론을 한국 문화의 특징을 분석하는 작업으로까지 확장하고 있다.[114]

거경(居敬)을 주의집중과 관련짓는 김성태의 입장에 대해 한덕웅은 이는

---

110 김성태, 1976, 1989, 1990.
111 한덕웅, 1994.
112 김성태, 1989, p. 163.
113 김성태, 1976.
114 김성태, 1990.

경을 너무 좁게 개념화하는 것이라 보고, 이를 심적 자기조절(心的 自己調節)의 전체 과정과 연결짓는 이론을 제시하고 있다. 그에 의하면 "경 상태는 주의 분산 없는 주의집중 기능과 관련해서 사물 지각이나 판단에서의 주관적 오류를 극복토록 하는 인지 기능도 지니지만, 인간의 목표 추구 활동을 활성화하고 행동적 표출을 자신의 판단에 일치시키도록 방향 지워 주는 동기적 기능도 지닌다. 그리고 행동 결과를 목표 설정에서 마련된 기준과 비교하여 환류하는 기능도 지닌다."[115] 이러한 관점에서 그는 거경은 인간 행동의 전 과정에서 조절 기능을 하게 된다는 이론을 제기하고 있다.

사단칠정론(四端七情論)의 심리학설화 작업 조선의 온 성리학계는 16세기 중엽부터 근 3세기 동안 사단칠정론의 논쟁에 휩쓸렸다. 이는 퇴계와 고봉 기대승(高峰 奇大升, 1527~1572) 사이에 전개된 8년여의 왕복 서신에 의한 논변에서 비롯된 것으로, 기본적으로 결론이 내려질 수 없는 논쟁이었는데, 그러나 "그와 같은 논구로 해서 마침내 사단칠정론 중심의 한국 성리학의 심성론이 세계적인 수준으로 향상"[116]되었던, 조선조 성리학의 핵심 연구 문제였다. 여기서 사단(四端)은 『맹자』에 제시된 측은 · 수오 · 사양 · 시비(惻隱 · 羞惡 · 辭讓 · 是非)의 네 가지 착한 마음을 가리키고, 칠정(七情)은 『예기(禮記)』에 처음 나오는 희 · 노 · 애 · 구 · 애 · 오 · 욕(喜 · 怒 · 哀 · 懼 · 愛 · 惡 · 欲)의 일곱 가지 정서를 가리킨다.

사단칠정론은 사단과 칠정의 발동을 이기론(理氣論)의 관점에서 해석하는 입장의 차이에서 유래된 논쟁이다. 사단 · 칠정에 관한 심리학적 연구의 효시는 정양은에 의해 이루어졌다.[117] 그는 선악의 가치 차원을 떠나서 사단과 칠정의 정서를 유발하는 자극 조건을 심리학적 문제로 제기하고 있다. 그는 사단은 인간관계에서 이루어지는 사회적인 정이고, 칠정은 물리적 환경

---

115 한덕웅, 1994, p. 93.
116 윤사순, 1997, p. 192.
117 정양은, 1970.

자극에 대한 반응으로서의 비사회적인 정이라 보고 있다. 그렇다면 칠정은 인간관계에서는 유발될 수 없는가? 그는 그렇지 않다고 본다. 인간관계에서 인간의 심적 속성의 자극에 대한 반응으로서의 정은 사단이지만, 인간의 신체라는 물리적 존재의 자극에 대한 반응으로서의 정은 칠정이 된다는 것이다. 또한 그는 서구의 정서심리학에서 제기된 이론적 쟁점과 관련해서 사단·칠정으로부터 어떤 시사를 얻을 수 있는지를 폭넓게 논의하고 있다.

정양은의 시원적인 연구에 이어 이 문제를 집중적으로 고찰하고 있는 심리학자는 한덕웅이다.[118] 그는 퇴계의 사단칠정론을 정서의 과정설로 보고, 이론이나 실증 연구에 관련된 문제점과 연구 과제를 논의하였다. 그는 선악의 가치 차원을 떠나서 사단과 칠정을 유발하는 자극 조건을 찾아보려 했던 정양은과는 달리, 환경 자극의 차이에서 사단·칠정을 구분하여 보는 입장과 두 정서에 대한 선악 차원을 결부시켜 두 입장의 보완을 시도하고 있다. 즉, "사단은 순선(純善)으로 가정되고, 칠정은 미정(未定)이므로, 사단은 대인관계에서만 우세하게 나타나는 선한 정서이고, 칠정은 사물이나 대인관계에서 나타나는 선하거나 선하지 않은 정서를 지칭한다"[119]고 볼 수 있다는 것이다.

한덕웅은 또한 사단·칠정에 관한 성리학적 논쟁에서 주요 논점이 되었거나 암묵적으로 전제되고 있었던 논점을 심리학의 실증가설화하고, 이를 실증적인 연구를 거쳐 검증해 내는 일련의 작업을 통해 동양심리학의 실증화 작업을 선도하고 있다.[120] 한 예로, 그는 우리나라 대학생들은 사단 정서는 유발 상황에 관계없이 선한 것으로 생각하지만, 칠정의 정서에 대해서는 상황에 따라 선할 수도 있고 악할 수도 있는 정서로 받아들이고 있으며, 전체적으로는 사단을 칠정보다 훨씬 선한 정서로 인식하고 있음을 밝혀내었다.[121] 이는 사단은 순선(純善)의 정서이지만, 칠정은 선악 미정(善惡 未定)의

118 한덕웅, 1994, 1996, 1997, 1998, 2000, 2001b.
119 한덕웅, 1994, p. 221.
120 한덕웅, 1996, 1997, 1998, 2000, 2001b, 2003.
121 한덕웅, 2001b.

정서라는 성리학자들의 입론의 실증적인 타당성을 입증하는 연구라고 볼 수 있다.

사단칠정론에서 또 하나의 문제점은 사단과 칠정의 포함 관계에 관한 퇴계와 율곡의 입장의 차이이다. 율곡은 일원론 입장에서 사단은 각각 칠정 중 일부를 내포하므로(예컨대, 怒와 惡는 羞惡에 내포됨) 사단은 모두 칠정에 포함된다고 보는 반면, 퇴계는 이원론에 입각하여 사단과 칠정은 발로나 의미가 기본적으로 다른 별개의 정서라는 입장을 전개하고 있다. 이에 대해 정양은과 한덕웅은 퇴계의 이원론을 지지하여 전통적 이원론이 실용적 가치가 더 큰 이론이라 주장하고 있다.[122]

성리학 체계의 일반행동모형화 작업 성리학은 일상생활에서 끊임없이 자기를 점검하여, 사람이 본유적으로 태어난 선한 상태를 간직하고 기름으로써 사회생활에 확충하고자 하는 실천의 체계이다. 따라서 이는 자극의 수용과 처리 및 이에 반응하는 전체 과정에 걸친 심적 자기조절에 관한 이론이라 볼 수 있다. 이러한 관점에서 한덕웅은 퇴계와 율곡 및 다산 정약용(茶山 丁若鏞, 1762~1830) 등 조선조 성리학사에서 핵심적인 사상가의 이론체계로부터 인간 행동에 관한 성리학적 일반 모형을 정립해 내려는 야심 찬 작업을 추진하여 왔다.[123]

한덕웅에 따르면, 성리학에서는 "인의예지(仁義禮智)의 사덕(四德)을 갖춘 이상적 목표 상태 설정[存心 · 養性] → 올바른 행위를 하려는 마음 갖춤새 유발[道心] → 사회적 자극에 당면해서 선한 정서 경험[四端] → 당위적 사회행동 규범[五倫]에 의한 사회행위 → 사회적 환경 속에서의 사회관계에 긍정적인 영향 → 성리학적 기준에 의한 환류 및 평가[省察] → 존심(存心) · 양성(養性) 상태로의 재환류"의 과정을 거쳐 사회관계에서 군자(君子)와 성인(聖人)

122 정양은, 1970; 한덕웅, 1994, 2001b, 2003.
123 한덕웅, 1994, 1999, 2003.

같은 이상적 인간의 상태에 도달하게 되는 것으로 개념화하고 있다는 것이다. 이에 비해 본래의 선한 상태를 간직하지 못하면[放心·失心] 욕구에 휘둘리게 되고[人心], 결과적으로 사회적 자극에 당면해서 선하지 못한 정서[七情]를 경험하거나 당위적 사회행동 규칙을 따르지 못하게 됨으로써 사회관계에 악영향이 끼쳐지고, 마침내는 성리학적 기준에 의한 환류와 평가가 이루어지지 못하는 악순환을 겪게 된다는 것이다. 따라서 일상생활에서 개인은 "존심·양성 → 도심(道心) → 사단(四端) → 오륜(五倫)에 합당한 행위 → 올바른 사회관계 형성 → 성찰(省察) → 존심·양성"의 행위 과정을 따르도록 노력해야 한다는 것이 성리학에서 제시하는 심적 자기조절의 논리체계라는 것이다.

한덕웅은 이 모형을 실증적으로 검토할 수 있는 방안에 대해서도 언급하고 있는데, 이러한 연구는 성리학의 심학(心學) 체계를 현대심리학적으로 해석하여 인간 행동에 관한 성리학적 일반 모형을 정립시키려 한 시도로, 앞으로의 전개가 주목된다.

2) 동양심리학의 이론적 기초에 관한 연구

동·서양의 문화 전통의 차이를 전반적으로 대비하여, 서구 심리학과는 다른 동양적 심리학의 가능성에 관한 이론적 기초를 탐색하는 작업은 동·서의 문화 전통의 차이와 현대심리학 연구의 기초가 되고 있는 철학적 배경에 대한 폭넓은 이해가 선행되어야 가능하다는 점에서 아주 어려운 작업이고, 따라서 연구 성과도 그리 많지 않은 실정이다. 이 분야에서는 정양은[124]과 필자[125]의 일련의 작업이 눈길을 끈다. 이 중에서 정양은의 작업은 동·서의 철학적 전통 안에서 심리적 사실과 마음[心]에 관한 관점의 차이를 도출하고, 이러한 차이에서 서구 심리학과는 다른 새로운 동양심리학의 가능성을

---

124 정양은, 1970, 1972, 1976, 1986; Chung, 1994, 1996.

125 조긍호, 2006, 2008, 2012.

탐색해 보려는 다분히 철학적인 색채를 띠는 작업이다. 이에 비해 필자의 작업은 서구 개인주의와 동아시아 집단주의의 차이를 양자의 인간관의 차이에 귀결 지어 분석하고, 이러한 인간관의 차이는 각각 그 사상적 배경인 자유주의와 유학사상에서 도출된다는 맥락에서, 동아시아 집단주의의 사상적 배경인 선진유학사상으로부터 심리학적 함의를 도출하여, 서구와는 다른 새로운 유학심리학의 가능성을 정립해 보려는 시도이다.

(1) 심리적 사실의 동·서 차이 도출 작업

일련의 작업에서의 정양은의 문제의식은 현대심리학의 연구 대상이 되어 온 관념·경험·의식 및 심리작용 등의 심리적 사실과 이의 주재자로서의 심(心)을 보는 동양의 유교 및 불교의 입장과 현대심리학의 이론적 배경인 서양의 인식론 철학의 입장이 아주 다르다는 사실을 밝혀냄으로써, 동양심리학의 이론적 기초를 정립해 보고자 하는 것이었다. 그에 따르면, 서구의 인식론 철학에서는 외적 대상과의 경험을 통해 얻어지는 관념과 의식 내용이 마음을 구성하는 질료이며, 이러한 질료로서의 관념과 의식 및 이를 추상화해 내는 과정으로서의 심리작용이 기본적인 심리적 사실이라고 간주한다. 이러한 배경에서 현대심리학에서는 마음의 질료로서의 경험의 결과적 내용과 경험의 과정을 연구 대상으로 삼게 되었다는 것이다. 그러나 유교나 불교 같은 동양의 사상에서는 관념이나 의식은 "허구적이고 망상적인 것이며, 마음에 의하여 인위적으로 만들어진 것이라 생각했으므로, 관념적인 심리적 허상에 떨어지지 말고 인간의 심성(心性) 자체를 체득할 것을 권하고 있다"[126]고 그는 주장한다.

이렇게 서구 심리학은 인식론에서 제기되는 문제를 실증적으로 해명하려는 데에서 출발했으므로 현상이나 표상 또는 상상과 같은 인간 외적 사물에 관심을 갖는 데 반하여, 동양사상의 중심은 인간 외적 요소를 탈피한 인간

---

126 정양은, 1976. p. 74.

의 본성에 관한 사색에 있었다는 것이다. 따라서 "심성 내에 있는 모든 인간 외적, 즉 이방적(異邦的, moi−etranger) 존재를 제거한 다음에 남는 것을 자아(自我) 또는 아(我, Self)라 부르며, 따라서 이 Self를 밝히는 것이 심리학의 본령이라 생각하는 것이 동양적 사상"이라는 것이다. 그러나 인식론 철학에서 출발한 서구 심리학에서는 "인식과 관계되지 않는 문제는 심리학의 영역에서 중요시되지 않았고, 따라서 Self의 문제도 심리학의 문제로서 중요성을 지니지 못하였다"[127]고 그는 지적한다.

이렇게 모든 경험의 주재자로서의 원존재[我]에 관한 연구가 동양적 심리학의 핵심 내용이 되어야 한다는 것이 그의 일관된 주장이다. 이러한 관점에서 그는 서구는 '신중심문화(God culture)'와 '과학중심문화(science culture)'라 개념화할 수 있지만, 동양은 '보편아중심문화(universal I−ness culture)'라고 볼 수 있으며, 이러한 문화 배경에 따라 동・서양인의 심리와 행동의 차이가 빚어지게 된다는 주장을 펴고 있기도 하다.[128]

(2) 유학심리학의 체계 도출 작업

필자는 『맹자』와 『순자』의 비교・고찰을 통해 선진유학사상에서 심리학적 관련이 깊은 이론체계는 인간의 본유적인 심성 내용에 관한 인성론, 이러한 현실적인 인간이 도달할 수 있는 이상적 상태에 관한 군자론, 이상적 인간의 실제적인 삶의 모습에 관한 도덕실천론, 그리고 인성론에서 정위한 바의 현실적인 인간이 군자론에서 설정한 바의 이상적 상태에 도달하기 위한 방법론의 체계인 수양론의 네 가지로 정리할 수 있으며, 각각으로부터 서구 심리학과는 다른 심리구성체론, 이상적 인간형론, 사회관계론, 자기발전론을 도출할 수 있다고 보았다.[129] 후속 작업에서 그는 독서 대상을 『논어』로

---

127 정양은, 1976, p. 75.
128 Chung, 1994, 1996.
129 조긍호, 1998a, 1999b.

까지 넓혀 이러한 사실을 거듭 밝히고 있으며,[130] 유학심리학의 체계가 서구 심리학의 그것과 달라지는 근원은 서구 개인주의의 사상적 배경인 자유주의와 동아시아 집단주의의 배경인 유학사상에서 인간을 파악하는 입장의 차이[131]로부터 도출되는 것임을 논구하고 있다.

이러한 맥락에서 그는 서구 철학과 그 산물인 서구 현대심리학의 심리구성체론, 이상적 인간형론, 사회관계론, 자기이론을 유학사상에서 도출되는 그것들과 비교·고찰해 보면, 현대 서구 심리학과는 다른 새로운 유학심리학의 체계를 구성할 수 있을 것이라 보고, 각각에 관한 동·서 비교 작업을 해오면서,[132] 이를 통해 현대 서구 심리학과 대비되는 새로운 '유학심리학의 체계'가 구성될 수 있을 것이라고 주장한다. 이러한 작업은 앞서 언급한 정양은의 작업과 함께 서구와 대비되는 동양심리학의 가능성과 내용을 탈서구중심주의 입장에서 탐구하는 좋은 예가 될 것이다.

3) 유교 문화가 한국인에게 끼친 영향에 관한 연구

조선조 이후 성리학이 국가 경영의 최고이념으로 부각되면서 유학사상은 일반 민중의 생활에 광범위한 영향을 미치게 되었고, 그 결과 이는 "한국인의 문화 전통과 의식 구조의 중추"[133]가 되었다. 이러한 배경에서 한국인의 문화적 정체성 확인이라는 기치 아래, 유교 문화가 한국 문화나 한국인의 심리와 행동에 미친 영향을 다루는 연구가 많이 이루어졌는데, 이러한 연구는 그 방법론과 주안점의 측면에서 세 분야로 나누어 볼 수 있다. 이들은 전통적인 문헌분석의 연구, 유교 문화의 영향을 현대심리학의 방법론을 원용하여 심층적으로 분석하려 한 연구, 그리고 현대 동아시아인 특히 한국인의 인지·정

130 조긍호, 2007a, 2008.

131 이에 관해서는 필자의 선행저술(조긍호, 2007a, pp. 53-142; 2008, pp. 25-104); 2012, pp. 48-140) 및 이 장의 주 60 참조.

132 조긍호, 2006, 2012.

133 이광세, 1998, p. 63.

서 · 동기 등 제반 영역에서의 실제적인 행동 특징을 유학사상에서 도출되는 인지 · 정서 · 동기에 관한 이론체계와 결부시켜 양자 사이의 정합성을 분석함으로써 유교 문화가 한국인에게 미친 영향을 이론적으로 고찰하려는 연구이다.

(1) 문헌고찰 연구

심리학자로서 이 문제를 처음 다룬 사람은 윤태림이다.[134] 그는 한국인의 사고방식과 성격에 미친 유교 문화의 특징으로 개인의 자유보다 권위를 앞세우는 자아말살, 가부장적인 가족중심주의, 계층의식, 인간관계 중시, 관존민비, 권위 존중, 체면 중시, 과거 지향성 등을 들고 있다. 그러나 그는 이 연구에서 유교 문화의 이러한 특징이 한국인의 사고방식과 성격의 어떤 측면에 어떤 심리적 과정을 통해 영향을 끼치고 있는지에 대해서는 분석하지 않고 있다. 또한 유교 문화의 영향을 지나치게 부정적인 측면에 기울어져 보고 있는 것도 그의 연구의 문제점이다.

윤태림의 시원적인 연구 이후 문화나 사회 수준의 분석이 아니라, 한국인의 심리와 행동 특징을 개인심리학 수준에서 분석한 연구도 1980년대 이후 이루어지고 있다. 차재호는 한국인에 의한 한국인의 특성 추론은 방법에 신빙성이 없기 때문에, 지난 100여 년 동안 한국을 방문하거나 한국에서 생활했던 외국인을 대리 관찰자로 하여, 그들이 관찰한 한국인의 지속적인 행동 특성, 신념과 태도 및 가치관을 정리하였다.[135] 이 중 그가 유교와 관련 있는 것이라고 본 특징은 행동 특성으로 눈치 보기, 의존심, 명분의 존중, 상하의 구별, 감정과 의욕의 억제, 추리력과 창조력 결여, 높은 향학심, 신념과 태도로 상하의식, 경로사상, 존사(尊師)사상, 조상 숭배, 기술 천시, 충효사상, 질투나 잔인함에 대한 부정, 그리고 가치로 효, 학문 숭상, 아들과 자손 번창,

---

134 윤태림, 1969, 1970.
135 차재호, 1980, 1994.

조상 숭배 등을 들고 있다.[136] 이 연구는 자료수집 과정의 객관성은 엄격히 유지되고 있으나, 이러한 행동 · 신념 · 가치가 유교 문화의 영향이라는 논거가 부족하고, 또 유교 문화의 어떤 측면이 어떤 심리적 과정을 통해 이러한 행동 · 신념 · 가치들을 낳게 되었는지에 대한 분석이 이루어지지 않았다는 한계를 가지고 있다.[137]

이러한 문헌고찰 연구는 대부분 문화나 사회 현상의 특징을 사회적 수준에서 유학의 이론체계 또는 조선조의 지배계층의 행태와 관련지어 설명하는데 초점을 맞추고 있을 뿐이다. 그러므로 이러한 연구에서 "한국인이 전형적으로 보이는 심리와 행동을 분석의 단위로 삼은 연구는 그리 많지 않은 셈이다. 더구나 심리학적 연구의 기준을 좀 더 엄격하게 사용할 경우, 유교와 관련된다고 주장하는 문화 현상이 어떤 심리학적 근거에서 한국인의 어떤 심리와 연결되는지 설명해야 심리학적 연구가 된다. 이 기준으로 본다면, 현재 시점까지도 유교 문화가 한국인의 심리와 행동에 미친 영향을 이 기준에 적합한 형식으로 다룬 연구들은 극히 소수에 불과하다."[138]

(2) 실증적 · 사회표상적 연구

유교 문화가 한국인의 행동과 심리에 끼친 영향을 좀 더 심층적으로 분석한 연구로는 이수원과 최상진의 연구를 들 수 있다.[139] 이수원은 가족 간의 인간관계를 중시하는 유학사상의 영향을 받아 한국인은 사회적 상호작용의 장면에서 개인 간의 '공정한 교환'보다는 '인정'을 중시하게 되었음을 서구의 사회교환이론과의 대비를 통해 개념화해 내었다.[140] 한국인이 대인관계에서 인정을 중시하는 특징을 보인다는 사실을 그는, 한국인에게 있어서는 개

---

136 차재호, 1994, pp. 125-127.

137 한덕웅, 2001a, p. 463.

138 한덕웅, 2001a, p. 462.

139 이수원, 1984, 1987; 이수원 · 이헌남, 1993; 장성수 · 이수원 · 정진곤, 199; 최상진, 1999b, 2000b.

140 이수원, 1987.

인의 권리를 존중하는 '정의'의 원리가 지배적인 도덕률이 아니라, 집단의 화합을 강조하는 '선행'의 원리가 지배적인 도덕률로 작용한다는 연구[141]와 한국인은 공동작업의 성과를 분배하는 장면에서 경쟁에 따른 생산성의 제고를 도모하려는 형평 원칙보다는 집단원 간의 조화를 도모하려는 균등 원칙에 따른 분배를 선호한다는 연구[142]를 통해 실증적으로 밝혀내고 있다.

한국인에게서 토착적인 행동 특성을 찾아 이를 토착심리학의 관점에서 분석하는 최상진의 연구는 이 분야의 연구에서 독특한 입지를 갖는다.[143] 그는 우리성 · 체면 · 눈치 · 핑계 · 의례성 · 부자유친 성정 등을 한국인에게 고유한 사회행동으로 보고, 이러한 행동에 대한 사회적 표상을 실증적으로 검증하고 있다. 한국인의 토착적 행동 중에서 그가 유교 문화의 영향으로 인한 행동이라고 명시적으로 밝히고 있는 것은 의례성과 부자유친 성정이다. 이 중 의례성은 "유교 문화에서 예의 중시, 신분 서열 강조, 권위주위, 당위와 명분 중시 의식이 강조되었기 때문에 한국인의 의식 속에 형식주의가 발달하게 되었으며, 이러한 형식주의의 속성으로 본심 · 실질과 괴리된 허식, 허례, 체면, 자기억제 및 은폐, 인사치레 등의 현상이 보편화되었고, 그 결과로 나타나는 것들이 표리부동, 이중성, 거짓말 등"[144] 의례성 추구 행동이라고 그는 분석하고 있다.

또한 그가 부자유친 성정이라고 부르는 현상은 한국의 부모-자녀의 관계에서는 서구의 부모-자녀 관계에서 나타나는 동정 혹은 공감과는 다른 강한 일체감과 동일체의식을 갖는다는 사실을 의미한다. 그는 이 현상이 "한국의 유교 문화적 전통과 밀접히 관련되어 있거나, 이에서 연유된 감정일 수 있다"[145]고 가정한다. 그는 이 현상에 관한 실증적 조사를 통해 부모는 자녀에 대해서 유친, 불신, 혈육의식, 희생 및 근심의 심리를 보임에 비해, 자녀

---

141 이수원 · 이헌남, 1993.
142 장성수 · 이수원 · 정진곤, 1990.
143 최상진, 1999b, 2000b, 2011.
144 최상진, 2000b, p. 245.
145 최상진, 2000b, p. 274.

는 부모에게 유친, 불신, 보호의식, 측은감 및 부담감의 심리를 보임을 밝혀, 부모와 자녀가 상대방에 대해 갖는 심리 내용이 대체로 비슷한 구조를 가짐을 확인하였다. "부자유친 성정을 다룬 최상진의 이 연구는 자녀의 효도와 부모의 자애를 근간으로 하는 유교의 부모-자녀 관계의 윤리를 심리학에서 실증연구로 다룬 좋은 예로 볼 수 있다."[146]

이렇게 이수원과 최상진의 연구는 유교 문화의 영향을 받은 한국인의 심리와 행동에 실증적으로 접근하는 좋은 방법을 제공하고 있다. 그러나 유교 문화가 한국인의 행동에 끼친 영향을 연구할 때에는 "어떤 심리 요인이 어떤 근거에서 유교 문화의 어떤 요소와 어떻게 연결되는지"[147]를 논리적으로뿐만 아니라 실증적으로도 밝혀내야 한다는 사실에 입각해 보면, 이러한 연구도 일정한 한계를 보이고 있으며, 이는 앞으로의 과제로 남아 있다고 하겠다. 한덕웅은 이러한 관점에서 유교 문화가 어떤 과정을 통해 한국인의 집단간 갈등 해결, 정서, 건강 관련 행동, 성취동기, 가치관, 리더십, 조직 문화 및 문화 설계에 어떻게 영향을 미쳤는가를 논리적으로 천착하고, 이를 실증적으로 검증할 수 있는 연구방안을 제시한 바 있다.[148]

(3) 이론적 분석 연구

이상의 연구, 특히 문헌고찰 연구는 한국인의 부정적 측면에만 초점을 맞추고 있는 점도 문제이지만, 이러한 연구가 안고 있는 더욱 심각한 문제점은 유학의 어떤 측면이 어떤 심리적 과정을 거쳐 현재의 행동을 낳게 되었는지에 관한 분석이 전혀 없다는 사실이다. 기존의 연구가 이러한 문제점을 안고 있는 데에는 다음과 같은 몇 가지 사실이 원인으로 놓여 있는 것으로 보인다.

첫째, 유교 문화가 동아시아인, 특히 한국인에게 끼친 영향을 분석하기 위한 일관되는 기본틀이 없이 논자 나름대로 유학 경전의 이 구절 저 구절을

146 한덕웅, 2001a, p. 465.
147 한덕웅, 2001a, p. 465.
148 한덕웅, 1994, pp. 231-300; 2003, pp. 373-594.

이런 저런 행동 특징과 순전히 자의적으로 연결 지어 해석하려 했다는 점이다. 둘째, 현대 동아시아인, 특히 한국인의 행동과 심성의 특징에 관한 실증 자료를 수집함 없이, 대부분 근거도 희박한 일상적인 편견에 기대어 분석이 이루어지고 있다는 점이다. 셋째, 인간 심성과 행동에 관한 유학적 이론체계에 대한 철저한 탐색이 없이 상식적인 수준에서 논의가 전개되고 있다는 점이다.

이러한 문제점에서 탈피하고 유교 문화가 한국인에게 끼친 영향을 제대로 분석하기 위해서는 현대 한국인의 인지·정서·동기 등 제반 행동과 심성 특징에 관한 실증적 자료가 있어야 할 뿐만 아니라, 유학사상에서 인지·정서·동기 같은 인간의 심성에 관한 이론체계를 도출한 다음, 이 두 자료(현대 한국인의 실제적인 행동 특징에 관한 실증적 자료와 인간 심성의 인지·정서·동기적 측면에 관한 유학의 이론체계) 사이에 논리적 정합성이 있는지를 정밀하게 분석해 보아야 한다. 그리하여 필자는 현대 문화비교심리학에서 실증적으로 밝혀낸 연구 결과를 개관하여, 인지·정서·동기의 측면에서 현대 동아시아인, 특히 한국인이 드러내는 심성과 행동의 특징을 있는 그대로 찾아낸 다음,[149] 『논어』·『맹자』·『순자』 같은 선진유학의 경전과 퇴계(退溪)와 율곡(栗谷) 등 조선조 성리학자들의 저술에서 인지·정서·동기 같은 인간의 심성과 행동에 관한 이론체계를 도출하고, 이어서 이 두 자료 사이에 논리적인 정합성이 있는지를 살펴보았다.[150]

이는 한국인의 구체적인 어떤 개별 행동이 유교 문화의 구체적으로 어떤 개별적인 측면의 영향으로 인한 것인지를 다만 상식적인 수준에서 연결 지어 보려는 이전의 연구 경향과는 달리, 유학의 경전에서 인간 심성의 구성요소(예: 인지·정서·동기)를 이해하는 이론체계를 찾아내어 이것과 현대 한국인의 행동 특성을 결부시킴으로써 한국인 행동 특성을 이해하는 개념틀을

---

149 조긍호, 2003a.

150 조긍호, 1997a, 2000, 2003a, 2007a, 2007b.

구성해 봄은 물론, 한국인에게 끼친 유교 문화의 영향을 이론적으로 분석해 보려는 시도이다. 물론 이러한 연구에서는 집단주의-개인주의 문화차의 비교 연구에서 얻어진 집단주의 문화의 행동 특징을 잠정적으로 한국인의 행동 특성으로 간주하는 제한점을 가지고 있어서, 앞으로 구체적인 한국인의 행동 특징에 대한 실증적 연구를 통해 그 타당성이 입증되어야 한다는 숙제를 안고 있다.

5. 불교사상의 상담심리학화 작업

지금까지 한국 심리학계에서 진행된 탈서구중심적 연구 중 문화 관련 심리학적 연구는 주로 사회심리학 분야에서 이루어졌고, 유학사상의 심리학적 작업에 대한 관심은 사회·인지·적응·성격·발달·산업/조직 등 심리학의 거의 전 분야에 걸쳐 있는데 반해, 불교사상의 심리학화 작업은 주로 상담심리학 분야에서 이루어졌다.[151] 그 까닭은 아마도 한국의 상담심리학자들이 일찍부터 "모든 일은 마음먹기에 달려 있다"는 일체유심조(一切唯心造)나 "모든 집착에서 벗어나 대자유(大自由)를 추구"하는 해탈(解脫) 또는 탈집(脫執)과 같은 불교의 기본 교리로부터 상담심리학의 핵심 관심사인 부적응의 원인 분석과 치료 방법의 개발에 귀중한 시사점을 얻을 수 있을 것이라는 사실을 통찰하고 있었기 때문일 것이다.

이러한 상담심리학자들의 불교사상과 상담 사이의 관련성에 대한 천착은 일찍이 1970년대부터 시작되기는 하였지만, "불교에 대한 주제가 심리학회 차원의 공식적인 학술대회에서 논의된 것은 1997년 한국심리학회의 추계심포지엄부터"[152]이다. 이렇게 본격적인 연구의 역사가 비교적 일천해 이 분야

151 예: 권석만, 1997, 1998, 2000, 2006; 김기석, 1969, 1978; 김정호, 1994, 1995, 1996a, 1996b; 윤호균, 1970, 1982a, 1982b, 1986, 1999, 2014; 이동식, 1974, 1997; 이장호, 1990 등.

152 권석만, 2000, p. 143.

의 연구의 양도 그리 많지 않은 편이다. 또한 이 분야의 연구자들은 학회지보다는 개인적인 채널을 통해 연구물을 발표하는 경향이 강하였다.[153] 이러한 점은 불교의 심리학화 작업이 한국심리학회 회원 중 압도적으로 많은 수를 차지하는 우리나라 상담심리학자의 공통적인 관심사가 되지 못하고, 소수 학자의 관심사로 머물러 있게 하는 원인으로 작용하고 있다고 볼 수 있다.

불교사상의 상담심리학화 작업은 다양하게 전개되어 왔지만, 대체로 두 가지 방향으로 정리해 볼 수 있다.[154] 그 하나는 서구의 심리치료이론에 대한 대안으로, 연기론(緣起論) 등 불교의 고유사상으로부터 부적응행동의 원인을 분석하고 치료하는 동양적 심리치료의 이론과 기법을 모색하기 위한 연구이다. 또 하나는 심리학적 관점에서 명상(冥想)과 참선(參禪) 등 불교의 수행법(修行法)의 신체적 · 심리적 효과를 규명하고, 이를 심신건강에 적용하려는 연구이다.

1) 동양적 심리치료의 이론과 기법 모색 연구

"불교는 기본적으로 인간의 고통을 마음의 문제로 이해하고, 심리적 변화를 통한 해탈을 추구"하는 체계로서, "심리학적인 요소가 많은 동양종교"[155]이다. 불교는 모든 고통을 마음에서 연유하는 것으로 봄으로써, 고통에서 벗어나는 길도 오로지 마음의 변화를 통할 수밖에 없다고 본다. 불교의 구체적인 이론은 마음에서 고통이 생기는 과정 또는 기제를 분석하고, 이를 제거할 수 있는 다양한 수행의 방법을 제시하려는 것들이다. 곧 불교사상은 그 자체 심리적 부적응의 생성과 치료에 관한 이론체계라고 볼 수 있다. 이러한 맥락에서 상담심리학자들은 불교사상에 관심을 기울이고, 이로부터 상담과 심리

153 이러한 사실은 1960년대부터 2000년까지 발표된 불교와 관련된 주요 심리학 연구논문의 목록을 정리한 권석만(2000, pp. 147-148)의 자료에 잘 드러나 있다.

154 권석만, 2000, p. 146.

155 권석만, 2000, p. 141.

치료의 이론과 기법을 도출하려는 연구를 진행하여 왔던 것이다. 이러한 분야에 지속적으로 관심을 가지고, 불교의 이론체계로부터 심리적 부적응의 원인을 추론하고, 이를 바탕으로 새로운 불교상담의 이론체계를 정립하려 한 대표적인 학자는 윤호균이다.[156]

불교의 이론체계 가운데 심리적 부적응의 생성과 관련하여 윤호균이 주목하고 있는 것은 십이연기(十二緣起)에 관한 이론이다. 이는 현실의 모든 사물 또는 사상(事象)은 그 자체 독립적으로 존재하는 것이 아니라 거대한 상호작용의 연쇄망 속에 들어 있어서, 앞선 사상이 뒤의 것을 일으키는 계속적인 계기(繼起)의 과정 속에서 영향을 주고받는다는 이론이다. 연기론에 따르면, "결국 생 · 노 · 병 · 사 및 기타의 괴로움은 일련의 연쇄 과정을 거쳐 나타난다는 것이다. 즉, 사물이나 사건의 본성에 대한 무지, 곧 무명(無明)이 무의식적으로 발동되어[行] 의식의 움직임[識]을 초래하고, 이것이 심리적 신체적 자극 대상[名色]을 감각기관과 의식[六入]을 통해 감촉[觸]하여, 그 결과 괴롭거나 덤덤한 감각적 느낌[受]을 경험하게 된다. 이러한 감각적 느낌이 일면 괴로운 느낌은 싫어하고 즐거운 느낌은 좋아하는 애증의 감정[愛]이 생기고, 잇따라서 좋아하는 것을 가까이하려 하고 싫어하는 것을 멀리 하려는 집착심[取]이 발동된다. 집착하는 마음이 일어나면 그에 따른 행동[有]을 하게 되고, 그에 따른 삶의 모습[生]을 초래하고, 이러한 삶의 모습에 따라 늙고 죽는 모습[老死]이 달라진다는 것이다."[157]

그는 십이연기의 전개 과정에서 핵심 원인이 되는 것은 사물이나 사상의 본성에 대한 무지인 무명(無明)과 사물과 사상에 대한 애증의 감정인 애(愛) 그리고 이에 대해 접근 또는 회피하려는 집착인 취(取)라 보고 있다.[158] 무명, 애, 취는 각각 인지, 감정, 동기의 체계로서, 이렇게 보면 십이연기론은 곧 심성론으로 정리될 수 있다. 이러한 관점에서 그는 연기론에 근거를 둔 인간

156 윤호균, 1970, 1982a, 1982b, 1986, 1999, 2014.

157 윤호균, 1999, p. 331. (원문에 알기 쉽게 약간의 첨삭을 가함)

158 윤호균, 1999, pp. 332-340.

경험의 흐름을 "대상(사물과 현상) → 유기체적 경험(몸과 마음의 직접 경험) → 변별 · 평가체계(존재와 현상을 지각하고 생각하고 느끼고 대하는 틀: 자기관념 · 응어리 · 고정관념 · 습관 등) → 현상적 경험(지각 · 감정 · 생각 · 욕구) → 표현(말 · 행동) → 대상"으로 정리하고,[159] 이 중 변별 · 평가체계에 의해 대상의 본성을 있는 그대로 경험하지 못하고 자기중심적으로 인식하고 경험함으로써, 이에 홀려 자기에게 유리하게 행동하려는 집착을 가지는 데에서 심리적 괴로움이 발생한다는 관점을 제시하고 있다.[160]

이러한 입론을 바탕으로 하여 그는 "사물이나 현상을 있는 그대로 보기 → 변별 · 평가체계에서 벗어나 새롭게 보기 → 공상에서 벗어나 자재(自在)한 삶을 뜻대로 살기"의 과정이 심리치료 과정에서 심리적 괴로움에서 벗어나는 길이라 보아, 그 자세한 상담의 과정을 제시하고, 이를 '온마음 상담'이라 명명하고 있다.[161]

이렇게 윤호균은 불교 연기론의 심리학적 함의를 추출하고, 이를 바탕으로 심리적 부적응의 발생 과정과 치료를 위한 상담 및 심리치료의 모형을 제시하고 있다. 불교의 이론체계에 기반을 둔 온마음 상담의 모형은 서구의 상담과 심리치료 이론들과는 매우 다른 것으로, 현재 그리 널리 적용되고 있지는 못하지만, 앞으로의 발전이 기대되는 창의적인 업적이다.

2) 불교 수행법의 효과 검증 연구

불교는 모든 괴로움을 가져오는 여러 가지 집착에서 벗어나 대자유를 향유하는 해탈(解脫)에 이르는 것을 근본적인 목표로 하는 종교이다. 그리하여 불교에서는 이러한 목표에 도달하기 위한 다양한 수행(修行) 방법이 제시되고 있다. 이에는 팔정도(八正道: 正見 · 正思惟 · 正語 · 正業 · 正命 · 正精進 ·

159 윤호균, 1999, pp. 340-350.
160 윤호균, 2014, pp. 309-315.
161 윤호균, 2014, pp. 315-339.

正念 · 正定), 육바라밀(六波羅密: 布施波羅密 · 持戒波羅密 · 忍辱波羅密 · 精進波羅密 · 禪定波羅密 · 智慧波羅密) 및 육바라밀의 핵심체계만 간추린 삼학(三學: 戒 · 定 · 慧) 등의 방법이 있다.[162] 이들은 대체로 불교의 계율을 지키고, 선정(禪定)에 들어 마음을 한 곳에 집중함으로써 마음이 헛되이 움직이지 않는 안정된 상태를 경험하며, 그 결과 삼라만상과 인간 존재의 본질을 꿰뚫어 볼 수 있는 통찰력을 얻음으로써, 분별적 사유를 떠나 존재의 실상을 직관하여 큰 깨달음에 이르게 되는 방법이라 요약할 수 있다.

이러한 수행법에는 주의를 집중하여 마음을 흐트르지 않는 명상(冥想)이 공통적으로 들어 있다. 팔정도의 정정(正定), 육바라밀의 선정바라밀(禪定波羅密), 그리고 삼학의 정(定)이 바로 그것인데, 상담심리학자들이 관심을 기울인 불교수행법은 바로 이러한 명상법이었다. 이러한 명상에 관한 집중적인 연구를 해 온 학자로는 이 분야에 대한 초기의 관심을 대표하는 김기석,[163] 위빠사나 명상법을 집중적으로 조명하고 있는 김정호[164]와 권석만[165]을 들 수 있다. 이들은 이러한 명상이 상담 및 심리치료 과정에 미치는 효과를 집중적으로 조명하고 있다.

이들 상담심리학자 이외에 건강심리학자들도 불교수행법으로서의 명상이 정신건강뿐만 아니라 육체 건강에도 긍정적인 효과를 미친다는 사실을 고찰하고 있다. 예를 들면, 장현갑은 명상이 스트레스 대처를 위한 효율적인 자기조절법으로 작용한다는 사실을 밝힌 이래,[166] 명상의 생물심리학적 효과에 천착함으로써[167] 명상이 정신과 육체를 아우르는 심신건강의 증진에 탁월한 영향을 미친다는 사실을 밝히고 있다.

---

162 권석만, 1998, 2000.
163 김기석, 1969, 1978.
164 김정호, 1994, 1995, 1996a, 1996b.
165 권석만, 2006.
166 장현갑, 1990.
167 장현갑, 1995, 1996.

6. 회고와 전망: 새로운 방향 모색을 위하여

지금까지 행동주의의 퇴조로 인한 미국 심리학의 위상 하락, 탈근대사조의 대두로 인한 문화에의 관심 부상과 기존 심리학의 보편성에 대한 회의의 확산, 아시아적 가치 담론의 대두와 유학사상에 대한 관심의 증폭, 그리고 유학 및 불교에 내재한 심리학체계에의 개안 등이 탈서구중심적 연구 경향이 대두된 배경이라는 사실을 기초로, 1960년대 이후 한국 심리학계에서 전개된 탈서구중심적 연구의 내용을 개관하였다. 탈서구중심적 심리학 연구들은 크게 세 종류로 구분할 수 있는데, 그 하나는 전자의 두 가지 배경에서 연유한 것으로, 개인주의-집단주의의 대비를 통한 문화비교 연구 및 한국인의 고유한 행동과 심성을 탐색하려는 토착심리학적 연구를 포괄하는 문화 관련 심리학의 연구이고, 또 하나는 후자의 두 가지 배경에서 연유한 것인데, 유학의 경전에 내포된 심리학적 함의를 찾아내거나 유교 문화가 한국인에게 끼친 영향을 분석하려는 유학사상에 대한 심리학적 연구와 상담 및 심리치료의 관점에서 불교사상의 이론적 및 수행(修行)적 함의를 탐색하고자 하는 연구이다.

1) 회고와 반성

이 중 문화 관련 연구는 서구 심리학계에서 인간 행동의 문화구속성에 관한 관심이 폭증한 데에서 영향을 받아 1990년대부터 활발하게 진행되었다. 이 분야의 연구들은 우리나라 학자들이 한국인을 대상으로 하되, 대체로 서구 학자들의 연구 관심과 방법론을 그대로 받아들여 연구를 진행하였다는 점에서 과연 탈서구중심적 연구라고 부를 수 있는지 의문이 드는 것이 사실이다.

그러나 이 분야의 연구 중 일부는 분명히 주목할 만한 탈서구중심적 경향을 보이고 있다. 그 예로, 한국인의 고유한 심성과 행동 특성을 토착심리학적으로 분석한 최상진[168]의 연구들과 개인주의-집단주의의 문화차를 개관하기 위한 개념틀을 서구 자유주의와 동아시아 유학사상에서 인간을 파악하는 관점의 차이로부터 도출한 필자[169]의 연구를 들 수 있다.

물론 이러한 연구도 그 자체 문제와 한계를 보이고 있는 것이 사실이다. 즉, 후자는 서구와 동아시아 사회의 지배적인 인간관의 대비에 몰두하면서 양자 사이의 상호포괄성과 유사성을 지나치게 도외시하였다는 점, 그리고 전자는 지나치게 사회표상적 측면에만 관심이 집중되고 있을 뿐만 아니라 이러한 연구에서 한국인에게 고유한 특징이라고 제시되는 행동이 과연 한국인만의 토착적인 것인지에 대한 논거와 설득력이 부족하다는 점 등의 문제점을 갖는다. 그렇지만 한국 심리학계의 일천한 역사와 그동안 이를 지배해 왔던 외세의존적 상황을 놓고 볼 때, 비록 소수의 연구자에 의해서이긴 하지만, 이 정도로나마 새로운 이론화와 문제 발굴을 위한 노력이 이루어졌다는 사실은 고무적인 일이 아닐 수 없다.

한국 심리학계에서 이루어진 탈서구중심적 연구 경향을 주도하고 있는 또 하나의 분야는 이미 1960년대 말부터 진행되어 온 전통사상의 심리학화 작업, 특히 유학사상의 심리학적 독서와 심리학설화와 관련된 연구이다. 그러나 이러한 연구 중 상당 부분이 서구 심리학의 개념을 유학 경전의 일부 내용을 동원하여 해석하는 수준에 그치고 있다는 점에서,[170] 이러한 연구를

168 최상진, 2000a, 2000b, 2011.

169 조긍호, 2003a, 2006, 2007a, 2007b, 2012.

170 필자(조긍호, 1998, pp. 58-60)는 고전을 읽는 구체적인 방법에는 현대심리학에서 찾아진 현상 중 유사한 것을 동양 고전에서 찾아 단순히 연결 지으려는 열거적 연결형(列擧的 連結型), 현대심리학에서 찾아진 원리나 현상 중 유사한 것을 동양 고전에서 찾아 그 차이를 부각시키고 이에 동양적 변인을 새로이 첨가하는 대조적 첨가형(對照的 添加型), 동양 고전 속에 드러난 인간 이해의 틀을 찾아내고 이를 통해 현대심리학을 조감해 봄으로써 새로운 연구 문제를 도출해 내는 연역적 구성형(演繹的 構成型)의 방법이 있다고 보고, 이 세 가지 고전 독서의 방법 중 전자의 두 가지는 자기비하 또는 자기존대의 미망에 빠져 있는 미성숙한 독서 방법이고, 마지막의 연역적 구성형이 가장 객관적이고 성숙된 독서 방법이라며, 연역적 구성형의 방법으로 고전들을 읽어 내야 그 심리학적 함의를 정

과연 탈서구중심적 연구라고 간주할 수 있는지 의구심이 들기도 한다.

이렇게 단순히 서구 심리학의 개념을 유학적으로 해석하는 연구가 다수를 점하고 있지만, 이 분야에는 확실히 서구 심리학계에서는 찾기 힘든 문제의식을 보이는 탈서구중심적 연구 업적이 많이 쌓이고 있다. 그 예로는 정양은,[171] 김성태,[172] 한덕웅,[173] 이수원,[174] 그리고 필자[175]의 연구를 들 수 있는데, 이들의 연구는 단순히 서구 심리학의 개념을 유학적으로 해석하거나 서구 심리학의 개념과 유학사상의 그것을 피상적으로 대조하는 수준에 그치지 않고, 동·서의 철학적 및 심리학적 문제의식의 차이를 분석하여 서구 심리학과는 다른 새로운 심리학의 구성을 지향하고 있다는 공통점을 지니고 있다.

이들은 심리적 사실을 보는 또는 심(心) 그 자체에 관한 유학사상의 관점을 통해 유학심리학의 가능성을 도출하려 하거나(정양은의 연구), 유학사상의 인성론·군자론·도덕실천론·수양론에 걸친 심리학적 함의를 분석하고, 각 영역의 동·서 이론의 비교를 통해 새로운 유학심리학의 체계를 도출하려 하는(조긍호의 연구) 등 서구 심리학과는 다른 새로운 심리학의 가능성을 유학사상을 바탕으로 모색하려 한다. 또한 이들은 성리학의 핵심 개념인 거경(居敬)을 통해 서구와 다른 유학적 이상인(理想人)의 도상(圖像)을 그려내거나(김성태의 연구), 퇴계(退溪)의 거경사상으로부터 심적 자기조절의 이론을 도출하고, 이어서 사단칠정(四端七情) 같은 성리학의 핵심 개념의 문제를 실증적으로 접근할 수 있는 방안을 제시하거나(한덕웅의 연구), 또는 중용(中庸)사상을 기반으로 인식 차원의 전환을 통한 태도 변화의 과정을 조명함으로써 현대심리학으로 개념화하기 힘든 문제 영역에 접근할 수 있는 유학

확하게 파악할 수 있다고 보고 있다. 이러한 관점에 서면, 지금까지 이루어진 상당 부분의 유학과 심리학의 관련성에 관한 연구들은 전자의 두 가지 방법으로 유학의 고전을 대해 온 것으로 판단된다.

171 정양은, 1970, 1972, 1976, 1986; Chung, 1994, 1996.

172 김성태, 1976, 1982/1989, 1990.

173 한덕웅, 1994, 1999, 2003.

174 이수원, 1999.

175 조긍호, 1998a, 2003a, 2006, 2007a, 2008, 2012.

심리학적 방안을 모색하는(이수원의 연구) 등으로 유학 경전의 단순한 해석이나 대조를 넘어서서, 유학으로부터 새로운 문제를 발굴하거나 문제에 접근하는 새로운 시각을 도출해 내고 있다.

물론 이들의 연구도 심리학적 분석의 이론적 기반이 취약하거나 지나친 단순화와 과일반화의 위험을 안고 있다는 문제점을 지니고 있다. 그러나 서구 철학에 기반을 두고 있는 현대 서구 심리학만이 보편심리학이 될 수는 없다는 전제에서, 서구 철학과 다른 문제의식과 인간관 위에 구축되고 있는 유학사상으로부터 새로운 심리학을 도출해 내거나, 이를 바탕으로 하여 도출되는 새로운 문제 내용을 새로운 방안을 통해 접근해 보려는 이들의 문제 인식은 탈서구중심적 연구의 전형으로 주목할 만하다.

불교사상의 상담심리학적 함의를 분석한 연구 중에서도 불교의 연기론을 기반으로 하여 심리적 부적응의 원인을 분석하고 이를 치료하는 새로운 모형을 '온마음 상담'으로 제시한 윤호균의 연구[176]는 학계의 눈길을 끌고 있다. 물론 이 모형이 불교의 이론에 정통하지 않은 학자도 쉽게 접근할 수 있는 것이냐 하는 문제점과 치료 효과가 실제의 치료 장면에서 다각도로 검증되어야 한다는 문제점이 있기는 하지만, 이 연구는 상담 및 심리치료 분야의 연구자들이 탈서구중심적 치료 모형으로 주목해 보아야 할 시도이다.

2) 전망과 과제

우리나라에 공식적으로 현대적인 의미의 심리학이 도입된 지 90여 년이 지났고, 중심 연구 단체인 한국심리학회가 설립된 지는 70년이 되었다. 일천한 한국 심리학계의 역사를 놓고 볼 때, 전통사상의 심리학화 작업이 이미 1960년대 말부터 나타나기 시작하여 탈서구중심주의를 표방하는 연구의 역사가 어언 50여 년이나 되었다는 사실은 경이로운 일이다.

---

176 윤호균, 1999, 2014.

그러나 탈서구중심적 경향의 연구의 역사가 오래되었다고 해서 한국의 심리학계가 전반적으로 탈서구중심화 되었다고 볼 수는 없다. 한국과 미국의 대학생 및 상담수련생들[177]에게 아시아적 가치(집단주의적 가치) 검사와 서구적 가치(개인주의적 가치) 검사를 실시해 본 결과에서 보면[178] 한국 심리학계에서 서구중심적 연구와 훈련의 경향이 얼마나 강고하게 지속되고 있는지 잘 드러난다.

이 연구에서는 한국(평균 3.91)과 미국(3.89)의 대학생들은 아시아적 가치 수준에서 아무런 차이를 보이고 있지 않으나, 상담 수련자들의 아시아적 가치 수준은 한국(3.59)의 경우가 오히려 미국(3.81)보다 낮은 것으로 조사되었다. 이는 아시아적 가치 수준에서 미국의 대학생과 상담 수련자 사이에는 아무런 차이가 없으나, 한국에서는 상담 수련자의 아시아적 가치 수준이 대학생들의 그것보다 유의미하게 낮음을 의미하는 결과이다. 이에 비해 서구적 가치 수준에서 한국의 대학생(4.69)은 미국의 대학생(5.21)보다 유의미하게 낮은 경향을 보이는데, 상담수련생들의 서구적 가치 수준은 한국(4.89)이나 미국(4.80)이 아무런 차이가 없다. 즉, 미국인의 서구적 가치 수준은 대학생이 상담 수련자보다 유의미하게 높지만, 한국에서는 상담 수련자들의 서구적 가치 수준이 일반 대학생보다 높은 경향을 보이고 있는 것이다.

미국의 경우 아시아적 가치(집단주의적 가치) 수준에서는 대학생 일반과 상담 수련자 사이에 차이가 없으나, 서구적 가치(개인주의적 가치) 수준에서는 대학생 일반이 상담 수련자들보다 훨씬 높다는 이러한 결과는, 미국의 상담교육이나 상담활동은 개인주의적 가치가 미치는 부작용의 해소(?)에 관심을 기울이고 있음을 의미하는 것으로 해석할 수 있다. 반면에 한국의 경우 아시아적 가치(집단주의적 가치) 수준에서는 대학생 일반이 상담 수련자보다 높으나, 서구적 가치(개인주의적 가치) 수준에서는 상담 수련자들이 대학생

---

177 이들은 모두 대학원에서 상담심리학 전공으로 석사 및 박사학위 과정을 이수하면서, 전문상담자가 되기 위해 수련을 받는 사람들이다.

178 Yon, 2012.

일반보다 높아, 한국의 상담교육 또는 상담활동은 미국보다도 더욱 개인주의적 모형에 의존하고 있음을 보이고 있다.

이러한 결과는 아직까지도 한국의 심리학계에서는 서구식 교육과 훈련이 주를 이루고 있으며, 따라서 한국의 심리학계에서는 아직 서구 의존적이거나 서구중심적인 연구와 훈련의 경향이 지배적이라는 사실을 암시해 준다. 게다가 전통사상의 심리학화 작업을 필두로 한 한국 심리학계에서의 탈서구중심적 연구의 경향을 이끌고 있는 연구자들은 극소수에 머물고 있을 뿐만 아니라, 이들도 대체로 이미 고인(故人)이 되었거나(예: 김성태 · 정양은 · 이수원 · 최상진 등) 정년퇴임한 학자들(예: 한덕웅 · 윤호균 · 조긍호 등)이어서 연구의 생산성이 떨어질 수밖에 없다는 점에서, 한국 심리학계가 서구중심성에서 탈피하는 일은 당분간 힘들 것으로 보인다.

3) 탈서구중심적 연구의 가치

심리학계에서의 탈서구중심적 작업이 가지는 학문적 가치는, 1980년대에 들어서면서 시작되어 이제는 분명해진, 인간의 삶은 필연적으로 그들이 살고 있는 사회와 문화의 구속성으로부터 벗어날 수 없다는 사실에서 도출된다. 인간의 문화구속성이 흔들릴 수 없는 진리라는 이러한 사실은 1980년대 이래 전개되어 온 문화비교심리학의 연구 결과가 웅변적으로 증명하고 있다.

현대 서구 심리학은 고대 그리스 시대 이래 전개되어 온 서구 철학을 기반으로 하여 성립되고 있는 학문 분야이다. 이러한 서구 심리학의 바탕에는 세상사와 인간 존재 및 인간의 삶에 관한 서구인의 이해체계가 놓여 있다. 그러나 이러한 서구 철학이 세상사와 인간 존재 및 인간의 삶에 대한 보편적으로 타당한 이론체계라고는 볼 수 없다. 동아시아를 오랫동안 지배해 왔던 유학과 불교사상은 서구 철학과는 다른 인간관을 바탕으로 세상사와 인간 삶의 과정을 이해하려는 이론체계이다. 세상사와 인간 존재에 대한 인식이 달라지면, 인간 삶의 양식이 달라질 수밖에 없다. 이것이 지금까지의 문화비교심리학의 연구 결과에서 밝혀졌듯이, 서구인과 동아시아인이 사회인지와 정서 및 동기 등 제반 심성과 행동 특징에서 결코 동화되기 힘든 차이를 드러내는 까닭이다.

이러한 관점에서 보면, 현대 서구 심리학은 서구인의 시각에서 서구인의 삶의 과정과 경험을 중심으로 탐색하여 온 서구의 문화특수적인 심리학일 뿐이라는 한계를 지닌다는 사실이 분명히 드러난다. 종래까지 보편주의의 관점에서 서구 심리학을 보편심리학으로 간주해 왔던 시각은 다만 서구인이 빠져 있었던 그들의 자민족중심주의(ethnocentrism)의 반영일 뿐이었던 것이다. 현재는 이러한 서구중심주의에서 탈피하여 글자 그대로의 보편심리학을 구축하려는 노력이 절실하게 필요한 시점이다.

지난 세기의 말엽에 들어서면서 동아시아는 정치 · 경제적으로, 나아가 문화적으로 더 이상 세계사의 주변부가 아니라 당당한 주역의 일원으로 부상하였다. 이러한 맥락에서 볼 때 동아시아 사회를 오랫동안 지배해 왔던 불교 및 유학사상의 체계에 대한 이해를 통해 구축될 동양심리학의 정립은 보편심리학을 구성하기 위한 새로운 개념틀을 모색하려는 시도로서의 가치를 가지는 작업이라고 볼 수 있다. 이것이 바로 '문명 충돌'의 물결이 거세게 밀어닥치고 있는 21세기 초반 탈서구중심적 심리학의 정립 작업이 갖는 학문적 가치이자, 하필 이 시대에 이 땅에 태어나 심리학을 공부한 사람들에게 주어진 학문적인 소명(召命)일 것이다.

부록

·

나의 삶과 심리학*

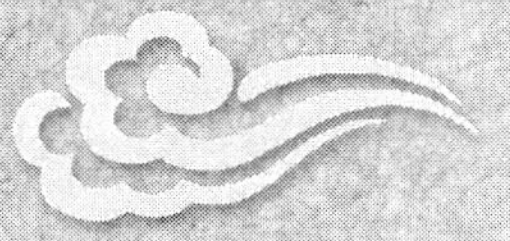

* 이는 2014년 12월 22일 서강대학교 심리학과에서 마련해 준 필자의 정년퇴임(停年退任) 기념회에서 필자가 지난 40여 년의 삶과 심리학적 연구에 대해 회고한 글이다. 지금까지의 논문이나 학문적인 글에서는 화자(話者)를 객관적인 3인칭인 '필자'로 하였으나, 필자의 삶을 필자 자신의 관점에서 회고하는 이 글에서는 화자를 주관적인 1인칭 '나'로 통일하고자 한다.

나에게는 오늘 같은 날이 오지 않으리라 여겼는데, 드디어 내게도 닥치고야 말았다. 세월의 흐름이 누구에게나 공평함을 이제야 알겠다. 나는 1967년 3월 문리과대학 심리학과에 입학하여 심리학과 인연을 맺은 후 지금까지 48년 동안 한눈팔지 않고 심리학에 붙어 살았다. 정년퇴임을 두어 달 앞두고 반백 년 가까운 심리학과 나의 인연을 한번 되돌아보는 것도 그리 의미 없는 일은 아닐 것이라는 생각에서 이 글을 쓴다.

나를 만나 내가 심리학과 졸업생이라는 사실을 알게 된 사람들은 대부분 "왜 심리학을 공부하게 되었어요?"라고 묻는다. 마치 심리학은 눈 세 개, 귀 세 개, 코 두 개, 입 두 개 달린 비정상적인 사람이나 전공할 학문인데, 눈 둘, 귀 둘, 코 하나, 입 하나 가진 나와 같이 멀쩡한 사람이 도대체 왜 심리학 같이 엉뚱한 공부를 했는지 궁금해 죽겠다는 눈치이다. 내가 심리학 교수임을 알게 된 그들은 이어서 심리학 중에서 어느 분야에 관심을 가지고 있느냐고 묻는데, 내가 유학심리학(儒學心理學)에 관심을 가지고 있다고 대답하면, 한심하다는 듯이 쳐다보면서 "그런 것도 심리학이 돼요?"라고 반문한다. 하고 많은 심리학의 분야를 제쳐 두고 왜 케케묵은 공자 · 맹자를 들먹이고 있는지, 대학에서는 왜 저런 쓸 데 없는 짓거리를 하는 사람에게 봉급을 주는지 도무지 모르겠다는 표정이다.

이런 질문에 대해 나는 대체로 웃음으로 얼버무리고 마는데, 내가 이백(李白)처럼 달관한 사람도 아니어서 이러한 소이부답(笑而不答)이 심자한(心自閑)[001]으로까지 이어지지는 못하므로, 매양 마음이 편하지만은 않았다. 오늘은 이런 질문에 대해 작심하고 한마디 해 보기로 하겠다. 사자후(獅子吼)는 아니고 그냥 넋두리로…….

---

001 이는 "웃으면서 대답을 하지 않아도, 마음이 스스로 한가롭다"는 뜻으로, 이백(李白)의 유명한 산중문답(山中問答)이란 시(詩)의 제2연에 나오는 절창이다. 그 원문은 다음과 같다: "問余何事棲碧山 笑而不答心自閑 桃花流水杳然去 別有天地非人間"(무슨 일로 산속에서 사느냐는 물음에, 웃기만 하고 대답을 하지 않아도 마음이 스스로 한가롭다네! 흐르는 물에 복사꽃 떨어져 아득히 흘러가니, 여기는 사람 사는 세상이 아닌 별천지라네!)

1. 심리학과 나

우선 일반인이 내게 하는 첫 번째 질문, 즉 내가 왜 심리학과로 진학하게 되었는지에 대한 대답에서 시작하여, 심리학과에 입학한 후 반백년에 가까운 세월 동안 내가 어떻게 심리학 공부를 해 왔는지에 대해 생각해 보겠다. 이것이 심리학과 관련하여 나의 삶을 정리하는 출발점이 될 것이기 때문이다. 퇴임을 앞둔 늙은 심리학도의 그동안의 궤적을 잠시 살펴보는 것도 후학에게 그리 의미 없는 일은 아닐 것이라는 생각이, 감히 여러분의 귀중한 시간을 할애해 주십사 하는 뻰뻰스런 요청의 근저에 놓여 있는 구차한 변명이다.

1) 심리학을 전공하게 된 계기

내가 심리학을 전공하게 된 이유가 무엇인지에 대해서는 사실 나도 잘 모르겠다. 구체적인 까닭이나 거창한 목표가 있어서 심리학과에 지원하게 된 것은 아니기 때문이다. 그래서 나는 군색하기는 하지만, 대학에 들어오기 전에 '심리학'이라는 단어를 접하게 된 두 사건에서 그 계기를 찾고 있다.

내가 '심리학'이란 말을 처음 접한 때는 1956년 초등학교 2학년 초가을이었다. 당시 둘째 누님이 약혼 중이셨는데, 자형(姊兄)될 분이 매달 누님에게 『여원(女苑)』이란 잡지를 보내 주셨다. 이 잡지에는 '이달의 여류학자'란 화보가 실려 있었는데, 그달의 화보 내용은 '심리학자 이선인(李璿仁) 씨'라는 제목이었다. 서울대학교 심리학과 대학원에 역사상 최초로 이선인이란 여학생이 입학하여 최초의 여류심리학자가 될 꿈을 꾸고 있다는 내용이었던 것으로 기억된다. 옆에 계신 누님에게 "심리학이 뭐유?"하고 여쭈어 보니, "글쎄! 마음 심(心)에 이치 리(理) 자를 쓰니, 마음의 이치를 연구하는 학문인가?"라는 것이 누님의 대답이었다. '심리학'이라! 내가 심리학이란 말을 처음 접한 사건이었다. 참으로 신기한 일은 이 시기의 다른 기억은 그리 확실치 않은 데, 이 사건만은 마치 활동사진처럼 또렷이 남아 있다는 사실이다.

그 후 심리학이란 말은 까맣게 잊고 있었는데, 이 일이 있은 지 8년이 지난 1964년 고등학교 1학년 초가을에 이 단어를 다시 접하게 되었다. 당시 학교 도서관을 담당하시던 일반사회과목의 홍준수(洪俊洙) 선생님이 나를 비롯한 2~3명의 학생에게 방과 후에 새로 들여온 책들을 정리하는 작업을 맡기셨다. 도서 정리가 끝난 후 이런 저런 이야기를 나누는 도중에 홍 선생님께서 우리에게 무슨 과로 진학하려는지 물으셨다. 각자 '상대', '의대' 등 자기 의중을 말씀드리는 과정의 끄트머리에 나는 '법대'를 가려한다고 말씀드렸다. 내 대답을 들으신 선생님은 "조긍호, 너도?"라고 소리치셨다. 마치 자기의 암살자 무리에서 브루투스를 발견한 시저가 "브루투스, 너도?"라고 울부짖는 것 같았다.

당시 성적 좀 된다는 학생들의 일반적인 경향대로 법대라고 말씀드린 나는 선생님의 반응을 보고 놀라 "네?"라고 여쭐 수밖에 없었다. 그랬더니 선생님은 "너도 직업학교를 가려고 하니? 학문을 해야지!"라고 말씀하시는 것이었다. 나는 학문을 하려면 어디로 가야 하는지 여쭈었고, 이에 대해 선생님은 "학문을 하려면 문리과대학으로 가야지"라고 대답하셨다. 이어서 선생님은 문리과대학에 있는 여러 학과를 죽 나열하시면서 맨 마지막에 심리학과를 언급하셨다. 선생님 입에서 '심리학과'라는 말씀이 떨어지자마자, 8년 전에 누님과의 사이에 있었던 일이 주마등처럼 펼쳐지면서, 잊고 있었던 반가운 친구를 다시 만난 것 같은 느낌이 들었다. 선생님께서는 "심리학이란 인간 삶의 과정에 영향을 미치는 제반 요인들을 탐구하는 학문"이라는 요지의 말씀을 하시면서, 당신이 다시 대학에 간다면 심리학을 공부하고 싶다고 하셨다. 당시 홍 선생님의 심리학에 대한 설명은 내가 지금까지 들어본 심리학에 대한 가장 적확한 정의였다.

이 일이 있은 후 나의 바람이 곧장 문리과대학으로 바뀐 것은 아니었다. 그러나 문리과대학으로 방향 선회를 하여 심리학과로 가면 어떨까 하는 생각을 꽤 진지하게 하게 되었다. 어쨌든 이 두 사건을 통해 '심리학'은 뇌리에

박혔고, 아마도 그것이 심리학과에 지원하는 결정적 계기가 되었을 것이라고 나는 생각하고 있다.

2) 내 학문적 삶의 세 시기

심리학과에 입학한 후 나는 '사회심리학'으로 전공을 정하였는데, 내가 사회심리학을 전공하게 된 계기는 심리학과에 입학하게 된 것과 마찬가지로 매우 단순하다. 그것은 내가 제일 처음 만나 뵌 심리학자가 사회심리학을 전공하시는 고(故) 이인(里仁) 정양은(鄭良殷) 선생님이셨는데, 이인 선생은 그야말로 '호학(好學)'과 '회인불권(誨人不倦)' 그 자체인 분이어서, 사표(師表)의 전형이셨기 때문이다.[002]

나는 이인 선생을 1967년 1월 초 입학시험에서 면접교수로 처음 만나 뵈었다. 선생님은 3시간짜리 '심리학 원서강독' 강의를 영어 · 독어 · 불어로 총 9시간 강의하실 정도로 심리학 교육에 남다른 열정을 쏟으셨으며, 정년퇴임하신 다음에도 손에서 책을 놓지 않아, 퇴임 이후 돌아가실 때까지의 15년 동안 10편이나 되는 주옥같은 논문을 발표하셨을 뿐만 아니라, 그 난해한 윌리엄 제임스(W. James)의 『심리학의 원리(*The Principles of Psychology*)』를 완역해서 2005년에 모두 3권(아카넷, 1~3권, 총 2467쪽)으로 출간하기도 하셨다. 여하튼 이인 선생은 "그 존재 자체로 심리학"인 분이셨다.

게다가 이인 선생이 쓰고 계신 '제3실험실'에는 당시 이인 선생의 지도로 석사학위논문을 준비 중이던 고(故) 영곡(靈谷) 이수원(李秀遠) 형이 둥지를

---

002 孔子는 『論語』의 여러 곳(公冶長 27; 述而 33 등)에서 스스로를 "배우기를 좋아하는 사람(好學者)"과 "남을 가르치기를 게을리 하지 않는 사람(誨人不倦者)"이라고 하여, 꾸준한 배움과 부지런한 가르침이 군자(君子)의 가장 중요한 특성임을 분명히 하고 있다. 이러한 배경에서 나는 이 두 가지가 세상 살아가는 핵심 자질이라 보고, 공부하는 사람을 평가하는 기준으로 삼고 있다. 학생들은 선생의 강의를 한두 시간만 들어보면, 그가 얼마나 부지런히 공부하며 열심히 가르치는 사람인지 본능적으로(?) 간파한다. 나는 입학하고 나서 일주일 만에 이미 이인 선생이 "호학"과 "회인불권"의 표상임을 알아차렸다.

틀고, 우리 심리학과 학생들의 정신적인 지주 역할을 하고 있었기 때문이기도 하다. 수원 형은 중학교 선배일 뿐만 아니라, 당시 내가 한창 기울어져 있던 동양사상에 대한 관심을 공유하고 있었는데, 그도 역시 '호학'과 '회인불권'의 측면에서 이인 선생께 뒤지지 않는 사람이다. 수원 형과 이야기하는 도중에 우리는 정통심리학의 수련을 쌓은 후 언젠가는 '동양사상의 심리학화 작업'을 함께 하기로 굳게 맹세하였다. 수원 형 생전에 우리는 이것을 '제3실험실의 결의'라 불렀다. 1980년대 중반 이후 내가 '유학심리학'으로 공부의 외연을 넓히게 된 데에는 수원 형의 영향이 결정적이었다.

이인 선생과 수원 형은 심리학도로서의 오늘날의 내가 있게 해 준 스승으로, 나의 삶에서 최고의 행운은 이 두 분 스승을 만난 일이었다. 세상 살면서 한 분의 스승을 만나기도 어려운 일인데, 진정으로 존경할 수 있는 두 분을 스승으로 모셨던 나는 정말로 행복한 사람이다. 대학교수가 된 후 나는 이인 선생과 수원 형이 학생들에게 하셨듯이 나의 학생들에게 베풀면서 '호학'과 '회인불권'의 자세를 보이려 노력해 왔지만, 족탈불급(足脫不及)일 뿐이었다. 학생들에게 미안할 따름이다.

이렇게 하여 나는 자연스럽게 이인 선생과 수원 형을 따라 '사회심리학'을 전공으로 삼게 되어, 이인 선생의 지도로 학사 · 석사 · 박사논문을 마쳤다. 석사와 박사논문의 주제는 '대인지각'의 문제였는데, 1982년 박사논문을 쓴 후 2~3년이 지나기까지는 한눈팔지 않고 정통심리학의 수련에 주력하였다. 그러니까 1967년부터 1984~1985년까지는 나에게 '정통심리학 수련기'였다.

1978년 이인 선생의 주선으로 전남대학교 심리학과 교수로 가 있던 나는 1984년부터 서강대학교로 자리를 옮겼다. 당시 서강에는 심리학과가 설치되어 있지 않아 같이 공부할 학생이 없었으므로, 실증연구에 많은 곤란을 느꼈다. 그리하여 실증 자료의 수집에 얽매이지 않아도 되는 분야로 관심을 옮기기로 하고 수원 형과 맺은 '제3실험실의 결의'를 실천하기로 결심하여, 『논어(論語)』 · 『맹자(孟子)』 · 『순자(荀子)』 등 선진유학(先秦儒學)의 고전을 읽기 시작하였다. 이와 더불어 당시 한창 새로이 부각되고 있던 '문화비교심리학'의 자료를 모아 섭렵하였다. 그러는 도중에 한국심리학회에서 1997년 추계심포지엄 주제를 "동양심리학의 모색"으로 정하고, 나에게 "선진유학사상의 심리학적 함의"를 발표할 기회를 주었는데, 5월 말경 이 논문을 준비하는 과정에서 커다란 깨달음을 얻게 되었다. 그것은 동·서 문화차의 근원은 유학사상과 자유주의사상의 인간관의 차이에서 비롯되며, 유학사상에서 심리학적 관련이 깊은 내용은 인성론·군자론·도덕실천론·수양론의 네 체계로 정리할 수 있다는 것이었다. 이는 나의 삶에서 '코페르니쿠스적 전환'에 비견되는 대사건이었다. 1980년대 중반부터 1990년대 말까지의 이 시기는 나에게 있어 '유학심리학의 준비 및 영감기'였다.

그 후 나는 이때 얻은 영감을 실제로 전개하는 작업에 몰두하였다. 이러한 작업은 크게 두 가지로 나눌 수 있는데, 그 하나는 동·서 문화차의 근원을 두 문화의 사상적 배경인 유학사상과 자유주의사상에서 인간을 파악하는 관점의 차이에서 찾아, 이를 근거로 하여 문화차 개관의 기본틀을 정립하고, 이 기본틀을 기초로 하여 지금까지 문화비교심리학에서 밝혀진 동·서의 제반 문화차를 정리하려는 작업이었다. 또 하나는 동아시아 문화의 사상적 배경인 유학사상의 근간인 인성론·군자론·도덕실천론·수양론에서 각각 심리구성체론·이상적 인간형론·사회관계론·자기발전론과 관련된 이론체계를 도출하고, 이를 서구 심리학의 그것과 비교함으로써 현대 서구 심리학과는 다른 유학심리학의 체계를 구축하여, 서구 문화의 인간 이해의 지평에 국한되어 있던 현대 서구 심리학의 좁은 틀에서 벗어나 새로운 보편심리학을 구성할 수 있는 이념틀을 정립해 보고자 하는 작업이었다. 나에게 이 시기는 '유학심리학의 정립기'인 셈이다.

2. 유학심리학으로의 외연 확대

이와 같이 나는 서강대학교로 옮긴 1984년 무렵부터 수원 형과 맺었던 '제3실험실의 결의'를 실현하려는 작업에 돌입하여, 심리학도로서의 제2기의 삶을 시작하게 되었다. 유학심리학으로의 외연 확대는 그 이전까지 실증심리학에 기울어져 있던 내 관심을 이론심리학으로 기울어지게 만듦으로써 삶의 궤적을 획기적으로 변모시켰다.

1) 연구 외연 확대의 배경

이인 선생은 대학원 박사과정을 수료하고 당신의 실험실에서 박사학위 논문의 준비를 하고 있던 나에게 1978년 당시 새로 설립된 전남대학교 심리학과 교수로 가도록 주선해 주셨다. 전남대학교 심리학과 교수로 있던 1982년 박사학위를 받았으며, 1984년 5년 반 동안 머물러 있던 전남대학교를 떠나 서강대학교로 둥지를 옮겼다. 1967년 심리학과에 입학한 후 전남대학교 교수로 있을 때까지의 17년 동안 나는 학부 1학년 때 수원 형과 약속한 대로 정통심리학의 수련에만 몰두하여 심리학의 실증연구에 전념하였다. 1973년 석사학위를 마친 후 이 시기까지 10여 년 동안에 발표한 대인지각 분야의 실증연구 논문이 29편이다.

그러나 서강대학교로 옮겨온 다음부터는 실증연구에 어려움을 느끼게 되었다. 서강대학교 심리학과는 2006년에야 창설되었으므로, 서강으로 옮겨온 1984년 당시에는 심리학을 전공하는 학생이 없어 공동작업자의 조달에 곤란을 느낄 수밖에 없었다. 처음에는 수원 형의 한양대학교 실험실 학생들의 도움을 받았으나, 곧 현실적인 여러 한계에 봉착할 수밖에 없었다. 그리하여 실증적인 자료의 수집에 의존하지 않아도 되는 분야로 방향 선회를 하기로 하고, 생각이 미친 것이 학부 1학년 때 수원 형과 맺은 '제3실험실의 결의'였다.

그리하여 『논어』·『맹자』·『순자』 같은 선진유학의 경전과 당시 한창 위세를 떨치던 '문화비교심리학'의 연구 결과들을 읽기 시작하였다.

이렇게 내가 유학심리학의 연구로 방향을 선회하게 된 배경에는 공동작업자의 조달 곤란이라는 현실적인 고려 이외에도, 어린 시절부터 동양 고전에 관심이 많았다는 사실과 이에 근거를 둔 나의 '어쭙잖은 사명감'이라는 요인이 놓여 있다. 나는 어려서부터 동양 고전에 관심이 많았다. 어려서 선고(先考)에게서 천자문(千字文)을 배웠을 뿐만 아니라 이미 향반(鄕班)으로 떨어진 지 오래되기는 하였지만 집안에 아직 유학적 분위기가 상존하고 있기 때문이었다. 게다가 고등학교 1학년 때 홍 선생님에게서 문리과대학의 이야기를 들은 다음부터는 이 책 저 책 닥치는 대로 읽어 대었는데, 그러는 과정에서 동양의 고전이나 역사 관련 서적에 재미를 붙였기 때문이기도 하다. 이러한 동양 고전에 대한 관심이 어린 나이에 시건방지게도 수원 형과 '제3실험실의 결의'를 맺게 한 계기를 이루었던 것이다.

게다가 우리 세대는 한자(漢字)에 익숙한 마지막 세대였다. 우리는 초등학교 3학년부터 한자가 노출되어 있는 교과서로 배워 한자에는 익숙한 세대이다. 그래서 나는 누군가 '동양심리학' 또는 '한국인 심리학'을 정립하기 위한 탐구를 해야 한다면 유학 경전을 심리학도의 안목으로 읽지 않을 수 없을 터인데, 이런 작업을 하는 데에는 우리 세대가 마지막 적임자라는 인식을 하게 되었고, 이것이 유학심리학으로 방향 선회를 하게 만든 나의 '어쭙잖은 사명감'의 근거가 되었던 것이다.

2) 유학 고전 독서의 자세와 방법

여하튼 이러한 배경에서 서강으로 옮긴 1984년 이후 유학심리학의 연구에 본격적으로 들러붙기 시작하였다. 유학 고전의 독서 작업에서 최우선적으로 요청되는 일은 어떤 경전을 어떤 자세와 방법으로 읽을 것인가 하는 문제이다. 그리하여 방향 선회 이후 내가 처음으로 한 일은 유학 고전의 선정과 그 독서 방법을 정립하는 일이었다.

유학은 선진(先秦)시대 공자(孔子, BCE 551~479) · 맹자(孟子, BCE 371~289) · 순자(荀子, BCE 321~230)에 의해 완성되어, 국가 경영의 이론체계로 확립된 한당(漢唐)유학, 불교 및 도교와 경합하면서 형이상학적 철학체계로 정립된 남송(南宋)대의 신유학(新儒學), 청(淸)대에 훈고학(訓詁學)의 영향을 받아 유학에 차용된 불교와 도교의 색채를 제거하고 공 · 맹 시대의 순수한 형태로 돌아가자던 고증학적 유학 및 1930년대 서세동점(西勢東漸)의 여파로 나타난 유학배척론에 대한 반발로 등장한 현대신유학(現代新儒學)을 거쳐 오늘에 이르고 있다. 후대에 전개된 유학의 새로운 유파들은 모두 그 이전 시기의 유학의 문제점을 타파하고 선진시대의 순수한 정신으로 돌아가고자 하는 복고운동이었다고 볼 수 있다. 그러므로 유학의 뿌리는 선진유학(先秦儒學)에 있다. 나는 이러한 관점에서 유학 고전의 독서는 우선 선진시대의 경전들(『論語』 · 『孟子』 · 『荀子』 · 『禮記』 등)로부터 시작하는 것이 좋을 것이라고 생각하였다.

그렇다면 선진유학의 경전들을 어떤 자세로 읽을 것인가? 전통 고전을 대할 때 빠지기 쉬운 함정 두 가지는 현재의 문제의식을 떠나서 과거를 과거로서만 대함으로써 전통을 단순히 물상화(物象化)하는 그릇된 역사주의와 전통에 맹목적으로 집착하여 고전에서 현대사회가 안고 있는 문제들의 해결책을 찾으려는 전통주의의 태도이다. 고전을 읽을 때는 이런 그릇된 태도에서 벗어나, 각 사료를 그것이 저술된 시대의 안목에서 읽어 그 의미를 적확하게 이해하려는 역사비판적 연구의 자세와 각 사료의 의미를 글자 하나하나에 얽매이지 않고 오늘날의 심리학 연구자의 입장에서 그 의미를 추출해 내려는 해석학적 이해의 자세로 읽어야 한다는 것이 나의 추론이었다.

역사비판적 연구와 해석학적 이해의 자세에서 고전을 읽는다고 해도 여전히 남는 것은 구체적으로 어떤 방법으로 읽을 것인가 하는 문제이다. 나는 고전을 읽는 구체적인 방법에는 현대심리학에서 찾아진 원리 또는 현상 중 유사한 것을 유학 고전에서 찾아 단순히 연결지으려는 열거적 연결형(列

擧的 連結型), 현대심리학에서 찾아진 원리나 현상 중 유사한 것을 유학 고전에서 찾아 그 차이를 부각시키고 이에 동양적인 새로운 변인을 첨가하는 대조적 첨가형(對照的 添加型), 유학 고전 속에 드러난 인간 이해의 틀을 찾아내고 이를 통해 현대심리학을 조감해 봄으로써 새로운 연구 문제를 도출해 내는 연역적 구성형(演繹的 構成型)의 방법이 있는데, 이 중에서 연역적 구성형의 읽기 방법이 가장 성숙된 고전독서의 방법이라고 보았다.

연역적 구성형의 독서 방법을 기초로 나는 우선 『맹자』와 『순자』를 읽고 비교하여 심리학적 함의를 찾아보려 하였다. 나의 첫 저술인 『유학심리학: 맹자 · 순자편(1998, 나남출판)』은 이러한 유학 고전 독서의 방법 정립을 위한 시론적인 작업이었다.

3. 나의 유학심리학

오늘 말씀의 본론이 될 이 부분에서는 유학심리학의 정립기인 1990년대 말부터 현재까지 내가 해 온 두 가지 작업의 내용을 소개하고, 앞으로의 계획에 대해 생각해 보려 한다. 나의 삶은, 아니 나의 심리학은 다음에 제시하는 두 가지 탐구(동 · 서 문화차의 비교에 기초한 동아시아 집단주의의 사상적 배경 탐색 작업과 유학사상의 심리학적 함의와 동 · 서 이론체계의 비교를 통한 새로운 심리학의 가능성 탐색 작업)로 집약되어 왔는데, 앞으로 이러한 탐구 결과는 현대 서구 심리학과 함께 새로운 보편심리학을 구성하기 위한 이념틀의 하나인 유학심리학의 체계를 구축하는 작업으로 통합될 것이다.

1) 동·서 문화차의 비교와 동아시아 집단주의의 유학사상적 배경 탐색

내가 '문화비교심리학'의 문헌들을 읽기 시작한 것은 동아시아 문화의 이론적 배경에 유학사상이 놓여 있다는 사실을 실증적인 자료를 기반으로 하여 접근해 보려는 데 근본적인 목표가 있었다.

흔히 동아시아 사회의 특징은 집단주의이고, 그 배경에는 유학사상이 놓여 있다고들 이야기한다. 현대 한국인에게 끼친 유학사상의 영향에 관해 이야기하는 사람들은 대체로 현대 한국인의 부정적 행동 특징에 주목하면서, 이들이 유교 문화의 영향에서 나왔다고 주장한다. 예를 들면, 개인의 자유보다 권위를 앞세우는 자아말살, 가부장적인 가족중심주의, 계층의식, 사대주의와 당쟁의 격화, 관존민비, 체면 중시, 과거 지향성, 눈치 보기, 의존성, 허명을 숭상하는 상명(尙名)주의, 창조력의 결여, 기술 천시 같은 행동이 모두 유교 문화의 영향 때문에 나온 특징이란 식이다. 이들에 따르면, 원인 없는 결과란 있을 수 없고 아니 땐 굴뚝에 연기 날 리 없으니, 이러한 부정적 행동의 배후에는 부정적 원인이 있었을 것이고, 그것이 바로 동아시아 사회를 오랫동안 지배해 왔던 유학사상이라는 것이다.

동아시아인, 특히 한국인의 부정적 측면에만 초점을 맞추고 있는 점도 문제지만, 이러한 분석이 안고 있는 더욱 심각한 문제점은 유학의 어떤 측면이 어떤 심리적 과정을 거쳐 현재의 행동을 낳게 되었는지에 관한 논의가 거의 없다는 사실이다. 기존의 논의가 이러한 문제점을 안고 있는 데에는 몇 가지 원인이 있다고 생각된다.

첫째, 유교 문화가 동아시아인에게 끼친 영향을 분석하기 위한 일관되는 기본틀 없이, 논자 나름대로 유학 경전의 이 구절 저 구절을 이런 저런 행동 특징과 단순히 연결 지어 해석하려 했다는 점이다. 둘째, 현대 동아시아인의 행동과 심성의 특징에 관한 실증적 자료를 수집함 없이, 대부분 근거도 희박한 일상적인 편견에 기대어 분석이 이루어지고 있다는 점이다. 셋째, 인간 심성과 행동에 관한 유학적 이론체계에 대한 철저한 탐색도 없이, 상식적인 수준에서 논의가 전개되고 있다는 점이다.

나는 이러한 문제점에서 탈피하고 현대 동아시아인의 행동과 심성 특징에 관한 실증적인 자료와 유학 경전에서 도출되는 인간 심성에 관한 이론체계를 바탕으로 하여 '동아시아 집단주의의 배경은 유학사상'이라는 추론을 논리적으로 고찰해 보고자 하였다. 이를 위해, 첫째로 동아시아인과 서구인의 실제적인 행동과 심성의 특징을 비교하기 위한 개념틀을 서구 자유주의와 동아시아 유학사상에서 도출되는 인간관의 대비를 기초로 정립한 다음, 이를 통해 현대 문화비교 연구의 결과를 개관하여, 현대 동아시아인의 지(知)·정(情)·의(意) 세 측면의 행동 특징에 관한 실증적인 자료를 찾아내고, 둘째로 유학 경전에서 인지[知]·정서[情]·동기[意] 같은 인간의 심성과 행동에 관한 이론체계를 도출해 낸 다음, 셋째로 이 두 작업의 결과를 관련시켜 과연 이 두 자료(동아시아인의 인지·정서·동기행동의 현재 상황과 유학 경전에서 도출되는 인지·정서·동기에 관한 이론체계) 사이에 논리적 정합성이 있는지 확인해 보려 하였다. 만일 이 두 자료 사이에 꽉 짜인 논리적 정합성을 찾을 수 있다면, 유학사상이 현대 동아시아인의 심성과 행동 특징을 형성한 모태라고 추론할 수 있을 것이라는 점이 내 생각이었다.

(1) 문화차 개관의 기본틀과 현대 동아시아인의 행동 및 심성의 특징

현대 서구인의 삶의 기본 신조인 개인주의의 직접적인 배경은 17세기에 구체화된 자유주의사상에서 찾을 수 있다. 자유주의는 사회의 근본적인 구성요소는 독립적이고 개별적인 개인들이라는, 즉 사회는 개인들의 집합체일 뿐이라고 보는 사상체계로서, 개인의 자유와 권리, 이성을 통한 진보, 그리고 완비적 실체로서의 개인의 평등성과 존엄성을 강조하는 사상체계이다. 곧 자유주의는 개인을 자유의 보유자, 이성 주체 및 완비적 실체로 개념화하여 받아들이는 인간관을 중핵으로 하여 성립되고 있는 이념체계인 것이다. 이렇게 자유주의는 인간의 존재 의의를 개체성에서 찾고, 인간 존재의 중핵특성을 이성이라고 보며, 이러한 존재 특성이 한 개인에게 완비되어 있다고 간주한다.

그러므로 자유주의를 배경으로 발달한 서구 사회에서는 주의의 초점이 개인에게 기울어져 개체로서의 개인의 독립성·자율성·독특성을 중시하고, 이성 주체로서의 개인의 적극적인 자기표현을 중시하여 자기주장·자기고양을 강조하며, 완비된 실체로서의 안정성과 일관성을 중시하여 자기의 장점 확인과 확충이 자기발전의 통로라고 인식한다.

이에 비해 집단주의적 삶의 양식을 보이고 있는 동아시아 사회를 오랫동안 지배해 왔던 이념은 유학사상이었다. 유학사상은 사회의 근본적인 구성요소는 개인들 사이의 관계라고 보는 사상체계로서, 개인은 타인과의 관계 속에서만 그 존재 의의를 찾을 수 있는 사회적 관계체라고 본다. 유학자들은 사회적 관계체인 인간은 덕성 주체로서 인간 존재의 중핵 특성은 각자가 본유적으로 갖추고 있는 도덕성이며, 인간은 인위적인 노력을 통해 소인(小人)의 상태에서 이상적 인격체인 군자(君子)로 변모할 수 있는 무한한 가능체라고 본다. 이렇게 유학사상은 인간의 존재 의의를 사회성에서 찾고, 인간의 인간된 소이(所以)를 도덕성이라고 보며, 개인은 무한한 가소성을 가지고 있는 가변체라고 간주한다.

그러므로 유학사상을 배경으로 발달한 동아시아 사회에서는 주의의 초점이 개인 사이의 관계나 서로 관계를 맺고 있는 상황으로 기울어져 개인 사이의 상호의존성·연계성·조화성을 중시하고, 덕성 주체로서의 개인의 자기억제와 겸양·협동을 강조하며, 가변체로서의 유연성·가변성을 중시하여 단점 확인과 자기개선을 자기발전의 통로라고 인식한다.

나는 이러한 자유주의와 유학사상의 인간관의 차이로부터 도출되는 세 차원의 문화차 개관의 기본틀을 정립하고, 이를 기반으로 하여 현대 '문화비교심리학'의 연구 결과를 개관하여, 서구와 동아시아인이 인지·정서·동기 측면에서 보이는 제반 차이를 대비하였다. 그 결과 나의 모형에서 설정한 제반 차이가 사실로 드러남을 확인할 수 있었다. 이러한 내용은 『한국인 이해의 개념틀(2003, 나남출판)에 개진되어 있다.

(2) 심리 내용(지·정·의)에 관한 유학사상의 이론체계

위의 개관을 통해 동아시아인이 사회인지(대인평가와 귀인)·정서·동기 측면에서 보이는, 서구인과 다른 특징이 밝혀졌다. 그렇다면 동아시아인의 이러한 현실적인 행동 특징은 과연 이 사회를 오랫동안 지배해 왔던 유학사상의 영향을 받아 나타난 것인가? 이러한 사실을 검증해 보기 위해 나는 유학의 경전들에서 사회인지(대인평가와 귀인)·정서·동기에 관한 이론체계를 도출하여, 동아시아인의 현실적 행동 특징과 유학적 이론체계 사이에 논리적 정합성이 있는지 검토해 보기로 하였다.

유학사상에서 도출되는 대인평가와 귀인 같은 사회인지 영역의 이론체계는 유학의 이상적 인간형인 군자(君子)의 대인평가와 귀인의 양상에 관한 유학 경전의 내용을 통해 접근할 수 있다. 『논어』·『맹자』·『순자』 같은 유학의 경전에서 군자는 타인에 대한 관심과 배려를 대인평가와 귀인의 제일원칙으로 삼아 타인과의 조화의 추구를 강조하고, 자기표현의 억제와 겸양 및 책임의 자기귀인을 중시하며, 자기성찰을 통한 단점의 확인과 자기개선을 통해 자기발전을 도모하는 특징을 가진 인간상으로 묘사된다. 군자에게 요구되는 이러한 면모는 동아시아인의 대인평가와 귀인의 특징과 일치하는 것이다.

유학사상에서 정서이론을 도출하기 위해서 선진유학의 경전들에서 정서를 나타내는 어휘들이 어떻게 진술되고 있는지 하는 점을 살펴보고, 이어서 퇴계(退溪)와 율곡(栗谷) 같은 조선조 성리학자들의 문집에서 사단칠정(四端七情)에 관한 논의들을 추려보았다. 그 결과 유학자들은 사단과 같은 타인 및 규범 지향적 정서를 권장하고, 칠정과 같은 자기 지향적 정서를 억제할 것을 강조하며, 도덕적 수양과 자기개선의 통로로서 거경(居敬)을 통한 정서의 조절과 통제를 중시함을 확인할 수 있었다. 이러한 유학적 정서이론의 체계는 동아시아인의 정서 행동의 특징에 그대로 반영되고 있다.

유학사상의 동기이론은 유학 경전들에서 나타나고 있는 동기 관련 용어들의 용례와 성리학자들의 인심도심(人心道心)에 관한 논의를 살펴봄으로써 도출하였다. 그 결과 유학자들은 도심과 같은 도덕적 동기를 권장하여 사람들 사이의 연계성과 조화성을 강조하고, 인심과 같은 이기적·생물적 동기의 억제를 중시하며, 도덕적 수양과 자기개선을 통해 동기를 조절하고 통제하는 것을 자기발전의 지름길이라고 보는 동기이론을 가지고 있음을 알 수 있었다. 이러한 유학적 동기이론의 체계는 동아시아인의 동기행동의 특징과 일치하는 것이다.

이상의 고찰에서 분명해진 사실은 동아시아인의 현재의 사회인지 · 정서 · 동기행동의 특징은 유학자들의 논의에서 도출되는 사회인지 · 정서 · 동기의 이론체계와 꽉 짜인 논리적 정합성을 갖는다는 사실이었다. 그러므로 동아시아인의 현재의 제반 심성과 행동의 배경에는 오랫동안 이 사회를 지배해 왔던 이념체계인 유학사상이 놓여 있음이 분명하다. 이러한 내용은 『동아시아 집단주의의 유학사상적 배경: 심리학적 접근(2007, 지식산업사)』에 진술되어 있다.

2) 유학사상의 심리학적 함의와 동·서 비교 – 새로운 심리학의 가능성 탐색

이와 같이 동아시아인의 삶의 배경에 유학사상이 놓여 있다면, 그리고 서구에서 발달한 현대심리학이 고대 그리스에서 발원한 서구 철학을 근거로 하여 태동된 것이며 서구인과 동아시아인의 사회인지 · 정서 · 동기행동이 눈에 띄는 차이를 보인다는 사실이 확실하다면, 현대 서구 심리학은 인간 일반을 이해하기 위한 보편심리학이라고는 볼 수 없고, 다만 서구인의 문화특수적인 심리학이라고 할 수밖에 없을 것이다. 그러므로 글자 그대로 인간 일반을 이해하기 위한 '보편심리학'을 구축하기 위해서는 최소한 동아시아인의 삶의 배경이 되고 있는 유학사상에 근거를 둔 유학심리학의 내용을 구성하여, 현대 서구 심리학의 내용과 통합을 이룰 필요가 있을 것이다. 이러한 맥락에서 나는 앞에 언급한 연역적 구성형의 독서 방법을 통해 유학 경전을 심리학도의 관점에서 읽고 그 심리학적 함의(含意)를 도출해 봄으로써, 이를 통해 유학심리학의 체계를 구성해 보려 하였다.

유학사상, 특히 선진유학사상은 인간이 태어날 때부터 본유적으로 갖추고 있는 특성을 정위함으로써 인간의 현실적인 위상을 정립하려 한 사색체계인 인성론(人性論), 이러한 본성을 지닌 사람으로서 지향해야 할 가장 바람직한 이상적 상태를 설정함으로써 인간 삶의 이상적 목표를 구상화하려 한 사색체계인 군자론(君子論), 사회적 존재로서 이상적 인간이 걸어가야 할 삶의 양식을 그려 봄으로써 바람직한 삶의 모습을 추적하려 한 사색체계인 도덕실천론(道德實踐論), 그리고 개인적으로 이상적 상태를 이루기 위해 인간이 해야 할 일을 살펴봄으로써 삶의 목표를 이루기 위한 방법론을 제시하려 한 사색체계인 수양론(修養論)의 네 체계로 정리할 수 있는 이론체계이다.

유학사상에 담긴 심리학적 함의는 이 네 체계를 중심으로 정리될 수 있으며, 이러한 유학사상에서 도출되는 심리학의 새로운 연구 문제들은 지금까지 전개되어 온 서구 현대심리학의 그것과는 매우 다른 모습의 것이 될 수밖에 없다는 것이 나의 생각이었다. 구체적으로 유학의 근간을 이루는 인성론 · 군자론 · 도덕실천론 · 수양론을 통해 서구 심리학과는 다른 심리구성체론 · 이상적 인간형론 · 사회관계론 · 자기발전론의 이론체계와 새로운 연구 문제를 도출해 낼 수 있다는 것이 나의 추론이었다.

이것이 1997년 5월 한국심리학회 추계심포지엄의 발표 논문을 준비하면서 얻은 깨달음의 주요 내용이다. 그 내용은 1998년 저술의 마지막 장에 실려 있는데, 후에 이를 확대 정리하여 『선진유학사상의 심리학적 함의(2008, 서강대학교 출판부)』에 진술하였다. 1997년의 깨달음 이후 나는 이러한 유학사상의 네 체계에 담긴 심리학적 함의를 서구 심리학의 그것과 비교하여 새로운 유학심리학의 체계를 구성하려는 작업에 몰두해 왔다.

(1) 인성론과 심리구성체론의 동 · 서 비교

고대 그리스로부터 이어져 내려온 서구의 철학적 전통에 기초하고 있는 현대심리학은 인간의 심성(心性)이 지(知) · 정(情) · 의(意) 세 요소로 구성되어 있다는 삼분체계론(三分體系論)에 바탕을 두고 전개되어 왔으며, 이 세 체계 중에서도 지적인 요소가 핵심이라는 이성중심주의(理性中心主義)를 주조로 삼아 발전해 왔다. 현대 서구 심리학에서는 지적인 요소는 인지(認知)체계로, 정적인 요소는 정서(情緖)체계로, 의적인 요소는 동기(動機)체계로 개념화하여, 각각 인지심리학 · 정서심리학 · 동기심리학으로 탐구하고 있다.

이와는 대조적으로, 유학의 인성론에서는 이 세 요소 말고도 도덕성이 인간의 심성에 본유적으로 갖추어져 있다는 덕(德) · 지 · 정 · 의 사분체계론(四分體系論)을 주장하며, 이 네 체계 가운데 도덕성이 핵심이라는 덕성중심주의(德性中心主義)의 관점을 견지하고 있다. 이러한 관점에서 보면, 심리학에서 탐구해야 할 내용은 인지심리학 · 정서심리학 · 동기심리학 이외에 도덕심리학이 중요한 연구 문제로 등장함을 알 수 있다.

전통적인 서구 심리학에서도 도덕의 문제가 다루어지지 않은 것은 아니다. 그러나 서구인은 도덕성을 인간의 본유적인 '심리구성체'로 간주하지 않았던 까닭에, 이는 인지나 정서의 부속체계 또는 특수한 행동 습관으로 간주될 뿐이었다. 피아제(Piaget)와 콜버그(Kohlberg) 같은 인지발달론자들은 도덕성이란 도덕적 추론 능력으로서, 인지발달의 부산물일 뿐이라고 보고 있다. 이에 비해 프로이트(Freud) 같은 정신분석학자들은 도덕성이란 초자아(super-ego)의 선택작용의 결과로서, 동성부모에 대한 배척과 이성부모에 대한 애착(Oedipus/Electra complex)의 결과 나타나는 동성부모에의 공포심과 동일시(同一視, identification)의 부산물, 곧 정서 과정의 부산물로 생겨나는 심성의 체계라고 보고 있다. 행동주의자(行動主義者)들은 관찰 불가능한 내적인 요소를 배격하는 관점에서 도덕성의 실체를 부정하고, 다만 인간의 모든 행동은 학습되는 것으로 도덕적 행동도 학습의 과정에서 습득된 행동 습관일 뿐이라고 본다.

그러나 유학사상의 사분체계론에 따르면, 도덕성이란 인지나 정서 및 동기와 마찬가지로 인간에게 본유적인 심적 구성요소로서 독자적으로 연구되어야 하는 심리구성체이다. 그러므로 도덕의 본유성과 지 · 정 · 의 체계와 다른 도덕의 통합성이 심리학의 중요한 연구 문제로 설정될 필요가 있다. 다행히 최근에 토마셀로(Tomaselo)나 드발(de Waal) 같은 영장류학자(靈長類學者)나 윌슨(Wilson)이나 노왁(Nowak) 같은 진화심리학자(進化心理學者), 블룸(Bloom)과 햄린(Hamlin) 및 윈(Wynn) 같은 영유아발달심리학자 및 하이트(Haidt)나 그린(Greene) 같은 사회심리학자들에 의해 도덕성의 인간 본유성과 그 통합성에 관한 연구 결과가 속속 밝혀지고 있다는 사실은 도덕심리학의 정립에 밝은 빛을 던져 주고 있다.

이러한 최신 경향은 서구의 학자들이 주도하고 있지만, 그 이론적 뿌리는 유학사상에서 도출되는 것들이다. 따라서 이러한 경향은 유학심리학과 현대심리학이 회통(會通)하는 전형적인 예라고 볼 수 있다. 나는 이러한 논의를 『심리구성체론의 동·서 비교: 새로운 심리학의 가능성 탐색 Ⅲ-도덕심리학의 새로운 지평-(집필 중, 2015년 출간 예정)』에서 구체화하였다.[003]

(2) 군자론과 이상적 인간형론의 동·서 비교

현대 서구인의 삶의 바탕이 되고 있는 자유주의 사조에서는 타인과 구분되는 독립적이고 평등한 실체인 개인이 사회의 가장 궁극적인 구성단위라는 개인중심적 인간관의 기초 위에서, 개별적 존재로서의 개인이 스스로의 이성적이고도 자유로운 선택을 통해 개체로서 지닌 독특한 능력과 특성을 현실 세계에서 최대로 발휘하는 자기실현(自己實現)을 이상적 인간의 기본 조건이라 여겨왔다.

이와는 대조적으로, 더불어 삶을 영위하고 있는 타인과 공동체에 대한 관심과 배려를 축으로 하여 인간 존재를 이해하려는 유학의 군자론에서는 사회의 가장 궁극적인 구성단위는 부자·군신·부부·장유·붕우 같은 사회관계라는 관계중심적 인간관의 바탕 위에서, 수기(修己)를 통해 도덕적 자기완성을 이루어야 할 뿐만 아니라, 이렇게 터득한 도(道)를 타인과 사회에까지 미쳐 그들과 함께 더 나은 공동체를 이루는 자기확대(自己擴大), 곧 안인(安人)과 안

---

003 이 책은 2017년에 서강대학교 출판부에서 출간되었다.

백성(安百姓)을 바람직한 인간인 군자와 성인이 되는 핵심이라 여겼다.

이러한 유학의 군자론 체계를 통해서는 현대심리학과는 다른 '이상적 인간형론'을 도출해 낼 수 있으며, 이를 통해 정신건강의 기준, 부적응의 기준, 심리치료의 과정과 내용의 측면에서 현대 서구의 정신건강 및 심리치료에 관한 관점과는 다른 심리학이 도출될 수 있다. 이러한 내용은 『이상적 인간형론의 동 · 서 비교: 새로운 심리학의 가능성 탐색 I (2006, 지식산업사)』에서 개진되었다.

(3) 도덕실천론과 사회관계론의 동 · 서 비교

개인중심적 인간관이 지배적인 현대 서구 개인주의 사회에서 사회관계를 보는 기본틀은 사회교환(社會交換)의 관점이다. 이 관점에서는 사회관계란 기본적으로 이기적 본성을 지니고 있는 상호 평등하고 독립적인 개인들이 정보 · 도움 · 보상 · 애정을 주고받는 교환의 관계라는 기본 전제에서 출발한다. 이러한 교환의 과정에서 개인들은 합리적 선택과 계산을 기초로 자기이익 최대화를 도모하게 되고, 이 과정에서 필연적으로 빚어지는 이익 갈등을 공정한 교환을 통해 해소하려 한다는 것이 사회교환 관점의 기본 명제이다. 이렇게 사회교환의 관점에는 인간을 '합리적인 계산자'라고 보는 견해가 바탕에 깔려 있다. 사회교환이론의 배경에는 17~18세기 홉스(Hobbes)와 로크(Locke) 및 루소(Rousseau) 같은 자유주의자들의 사회계약론(社會契約論)이 놓여 있다.

이와는 대조적으로, 가족관계와 같은 사람 사이의 관계를 사회 구성의 기본 단위로 인식하는 유학의 도덕실천론에서는 이러한 사회관계의 융합을 통해 사람들 사이에 조화와 질서를 이루는 것이 사회관계의 기본 목표라고 여긴다. 유학자들은 조화롭고 통일된 관계의 형성에 가장 필요한 것은 모든 관계 당사자들이 각 관계에서 각자에게 요구되는 역할을 분명히 인식하고, 이를 일상생활의 과정에서 충실하게 수행하는 일[正名]이라고 본다. 사회관계의 융합과 조화를 가져오는 역할의 체계가 바로 사회관계의 행위규범체계인 예(禮)이다. 선진유학자들의 이러한 도덕실천론은 조선조 사회를 지배해 왔던 성리학자들에게 그대로 이어지고 있다.

이러한 유학의 도덕실천론 체계를 통해서는 현대심리학과는 다른 '사회관계론'을 유도해 낼 수 있다는 것이 내 의견이다. 유학에서 도출되는 사회관계론에서는 사회관계에서 주어지는 역할(役割)의 인식과 수행에 관한 역할심리학의 문제가 중심적인 연구 문제로 부각되며, 분배정의와 작업동기에 관해서도 새로운 시각이 요구된다. 이러한 사실은 『사회관계론의 동 · 서 비교: 새로운 심리학의 가능성 탐색 II(2012, 서강대학교 출판부)』에 진술되어 있다.

(4) 수양론과 자기발전론의 동 · 서 비교

전통적으로 개인의 자유와 권리를 중시하는 자유주의와 개인주의를 삶의 모토로 삼아온 서구 사회에서는 인간과 환경, 개인과 사회를 대립항으로 놓고, 개인이 외부환경 자극과 사회로부터 오는 영향력을 주도적으로 제어하여 스스로의 안정성을 유지하는 것이 통제(統制)의 핵심이라 여겨 왔으며, 환경에 대한 통제력이 삶을 영위할 수 있는 스스로의 능력에 대한 신념체계인 자기효능감(自己效能感)을 구성하는 중추라고 인식해 왔다. 따라서 현대 서구 심리학에서는 인간의 행동은 환경 자극이나 외적 보상의 크기의 함수라고 보고, 외적 자극과 보상의 조작을 통해 개인의 행동을 분석하려는 연구가 주류를 형성하여 왔다. 이러한 맥락에서 서구 심리학에서는 외적 자극과 보상에 대한 개인의 통제력의 증진이 자기발전의 통로라고 보는 관점이 우세하였다.

이와는 대조적으로, 사람들 사이의 연계성, 곧 인간의 사회적 존재 특성을 강조하는 유학사상에서는 인간과 자연, 개인과 사회를 서로 대립하는 실체로 보지 않고, 서로가 서로를 내포하고 있어서 넓고 크게 서로를 끌어안아 조화를 이루고 있는 광대화해(廣大和諧)의 존재로 받아들였다. 따라서 통제해야 할 대상은 외부의 환경 세계가 아니라 모든 삶의 주체인 자기 자신이며, 결과적으로 사회관계의 조화 유지에 방해가 되는 자기의 이기적 · 생물적 욕구와 사적 감정을 다스리는 자기통제력이 수양의 핵심이자 효능감의 원천이라 여겨 왔다. 이들은 자기의 욕구와 감정을 억제하고 자기의 단점을 확인하여 고쳐 나가는 자기개선을 통해 도덕적 수양을 쌓는 것이 자기발전의 핵심이라 여긴다.

이러한 유학의 수양론 체계를 통해서는 현대심리학과는 다른 '자기발전론'을 구성해 낼 수 있다. 이러한 관점은 계획 중인 『자기발전론의 동·서 비교: 새로운 심리학의 가능성 탐색 IV』 (2016년 출간 예정)[004]의 주요 내용이 될 것이다.

3) 유학심리학의 체계

이상과 같은 유학사상의 인성론·군자론·도덕실천론·수양론을 통해 제기되는 심리구성체론·이상적 인간형론·사회관계론·자기발전론의 동·서 비교 작업을 거쳐 새로운 심리학의 가능성을 탐색해 본 다음, 나는 각각에서 도출되는 새로운 심리학의 연구 문제(도덕심리학, 인지심리학, 정서심리학, 동기심리학, 정신건강 및 심리치료, 역할 심리학, 분배정의론, 작업동기론, 자기발전론의 연구 문제)들을 『유학심리학의 체계(2017년 출간 예정)』[005]로 종합해 볼 요량을 하고 있다. 이 작업은 나의 오랜 꿈인데, 이 작업이 현대 서구 심리학과 함께 보편심리학을 구성하는 틀의 기능을 수행하였으면 하는 것이 나의 바람이다.

이 작업은 "공자·맹자·순자가 오늘날 태어나서 심리학자가 되었다면, 그들은 심리학의 체계를 어떻게 구성하였을까?"하는 관점에서 진행될 것이

---

004 이 책은 아직 미완으로 남아 있다.

005 이 책은 본래 한 권으로 출간하려던 것이었는데, 퇴임 후 세 권으로 출간하기로 계획을 바꾸었다. 그 제1권(『유학심리학의 체계 Ⅰ: 유학사상과 인간 심리의 기본구성체』)을 2017년에 서강대학교 출판부에서 출간하고, 아직 두 권(『유학심리학의 체계 Ⅱ: 사회적 존재로서의 인간의 삶』과 『유학심리학의 체계 Ⅲ: 인간 삶의 목표 추구와 보편심리학의 꿈』)은 미완으로 남아 있다.

다. 그러니까 계획대로 진행된다면 이 책은 공·맹·순이 조아무개의 손을 빌어 저술한 '심리학개론(저자: 공자·맹자·순자; 대필자: 조긍호)'이 될 것이다. 꿈이야 무엇인들 못 꾸어 보겠는가마는, 다만 꿈으로만 끝나지 않기를 간절히 소망하고 있다.

4. 유학심리학의 가치

지금까지 내가 어떤 과정을 거쳐 어떤 심리학을 어떻게 탐구해 왔는지에 대해 살펴보았다. 이제 마지막으로 일반인들이 내게 하는 두 번째 질문인 "그런 것도 심리학이 되는지?"에 대해 간단히 생각해 봄으로써 오늘 말씀의 마무리로 삼으려 한다.

심리학에 대한 가장 폭넓으면서도 허점을 찾기 어려운 규정은 "심리학이란 스스로 심리학도라고 자처하고, 남들도 심리학도라고 인정하는 사람들이 지속적으로 관심을 가지고 탐구하는 분야"라는 정의일 것이다. 나는 심리학과에 입학한 1967년 이래 반백 년 가까운 세월 동안 한눈팔지 않고 심리학의 언저리에서 살아왔다. 심리학 교수라는 직함을 가지고 살아온 세월만도 38년 가까이 된다. 1992년 10월부터 1994년 9월까지는 '한국사회 및 성격심리학회'의 회장 노릇을 했으며, 모 학회인 '한국심리학회'에서도 여러 보직을 거쳐 2005년 9월부터 2006년 8월까지 학회회원들의 직접선거에 의해 선출된 회장직을 역임하기도 하였다. 이쯤 되면 나는 '스스로 심리학도라고 자처하고, 남들도 심리학도라고 인정하는 사람'이라는 조건은 충족한 셈이다. 그런 내가 1984년 이래 30여 년 동안 유학심리학이라는 한 분야에 몰두하고 있으니, 유학심리학은 내가 '지속적으로 관심을 가지고 탐구하는 분야'라고 할 수 있을 것이다.

이런 관점에서 보면, 지금까지 내가 해 온 유학심리학은 "심리학이 된다"라고 볼 수 있다. 이것이 "그런 것도 심리학이 돼?"라는 질문에 대한 내 대답이다. 물론 내가 해 온 심리학이 제대로 된 심리학인지 하는 것은 별개의 문제이긴 하지만…….

이런 나의 대답을 들으신 분들은 무언가 허전하고 속은 기분이 들 것이다. 요즘 젊은이들 표현으로는 "헐!"이 가장 가까운 반응일 것이다. 이런 헛심 켜는 대답 말고 "그런 것도 심리학이 돼?"라는 물음에 대한 제대로 된 대답은, "심리학사적 측면에서 보았을 때 유학심리학이 가지는 학문적 가치가 무엇인가?"에 대한 응답을 통해 나오게 될 것이다. 그렇다면 유학심리학은 내 삶에 있어서의 개인사(個人史)적 가치 이외에, 어떠한 학문적 가치를 가지고 있는가?

유학심리학 정립 작업의 학문적 가치는 이제는 분명해진, 인간의 삶은 필연적으로 그들이 살고 있는 사회와 문화의 구속성으로부터 벗어날 수 없다는 사실로부터 도출된다. 인간의 문화구속성이 흔들릴 수 없는 진리라는 이러한 사실은 1980년대 이래 전개되어 온 문화비교심리학의 연구 결과들이 웅변적으로 증명해 주고 있다.

현대 서구 심리학은 고대 그리스 시대 이래 전개되어 온 서구 철학을 기반으로 하여 성립되고 있는 학문 분야이다. 이러한 서구 심리학의 바탕에는 세상사와 인간 존재 및 인간의 삶에 관한 서구인의 이해체계가 놓여 있다. 그러나 이러한 서구 철학이 세상사와 인간 존재 및 인간의 삶에 대한 보편적으로 타당한 이론체계라고는 볼 수 없다. 동아시아를 오랫동안 지배해 왔던 유학사상은 서구 철학과는 다른 인간관을 바탕으로 세상사와 인간 삶의 과정을 이해하려는 이론체계이다. 이렇게 세상사와 인간 존재에 대한 인식이 달라지면, 인간 삶의 양식이 달라질 수밖에 없다. 이것이 지금까지의 문화비교심리학의 연구 결과에서 밝혀졌듯이 서구인과 동아시아인이 사회인지와 정서 및 동기 등 제반 심성과 행동 특징에서 결코 동화되기 힘든 차이를 드러내는 까닭이다.

이러한 관점에서 보면, 현대 서구 심리학은 서구인의 시각에서 서구인의 삶의 과정과 경험을 중심으로 탐색하여 온 서구의 문화특수적인 심리학일 뿐이라는 한계를 지닌다는 사실이 분명히 드러난다. 종래까지 보편주의의 관점에서 서구 심리학을 보편심리학으로 간주해 왔던 시각은 다만 서구인이 빠져 있었던 그들의 자기중심주의의 반영일 뿐이었던 것이다. 현재는 이러한 서구중심주의에서 탈피하여 글자 그대로의 보편심리학을 구축하려는 노력이 절실하게 필요한 시점이다.

지난 세기의 말엽에 들어서면서 동아시아는 정치 · 경제적으로, 나아가 문화적으로 더 이상 세계사의 주변부가 아니라 당당한 주역의 일원으로 부상하였다. 이러한 맥락에서 볼 때 동아시아 사회를 오랫동안 지배해 왔던 유학사상의 체계에 대한 이해를 통해 구축될 유학심리학의 정립은 보편심리학을 구성하기 위한 새로운 개념틀을 모색하려는 시도로서의 가치를 가지는 작업이라고 볼 수 있다. 이것이 바로 '문명 충돌'의 물결이 거세게 밀어닥치고 있는 21세기 초반 유학심리학의 정립 작업이 갖는 학문적 가치이다. 하필이 시대에 이 땅에 태어나 심리학을 공부하는 사람에게 주어진 소명(召命)은 곧 이러한 유학심리학의 정립 작업에 있을 것이라는 신념이 나를 이러한 작업에 뛰어들게 한 진정한 까닭인 것이다.

참고문헌

유학 경전 관련 자료

大東文化研究院 影印(1971). **栗谷全書**(1～2권). 서울: 成均館大學校 출판부.

大東文化研究院 影印(1997). **退溪全書**(1～5권, 4판). 서울: 成均館大學校 출판부.

民族文化推進會 編(1976). **국역 퇴계집**(수정판). 서울: 경인문화사.

民族文化推進會 編(1997). **국역 율곡집**(중판). 서울: 솔.

楊倞(818). **荀子注.**(服部宇之吉編, **漢文大系**, 卷十五. 東京: 富山房, 1972.)

王夢鷗 註譯(1969). **禮記今註今譯**. 臺北: 臺灣商務印書館.

王先謙(1891). **荀子集解.**(服部宇之吉編, **漢文大系**, 卷十五. 東京: 富山房, 1972.)

朱熹(1177). **論語集註.**(京城書籍組合編, **原本備旨 論語集註**. 서울: 太山文化社, 1984.)

朱熹(1177). **孟子集註.**(京城書籍組合編, **原本備旨 孟子集註**. 서울: 太山文化社, 1984.)

朱熹(1177). **大學集註.**(京城書籍組合編, **原本備旨 大學·中庸**. 서울: 太山文化社, 1984.)

朱熹(1177). **中庸集註.**(京城書籍組合編, **原本備旨 大學·中庸**. 서울: 太山文化社, 1984.)

심리학 및 기타 관련 자료

강정인(2002). 세계화 · 정보화와 동아문명의 정체성: 서구중심주의와 아시아적 가치. 한국정치외교사논총, 24(2), 211-238.
고병익(1996). 동아시아의 전통과 변용. 서울: 문학과 지성사.
고재홍(2001). 집단주의-개인주의 성향에 따른 분배규범의 선호 차이. 한국심리학회지: 사회 및 성격, 15(3), 1-16.
孔繁(1994). 유학의 역사적 지위와 미래가치. 공자사상과 21세기. pp. 195-220. 서울: 동아일보사.
권덕주(1998). 대학 해제. 김시준 역해, 대학 · 중용(혜원동양고전 3, pp. 8-35.). 서울: 혜원출판사.
권석만(1997). 인지치료의 관점에서 본 불교. 심리학의 연구문제(서울대학교 심리학과), 4, 279-321.
권석만(1998). 불교 수행법에 대한 심리학적 고찰. 심리학의 연구문제(서울대학교 심리학과), 5, 99-142.
권석만(2000). 불교와 한국 심리학 연구. 한국의 학술 연구: 심리학. pp. 141-148. 서울: 대한민국 학술원.
권석만(2006). 위빠사나 명상에 관한 심리치료자의 관심. 불교와심리연구원 편, 불교와 심리, 창간호, 11-49.
길희성(1998). 철학과 철학사: 해석학적 동양철학의 길. 한국철학회 1998년도 춘계 학술발표회 주제 논문.
김근영(2014). 사회적 참조. 미간행 원고. 서강대학교.
김기석(1969). 禪의 심리학적 일 고찰. 한국심리학회지, 1(2), 37-41.
김기석(1978). 명상의 심리학적 일 고찰. 행동과학연구, 3, 1-23. 고려대학교 행동과학연구소.
김동직 · 한성열(1998). 개별성-관계성 척도의 제작과 타당화 연구. 한국심리학회지: 사회 및 성격, 12(1), 71-93.
김석근(2000). 현대 일본 사회와 유교: 로고스와 파토스의 거리. 성균관대학교 유학 · 동양학부 편, 동아시아의 유교문화와 미래적 전망, pp. 51-68. 서울: 성균관대학교 유학 · 동양학부.
김성기(2000). 동아시아에 있어서 유교의 현황과 미래. 성균관대학교 유학 · 동양학부 편, 동아시아의 유교문화와 미래적 전망, pp. 33-50. 서울: 성균관대학교 유학 · 동양학부.
김성태(1976). 성숙인격론. 서울: 고려대학교 출판부.
김성태(1984). 발달심리학(전정판). 서울: 법문사.

김성태(1989). **경과 주의**(증보판). 서울: 고려대학교 출판부. (초판, 1982)

김성태(1990). 경사상과 한국문화. 한국심리학회 편, 1990년도 연차학술대회 학술발표초록 pp. v-xvi. 서울: 한국심리학회.

김수인(1996). 집단주의-개인주의 성향과 1차-2차 통제 양식이 정신건강에 미치는 영향. 미간행 석사학위 논문, 가톨릭대학교.

김승혜(1990). **원시유교**. 서울: 민음사.

김영한(1975). 서평: Steven Lukes (1973), *Individualism*. **서양사론, 16집**, 107-114.

김영한(1989). **르네상스 휴머니즘과 유토피아니즘**. 서울: 탐구당.

김영한(1998). 휴머니즘. 김영한 편, **서양의 지적 운동 II**, pp. 11-32. 서울: 지식산업사.

김의철(1997). 한국 청소년의 가치체계. 한국정신문화연구원 편, **한국 청소년 문화: 심리-사회적 형성요인**. 경기: 한국정신문화연구원.

김의철(2000). 토착심리학과 문화심리학의 과학적 토대. 한국심리학회지: **사회문제, 6**(3), 1-24.

김정운(2002). 사회심리학의 응용과 사회심리학의 해체: 여가학을 중심으로. 한국 사회 및 성격심리학회 편, 2002년도 춘계 학술대회 논문집, pp. 9-13. 서울: 한국 사회 및 성격심리학회.

김정운 · 한성열(1998). 문화심리학 어떻게 할 것인가? **한국심리학회지: 일반, 17**(1), 97-114.

김정호(1994). 구조주의 심리학과 불교의 사념처 수행의 비교. **한국심리학회지: 일반, 13**(1), 186-206.

김정호(1995). 마음챙김 명상의 소집단 수행에 대한 연구. **학생생활연구**(덕성여자대학교 학생생활연구소), **11**, 1-35.

김정호(1996a). 한국의 경험적 명상연구에 대한 고찰. **사회과학연구**(덕성여자대학교 사회과학연구소), **3**, 79-131.

김정호(1996b). 위빠사나 명상의 심리학적 고찰. **사회과학연구**(덕성여자대학교 사회과학연구소), **4**, 35-60.

김충렬(1982). 동양 인성론의 서설. 한국동양철학회 편, **동양철학의 본체론과 인성론**(pp. 169-184). 서울: 연세대학교 출판부.

김태영(2002). **유교 문화의 돌연변이 일본**. 서울: 보고사.

나은영(2001). 국가투명성에 영향을 미치는 문화적 요인들과 대인 간 신뢰: 61개국의 자료 2차 분석. **한국심리학회지: 사회문제**, 7(2), 65-90.

나은영 · 민경환(1998). 한국문화의 이중성과 세대차의 근원에 관한 이론적 고찰 및 기존자료 재해석. **한국심리학회지: 사회문제**, 4(1), 75-93.

나은영 · 차재호(1999). 1970년대와 1990년대 간의 한국인의 가치관 변화와 세대차 증감. **한국심리학회지: 사회 및 성격**, 13(2), 37-60.

노명식(1991). 자유주의의 원리와 역사: 그 비판적 연구. 서울: 민음사.

唐君毅(1986). **中國哲學原論: 原性篇**. 臺北: 學生書局.

대한민국 학술원 편(2000). 한국의 학술 연구: 심리학. pp. 3-115. 서울: 대한민국 학술원.

勞思光(1967). **中國哲學史: 古代篇**. 臺北: 三民書局. (정인재 역. **중국철학사: 고대 편**. 서울: 탐구당, 1986.)

牟宗三(1979). 名家與荀子. 臺北: 學生書局.

민경환(1986). 사회심리학의 방법론 논쟁. 김경동 · 안청시 편, **한국 사회과학 방법론의 탐색**, pp. 233-267. 서울: 서울대학교 출판부.

민경환(2002). **성격심리학**. 서울: 법문사.

민석홍(1984). **서양사개론**. 서울: 삼영사.

박광배 · 김미숙(1992). 한국청소년의 집단주의적 가치체계: 가족관을 중심으로. **한국심리학회지: 사회**, 6(2), 62-75.

박우룡(1998). 자유주의. 김영한 편, **서양의 지적 운동 II**(pp. 65-110). 서울: 지식산업사.

박전규(1985). **아리스토텔레스의 실천적 지혜**. 서울: 서광사.

박준철(1998). 프로테스탄티즘. 김영한 편, **서양의 지적 운동 II**, pp. 33-64. 서울: 지식산업사.

성영신 · 김철민 · 서정희 · 박종구 · 박은아(1993). 논어와 맹자에 나타난 물질관과 소비행동. 한국심리학회 편, 한국인의 특성: 심리학적 탐색, 1993년도 추계심포지움 자료집, pp. 81-100. 서울: 한국심리학회.

小島毅(2004). **朱子學と陽明學**. 東京: 放送大學 出版會. (신현승 역. **사대부의 시대: 주자학과 양명학 새롭게 읽기**. 서울: 동아시아, 2004.)

辻本雅史(1998). 일본의 전통유학과 대학. 성균관대학교 대동문화연구원 편, **동아시아의 유학전통과 대학**. 서울: 성균관대학교 대동문화연구원.

안병주(1987). 퇴계의 학문관: 심경후론을 중심으로. **퇴계학연구**(단국대학교 퇴계학연구소), 1, 39-59.

윤사순(1992). 머리말: 민족과 사상. 민족과 사상 연구회 편, **사단칠정론**, pp. 5-9. 서울: 서광사.

윤사순(1997). **한국 유학 사상사론**. 서울: 예문서원.

윤이흠 · 박무익 · 허남린(1985). 종교인구조사의 방법론 개발과 한국인의 종교성향. 장병길교수 은퇴기념논총 발간위원회 편, **한국 종교의 이해**, pp. 343-371. 서울: 집문당.

윤태림(1969). **한국인의 성격**. 서울: 현대교육총서 출판사.

윤태림(1970). **한국인**. 서울: 현암사.

윤호균(1970). Buddhism and counseling. **한국심리학회지, 1**(3), 103-115.

윤호균(1982a). 정신분석, 인간중심의 상담 및 불교의 비교 Ⅰ: 인간 및 심리적 문제에 대한 견해. **임상심리학회지, 3**, 35-47.

윤호균(1982b). 정신분석, 인간중심의 상담 및 불교의 비교 Ⅱ: 인간 및 심리적 문제에 대한 견해. **임상심리학회지, 3**, 49-63.

윤호균(1986). 불교와 심리학. 한국심리학회 편, **인간이해의 동 · 서 비교** (pp. 45-66). 서울: 한국심리학회.

윤호균(1999). 불교의 연기론과 상담. 최상진 · 윤호균 · 한덕웅 · 조긍호 · 이수원. **동양심리학: 서구심리학에 대한 대안 모색**. pp. 327-375. 서울: 지식산업사.

윤호균(2014). 온마음상담과 불교적 성찰. 한자경 편, **깨달음: 궁극인가 과정인가** (pp. 297-343). 서울: 운주사.

이광세(1998). **동양과 서양: 두 지평선의 융합**. 서울: 길.

이기동(2003). 일본 유학을 통해 본 일본 문화의 뿌리. 홍윤식 편, **일본 문화의 뿌리를 찾아서**, pp. 55-98. 서울: 솔.

이누미야 요시유키 · 최일호 · 윤덕환 · 서동효 · 한성열(1999). 비현실적 낙관성 경향에 있어서의 비교문화 연구: 상호독립적-상호협조적 자기관의 관계를 중심으로. **한국심리학회지: 사회 및 성격, 13**(1), 183-201.

이동식(1974). **한국인의 주체성과 도**. 서울: 일지사.

이동식(1997). 동 · 서 정신치료의 통합: 도와 정신치료. 한국심리학회 편, **동양심리학의 모색**, pp. 3-10. 서울: 한국심리학회.

이부영(2002). **자기와 자기실현: 하나의 경지, 하나가 되는 길**(분석심리학의 탐구 3). 서울: 한길사.

이상로(1974). 조선 성리학자들의 심리학설 연구: 정도전 · 권근 · 유승조 · 이황 · 기대승 · 이이를 중심으로. 박사학위 논문, 계명대학교.

이상로(1979). 성격구조와 역동론에 관한 동 · 서양의 비교 고찰. 김학수 박사 화갑기념 교육 논총. 대구: 김학수 박사 화갑기념논총 준비위원회.

이상로(1980). 성격 및 적응지도의 새로운 접근. **학생생활연구**, 1, 29-48. 관동대학교.

이상은(1976). **유학과 동양문화**. 서울: 범학도서.

이수원(1984). 한국인의 인간관계 구조와 정. **교육논총**, 1, 95-125. 한양대학교 교육문제연구소.

이수원(1987). 한국인의 인간관계와 정공간. 한국심리학회 편. 현대 산업사회와 인간적응, 1987년도 심포지움 자료집, pp. 131-142. 서울: 한국심리학회.

이수원(1990). 내면화: 사회적 지식의 형성. **한국심리학회지: 일반**, 9(1), 54-73.

이수원(1993). 사회적 갈등의 인지적 기제: 사회적 자아중심성. **한국심리학회지: 사회**, 7(2), 1-23.

이수원(1994). 사회적 자아중심성: 타인이해에서 성향주의의 원천. **한국심리학회지: 일반**, 13(1), 129-152.

이수원(1999). 중용의 심리학적 접근. 최상진 · 윤호균 · 한덕웅 · 조긍호 · 이수원. **동양심리학: 서구심리학에 대한 대안 모색**. pp. 287-326. 서울: 지식산업사.

이수원 · 이헌남(1993). 한국인의 인정에 관한 사회심리학적 이해. 한국심리학회 편, 한국인의 특성: 심리학적 탐색, 1993년도 심포지움 자료집, pp. 63-79. 서울: 한국심리학회.

이승환(1998a). **유가 사상의 사회철학적 재조명**. 서울: 고려대학교 출판부.

이승환(1998b). 후기 근대 유학담론의 두 유형: 뚜웨이밍(杜維明)과 에임스(Roger Ames)를 중심으로. **동아연구**, 35, 363-416. 서강대학교 동아연구소.

이승환(1999). 문화심리학과 자아형성. 한국심리학회 · 한국사회 및 성격심리학회 편, 한국심리학회 1999년도 하계 심포지움 자료집: 문화와 심리학, pp. 21-33. 서울: 한국사회 및 성격심리학회.

이승환(2000). '아시아적 가치' 논쟁과 유교문화의 미래. **퇴계학**, 11, 197-226.

이승환(2004). **유교 담론의 지형학**. 서울: 푸른숲.

이의철(1979). 순자의 심리설. **한국심리학회지**, 2(2), 119-131.

이장호(1990). Comparisons of Oriental and Western approaches to counseling and guidance. **한국심리학회지: 상담과 심리치료**, 3(1), 1-8.

이재호 · 조긍호(2014). 정치성향에 따른 도덕 판단 기준의 차이. **한국심리학회지: 사회 성격**, 28(1), 1-26.

이종한(1992). 공동체의식에 관한 개인주의-집단주의 관점에서의 비교 문화적 분석. **한국심리학회지: 사회**, 6(2), 76-93.

이종한(2000). 한국인의 대인관계의 심리사회적 특성: 집단주의적 성향과 개인주의적 성향으로의 변화. **한국심리학회지: 사회문제**, 6(3), 201-219.

임능빈(1981a). 퇴계의 도덕심리학적 일 연구. **성곡논총**, 12, 72-147.

임능빈(1981b). 율곡의 도덕심리학적 일 연구. **부산대학교 논문집**, 20, 233-255.

임능빈(1982). 율곡의 정신위생론에 관한 일 연구. **사회과학대학논총**, 1, 89-300. 부산대학교.

임능빈(1983). 성리학의 적응심리학적 접근: 퇴계와 율곡을 중심으로. 박사학위 논문, 서울대학교.

임능빈(1991). 성격이론의 일 연구: 유교를 중심으로. **사회과학대학논총**, 10(1). 부산대학교. [임능빈 편(1995). 동양사상과 심리학. pp. 55-76. 서울: 성원사.]

임능빈(1995). 심경연구: 성격과 정서통제를 중심으로. 임능빈 편, **동양사상과 심리학** (pp. 157-177). 서울: 성원사.

張其昀(1984). **中華五千年史: 戰國學術編**. 臺北: 華岡書城. (中國文化硏究所 譯. **中國思想의 根源**. 서울: 文潮社, 1984).

장석만(1999). '근대문명'이라는 이름의 개신교. **역사비평, 봄호**(통권 46호), 255-268. 서울: 역사문제연구소.

장성수(2000). 한국의 사회심리학 연구. 대한민국 학술원 편. **한국의 학술 연구: 심리학**(pp. 219-235). 서울: 대한민국 학술원.

장성수 · 이수원 · 정진곤(1990). 한국인의 인간관계에 나타난 분배정의에 관한 연구. **교육논총**, 3, 217-265. 서울: 한양대학교 한국교육문제연구소.

장성수 · 이헌남 (1989). 공정조망과 인정조망에 따른 도움행동의 결정 요인. **한국심리학회지: 사회**, 4(2), 129-145.

장현갑(1990). 명상과 행동의학: 스트레스 대처를 위한 자기조절법으로서의 명상. **학생연구**, 21, 1-26. 대구: 영남대학교 학생생활연구소.

장현갑(1995). 명상의 정신생리학적 의미. 영남 상담 및 심리치료연구회 편, **명상과 심리치료**(pp. 35-46). 대구: 영남 상담 및 심리치료 연구회.

장현갑(1996). 명상의 심리학적 개간: 명상의 유형과 정신생리학적 특징. **한국심리학회지: 건강**, 1, 15-33.

정양은(1970). 감정론의 비교연구: 사회적 감정을 중심으로. **한국심리학회지**, 1(3), 77-90.

정양은(1972). 비반성적 의식차원에서의 사회적 소여에 관한 일 고찰. **한국심리학회지, 1(5)**, 별책.

정양은(1976). 심리구조이론의 동 · 서 비교. **한국심리학회지, 2(2)**, 68–79.

정양은(1986). 심리적 사실에 관한 동 · 서 비교. **사회심리학연구, 3(1)**, 1–16.

정양은(1988). 조직에서의 인간관계. **사회심리학 연구, 4(1)**, 1–13.

정양은(1995). Willam James의 근원적 경험주의. **학술원 논문집: 인문 · 사회과학편, 34집**, 1–28.

정양은(2000). Ⅰ 서론~Ⅲ 한국심리학회. 대한민국 학술원 편, **한국의 학술 연구: 심리학** (pp. 3–115). 서울: 대한민국 학술원.

정양은(2003). 진리적 지식과 현상적 지식. **학술원 논문집: 인문 · 사회과학 편, 42집**, 1–41.

정영숙(1994). 어머니에 대한 배려가 자기통제에 미치는 효과. 미간행 박사학위 논문, 서울대학교.

정영숙(1995). 두 유형의 사회적 기대가 자기통제에 미치는 효과. **한국심리학회지: 사회, 9(1)**, 85–97.

정인재(1981). 순자의 지식론. 강성위 외. **동서 철학의 향연** (pp. 323–357). 대구: 이문사.

정태연(2001). 성격특질차원에서의 행동일관성에 나타난 한국문화의 특성. **한국심리학회지: 일반, 20(2)**, 279–303.

諸橋轍次(1982). **孔子 · 老子 · 釋迦: 三聖會談**. 東京: 講談社. (심우성 역. **공자 · 노자 · 석가**. 서울: 동아시아, 2001.)

조경욱(2000). 일본 사회의 '이에(家)' 의식에 나타난 효와 조상 숭배. **동양사회사상, 3**, 211–236.

조긍호(1990). 맹자에 나타난 심리학적 함의(I): 인성론을 중심으로. **한국심리학회지: 사회, 5(1)**, 59–81.

조긍호(1991). 맹자에 나타난 심리학적 함의(II): 교육론과 도덕실천론을 중심으로. **한국심리학회지: 사회, 6(1)**, 73–108.

조긍호(1993). 대인평가의 문화 간 차이: 대인평가 이원모형의 확대 시론. **한국심리학회지: 사회, 7(1)**, 124–149.

조긍호(1994). 순자에 나타난 심리학적 함의(I): 천인관계론에 기초한 연구 방향의 정초. **한국심리학회지: 사회, 8(1)**, 34–54.

조긍호(1995a, 8월). 한국사회심리학계의 연구 경향. 연변 국제 학술회의 발표논문, 연변, 중국.

조긍호(1995b). 순자에 나타난 심리학적 함의(II): 인성론을 중심으로. **한국심리학회지: 사회, 9(1)**, 1-25.

조긍호(1996). 문화유형과 타인이해 양상의 차이. **한국심리학회지: 일반, 15(1)**, 104-139.

조긍호(1997a). 문화유형과 정서의 차이: 한국인의 정서 이해를 위한 시론. **심리과학, 6(2)**, 1-43. 서울대학교 심리과학연구소.

조긍호(1997b). 순자에 나타난 심리학적 함의(Ⅲ): 예론을 중심으로. **한국심리학회지: 사회 및 성격, 11(2)**, 1-27.

조긍호(1997c). 순자에 나타난 심리학적 함의(Ⅲ): 예론을 중심으로. **한국심리학회지: 사회 및 성격, 11(2)**, 1-27.

조긍호(1998a). **유학심리학: 맹자 · 순자 편**. 서울: 나남출판.

조긍호(1998b). 순자에 나타난 심리학적 함의(Ⅳ): 수양론을 중심으로. **한국심리학회지: 사회 및 성격, 12(2)**, 9-37.

조긍호(1999a). 문화유형에 따른 동기의 차이. **한국심리학회지: 사회 및 성격, 13(2)**, 233-273.

조긍호(1999b). 선진유학에서 도출되는 심리학의 문제. 최상진 · 윤호균 · 한덕웅 · 조긍호 · 이수원. **동양심리학: 서구심리학에 대한 대안 모색**. pp. 31-161. 서울: 지식산업사.

조긍호(2000). 문화유형과 동기의 차이: 한국인의 동기 이해를 위한 시론. **한국심리학회지: 사회 및 성격, 14(2)**, 83-122.

조긍호(2002). 문화성향과 허구적 독특성 지각 경향. **한국심리학회지: 사회 및 성격, 16(1)**, 91-111.

조긍호(2003a). **한국인 이해의 개념틀**. 서울: 나남출판.

조긍호(2003b). 문화성향과 통제양식. **한국심리학회지: 사회 및 성격, 17(2)**, 85-106.

조긍호(2005). 문화성향에 따른 유사성 판단의 비대칭성. **한국심리학회지: 사회 및 성격, 19(1)**, 45-63.

조긍호(2006). **이상적 인간형론의 동 · 서 비교: 새로운 심리학의 가능성 탐색 Ⅰ**. 서울: 지식산업사.

조긍호(2007a). **동아시아 집단주의의 유학사상적 배경: 심리학적 접근**. 서울: 지식산업사.

조긍호(2007b). 동아시아 집단주의와 유학사상: 그 관련성의 심리학적 탐색. **한국심리학회지: 사회 및 성격, 21**(4), 21-53.

조긍호(2008). **선진유학사상의 심리학적 함의**. 서울: 서강대학교 출판부.

조긍호(2012). **사회관계론의 동 · 서 비교: 새로운 심리학의 가능성 탐색 II**. 서울: 서강대학교 출판부.

조긍호(2015). 한국심리학계의 탈서구중심적 연구 동향: 문화 관련 연구와 유학심리학의 연구를 중심으로. 경제 · 인문사회연구회 편, **서구중심주의에 대한 우리 학문의 이론적 대응** (pp. 63-101). 서울: 경제 · 인문사회연구회.

조긍호(2017a). **유학심리학의 체계 I: 유학사상과 인간 심리의 기본구성체**. 서울: 서강대학교 출판부.

조긍호(2017b). **심리구성체론의 동 · 서 비교: 새로운 심리학의 가능성 탐색—도덕심리학의 새 지평**. 서울: 서강대학교 출판부.

조긍호 · 강정인(2012). **사회계약론 연구**. 서울: 서강대학교 출판부.

조긍호 · 김소연(1998). 겸양편향자의 선호 현상. **한국심리학회지: 사회 및 성격, 12**(1), 169-189.

조긍호 · 김은진(2001). 문화성향과 동조행동. **한국심리학회지: 사회 및 성격, 15**(1), 139-165.

조긍호 · 김지연 · 최경순(2009). 문화성향과 분노통제: 분노수준과 공감의 매개효과를 중심으로. **한국심리학회지: 사회 및 성격, 23**(1), 69-90.

조긍호 · 김지용(2001). 문화성향, 자의식의 유형 및 공감수준. 한국사회 및 성격심리학회 편, 2001년도 동계학술대회 논문집 (pp. 33-40). 서울: 한국 사회 및 성격심리학회.

조긍호 · 김지용 · 홍미화 · 김지현(2002). 문화성향과 공감 및 고독의 수준. **한국심리학회지: 사회 및 성격, 16**(3), 15-34.

조긍호 · 명정완(2001). 문화성향과 자의식의 유형. **한국심리학회지: 사회 및 성격, 15**(2), 111-139.

조긍호 · 이재영(2007). 문화성향, 성역할 정체감 및 도덕적 지향성. **한국심리학회지: 사회 및 성격, 21**(1), 105-126.

조지형(1998). 개인주의. 김영한 편, 서양의 지적 운동 Ⅱ, pp. 203-230. 서울: 지식산업사.

조혜인(1998). 유교와 포스트모더니즘: 베버 유교관의 지양을 통한 전향적 대화. **동아연구, 35**, 301-361. 서강대학교 동아연구소.

주명철(1994). 계몽주의. 김영한 · 임지현 편, **서양의 지적 운동**, pp. 373-404. 서울: 지식산업사.

陳鼓應(1994). **易傳與道家思想**. 臺北: 商務印書館. (최진석 · 김갑수 · 이석명 역. **주역: 유학의 사상인가, 도가의 사상인가**. 서울: 예문서원, 1996.)

차경호(1995). 한국, 일본 및 미국 대학생들의 삶의 질의 비교. 한국심리학회 편, **삶의 질의 심리학**, pp. 113-144. 서울: 한국심리학회.

차재호(1980). 한국인의 성격과 의식. 한상복 · 차재호 · 이문웅 · 양춘 · 안병만 · 신유근. **문화의 연속과 변화에 관한 연구**. 서울: 한국사회과학연구협의회.

차재호(1994). **문화설계의 심리학**. 서울: 서울대학교 출판부.

차재호 · 염태호 · 한규석(1996). 한국심리학회. 한국심리학회 편, **한국심리학회 50년사**(pp. 3-79). 서울: 교육과학사.

차재호 · 장영수(1992). 한국 대학생들의 중요한 가치. **한국심리학회지: 사회, 6**(2), 123-136.

차재호 · 정지원(1993). 현대 한국 사회에서의 집합주의. **한국심리학회지: 사회, 7**(1), 150-163.

차하순(1963). Renaissance Individualism의 개념. **서양사론, 4집**, 50-74.

蔡錦昌(1989). **荀子思想之本色**. 臺北: 唐山出版社.

蔡仁厚(1984). **孔孟荀哲學**. 臺北: 學生書局.

최상진(1990). 사회적 표상이론에 대한 한 고찰. **한국심리학회지: 일반, 9**(1), 74-86.

최상진(1991). '한'의 사회심리학적 개념화 시도. 한국심리학회 편, 1991년도 학술발표대회 논문집, pp. 339-350. 서울: 한국심리학회.

최상진(1993a). 한국인과 일본인의 '우리' 의식 비교. 한국심리학회 편, 1993년도 학술발표대회 논문집, pp. 229-244. 서울: 한국심리학회.

최상진(1993b). 한국인의 심정심리학: 정과 한에 대한 현상학적 한 이해. 한국심리학회 편, **한국인의 특성: 심리학적 탐색**, 1993년도 추계심포지움 자료집, pp. 3-22. 서울: 한국심리학회.

최상진(1995). 한국인의 통제 유형. 임능빈 편, **동양사상과 심리학**, pp. 535-543. 서울: 성원사.

최상진(1997). 당사자 심리학과 제3자 심리학. 한국심리학회 편, **동양심리학의 모색**, 1997년도 추계심포지움 자료집, pp. 131-143. 서울: 한국심리학회.

최상진(1999a). 문화심리학: 그 당위성, 이론적 배경, 과제 및 전망. 한국심리학회 · 한국 사회 및 성격심리학회 편, **문화와 심리학**, 한국심리학회 1999년도 하계심포지움 자료집, pp. 1-20. 서울: 한국사회 및 성격심리학회.

최상진(1999b). 한국인의 마음. 최상진 · 윤호균 · 한덕웅 · 조긍호 · 이수원. **동양심리학: 서구심리학에 대한 대안 모색**, pp. 377-479. 서울: 지식산업사.

최상진(2000a). 한국 문화심리학의 이론과 실제: 지난 20여 년간의 심리학 연구를 통해서 얻은 문화심리학적 경험. **한국심리학회지: 사회문제, 6**(3), 25-40.

최상진(2000b). **한국인 심리학**. 서울: 중앙대학교 출판부.

최상진(2011). **한국인의 심리학**. 서울: 학지사.

최상진 · 김기범(1999). 한국인의 심정심리: 심정의 성격, 발생 과정, 교류 양식 및 형태. **한국심리학회지: 일반, 18**(1), 1-16.

최상진 · 김기범(2000). 체면의 심리적 구조. **한국심리학회지: 사회 및 성격, 14**(1), 185-202.

최상진 · 김미희 · 박정열 · 김기범(2000). 대학생들의 의리 의식 및 의리 행동에 대한 성격 분석. 한국사회 및 성격심리학회 편, 2000년도 하계 학술발표대회 논문집, pp. 72-83. 서울: 한국사회 및 성격심리학회.

최상진 · 김지영 · 김기범(2000a). 정(미운정 · 고운정)의 심리적 구조, 행위 및 기능 간의 구조적 관계 분석. **한국심리학회지: 사회 및 성격, 14**(1), 203-222.

최상진 · 김지영 · 김기범(2000b). 한국인의 자기 신세 조망 양식. 한국 사회 및 성격심리학회 편, 2000년도 하계 학술발표대회 논문집, pp. 10-22. 서울: 한국사회 및 성격심리학회.

최상진 · 유승엽(1992). 한국인의 체면에 관한 사회심리학적 한 분석. **한국심리학회지: 사회, 6**(2), 137-157.

최상진 · 유승엽(1994). 한국인의 의례적 언행과 그 기능. 한국심리학회 편, 1994년도 학술발표회 논문집, pp. 369-385. 서울: 한국심리학회.

최상진 · 윤호균 · 한덕웅 · 조긍호 · 이수원(1999). **동양심리학: 서구심리학에 대한 대안 모색**. 서울: 지식산업사.

최상진 · 이요행(1995). 한국인 홧병의 심리학적 개념화 시도. 한국심리학회 편, 1995년도 학술발표대회 논문집, pp. 327-338. 서울: 한국심리학회.

최상진 · 이장주(1999). 정의 심리적 구조와 사회문화적 기능 분석. **한국심리학회지: 사회 및 성격, 13**(1), 219-233.

최상진 · 임영식 · 유승엽(1991). 핑계의 귀인/인식론적 분석. 한국심리학회 편, 1991년도 학술발표대회 논문집, pp. 339-410. 서울: 한국심리학회.

최상진 · 진승범(1995). 한국인의 눈치의 심리적 표상 체계: 대학생을 중심으로. 한국심리학회 편, 1995년도 학술발표대회 논문집, pp. 511-521. 서울: 한국심리학회.

최상진 · 한규석(1998). 심리학에서의 객관성, 보편성 및 사회성의 오류: 문화심리학의 도전. **한국심리학회지: 일반**, 17(1), 13-96.

최상진 · 한규석(2000). 문화심리학적 연구방법론. **한국심리학회지: 사회 및 성격**, 14(2), 123-144.

최영진(2000). 90년대 한국사회의 유교담론 분석. 성균관대학교 유학 · 동양학부 편, **동아시아의 유교문화와 미래적 전망**, pp. 20-32. 서울: 성균관대학교 유학 · 동양학부.

최인철(1999). 비현실적 낙관론에 미치는 가용성 휴리스틱의 영향. 고재홍 · 구자숙 · 김혜숙 · 나은영 · 남기덕 · 박재현 · 안미영 · 이석재 · 이진환 · 최인철 · 홍기원. **현대 사회심리학 연구**. pp. 125-150. 서울: 시그마프레스.

탁진국(2015). 회장 인사말. (한국심리학회: http://www.koreanpsychology.or.kr/)

馮友蘭(1948). *A short history of Chinese philosophy*. 臺北: 雙葉書店. (정인재 역. **중국철학사**. 서울: 형설출판사, 1977.)

한국심리학회 편(1996). **한국심리학회 50년사**. 서울: 교육과학사.

한국심리학회 홈페이지. http://www.koreanpsychology.or.kr/

한규석(1991a). 사회심리학 이론의 문화특수성: 한국인의 사회심리학 연구를 위한 고찰. **한국심리학회지: 사회**, 6(1), 132-155.

한규석(1991b). 집단주의-개인주의 이론의 현황과 그 전망. **한국심리학회지: 일반**, 10(1), 1-19.

한규석(1997). 사회심리학에서의 문화 비교 연구: 현황 및 세계화 속의 과제. 한국심리학회 학술위원회 편, **심리학에서의 비교문화 연구**, pp. 87-172. 서울: 성원사.

한규석(1999). 한국적 심리학의 전개 현황과 과제. 한국심리학회 편, **문화와 심리학** (1999년도 하계심포지움 자료집, pp. 103-127). 서울: 한국심리학회.

한규석(2002). **사회심리학의 이해**(개정판). 서울: 학지사.

한규석 · 신수진(1999). 한국인의 선호가치 변화: 수직적 집단주의에서 수평적 개인주의로. **한국심리학회지: 사회 및 성격**, 13(2), 293-310.

한규석 · 오점조(1993). 아동의 교류 양상에 대한 분석: 집단주의-개인주의 이론의 적용. **한국심리학회지: 사회 및 성격, 13**(2), 293–310.

한덕웅(1994). **퇴계심리학**. 서울: 성균관대학교 출판부.

한덕웅(1996). 대인관계에서 4단7정 정서의 발생경험. 한국심리학회 편, 1996년도 학술대회 발표논문집, pp. 389–409. 서울: 한국심리학회.

한덕웅(1997). 한국유학의 4단7정 정서설에 관한 심리학적 실증연구. 한국심리학회 편, 1997년도 학술대회 발표논문집, pp. 331–359. 서울: 한국심리학회.

한덕웅(1998). 4단7정 정서 경험의 사회심리학적 기능. 한국심리학회 편, 1998년도 학술대회 발표논문집, pp. 503–522. 서울: 한국심리학회.

한덕웅(1999). 한국 유학의 심리학. 최상진 · 윤호균 · 한덕웅 · 조긍호 · 이수원. **동양심리학: 서구심리학에 대한 대안 모색**. pp. 163–286. 서울: 지식산업사.

한덕웅(2000). 대인관계에서 4단7정 정서의 경험. **한국심리학회지: 사회 및 성격, 14**(2), 145–166.

한덕웅(2001a). 한국의 유교문화에 관한 심리학 연구의 비판적 개관. **한국심리학회지: 일반, 20**(2), 449–479.

한덕웅(2001b). 한국유학의 4단7정 정서설에 관한 심리학적 실증연구. **한국심리학회지: 일반, 20**(1), 1–40.

한덕웅(2003). **한국유학심리학: 한국유학의 심리학설과 유교문화에 관한 심리학적 접근**. 서울: 시그마프레스.

한성열 · 안창일(1990). 집단주의와 나이 · 교육 · 결혼 및 주거 형태와의 관계. **한국심리학회지: 사회, 5**(1), 116–128.

현상윤(1949). **조선유학사**. 서울: 민중서관.

홍숙기(2004). **성격심리 상(수정판)**. 서울: 박영사.

黃公偉(1974). **孔孟荀哲學證義**. 臺北: 幼獅書店.

黑住眞(1998). **일본사상사와 유학**. 경상대 개교 50주년 기념 남명학연구소 국제학술심포지움 발표 논문.

Adamopoulos, J., & Bontempo, R. (1984). A note on the relationship between socialization practice and artistic preference. *Cross-Cultural Psychology Bulletin,* 18, 4-7.

Allport, F. H. (1924). *Social psychology.* Boston, MA: Houghton Mifflin.

Allport, G. W. (1940). The psychologist's frame of reference. *Psychological Bulletin, 37,* 1-28.

Allport, G. W. (1968). The historical background of modern social psychology. In G. Lindzey & E. Aronson (Eds.), *The handbook of social psychology* (2nd ed., Vol. 1, pp. 1-80). Reading, MA: Addison-Wesley.

Allport, G. W. (1985). The historical background of modern social psychology. In G. Lindzey & E. Aronson (Eds.), *The handbook of social psychology* (3rd ed., Vol. 1, pp. 1-46). New York: Random House.

Amir, Y., & Sharon, I. (1987). Are social psychological law cross-culturally valid? *Journal of Cross-Cultural Psychology, 18,* 383-470.

Angell, J. R. (1907). The province of functional psychology. *Psychological Review, 14,* 61-91.

Arieli, Y. (1964). *Individualism and nationalism in American ideology.* Cambridge, MA: Harvard University Press.

Aron, A., & Aron, E. N. (1986). *Love and the expansion of self: Understanding attraction and satisfaction.* New York: Hemisphere.

Aron, A., Aron, E. N., & Smollan, D. (1992). Inclusion of Other In the Self Scale and the structure of interpersonal closeness. *Journal of Personality and Social Psychology, 63,* 596-612.

Aron, A., Aron, E. N., Tudor, M., & Nelson. G. (1991). Close relationships as including other in the self. *Journal of Personality and Social Psychology, 60,* 241-253.

Aronson, E., Brewer, M. B., & Carlsmith, M. (1986). Experimentation in social psychology. In G. Lindzey & E. Aronson (Eds.), *The handbook of social psychology* (3rd ed., Vol. 1, pp. 441-486). New York: Random House.

Axelrod, R. (1984). *The evolution of cooperation*. New York: Basic Books. (이경식 역. **협력의 진화: 이기적 개인의 팃포탯 전략**. 서울: 시스테마, 2012.)

Axelrod, R., & Hamilton, W. D. (1981). The evolution of cooperation. *Science, 211,* 1390-1396.

Bakan, D. (1966). *The duality of human existence*. San Francisco, CA: Jossey-Bass.

Bandura, A. (1977). Self-efficacy: Toward a unifying theory of behavioral change. *Psychological Review, 84,* 191-215.

Bandura, A. (1997). *Self-efficacy: The exercise of control*. New York: Freeman.

Bandura, A. (2000). Self-efficacy. In A. E. Kazdin (Ed.), *Encyclopedia of psychology* (Vol. 7, pp. 212-213). Washington, DC: American Psychological Association.

Barnes, J. (1982). *Aristotle.* Oxford: Oxford University Prass. (문계석 역. **아리스토텔레스의 철학**. 서울: 서광사, 1989.)

Barnlund, D. C. (1975). *Public and private self in Japan and the United State.* Tokyo, Japan: Simul Press.

Baumeister, R. F. (1986). *Identity: Cultural change and the struggle for self.* New York: Oxford University Press.

Baumeister, R. F., Tice, D. M., & Hutton, D. G. (1989). Self-presentational motivations and personality differences in self-esteem. *Journal of Personality, 57,* 547-579.

Batson, C. D. (2010). Empathy-induced altruistic motivation. In M. Mikulincer & P. R. Shaver (Eds.), *Prosocial motives, emotions, and behavior: The better angels of our nature* (pp. 15-34). Washington, DC: American Psychological Association.

Batson, C. D., Dyck, J. L., Brandt, J. R., Batson, J. G., Powell, A. L., McMaster, M. R., & Griffitt, C. (1988). Five studies testing two new egoistic alternatives to the empathy-altruism hypothesis. *Journal of Personality and Social Psychology, 55,* 52-77.

Berry, J. W. (1997). Preface. In J. W. Berry, Y. H. Poortinga, J. Pandey, P. R. Dasen, T. S. Sarawathi, M. H. Segall, & C. Kagitcibaci (Eds.), *Handbook of cross-cultural psychology* (2nd ed., Vols. 1-3, pp. x-xv in Vol. 1 and pp. xi-xvi in Vols. 2-3). Boston, MA: Allyn & Bacon.

Berry, J. W. (1999). Emics and etics: A symbiotic conception. *Culture and Psychology, 5,* 165-171.

Berry, J. W. (2000). Cross-cultural psychology: A symbiosis of cultural and comparative approaches. *Asian Journal of Social Psychology, 3,* 197-205.

Berry, J. W., Poortinga, Y. H., Pandey, J., Dasen, P. R., Saraswathi, T. S., Segall, M. H., & Kagitcibasi, C. (Eds.). (1997). *Handbook of cross-cultural psychology* (2nd ed., Vols. 1-3). Boston, MA: Allyn & Bacon.

Berry, J. W., Poortinga, Y. H., Segall, M. H., & Dasen, P. R. (1992). *Cross-*

cultural psychology: Research and applications. New York: Cambridge University Press.

Bharati, A. (1985). The self in Hindu thought and action. In A. J. Marsella, G. A. DeVos, & F. L. K. Hsu (Eds.), *Culture and self: Asian and Western perspectives* (pp. 185-230). New York: Tavistock.

Bloom, P. (2012). Moral nativism and moral psychology. In M. Mikulincer & P. R. Shaver (Eds.), *The social psychology of morality: Exploring the causes of good and evil.* Washington, DC: American Psychological Association.

Bond, M. H. (1988). *The cross-cultural challenge to social psychology.* Beverly Hills, CA: Sage.

Bond, M. H. (1994). Into the heart of collectivism: A personal and scientific journey. In U. Kim, H. C. Triandis, C, Kagitcibasi, S. C. Choi, & G. Yoon (Eds.), *Individualism and collectivism: Theory, method, and applications* (pp. 66-76). Thousand Oaks, CA: Sage.

Bond, M. H. (2002). Reclaiming the individual from Hofstede's ecological analysis—A 20-year Odyssey: Comment on Oyserman et al. (2002). *Psychological Bulletin, 128,* 73-77.

Bond, M. H., & Cheung, T. S. (1983). College students' spontaneous self-concepts: The effect of culture among respondents in Hong Kong, Japan, and the United States. *Journal of Cross-Cultural Psychology, 14,* 153-171.

Bond, M. H., & Hwang, K. K. (1986). The social psychology of Chinese people. In M. H. Bond (Ed.), *The psychology of Chinese people* (pp. 213-266). New York: Oxford University Press.

Bond. M. H., Leung, K., & Wan, K. C. (1982). The social impact of self-effacing attributions: The Chinese case. *Journal of Social Psychology, 118,* 157-166.

Bond, M. H., & Smith, P. B. (1996). Culture and conformity: A meta-analysis of studies using Asch's (1952b, 1956) line judgement task. *Psychological Bulletin, 119,* 111-131.

Bordt, M. (1999). *Platon.* Freiburg: Verlag Herder. (한석환 역. 철학자 플라톤. 서울: 이학사, 2003.)

Boring, E. G. (1950). *A history of experimental psychology* (2nd ed.). New York:

Appleton-Century-Crofts. (1st ed. in 1929.)

Boski, P. (1993). Between West and East: Humanistic values and concerns in Polish psychology. In U. Kim & J. W. Berry (Eds.), *Indigenous psychologies: Research and experience in cultural context* (pp. 79-103). Newbury Park, CA: Sage.

Brehm, S. S. (1992). *Intimate relationship* (2nd ed.). New York: McGraw-Hill.

Brewer, M. B., & Gardner, W. (1996). Who is this "we"? Levels of collective identity and self representations. *Journal of Personality and Social Psychology, 71,* 83-93.

Brislin, R. W., Lonner, W. J., & Thorndike, R. W. (1973). *Cross-cultural research methods.* New York: Wiley.

Brown, J. D. (1998). *The self.* Boston, MA: McGraw-Hill.

Burckhardt, J. (1860). *The civilization of the Renaissance in Italy.* Berlin. tr. by S. G. C. Middlemore, London, 1955.

Burns, E. M., Lerner, R. E., & Meacham, S. (1984). *Western civilizations* (10th ed.). New York: Norton. (박상익 역. **서양문명의 역사(Ⅰ~Ⅳ)**. 서울: 소나무, 2003.)

Buss, D. (2012). *Evolutionary psychology: The new science of the mind* (4th ed.). Pearson Education, Inc. (이충호 역. **진화심리학: 마음과 행동을 탐구하는 새로운 과학**. 서울: 웅진지식하우스, 2012.)

Buss, D. M., & Kenrick, D. T. (1998). Evolutionary Social Psychology. In D. T. Gillbert, S. T. Fiske, & G. Lindzey (Eds.), *The handbook of social psychology* (4th ed., Vol. 2, pp. 982-1026). Boston, MA: McGraw-Hill.

Cha, J. H. (1994). Changes in value, belief, and behavior of the Koreans over the past 100 years. **한국심리학회지: 사회**, 8(1), 40-58.

Chang, E., & Hahn, J. (2006). Does pay-for-performance enhance perceived distributive justice for collective employees? *Personnel Review*, 35, 397-412.

Chinese Culture Connection (1987). Chinese values and the search for culture-free dimensions of culture. *Journal of Cross-Cultural Psychology, 18,* 143-164.

Choi, I. (2002). *Who trusts fortune telling? Self-concept clarity and the Barnum effect*. Unpublished manuscript, Seoul National University, Seoul, Korea.

Choi, I., & Choi, Y. (2002). Culture and self-concept flexibility. *Personality and Social Psychology Bulletin, 28,* 1508-1517.

Choi, I., Dalal, R., & Kim-Prieto, C. (2000). *Information search in causal attribution: Analytic versus hislistic.* Unpublished manuscript, Seoul National University, Seoul, Korea.

Choi, I., Dalal, R., Kim-Prieto, C., & Park, H. (2001). *Culture and judgment of causal relevance: Inclusion versus exclusion*. Unpublished manuscript, Seoul National University, Seoul, Korea.

Choi, I., & Nisbett, R. E. (1998). Situational salience and cultural differences in the correspondence bias and actor-observer bias. *Personality and Social Psychology Bulletin, 24,* 949-960.

Choi, I., & Nisbett, R. E. (2000). The cultural psychology of surprise: Holistic theories and recognition of contradiction. *Journal of Personality and Social Psychology, 79,* 890-905.

Choi, I., Nisbett, R. E, & Norenzayan, A. (1999). Causal attribution across cultures: Variation and universality. *Psychological Bulletin, 125,* 47-63.

Choi, I., Nisbett, R. E, & Smith, E. E. (1997). Culture, categorization and inductive reasoning. *Cognition, 65,* 15-32.

Choi, S. C., & Choi, S. H. (1994). We-ness: A Korean discourse of collectivism. In G. Yoon & S. C. Choi (Eds.), *Psychology of the Korean people: Collectivism and individualism* (pp. 57-84). Seoul: Dong-A.

Choi, S. C., & Kim, J. W. (1998). "Shim-cheong" psychology as a cultural psychological approach to collective meaning construction. **한국심리학회지: 사회 및 성격**, 12(2), 79-96.

Choi, S. C., & Kim, U., & Choi, S. H. (1993). Indigenous analysis of collective representations: A Korean perspective. In U. Kim & J. W. Berry (Eds.), *ndigenous psychologies: Research and experience in cultural context* (pp. 193-210). Newbury Park, CA: Sage.

Chomsky, N. (1959). A review of B. F. Skinner's Verbal Behavior. *Language*, 35, 26-58.

Chung, Y. E. (1994). Void and non-conscious processing. In G. Yoon & S. C. Choi (Eds.), *Psychology of the Korean People: Collectivism and individualism* (pp. 3-14). Seoul: Dong-A.

Chung. Y. E. (1996, June). *Harmonizing Eastern and Western world view: Psychological and cultural analysis.* Paper presented at the Korean Psychological Association's 50th Anniversary International Conference—Mind, Machine & Environment: Facing the Challenges of the 21st Century. Seoul, Korea.

Clark, M. S., & Mills, J. (1979). Interpersonal attraction in exchange and communal relationships. *Journal of Personality and Social Psychology, 37,* 12-24.

Clark, M. S., & Mills, J. (1993). The difference between communal and exchange relationships: What is and is not. *Personality and Social Psychology Bulletin, 19,* 684-691.

Cronin, H. (1991). *The ant and the peacock: Altruism and sexual selection from Darwin to today*. Cambridge, UK: Cambridge University Press. (홍승효 역. **개미와 공작: 협동과 성의 진화를 둘러싼 다윈주의 최대의 논쟁**. 서울: 사이언스북스, 2016.)

Cua, A. S. (1985). *Ethical argumentation: A study in Hsün Tzu's moral epistemology*. Honolulu, HI: University of Hawaii Press.

D'Andrade, R. G. (1992). Schemas and motivation. In R. G. D' Andrade & C. Strauss (Eds.), *Human motives and cultural models* (pp. 23-44). New York: Cambridge University Press.

Danziger, K. (1979). The social origins of modern psychology. In A. R. Buss (Ed.), *Psychology in social context* (pp. 27-46). New York: Irvington.

Danziger, K. (1983). Origins and basic principles of Wundt's Völkerpsychologie. *British Journal of Social Psychology, 22,* 303-313.

Danziger, K. (1997). *Naming the mind: How psychology found its language*. London: Sage.

Darwin, C. (1859). *On the origin of the species*. London: Murray.

Dasen, P. R. (1984). The cross-cultural study of intelligence: Piaget and the Baoulé. *International Journal of Psychology, 19,* 407-434.

Davis, M. H., Conklin, L., Smith, A., & Luce, C. (1996). Effect of perspective taking on the cognitive representation of persons: A merging of self and other. *Journal of Personality and Social Psychology, 70,* 713-726.

Davis, M. H., & Stephan, W. G. (1989). Attributions for exam performance. *Journal of Applied Social Psychology, 10,* 235-248.

de Bary, Wm. T. (1983). *The liberal tradition in China*. Hong Kong: The Chinese University of Hong Kong Press. (표정훈 역. **중국의 '자유' 전통**. 서울: 이산, 1998.)

Deuchler, M. (1992). *The Confucian transformation of Korea: A study of society and ideology*. Boston, MA: Harvard University Press. (이훈상 역. **한국 사회의 유교적 변환**. 서울: 아카넷, 2003.)

Deutsch, M. (1974). *Awakening the sense of injustice: Myth, reality and ideal.* Toronto: Holt, Rinehart & Winston.

Deutsch, M. (1975). Equity, equality and need: What determines which value will be used as the basis of distributive justice? *Journal of Social Issues, 31,* 137-149.

DeVos, G. A., Marsella, A. J., & Hsu, F. L. K. (1985). Introduction: Approaches to culture and self. In A. J. Marsella, G. A. DeVos, & F. L. K. Hsu (Eds.), *Culture and self: Asian and Western perspectives* (pp. 2-23). New York: Tavistock.

de Waal, F. (2007). With the little help from a friend. *PLoS Biology, 5,* 1405-1408.

Dickinson, G. L. (1967). *The Greek view of life* (4ch ed.). New York: Macmillan. 박만준 · 이준호 역. **그리스인의 이상과 현실: 서양철학의 뿌리**. 서울: 서광사, 1989.)

Diener, E., & Diener, M. (1995). Cross-cultural correlates of life satisfaction and self-esteem. *Journal of Personalty and Social Psychology, 68,* 653-663.

Diener, E., & Larsen, R. J. (1993). The experience of emotional well-being. In M. Lewis & J. M. Haviland (Eds.), *Handbook of emotion* (pp. 405-415). New York: Guilford.

Diener, E., Suh, E., Smith, H., & Shao, L. (1995). National and cultural difference in reported subjective well-being: Why do they occur? *Social Indicators Research, 34,* 7-32.

Doherty, M. J. (2009). *Theory of mind: How children understand others' thoughts and feelings*. Hove, UK: Psycholgy Press. (이현진 역. 마음이론. 서울: 학지사, 2013.)

Doob, L. W. (1980). The inconclusive struggles of cross-cultural psychology. *Journal of Cross-Cultural Psychology, 11,* 59-73.

Draguns, J. (1997). Abnormal behavior patterns across cultures: Implications for counseling and psychotherapy. *International Journal of Intercultural Relations, 21,* 213-248.

Dubs, H. H. (1927). *Hsüntze: The moulder of ancient Confucianism*. London; Arthur Probsthain.

Dülmen, R. v. (1997). *Die Entdeckung des Individuums 1500-1800*. Frankfurt am Main: Fischer Taschenbuch Verlag. (최윤영 역. 개인의 발견: 어떻게 개인을 찾아가는가 1500-1800. 서울: 현실문화연구, 2005.)

Dumont, L. (1970). *Homo hierarchicus*. Chicago, IL: University of Chicago Press.

Dumont, L. (1983). *Essais sur l'individualisme*. Le Seuil.

Dunbar, R. I. (1998). The social brain hypothesis. *Evolutionary Anthropology, 6,* 178-190.

Dunbar, R. I. (2008). Mind the gap: or why humans aren't just great apes. *Proceedings of the British Academy, 154,* 403-423.

Dunbar, R. I. (2011). Evolutionary basis of the social brain. In J. Docety & J. Cacioppo (Eds.), *Oxford handbook of social neuroscience* (pp. 28-38). Oxford, UK: Oxford University Press.

Dunbar, R. I. (2014). *Human evolution*. London: Penguin Books. (김학영 역. 멸종하거나, 진화하거나. 서울: 반니, 2015.)

Durojaiye, M. (1984). The impact of psychological testing on educational and personal selection in Africa. *International Journal of Psychology, 19,* 135-144.

Dweck, C. S. (1991). Self-theories and goals: Their role in motivation, personality, and development. In R. A. Dienstbier (Ed.), *Perspectives on motivation: Nebraska Symposium on Motivation,* 1990 (pp. 199-235). Lincoln, NB: University of Nebraska Press.

Dweck, C. S., Hong, Y., & Chiu, C. (1993). Implicit theories: Individual differences in the likelihood and meaning of dispositional inference.

Personality and Social Psychology Bulletin, 19, 644-656.

Ekman, P. (1982). *Emotions in the human face* (2nd ed.). Cambridge, UK: Cambridge University Press.

Emerson, R. M. (1992). Social exchange theory. In M. Rosenberg & R. H. Turner (Eds.), *Social psychology: Sociological perspectives* (pp. 30-65). New Brunswick, NJ: Transaction Publishers.

Erez, M. (1997). A culture-based model of work motivation. In P. C. Early & M. Erez (Eds.), *New perspectives on international industrial/organizational psychology* (pp. 293-242). San Francisco, CA: The New Lexingron Press.

Erikson, E. H. (1959). Growth and crisis on the healthy personality. *Psychological Issues, 1,* 50-100.

Farr, R. M. (1983). Wilhelm Wundt(1832-1920) and the origins of psychology as an experimental and social science. *British Journal of Social Psychology, 22,* 289-301.

Farr, R. M. (1996). *The roots of modern social psychology*. Cambridge, MA: Blackwell.

Fiske, A. P. (1990). *Making up society: The four elementary relational structures*. New York: Free Press.

Fiske, A. P. (2002). Using individualism and collectivism to compare cultures—A critique of the validity and measurement of the constructs: Comment on Oyserman et al. (2002). *Psychological Bulletin, 128,* 78-88.

Fiske, A. P., Kitayama, S., Markus, H. R., & Nisbett, R. E. (1998). The cultural matrix of social psychology. In D. T. Gillbert, S. T. Fiske, & G. Lindzey (Eds.), *The handbook of social psychology* (4th ed., Vol. 2, pp. 915-981). Boston, MA: McGraw-Hill.

Fiske, S. T., & Taylor, S. E. (1991). *Social cognition* (2nd ed.). New York: McGraw-Hill.

Frijda, N. H. (1986). *The emotions.* Cambridge, UK: Cambridge University Press.

Frijda, N. H. (1988). The laws of emotion. *American Psychologist, 43,* 349-358.

Gamble, C., Gowlett, J., & Dunbar, R. (2014). *Thinking big: How the evolution of social life shaped the human mind*. London, UK: Thames & Hudson Ltd.

(이달리 역. 사회성: 두뇌 진화의 비밀을 푸는 열쇠. 서울: 처음북스, 2016.)

Geen, R. G. (1995). *Human motivation: A social psychological approach*. Pacific Grove, CA: Brooks/Cole.

Gelman, R., & Williams, E. M. (1997). Enabling constraints for cognitive development and learning. In W. Damon (Series Ed.), D. Kuhn & R. Siegler (Vol. Eds.), *Handbook of child psychology: Vol. 2. Cognition, perception, and language* (5th ed., pp. 575-630). New York: Wiley.

Gergen, K. J. (1973). Social psychology as history. *Journal of Personality and Social Psychology, 26*, 309-320.

Gergen, K. J. (1982). *Toward transformation in social knowledge*. New York: Springer.

Gergen, K. J. (1985). Social constructionist inquiry: Context and implications. In K. J. Gergen & K. E. Davis (Eds.), *The social construction of the person* (pp. 3-18). New York: Springer.

Gergen, K. J., & Davis, K. E. (Eds.). (1985). *The social construction of the person*. New York: Springer.

Gergen, K. J., & Gergen, M. M. (1988). Narrative and the self as relationships. In L. Berkowitz (Ed.), *Advances in experimental social psychology* (Vol. 21, pp. 17-56). New York: Academic Press.

Gilbert, D. T., Fiske, S. T., & Lindzey, G. (Eds.) (1998). *The handbook of social psychology* (4th ed.). Boston, MA: McGraw-Hill.

Gilligan, C. (1982). *In a different voice: Psychological theory and woman's developmen*t. Cambridge, MA: Harvard University Press.

Goffman, E. (1961). *Asylums*. Garden City, NY: Anchor Books.

Graham, J., Haidt, J., Koleva, S., Motyl, M., Iyer, R., Wojcik, S. P., & Ditto, P. H. (2012). Moral foundation theory: The pragmatic validity of moral pluralism. *Advances in Experimental Social Psychology, 47,* 55-130.

Graham, J., Haidt, J., & Nosek, B. A. (2009). Liberals and conservatives rely on different sets of moral foundations. *Journal of Personality and Social Psychology, 96,* 1029-1046.

Graham, J., Nosek, B. A., & Haidt, J (2012). The moral stereotypes of liberals and conservatives: Exaggeration of differences across the political spectrum. *PLoS one, 7*(12), e50092.

Gray, J. (1995). *Liberalism.* London: Open University Press. (손철성 역. 자유주의. 서울: 이후, 2007.)

Greene, J. (2013). *Moral tribes: Emotion, reason, and the gap between us and them*. New York: The Penguin Press.

Greenfield, P. M. (1976). Cross-cultural research and Piagetian theory: Paradox and progress. In K. F. Riegel & J. A. Meacham (Eds.), *The developing individual in a changing world* (Vol. 1, pp. 322-333). Paris: Hague.

Greenfield, P. M. (1997). Culture as processes: Empirical method for cultural psychology. In J. W. Berry, Y. H. Poortinga, & J. Pandey (Eds.), *Handbook of cross-cultural psychology* (2nd ed., Vol. 1, pp. 301-346). Boston, MA: Allyn & Bacon.

Greenfield, P. M. (2000). Three approaches to the psychology of culture: Where do they come from? Where can they go? *Asian Journal of Social Psychology 3,* 223-240.

Gudykunst, W. B. (Ed.), (1993). *Communication in Japan and the United States*. Albany, NY: State University of New York Press.

Guthrie, W. K. C. (1960). *The Greek philosophers: From Thales to Aristotle*. New York: Harper & Row. (박종현 역. 희랍 철학 입문: 탈레스에서 아리스토텔레스까지. 서울: 서광사, 2003.)

Haidt, J. (2001). The emotional dog and its rational tail: A social intutionist approach to moral judgment. *Psychological Review, 108,* 814-834.

Haidt, J. (2007). The new synthesis in moral psychology. Science, 316, 998-1002.

Haidt, J. (2012). *The righteous mind: Why good people are devided by politics and religion.* New York: Pantheon Books.

Haidt, J., & Bjorkland, F. (2008), Social intuitionist answer six questions about social psychology. In W. Sinnott-Armstrong (Ed.), *Moral psychology: The cognitive science of morality* (Vol 2, pp. 181-217). Cambridge, MA: The MIT Press.

Haidt, J., & Graham, J. (2007). When morality opposes justice: Conservatives have moral intuitions that liberals may not recognize. *Social Justice*

Research, 20, 98-116.

Haidt, J., & Joseph, C. (2004). Intuitive ethics: How innately prepared intuitions generate culturally variable virtues. *Daedalus*, fall, 55-66.

Haidt, J., & Joseph, C. (2007). The moral mind: How 5 sets of innate moral intuitions guide the development of many culture-specific virtues, and perhaps even modules. In P. Carruthers, S. Laurence, & S. Stich (Eds.), *The innate mind* (Vol. 3, pp. 367-391). New York: Oxford.

Haidt, J., & Kesebir, S. (2010). Morality. In S. T. Fiske, D. Gilbert, & G. Lindsey (Eds.), *Handbook of social psychology* (5rh ed., Vol. 2, pp. 797-832). Hoboken, NJ: John Wiley & Sons.

Halévy, E. (1901-1904). *The growth of philosophical radicalism.* tr. by M. Morris, newed., London, 1934.

Hall, C. S., & Lindzey, G. (1978). *Theories of personality* (3rd ed.). New York: Wiley. (이상로 · 이관용 역. **성격의 이론.** 서울: 중앙적성출판부, 1987.)

Hall, D. L., & Ames, R. T. (1987). *Thinking through Confucius*. Albany, NY: State University of New York Press.

Hall, D. L., & Ames, R. T. (1995). *Anticipating China: Thinking through the narratives of Chinese and Western cultures.* Albany, NY: State University of New York Press.

Hamilton, V. L., Blumenfeld, P. C., Akoh, H., & Miura, K. (1990). Credit and blame among American and Japanese children: Normative, cultural, and individual differences. *Journal of Personality and Social Psychology, 59,* 442-451.

Hamilton, W. D. (1964). The genetical evolution of social behavior, Ⅰ and Ⅱ. *Journal of Theoretical Biology, 7,* 1-52.

Hamlin, J. K. (2012). *When antisocial others are good: Data from 5-and 3-month-olds*. Unpublished manuscript, University of British Columbia.

Hamlin, J. K. (2013). Moral judgment and action in preverbal infants and toddlers: Evidence for innate moral core. *Current Directions in Psychological Science, 22,* 186-193.

Hamlin, J, K., & Wynn, K. (2011). Young infants prefer prosocial to antisocial others. *Cognitive Development, 26,* 30-39.

Hamlin, J. K., Wynn, K., & Bloom, P. (2007). Social evaluation by preverbal infants. *Nature, 450,* 557-559.

Hamlin, J. K., Wynn, K., & Bloom, P. (2010). Three-month-olds show a negativity bias in their social evaluations. *Developmental Science, 13,* 923-929.

Han, S. Y., & Ahn, C. Y. (1990). Collectivism and its relationships to age, education, mode of marriage, and living in Koreans. **한국심리학회지: 사회, 5**(1), 116-128.

Harré, R. (1979). *Social being.* Oxford, England: Blackwell.

Harré, R. (1984). *Personal being.* Cambridge, MA: Harvard University Press.

Harré, R. (Ed.) (1986). *The social construction of emotions,* Oxford, England: Blackwell.

Harré, R., & Secord, P. F. (1972). *The explanation of social behavior.* Oxford, England: Blackwell.

Heine, S. J. (2012). *Cultural psychology* (2nd ed.). New York: W. W. Norton.

Heine, S. J., & Lehman, D. R. (1995). Cultural variation in unrealistic optimism: Does the West feel more invulnerable than the East? *Journal of Personality and Social Psychology, 68,* 595-607.

Heine, S. J., & Lehman, D. R. (1997). The cultural construction of self-enhancement: An examination of group-serving biases. *Journal of Personality and Social Psychology, 72,* 1268-1283.

Heine, S. J., Lehman, D. R., Markus, H. R., & Kitayama, S. (1999). Is there a universal need for positive self-regard? *Psychological Review, 106,* 766-794.

Hermans, H. J. M., & Kempen, H. J. G. (1998). Moving cultures: The perilous problems of cultural dichotomies in a globalizing society. *American Psychologist, 53,* 1111-1120.

Hilgard, E. R. (1980). The trilogy of mind: Cognition, affection, and conation. *Journal of the History of the Behavioral Sciences, 16,* 107-117.

Hinkley, K., & Anderson, S. M. (1996). The working self-concept in transference: Significant-other activation and self change. *Journal of Personality and Social Psychology, 71,* 1279-1295.

Hjelle, L. A., & Ziegler, D. J. (1981). *Personality theories: Basic assumption, research, and applications* (2nd ed.). New York: MaGraw-Hill. (이훈구 역. **성격심리학**. 서울: 법문사, 1983.)

Hofstede, G. (1980). *Culture's consequences: International differences in work-related values.* Beverly Hills, CA: Sage.

Hofstede, G. (1983). Dimension of national cultures in fifty countries and three regions. In J. B. Deregowski, S. Dziurawiec, & R. C. Annis (Eds.), *Expiscations in cross-cultural psychology* (pp. 335-355). Lisse, Netherlands: Swets & Zeitlinger.

Hofstede, G. (1991). *Cultures and organizations: Software of the mind*. London: McGraw-Hill. (차재호 · 나은영 역. **세계의 문화와 조직**. 서울: 학지사, 1995.)

Hofstede, G., & Bond, M. H. (1988). The Confucius connection: From cultural roots to economic growth. *Organizational Dynamics, 16,* 4-21.

Holton, R. J. (1998). *Globalization and the nation-state*. London: Macmillan.

Holyoak, K. J., & Gordon, P. C. (1983). Social reference points. *Journal of Personality and Social Psychology, 44,* 881-887.

Homans, G. C. (1961). *Social behavior: Its elementary forms.* New York: Harcourt, Brace, Jovanovich.

Homans, G. C. (1974). *Social behavior: Its elementary forms* (rev. ed.). New York: Harcourt, Brace, Jovanovich.

Hong, Y., Chiu, C., & Kung, T. M. (1997). Bringing culture out in front: Effects of cultural meaning system activation on social cognition. In K. Lenng, U. Kim, S. Yamaguchi, & Y. Kashiman (Eds.), *Progress in Asian social psychology* (Vol. 1, pp. 139-150). Singapore: Wiley.

Hong, Y., Morris, M. W., Chiu, C., & Benet-Martinez, V. (2000). Multicultural minds: A dynamic constructivist approach to culture and cognition. *American Psychologist, 55,* 705-720.

Höffe, O. (1994-1995). *Klassiker der Philosophie* (Vol. 1-2). München: Beck'sche Verlagsbuchhandlung. (이강서 · 한석환 · 김태경 · 신창석 역. **철학의 거장들 1~4**. 서울: 한길사, 2001.)

Hsu, F. L. K. (1971). Psychological homeostasis and jen: Conceptual tools for advancing psychological anthropology. *American Anthropologist, 73,* 23-44.

Hsu, F. L. K. (1983). *Rugged individualism reconsidered*. Knoxville, TN:

University of Tennessee Press.

Hsu, F. L. K. (1985). The self in cross-cultural perspective. In A. J. Marsella, G. A. DeVos, & F. L. K. Hsu (Eds.), *Culture and self: Asian and Western perspective* (pp. 24-55). New York: Tavistock.

Hui, C. H., & Triandis, H. C. (1986). Individualism and collectivism: A study of cross-cultural researchers. *Journal of Cross-Cultural Psychology, 17,* 225-248.

Inkeles, A. (1969). Making men modern: On the causes and consequences of individual change in six developing countries. *American Journal of Sociology, 75,* 208-225.

Inkeles, A., & Smith, D. H. (1974). *Becoming modern: Individual changes in six developing countries*. Cambridge, MA: Harvard University Press.

Jahoda, G., & Krewer, B. (1997). History of cross-cultural and cultural psychology. In J. W. Berry, Y. H. Poortinga, & J. Pandey (Eds.), *Handbook of cross-cultural psychology* (2nd ed., Vol. 1, pp. 1-42). Boston, MA: Allyn & Bacon.

Jenkins, J. H. (1994). Culture, emotion, and psychopathology. In S. Kitayama & H. R. Markus (Eds.), *Emotion and culture: Empirical studies of mutual influence* (pp. 307-335). Washington, DC: American Psychological Association.

Jex, S. M., & Britt, T. W. (2008). *Organizational psychology: A scientist-practitioner approach* (2nd ed.). New York: John Wiley & Sons. (박영석 · 서용원 · 이주일 · 장재윤 역. **조직심리학**. 서울: 시그마프레스, 2011.)

Johnson, F. (1985). The Western concept of self. In A. J. Marsella, G. A. DeVos, & F. L. K. Hsu (Eds.), *Culture and self: Asian and Western perspective* (pp. 91-138). New York: Tavistock.

Jones, E. E. (1998). Major developments in five decades of social psychology. In D. T. Gilbert, S. T. Fiske, & G. Lindzey (Eds.), *The handbook of social psychology* (4th ed. Vol. 1, pp. 3-57). Boston, MA: McGraw-Hill.

Jones, E. E., & Gerard, H. B. (1967). *Foundations of social psychology.* New York: Wiley.

Jung, C. G. (1923/1971). Psychological types. In Read et al. (Eds.), *The collected works of C. G. Jung* (Vol. 6, pp. 1-495). Princeton, NJ: Princeton

University Press.

Kagitcibasi, C. (1990). Family and socialization in cross-cultural perspective: A model of change. In J. Berman (Ed.), *Cross-cultural perspectives: Nebraska Symposium on Motivation, 1989* (pp. 135-200). Lincoln, NB: University of Nebraska Press.

Kagitcibasi, C. (1994). A critical appraisal of individualism and collectivism: Toward a new formulation. In U. Kim, H. C. Triandis, C. Kagitcibasi, S. C. Choi, & G. Yoon (Eds.), *Individualism and collectivism: Theory, method, and applications* (pp. 52-65). Thousand Oaks, CA: Sage.

Kagitcibasi, C. (1996). *Family and human development across cultures: A view from the other side*. Hillsdale, NJ: Erlbaum.

Kagitcibasi, C. (1997). Individualism and collectivism. In J. W. Berry, M. H. Segall, & C. Kagitcibasi (Eds.), *Handbook of cross-cultural psychology* (2nd ed., Vol. 3, pp. 1-49). Boston, MA: Allyn & Bacon.

Kagitcibasi, C., & Berry, J. W. (1989). Cross-cultural psychology: Current research and trends. *Annual Review of Psychology, 40,* 493-531.

Kant, I. (1888). *The philosophy of Kant: As contained in extracts from his own writings* (New ed.). Glasgow: Maclehose, Jackson. (Selected and Translated by J. Watson.)

Kelley, H. H. (1979). *Personal relationships: Their structure and processes.* Hillsdale, NJ: Erlbaum.

Kelley, H. H., & Thibaut, J. W. (1978). *Interpersonal relations: A theory of interdependence*. New York: Wiley

Kim, K., & Kim, U. (1997). Conflict, ingroup and outgroup distinction and mediation: Comparison of Korean and American students. In K. Leung, U. Kim, S. Yamaguchi, & Y. Kashima (Eds.), *Progress in Asian social psychology* (Vol. 1, pp. 247-259). Singapore: Wiley.

Kim, U. (1994). Individualism and collectivism: Conceptual clarification and elaboration. In U. Kim, H. C. Triandis, C. Kagitcibasi, S. C. Choi, & G. Yoon (Eds.), *Individualism and collectivism: Theory, method, and applications* (pp. 19-40). Thousand Oaks, CA: Sage.

Kim, U. (1995). *Individualism and collectivism: A psychological, cultural and ecological analysis*. Nordic Institute of Asian Studies (NIAS) Report Series, No. 21. Copenhagen, Denmark: NIAS Books.

Kim, U. (2000). Indigenous, cultural, and cross-cultural psychology: A theoretical, conceptual, and epistemological analysis. *Asian Journal of Social Psychology, 3,* 265-287.

Kim, U., & Berry, J. W. (1993). Introduction. In U. Kim & J. W. Berry (Eds.), *Indigenous psychology: Research and experience in cultural context* (pp. 1-29). Newbury Park, CA: Sage.

Kim, U., & Choi, S. C. (1993). Asian collectivism: Indigenous and comparative perspectives. 중앙대학교 사회과학연구소 편, **한국적 심리학의 탐색**, '93 사회과학 연구소 국제학술세미나 자료집, pp. 1-28. 서울: 중앙대학교 사회과학연구소.

Kim, U., Triandis, H. C., Kagitcibasi, C., Choi, S. C., & Yoon, G. (Eds.). (1994). *Individualism and collectivism: Theory, method, and applications.* Thousand Oaks, CA: Sage.

King, A. Y. C., & Bond, M. H. (1985). The Confucian paradigm of man: A sociological view. In W. S. Tseng & D. Y. H. Wu (Eds.), *Chinese culture and mental health* (pp. 29-46). New York: Academic Press.

Kitayama, S. (2002). Culture and basic psychological processes—Toward a system view of culture: Comment on Oyserman et al. (2002). *Psychological Bulletin, 128,* 89-96.

Kitayama, S., Duffy, S., Kawamura, T., & Larsen, J. T. (2002). Perceiving an object in its context in different cultures: A cultural look at the New Look. *Psychological Science, 14,* 201-206.

Kitayama, S., & Markus, H. R. (Eds.) (1994). *Emotion and culture: Empirical investigations of mutual influence*. Washington, DC: American Psychological Association.

Kitayama, S., & Markus, H. R. (1995). Construal of self as cultural frame: Implications for internationlizing psychology. In N. R. Goldberger & J. B. Veroff (Eds.), *The culture and psychology reader* (pp. 366-383). New York: New York University Press.

Kitayama, S., & Markus, H. R. (2000). The persuit of happiness and the realization of sympathy: Cultural patterns of self, social relations, and well-being. In E. Diener & E. M. Suh (Eds.), *Culture and subjective well-being* (pp. 113-161). Cambridge, MA: MIT Press.

Kitayama, S., Markus, H. R., & Lieberman, C. (1995). The collective construction of self-esteem: Implications for culture, self and emotion. In J. Russel, J. Fernandez-Dols, T. Manstead, & J. Wellenkamp (Eds.), *Everyday conceptions of emotion: An introduction to the psychology, anthropology, and linguistics of emotions* (pp. 523-550). Dordrecht, Netherlands: Kluwer.

Kitayama, S., Markus, H. R., Matsumoto, H., & Norasakkunkit, V. (1997). Individual and collective processes of self-esteem management: Self-enhancement in the United States and self-criticism in Japan. *Journal of Personality and Social Psychology, 72,* 1245-1267.

Kleineberg, O. (1980). Historical perspectives: Cross-cultural psychology before 1960. In H. C. Triandis & W. W. Lambert (Eds.), *Handbook of cross-cultural psychology* (Vol. 1, pp. 1-14). Boston, MA: Allyn & Bacon.

Kluckhohn, C. (1956). Toward a comparison of value emphasis in different cultures. In L. D. White (Ed.), *The state of the social sciences* (pp. 116-132). Chicago, IL: University of Chicago Press.

Kohlberg, L. (1969). Stage and sequence: The cognitive-developmental approach to socialization. In D. A. Goslin (Ed.), *Handbook of socialization theory and research* (pp. 347-480). Chicago, IL: Rand McNally.

Kroeber, A. L., & Kluckhohn, C. (1952). *Culture: A critical review of concepts and definitions*. Cambridge, MA: Peabody Museum, Vol. 47, No. 1.

Kuhn, T. (1962). *The structure of scientific revolutions*. Chicago, IL: University of Chicago Press.

Kühnen, U., Hannover, B., & Schubert, B. (2001). The semantic-procedural interface model of the self: The role of self-knowledge for contxt-dependent versus context-independent modes of thinking. *Journal Personality and Social Psychology, 80,* 397-409.

Kunda, Z. (1990). The case for motivated reasoning. *Psychological Bulletin, 108,* 480-498.

Kunda, Z. (2000). *Social cognition: Making sense of people*. Cambridge, MA:

MIT Press.

Kurland, J. A., & Gaulin, S. J. C. (2005). Cooperation and conflict among kin. In D. Buss (Ed.), *The handbook of evolutionary psychology* (pp. 447-482). Hoboken, NJ: John Wiley & Sons.

Kwan, V. S. Y., Bond, M. H., & Singelis, T. M. (1997). Pancultural explanation for life satisfaction: Adding relationship harmony to self-esteem. *Journal of Personality and Social Psychology, 73,* 1038-1051.

Langman, P. F. (1997). White culture, Jewish culture, and the origins of psychotherapy. *Psychotherapy, 34,* 207-218.

Laurent, A. (1993). *Historie de l'individualisme.* Paris: Presses Universitaires de France. (김용민 역. **개인주의의 역사**. 서울: 한길사, 2001.)

Lazarus, R. S. (1982). Thoughts on the relations between emotion and cognition. *American Psychologist, 37,* 1019-1024.

Lazarus, R. S. (1984). On the primacy of cognition. *American Psychologist, 39,* 124-129.

LeDoux, J. E. (2002). *Synaptic self: How our brains become who we are*. Penguin Books (강봉균 역. **시냅스와 자아: 신경세포의 연결방식이 어떻게 자아를 결정하는가?** 경기: 동녘사이언스, 2011.)

Lee, A. Y., Aaker, J. L., & Gardner, W. L. (2000). The pleasures and pains of distinct self-construals: The role of interdependence in regulatory focus. *Journal of Personaluty and Social Psychology, 78,* 1122-1134.

Leung, K., & Bond, M. H. (1984). The impact of cultural collectivism on reward allocation. *Journal of Personality and Social Psychology, 47*, 793-804.

Leventhal, G. S. (1980). What should be done with equity theory: New approaches to the study of fairness in social relationship. In I. J. Gergen & R. H. Willis (Eds.), *Social exchange: Advances in theory and research* (pp. 27-55). New York: Plenum.

Lew, S. K. (1977). Confucianism and Korean social structure. In C. S. Yu (Ed.), *Korean and Asian religious tradition* (pp. 151-172). Toronto, Canada: University of Toronto Press.

Lieberman, M. D. (2013). *Social*. Brockman, Inc. (최호영 역. **사회적 뇌: 인류 성공의 비밀**. 서울: 시공사, 2015.)

Livesley, W. J., & Bromley, D. B. (1973). *Person perception in childhood and adolescence*. London: Wiley.

Lonner, W. J. (1980). The search for psychological universals. In H. C. Triandis & W. Lambert (Eds.), *Handbook of cross-cultural psychology* (Vol. 1, pp. 143-201). Boston, MA: Allyn & Bacon.

Lonner, W. J., & Adamopoulos, J. (1997). Culture as antecedent to behavior. In J. W. Berry, Y. H. Poortinga, & J. Pandey (Eds.), *Handbook of cross-cultural psychology* (2nd ed., Vol. 1, pp. 43-83). Boston, MA: Allyn & Bacon.

Lukes, S. (1973). *Individualism*. New York: Harper & Row.

Mahbubani, K. (1995). The Pacific way. *Foreign Affairs, 74*: 1 (Jan./Feb.), 100-111.

Maine, H. (1963). *Ancient law*. Boston, MA: Beacon.

Mandler, G. (2007). *A history of modern experimental psychology*. Cambridge, MA: The MIT Press.

Manis, M. (1975). Is social psychology really different? *Personality and Social Psychology Bulletin, 2,* 427-436.

Manis, M. (1977). Cognitive social psychology. *Personality and Social Psychology Bulletin, 3,* 550-566.

Markus, H. R., & Kitayama, S. (1991a). Culture and the self: Implications for cognition, emotion, and motivation. *Psychological Review, 98,* 224-253.

Markus, H. R., & Kitayama, S. (1991b). Cultural variation in the self-concept. In J. Strauss & G. R. Goethals (Eds.), *The self: Interdisciplinary approaches* (pp. 18-48). New York: Springer.

Markus, H. R., & Kitayama, S. (1994a). A collective fear of the collective: Implications for selves and theories of selves. *Personality and Social Psychology Bulletin, 20,* 568-579.

Markus, H. R., & Kitayama, S. (1994b). The cultural construction of self and emotion: Implications for social behavior. In S. Kitayama & H. R. Markus (Eds.), *Emotion and culture: Empirical investigations of mutual influence* (pp. 89-130). Washington, DC: American Psychological Association.

Markus, H., & Wurf, E. (1987). The dynamic self-concept: A social psychological perspective. *Annual Review of Psychology, 38,* 299-337.

Marriott, M. (1976). Hindu transactions: Diversity without dualism. In B. Kapferer (Ed.), *Transaction and meaning: Directions in the anthropology of exchange and symbolic behavior* (pp. 109-143). Philadelphia, PA: Institute for the Study of Human Issues.

Marsella, A. J. (1985). Culture, self, and mental disorder. In A. J. Marsella, G. DeVos, & F. L. K. Hsu (Eds.), *Culture and self: Asian and Western perspectives* (pp. 281-307). New York: Tavistock.

Marsella, A. J., & Choi, S. C. (1994). Psychological aspects of modernization and economic development in East Asian Nations. *Psychologia, 36,* 201-213.

Maslow, A. H. (1971). The farther reaches of human nature. New York: Viking.

Matsumoto, D. (1989). Cultural influence on the perception of emotion. *Journal of Cross-Cultural Psychology, 20,* 92-105.

Matsumoto, D. (2000). *Culture and psychology: People around the world* (2nd ed.). Belmont, CA: Wadsworth.

Matsumoto, D., & Juang, L. (2004). *Culture and psychology: People around the world* (3rd ed.). Belmont, CA: Wadsworth.

Maynard Smith, J., & Harper, D. (2003). *Animal signals.* Oxford: Oxford University Press.

McAdams, D. P. (2001). *The person: An integrated introduction to personlity psychology* (3rd ed.). Orlando, FL: Harcourt College Publishers.

McClelland, D. C. (1961). *The achieving society.* Princeton, NJ: Van Nostrand.

McClelland, D. C. (1985). *Human motivation.* Glenview, IL: Scott, Foresman.

McClelland, D. C., Atkinson, J. W., Clark, R. A., & Lowell, E. L. (1953). *The achievement motive.* New York: Appleton-Century-Crofts.

McCullough, M. E., & Tabak, B. A. (2010). Prosocial behavior. In R. F. Baumeister & E. J. Finkel (Eds.), *Advanced social psychology: The state of the science* (pp. 263-302). New York: Oxfoed University Press.

McDougall, W. (1923). *Outline of psychology.* New York: Scribner.

Mehryar, A. (1984). The role of psychology in national development: Wishful thinking and reality. *International Journal of Psychology, 19,* 159-167.

Mikula, G. (1980). Introduction: Main issues in the psychological research on justice. In G. Mikula (Ed.), *Justice and social interactions* (pp. 13-23). New

York: Springer-Verlag.

Miller, J. G. (1984). Culture and the development of everyday social explanation. *Journal of Personality and Social Psychology, 46,* 961-978.

Miller, J. G. (1986). Early cross-cultural commonalities in social explanation. *Developmental Psychology, 22,* 514-520.

Miller, J. G. (1987). Cultural influence on the development of conceptual differentiation in person description. *British Journal of Developmental Psychology, 5,* 309-310.

Miller, J. G. (1991). A cultural perspective on the morality of beneficence and interpersonal responsibility. *International and Intercultural Communication Annual, 15,* 11-23.

Miller, J. G. (1994). Cultural diversity in the morality of caring: Individually-oriented versus duty-based interpersonal moral codes. *Cross-Cultural Research, 28,* 3-39.

Miller, J. G. (1997). Throretical issues in cultural psychology. In J. W. Berry, Y. H. Poortinga, & J. Pandey (Eds.), *Handbook of cross-cultural psychology* (2nd ed., Vol. 1, pp. 85-128). Boston, MA: Allyn & Bacon.

Miller, J. G. (2002). Bringing culture to basic psychological theory—Beyond indivualism and collectivism: Comment on Oyserman et al. (2002). *Psychological Bulletin, 128,* 97-109.

Miller, J. G., & Bersoff, D. M. (1992). Cultural and moral judgement: How are conflicts between justice and interpersonal responsibilities resolved? *Journal of Personality and Social Psychology, 62,* 541-554.

Miller, J. G., & Bersoff, D. M. (1994). Cultural influences on the moral status of reciprocity and the discounting of endogenous motivation. *Personality and Social Psychology Bulletin, 20,* 592-602.

Miller, J. G., Bersoff, D. M., & Harwood, R. L. (1990). Perceptions of social responsibilities in India and the United States: Moral imperatives or personal decision? *Journal of Personality and Social Psychology, 58,* 33-47.

Miller, J. G., & Luthar, S. (1989). Issues of interpersonal responsibility and accountability: A comparison of Indians' and Americans' moral judgement. *Social Cognition, 3,* 237-261.

Mills, J., & Clark, M. S. (1982). Exchange and communal relationships. In L. Wheeler (Ed.), *Review of personality and social psychology* (Vol. 3, pp. 121-144). Beverly Hills, CA: Sage.

Mizokawa, D. T., & Ryckman, D. B. (1990). Attributions of academic success and failure: A comparison of six Asian-American ethnic groups. *Journal of Cross-Cultural Psychology, 21,* 434-451.

Morris, M. W., & Peng, K. (1994). Culture and cause: American and Chinese attributions for social and physical events. *Journal of Personality and Social Psychology, 67,* 949-971.

Moscovici, S. (1972). Society and theory in social psychology. In J. Israel & H. Tajfel (Eds.), *The context of social psychology* (pp. 17-68). London: Academic Press.

Moscovici, S. (1981). On social representation. In J. P. Forgas (Ed.), *Social cognition: Perspectives on everyday understanding* (pp. 181-209). London: Academic Press.

Moscovici, S. (1984). The phenomenon of social representations. In R. M. Farr & S. Moscovici (Eds.), *Social representations* (pp. 3-69). Cambridge, England: Cambridge University Press.

Munro, D. (1997). Levels and process in motivation and culture. In D. Munro, J. F. Schumaker, & S. C. Carr (Eds.), *Motivation and culture* (pp. 3-15). New York: Routledge.

Myers, D. G. (1987). *Social psychology* (2nd ed.). New York : McGraw-Hill.

Needham, J. (1969). *Science and civilization in China* (3 Vols.). Cambridge, England: Cambridge University Press. [이석호 · 이철주 · 임정대 역. **중국의 과학과 문명** (Vol. 1-3). 서울: 을유문화사, 1986.]

Nisbett, R. E. (2003). *The geography of thought: How Asians and Westerners think differently… and why.* New York: Free Press.

Nisbett, R. E., Peng, K., Choi, I., & Norenzayan, A. (2001). Culture and systems of thought: Holistic vs. analytic cognition. *Psychological Review, 108,* 291-310.

Norenzayan, A, Choi, I., & Nisbett, R. E. (2002). Cultural similarities and differences in social inference: Evidence from behavioral predictions and lay theories of behavior. *Personality and Social Psychology Bulletin, 28,* 109-120.

Nowak, M A. (2006). Five rules for the evolution of cooperation. *Science, 314,* 1560-1563.

Nowak, M. A., & Sigmund, K. (1998). Evolution of indirect reciprocity by image scoring. *Nature, 393,* 573-577.

Nunner-Winkler, G. (1984). Two moralities? A critical discussion of an ethic of care and responsiblility versus an ethics of rights and justice. In W. M. Kurtines & J. L. Gerwitz (Eds.), *Morality, moral behavior and moral development* (pp. 348-361). New York: Wiley.

Oyserman, D., Coon, H. M., & Kemmelmeier, M. (2002). Rethinking individualism and collectivism: Evaluation of theoretical assumptions and meta-analyses. *Psychological Bulletin, 128,* 3-72.

Oyserman, D., Kemmelmeier, M., & Coon, H. M. (2002). Cultural psychology, a new look: Reply to Bond (2002), Fiske (2002), Kitayama (2002), and Miller (2002). *Psychological Bulletin, 128,* 110-117.

Parkinson, B., & Colman, A. M. (1995). Introduction. In B. Parkinson & A. W. Colman (Eds.), *Emotion and motivation* (pp. xi-xvi). London: Longman.

Peng, K., & Knowles, E. (2003). Culture, ethnicity and the attribution of Physical causality. *Personality and Social Psychology Bulletin, 29,* 1272-1284.

Peng, K., & Nisbett, R. E. (1999). Culture, dialectics and reasoning about contradition. *American Psychologist, 54,* 741-754.

Peng, K., Nisbett, R. E., & Wong, N. (1997). Validity problems of cross-cultural vale comparison and possible solutions. *Psychological Methods, 2,* 329-334.

Perner, J., & Ruffman, T. (2005). Infants' insight into the mind: How deep? *Science, 308,* 214-216.

Piaget, J. (1932). *The moral judgement of the child.* (tr. by M. Gabain, New York: Free Press, 1965.)

Pittman, T. S. (1998). Motivation. In D. T. Gilbert, S. T. Fiske, & G. Lindzey (Eds.), *The handbook of social psychology* (4th ed., Vol. 1, pp. 549-590). Boston, MA: McGraw-Hill.

Poortinga, Y. (1997). Towards convergence? In J. W. Berry, Y. H. Poortinga,

& J. Pandey (Eds.), *Handbook of cross-cultural psychology* (2nd ed., Vol. 1, pp. 347-387). Boston, MA: Allyn & Bacon.

Premack, D., & Woodruff, G. (1978). Does a chimpanzee have a theory of mind? *Behavioral and Brain Sciences, 1,* 515-526.

Rhee, E., Uleman, J. S., Lee, H. K., & Roman, R. J. (1995). Spontaneous self-descriptions and ethnic identities in individualistic and collectivisitic cultures. *Journal of Personality and Social Psychology, 69,* 142-152.

Ricken, F. (1988). *Philosophie der Antike*. Berlin: Verlag W. Kohlhammer GmbH. (김성진 역. **고대 그리스 철학**. 서울: 서광사, 2000.)

Rietbergen, P. (1998). *Europe: A cultural history.* New York: Routledge. (김길중 · 이인기 역. **유럽: 문화사 (상 · 하)**. 서울: 지와 사랑, 2003.)

Robinson, M. (1991). Confucianism in twentieth century Korea. In G. Rozman (Ed.), *The East Asian region.* Princeton, NJ: Princeton University Press.

Rosenberg, M. (1965). *Society and the adolescent self-image.* Princeton, NJ: Princeton University Press.

Ross, L., & Nisbett, R. E. (1991). *The person and the situation: Perspectives of social psychology*. New York: McGraw-Hill.

Rothbaum, F., Weisz, J. R., & Snyder, S. S. (1982). Changing the world and changing the self: A two-process model of perceived control. *Journal of Personality and Social Psychology, 42,* 5-37.

Russell, B. (1959). *Wisdom of the West: A historical survey of Western philosophy in its social and political setting.* London: Crescent Books. (이명수 · 곽강제 역. **서양의 지혜: 그림과 함께 보는 서양철학사**. 서울: 서광사, 2003.)

Sampson, E. E. (1977). Psychology and the American ideal. *Journal of Personality and Social Psychology, 32,* 762-782.

Sampson, E. E. (1978). Scientific paradigms and social values: Wanted—A scientific revolution. *Journal of Personality and Social Psychology, 36,* 1332-1343.

Sampson, E. E. (1983). *Justice and the critique of pure psychology*. New York: Plenum.

Sampson, E. E. (1989). The challenge of social change for psychology: Globalization and psychology's theory of the person. *American Psychologist,*

44, 914-921.

Schlenker, B. R. (1974). Social psychology and science. *Journal of Personality and Social Psychology, 29,* 1-15.

Schwartz, B. (1986). *The battle of human nature: Science, morality and modern life.* New York: Norton.

Schwartz, S. H. (1994). Beyond individualism-collectivism: New cultural dimensions of values. In U. Kim, H. C. Triandis, C. Kagitcibasi, S. C. Choi, & G. Yoon (Eds.), *Individualism and collectivism: Theory, method, and applications* (pp. 85-119). Thousand Oaks, CA: Sage.

Schwartz, S. H. (2004). Mapping and interpreting cultural difference around the world. In H. Vinken, J. Soeters, & P. Ester (Eds.), *Comparing cultures: Dimensions of culture in a comparative perspective* (pp. 43-73). Leiden, NL: Brill.

Schwinger, T. (1980). Just allocation of goods: Decisions among three principles. In G. Mikula (Ed.), *Justice and social interactions* (pp. 95-125). New York: Springer-Verlag.

Scribner, S., & Cole M. (1973). Cognitive consequences of formal and informal education. *Science, 183,* 554-559.

Sedikides, C., & Brewer, M. B. (Eds.) (2001). *Individual self, relational self, collective self.* Philadelphia, PA: Psychology Press.

Sedikides, C., Gaertner, L., & Toguchi, Y. (2003). Pancultural self-enhancement. *Journal of Personality and Social Psychology, 84,* 60-79.

Sedikides, C., Gaertner, L., & Vevea, J. L. (2005). Pancultural self-enhancement reloaded: A meta-analytic reply. *Journal of Personality and Social Psychology, 89,* 539-551.

Sedikides, C., & Skowronski, J. J. (2000). On the evolutionary functions of the symbolic self: The emergence of self-evaluation motives. In A. Tesser, R. Felson, & J. Suls (Eds.), *Psychological perspectives on self and identity* (pp. 91-117). Washington, DC: American Psychological Association.

Sedikides, C., & Skowronski, J. J. (2002). Evolution of the self: Issues and prospects. In M. R. Reary & J. P. Tangney (Eds.), *Handbook of self and identity* (pp. 594-609). New York: Guilford.

Segall, M. H., Dasen, P. R., Berry, J. W., & Poortinga, Y. H. (1999). *Human behavior in global perspective: An introduction to cross-cultural psychology* (2nd ed.). Boston, MA: Allyn & Bacon.

Segall, M. H., Lonner, W. J., & Berry, J. W. (1998). Cross-cultural psychology as scholarly discipline: On the flowering of culture in behavioral research. *American Psychologist, 53,* 1101-1110.

Seligman, M. E. P. (1975). *Helplessness: On depression, development, and death.* San Francisco, CA: Freeman. (윤진 · 조긍호 역. 무기력의 심리. 서울: 탐구당, 1983.)

Shaw, M. E., & Constanzo, P. R. (1982). *Theories of social psychology* (2nd ed.). New York: McGraw-Hill. (홍대식 역. 사회심리학이론. 서울: 박영사, 1985.)

Shweder, R. A. (1984). Anthropology's romantic rebellion against the enlightenment, or there's more to thinking than reason and evidence. In R. A. Shweder & R. A. LeVine (Eds.), *Culture theory: Essays on mind, self, and emotion* (pp. 27-66). Cambridge, England: Cambridge University Press.

Shweder, R. A. (1990). Cultural psychology: What is it? In J. W. Stigler, R. A. Shweder, & G. Herdt (Eds.), *Cultural psychology: Essays on comparative human development* (pp. 1-43). New York: Cambridge University Press.

Shweder, R. A. (2000). The psychology of practice and the practice of the three psychologies. *Asian Journal of Social Psychology, 3,* 207-222.

Shweder, R. A., & Bourne, E. J. (1984). Does the concept of the person vary cross-culturally? In R. A. Shweder & R. A. LeVine (Eds.), *Culture theory: Essays on mind, self, and emotion* (pp. 158-199). New York: Cambridge University Press.

Shweder, R. A., & Miller, J. G. (1985). The social construction of the person: How is it possible? In K. Gergen & K. Davis (Eds.), *The social construction of the person* (pp. 41-69). New York: Springer.

Shweder, R. A., Mahapatra, M., & Miller, J. G. (1990). Culture and moral development. In J. W. Stigler, R. A. Shweder, & G. Herdt (Eds.), *Cultural psychology: Essays on comparative human development* (pp. 130-204). New York: Cambridge University Press.

Shweder, R. A., Much, N. C., Mahapatra, M., & Park, L. (1997). The "big three" of morality (autonomy, community, divinity), and the "big three" explanations of suffering. In A. Brandt & P. Rozin (Eds.), *Morality and health* (pp. 119-169). New York: Routlege.

Singelis, T. M., Triandis, H. C., Bhawuk, D. D., & Gelfand, M. (1995). Horizontal and vertical dimensions of individualism and collectivism: A theoretical and measurement refinement. *Cross-Cultural Research, 29,* 240-275.

Sinha, D. (1997). Indigenization of psychology. In J. W. Berry, Y. H. Poortinga, & J. Pandey (Eds.), *Handbook of cross-cultural psychology* (2nd ed., Vol. 1, pp. 129-169). Boston, MA: Allyn & Bacon.

Sinha, D., & Tripathi, R. C. (1994). Individualism in a collectivist culture: A case of coexistence of opposites. In U. Kim, H. C. Triandis, C. Kagitcibasi, S. C. Choi, & G. Yoon (Eds.), *Individualism and collectivism: Theory, method, and applications* (pp. 123-136). Thousand Oaks, CA: Sage.

Skinner, B. F. (1959). Verbal behavior. Acton, MI: Copley Publishing Group.

Smith, P. B. (1995). Journal of Cross-Cultural Psychology: Looking to the future. *Journal of Cross-Cultural Psychology, 26,* 588-590.

Smith, P. B., Bond, M. H., & Kagitcibasi, C. (2006). *Understanding social psychology: Living and working in a changing world.* London: Sage.

Smith, E. R., & Henry, S. (1996). An in-group becomes part of the self: Response time evidence. *Personality and Social Psychology Bulletin, 22,* 635-642.

Song, H. J., & Baillargeon, R. (2008). Infants' reasoning about others' false perceptions. *Developmental Psychology, 44,* 1789-1795.

Soudijin, K. A., Hutschemaekers, G. J. M., & Van de Vijver, F. J. R. (1990). Culture conceptualizations. In F. J. R. Van de Vijver & G. J. M. Hutschemaekers (Eds.), *The investigation of culture: Current issue in cultural psychology* (pp. 19-39). Tilburg, Netherlands: Tilburg University

Srull, T. K., & Gaelick, L. (1983). General principles and individual differences in the self as a habitual reference point: An examination of self-other judgments of similarity. *Social Cognition, 2,* 108-121.

Stevenson, H. W., & Stigler, J. W.(1992). *The learning gap.* New York: Summit Books.

Stigler, J. W., Smith, S., & Mao, L. (1985). The self-perception of competence by Chinese children. *Child Development, 56,* 1259-1270.

Suh, E., & Diener, E. (1995). Subjective well-being: Issue for cross-cultural research. 한국심리학회 편, **삶의 질의 심리학** (pp. 147−165). 서울: 한국심리학회.

Tawney, R. H. (1938). *Religion and the rise of capitalism*. Harmondsworth: Penguin Books.

Taylor, C. (1989). *Soures of the self: The making of modern identities.* Cambridge, MA: Harvard University Press.

Taylor, S. E., Peplau, L. A., & Sears, D. O. (2003). *Social psychology* (11th ed.). Upper Saddle River, NJ: Prentice-Hall.

Thibaut, J. W., & Kelley, H. H. (1959). *The social psychology of groups.* New York: Wiley.

Thomson, J. (1985). The trolley problem. *Yale Law Journal, 94,* 1395-1415.

Tomasello, M. (2009). *Why we cooperate?* Cambridge, MA: The MIT Press.

Tomkins, S. S. (1981). The quest for primary motives: Biography and autobiography of an idea. *Journal of Personality and Social Psychology, 41,* 306-329.

Tönnies, F. (1887/1957). *Community and society* (C. P. Loomis, Trans.). East Lansing, MI: Michigan State University Press.

Triandis, H. C. (1978). Some universals of social behavior. *Personality and Social Psychology Bulletin, 4,* 1-16.

Triandis, H. C. (1988). Collectivism versus individualism: A reconceptualization of a basic concept of cross-cultural psychology. In G. K. Verma & C. Bagley (Eds.), *Cross-cultural studies of personality, attitudes and cognition* (pp. 60-95). London: Macmillan.

Triandis, H. C. (1989). The self and social behavior in differing cultural contexts. *Psychological Review, 96,* 506-520.

Triandis, H. C. (1990). Cross-cultural studies of individualism and collectivism. In J. J. Berman (Ed.), *Cross-cultural perspectives: Nebraska Symposium on*

Motivation, 1989 (pp. 41-133). Lincoln, NB: University of Nebraska Press.

Triandis, H. C. (1994a). Theoretical and methodological approaches to the study of collectivism and individualism. In U. Kim, H. C. Triandis, C. Kagitcibasi, S. C. Choi, & G. Yoon (Eds.), *Individualism and collectivism: Theory, method, and applications* (pp. 41-51). Thousand Oaks, CA: Sage.

Triandis, H. C. (1994b). *Culture and social behavior*. New York: McGraw-Hill.

Triandis, H. C. (1995). *Individualism and collectivism*. Boulder, CO: Westview.

Triandis, H. C. (1996). The psychological measurement of cultural syndromes. *American Psychologist, 51,* 407-415.

Triandis, H. C. (1997). Cross-cultural perspectives on personality. In R. Hogan, J. Johnson, & S. Briggs (Eds.), *Handbook of personality psychology* (pp. 439-464). San Diego, CA: Academic Press.

Triandis, H. C. (2000). Dialectics between cultural and cross-cultural psychology. *Asian Journal of Social Psychology, 3,* 185-195.

Triandis, H. C., Bontempo, R., Villareal, M. J., Asai, M., & Lucca, N. (1988). Individualism and collectivism: Cross-cultural perspectives on self-ingroup relationships. *Journal of Personality and Social Psychology, 54,* 323-338.

Triandis, H. C., & Gelfand, M. J. (1998). Converging measurement of horizontal and vertical individualism and collectivism. *Journal of Personality and Social Psychology, 74,* 118-128.

Triandis, H. C., Lambert, W. W., Berry, J. W., Lonner, W., Heron, A., Brislin, R. W., & Draguns, J. G. (Eds.) (1980-81). *Handbook of social psychology* (1st ed., Vols. 1-6). Boston, MA: Allyn & Bacon.

Triandis, H. C., Leung, K., Villareal, M. J., & Clark, F. L. (1985). Allocentric versus ideocentric tendencies: Convergent and discriminant validation. *Journal of Research in Personality, 19,* 395-415.

Triandis, H. C., McCusker, C., & Hui, C. H. (1990). Multimethod probes of individualism and collectivism. *Journal of Personality and Social Psychology, 59,* 1006-1020.

Trivers, R. (1971). The evolution of reciprocal altruism. *Quarterly Review of Biology, 46,* 35-57.

Trivers, R. (1985). *Social evolution.* Menlo Park, CA: Benjamin/Cummings.

Tu, Wei-Ming (1985). Selfhood and otherness in Confucian thought. In A. J. Marsella, G. A. DeVos, & F. L. K. Hsu (Eds.), *Culture and self: Asian and Western perspective* (pp. 231-251). New York: Tavistock.

Tu, Wei-Ming (1996). *Confucian tradition in East Asian modernity.* Cambridge, MA: Harvard University Press.

Vaillant-Molina, M., & Bahrick, L. E. (2012). The role intersensory redundancy in the emergence of social referencing in 51/2-month-old infants. *Developmental Psychology, 48,* 1-9.

Vaish, A., Carpenter, M., & Tomasello, M. (2009). Sympathy through affective perspective-taking and its relation to prosocial behavior in toddlers. *Developmental Psychology, 45,* 534-543.

Van de Vijver, F. J. R., & Leung, K. (1997). Methods and data analysis of comparative research. In J. W. Berry, Y. H. Poortinga, & J. Pandey (Eds.), *Handbook of cross-cultural psychology* (2nd ed., Vol. 1, pp. 257-300). Boston, MA: Allyn & Bacon.

Varki, A., & Nelson, D. L. (2007). Genomic comparisons of humans and chimpanzees. *Annual Review of Anthropology, 36,* 191-209.

Walden, T. A., Kim, G., McCoy, C., & Karrass, J. (2007). Do you believe in magic? Infants' social looking during violations of expectations. *Developmental Science, 10,* 654-663.

Walster, E. E., Berscheid, E., & Walster, G. W. (1976). New directions in equity research. In L. Berkowitz & E. Walster (Eds.), *Advances in experimental social psychology* (Vol. 9, pp. 1-42). New York: Academic Press.

Walster, E. E., Walster, G. W., & Berscheid, E. (1978). *Equity: Theory and research*. Boston, MA: Allyn & Bacon.

Warneken, F., Hare, B., Melis, A. P., Hanus, D., & Tomasello, M. (2007). Spontaneous altruism by chimpanzees and children. *PLoS Biology, 5,* 1414-1420.

Warneken, F., & Tomasello, M. (2006). Altruistic helping in human infants and young chimpanzees. *Science, 311,* 1301-1303.

Warneken, F., & Tomasello, M. (2007). Helping and cooperation at 14 months of age. *Infancy, 11,* 271-294.

Warneken, F., & Tomasello, M. (2008). Extrinsic rewards undermine altruistic tendencies in 20-month-olds. *Developmental Psychology, 44,* 1785-1788.

Warneken, F., & Tomasello, M. (2009a). Varieties of altruism in children and chimpanzees. *Trends in Cognitive Science, 13,* 397-402.

Warneken, F., & Tomasello, M. (2009b). The roots of human altruism. *British Journal of Psychology, 100,* 455-471.

Warren, H. C. (1906). The fundamental functions of consciousness. *Psychological Bulletin, 3,* 215-230.

Watson, J. B. (1913). Psychology as the behaviorist views it. *Psychological Review, 20,* 158-177.

Weber, M. (1904-1905). *The protestant ethic and the spirit of capitalism*. tr. by T. Parsons, London, 1930. (박성수 역. **프로테스탄티즘의 윤리와 자본주의 정신**. 서울: 문예출판사, 1996.)

Weiner, B. (1974). *Cognitive views of human motivation.* New York: Academic Press.

Weisz, J. R., Rothbaum, F. M., & Blackburn, T. C. (1984). Standing out and standing in: The psychology of control in America and Japan. *American Psychologist, 39,* 955-969.

Wesley, F. (1972). History of psychology. In H. J. Eysenck, W. Arnold, & R. Meili (Eds.), *Encyclopedia of psychology* (Vol. 2, pp. 57-63). London: Search Press.

White, G. M. (1993). Emotions inside out: The anthropology of affect. In M. Lewis & J. M. Haviland (Eds.), *Handbook of emotions* (pp. 29-39). New York: Guilford.

Wiggins, J. S. (1992). Agency and communion as conceptual coordinates for the understanding and measurement of interpersonal behavior. In W. M. Grove & D. Cicchetti (Eds.), *Thinking clearly about psychology* (pp. 89-113). Minneapolis, MN: University of Minnesota Press.

Williams, G. C. (1966). *Adaptation and natural selection*. Prinston, NJ: Prinston University Press.

Wilson, D. S., & Wilson, E. O. (2007). Rethinking the theoretical foundation of sociobiology. *Quarterly Review of Biology, 82,* 327-348.

Wilson, E. O. (1998). *Consilience: The unity of knowledge*. New York: Knopf.

Wilson, E. O. (2012). *The social conquest of earth*. Norton & Com. (이한음 역. 지구의 정복자. 서울: 사이언스북스, 2013.)

Wilson, S. R. (1997). Self-actualization and culture. In D. Munro, J. F. Schumaker, & S. C. Carr (Eds.), *Motivation and culture* (pp. 85-96). New York: Routledge.

Witkin, H. A., & Goodenough, D. R. (1977). Field dependence and interpersonal behavior. *Psychological Bulletin, 84,* 661-689.

Wundt, W. (1900). *Völkerpsychologie: Eine Untersuchung der Sprache, Mythos, und Sitte.* (Bd. 1). Leipzig, Germany: Engelmann.

Wundt, W. (1908). *Logik: Logik der Geisteswissemfaften* (Vol. 3). Stuttgart, Germany: Enke.

Wundt, W. (1916). *Elements of folk psychology: Outlines of a psychological history of the development of mankind* (E. L. Schaub, Trans.). London: Allyn & Unwin.

Yang, C. F. (1988). Familism and development: An examination of the role of family in comtemporary China Mainland, Hong Kong, and Taiwan. In D. Sinha & H. S. R. Kao (Eds.), *Social values and development: Asian perspectives* (pp. 93-123). London: Sage.

Yang, K. S. (1981). Social orientation and individual modernity among Chinese students in Taiwan. *Journal of Social Psychology, 113,* 159-170.

Yang, K. S. (1997). Indigenizing Westernized Chinese psychology. In M. H. Bond (Ed.), *Working at the interface of cultures: Eighteen lives in social science* (pp. 62-76). London: Routledge.

Yang, K. S. (2000). Monocultural and cross-cultural indigenous approaches: The royal road to the development of a balanced global psychology. *Asian Journal of Social Psychology, 3,* 241-263.

Yeh, C. (1996). *A cultural perspective on interdependence self and morality: A Japan-U. S. comparison*. Doctoral dissertation, Stanford University.

Yon, K. J. (2012). *College students' and counselor trainees' perceptions of psychologically healthy person: A comparative study on cultural values between the United States and South Korea*. Doctoral Dissertation, The

University of Minnesota.

Yoon, G., & Choi, S. C. (Eds.). (1994). *Psychology of the Korean people: Collectivism and individualism*. Seoul: Dong-A Publishing & Printing Co.

Zajonc, R. B. (1980). Feeling and thinking: Preferences need no inferences. *American Psychologist, 35,* 151-175.

Zajonc, R. B. (1984). On the primacy of affect. *American Psychologist, 39,* 117-123.

Zebrowitz, L. A. (1990). *Social perception.* Pacific Grove, CA: Brooks/Cole.

찾아보기

인명

구미 어문

내용

고전 장·쪽

저자 소개

조 긍 호(趙兢鎬, Cho Geung-Ho)

1948년에 경기도 양평에서 태어났으며, 서울대학교 문리과대학 심리학과와 같은 대학교 대학원에서 수학하였다. 전남대학교와 서강대학교 심리학과 교수를 거쳐, 현재 서강대학교 명예교수로 있다. '한국사회 및 성격심리학회' 회장과 '한국심리학회' 회장을 역임하였으며, 대한민국 학술원상(1999년), 서강학술상(1999년), 한국심리학회 학술상(2008년), 과학기술 우수논문상(2010년)을 수상하였다. 서구와 동아시아 사회의 문화차와 그 사상적 배경에 관심을 가지고 있으며, 특히 동아시아인의 특징적인 심리와 행동의 근원을 유학의 고전에서 찾아 그 심리학적 의미를 천착하는 작업에 몰두하고 있다.

저서로는 『불평등사상의 연구』(1992년, 김영한 외 5인 공저, 서강대학교 출판부), 『유학심리학: 맹자 · 순자 편』(1998년, 나남출판, 대한민국 학술원상 수상 저서), 『동양심리학: 서구 심리학에 대한 대안 모색』(1999년, 최상진 외 5인 공저, 지식산업사), 『한국인 이해의 개념틀』(2003년, 나남출판), 『이상적 인간형론의 동 · 서 비교: 새로운 심리학의 가능성 탐색 I』(2006년, 지식산업사), 『동아시아 집단주의의 유학사상적 배경: 심리학적 접근』(2007년, 지식산업사), 『선진유학사상의 심리학적 함의』(2008년, 서강대학교 출판부), 『사회관계론의 동 · 서 비교: 새로운 심리학의 가능성 탐색 II』(2012년, 서강대학교 출판부), 『사회계약론 연구: 홉스 · 로크 · 루소를 중심으로』(2012년, 강정인과 공저, 서강대학교 출판부), 『유학심리학의 체계 I : 유학사상과 인간 심리의 기본구성체』(2017년, 서강대학교 출판부), 『심리구성체론의 동 · 서 비교: 새로운 심리학의 가능성 탐색 III—도덕심리학의 새 지평』(2017년, 서강대학교 출판부) 등이 있으며, 논문으로는 「동아시아 집단주의와 유학사상: 그 관련성의 심리학적 탐색」(2007년, 한국심리학회지: 사회 및 성격, 21권 4호, 한국심리학회 학술상 수상 논문), 「문화 성향과 분노통제: 분노수준과 공감의 매개효과를 중심으로」(2009년, 저자 등 4인 공저, 한국심리학회지: 사회 및 성격, 23권 1호, 과학기술 우수논문상 수상 논문) 등 90여 편이 있다.

문화, 유학사상 그리고 심리학

Culture, Confucianism and Psychology

2019년 4월 15일 1판 1쇄 발행
2020년 10월 20일 1판 2쇄 발행

지은이 • 조긍호
펴낸이 • 김진환
펴낸곳 • (주) 학지사
04031 서울특별시 마포구 양화로 15길 20 마인드월드빌딩
대표전화 • 02)330-5114 팩스 • 02)324-2345
등록번호 • 제313-2006-000265호

홈페이지 • http://www.hakjisa.co.kr
페이스북 • https://www.facebook.com/hakjisabook

ISBN 978-89-997-1753-6 93180

정가 22,000원

이 도서의 국립중앙도서관 출판시도서목록(CIP)은 서지정보유통지원시스템 홈페이지(http://seoji.nl.go.kr)와 국가자료공동목록시스템(http://www.nl.go.kr/kolisnet)에서 이용하실 수 있습니다.
(CIP 제어번호: CIP2019002529)